자동차영업중개사 1차 · 2차 시험 완벽 대비

자동차 영업중개사

시대에듀

머리말

한국 최초 "자동차 영업 중개사" 자격제도 도입

"생산국 세계 5위, 자동차등록대수 2천만대"

자동차 시장은 한국의 중요한 기관 산업이며, 자동차 산업은 4차 산업과 함께 빛의 속도로 글로벌 비즈니스의 블루오션으로 떠오르고 있습니다. 현재 자동차 영업 종사자는 중고차 및 신차를 포함하여 약 6만 5천명이 종사하고 있는 것으로 파악되고 있고, 대학교에서도 자동차딜러과를 개설하여 전문인력을 양성하고 있습니다.

선진국에서 자동차 매매 및 영업을 하기 위해서는 부동산 중개사와 같이 딜러들의 자격증 취득이 필수로 되어 있고, 전문적인 지식을 통해 소비자가 보호받고 안전하게 거래할 수 있는 전문화된 자격증 제도가 보편화 되어 있습니다.

한국자동차중개사협동조합(KADCA)은 현재 자격증 제도를 대학교 자동차딜러과를 대상으로 도입하고 있으며, 현업에서 자동차 판매·유통을 담당하는 자동차딜러에게 선진국의 자격증 도입과 교육 개발에 힘써오고 있습니다.

자동차 영업 종사자들은 전문적인 자격증 취득과 함께 전문직으로 인정받고 소비자가 신뢰할 수 있는 자동차 영업 중개사 자격증의 도입으로 한국의 자동차 매매유통에 큰 발전을 기대합니다.

한국자동차중개사협동조합(KADCA)은 자동차와 관련된 다양한 분야의 교수진들과 현업에서 오래 종사한 자동차 전문가들과 함께 국가직무능력표준(NCS)의 개발진으로 선정되어 자동차 영업부분 관련 교육 콘텐츠를 개발하고, 자동차 판매·유통·차량 법규 및 각종 세금문제 등의 자동차 매매 및 영업활동에 필요한 매뉴얼 및 연구 개발에 전념하고 있습니다.

Preface

「자동차 영업 중개사」 기본서는 다음과 같은 특징을 가지고 있습니다.

✓ **첫째, 국내 최초의 "자동차 영업 중개사" 자격증으로서 한국에 처음 발간되는 책입니다.**

〈자동차 영업 중개사〉 기본서는 자동차 관련 교수진들과 NCS 개발진 및 자동차 영업 교육에 몸담고 있는 최고의 전문가들이 주축이 되어 영업 전문가를 양성할 수 있는 교육개발 및 자격증 제도화에 사회적 책임을 가지고, 선진국의 〈자동차 영업 중개사〉 자격증을 토대로 한국 시장에 맞는 효율적인 학습교재를 개발하였습니다.

✓ **둘째, 다양한 비즈니스 직군에서 요청하는 세일즈 매뉴얼입니다.**

선진국에서는 비즈니스에서 필요한 지식으로 이미지 메이킹, 세일즈 스킬, 협상, 고객응대 등 다양한 세일즈관련 교육내용을 글로벌 기업이 요구하고 있습니다. 향후 〈자동차 영업 중개사〉 자격증은 다양한 사회 직군과 특히, 4차 산업에 자율주행 및 인공지능과 관련한 최첨단 산업에 필요한 선진국형 자격증이 될 것입니다.

✓ **셋째, 취업보장과 높은 소득을 기대할 수 있는 선진국형 자격증 제도입니다.**

이미 선진국에서는 고객과의 매매 계약서를 작성하는 모든 사람에게 엄격한 자격제도를 도입하고 있습니다. 이와 관련해서 정부의 고용증대와 NCS 국가직무능력표준의 자동차 영업 직무가 개발됨에 따라 〈자동차 영업 중개사〉와 같은 자격증을 소지한 전문가가 국내자동차 및 수입자동차 세일즈 직군에 취업을 하거나, 중고차 매매 종사자들이 사회적 책임을 가지고 신뢰받을 수 있는 자격증으로 발전할 것입니다.

〈자동차 영업 중개사〉는 전문지식과 관련 법규를 근거로 하여 영업환경과 고객니즈를 조사하고 고객발굴, 상담, 계약, 차량인도, 신규 및 재구매 고객관리, 금융상품 안내, 판매 등의 업무를 하며, 앞으로는 한국도 선진국의 자동차 제도와 같이 〈자동차 영업 중개사〉 자격증 소지자가 전문성을 가지고 자동차의 판매와 유통구조에 종사함으로써, 고객이 안전하고 신뢰할 수 있는 영업환경과 자동차 유통문화를 만들어 갈 것입니다. 본서가 〈자동차 영업 중개사〉 자격시험 합격에 조금이나마 도움이 되길 바라며, 〈자동차 영업 중개사〉 자격시험을 준비하시는 모든 분들의 합격을 진심으로 기원합니다.

– 대표저자 한국자동차중개사협동조합 김영선

KADCA
한국자동차중개사 협동조합

● Korea Automobile Dealers Cooperative Association   (사)한국자동차중개사협동조합 http://www.kadca.or.kr

세일즈 트레이닝 &   자동차영업중개사   자동차 딜러학과   대학·중고자동차
교육 컨설팅   자격검정시험   교재   관련기관과의 연계사업

01 세일즈 트레이닝 & 교육 컨설팅
자동차 세일즈 컨설턴트를 위한 수입자동차 및 국내자동차 교육 컨설팅 및 매뉴얼 개발

02 자동차영업중개사 자격검정시험
자동차 신차 영업사원을 위한 자격검정과 교육 콘텐츠 개발

03 자동차 딜러학과 교재
국내 최초, 유일! 대경대학교 딜러학과 전공 교재

04 중고자동차 관련기관과의 연계사업
중고자동차 매매 자격증 도입의 공동노력 / 공동교육과정 개발 / 매매 자격검증제도 도입

영업 전문가를 위한 "자동차 영업 중개사" 자격제도 도입
: 자동차 매매시장 체질개선 및 변화 주도에 앞장선다.

자동차 영업도 전문 자격증 필요..
자동차 영업 중개사 첫 시험 2017년 12월 시행

한국은 세계 5위의 자동차 생산국으로 가구당 1.4대의 차량을 소유하고 있으며, 국내에 신차와 중고차 영업에 종사하고 있는 인력은 약 5만 명으로 집계된다. 국내의 자동차 영업시장은 온·오프라인에서 소비자를 기망하는 허위·과장광고 등으로 인해 소비자에게 직접적인 피해를 발생시키는 등 사회적 문제로 이슈화되면서 자동차 영업 딜러에 대한 신뢰성이 떨어지고 있는 실정이다.

(사)한국자동차중개사협동조합 김영선 이사장과 국내 유일 자동차 전문 딜러를 육성하고 있는 대경대학교 김송병 교수(자동차딜러과 학과장)는 자동차 영업에 따른 허위·과장, 소비자 피해 발생 등 사회적 문제를 해결하기 위해서 관련 전문가들과 집중연구를 진행하였다. 해당 연구를 통해 2015년 '김송병·류석희 외, 「자동차관리법」상 자동차매매업 규정에 관한 고찰 중고자동차매매업에 대한 개선방안을 중심으로' 논문을 발표하였고, 자동차 영업 중개사 자격제도에 대한 필요성을 제기한 바 있다.

또한 정부에서는 국가직무능력표준(NCS)에 '자동차영업' 직무 학습모듈 개발을 완료하여, 해당 분야에 취업을 희망하는 학생들이 대학 등에서 수강을 통해 실무에 즉시 적응할 수 있도록 교육 체질을 개선하여 시행하고 있다.

이에 발맞추어 한국자동차중개사협동조합은 자동차 관련 교수들과 실무 전문가로 구성된 집필진을 통해서 3년 동안 선진국에서 운영하고 있는 '자동차 영업 자격증 제도'를 한국 자동차 영업시장 환경과 법적규제에 맞추어 한국형 '자동차 영업 중개사' 자격증을 개발하였고, 2017. 12. '자동차 영업 중개사' 자격시험을 첫 시행하게 되었다. '자동차 영업 중개사' 자격시험 접수기간은 2017년 12월 10일까지이며, 시험은 2017년 12월 17일 서울 지역의 건국대학교와 대구 지역의 대경대학교에서 시행된다.

응시대상은 현재 자동차 영업인 현업 종사자, 고등학교·대학교에서 자동차 관련 학과 졸업생 및 졸업대상자로 자동차 중개사에 관심이 많고, 관련 분야로의 취업과 창업을 준비하고 있는 대상자 위주로 시험에 응시할 수 있다. 자동차 영업 중개사 자격검정은 1차, 2차 시험으로 구성되며, 필기시험(자동차 구조학, 자동차 금융, 자동차 계약 및 등록, 자동차 영업실무, 자동차 영업 상담기법 등)으로 구성되어 있다.

사단법인 한국자동차중개사협동조합 김영선 이사장은 "앞으로는 선진국의 자동차 제도와 같이 한국도 자동차 영업 중개사 자격증 소지자가 전문성을 가지고 자동차 판매와 유통구조에 종사함으로써, 고객이 안전하고 신뢰할 수 있는 영업환경과 자동차 유통문화를 만들어 갈 것이라 생각한다."고 전했다.

(사)한국자동차중개사협동조합에서는 그동안 자동차 영업의 관련된 정보나 전문서적이 없어 어려움을 겪었던 취업 희망자에게 '자동차 영업 중개사' 자격증 제도가 개발됨에 따라서 교육이나 취업의 기회가 보다 더 확대되고, 다양한 지원사업과 교육을 적극 확대하여 추진 및 운영한다는 방침이다.

"車 영업에도 전문성이 필요하다" 국내 첫 자격증제 도입
: 국내 최초 "자동차 영업 중개사 자격증" 제도 시행

한국에서도 자동차 영업 전문가가 소비자에게 전문적이고 신뢰도 높은 서비스 제공해야...

한국자동차중개사협동조합이 지난 2017년 12월 17일 〈제1회 자동차 영업중개사〉 민간 자격시험을 치렀다고 18일 밝혔다. 한국자동차중개사협동조합은 자동차 영업 전문가들이 모여 설립한 사단법인으로서, 지난 3년 간의 개발 과정을 통해 국내 최초로 자동차 영업중개사를 위한 자격증을 개발했다.

자동차 영업 부문은 정부 산하 한국산업인력공단의 국가직무능력표준 대상으로 인정, 산업현장의 직무를 수행하기 위한 지식과 기술, 태도 등의 내용을 체계화해 갖추고 있다.

현재 17회까지 자동차영업중개사 검정시험(1차/2차)을 진행하였고 **1,500명**의 합격자를 배출하여 국내 및 수입자동차 전시장에 전문영업직 및 중고차 매매사원으로 활동하고 있다. 여기엔 교수진과 개발진, 자동차 분야의 본부장과 지점장 등 현업 종사자를 비롯해 자동차 관련학과 졸업생들이 포함됐다. 대경대 김송병 교수(자동차딜러과 학과장)는 "학생들이 졸업을 하고도 자격증이 없어 관련 분야의 자격증 제도를 기다려 왔다"고 말했다. 또한 약 100개 자동차 회사와 산업협력을 통해 자동차영업중개사 검정시험을 통과한 자격증 취득자들을 우선 취업을 알선하고 자동차 전문가로서 일자리를 창출하고 있으며 전기자동차나 자율주행 등 미래산업에 대한 신기술 교육에도 협력하여 연구와 교육을 진행하고 있다.

조합은 자동차 선진국의 사례를 들며 전문 자격증 제도의 필요성을 강조했다. 실제 미국이나 캐나다, 유럽의 경우 자격증 시험제도를 통해 자동차 영업 종사원의 자격을 엄격히 관리함으로써 세금 납부의 투명성과 소비자 분쟁 최소화 등 긍정적인 효과를 거두고 있다. 이에 따라 한국에서도 자격증 소지자가 자동차 판매와 유통에 종사함으로써 소비자에게 전문적이고 신뢰도 높은 서비스를 제공해야 한다는 설명이다. 더불어 자동차 업계에도 전문화된 인력 공급이 가능해짐에 따라 고용 시장의 확대 및 안정화가 가능해질 것으로 내다봤다.

한국자동차중개사협동조합 관계자는 "자동차 영업 중개인 제도는 그동안 자동차 영업 관련된 정보나 전문 서적이 없어 어려움을 겪었던 취업 희망자에게 보다 구체적인 진로를 제시하고, 현업 종사자들에게는 직업의 자부심을 갖게 한다"며 "온라인과 오프라인 아카데미 설립으로 교육을 적극 확대할 것"이라고 말했다.

– 오토타임즈 오아름 기자 or@autotimes.co.kr

"선진국에서는 이미 엄격히 시행되고 있습니다"

자동차영업중개사
▼
신차 영업/중고차 매매 | 전문자격 취득

선진국에서는 자동차 매매 및 영업을 하기 위해서는 딜러들의 자격증 취득이 필수로 되어 있고, 전문적인 지식을 통해 소비자가 보호받고 안전하게 거래할 수 있는 전문화된 자격증 제도가 보편화 되어 있습니다. 한국자동차중개사협동조합(KADCA)은 현재 자격증 제도를 대학교 자동차딜러과 대상으로 도입하고 있으며, 현업에서 자동차 판매, 유통을 담당하는 자동차딜러에게 선진국의 자격증 도입과 교육 개발에 힘써오고 있습니다.

부동산 공인중개사 국가자격증 제도처럼 자동차 매매(영업)도 자격증 제도를 도입하여 현재 발생하고 있는 여러 가지 문제점을 해결하고 투명한 매매 실명제를 시행해야 합니다.
한국자동차중개사협동조합은 국가직무능력표준(NCS개발진)과 현업에서 15년 이상 몸담고 있는 전문가들이 주축이 되어 영업인의 전문가를 양성할 수 있는 교육 개발 및 자격증 제도화에 사회적 책임을 가지고 안전하고 공정한 자동차 매매 문화를 만드는 데 기여합니다.

자격제도 시행 사례
선진국의 자동차 판매 및 영업에 대한

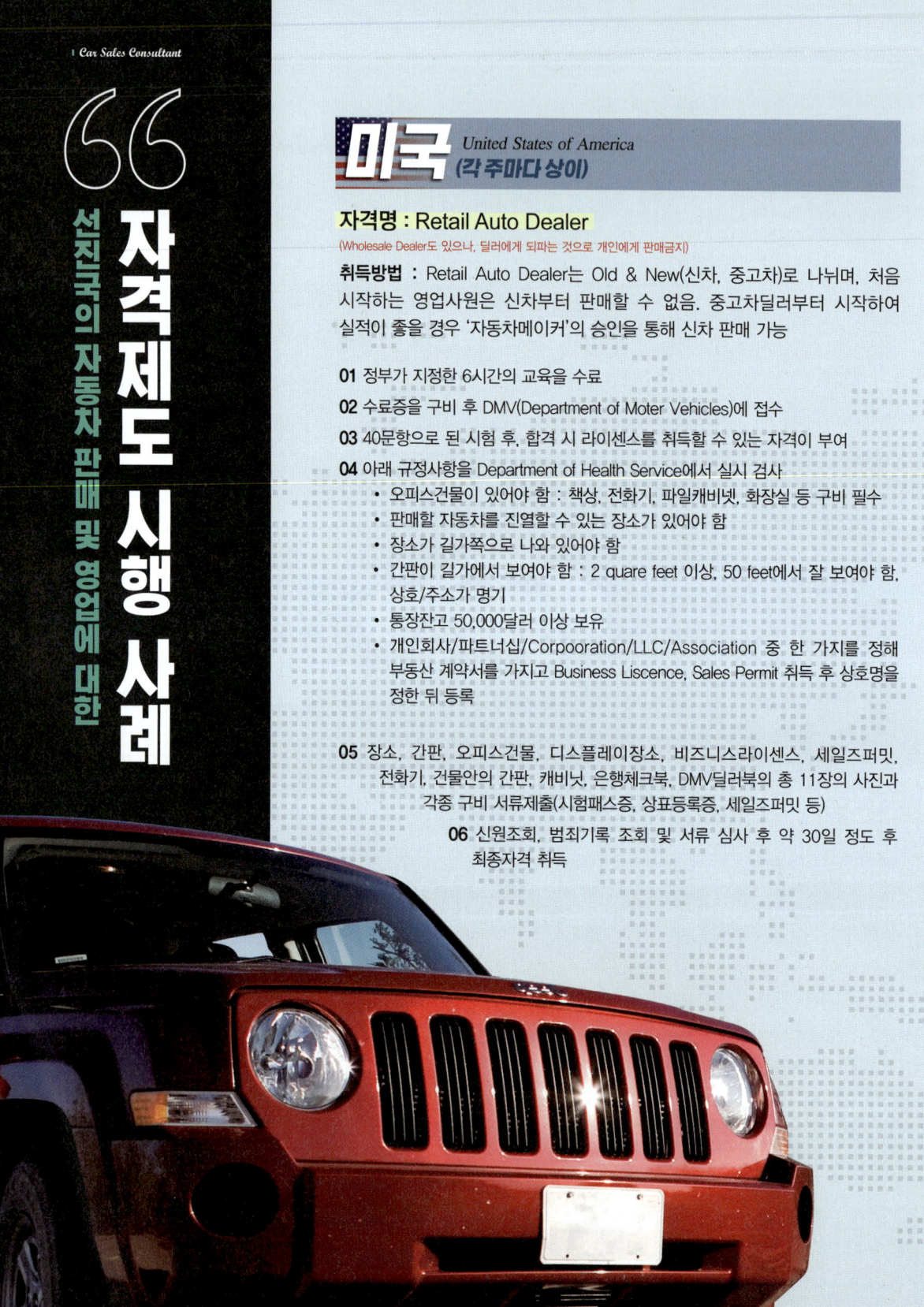

미국 United States of America
(각 주마다 상이)

자격명 : Retail Auto Dealer
(Wholesale Dealer도 있으나, 딜러에게 되파는 것으로 개인에게 판매금지)

취득방법 : Retail Auto Dealer는 Old & New(신차, 중고차)로 나뉘며, 처음 시작하는 영업사원은 신차부터 판매할 수 없음. 중고차딜러부터 시작하여 실적이 좋을 경우 '자동차메이커'의 승인을 통해 신차 판매 가능

01 정부가 지정한 6시간의 교육을 수료
02 수료증을 구비 후 DMV(Department of Moter Vehicles)에 접수
03 40문항으로 된 시험 후, 합격 시 라이센스를 취득할 수 있는 자격이 부여
04 아래 규정사항을 Department of Health Service에서 실시 검사
- 오피스건물이 있어야 함 : 책상, 전화기, 파일캐비넷, 화장실 등 구비 필수
- 판매할 자동차를 진열할 수 있는 장소가 있어야 함
- 장소가 길가쪽으로 나와 있어야 함
- 간판이 길가에서 보여야 함 : 2 quare feet 이상, 50 feet에서 잘 보여야 함. 상호/주소가 명기
- 통장잔고 50,000달러 이상 보유
- 개인회사/파트너십/Corpooration/LLC/Association 중 한 가지를 정해 부동산 계약서를 가지고 Business Liscence, Sales Permit 취득 후 상호명을 정한 뒤 등록

05 장소, 간판, 오피스건물, 디스플레이장소, 비즈니스라이센스, 세일즈퍼밋, 전화기, 건물안의 간판, 캐비넷, 은행체크북, DMV딜러북의 총 11장의 사진과 각종 구비 서류제출(시험패스증, 상표등록증, 세일즈퍼밋 등)

06 신원조회, 범죄기록 조회 및 서류 심사 후 약 30일 정도 후 최종자격 취득

캐나다 Canada (각 주마다 상이)

자격명 : Registered Salesperson
자격소지자의 직무내용 : 해당 자격증을 소지한 자만이 자동차 대리점에서 소비자를 대상으로 판매할 수 있음
응시자격 : 만 18세 이상의 세금 체납이 없는 자
시험과목

- Motor Vehicle Dealers Act, 2002 자동차딜러법
- Consumer Protection Act, 소비자보호법
- Regulations and practices governing purchase, sale and lease of motor Vehicles
- 자동차 구매, 판매 및 임대에 적용되는 규정과 관행
- Role of OMVIC 자동차 산업협회의 역할
- Contract requirements 계약관련 사항
- Disclosure requirements 개인정보 관리 사항
- Advertising requirements 홍보, 마케팅 관리 사항

합격기준 : 시험시간 90분 동안 객관식 60문제 중 60% 이상 통과
자격증 수령절차 : 신원조회보고서와 자동차인증과정(ABSC ; Automotive Business School of Canada) 수료증, 기타 구비서류를 수수료 $250과 함께 제출(2년마다 갱신 : 갱신수수료 $175)

영국 United Kingdom (각 주마다 상이)

자격명 : Vehicle Sales Apprenticeships
자격소지자의 직무내용 :

- 고객의 니즈를 파악하고 차량 기능에 대해 설명
- 고객에게 가장 잘 어울리는 차종 선택
- 시승 진행
- 신차 구매 시 보유 차량 처분에 가격협상 포함
- 현금구매 및 자동차 대출을 포함한 합리적인 금융상품 컨설팅
- 차량 옵션 및 AS에 대한 충분한 설명
- 구비서류 준비/접수 및 출고 전 차량점검
- 차량 재고 확인 및 발주

자격등급 : Intermediate level apprenticeship (중급), Advanced level apprenticeship (고급)
응시자격 : 만 16세 이상의 영국 내에서 취업이 가능한 자. 단, 풀타임 학생이 아니어야 함
취득방법 : 영국 정부가 정한 교육과 훈련과정을 수료한 자만이 취득가능, 등급에 따라 상이(1년~4년만에 취득가능)
자격증 취득 시 혜택 : 자격증 수료를 위한 교육과정 수강 중 취업가능, 급여와 휴가, 직업에 대한 지식 및 정보습득 가능, 관련 업무경력이 많은 직원과 근무 가능, 자동차 영업사원 처음 일하기 위한 필수과정

자동차 영업 중개사 시험정보

자격명 : 자동차영업중개사 (Car Sales Consultant)

차량 판매를 위해 자동차 지식은 물론 그와 관련된 기본적인 지식을 바탕으로 영업환경과 고객 니즈를 조사, 고객발굴, 상담, 계약, 차량인도, 신규 및 재구매 고객관리, 금융상품 안내, 판매 등을 수행하며, 단순한 판매만이 아닌 고객에게 가장 최적합 자동차를 설계·컨설팅하는 직무이다.

※ 자동차영업중개사 1차 시험 합격 후, 2차 시험 자격 부여
※ 1, 2차 모두 합격하여야 최종 합격

자동차영업중개사란?

자동차의 전문적인 지식과 관련법규를 근거로 하여 전문성·사회성·신뢰성·성실성 및 윤리성을 바탕으로 영업환경과 고객의 니즈를 조사하고 고객발굴, 상담, 계약, 차량인도, 신규 및 재구매 고객관리, 금융상품 안내, 판매 등을 수행합니다. 단순한 판매만이 아닌 고객에게 가장 최적합 자동차를 설계·컨설팅하는 업무를 시행하는 실무능력을 갖춘 전문가로서, '자동차영업중개사' 민간자격 검정시험에 합격하여 자격을 취득한 자를 말합니다.

도입배경

자동차 판매 및 영업에 대한 체계적인 교육도 받지 않고, 역량이 검증되지 않은 비전문가에 의한 업무처리로 신뢰성이 결여되고, 여러 가지 문제점들이 발생하고 있는 것이 현실입니다. 현재 우리나라는 세계 5위의 자동차 생산국으로 세대 당 1.4대의 차량을 소유하고 있으며, 자동차가 없으면 생활할 수 없는 상황이 된 것에 비해 자동차 영업, 매매에 대한 전문가는 많지 않습니다. 부동산을 중개할 때 중개사 제도가 있어 안심하고 매매할 수 있는 안전하고 믿을 수 있는 문화 및 유통시장 형성을 위해서 선진국에서는 이미 실시하고 있고, 우리나라도 꼭 필요한 제도가 바로 '자동차영업중개사' 자격입니다.

자격취득 기대효과

전문인에 의해 소비자가 안전하게 보호받으며 거래가 가능하게 함으로써, 자동차 영업인의 위상을 높이고, 자동차 산업에서 유통 분야의 주요한 역할을 담당하는 전문직이 될 것입니다.

접수기간 및 시험일시

접수방법 : 한국자동차중개사협동조합 홈페이지 접수 (www.kadca.or.kr)

■ 응시자격

1차 시험 응시대상	2차 시험 응시대상
연령 18세 이상 / 학력 고졸 이상	1차 자격시험 합격자
기타사항 : 한국자동차중개사협동조합이 운영하는 교육훈련(온라인)과정을 8시간 이상 이수한 사람	

■ 수험번호 : 원서 접수 후 익일 홈페이지에서 확인 가능

■ 응시장소
원서접수를 하실때 시험장소를 선택하실 수 있으며, 홈페이지에서 "마이페이지 〉진행 중인 접수내역"에서 수험표를 출력과 함께 시험장소도 확인하실 수 있습니다.

■ 응시장소 확인
❶ 응시지역은 신청하신 지역과 다를 수 있습니다.
❷ 응시장소 배정은 응시 희망지역 또는 타지역의 시험장으로 배정될 수 있으며 개별적으로 안내 문자가 발송됩니다.

■ 응시원서 비용
❶ 1차 시험 : 55,000원 (부가세 포함)
❷ 2차 시험 : 110,000원 (부가세 포함)

■ 응시료 입금계좌 : 국민은행 096301-04-075097 / (예금주 : 사단법인 한국자동차중개사협동조합)
❶ 응시료 입금시 "응시자명, 접수일자"로 입금해 주시기 바랍니다.(예시 _ 홍길동 171125)
❷ 2차시험 응시료는 1차 시험 결과 발표 후, 합격자에 한하여 입금해 주시기 바랍니다.
(한국자동차중개사협동조합 홈페이지 게시 예정)
❸ 금요일, 주말, 법정 공휴일 응시자는 익일 확인 가능합니다.

자동차 영업 중개사 시험정보

시험과목

자격종목	등급	검정방법 (과목수)	검정과목(과목수)	시험형태 및 문항 수	
자동차영업중개사	단일등급	1차 필기시험 (6과목)	1. 자동차 영업 입문 (고객응대 예절 포함)	객관식 (4지선다형)	80문항
			2. 자동차 시장분석		
			3. 자동차 제품 숙지		
			4. 세일즈 프로세스		
			5. 중고차 매매(매입)		
			6. 자동차매매 관련 법령		
		2차 필기시험 (6과목)	1. 자동차 관련 용어	주관식 + 객관식 (4지선다형)	70문항
			2. 고객 상담(계약)		
			3. 고객 관리		
			4. 세일즈 스킬		
			5. 자동차 경·공매 및 중고차 중계대상을 광고		
			6. 폴리트 세일		
시험점수					

- 1차 시험 : 객관식 80문제(1.25점) - 100점 만점
- 2차 시험 : 객관식 40문제(1점) + 주관식 30문제(2점) - 100점만점
- 교재 및 문제은행/온라인강좌에서 출제예정입니다.

■ 자격검정 합격결정 기준

❶ 1차 시험 과목당 100점 만점 기준, 평균점수가 60점 이상인 자
❷ 2차 시험 100점 만점 기준 60점 이상 자를 합격자로 결정
❸ 1차 시험과 2차 시험에 모두 합격한 자를 최종 합격자로 결정

■ 환불 기준

- 응시료 100% 환불 : 원서 접수 기간
- 응시료 50% 환불 : 접수 마감 다음날 ~ 시험 하루 전 까지
- 응시료 환불 불가 : 시험 당일 요청 혹은 불참

※ 환불 신청은 신분증 사본과 본인 명의 계좌를 제출

■ 소비자 공지 사항

자동차영업중개사 자격은 자격기본법 규정에 따라 등록된 민간자격입니다. 민간자격 등록에 대한 상세내용은 민간자격정보서비스(www.pqi.or.kr)의 '민간자격 소개'란을 참고하여 주십시오.

■ 문의사항

- 발급기관 : 한국자동차중개사협동조합
- 자격명 : 자동차영업중개사
- 홈페이지 : www.kadca.or.kr
- 소재지 : 서울시 서초구 바우뫼로 175 창덕빌딩 2층 한국자동차중개사협동조합
- Tel 02-717-5656, 010-9011-6992   Fax 02-796-5575   E-mail kadca@kadca.or.kr

이 책의 구성과 특징

실제 출제되는 과목별로 이론을 구성하였으며, 중요한 이론과 핵심내용을 지식IN 박스에 실어 강약 있게 학습할 수 있도록 효과적으로 구성하였습니다.

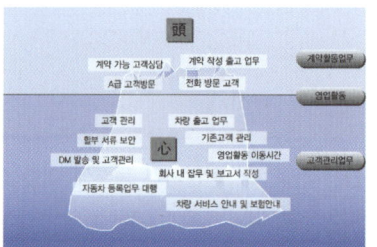

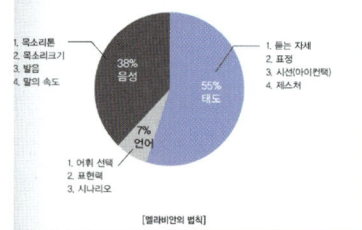

"왜 <자동차영업중개사 기본서>로 공부해야 할까요?"

▶▶▶▶▶ 01 자동차영업중개사 자격증, 시대고시기획에서 최초로 시작!

<자동차 영업 중개사> 기본서는 자동차 관련 교수진들과 NCS 개발진 및 자동차 영업 교육에 몸담고 있는 최고의 전문가들이 주축이 되어, 선진국의 <자동차 영업 중개사> 자격증을 토대로 한국 시장에 맞게 개발된 효율적인 학습교재입니다.

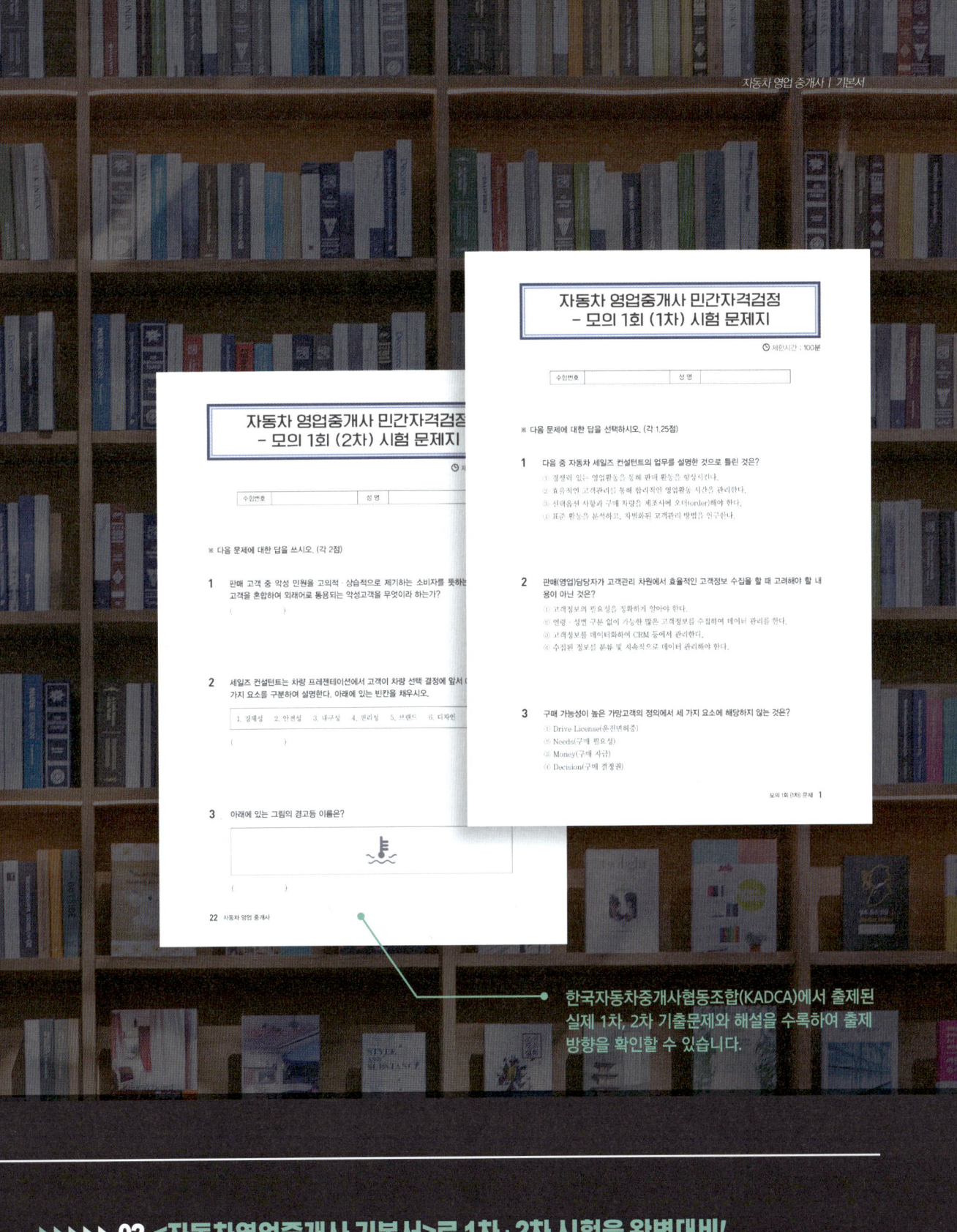

▶▶▶▶▶ **02 <자동차영업중개사 기본서>로 1차·2차 시험을 완벽대비!**
1차·2차 시험 모든 과목의 "핵심이론"과 한국자동차중개사협동조합(KADCA)에서 직접 제공한, 실제로 출제되었던 "기출문제 + 명쾌한 해설"을 수록하여 알차게 구성된 도서입니다.

Contents

PART 01　자동차 영업 입문 ········004
PART 02　자동차 시장분석 ········024
PART 03　자동차 구조와 제품숙지 ········046
PART 04　미래자동차 ········094
PART 05　세일즈 프로세스 ········118
　　1 최초 고객응대 ········118
　　2 고객 니즈 파악 ········134
　　3 차량 프레젠테이션 ········142
　　4 시승 ········159
　　5 계약상담 ········161
　　6 금융상담 ········168
　　7 자동차 인도에서 출고 ········191
　　8 사후관리 ········202
PART 06　고객관리 ········208
PART 07　세일즈 스킬 ········250
PART 08　자동차 세금 및 등록 ········290
PART 09　플리트 영업 ········324
PART 10　중고자동차 매매 ········342
PART 11　자동차 관련 용어 ········410

▶ 부록 - 자동차영업중개사 모의고사 5회
　　01 모의고사 1회 ········02
　　02 모의고사 2회 ········41
　　03 모의고사 3회 ········80
　　04 모의고사 4회 ········118
　　05 모의고사 5회 ········155
　　06 1회 정답 및 해설 ········193
　　07 2회 정답 및 해설 ········204
　　08 3회 정답 및 해설 ········214
　　09 4회 정답 및 해설 ········226
　　10 5회 정답 및 해설 ········237

자동차영업중개사 1차·2차 시험 완벽 대비

자동차 영업중개사

PART 01

자동차 영업 입문

기정(棄井)
한 번 마음먹은 일은 포기하지 마라.
– 맹자(孟子)

01 세일즈 컨설턴트의 정의 .004

02 세일즈 컨설턴트의 역할과 자질 .005

03 세일즈 컨설턴트의 예절과 이미지 메이킹 .011

04 세일즈 컨설턴트의 유형 .014

05 세일즈 컨설턴트의 자기관리 .016

06 성공적인 세일즈를 위한 분위기 조성 .017

07 전시장 영업 준비하기 .019

★ THE 알아보기 .020

PART 01 자동차 영업 입문

1 세일즈 컨설턴트의 정의

자동차의 세일즈 마케팅 활동의 주역은 '세일즈 컨설턴트(Sales Consultant)'이다. 세일즈 컨설턴트는 자동차의 영업 철학과 영업 전략으로 무장하고, 계획적이고 과학적인 방문활동의 기본조건을 갖추어 영업 전선을 공략하여야 한다.

세일즈 컨설턴트는 고객을 직접 만나 고객의 욕구와 의견을 들어 시장에 맞는 대책과 방법을 강구하며, 자기의 영업활동에 기초가 되는 고객관리 활동을 한다. 즉 세일즈 컨설턴트는 '리서치맨(Research Man)'이다.

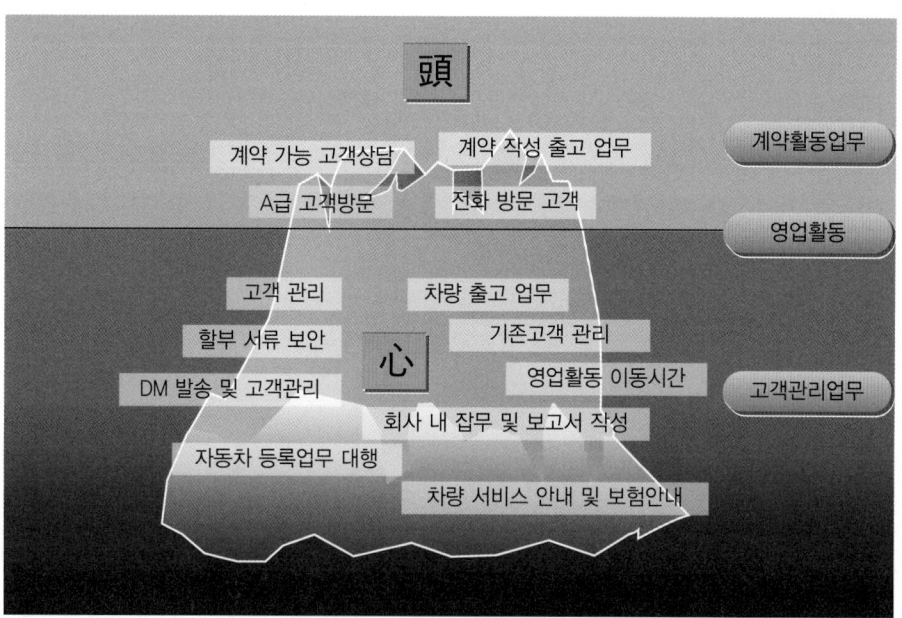

[세일즈 컨설턴트의 영업활동 분석]

2 세일즈 컨설턴트의 역할과 자질

(1) 세일즈 컨설턴트의 역할

① 회사를 대표하는 사람이다.

세일즈 컨설턴트는 고객을 만나 판매 계약을 체결하는 중요한 위치에 있다. 세일즈 컨설턴트의 판매활동은 회사의 신용과 직결되므로, 항상 회사의 책임자 위치에서 고객에게 신뢰감을 줄 수 있어야 한다.

② 수요를 창출한다.

세일즈 컨설턴트는 항상 차를 필요로 하는 고객만 만나는 것이 아니다. 차에 무관심하거나 타사의 차를 가지고 있는 고객도 만난다. 따라서 자사의 자동차를 가진 고객에게는 고객유치 활동으로, 타사의 차를 가지고 있는 고객에게는 자사 자동차의 우위성과 효용성을 인식시키고 끊임없이 수요를 창출해야 한다.

③ 시장조사 및 정보를 수집한다.

오늘날과 같이 빠른 정보화 시대에 자동차에서의 영업 방법은 정보가 최우선이다. 특히 영업활동은 정보로부터 출발한다. 세일즈 컨설턴트 자신의 영업활동에는 물론, 회사의 전략과 기술 그리고 대리점 영업 방침에 필요한 고객의 욕구, 경쟁사의 동향, 수요의 변화 등에 관한 조사는 매우 중요하다. 따라서 세일즈 컨설턴트는 정보력에 강해야 한다.

 지식 IN

세일즈 컨설턴트의 10가지 기본정보
- 경쟁사의 모든 제품에 대한 분석 및 제품 비교
- 경쟁사의 판매정책 및 판매조건
- 경쟁사의 신차 출시예정
- 경쟁사의 리콜 및 클레임
- 경쟁사의 판매동향
- 경쟁사의 세일즈 포인트, 위크포인트
- 경쟁사의 재고 현황
- 경쟁사의 신차 가격 및 가격인상/인하 변동
- 경쟁사의 옵션 비교
- 경쟁사의 불편을 호소하는 문제점

④ 이익을 획득한다.

영업은 회사의 최대 이익을 획득하는 부분으로서, 세일즈 컨설턴트는 극심한 판매경쟁 속에서 판매질서와 판매조건을 지켜 이익을 창출하는 이익 책임자임을 잊어서는 안 된다.
  ㉠ 매출액의 증대 : 차량판매, 액세서리 및 기타 차량관련 옵션 판매
  ㉡ 세일즈 캠페인 조건판매 : 이익증대, 이손방지

⑤ 고객에게 좋은 카-컨설턴트가 된다.

프로 세일즈 컨설턴트는 차만을 팔아서는 안 된다. 고객에게 만족감을 주어야 하고, 차량지식과 정비지식을 몸에 익혀 고객의 좋은 상담파트너가 되어야 한다. 즉, 물적 서비스와 정신적 서비스를 완전히 수행해야 한다는 것이다.

⑥ 고객을 대변한다.

고객의 의견, 요망, 불평 등을 들어주고 문제가 개선되도록 하여야 한다. 특히 회사의 영업 방침, 광고, 상품가격이나 조건, 타 경쟁사와의 비교에서 오는 불평, 기타 회사에 대한 사소한 요망까지도 들어주어 고객의 이익으로 돌아갈 수 있게 제안해야 한다. 현재 Customer Report에 의하면, 고객은 세일즈 컨설턴트에게 많은 개선을 요구하고 있다.

(2) 세일즈 컨설턴트의 자질

자동차 시장의 치열한 경쟁 속에서 살아남을 수 있는 열쇠는 유능한 세일즈 컨설턴트를 얼마나 육성하고 확보하느냐에 달려있다. 특히, 자동차를 소유한 고객 중에는 많은 상품지식을 가지고 있어 상품지식 및 제품 설명에 있어 우수한 세일즈 컨설턴트의 컨설팅이나 상담을 요한다. 딜러로서는 한국 시장에서 우수한 영업력과 자질을 지닌 세일즈 컨설턴트를 찾는 것이 결코 쉬운 일이 아니다.

세일즈 컨설턴트란 상품지식 및 판매기법이 뛰어나고 고객관리를 최우선으로 하며, 고객의 니즈(needs)를 잘 이해할 수 있고 한국의 자동차 세일즈 컨설턴트 중에 가장 우수하다고 평가할 수 있는 능력과 자질을 요구한다.

"뛰어난 세일즈 컨설턴트는 만들어지는 것이다."라는 말이 있듯이, 훌륭한 세일즈 컨설턴트는 운명적으로 태어나는 것이 아니다. 세일즈 컨설턴트의 능력과 전문성은 처음부터 타고나기 보다는 끊임없는 능력 개발과 성격 함양으로 이루어진다고 할 수 있다.

(3) 세일즈 컨설턴트에게 요구되는 조건

① 영업능력
- ㉠ 고객에게 주목과 흥미를 끌 수 있는 능력
- ㉡ 고객의 구매동기를 이해하는 능력
- ㉢ 고객을 설득하고 협상하는 능력
- ㉣ 고객의 자질에 걸맞은 사교와 친절성
- ㉤ 풍부한 상품지식과 판매기법

차를 파는 방법
- 금융상품
- 고객응대
- 사용요령
- 계약요령

차량 정보
- 제품지식
- 경쟁사 비교 제품설명
- 자동차의 장점
- 고객들이 선호하는 차

영업 경험
- 고객발굴
- 신규개척
- 상담스킬
- 영업의 노하우

② 자기관리능력
- ㉠ 강한 성공에의 야심과 자신감
- ㉡ 강한 근로의욕과 근면의 습관
- ㉢ 금전에 대한 높은 욕구
- ㉣ 과감한 결단력과 용기
- ㉤ 높은 신뢰성과 진실성
- ㉥ 목표에 대한 책임감과 장해에 대한 도전
- ㉦ 건강과 자기단련

③ 지식과 기술능력
  ㉠ 일을 조직화하는 능력
  ㉡ 계획능력, 비판력, 관찰력
  ㉢ 모든 자동차에 대한 관심과 연구
  ㉣ 일반상식과 교양
  ㉤ 지식욕, 습득한 것을 이해하고 기억하는 능력
  ㉥ 변화에 대처하는 탄력적인 사고력
  ㉦ 컴퓨터를 다루고 활용하는 능력

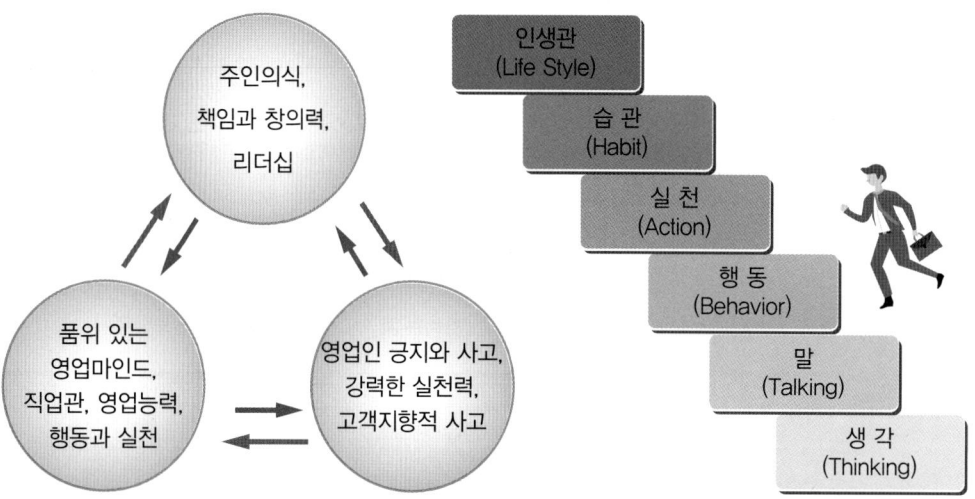

[성공하는 사람의 습관 : 좋은 습관이 최고의 프로 세일즈를 만든다]

(4) 자동차 세일즈 트레이닝(Sales Training)의 필요성

현재 영업 경험을 토대로 본인의 영업능력이 상위그룹에 도달할 수 있도록 영업기법을 습득하고, 현재의 원인을 분석하여 최적의 고객관리 방법을 습득하는 데 있다.

① 경쟁력 있는 영업활동을 통해 판매활동을 향상시킨다.
② 효율적인 고객관리를 통해 합리적인 영업활동 시간을 관리한다. – "성공은 시간과의 싸움"

[영업활동 시간 관리의 5가지 법칙]

③ 프로 세일즈 컨설턴트의 표준 활동을 분석하고, 차별화된 고객관리 방법을 연구한다.

[개선에 필요한 요소]

(5) 세일즈 컨설턴트의 비전

세일즈의 꽃이라 불리는 자동차 세일즈 컨설턴트야 말로 능력 있고 의욕을 가진 사람이라면 도전해 볼 만한 직업이다. 비교적 자유로운 영업활동에서 스스로의 노력으로 만족할 만한 자동차 세일즈를 이룩하는 것, 모든 영업인이 한번쯤은 도전하고 싶은 직업이다.

① 고소득을 안정적으로 얻을 수 있다.

노력만 하는 세일즈 컨설턴트라면 수년간 판매실적과 고객관리로 기존고객의 재구입과 소개 판매만을 통해 높은 계약과 소득을 유지할 수 있다.

② 세일즈 업계의 최고 전문가가 될 수 있다.

자동차 세일즈를 통해 얻은 경험과 노하우 그리고 인맥 등은 어떤 다른 분야의 세일즈에도 활용할 수 있어 프로 세일즈 컨설턴트의 학교라고도 불린다. 또한 자기 사업이나 이벤트, 교육, 컨설팅 분야에서도 노하우를 발휘할 수 있다.

③ 프로의식을 통해 적극적이고 도전적인 사람으로 변할 수 있다.

프로 세일즈 컨설턴트는 봉급쟁이의 근성과 다르다. 프로는 훨씬 더 높은 목표 달성의 욕구와 직업적 전문가로서의 열의 그리고 근성이 있다. 따라서 고객을 보다 적극적이고 도전적으로 변하게 한다.

④ 자동차딜러계의 선두주자가 될 수 있다.

프로 세일즈 컨설턴트는 전문딜러로서 자신의 능력을 최대한 발휘하고 또 노력한 만큼의 대가와 보람을 얻게 된다. 영업능력이 뛰어난 세일즈 컨설턴트를 찾는 것은 현재 모든 딜러의 큰 과제이다. 우수한 영업능력이 있으면 대리점을 운영할 수 있는 조건의 선두주자가 될 수 있다.

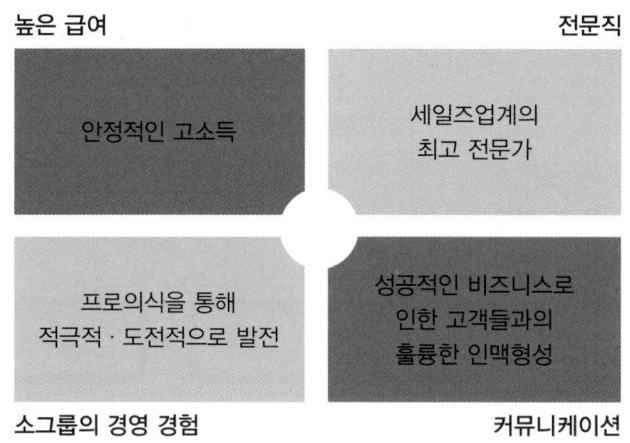

[세일즈 컨설턴트의 비전]

3 세일즈 컨설턴트의 예절과 이미지 메이킹

자동차 고객은 한국에서 성공한 사람으로서 회사총수부터 전문직업인, 의사 및 연예인 등 권위와 부, 명성을 가지고 있다. 그리고 많은 승용차를 소유한 경험이 있는데, 세일즈 컨설턴트의 주요업무는 고객을 만나 상품의 구매를 설득하는 것이다. 대부분의 고객은 좋은 제품과 좋은 판매조건으로 자동차 구매에 있어 최고의 만족을 기대한다. 고객은 세일즈 컨설턴트의 신뢰할 수 있는 자격과 상담을 요구하며 구매 후 지속적인 고객관리를 할 수 있는가에 대한 책임감을 중요시 한다. 다시 말해서, 고객은 상품보다 먼저 세일즈 컨설턴트를 신뢰하는 것이다. 이것은 "상품을 팔기 전에 우선 세일즈 컨설턴트 자기 자신을 팔라"는 세일즈 명언에 그 뜻이 잘 나타나 있다고 할 수 있다.

(1) 용모를 단정히 하고, 예절에 각별히 신경 쓴다.

고객의 관심을 끄느냐 그렇지 못하느냐는 고객을 처음 대면하는 순간 결정된다. 때문에 세일즈 컨설턴트의 첫인상은 무엇보다도 중요하다. 고객의 관심을 끌고 호감을 줄 수 있는 표정, 태도, 복장, 말씨 등 예절에 각별히 신경을 써야 하며, 고급 사교에 대한 이해의 폭을 넓혀야 한다.

① 양복

㉠ 가능하면 짙고 무난한 색, 화려한 원색은 피한다.
㉡ 줄이 선 바지가 좋으며, 길이는 구두 위를 가볍게 닿을 정도가 좋다.

② 넥타이

짙은 파란색은 신뢰감을, 녹색 계통은 지적인 이미지를 심어준다.

③ 와이셔츠

　㉠ 색상은 백색이나 옅은 색이 좋다.
　㉡ 손목은 청결하게 하며, 잘 다려 입는 것이 좋다.
④ 액세서리

　㉠ 지나치게 반짝이는 장신구는 피한다.
　㉡ 명찰과 배지를 착용하고, 수첩과 펜은 항상 휴대한다.
⑤ 구 두

　㉠ 캐주얼화는 피하고, 검정색이나 짙은 갈색이 좋고, 항상 윤기가 나도록 관리한다.
　㉡ 여성의 경우 오픈토(Open Toe), 샌들(Sandal)은 피한다.
⑥ 벨 트

　검정이나 짙은 갈색이 좋고 요란한 버클은 피한다.

⑦ 양 말

　㉠ 구두와 동일한 색 계통이 좋으며 밝은 색은 피한다.
　㉡ 양복에 스포츠 양말은 피한다.

(2) 자사 브랜드에 대한 확신과 태도를 보여준다.

자사의 제품에 대한 자신감을 갖는 것이 매우 중요하다. 자신감은 세일즈 컨설턴트를 당당하게 만들고, 고객은 그러한 세일즈 컨설턴트의 태도를 신뢰하게 될 것이다.

(3) 고객의 장점을 찾아내고 고객을 이해한다.

주 고객은 개성이 강하고 고집이 있기 때문에, 결점을 발견했다 하더라도 그것을 언급하지 말고 인정하면서 기회를 보아 반대극복의 정확한 설명으로 화제를 이끌어간다.

(4) 고객의 흥미나 관심사를 잘 알아둔다.

고객의 관심사나 개인적인 흥미에 대한 정보를 가지고 고객 중심의 이야기를 화제로 삼는다. 예를 들어, 스포츠카를 이야기 하는 고객은 상품지식이 풍부하므로 자사의 제품 특징을 정확하게 설명해야 한다. 전 세계의 차종을 비교하여 설명할 줄 알고, 정치·경제 전반에 관한 시사적인 지식에도 해박해야 한다.

(5) 고객의 이야기를 경청한다.

고객의 이야기를 듣는 것은 세일즈의 세계에서 매우 중요하다. 그러기 위해서는 대답하기 좋은 질문을 던지며, 고객 자신이 흥미를 가지고 이야기할 수 있도록 맞장구를 친다. 세일즈 컨설턴트는 훌륭한 경청자가 되어야 한다. "듣기 7 : 말하기 3"은 세일즈 대화의 기본이다.

(6) 간결한 설명과 질문을 활용한다.

세일즈 컨설턴트는 설명하는 것이 아니라 '설득하는 것'이다. 그러기 위해서는 질문을 활용하여 고객의 니즈(needs)를 이해하고 요점을 분석하여 설득하여야 한다.

(7) 고객이 원하는 완벽한 자료를 준비한다.

세일즈 컨설턴트는 언제 어디서나 고객이 신용할 만한 자료(카탈로그, 견적서, 신문기사, 시승차 등)를 제시하고 오감을 활용하여 대화를 이끌어야 한다.

(8) 세일즈 컨설턴트는 성실해야 한다.

성실이란 고객과의 약속을 반드시 지키는 것이며, 또한 시간 약속을 지키는 것을 말한다.

4 세일즈 컨설턴트의 유형

운동경기에 스포츠맨십이 있듯이, 세일즈 컨설턴트에게는 '프로 세일즈 컨설턴트십'이 있다. '세일즈 컨설턴트십'이란 세일즈 컨설턴트의 임무, 역할, 행동방식, 영업개발능력, 자기개발능력 등을 말한다. 다시 말해, 세일즈 컨설턴트는 풍부한 인간성과 치밀한 과학성이 함께 요구된다. 고객을 설득하기 위해서는 인간성이 필요하며, 고객을 설득하는 기술에는 과학성이 필요하다.

자기관리능력

과학적인 영업

좋은 인간미

우수한 세일즈 컨설턴트가 되기 위해서는 첫째, 가치 있는 목표를 설정하고, 목표달성에 대한 의지가 강하며 둘째, 세일즈 컨설턴트에 대한 직업관, 자부심, 의지력, 성격, 특성, 신념 등의 정신적인 면에서 강해야 한다. 끝으로 끊임없는 자기관리를 통한 건강한 신체적 능력이 있어야 한다. 일반적으로 우수한 프로 세일즈 컨설턴트의 특성을 저능률 세일즈 컨설턴트와 비교해 보면 다음과 같다.

[우수/저능률 세일즈 컨설턴트의 유형]

구 분	우수 세일즈 컨설턴트의 유형	저능률 세일즈 컨설턴트 유형
직업관	• 천직으로 안다. • 자긍심이 뛰어나다. • 프로의식이 강하다.	• 할 수 없이 한다. • 자신감이 없다. • 샐러리맨 의식이 있다.
목표의식	뚜렷한 장단기 목표가 있다.	목표의식이 없고 늘 바뀐다.
계획성	풍부하고 완벽하게 준비한다.	그날그날 되는대로 생각한다.
실행력	반드시 해내는 행동력이 있다.	생각만 있고 실행하지 못한다.
지속력	끈기 있고 집착력이 강하다.	작심삼일로서 쉽게 단념을 한다.
인간적 매력	매력이 있고 사람들을 좋아한다.	매력이 없고 사람들을 싫어한다.
자기관리	능숙하고 절제를 한다.	아무지지 못하고 느슨하다.
실적관리	변명하지 않고, 실적이 좋아도 자만하지 않는다.	책임전가를 잘하고 변명도 잘하며, 자기반성이 결여되어 있다.
시간관리	시간관념이 철저하다.	시간관념이 없다.
외 모	늘 깨끗하고 명랑하다.	늘 지저분하고 흐릿하다.
테크닉	늘 연마하고 개발한다.	공부도 안하고 관심도 없다.
사고방식	• 적극적 사고, 낙관적 사고 • 긍정적 사고, 성취적 사고 • 창조적 사고, 실천적 사고	• 소극적 사고, 비관적 사고 • 부정적 사고, 모방적 사고 • 우유부단의 사고, 보수적 사고
사내 인간관계	사내 인간관계가 좋다.	사내 인간관계가 나쁘다.
고객관리	지속적으로 관리를 잘한다.	한번 팔면 끝이다.
고객개척	다양한 개척방법을 개발한다.	호의적인 고객만 골라 다닌다.
고객만족	고객을 진정으로 섬기고, 감사하는 마음으로 대한다.	고객을 깔보며 돌아서서 욕한다.

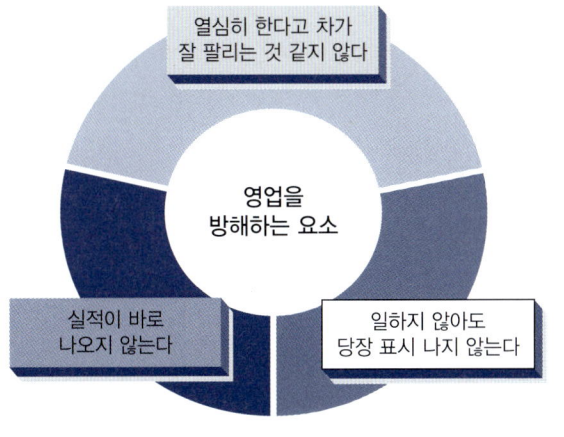

[자동차 영업을 어렵게 하는 3요소]   [자동차 영업전략]

5 세일즈 컨설턴트의 자기관리

(1) 세일즈 컨설턴트의 문제

사회는 사고 파는 것의 연속이다. 세일즈 컨설턴트는 자동차 영업에 있어 인간관계에 따른 사회활동의 연속으로 많은 스트레스와 목표달성에 대한 책임과 압박감에 불안정 할 수 있다. 세일즈 컨설턴트의 동기부여와 자기관리는 이런 문제의 인식에서부터 출발한다.

① 사회적 인식
  ㉠ 자존심이 상실되는 경우가 많다.
  ㉡ 고독한 승부의 연속이다.
  ㉢ 피해의식과 열등의식이 많다.
  ㉣ 고용과 수입에 대한 불만이 많다.

② 회사 내의 인식
  ㉠ 목표 달성에의 압박감
  ㉡ 딜러 사이에서의 경쟁심리
  ㉢ 브랜드별 근무조건에 대한 차별
  ㉣ 잦은 이직으로 인한 불안정
  ㉤ 전문 직업관 결여

③ 세일즈 컨설턴트 자신
  ㉠ 기획력, 추진력, 수리력이 부족하다.
  ㉡ 세일즈 컨설턴트는 말만 잘한다는 고정관념이 있다.
  ㉢ 목표에 쫓겨 계획성이 부족하고, 스트레스를 많이 받는다.
  ㉣ 업무가 외근 중심이므로 자료정리나 정보관리에 약하다.
  ㉤ 자기절제나 자기관리가 약하다.

(2) 세일즈 컨설턴트의 동기부여

① 세일즈 컨설턴트에 대한 사회적 인식, 회사 내의 문제, 그리고 세일즈 컨설턴트 자신의 문제 등에 대해 회사나 관리자는 지속적으로 동기부여를 해야 한다. 일반적으로 세일즈 컨설턴트의 공통적인 심리는 다음과 같다.
  ㉠ 안정을 추구하는 마음 : 안정된 생활을 위한 적정급여와 일괄적인 인센티브
  ㉡ 공정을 구하는 마음 : 급여, 대우, 규정과 제도의 공정성
  ㉢ 인정해주기를 바라는 마음 : 자신의 능력과 업적의 인정
  ㉣ 자주를 구하는 마음 : 자기재량과 판단에 의한 일의 수행

⑩ 진보와 향상을 바라는 마음 : 업적, 능률, 승진, 자기개발
② 세일즈 컨설턴트의 동기부여에는 목표달성에 대한 만족감, 인센티브, 자신의 능력에 대한 인정, 성취감 등 여러 요인이 있다. 또한 회사 내에서는 세일즈 컨설턴트의 건의와 세일즈 컨설턴트의 중요성에 대해 관리자의 관심이 요구된다. 특히 세일즈 컨설턴트를 위한 회의개최, 세일즈 컨설턴트 캠페인을 실시하여 세일즈 컨설턴트에 걸맞은 본사 견학, 각종 모터쇼 참가 등 국제화의 참여를 원하며 전문 직업인으로 인정해주기를 바란다.
③ 세일즈 컨설턴트들은 급료에 의한 동기부여가 높으며, 진급할 수 있는 기회도 영업실적에 의해서 관리직과 차별화되기를 바란다. 이러한 동기부여 가운데 금전적 보상은 연령이 많거나, 장기근속 또는 가족이 많은 세일즈 컨설턴트에게 더 가치가 있으며, 안정, 호의와 존경, 성취감은 미혼의 젊은 세일즈 컨설턴트에게 더 가치가 있다.

시간을 알려주는 사람, 시계를 만드는 사람

경영자는 시간을 알려주는 사람이 아니라, 시계를 만드는 사람이다. 한번만 시간을 알려 주는 사람보다는, 그가 죽은 후에도 계속 시간을 가르쳐 줄 수 있는 시계를 만드는 사람이 훨씬 가치 있는 일을 하는 사람이다. 뛰어난 아이디어를 가졌거나 카리스마적인 지도자가 되는 것은 '시간을 알려주는 것'이고, 한 개인의 일생이나 제품의 라이프 사이클을 뛰어넘어 오랫동안 번창할 수 있는 기업을 만드는 것은 '시계를 만드는 것'이다.

― 짐 콜린스, Built to Last

---

6 성공적인 세일즈를 위한 분위기 조성

(1) 고객 접점 직원(Valet 직원, Receptionist, 세일즈 컨설턴트) 역할 확인

① Valet 직원
  ㉠ 차량 정차 후 인사를 건넨 뒤, 첫 방문인지 문의한다.
  ㉡ 차량의 문을 열고 손바닥을 위로 향해 전시장 출입문으로 안내한다.
  ㉢ 고객이 차에서 내리고 이동하는 동안 리셉션 직원이나 세일즈 컨설턴트에게 고객의 입장을 알려준다.

② Receptionist
　㉠ 전시장 입구에서 고객에게 인사하고 맞이한다.
　㉡ 세일즈 컨설턴트와 약속 후 내담 시, 세일즈 컨설턴트에게 전달한다.
③ 세일즈 컨설턴트
　호출을 받는 즉시 상담실로 이동하여 고객과 첫인사를 나눈다.

(2) 고객의 동선에 따른 전시장 청결 상태 확인

다음은 전시장 안에서 고객의 동선을 예상하여 쇼룸의 좋은 이미지가 전달될 수 있도록 준비해야 한다. 전시장 입구, 상담 공간, 전시 공간, 휴게 공간, 화장실, 시승 시 탑승 공간 등의 청결 관리에 주의를 기울여야 한다.

(3) 고객 안내 자료 비치 및 준비

① 디지털이든 페이퍼든 종류에 상관없이 세일즈 컨설턴트들은 DM용 인쇄물, 이벤트 안내문, 판촉물, 다양한 모델별 카탈로그, 시승기, 기사 스크랩, 통계 자료 등을 상황에 따라 전달할 수 있도록 준비해야 한다.
② 이 때 차량을 살펴보거나 전시장 안에서 이동 시 자연스럽게 해당 정보를 접할 수 있도록 비치하는 것이 좋다.
③ 고객에게 제시할 자료는 항상 최신 버전으로 업데이트하고, 다양한 시청각 자료를 준비하여 고객의 성향과 상황에 맞게 제시한다.
④ 상담을 위해서는 차량 모델별 상세 사양, 할인 정보 등 가격표 및 타사 모델 비교 가격표, 색상 조견표, 계약서, 재고현황 등 고객 상담 과정에서 필요할 수 있는 제반 자료를 준비한다.
⑤ 제품의 카탈로그나 설명 자료는 지점이나 소속회사에서 제시하는 통일된 자료를 활용한다.

(4) 시승 차량 준비

① 많은 문의가 있는 모델의 시승 차량을 준비한다. 우선 시승 차량과 전시 차량의 배터리 상태를 확인해야 한다. 또한 모든 장치는 이상 없이 작동되는지 확인한다.
② 시승 차량 내외부의 청결 상태와 주유량도 확인해야 한다.

7 전시장 영업 준비하기

(1) 전시장

① 전시장은 고객이 가장 먼저 경험하는 서비스 품질 요소이다.
② 전시장의 내·외부 전시차량 및 시승차량, 고객 상담 및 대기 공간, 화장실 등 가이드라인을 토대로 점검하여 고객에게 좋은 첫인상을 줄 수 있도록 해야 한다.
③ **전시장 점검**
　㉠ 전시장 외부 관리요소
　　건물 외관의 청결 및 관리, 전시장 안내 표지판 및 발렛 부스 등의 관리, 주차 공간 확보 등을 확인하고 관리해야 한다.
　㉡ 전시장 내부 관리요소
　　유리, 바닥, 벽면, 인테리어 등의 청결관리, 안내데스크 및 당직데스크 관리, 그리고 탕비실 등이 내부 지침에 맞추어 확인되고 관리되어야 한다.
　㉢ 고객 상담 및 대기 공간 관리요소
　　• 고객과 많은 시간을 보내며 영업활동을 이어나갈 공간으로서 상담테이블, 의자 및 카탈로그 업데이트 그리고 메뉴, 음료, 다과 등의 준비 및 청결 등이 기본적인 관리요소이다.
　　• 더 중요한 것은 세일즈 컨설턴트의 최적의 홈 그라운드라는 개념으로 카탈로그, 가격표, 봉투, 견적서, 고객카드, 계약서, 동영상, 어프로치북(Soft, Hard Copy), 판매조건, 재고차량 확인이 가능한 각종 PC 및 미디어 장비 등이 철저히 준비되어야 한다.

THE 알아보기

 영업활동에 있어 효율적인 시간활용

출근 전	회사에서
• '오늘도 좋은 날'이라는 의욕으로 일어난다. • 기상은 출발 1시간 이전에 하여 여유를 가지고 최근 이슈를 확인한다.	• 여유를 가지고 출근한다. • 판매계획을 세워둔다. • 전화를 주고 방문한다. • 판매용구를 최대한 활용한다. • 내일의 활동 준비를 마친 후 퇴근한다. • 최소 1시간 30분 DM, 고객관리정보 정리를 한다.
영업활동에서	귀가 후
• 계획적으로 활동한다. • 대기시간을 줄이고, 오래 머무르지 않는다. • 용건을 메모하는 습관을 기른다. • 방문횟수를 늘린다. • 교통시간이나 이동시간을 줄인다. • 휴식시간을 줄인다.	• 매일 최소 30분 간 자기개발을 한다. • 잠자기 전 내일을 준비한다. • 충분한 수면을 취한다.

 시간 관리에 실패하는 이유

실패요인	구체적인 내용
할 일이 너무 많다.	주어진 시간보다 많은 일을 하려고 할 때, 시간 관리에 문제가 생긴다. 필요 없는 스케줄을 솎아내는 방법을 터득해야 한다.
사람들을 피하고 싶다.	복잡한 인간관계나 결혼생활, 새로운 조직에의 부적응 등 골치 아픈 일을 잊기 위해 일에 파묻히는 사람이 많다고 한다. 스케줄을 타이트하게 짜되, 골치 아픈 일을 해결할 수 있는 행동도 포함시키도록 한다.
복잡해야 마음이 놓인다.	'불가능을 가능으로 만드는' 스릴을 즐기기 때문에 마지막 순간까지 해야할 일을 미루고 스케줄을 빡빡하게 만든다. 잡다한 일 대신 좋아하는 일로 스케줄을 채우고, 여가시간 또한 체계적으로 계획을 잡는다면 알차게 보낼 수 있다.
일의 목표나 순서가 불분명하다.	일의 목표나 순서가 불분명하면 스케줄이 산만해진다. 오늘날처럼 바쁘게 돌아가는 생활 속에서 몇 가지 목표를 동시에 달성하기란 쉬운 일이 아니다. 시간 관리에 선행하여 일의 목표나 우선순위를 부여하는 방법을 터득해야 한다.

시간관리 유형 진단을 위한 질문

매우동의 5 보통 3 동의안함 1

구분	항목	점수
1	내 책상 위에는 계획표나 표어 등이 붙어 있다.	1 2 3 4 5
2	나는 어떤 결심을 하는 경우 주변에 알린다.	1 2 3 4 5
3	나는 업무에 있어서 닮고자 하는 이상적인 모델이 있다.	1 2 3 4 5
	1~3 점수의 합계	
4	나는 모은 정보를 잘 분류한다.	1 2 3 4 5
5	나의 컴퓨터에는 폴더 정리가 잘 되어 있다.	1 2 3 4 5
6	나는 일의 우선순위를 먼저 생각하고 일을 한다.	1 2 3 4 5
	4~6 점수의 합계	
7	나는 업무상 일이나 일상생활에서 비교적 규칙적이다.	1 2 3 4 5
8	나는 생각과 행동에 일관성이 있다.	1 2 3 4 5
9	나는 앞을 내다보는 능력이 있다.	1 2 3 4 5
	7~9 점수의 합계	
10	나는 나 자신을 사랑한다.	1 2 3 4 5
11	나는 나만의 스트레스 해소 방법을 알고 있다.	1 2 3 4 5
12	일과 쉬는 시간의 구별이 확실하다.	1 2 3 4 5
	10~12 점수의 합계	
13	나는 수입이 적어도 저축을 한다.	1 2 3 4 5
14	나는 계획하는 시간을 따로 마련한다.	1 2 3 4 5
15	나는 스케줄을 잘 짠다.	1 2 3 4 5
	13~15 점수의 합계	
	총 합계	

PART 02

자동차 시장 분석

입향순속(入鄕循俗)
그 마을에서는 그 마을의 법도를 따르라.
– 한비자(韓非子)

01 자동차 탄생의 기원 .024

02 자동차 시장 상황분석 .037

PART 02 | 자동차 시장 분석

1 자동차 탄생의 기원

오늘날 자동차는 인간에게 이동과 운송수단만의 개념을 떠나 4차 산업의 기반으로 운전자 없이 자동차가 혼자 주행하는 자율 주행 자동차가 탄생하였다. 또한 지상과 하늘을 이용하는 교통수단으로 항법 장치의 비행까지 가능한 자동차가 개발되고 있는 중이다. 과거 자동차가 기계공학에서 전자공학으로 발전하였다면, 지금은 컴퓨터공학의 분야까지 발전을 하여, 곧 자율 주행 장치를 탑재한 무인자동차가 도로를 주행하고 있을 거라는 기대를 그 누구도 의심하지 않는다.

자동차는 사회적인 측면에서 바라볼 때 '성공의 상징'으로 대변된다. 과거에는 좋은 종마를 가지려고 했던 심리가 지금은 좋은 자동차를 소유하려는 사회적·신분적 가치의 기준으로 나타나며, 인간이 지니고 다닐 수 있는 최고의 패션 아이템으로도 활용되고 있다.

최초의 인류가 동굴이나 움집을 짓고 수렵생활을 한 당시의 모습에서 인간이 어떤 과정을 통해 자동차를 개발하게 됐는지 그 역사적 배경을 유추해볼 수 있다. 인간이 사냥을 통해서 생계를 해결할 당시, 동굴을 떠나 사냥감이 있는 곳으로 어떻게 효율적으로 이동을 할 것인가 하는 문제가 발생했다.

또한 동물을 포획하기 위해서는 동물보다 빠른 속도로 달릴 수 있어야 하는 문제도 있었다. 이동과 속도가 생계에 중요한 요소로 작용했기 때문에 소, 낙타, 말 등 다양한 동물을 길들이기 시작했고, 사냥터까지 이동하는 데에 동물을 이용했으며, 포획한 동물을 운반했다는 기록 또한 발견되고 있다. 여기서 비롯된 인간의 위대한 발전은 기원전 6천년 경 잉카문명의 원형바퀴를 제작한 것이다. 바퀴의 발명을 통해 인간은 손수레를 만들었고, 손수레를 동물의 등에 묶어 더 많은 짐을 이동할 수 있었다.

인간의 속도에 대한 욕망은 소나 말 등의 가축을 키워 마차로 이용하였고, 세계 각지로 퍼진 마차는 고대 로마제국의 전차군단으로 발달해 서양 세계를 정복했다. 인간은 우마차를 이용하면서도 풍력이나 수력에 의해 움직이는 탈 것에 대한 꿈을 버리지 않았다. 이는 결국 '말 없는 마차'를 발상하기에 이르렀고, 자동차의 탄생을 알렸다.

(1) 증기 자동차

1765년에 발명된 증기엔진을 통해 2기통 증기엔진이 탑재된 3륜 증기 자동차가 세계 최초로 발명되었다. 끊임없는 실용화 노력을 통해 증기 자동차의 황금시대가 열렸지만, 실업자가 늘어나고 도로 파손 등의 시민들의 반감이 일어나게 된다. 결국 1865년 '적기조례(Red Flag Act)'라는 세계 최초의 교통법이 제정되어 영국에서는 자동차의 발달이 더 이상 이루어지지 않았다.

1862년 프랑스 르노아르의 2기통 석탄가스 엔진이 발명되면서 내연기관의 실용화가 시작되었다. 그 후 독일의 다임러(Gottlieb Daimler)가 자동차용 가솔린 엔진을 개발하였고, 이듬해 2인승 4륜 마차에 탑재해 세계 최초로 가솔린 자동차를 발명하게 된다. 또한 칼 벤츠(Karl Friedrich Benz) 역시 가솔린 엔진을 탑재한 3륜 자동차를 개발했는데, 이 두 사람은 서로 상대방의 존재를 모른 채 자동차를 발명하게 되었다. 이들이 세운 회사는 유럽 최대의 복합기업인 다임러 벤츠그룹과 세계적 자동차 브랜드인 메르세데스 벤츠로 성장하였다. 칼 벤츠에 의해 처음으로 등장한 자동차는 꾸준히 발달되어 왔으며, 그 편리성과 산업적 역할은 매우 크다고 할 수 있다. 자동차 산업은 문명의 발달과 더불어 꾸준히 발달되어 온 산업 중의 하나이며, 산업 발전의 큰 원동력이 되었을 뿐만 아니라 우리 인간의 삶을 윤택하고 풍요롭게 하였다.

[칼 벤츠의 3륜 자동차]

[고틀립 다임러의 3륜 자동차]

* 출처 : https://blog.naver.com/ohstamp/220192228843

(2) 전기 자동차

전기 자동차는 가솔린 자동차보다 3년 먼저 실용화되었지만, 축전지의 무게가 1톤 가까이나 되며 주행거리도 짧아 1920년경에 완전히 자취를 감추고 말았다. 그래도 구조가 간단하고 내구성이 크며 운전하기가 쉬워서, 1920년대 중반까지 주로 여성용으로 미국에서 소량 생산되었다.

* 출처 : www.carlife.net

(3) 세계 자동차 산업의 발달과정

자동차 부품의 표준화 → 차량 모델의 단순화 → 대량생산

세계 자동차 산업의 역사는 1886년 독일에서의 자동차 발명으로 시작되어 100여년에 걸친 변화와 경쟁을 거듭하면서 20세기 근대 산업발전을 선도하였다. 20세기 초 미국 자동차 산업의 도입 기반이 된 하부구조는 대량생산에서 얻어진 기계설비를 이용한 생산시스템으로, 미국의 포드사가 주도하는 주문생산에서 대량생산으로의 대전환을 맞는다. 이는 세계 자동차 산업 발전과정의 첫 시발점인 셈이다.

1950년대에 이에 대항하기 위해 유럽의 생산자가 제품의 다양화를 꾀한 것이 '제2의 대전환'이었고, 1960년대 말 일본의 생산자가 생산조직과 방식의 획기적인 변화로 값싸고 품질 좋은 차로 전 세계 시장을 지배하게 된 것이 '제3의 대전환'이라고 할 수 있다.

① 포드 혁명과 GM의 세계 제패

'포드혁명' 또는 '포드생산방식'으로 불리는 포드시스템은 컨베이어에 의한 대량생산 방식으로 자동차 생산의 혁명을 이루었다. 이로 인해 미국은 세계 최초로 '자동차 대중화 시대'를 열게 되었다. 그러나 1920년대에 들어서면서 '포드 T-Model'에 싫증을 느낀 수요자가 외면을 하기 시작했고, GM의 추격에 밀려 결국 오늘날까지 GM에 이어 세계 2위의 자리에 머무르게 된다. 한편, 1908년 GM을 창업한 윌리엄 듀란은 25개사를 합병하면서 비약적인 발전을 거듭하며 오늘날 세계 최대의 기업으로 성장한다.

[포드 모델-T]

② 빅3의 세계진출과 유럽시장의 확대

미국의 빅3(GM, 포드, 크라이슬러)는 1920년대부터 세계에 진출하여 유럽시장에 막대한 영향을 끼쳤다. 하지만 1950년대 초 유럽경제가 회복하기 시작할 무렵 치열한 경쟁으로부터 보호되어 시장변화에 둔감하였고 스스로 자만에 빠졌다. 반면, 유럽 브랜드들은 제품의 차별화와 시장세분화 전략을 통해 새로운 강자로 등장하기 시작했으며, 일본 또한 경제성장을 통해 경쟁 대열에 진입하면서 경쟁력을 강화시켰다.

③ 일본의 세계재패와 3극화체제 형성

1960년 세계무역장벽 완화로 자동차 무역시장의 규모가 커지면서 일본도 수출시장에 뛰어들었다. '도요타 생산방식'으로 대표되는 '간판방식'과 'JIT방식'에 'TQC'가 확산되면서 일본만의 제조철학이 뿌리를 내렸다. 여기에 1968년부터 자동차 대중화로 내수기반이 확장되면서 세계

시장에서 경쟁력을 키워갔다. 특히 1970년대에 연료 소모가 적은 소형차급에서 완전경쟁우위를 확보함으로써 530만대 생산기록을 세우고, 1974년에 268만대를 수출함으로써 세계 최대 수출국으로 부상하였다. 이를 통해 미국, 유럽과 함께 세계시장을 지배하는 3극화체제를 형성하게 되었다.

1974년 세계 자동차 보유대수가 3억대를 돌파하면서, 이 시기의 자동차들은 기술적으로나 디자인적으로나 과거의 자동차들과는 많은 차이를 보이고 있다. 미래의 자동차를 고려하지 않는다고 할 때 이때는 표준화, 플랫폼 공유, 그리고 CAD를 이용한 설계가 그 특징이라 할 수 있다.

이 시기의 몇 가지 주목할 만한 진보는 전륜구동과 4륜구동 굴림 방식, V6 엔진의 적용, 연료 분사 방식의 광범위한 확산에 있다. 물론 이런 기술들은 이미 초기에 등장했었지만, 나중에 되어서야 일반적인 기술로 각광받게 되었다. 거의 모든 현대의 자동차들은 엔진을 가로로 설치하고 전륜구동 굴림 방식으로 주행한다.

[신흥 자동차 강국, 일본]

④ 신흥공업국의 세계 진출

이러한 3극 체제 속에서 1980년대부터는 개발도상국과 동구 유럽제국이 저임금과 양산체제를 바탕으로 세계 자동차 산업의 새로운 세력으로 등장했다. 그러나 몇 개 국가를 제외하고는 성공한 국가가 별로 없다. 우리나라는 1980년대 고도성장에 따른 자동차 대중화 진입을 바탕으로 소형차가 미국시장 진출에 성공하였으며, 1955년 최초의 국산 자동차인 시발 자동차를 생산한 이후 2011년 9월에 700만대 생산을 돌파하며 세계 5위의 자동차 생산국으로 성장하였다.

(4) 우리나라의 자동차 역사

① 우리나라에서 처음으로 자동차를 들여온 것은 1903년 조선 26대 임금이었던 고종 황제의 어차이다. 황제 즉위 40주년을 맞아 미국 공사 알렌(Allen)을 통하여 수입한 것이나, 아쉽게도 1904년 러일전쟁 중에 분실된 것으로 알려져 있다. 이어 1911년에 들여온 자동차도 황실용이었다. 이 자동차는 영국 다임러의 리무진 1대와 미국 GM의 캐딜락 리무진 1대였는데, 다임러는 고종 황제용이었고 캐딜락은 순종 황제용이었다. 서울 백성이 거리에서 자동차를 처음 본 것은 1908년으로, 프랑스 공사의 빨간색 자가용이었다.

[고종황제 어차(1903년)]

② 한국자동차 생산의 시작은 전쟁 폐허에서 미군들이 사용했던 지프차를 개조하거나 드럼통을 펴서 차체를 만든 것이다. 우리나라 자동차 역사 중 최초의 국산 자동차는 1955년에 제작한 '시발'이라는 자동차이다. 당시 한국은 전쟁 이후에 열악한 상황에서 자동차를 생산하는 국가로 발돋움하게 된다. '시발차'의 생산은 1962년까지 이어지다가 '새나라 자동차'와 닛산과의 제휴로 생산이 중단된다.

[시발차]

③ 현대적인 시설을 갖춘 최초의 자동차 공장은 재일동포인 박노정이 1962년 경기도 부천에 세운 새나라 자동차 공장으로서, 이 회사에서는 일본 닛산의 블루버드 승용차 400대 분의 중간 분해부품을 들여와 그해 8월부터 '새나라 승용차'를 조립·판매하기 시작했다.

[새나라 자동차]

④ '새나라 자동차'는 1965년 신진공업에 인수되어 '신진자동차'로 개명하고, 도요타 자동차와의 기술 제휴를 통해 소형차 모델인 코로나를 생산하게 된다. 이후 일본 도요타 자동차와 기술부품 도입계약을 체결한다. 당시 신진자동차의 국산화는 약 20% 정도의 미미한 수준이었지만, 기술 제휴를 통해서 고급세단 크라운 모델과 6톤 카고 및 덤프트럭의 상용자동차 생산 시설을 확장하기도 했다.

⑤ 1944년 설립된 경성정공은 1952년에 기아산업으로 이름을 바꾸면서 자전거와 오토바이 제작을 시작한다. 기아산업은 1963년에 일본과의 기술제휴로 3륜차를 제작, 판매했고 1974년에는 일본 마쓰다와 손을 잡고 '브리사'라는 모델을 출시한다. 당시 현대 자동차도 '포드 코티나'라는 모델을 출시하면서 국내 브랜드가 한국 시장에서 자동차의 대중화를 여는 계기가 되었다.

[기아 3륜차와 브리사]

⑥ 현대자동차는 1967년 국산차 역사에 등장하면서 한국 최초의 포니 모델을 생산하게 된다. 당시 포니의 독자적인 모델은 아시아에서는 두 번째로 생산되었고, 세계 시장에서는 16번째 생산으로 기록되었다. 한국자동차 산업은 자동차의 심장인 엔진과 트랜스미션을 개발하면서부터 크게 성장한다. 그리고 현대, 기아, 대우 3사의 경쟁을 통한 자동차 기술발전과 기반산업의 성장은 한국경제에도 큰 기여를 하게 된다.

[한국 최초 포니 모델(1967년)]

⑦ 한국자동차 3사의 경쟁 구도는 오래가지 못한다. 1955년에 설립된 대우자동차는 1997년 말 한국경제 전체를 뒤흔든 IMF 외환위기와 더불어 2000년, 대우그룹이 해체를 맞이하면서 역사 속으로 사라지게 된다.

(5) 연대기적 발전과정

① 1800년대
㉠ 1803년 영국의 리처드 트레비딕은 제임스 와트의 증기엔진과 머독이 만든 증기 자동차를 본 후, 사람들이 타고 다닐 수 있는 승용자동차를 만들기로 결심하였다. 연구 끝에 거대한 구동바퀴를 갖춘 3륜차를 완성하여 런던 시내를 주행하는데 성공하였다. 그 해 본격적인 로드테스트를 준비했지만, 그 과정에서 차가 불타버렸다.

ⓛ 1805년 올리버 에반스는 스팀엔진에 대한 특허를 받고, 20톤 무게의 스팀엔진을 얹은 육로 수송 자동차로 시운전을 하였다.
ⓒ 1807년 스위스의 아이삭 리바츠는 가스 엔진으로 움직이는 손수레를 만들었다. 그러나 배기밸브를 수동으로 조작해야 했기 때문에 운전이 어려웠다.

② 1820년대
　ⓐ 1826~1836년 W.핸콕이 만든 10대의 증기 자동차(버스)가 런던 시내와 첼트넘간에서 운행하여 사상 최초의 실용화된 자동차가 되었다.
　ⓛ 1829년 골드워시 거네이는 증기 자동차로 런던에서 베스까지 여행을 하였다. 여행기간 동안 몇 번의 고장이 발생하였으나, 가장 먼 거리를 달린 최초의 자동차로 기록되었다.

[Hancock's Steam Omnibus]

③ 1840년대
  ㉠ 1843년 미국의 자동차 산업을 조직화하여 자동차생산으로 전환시킨 앨버트 A.포드가 탄생하였다.
  ㉡ 1845년 R.W.톰프스는 공기타이어를 발명하였다.

④ 1850년대
  ㉠ 1851년 미국에서 증기 자동차 회사가 뉴욕에 세워졌지만 사업은 얼마 가지 못했다.
  ㉡ 1859년 벨기에의 에치엔느 르노와르는 석탄 가스와 공기의 혼합기체가 수평 실린더의 양 끝에서 교대로 공급되어 배터리의 전기 불꽃이 그 연료를 점화하였다. 그 결과 발생하는 폭발이 피스톤을 좌우로 움직여 스파크가 붙은 플라이휠을 수직으로 회전시키는 2행정 엔진을 제작하였다.

⑤ 1860년대
  ㉠ 1864년 최초의 자동차 법규인 '적기조례(Red Flag Act)'가 선포되었다.
  ㉡ 1866년 독일의 니콜라스 어거스트 오토가 피스톤 엔진에 대한 특허를 얻었다.
  ㉢ 1868년 조셉 라벨이 페트로늄을 이용해서 보일러를 가열시키는 최초의 증기 자동차를 만들었다.

⑥ 1880년대
  ㉠ 1885년 칼 벤츠는 가솔린 3륜 자동차를 발명하고, 그 다음해인 1886년 특허를 획득하였다. 이를 최초의 휘발유 자동차로 보는 견해들이 지배적이다.
  ㉡ 1888년 칼 벤츠가 집을 비운 사이, 부인 베르타 링게는 두 아들의 간청에 못이겨 자동차를 몰고 100km나 떨어진 외가로 향했다. 전보로 이 소식을 들은 칼 벤츠는 자동차가 다 망가졌으리라는 생각에 화가 나 처가로 달렸다. 그러나 예상과는 달리 자동차는 멀쩡했으며, 오히려 가족들에게 감동을 받았다.

* 출처 : www.carlife.net

⑦ 1890년대
  ㉠ 1894년 독일의 엔지니어인 루돌프 디젤의 4년간의 연구 끝에 압축착화기관인 디젤 엔진이 발명되었다. 디젤 엔진은 자동차용으로는 벤츠가 1922년 트럭에, 1936년 승용차에 각각 처음으로 사용했다.
  ㉡ 1894년 칼 벤츠는 새로운 벨로라 명명된 4휠 드라이브 차량을 선보였으며, 이 차량은 1894년 모두 67대 생산되었다.
  ㉢ 1895년 벤츠는 8인승 승합차를 만들었다.
  ㉣ 1896년 프랑스의 푸조 자동차가 설립되었다.

* 출처 : www.carlife.net

⑧ 1900~1920년대
  ㉠ R.E.올스는 1901년 올즈모빌을 425대 제작하여 세계 최초의 자동차 양산제조업체가 되었다. 이 차는 파격적으로 싼 값인 650달러에 팔기로 했으나, 너무 단조로워 보이는 디자인 때문에 잘 팔리지 않았다. 방법을 고민하다가 미국 최초의 장거리 자동차 여행이라는 이벤트를 계획했다. 장장 1,400km에 이르는 거리를 7일 만에 완주한 뉴스가 신문에 보도되면서 일주일 만에 2천여대가 팔렸다.
  ㉡ 1901년 부가티의 최초 모델인 '디트리히 모델'이 제작되었다.
  ㉢ 1902년 폴란드에서 마차를 만들던 스파이커 형제에 의해 세계 최초의 4륜 구동자동차가 만들어졌다.
  ㉣ 1903년 미국의 포드사, 캐딜락 사가 창업하였다.
  ㉤ 1908년 미국의 포드사는 T-모델의 생산을 개시하였다. 이 차는 폭발적인 인기를 얻었으며 첫 해에 6천 8백대, 그 다음 해에는 1만대를 판매하였다.
  ㉥ 1908년 미국의 사업가 윌리엄 듀란트는 뷰익, 캐딜락, 올즈모빌, 시보레 등의 자동차 회사를 합병하여 G.M을 설립하였다.
  ㉦ 1909년 프랑스의 부가티가 설립되었다.
  ㉧ 1913년 포드사는 자동차 생산방식에 일대 변혁을 몰고 온 컨베이어 시스템을 도입하여 대량 생산을 개시하였다.

㉣ 1917년 링컨이 설립되었다.

⑨ 1920~1940년대

　㉠ 1926년 독일의 다임러 사와 벤츠 사가 합병하여 다임러-벤츠 사를 설립하였다. 이 회사는 현재까지도 세계에서 가장 오래된 자동차 제조회사로 남아있다.

　㉡ 1926년 미국의 크라이슬러, 일본의 닷도가 설립되었다.

　㉢ 1927년 미국의 포드자동차는 포드A형을 생산하기 시작하였다.

　㉣ 1937년 일본의 도요타 자동차공업이 설립되었다.

　㉤ 1940년 육군 대위 로버트 G.하우어는 소형 경량으로 1/4톤 정도의 4륜 군용 만능차를 설계했는데, 이것이 다듬어져 '지프'로 세계에 알려졌다.

　㉥ 1948년 독일의 폭스바겐이 비틀의 본격적인 생산을 개시하였으며, 1978년까지 2천만대를 생산하였다.

[다임러와 칼 벤츠]

[지프(좌), 비틀(우)]

⑩ 1950~1980년대
　㉠ 1950년 연간 세계 자동차 생산이 1천만대를 돌파하였다.
　㉡ 1974년 세계 자동차 보유 대수가 3억대를 돌파하였다.
　㉢ 1986년 세계 자동차 보유 대수가 5억대를 돌파하였다.

2 자동차 시장 상황분석

(1) 자동차 시장의 개요

자동차 시장은 크게 3단계로 나누어 볼 수 있다.
① 제조과정 – 자동차를 만드는 과정
② 유통 + 판매 + 사후관리(After Market) 과정
③ 자동차 금융시장 – 할부, 리스, 렌트, 보험으로 분리되어 있다.

> ※ 참 고
> - 금융시장 : 은행, 제2금융, 사금융 조달 및 운영
> - 자동차 금융상품의 종류 : 할부, 리스, 렌탈시스템
> - 리스 영업실무 : 온라인, 오프라인, 고객접점 분석, 계약서 작성 등

(2) 자동차 시장의 환경변화

① 브랜드별 등급 분류

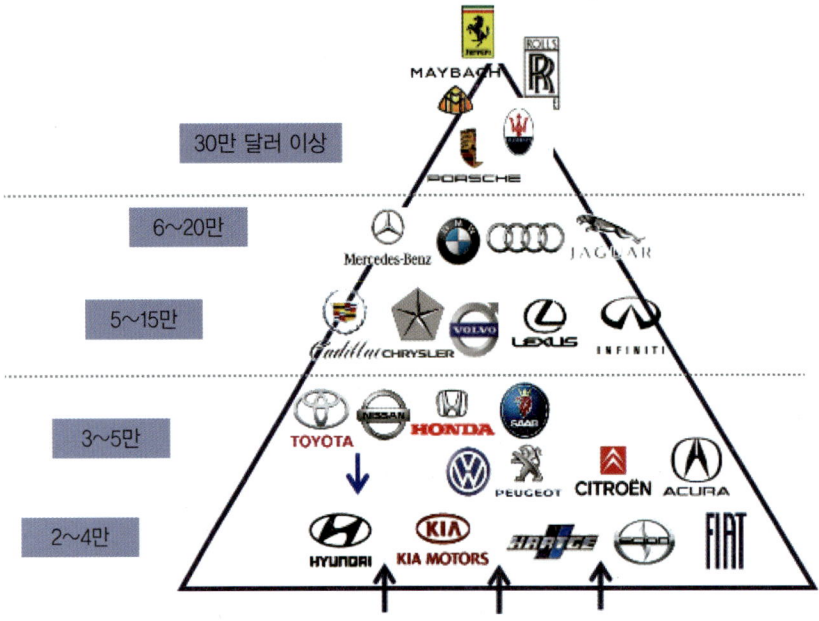

[브랜드별 등급 분류]

② 국내 수입 브랜드

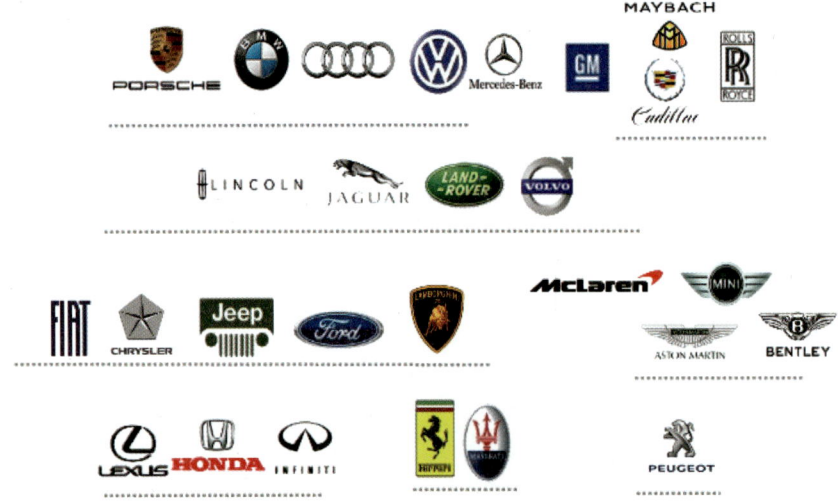

[2018년 현재 국내 수입 브랜드]

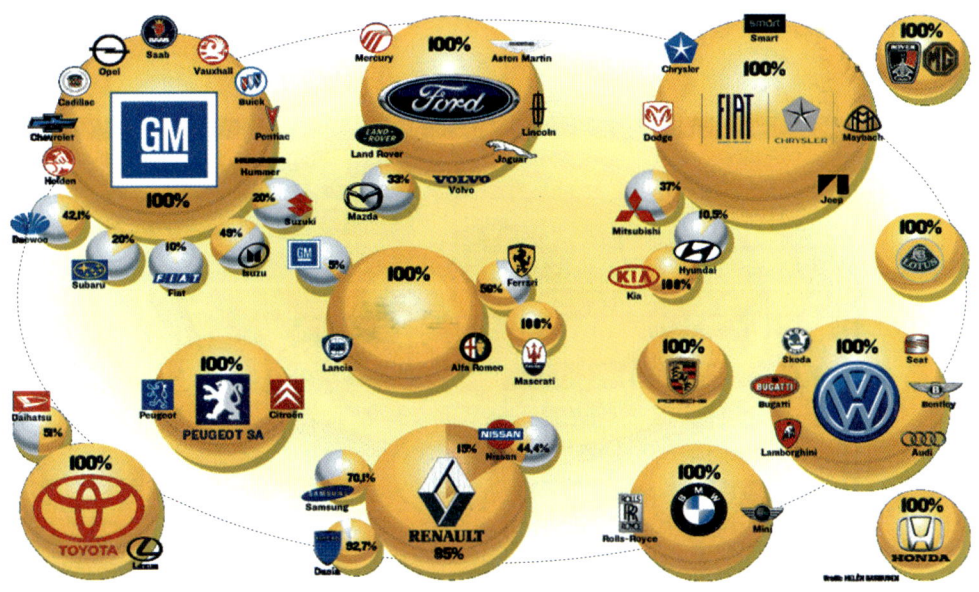

[글로벌 자동차 브랜드 – 경쟁력 있는 브랜드만 살아남는다]

2004년 세계의 자동차 산업은 과잉생산 및 불규칙한 자동차 판매 신장에 따른 생산과 판매가 세계의 경제와 정치활동의 요동침에 따라 브랜드의 판매 순위가 수시로 변동되며, 최근 유가상승 및 이라크 전쟁으로 인한 자동차 브랜드의 다툼이 더욱 숨가쁘게 진행되고 있는 양상을 보이고 있다. 이제 세계 자동차산업은 경쟁과 협력으로 산업의 구조와 경쟁력을 재편성해가는 변혁의 시대로 급격한 환경변화에 어떻게 대응하느냐 하는 문제에 당면해 있다.

21C 자동차 업계에서 가장 큰 화제가 되던 말이 "글로벌 톱 10(Global Top 10)"이다. 글로벌 톱 10이란 세계 10위의 자동차 브랜드가 되지 못한다면 죽음뿐이라는 뜻을 가지고 있다. 이는 자동차 업계가 국내뿐만 아니라 세계적으로 어려움을 겪고 있다는 것을 단적으로 보여주고 있다. 하루가 멀다 하고 인수합병이 이루어지는 자동차 업계에서 살아남을 수 있는 방법은 고객만족과 고객의 성향을 철저히 분석한 전략적인 영업활동 뿐이다.

③ 세계 완성차 업계 판도

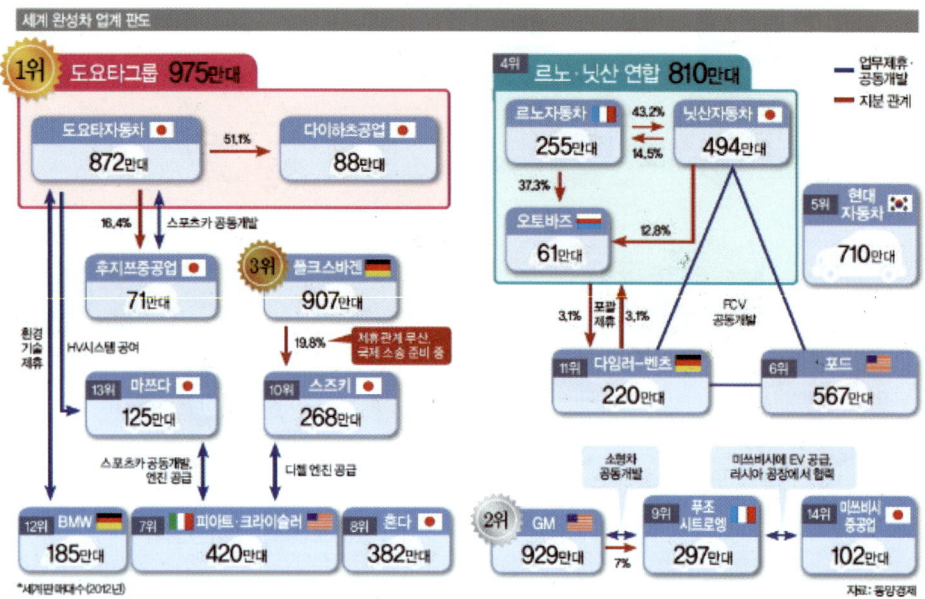

[세계 완성차 업계 판도]

④ 국내 자동차 등록현황

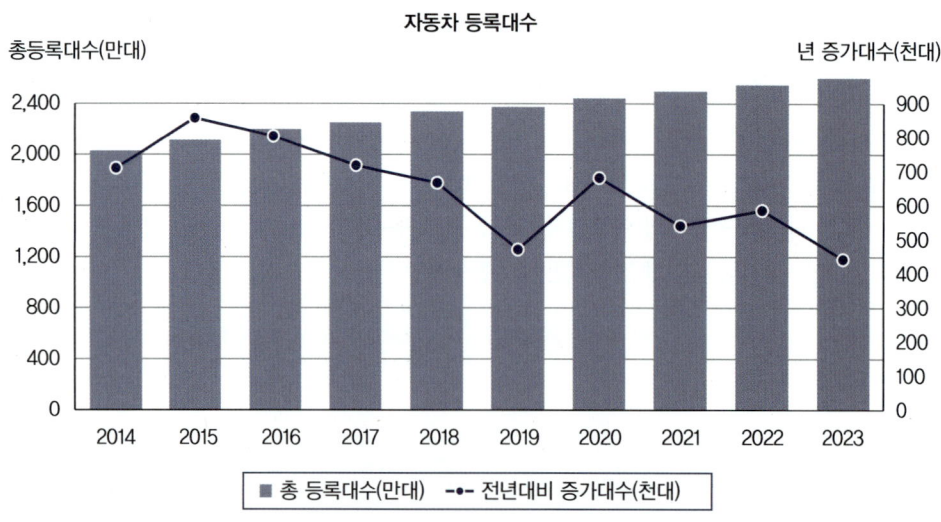

[2014~2023년 국내 자동차 등록 추이]

[자동차 등록현황 통계표]

구 분	2014	2015	2016	2017	2018	2019	2020	2021	2022	2023
등록대수(만대)	2,012	2,099	2,180	2,253	2,320	2,368	2,437	2,491	2,550	2,595
전년대비 증가대수(천대)	717	871	813	725	674	475	689	545	592	446
전년대비 증감비(%)	3.7	4.3	3.9	3.3	3.0	2.0	2.9	2.2	2.4	1.7

⑤ 국내 수입차 판매현황

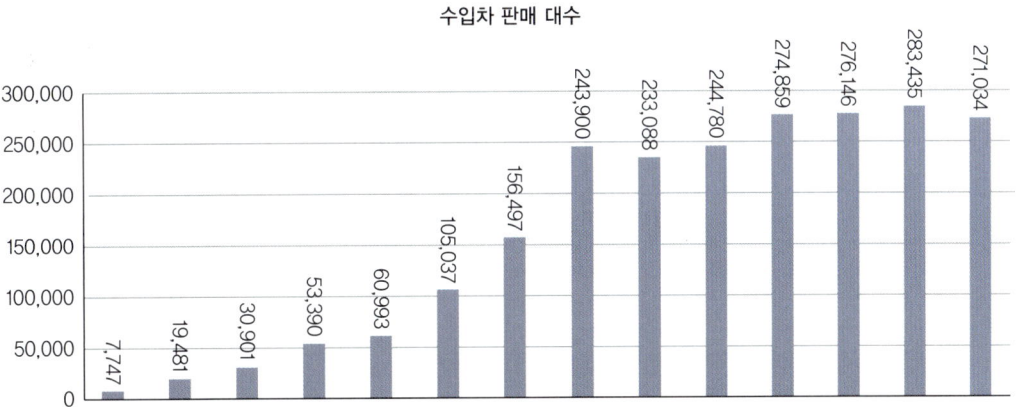

수입차 판매 대수

	수입차 판매 대수
2001년	7,747
2003년	19,481
2005년	30,901
2007년	53,390
2009년	60,993
2011년	105,037
2013년	156,497
2015년	243,900
2017년	233,088
2019년	244,780
2020년	274,859
2021년	276,146
2022년	283,435
2023년	271,034

⑥ 국내 신차 VS 중고차 판매

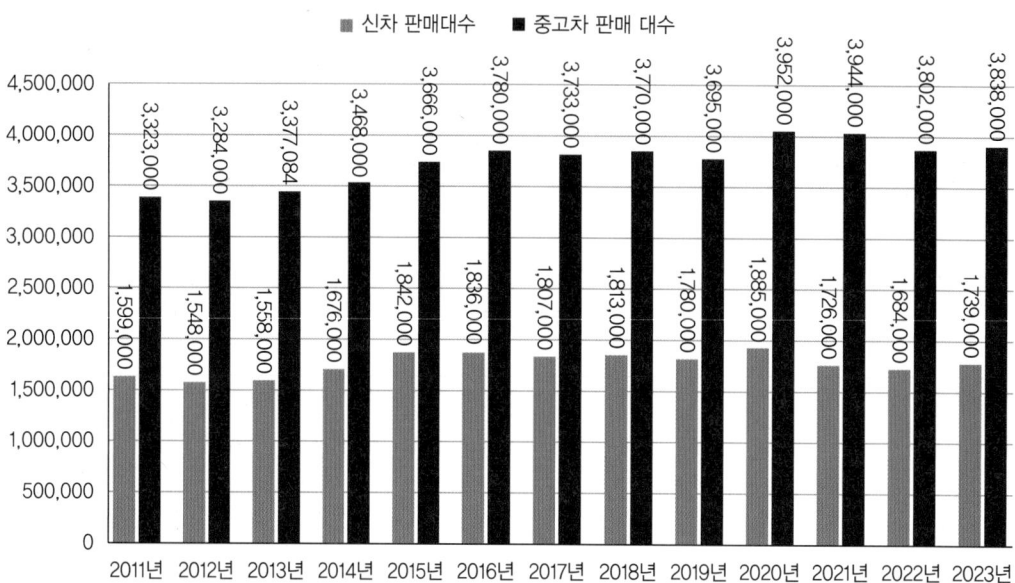

	신차 판매대수	중고차 판매 대수
2011년	1,599,000	3,323,000
2012년	1,548,000	3,284,000
2013년	1,558,000	3,377,084
2014년	1,676,000	3,468,000
2015년	1,842,000	3,666,000
2016년	1,836,000	3,780,000
2017년	1,807,000	3,733,000
2018년	1,813,000	3,770,000
2019년	1,780,000	3,695,000
2020년	1,885,000	3,952,000
2021년	1,726,000	3,944,000
2022년	1,684,000	3,802,000
2023년	1,739,000	3,838,000

⑦ 미래자동차 시장

자동차는 기계공학에서 전자공학으로, 현재는 AI가 접목되어 인공지능 자동차 시대가 빠르게 다가오고 있다. 한 예로 이미 국내에서 생산되는 자동차는 자율주행 2.5단계이고, 미국은 약 3단계의 자율주행 자동차를 개발한 상태이다.

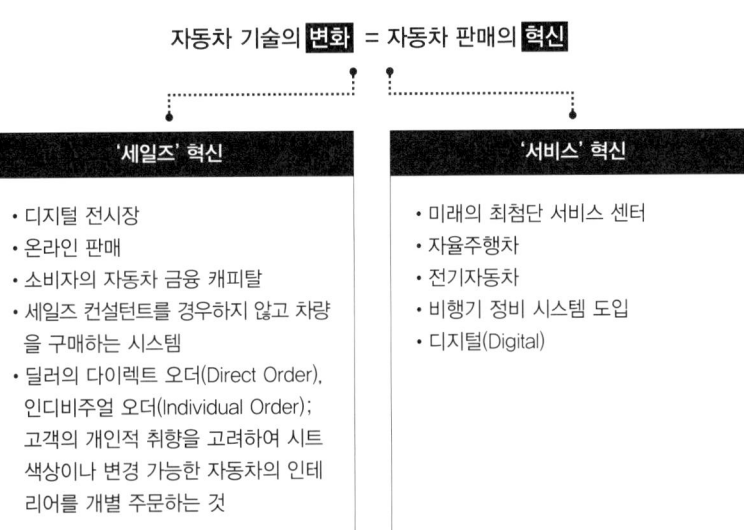

PART 03

자동차 구조와 제품숙지

은미(隱微)
남이 보지 않는 곳에서 더욱 신중하고 경계하라.
– 중용(中庸)

01 자동차의 분류와 특징 .046

02 엔진의 종류와 특징 .055

03 자동차 옵션과 기기의 기능 .062

04 자동차 제조 공정 .085

PART 03 | 자동차 구조와 제품숙지

1 자동차의 분류와 특징

(1) 자동차관리법에 따른 자동차 분류와 특징

『자동차관리법 제3조』에서는 자동차를 자동차의 크기, 구조, 원동기의 종류, 총배기량 또는 정격 출력 등의 기준에 의하여 승용자동차, 승합자동차, 화물자동차, 특수자동차, 이륜자동차로 구분하고 있다.

① 승용자동차

주로 승객 운송의 목적으로 제작된 자동차를 말하며, 중형 또는 고급에 해당하는 일반형은 10인 이하를 운송하기에 적합하게 제작된 자동차를 말한다. 아래 그림과 같이 길이는 '전장', 너비는 '전폭', 높이는 '전고'라 부르기도 한다.

[승용자동차의 구분]

구 분	경 형	소 형	중 형	대 형
배기량	배기량이 1000cc 미만으로서 길이 3.6m, 너비 1.6m, 높이 2.0m 이하인 것	배기량이 1,600cc 미만인 것으로서 길이 4.7m, 너비 1.7m, 높이 2.0m 이하인 것	배기량이 1,600cc 이상 2,000cc 미만이거나, 길이·너비·높이 중 어느 하나라도 소형을 초과하는 것	배기량이 2,000cc 이상이거나, 길이·너비·높이 모두 소형을 초과하는 것

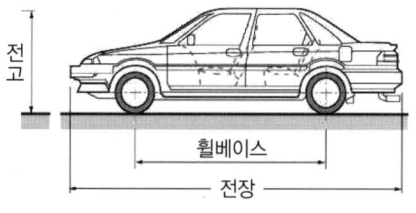 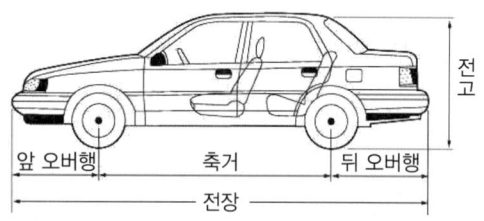

[자동차의 제원]

* 출처 : 한국산업인력공단(2013), 자동차섀시, 한국산업인력공단, 24p

전장 (Overall Length)	차체 앞의 가장 튀어나온 부분에서 차체 뒤의 가장 튀어나온 부분까지의 길이
축거 (Wheel Base)	휠베이스라고 하며, 앞바퀴 중심과 뒷바퀴 중심 사이의 거리를 뜻하며, 축거의 거리가 길수록 더 긴 차량의 바디를 제작할 수 있고, 화물 적재함도 더 크게 만들 수 있다.
윤거 (Tread)	자동차 좌우 바퀴 중심 간 거리를 뜻하며, 보통 윤거의 길이가 넓을수록 조종성과 안전성이 우수하다.
최저 지상고 (Ground Clearance)	타이거가 닿는 지면과 차량의 가장 낮은 부위 사이의 거리를 뜻하며, 로드 클리어런스라고도 하는데, 레이싱카와 같은 스포츠카를 제외한 일반 차량은 일정한 최저 지상고를 확보해야 한다.
최소 회전반경 (Minimum Turning Radius)	자동차가 최대 180도 회전할 때 최소 반경을 말하며, 바깥쪽 바퀴의 접지면 중심이 그리는 원의 반지름을 뜻한다. 전장이 길거나 휠베이스(축거)가 긴 차량들은 바퀴가 꺾여지는 정도가 길이의 영향으로 전륜보다 후륜이 반경이 작다.

지식 IN

자동차의 진동

피팅 현상	요철구간 통과 시, 앞뒤가 동일 방향으로 움직이는 현상
롤 현상	주행 중, 코너링과 같이 회전할 때 원심력에 의해서 차량이 바깥으로 쏠리는 현상
다이버 현상	주행 중 제동 시, 앞쪽은 내려가고 뒤쪽은 상승하는 현상
스쿼트 현상	차량 정지 시, 출발할 때, 앞쪽은 올라가고 뒤쪽은 내려가는 현상

① 바운싱　　② 피칭　　③ 롤링　　④ 요잉

② 승합자동차

주로 11인 이상의 사람을 운송하기 위하여 적합하게 제작된 자동차를 말하며, 그 내부에 특수 설비를 갖춘 것은 승차 정원에도 불구하고 이에 포함한다.

[승합자동차의 구분]

구 분	경 형	소 형	중 형	대 형
승차정원	배기량이 1000cc 미만으로서 길이 3.6m, 너비 1.6m, 높이 2.0m 이하인 것	15인승 이하	16인승 이상, 35인 이하	36인 이상
크 기		길이 4.7m, 너비 1.7m, 높이 2.0m 이하인 것	길이, 너비, 높이 중 어느 하나라도 소형을 초과하며, 길이가 9m 미만인 것	길이, 너비, 높이 모두 소형을 초과하며, 길이가 9m 이상인 것

③ 화물자동차

화물자동차의 구분은 주로 화물을 수송하기 위하여 제작된 자동차를 말하며, 최대적재량과 총중량으로 소형, 중형, 대형으로 구분한다.

[화물자동차의 구분]

구 분	경 형	소 형	중 형	대 형
적재량	배기량이 800cc 미만으로서 길이 3.5m, 너비 1.5m, 높이 2.0m 이하인 것	최대적재량이 1톤 이하인 것으로서, 총중량이 3톤 이하인 것	최대적재량이 1톤 초과 5톤 미만이거나, 총중량이 3톤 초과 10톤 미만인 것	최대적재량이 5톤 이상이거나, 총중량이 10톤 이상인 것

(2) 기관의 위치와 구동 방식에 따른 자동차 분류와 특징

기관의 배치와 구동방식은 자동차의 기본 치수, 디자인, 구조, 성능 등을 크게 좌우하는 요소이다. 자동차는 엔진이 설치된 위치에 따라 앞 기관 앞 구동(Front Engine Front Drive, FF) 방식, 뒤 기관 방식 등이 있고, 기관의 동력을 앞뒤 바퀴 중 어느 쪽에 전달하여 구동하는지에 따라 전륜 구동식, 후륜 구동식, 4륜 구동식이 있다.

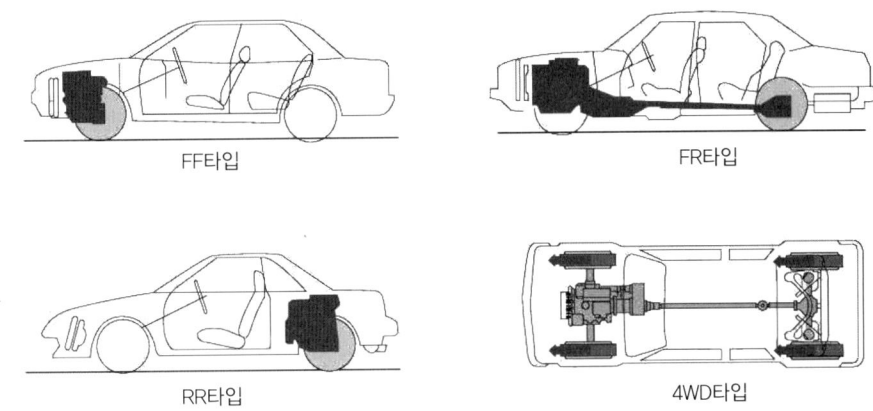

[기관의 위치와 구동방식]

* 출처 : 한국산업인력공단(2013), 자동차새시, 한국산업인력공단, 15p

① 앞 엔진 앞바퀴 구동(Front engine Front drive, FF) 방식

엔진, 클러치, 트랜스액슬(변속기와 종감속 기어, 차동기어 등이 일체인 변속기) 등이 앞 차축에 설치된 방식으로 흔히 '전륜구동'이라고 부른다. 앞바퀴가 구동과 조향을 함께 담당한다. 전륜구동(FF) 방식의 특징을 후륜구동(FR) 방식과 비교하면 다음과 같다.

장 점	• 동력을 전달하는 별도의 구동축이 필요 없기 때문에 실내 공간 확보에 유리하다. • 엔진과 구동 바퀴 사이의 동력전달 거리가 짧아서 동력전달 효율이 높다. • 미끄러운 노면에서 주행 안전성이 후륜구동(FR) 방식보다 좋다. • 후륜구동(FR) 방식에 비해 생산단가가 저렴하다.
단 점	• 공차 상태에서 빙판길이나 등판 주행 시 뒷바퀴가 미끄러지는 경향이 있다. • 구동과 조향을 위한 장치가 앞쪽에 편중되어 있어 앞 차축 구조가 복잡하다. • 엔진과 구동계가 앞쪽에 몰려 있기 때문에 무게 배분에 있어 불리하다. • 앞바퀴가 조향과 구동을 모두 담당하기 때문에 FR방식에 비해 운동신경이 떨어진다. • 무게가 전륜에 치중된 만큼 앞 타이어의 마모가 빠르다. • 과속선회시에 언더스티어 현상이 발생한다. * 언더스티어 : 코너를 돌때 운전자가 원하는 방향보다 안쪽으로 회전하려는 현상

② 앞 엔진 뒷바퀴 구동(Front engine Rear wheel drive, FR방식)

앞에 엔진이 위치하고 있고 뒷바퀴를 이용해서 차를 움직이는 방식으로 흔히 '후륜구동'이라고 부른다. 후륜구동(FR) 방식의 특징을 전륜구동(FF) 방식과 비교하면 다음과 같다.

장 점	• 엔진이 앞에 있고, 구동계는 뒷쪽에 분산되어 있는 구조이기 때문에 이상적인 무게 배분(전 50 : 후 50)이 가능하다. • 앞바퀴가 조향을 담당하고 뒷바퀴가 구동을 담당하기 때문에 운동능력(코너링)과 승차감이 좋다. • 긴 휠베이스(앞뒤 바퀴 축간거리)를 이용해 좋은 비율로 차를 디자인 할 수 있다.
단 점	• 엔진에서 동력을 뽑아내고 뒤로 동력을 전달하기 때문에 동력손실이 크다. • 뒷바퀴에 동력을 전달할 구동계를 별도로 필요로 하기 때문에 실내 공간 확보가 어렵다. • 눈길 및 빗길에서 안정성이 매우 떨어진다(상대적으로 무게가 가벼운 후륜쪽에 구동력이 전달되기 때문에 바퀴가 헛돌 가능성이 높다). • 무게가 더 나가기 때문에 연비면에서도 손실이 있다. • 과속 선회시 오버스티어가 발생하는 단점이 있다. * 오버스티어 : 코너를 돌때 자동차가 바같으로 벗어나려고 하는 성질이나 현상

③ 뒤 기관 뒤 구동(Rear engine Rear drive, RR) 방식

엔진과 동력 전달 장치가 뒤쪽에 설치된 형식으로서, 뒷바퀴에 의해 구동되고 스포츠카와 버스 등에 채용된다.

장 점	• 앞 차축의 구조가 간단하며 동력 전달 경로가 짧다. • 언덕길과 미끄러운 노면에서의 출발 시 발진성이 좋다.
단 점	• 변속 제어 기구의 길이가 길어진다. • 엔진 냉각이 불리하다. • 고속에서 선회 시 오버스티어링(Over Steering)이 발생한다.

④ 4륜 구동 자동차(4 Wheel Drive)

자동차의 앞부분에 엔진과 변속기를 장착하고 앞바퀴와 뒷바퀴를 동시에 구동시키는 방식으로, 구동력이 크게 되어 산악로, 흙길, 험로 주행 시 탁월한 효과를 발휘한다.

(3) 기관의 종류와 에너지원에 따른 자동차 분류와 특징

① 가솔린 자동차

가솔린 엔진을 원동기로 장착한 자동차로서 승용차 대부분이 여기에 속한다.

② 디젤 자동차

디젤 엔진을 원동기로 장착한 자동차로써 상용자동차 대부분과 일부 승용차가 여기에 속한다.

③ 가스 자동차

LPG, CNG 등을 사용하는 엔진을 원동기로 장착한 자동차로써 기존의 가솔린 엔진에 가스 연료 공급장치를 별도로 장착하여 사용하기도 한다.

④ 전기 자동차

전기모터를 원동기로 장착한 자동차로써 배터리에 충전된 전기를 사용하여 주행한다. 승용차 일부, 골프카, 전동 지게차 등이 여기에 속하며, 환경문제와 관련하여 주목을 받고 있다.

⑤ 하이브리드 자동차

내연 엔진과 전기 자동차의 배터리 엔진을 동시에 장착하는 등 기존의 일반 차량보다 유해가스 배출량과 연비를 획기적으로 줄인 차세대 환경자동차를 말한다. 전기모터는 차량 내부에 장착된 고전압 배터리로부터 전원을 공급받고, 배터리는 자동차가 움직일 때 다시 충전된다. 차량속도나 주행상태 등에 따라 엔진과 모터의 힘을 적절하게 제어하여 효율성을 극대화한 것이다.

(4) 차체의 형태에 따른 자동차 분류와 특징

차체의 형태는 자동차의 주행 저항 중 공기 저항에 큰 영향을 주고 있으며, 그 형태에 따라 크게 세단, 리무진, 쿠페, 스테이션왜건, 컨버터블, 밴, 픽업 등으로 구분할 수 있다.

① 세단 또는 살롱(Sedan or Saloon)

보통 4~5인승의 가장 일반적인 형상의 승용차이다. 센터 필러가 있고 도어가 4개이며, 앞뒤에 승객이 탈 수 있게 되어 있다.

[세단의 종류]

② 리무진(Limousine)

세단과 구별하여 운전석과 뒷좌석 사이를 유리칸막이(좌우 또는 상하로 열림)로 분리한 최고급 승용차이다.

[리무진]

* 출처 : 한국산업인력공단(2013), 자동차새시, 한국산업인력공단, 20p

③ 쿠페(Coupe)

원래 2인승의 세단형 승용차를 말하며, 어원적으로는 마차의 마부석(馬夫席)이 외부에 있는 2인승인 4륜 상자형 마차의 뜻이다. 하지만 최근에는 승차 인원에 상관없이 주로 2개의 문(door)이 달려 있고, 지붕이 낮으며 날씬한 모양의 차량을 통틀어 쿠페라고 부른다. 문이 두 개인 세단과 구별하기 어렵지만, 공기의 저항을 줄이기 위하여 낮게 설계된 것이 특징이다. 그 밖에 컨버터블 쿠페, 하드톱 쿠페 따위의 변형도 있다.

[쿠 페]

* 출처 : 한국산업인력공단(2013), 자동차섀시, 한국산업인력공단, 21p

④ 스테이션 왜건(Station Wagon)

세단을 기본으로, 뒷좌석 공간을 트렁크 공간 끝까지 늘여서 만든다. 유사한 형태인 해치백 자동차와 달리, 스테이션 왜건은 지붕이 트렁크 공간까지 뻗어 있고, 뒤쪽에 문이 달려 짐을 싣고 내리기가 쉽게 되어 있다. 해치백보다 전장이 길고, 측면 유리창이 화물 공간까지 있으며, 일반적으로 5도어이다.

[스테이션 왜건]

* 출처 : 한국산업인력공단(2013), 자동차섀시, 한국산업인력공단, 20p

⑤ 컨버터블(Convertible)

쿠페형 승용차를 기본으로 하여 지붕을 접었다 폈다 할 수 있게 만든 자동차이다. 지붕을 접으면 오픈카가 되고, 창 유리를 올리고 지붕을 덮으면 쿠페형 승용차가 된다. 지붕의 개폐방식에 따라 손으로 접었다 폈다 하는 방식과 스위치만 누르면 유압이나 전동기에 의하여 자동으로 움직이는 방식이 있다. 이 컨버터블은 그 특징에 따라 여러 이름으로 불린다. 즉, 지붕의 재질이 천과 같이 부드러운 것으로 만들면 '소프트톱', 반대로 재질을 딱딱한 재료를 쓰면 '하드톱'이라고 한다. 이외에도 사이드 유리창이 없는 것을 '로드스터', 달리는 모습이 거미와 같다고 하는 '스파이더'로 불린다. 또한, 지역에 따라서 영국에서는 '드롭헤드', 유럽에서는 '캐브리올레'라고도 한다.

[컨버터블]

* 출처 : 한국산업인력공단(2013), 자동차새시, 한국산업인력공단, 21p

⑥ 밴(Van)

지붕을 고정해 상자 꼴의 화물칸을 갖춘 트럭을 통틀어 일컫는다. 생김새는 왜건과 비슷하지만, 사람을 태우는 기능보다는 짐을 싣는 기능에 더 많은 무게를 두는 차량이다. 용도와 모양에 따라서 운전석과 짐칸이 하나로 된 패널 밴(Panel Van), 이보다 작은 소형 라이트 밴(Light Van), 승용차형의 커머셜 밴(Commercial Van) 등으로 나눈다. 패널 밴은 루트 밴(Root Van)이라고도 하는데 트럭에 훨씬 가깝다. 라이트 밴은 소형 패널 밴으로 딜리버리 밴(Delivery Van)이라고도 한다. 커머셜 밴은 흔히 미니 밴(Miney Van)이라고도 하는데, 트럭보다는 승용차에 더 가깝다.

[패널 밴]

* 출처 : 한국산업인력공단(2013), 자동차새시, 한국산업인력공단, 23p

⑦ 픽업(Pickup)

짐칸의 덮개가 없는 소형 트럭의 한 형식이다. 소형 트럭·승용차의 섀시를 사용한 것으로서, 2~3인승 1열로 된 시트를 갖춘 객실 뒤에, 낮은 소형 짐칸이 있다. 짐받이의 플랩은 뒤쪽에만 있다. 변형된 형태로 4~6인승 2열 시트로 된 것을 더블 픽업이라고 한다. 픽업이라는 단어는 영어로 '주워 올린다'는 뜻으로, 이 이름을 가진 트럭은 주로 작고 가벼운 화물을 쉽게 싣고, 운반이나 배달에 사용한다.

[픽 업]

* 출처 : 한국산업인력공단(2013), 자동차새시, 한국산업인력공단, 23p

(5) 차체 박스의 개수에 따른 자동차 분류와 특징

① 노치백 형(Notch Back Type)

3박스형이라고도 하며, 중형 승용차 이상에 많이 사용한다. 트렁크가 낮고 긴 것이 특징이며, 자동차 뒷부분에 턱이 있다. 내부는 엔진 룸, 승객 룸, 트렁크 룸으로 크게 구분되어 있다. 가솔린 엔진을 장착한 자동차로써 승용차 대부분이 여기에 속한다.

② 해치백 형(Hatch Back Type)

2박스형이라고도 하며, 소형 승용차에 많이 사용된다. 트렁크 룸과 승객 룸이 일체로 되어 있어서 외관상 승객 룸과 트렁크 룸의 구분이 힘들다.

③ 모노리스 형(Monolith Type)

1박스형이라고도 하며, 캡 오버(Cap Over) 형으로 되어 있고, 실내 전체 공간을 충분히 활용할 수 있는 특징을 가지고 있다.

[캡 오버 버스(모노리스형)]

* 출처 : 한국산업인력공단(2013), 자동차새시, 한국산업인력공단, 22p

2 엔진의 종류와 특징

(1) 가솔린 직접분사 엔진

① 가솔린 직접분사 엔진의 개요

가솔린 직접분사 엔진(GDI ; Gasoline Direct Injection)은 부분 부하 상태에서는 압축행정 말기에 연료를 분사하여 점화 플러그 주위의 혼합비를 농후하게 하는 성층 연소로 매우 희박한 혼합비(25~40대)에서도 쉽게 점화할 수 있게 되어 있다. 높은 부하 상태에서는 흡입행정 초기에 연료를 이론 공연비로 분사하여 연료에 의한 흡입 공기의 냉각으로 충전 효율을 향상시킨다. 그리고 이 엔진은 낮은 부하 상태에서는 최대 30% 정도의 연료 소비율이 향상되며, 높은 부하 상태에서는 10% 정도의 출력을 향상하는 것이 가능하다고 알려져 있다.

② 연료 제어(Fuel Control)

가솔린 직접분사 엔진의 연료계통은 인젝터 구동장치 A&B, 저압 연료 펌프, 저압 연료 압력 조절기, 연료 필터, 고압 연료 펌프, 고압 연료 압력 조절기, 와류 인젝터 등으로 구성되어 있다. 와류 인젝터는 2분사(2spray) 방식이며, 기존의 인젝터와는 달리 연료가 분사되면서 주위의 공기와 쉽게 혼합될 수 있게 하려고 와류(소용돌이)를 이루면서 연료가 분사된다. 인젝터의 분사는 점화 시기와 같게 1-2-7-8-4-5-6-3 순서로 분사되며, 엔진의 부하에 따라 피스톤의 흡입행정(일반 연소) 또는 압축행정(희박 연소)에서 분사된다. 고압 연료 펌프는 압축된 연소실로 연료를 직접 분사하기 위해서 저압 연료 펌프에서 공급된 연료를 고압 연료 펌프에서 약 $50kgf/cm^2$ 정도의 압력으로 상승시켜 인젝터에 공급한다.

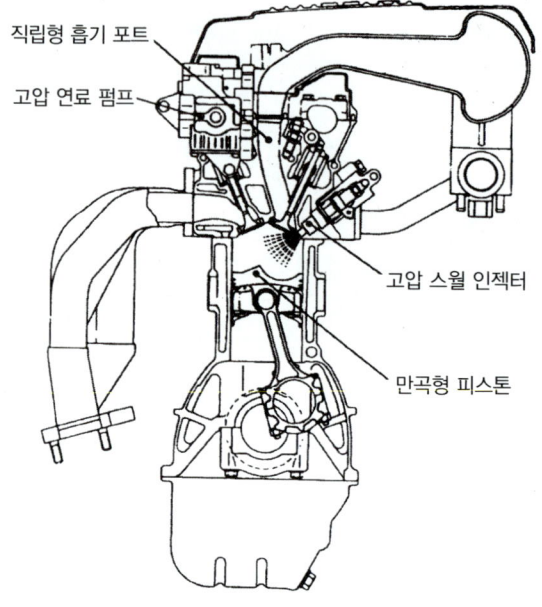

[가솔린 직접분사 엔진의 단면도]

* 출처 : 한국산업인력공단(2013), 자동차기관, 한국산업인력공단, 141p

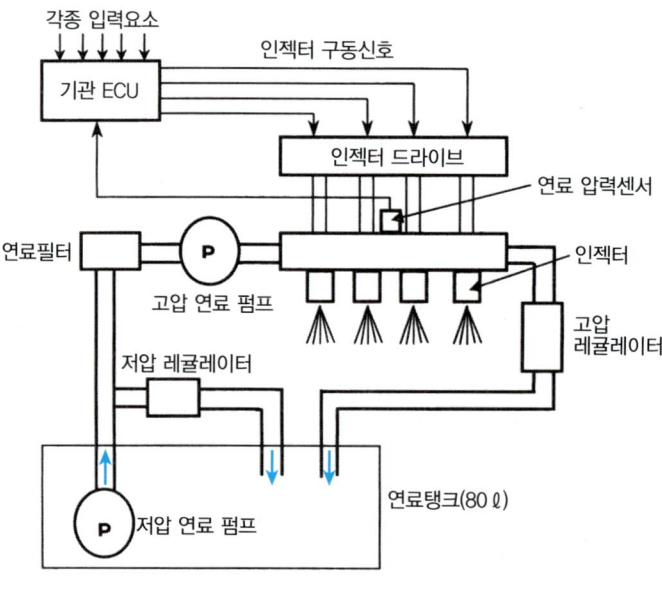

[연료장치 구성도]

* 출처 : 한국산업인력공단(2013), 자동차기관, 한국산업인력공단, 142p

③ 4행정 엔진

엔진의 행정이란 연료의 흡입, 압축, 폭발, 배기의 한 사이클을 몇 개의 행정으로 이루어 졌는가를 보고 구분 하는데 4행정 엔진과 2행정 엔진이 있다. 먼저 4행정 엔진은 아래 그림과 같이 모든 자동차에 적용되는 엔진이다. 4행정 엔진의 장점은 2행정 기관에 비해 연비가 좋고 Power가 상대적으로 우수하다.

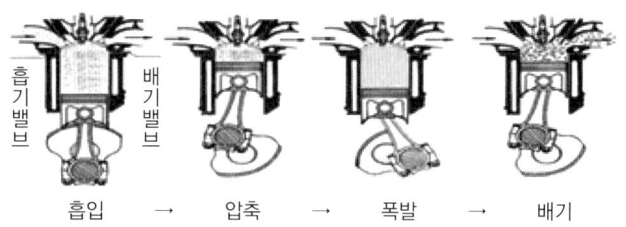

④ 2행정 엔진

2행정 엔진은 4행정 엔진처럼 엔진의 압축, 배기 밸브가 없고 피스톤이 밸브 역할을 대신한다. 2행정 엔진은 주로 모토 사이클에 적용이 되고 있다. 연비가 극히 나쁘고, 소음이 많지만 회전력이 균일한 장점을 가지고 있다.

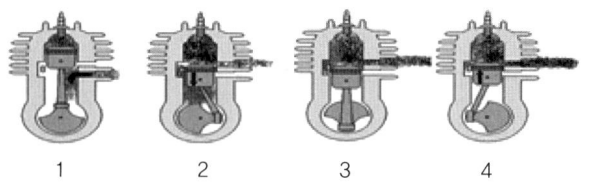

⑤ 전자제어 계통의 개요

㉠ 초희박 연소를 실현하기 위하여 와류 인젝터(Swirl Injector), 고압 연료 펌프, 고압 연료 압력 제어기와 연료 압력 센서 등을 설치하여 압축된 실린더에 고압의 연료를 짧은 시간 내에 분사한다. 고압 분사를 위하여 컴퓨터는 고압 연료 라인의 압력 및 각종 입력 센서들로부터 신호를 받아 인젝터의 분사시간을 연산하여 인젝터 구동장치(Injector Driver)로 신호를 보낸다. 인젝터 구동장치는 엔진 컴퓨터로부터 인젝터 분사 신호를 입력받아 각 인젝터를 구동하고, 또한 인젝터의 고장 유무를 검출하여 엔진 컴퓨터로 입력시킨다.

㉡ 질소산화물의 배출량을 감소시키기 위하여 대용량의 EGR 모터를 2개 설치하고, 구동방식은 스텝 모터와 같으며 엔진의 컴퓨터가 정확한 배기가스 재순환량을 제어한다. 또한, 촉매 컨버터의 최적 활성화를 위하여 뒤(rear) 산소 센서를 설치하여, 촉매 컨버터 뒤의 산소

량을 계측하여 연료 분사량을 보정계수로 엔진 컴퓨터에 입력된다.
ⓒ 점화 코일은 실린더마다 1개씩 설치되며, 파워 트랜지스터가 내장되어 엔진 컴퓨터의 구동 신호(베이스 신호)에 따라 1차 점화 전압을 제어한다.
ⓔ 전자제어 스로틀 밸브(ETS ; Electronic Throttle Valve)는 가속 페달의 열림량을 입력받아 엔진의 컴퓨터가 스로틀 밸브의 목표 열림량을 연산하여 EST-ECU로 신호를 보내면 EST-ECU는 스로틀 모터를 구동하여 스로틀 밸브를 제어한다.

(2) 디젤 직접분사 엔진(커먼레일 디젤엔진)

디젤엔진의 출력은 규모에 따라 승용차용 고속 엔진의 경우 실린더당 약 50kw, 선박 엔진의 경우 실린더당 약 1000kw의 구동력이 요구된다. 또한, 연료 분사 압력의 경우 실린더당 약 160kw의 출력을 발생하는데 대략 1350bar의 압력이 필요하다. 디젤엔진에 대한 사용자의 요구는 출력의 증가뿐만 아니라 연료 소비율의 감소, 그리고 소음과 진동의 감소 및 배출 가스의 감소 등을 원하고 있으며, 환경적인 부문에서도 배출 가스에 대한 규제는 강화되고 있고, 앞으로는 이러한 내용이 이루어지도록 가능케 하는 기술들이 디젤엔진에 관한 중요한 결정 요인이 되고 있다.

디젤엔진의 소음 감소에 대한 요구와 함께 연료의 경제성과 유해 배기가스의 감소에 대한 필요성의 증대는 기계적으로 제어되는 연료 분사 장치로는 더는 대처할 수 없으며, 사용자의 요구사항을 만족하기 위해서는 정밀한 방출률 곡선과 정확하게 측정되는 연료 분사량과 결합한 고압 분사 압력이 요구하는 장치가 필요하다. 따라서 관련 장치에서 새롭게 발달한 것이 커먼레일이라 부르는 연료 어큐뮬레이터를 이용한 방식으로 특수한 연료 공급 장치, 인젝터 및 압력 센서 그리고 이것들을 정밀하게 제어하는 엔진 ECU 등이 있으며, 이 장치는 더욱 엄격한 배기가스 규제 법규와 앞으로의 규정에 대처하는 데 유리하다.

직접 분사식 장치의 분사 압력은 엔진의 회전속도와 요구 분사량에 따라 ECU의 제어에 따라 독립적으로 생성되며, 고압으로 만들어진 연료는 분사를 위해 준비된 커먼레일(어큐뮬레이터)에 저장된다. 연료 분사량의 결정은 운전자에 의해서 이루어지고, 분사 개시와 분사 압력은 저장된 맵(ECU에 저장된 값)에 기초하여 엔진의 ECU에서 계산되어 각각의 실린더에 있는 인젝터의 솔레노이드 밸브를 통하여 실린더에 분사된다.

① 고압 연료계통

디젤 직접 분사식 엔진의 고압 연료계통은 고압 연료 펌프, 연료 압력조절 밸브, 고압 연료 라인, 커먼레일(압력 제한 밸브, 레일 압력 센서), 연료 리턴 라인, 인젝터로 구성되어 있다.

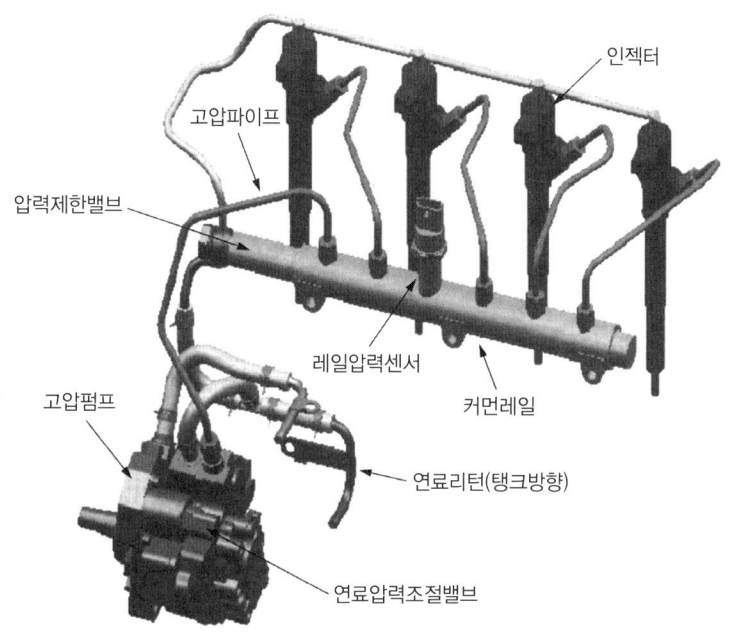

[고압 연료 라인]

* 출처 : 한국산업인력공단(2013), 자동차기관, 한국산업인력공단, 182p

㉠ 고압 연료 펌프

고압 연료 펌프는 연료를 약 1,350bar의 압력으로 가압시키며, 가압된 연료는 고압 라인을 통하여 관(管) 모양의 고압 연료 커먼레일(어큐뮬레이터)로 이송한다. 고압 펌프의 안쪽에는 120°의 각도로 된 3개의 펌프 피스톤에 의해 연료에 압력이 형성된다. 따라서 회전마다 3회의 이송행정이 이루어지기 때문에 비교적 작은 구동력으로도 펌프 구동장치에 응력이 일정하게 유지되도록 할 수 있다. 기존의 기계식과 커먼레일의 가장 큰 차이점 중의 하나가 연료 압력이 고압 펌프의 회전속도에 영향을 받지 않는 것이다. 연료 압력의 생성은 연료 압력 조절 밸브가 커먼레일에 설정된 압력 1,350bar로 제어하며, 엔진의 출력은 이것을 바탕으로 인젝터의 분사량에 의해 결정된다.

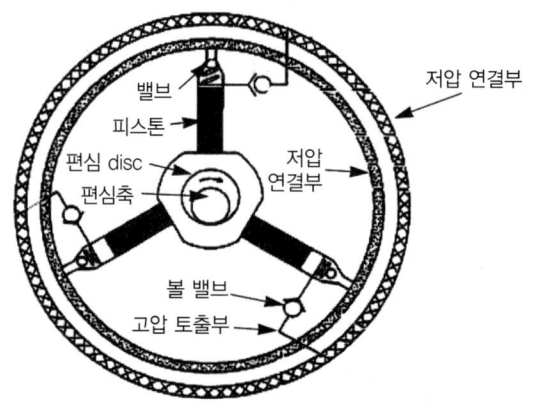

[고압 연료 펌프 내부구조]

* 출처 : 한국산업인력공단(2013), 자동차기관, 한국산업인력공단, 182p

ⓒ 커먼레일(Common Rail)

커먼레일은 고압 펌프로부터 공급된 연료를 저장하는 부분이며, 실제로 고압의 연료 압력을 지닌 부분이다. 그리고 인젝터가 분사하더라도 커먼레일 내의 연료 압력은 항상 일정하게 유지된다. 또한, 레일의 연료 압력은 레일 압력 센서에 의해 측정되며, 고압 연료 펌프에 내장된 압력 제어 밸브에 의해 원하는 값으로 유지된다. 연료의 압력을 커먼레일 내에서 1,750bar 이상으로 압력이 상승하면, 압력 제어 밸브가 열려 연료를 복구시켜 과잉의 연료가 인젝터에 공급되지 않도록 한다.

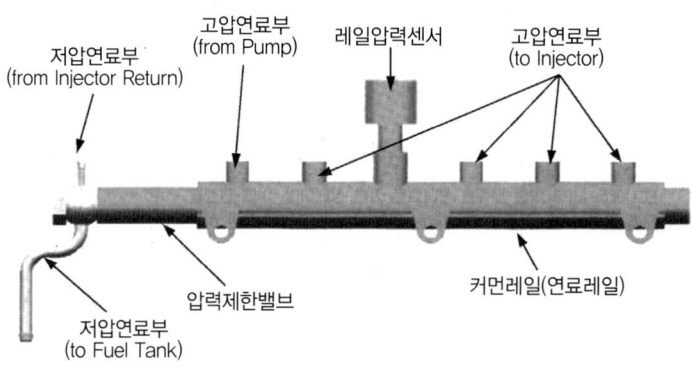

[커먼레일의 구조]

* 출처 : 한국산업인력공단(2013), 자동차기관, 한국산업인력공단, 185p

ⓒ 인젝터(Injector)

인젝터는 연료 분사장치로서 솔레노이드 밸브와 니들 밸브 및 노즐로 구성되어 있으며, 엔진 ECU에 의해 제어된다. 인젝터의 노즐은 엔진 ECU의 신호에 따라 솔레노이드 밸브가 작동되어 열리면, 연료가 엔진의 연소실에 직접 분사된다. 인젝터의 노즐이 열려 분사한 후 남은 연료는 리턴 라인을 통하여 다시 연료탱크로 되돌아간다. 압력 제어 밸브와 저압으로부터 반환되는 연료도 고압 연료펌프를 윤활하기 위해 사용된 연료와 함께 리턴 라인으로 돌아간다.

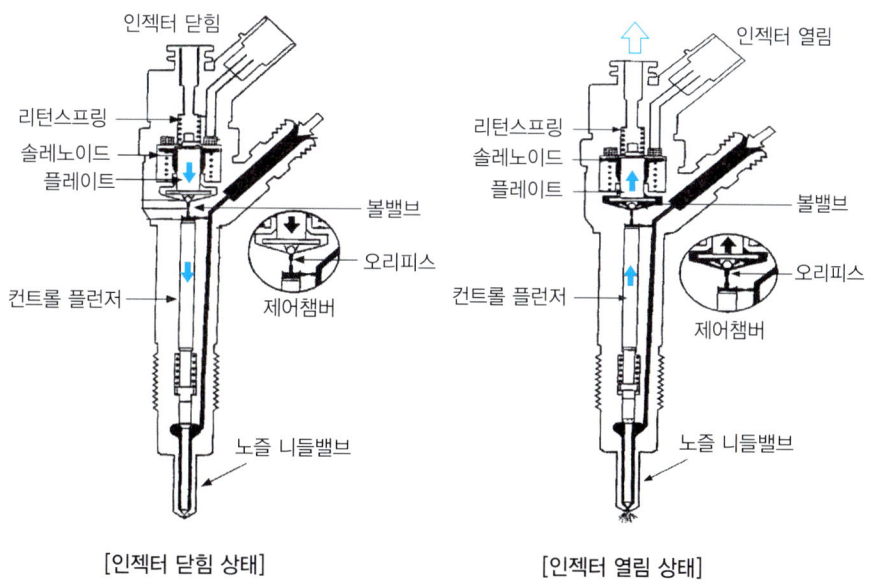

[인젝터 닫힘 상태]   [인젝터 열림 상태]

* 출처 : 한국산업인력공단(2013), 자동차기관, 한국산업인력공단, 185p

ⓓ 고압 파이프

연료 라인은 고압의 연료를 이송하므로 계통 내의 최대 압력과 분사를 정지할 때 간헐적으로 일어나는 높은 주파수의 압력 변화에 견딜 수 있어야 하므로, 연료 라인의 파이프는 강철(steel)을 사용한다. 커먼레일과 인젝터 사이의 고압 파이프는 모두 같은 길이로 구성되어 있으며, 커먼레일과 각각의 인젝터 사이의 길이는 각각의 파이프 길이에서 굽힘에 의해 보상되어 있다.

ⓔ 연료 압력조절 밸브

연료 압력조절 밸브는 저압 연료 펌프와 고압 연료 펌프의 연료 통로 사이에 설치되어 있다. 연료 압력조절 밸브는 PWM 방식으로 전류를 제어하여 고압 펌프에 송출되는 연료를 조절한다.

ⓑ 압력 제한 밸브

압력 제한 밸브는 커먼레일에 설치되어 과도한 압력(1,750bar 초과)이 발생하면 연료의 리턴 통로를 열어 커먼레일의 압력을 제한하는 안전밸브의 역할을 한다.

 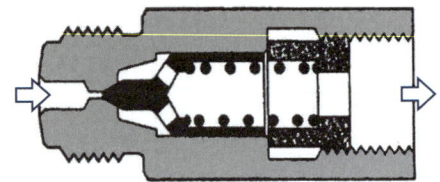

[연료 압력 제한 밸브의 구조]

* 출처 : 한국산업인력공단(2013), 자동차기관, 한국산업인력공단. 188p

3 자동차 옵션과 기기의 기능

(1) 안전장치

① 측면 에어백과 커튼 에어백

㉠ 측면 에어백이 장착된 차량에는 다음의 사진처럼 시트라든지 도어 쪽에 'AIRBAG' 문구가 새겨져 있다.

[측면 에어백]

ⓛ 커튼 에어백이 장착된 차량에는 다음의 사진처럼 필러 위쪽으로 'AIRBAG' 문구가 새겨져 있다.

[커튼 에어백]

② 무릎보호 에어백

무릎보호 에어백은 운전석 에어백과 마찬가지로, 전면 충돌 시에 다음의 사진처럼 무릎쪽에서 에어백이 터져 나오는 것이며, 무릎이 대시보드에 부딪히는 것을 방지해 주는 장치이다.

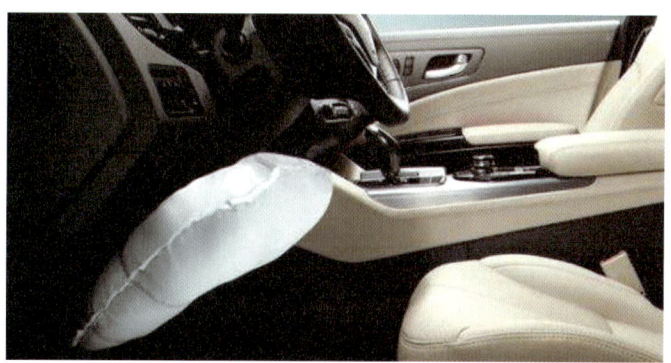

[무릎보호 에어백]

③ 액티브 헤드레스트

액티브 헤드레스트는 후방 충돌 시 가장 많이 다치는 목과 머리를 시트 위쪽 머리받이(헤드레스트)가 탑승자와 같이 움직여서 탑승자가 후방 추돌로 인해 경추에 심각한 손상을 방지해 주는 안전장치이다. 일명 '경추 보호 시스템'이라고도 한다.

[액티브 헤드레스트]

④ 브레이크 어시스트 시스템(BAS ; Brake Assist System)

브레이크 어시스트 시스템으로 말 그대로 '제동 보조 장치'이다. 주행 중 갑작스럽게 사람이 뛰어나오거나 장애물이 나타나 급브레이크를 밟는 돌발 상황에 브레이크를 밟는 힘이 약해도 제동력을 높여줘서 차를 최단거리로 정지시키는 기능이다. 이 제동 보조장치는 남자보다 힘이 약한 여성이나 노약자분들에게 유용하고 편리한 장치이다.

㉠ EBD(Electronic Brake Force Distribution)

전자식 제동력 분배 시스템으로 제동력을 자동으로 4개의 바퀴에 분배시켜서 안정된 브레이크 성능을 발휘할 수 있게 하는 시스템이다. 차량의 적재무게, 승차 인원, 감속에 의한 무게이동 등을 감지하여 제동거리의 변화를 최소화함으로써, 급정차 시 자동차가 앞으로 쏠리는 현상을 바로 잡아주는 기능이다.

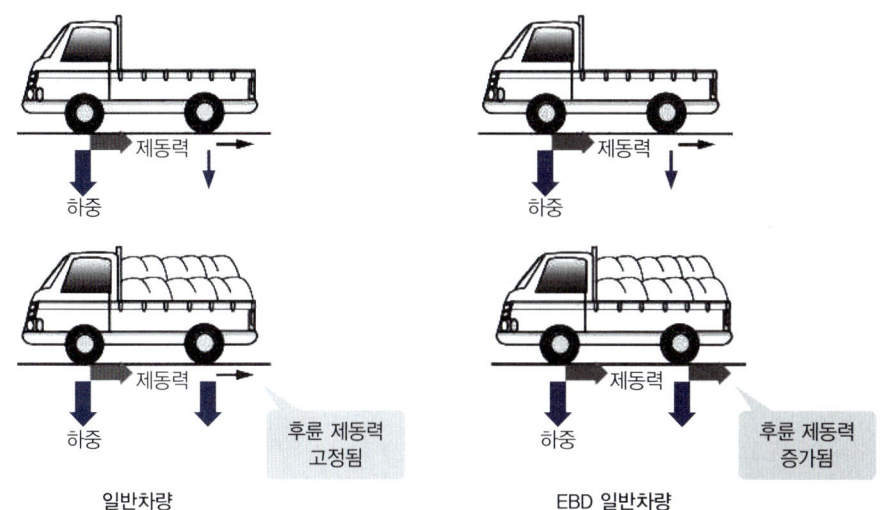

[EBD(Electronic Brake Force Distribution)]

* 출처 : 한국산업인력공단, 자동차새시, 한국산업인력공단, 358p

ⓛ VDC(Vehicle Dynamics Control)

차체 자세 제어장치로써 위험한 상황에서 자동차 스스로가 브레이크를 작동하거나 엔진 토크를 제어하여 위험에서 벗어나게 하는 장치이다. 보통 중형차 이상에는 적용을 많이 하는 장치로써 국내 제조사는 VDC라고 부르지만, 해외 제조사들은 ESP라고도 부른다.

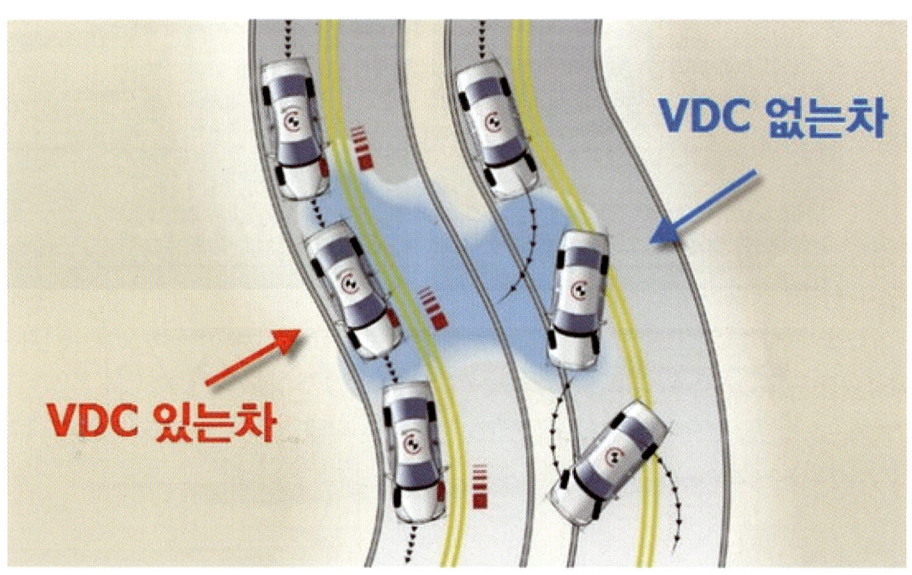

[VDC(Vehicle Dynamic Control)]

⑤ LSD(Limited Slip Differential)

비포장도로 같은 곳에서 주행하다가 한쪽 바퀴가 진흙탕에 빠져 차동기어작용으로 바퀴가 헛바퀴를 돌며 움직이지 못하는 현상을 방지하기 위해, 좌우 바퀴 힘의 분배를 다르게 하여 바퀴가 헛도는 현상을 막고 차량을 쉽게 빠져나오게 할 수 있게 한다. SUV에 많이 장착되는 자동차 옵션이다.

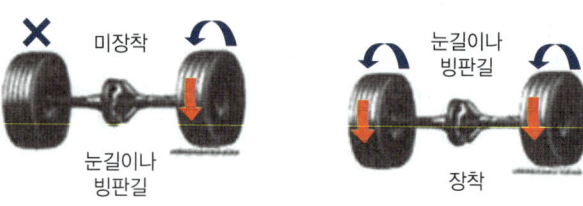

[LSD(Limited Slip Differential)]

* 출처 : 한국산업인력공단(2013), 자동차새시, 한국산업인력공단, 139p

⑥ 전방, 측면, 후방 감지센서

주차보조시스템으로서 앞쪽 범퍼와 뒤쪽 범퍼에 조그마하게 달린 것들이 모두 전방, 측면, 후방 감지센서이다. 이들 센서를 통하여 장애물 같은 것이 있으면 거리를 감지하여 음성이나 LED, 소리 등으로 운전자에게 전달해주는 장치이다. 그로 인해 운전자가 볼 수 없는 사각을 감지해주는 장치로써, 주차할 때 아주 편리한 안전장치라고 할 수 있다.

[전방, 측면, 후방 감지센서]

(2) 자동차의 경고등

① 자동차의 경고등은 색깔별로 구분이 된다. 빨간색 경고등은 차량 정차 후 즉각 조치가 필요한 것이고, 주황색이나 노랑색 경고등은 단거리 주행은 가능하나 빠른 시일 내 조치가 필요한 것이고, 노란색등은 경고등이 아닌 보조기기의 작동을 알려주는 등이다.

빨간색 경고등	노란색 경고등	초록색등

• 주행이 위험 • 즉각 조치 필요	• 단거리 운행가능 • 빠른 시일 내 조치	• 정상 운행가능 • 보조기기 작동

(3) 내외장 옵션

① 파워 윈도

파워 윈도(Power Window)는 소형 전기모터를 이용하여 차량 창문을 자동으로 내리거나 올릴 수 있게 해주는 편의장치이다. 차량 대부분은 기본적으로 운전석 창문에 적용되며, 차량 모델에 따라 운전석, 조수석에 제공되는 차량이 있고, 모든 창문에 제공되는 차량도 있다. 또한, 세이프티 파워 윈도(Safety Power Window)는 창문이 내려갔다 올라갈 때 창문과 창틀 사이에 물체가 감지되면 자동으로 다시 내려가는 안전 편의장치이다.

[파워 윈도(Power Window)]

② 풀 오토 에어컨

풀 오토 에어컨은 사용자가 원하는 온도를 설정해 놓으면 풍량, 공기 온도, 통풍구의 교체 등을 자동으로 조절하여 사용자가 설정한 온도를 유지해 주는 에어컨 시스템을 말한다. 기존에 실내 공기의 온도 및 습도를 조절하는 일반 에어컨 기능에 컴퓨터 자체 제어기능이 더해진 것으로서, 센서를 통해 실내 온도를 감지하여 작동하는 장치이다. 또한, 듀얼 풀 오토 에어컨은 운전석, 조수석 혹은 앞좌석, 뒷좌석에 각각 독립적으로 온도 조절이 가능하도록 한 운전자와 동승자를 고려한 편의장치이다.

[풀 오토 에어컨]

③ 가죽 시트

천연가죽과 인조가죽 시트를 모두 포함한다. 가죽 시트는 직물 시트보다 훨씬 고급스럽고 직물 시트처럼 먼지를 그대로 빨아들이지 않아 청결유지에 좋으며, 여름에는 보냉효과로 시원하고 겨울철에는 보온효과가 있어 따뜻하다. 내구성이 우수한 시트로서 안락한 승차감을 제공한다.

[가죽 시트]

④ 전동 시트

시트에 장착된 전기모터의 힘으로 움직일 수 있는 시트를 말한다. 사진에 보이는 것처럼 간단한 스위치 조작을 통하여 시트의 높낮이, 앞뒤, 등받이 기울기 등을 원하는 위치로 자동 조절할 수 있는 시스템이다.

[전동 시트]

⑤ 메모리 시트

메모리 시트는 전동 시트에서 기능이 추가된 것으로서, 전동 시트에서 좌석 위치와 각도, 기울기 등을 설정하여 저장시킨 이후에 특정한 메모리 버튼을 누르면, 저장 설정한 좌석 형태로 변경시켜 주는 장치이다. 다른 운전자가 좌석 위치를 다르게 조작해 놓았을 때도 편리하게 사용할 수 있게 하는 시스템이다.

[메모리 시트]

⑥ 열선 시트

자동차의 중심면 및 시트 등받이와 엉덩이 부분에 열선이 내장되어 있어 전기장판과 같이 좌석 시트를 따뜻하게 만들어 주는 장치이다. 특히 겨울철에 따뜻함을 유지하게 해주는 장치이며, 온도는 단계별로 조절할 수 있다.

[열선 시트]

⑦ 통풍 시트

통풍 시트는 시트 표면에 통풍구에 해당하는 작은 구멍이 있다. 버튼을 누르게 되면 통풍구 사이로 시원한 공기를 순환시켜 시트의 습기와 열을 제거하는 장치이다. 장시간 주행 시에 등과 엉덩이의 땀, 습기 등을 제거해주어 쾌적함을 유지하게 해주는 장치이다.

 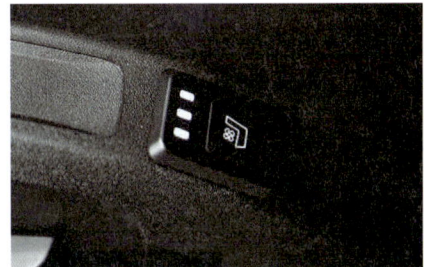

[통풍 시트]

⑧ 알로이(Alloy) 휠

금속 주재료가 알루미늄 합금으로 이루어진 휠로서, 보통 90% 이상의 알루미늄에 규소, 마그네슘, 타이타늄 등을 혼합해 만든 합금이다. 장점으로는 첫째, 휠의 무게가 가벼워 연비에 좋고, 스프링 아래 질량(Unsprung mass)이 작게 되어 주행 성능을 향상시킨다. 둘째, 열전도율이 일반 스틸 휠보다 3배 정도 높아, 노면 마찰로 인해 타이어에 발생하는 열을 빠르게 흡수하고 발산시켜 타이어와 브레이크의 성능이 향상된다. 셋째, 충격 흡수력이 뛰어나 타이어와 노면 충격을 완화하여 승차감 향상에 도움이 된다.

19인치 알로이 휠　　　　18인치 알로이 휠　　　　17인치 알로이 휠(디젤 전용)

* 출처 : 기아자동차 홈페이지(스팅어)

⑨ 샤크 안테나(Shark Antenna)

외장 안테나로 상어의 지느러미 모양이라 샤크 안테나라고 한다. 후면 유리창 위쪽 중앙에 장착하고 GPS 라디오, DMB를 수신하는 기능을 한다.

[샤크 안테나]

⑩ 데이 라이트(Day Light)

주간 주행 중에 불빛이 들어오는 장치를 말하며, 안전성을 높여 교통사고를 예방하는 효과가 있다.

* 출처 : 현대자동차 홈페이지(아반떼)

(4) 편의장치

① 선루프

자동차 루프(지붕)에 고강도로 된 유리로 틀을 만들어 루프(지붕)의 일부를 개폐할 수 있는 장치이다. 실내 온도가 올라가거나 실내 공기가 탁했을 때 차량의 지붕을 열어 차량 내부의 공기를 빠르게 환기할 수 있으며, 개방감을 넓히기 때문에 쾌적한 운전에 도움을 준다. 선루프에 사용되는 강화유리는 대부분 특수 열처리가 되어 자외선, 적외선을 차단하는 효과도 있다.

② 파노라마 선루프

일반적인 선루프는 자동차 지붕에 일부분만 창문으로 만들어져 있으나, 파노라마 선루프는 자동차 지붕 전체를 창문으로 만들었다고 보면 된다. 지붕 전체가 강화유리로 되어 있으며 일반 선루프에 개방감을 플러스했다는 장점이 있으나, 지붕 전체가 유리로 되어 있기 때문에 사고가 났을 때 더 위험할 것이라는 우려가 있기도 하다. 최근에는 강화유리의 강도에 관한 문제가 야기되고 있다.

③ 제논 헤드램프(HID)

투명한 유리처럼 램프 안쪽이 보이는 클리어 렌즈를 사용하여 조사거리와 밝기가 대폭 향상된 전조등이다. 기존에 일반 헤드램프보다 적은 전력으로 2배 이상의 밝기를 제공하여 야간 운전 시 전방 측면 시야를 더 확보해 주며, 빛이 자연광에 가까워서 눈에 피로감을 줄여주는 장점이 있다. 수명은 5배가량 증가하였는데, 필라멘트가 없어 전극에 손상될 염려가 없고, 전자제어장치가 램프에 항상 안정적으로 전원을 공급한다.

④ 오토라이트

자동으로 조명을 조절하는 장치로써, 조도감지센서가 감지하는 주변 환경 밝기에 따라 미등 또는 전조등을 자동으로 점등과 소등시켜주는 편리장치이다. 스위치를 AUTO로 설정해 놓으면 오토라이트가 작동된다.

⑤ 스마트키

차량 내에 내장된 센서가 스마트키를 소지한 운전자를 자동으로 인식하여 키를 꽂지 않고도 문을 열거나 시동을 걸 수 있는 편리한 시스템이다. 기본적으로 무선 도어 잠금장치가 포함되어 있고 트렁크 개방, 웰컴과 크락션 기능이 차종별 스마트키마다 추가로 장착되어 있다.

⑥ 엔진 스타트 버튼

대부분 스마트키가 적용된 차량에는 기본적으로 장착되어 있으며, 브레이크를 밟고 버튼만 누르면 시동을 걸 수 있다. 시동을 끌 땐 정지 상태에서 다시 한번 버튼을 누르면 된다.

⑦ 라이트 세척장치

차량 헤드램프의 오염을 제거하고 악천후 시에 배광성능을 향상하기 위해 헤드램프 렌즈 표면에 세척액을 분사하는 노즐과 와이퍼로 구성된 장치이다.

⑧ 자동주차시스템

차량의 앞뒤, 측면에 장착된 공간 탐색용 초음파 센서를 이용하여 주차 가능 영역을 탐색하고 주차를 보조하는 시스템이다. 운전자가 기어 변속과 가속, 정지 등 페달만 작동해주면 주차가 가능해 편리하다.

⑨ 전자식 파킹 브레이크

기존 기계식(와이어 방식)의 주차 브레이크와는 달리, 전자식으로 제어되는 주차 브레이크 시스템이다. 출발 시 자동으로 해제되는 기능이 있으며, 비탈길에서 정차한 후 출발 시 뒤로 밀림 현상이 없는 장점이 있다.

⑩ 이모빌라이저(Immobilizer)

자동차의 도난을 방지하기 위해 자동차마다 고유번호를 부여하고, 센서를 이용하여 이를 확인하여 시동을 제어하는 장치이다. 이모빌라이저 키가 없을 때는 자동차 계기판에 인식경고등이 들어오게 되고 시동이 걸리지 않게 된다.

㉠ 트립컴퓨터(Trip Computer)

계기판 중앙에 장착되어 있고 평균연비, 주행거리, 평균속도, 온도 등 다양한 정보를 LCD 창으로 보여 주어 운전자에게 차량의 현재 상태정보를 쉽게 보여 준다.

㉡ 헤드업 디스플레이(Head up Display)

헤드업 디스플레이는 운전석 전면 유리에 필요한 주요 주행정보를 표시해주어, 주행 중 운전자의 시선 이동을 최소화하도록 하여 주행 안전성을 높여 주는 장치이다.

[헤드업 디스플레이]

* 출처 : 현대자동차 공식 홈페이지

ⓒ 나이트 비전 시스템

자동차의 앞쪽 라디에이터 부근에 장착된 적외선 열화상 카메라를 이용하여, 외부 주행 상황을 자동차 모니터에 보여 주는 안전장치이다.

[나이트 비전]

* 출처 : 벤츠 홈페이지

⑪ ECM 룸미러

ECM(Electronic Chromic Mirror) 룸미러는 운전자의 눈부심 현상을 없애주는 룸미러이다. 야간 운전 시 전조등이 반사되어 불편함을 겪는 일을 방지하기 위해 눈부심 현상을 완화해주는 편의장치이다.

⑫ 크루즈 컨트롤

크루즈 컨트롤은 자동차의 속도를 자동으로 일정하게 유지할 수 있도록 하는 자동속도조절장치이다. 엔진 스로틀 개도를 조절하여 엔진에 공급되는 연료의 양을 늘리거나 줄이는 것이 가능하여 급발진에 따른 연비 절감의 효과를 볼 수도 있다.

⑬ 파워핸들

파워핸들은 조향시 엔진의 구동력이나 전기모터를 이용하여 적은 힘으로도 조향핸들을 가볍게 조작할 수 있는 시스템이다. 운전자가 조향핸들을 돌리면 센서가 회전 방향과 속도 등을 감지하여 전기모터를 돌려 차량 앞바퀴에 적절한 구동력을 전달해준다. 주차 시나 저속에서는 필요한 조향핸들 조작력이 작게 되고, 고속에선 안전성을 위해 조향핸들 조작력이 크게 된다.

⑭ 조향핸들 리모컨

조향핸들 리모컨은 조향 휠에 장착된 버튼으로써 오디오, 핸즈프리 등 각종 장치를 편리하게 조작할 수 있는 시스템이다. 특히 오디오는 전원, 음량 등의 조작이 가능하다. 주행 중에 편리하게 이용할 수 있어 주행 안전성을 향상시켜 준다.

⑮ 히팅 핸들

조향 휠 안쪽에 열선이 내장되어 있어 겨울철 핸들을 따뜻하게 해주는 장치이다. 특히 동절기에 따뜻하게 조향 휠을 잡을 수 있어 운전자의 편의를 높인 옵션 장치이다.

⑯ 유아 시트 고정장치

자동차에 장착된 래치에 카시트를 연결하는 방식이다. 기존에 안전띠로 고정하던 방식에서 시트 자체를 연결하는 방식으로 아이에게 더 안전하며, 간편하게 탈부착 할 수 있다.

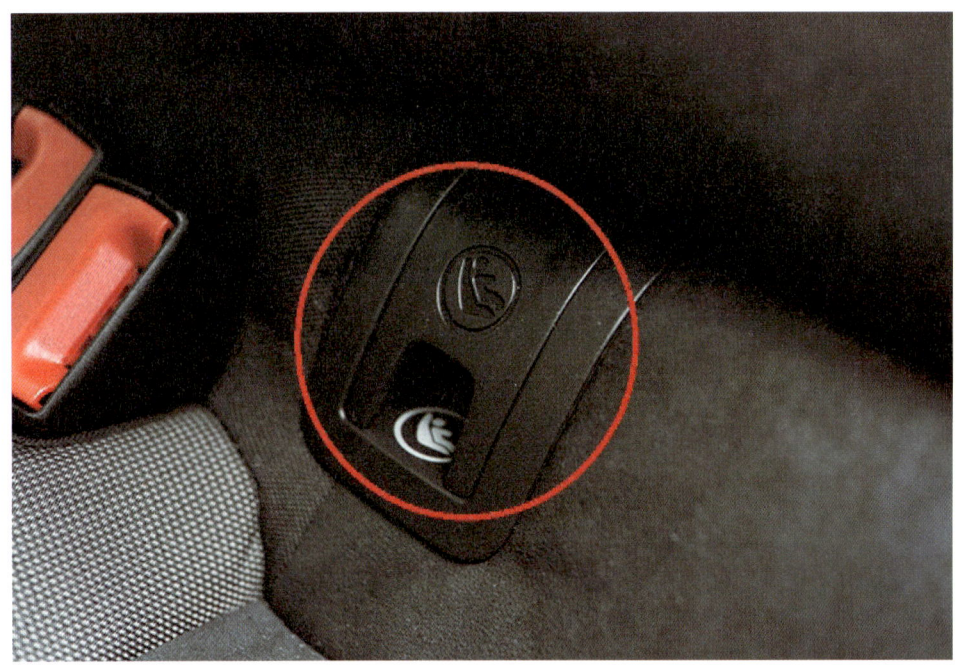

[유아시트 고정장치]

⑰ 클러스터 이오나이저(공기청정기)

생체리듬에 꼭 필요한 음이온과 양이온을 균형 있게 발산하여 숲에서 느끼는 상쾌한 상태를 유지하여 주는 장치이다. 숲속과 같은 산림욕 효과로 자동으로 안 좋은 공기를 걸러내어 내부를 쾌적한 공기로 채워준다.

(5) 자동차 운행에 필요한 기기

자동차 운행에 필요한 여러 기기의 조작은 자동차를 안전하게 다루기 위해 중요하다. 자동차에 따라 기기 조작방법이나 기기 표시가 다소 차이가 있으므로, 자동차 구매 고객에게 조작 정보를 주기 위해서는 차종에 따른 사용 방법을 숙지하는 것이 필요하다.

① 자동차 문 잠금장치

자동차 밖에서는 열쇠를 시계 방향으로 돌리면 문이 열리게 되고, 반대로 시계 반대 방향으로 돌리면 잠기게 된다. 자동차 안에서는 중앙잠금장치 스위치 또는 잠금 레버를 이용하여 문을 열거나 잠글 수 있다. 잠금 레버를 사용할 때에는 잠금 레버를 누르거나 당기면 되고, 잠금 레버를 해제한 후 도어 핸들을 몸쪽으로 당겨서 문을 연다.

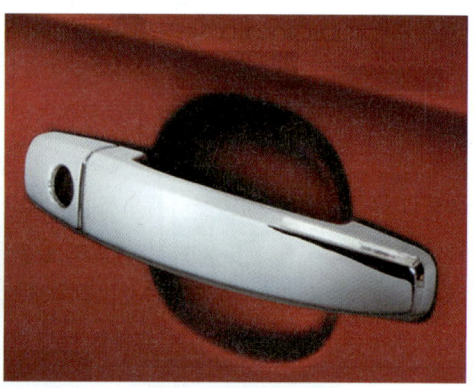

내부 잠금장치 　　　　　　　　　외부 잠금장치

[자동차 문 잠금장치]

* 출처 : bmw 홈페이지

또한, 중앙잠금장치 스위치는 운전석에서 일시에 모든 자동차 문을 잠그게 하거나 열 수 있도록 하는 장치이다. 중앙잠금장치 스위치 ①을 누르면 문이 열리고, 스위치 ②를 누르면 잠기게 된다. 특히, 어린이 보호 잠금장치는 어린이를 동반하는 경우, 자동차 뒷문에 부착된 잠금장치이다. 어린이가 안에서 뒷문을 열지 못하도록 할 수 있다. 어린이 보호 잠금장치를 이용할 경우, 자동차의 뒷문은 밖에서 열어야 한다.

[중앙잠금장치와 어린이 보호 잠금장치]

② 자동차 트렁크 개폐장치

자동차 외부에서 자동차 트렁크를 열 때는 열쇠를 시계방향으로 돌려서 열면 된다. 닫을 때는 열쇠를 빼고 손으로 트렁크를 아래로 가볍게 누르면 저절로 닫히게 된다. 자동차 안에서는 일반적으로 운전석 왼쪽 아래에 그림과 같은 스위치가 있는데, 이 스위치를 위로 들어 올리면 트렁크가 열리게 된다. 만약, 트렁크 안에 갇히면 그림과 같은 위치에 손잡이를 옆으로 밀면 트렁크 안에서도 트렁크를 열 수도 있다.

 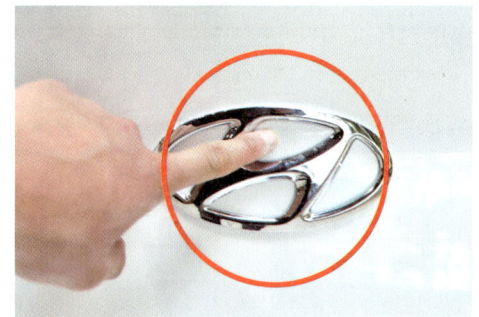

[자동차 트렁크 개폐장치]

③ 자동차 도어의 유리창 개폐장치

운전석 도어에 부착된 스위치는 모든 유리창의 개폐를 조절할 수 있다. 그리고 도어마다 부착된 각각의 스위치는 해당 도어의 유리창만을 조작할 수 있는데, 스위치를 누르면 유리창이 내려가고, 당겨 올리면 유리창이 올라간다.

[자동차 도어의 유리창 개폐장치]

④ 주유구 개폐장치

주유소에서 연료를 주유할 때 주유구의 문을 열 수 있는 장치로써 운전석 왼쪽 아래에 있고, 위로 들어 올리면 열 수 있다.

[주유구 개폐장치]

⑤ 엔진 후드(보닛) 개폐장치

자동차의 엔진 룸 점검 시 엔진 후드를 열 때 사용하는 장치로써, 통상 운전석 앞 왼쪽 무릎 정도의 위치에 있다. 엔진 후드 열림 레버를 당기고 자동차 밖으로 나가서 엔진 후드 앞덮개 아래에 있는 고리를 잡고 들어 올려 엔진 후드 지지대로 고정하면 된다. 닫을 때는 역순으로 하되 엔진 룸 안에 장갑이나 공구 등이 있는지 살피고, 점검 시 열어 둔 뚜껑 등은 완전히 잠겼는지 확인한 후, 이상이 없으면 덮개를 잡고 지지대를 원위치한 후 30cm 위치에서 가볍게 내려놓으면 닫히게 된다.

[엔진 후드 레버]

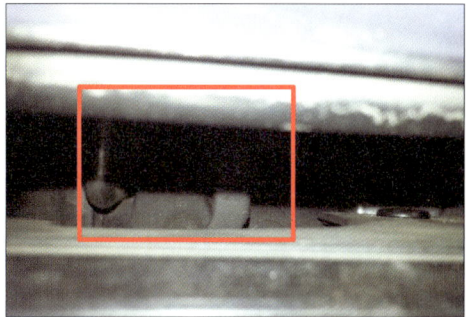
[엔진 후드 걸쇠]

⑥ 계기판

계기판은 자동차를 운행하는 데 필요한 속도계, 타코미터(tachometer), 오도미터(odometer), 각종 경고등이 갖추어져 있다. 속도계는 시간당 주행속도를 나타내는 계기로 과속하지 않고 안전한 속도로 주행할 수 있도록 도와준다. 그리고 엔진 타코미터는 1분당 엔진 회전수를 나타내는 계기이고, 오도미터는 총 주행거리(km)를 나타내는 계기이다.

[자동차 계기판]

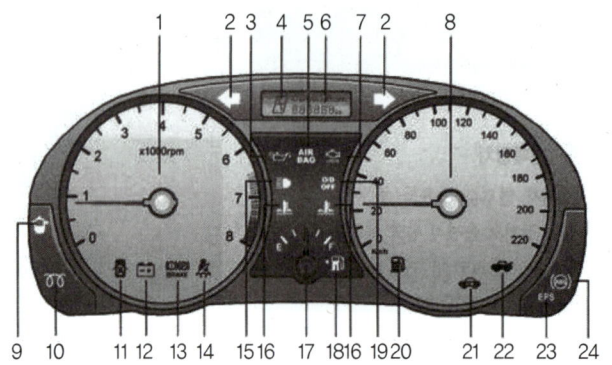

1. 타코미터(회전계)
2. 방향전환 표시등
3. 엔진오일 압력 경고등
4. 자동변속기 위치 표시등
5. 에어백 경고등
6. 적산, 구간거리계
7. 엔진 경고등
8. 속도계
9. 연료 필터 경고등(디젤 차량)
10. 예열 표시등(디젤 차량)
11. 문 열림 경고등
12. 충전 경고등
13. 브레이크 경고등
14. 안전띠 경고등
15. 원등(상향등) 표시등
16. 냉각수 온도계
17. 연료계
18. 연료 주입구 위치 표시
19. O/D OFF 표시등
20. 연료 부족 경고등
21. 이모빌라이저 경고등
22. 트렁크 리드/테일 게이트 열림 경고등
23. 전동 파워 스티어링 경고등
24. ABS 경고등

[계기판]

⑦ 전조등 및 방향지시등 스위치

전조등은 주행 전조등과 안개등이 있다. 주행 전조등은 조명거리와 조명방향에 따라 상향등(High Beam)과 하향등(Low Beam)으로 구분한다. 상향등은 조명거리가 길고, 하향등은 조명거리가 짧다. 전조등의 주요 구성부품은 광원인 전구, 반사경과 렌즈이다.

방향지시등은 자동차의 진행 방향을 다른 자동차와 보행자에게 알려주는 램프를 말한다. 주요 구성부품은 램프, 스위치, 플래셔 유닛(전자 열선식, 축전지식, 수은식, 반도체식)이다.

[전조등 및 방향지시등 스위치]

⑧ 와이퍼 스위치

　와이퍼 스위치는 자동차 앞면 유리의 시야 확보를 위한 자동식 창 닦기와 세정액 분사기능을 한다. 차종에 따라서는 자동차 후면 유리창에도 창 닦기와 세정액 분사기능이 있기도 하다.

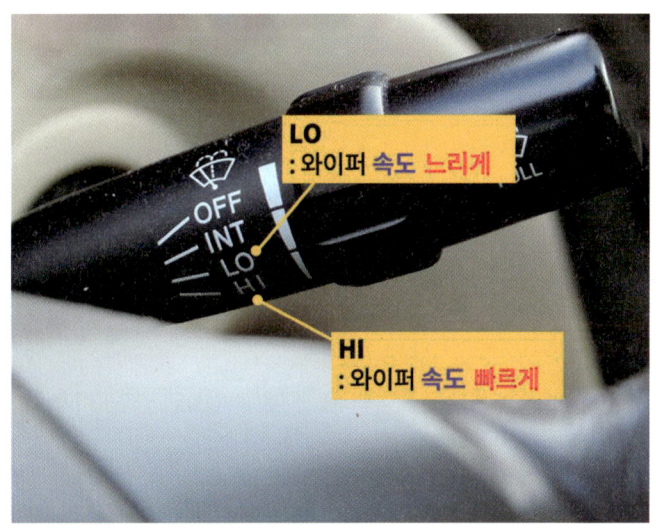

[와이퍼 스위치]

* 출처 : 한국 도로교통공단

⑨ 비상점멸등 스위치

　비상점멸등 스위치는 차가 고장 또는 갑작스러운 급정지 등으로 주변의 차 등에 조심하라는 경고를 하기 위하여 사용한다. 비상점멸등 스위치를 누르면 앞뒤 좌우의 방향지시등이 동시에 점멸되고, 해제할 때에는 다시 누르면 작동이 멈추게 된다.

[비상점멸등 스위치]

⑩ 뒷유리 열선 스위치

비오는 날과 같이 자동차 뒷유리에 습기가 찬 경우에 습기를 제거하기 위해서 사용하는 스위치이다. 이 스위치를 누르면 열선이 작동되어 습기가 제거되고, 다시 누르면 열선 작동이 해제된다.

[뒷유리 열선 스위치]

4 자동차 제조공정

(1) 자동차 생산방식의 변경

① 자동차의 생산방식은 1920년대 소품종 소량생산에서 현재의 주문생산 시스템까지 변천되었다. 1990년대 이전을 Seller's Market이라 하는데 이때는 생산자 위주의 시장으로 소비자의 욕구를 모두 충족시키지 못하여 소비자의 불만이 높았던 시기이다. 1990년대부터는 Buyer's Market이라 하는데 이때는 생산이 소비보다 많아서 소비자 위주의 시장이 되었다. 이것은 고객 입장에서는 다양한, 소비자의 입맛에 맞는 제품을 살 기회가 많아지고, 판매자 입장에서는 그만큼 치열한 경쟁을 해야 된다는 것을 뜻한다.

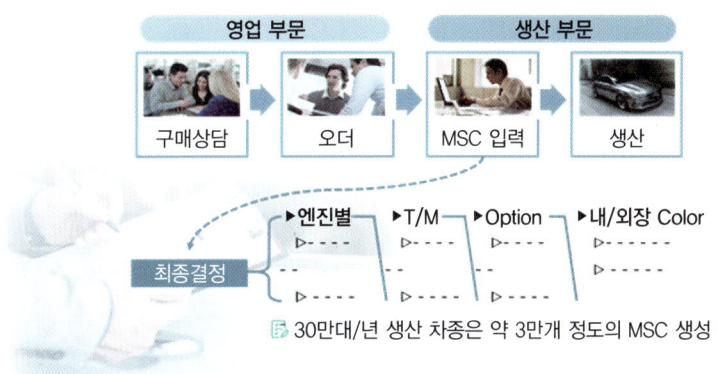

[차량 Order와 MSC]

② 차량을 주문해서 생산하기까지 과정에서 주문차량에 대한 MSC가 결정된다. MSC(Model Specification Code)는 차량의 주소나 같다. 주소 없이는 물건 배달이 불가능하듯, MSC 없이는 차량을 만들 수 없다. 예를 들면, 고객이 먼저 차종을 선택하면 엔진, 미션, 옵션, 칼라 등을 선택하게 되는데, 그러한 각 Code마다 주소를 만들어 놓은 것이 MSC이다. 그래서 보통 양산차량의 MSC는 차종 당 약 3만개 이상이 된다. 1년에 30만대를 생산하는 차종이라면 완벽하게 동일한 차량은 1년에 10대 정도 만든다고 보면 이해가 될 것이다.

③ 개인 오더 시스템(Indivisual Order)
구매자가 직접 영업사원과 상담을 통하여 100% 고객이 원하는 차량을 하나 구성하여 제작하는 것을 말한다. 100% 주문 생산은 롤스로이스가 Bespoke라는 프로그램으로 도입하였는데, 원하는 옵션만을 선택할 수 있어서 고객의 만족도가 높아진다. 즉, 나만을 위한 차량을 제작할

수 있다는 것이다. 이런 이유로 자연히 차량가격이 올라가고, 제작기간이 길어지고 정비성도 나빠지는 단점이 있다.

(2) 자동차 제조

① 자동차는 2만개 이상의 조립부품으로 구성되는데 현대/기아 같은 국내 완성차 업체에서는 외주업체에서 공급을 받아 자동차를 조립한다. 완성차 업체의 주요 역할은 설계와 개발의 주체로 주요기능 부품은 자체 생산하고 외주업체를 지원하는 것이다. 부품외주업체의 역할은 부품의 상세설계와 모듈화 및 작업표준화를 통해서 품질을 높이는 담당을 한다.

② 주요 공정

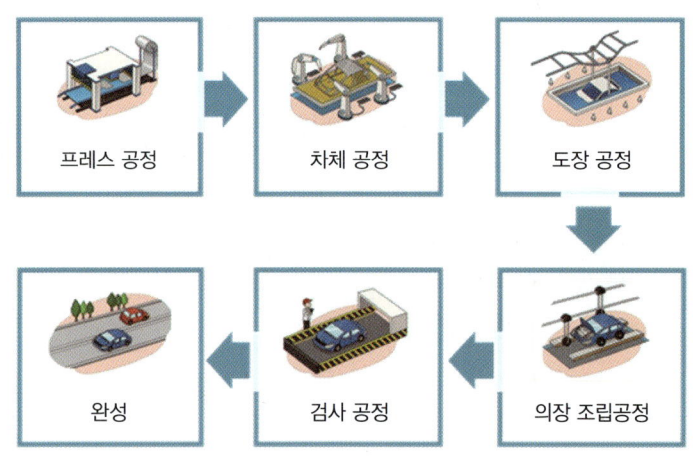

- Engine과 T/M 공정
  - 별도 생산 Line에서 조립

[주요 공정]

㉠ 프레스 공정

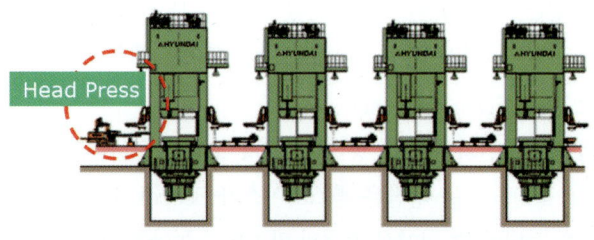

[프레스 작업 및 프레스 라인 구성]

- 프레스 작업은 자동차 외형을 만드는 첫 번째 공정으로 프레스에 금형을 장착 후 철판을 성형하여 차량 중량의 50% 이상을 차지하는 프레임, 바디패널 등을 생산한다. 통상 3대~5대의 프레스가 라인을 이루어 작업을 하는데, 여기서 제일 중요한 것이 프레스 각 라인의 맨 앞에 있는 헤드프레스이다. 첫 번째 헤드 프레스에서 프레스 제품 형상의 50%가 만들어지기 때문인데, 보통 자동차용 차체 판넬은 대형 부품이기 때문에 프레스를 여러 번 작업해야 완전한 제품이 생산되고, 한 번에 프레스로 눌러 버리면 철판이 찢어지게 된다.
- 프레스 공정은 최소 30개 이상의 공정이 있는데 제품에 따라 필요한 공정이 있다. 프레스의 주요 공정은 전문 기술자가 아니기 때문에 구체적으로 숙지할 필요는 없다.
- 주요 금형은 단순히 하나만 있는 것이 아니고, 한 제품에 5개 공정이 있다고 하면 아래, 위로 한 쌍을 이루는 금형이 5벌 있다는 뜻이다. 금형이 어떻게 생겼는지 참조하기 바란다.

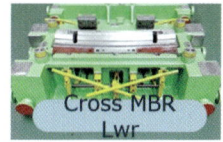

[자동차 금형 샘플]

ⓒ 차체 공정

차체 공정은 프레스 라인에서 만들어진 차체 판넬을 용접을 통해서 차량의 외관 형태를 맞추어 나가는 공정인데 차체 용접의 약 95% 정도가 점용접 즉, Spot 용접이다. 용접건을 이용하여 용접을 하는데, 단순 반복 작업이라서 자동화하기 쉬운 공정이다. 국내산 현대차의 경우 차체 공장의 용접 자동화 비율은 약 95% 정도라고 한다.

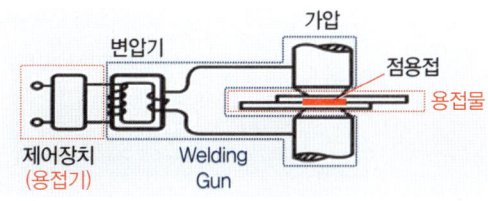

[용접 방식]

ⓒ 도장 공정

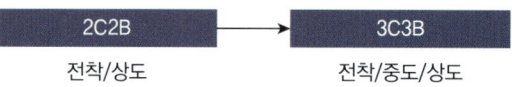

- 도장의 Type에는 2C2B와 3C3B가 있는데 요즘은 도장 품질을 높이기 위해서 3C3B 시스템을 적용한다. 2C2B는 전착과 상도만 하는 것이고 3C3B는 전착, 중도, 상도로 3번 도장을 하는 것이다. 도장의 목적이 부식방지와 외관의 아름다움을 추구하는 것이기에 3C3B가 훨씬 좋다.
- 도장에는 공정에 따라 3가지 방식이 있는데, 전착 도장에는 디핑 방식, 중상도 도장은 Spray 방식을 채택한다. 그리고 각 공정별 도장이 끝난 후에는 섭씨 110도 정도의 오븐에서 건조(Baking) 후 다음 공정으로 넘어가게 된다.

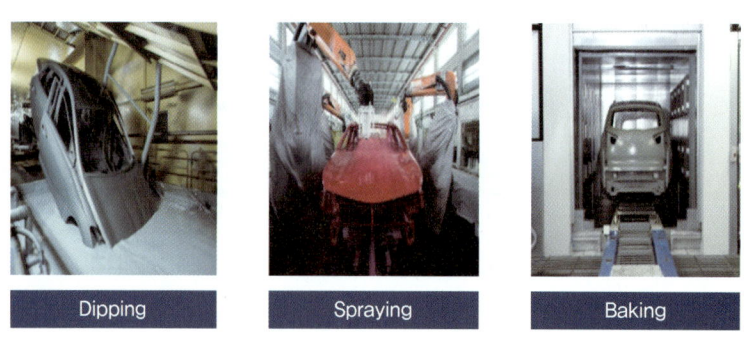

- 전착 도장 : 전착도료 용액 속에 피도체를 양극 또는 음극으로 침지시키고 피도물과 그 대극 사이에 직류 전류를 통해 피도물 표면에 도료를 부착시키는 작업을 말한다. 다시 말하면 도금의 원리와 비슷하다. 장점으로는 방청성이 좋고 일정한 도막 두께를 일정하게 확보할 수 있고, 도착효율이 좋으며, 불량률을 감소시킬 수 있다는 점이고 무엇보다도 안전성을 확보할 수 있다. 단점으로는 가격이 비싼 게 흠이다.

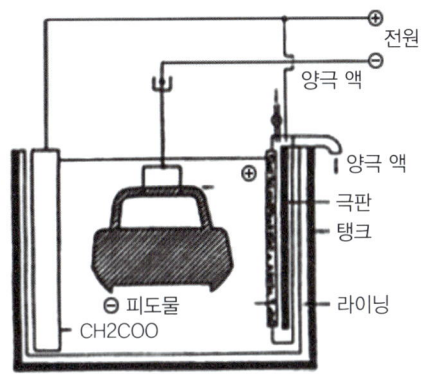

- 중도와 상도 : 중도와 상도 중에 특히 상도는 차량의 색상을 결정하는 공정으로 도장의 품질을 좌우한다. 다시 반복하면 도장 공정은 자연으로부터 차량을 보호하고 아름다운 색상을 만드는 중요한 공정이다.

ⓔ 의장 조립공정

조립공정은 완성차의 조립이 완료되는 공정으로 차량의 전체적인 품질을 결정하는 중요한 공정이다. 조립공정은 컨베이어를 이용하여 다품종 소량생산으로 실현하는데, 내·외장 Under Body Finish Line으로 구성되어 있다. 우리가 자동차 공장을 견학가면 통상적으로 보는 곳이 마지막 조립 공정이다. 주요 공정을 살펴보면, UBody Line과 의장 라인으로 구성되어 있다.

• Under Body Line(주로 Hanger에서 작업)

배선작업(Wiring)	각종 전선 연결 작업
배관작업(Piping)	호스 연결 작업(Brake 등)
P/Train 장착	Engine, T/Mission 등
Suspension 장착	Axie, Tire

- 의장 라인(주로 Conveyor에서 작업)

차량외부 작업 완성	Door, Glass 장착 등
Protector 부착	외관작업 시 부착하여 Scratch 방지
차량내부 부품 장착	Seat 등
내부 인테리어 장착	In-Panel 등

ⓜ 검사(검차) 공정

이 공정에서 SST(Side Slip Test), DTT 같은 각종 기능과 누수, 주행 등 테스트가 끝나면 고객 인도가 가능하다. 현대차는 전장 집중검사 시스템을 도입하여, 차량의 전장 기능을 한 번에 검사할 수 있게 되어 있다. 주요 검사 내용은 실내와 실외 검사로 구분할 수 있다.

- 실내 검사(모든 차량 검사)

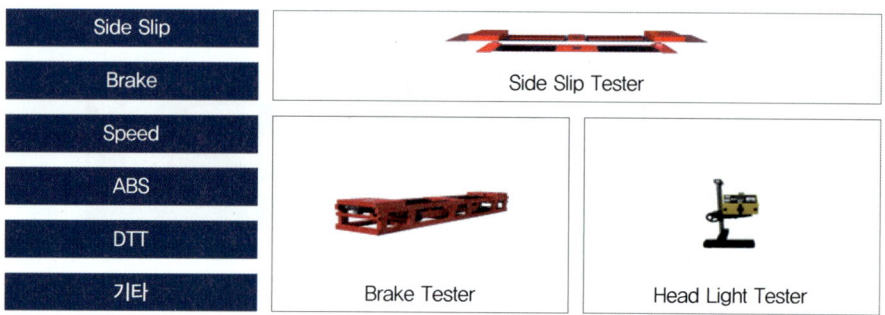

- 실외 검사(샘플링 검사)
    - Shower Tester Booth를 통과 후, 직접 눈으로 누수 확인
    - 주행성능에 대해 Test : 주로 개발 단계에서 이루어지며 양산 이후에는 샘플링 시험만 실시함

PART 04

미래자동차

은미(隱微)
남이 보지 않는 곳에서 더욱 신중하고 경계하라.
- 중용(中庸)

01 전기자동차 .094

02 카셰어링 .106

03 자율주행 자동차 .110

PART 04 | 미래자동차

1 전기자동차

(1) 전기자동차의 효용

단순하게 전기자동차는 전기를 동력으로 움직이는 모든 자동차를 의미한다. 기존의 자동차는 주로 화석연료를 엔진이란 기관에서 연소시켜 힘을 얻고 이를 동력으로 움직이는 내연기관 자동차였다. 그러나 최근에는 내연기관 자동차를 대신해 전기자동차가 미래의 자동차로 각광 받고 있다. 그렇다면 미래의 자동차로 전기자동차가 각광 받고 있는 이유는 무엇일까?

먼저 최근 들어 좀 더 부각되고 있는 환경 규제에 관한 이슈를 들 수 있다. 유럽, 미국 등 각국에서는 대기오염을 발생시키는 온실가스를 줄이고 환경을 보호하기 위해 각종 규제정책을 시행하고 강화해 나가고 있는 추세이다. 제조사에서는 지금까지 대기오염 수준이 낮은 내연기관 자동차를 개발하여 판매해 왔으나 더 이상 내연기관 자동차로는 강화된 기준에 부합하지 못하게 되어 대체 수단으로 전기자동차가 대두되고 있는 것이다. 또한 전기자동차는 내연기관 자동차에 비해 월등히 뛰어난 경제성을 가지고 있다.

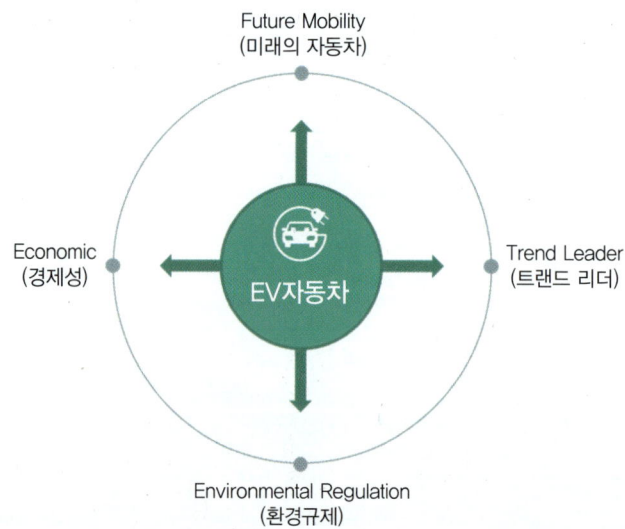

① 전기자동차의 경제성

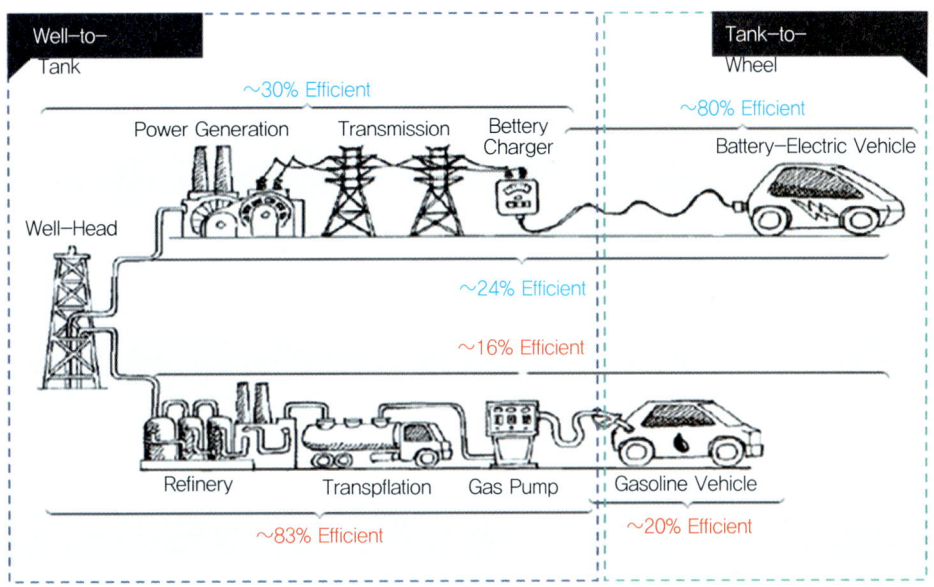

㉠ 위의 그림은 생산된 원유를 최종적으로 자동차가 얼마나 효율적으로 사용했는지를 보여주는 예이다. 최종적으로 휘발유 자동차는 16%까지 사용할 수 있지만 전기자동차는 생산된 원유를 24%까지 사용할 수 있다.

㉡ 전기자동차는 전기 생산단계에서 생산된 원유를 30% 사용하고 생산된 전기로 자동차가 주행했을 때 80%까지 사용할 수 있다. 이에 반해 휘발유는 생산단계에서는 전기 생산보다 높은 83%의 효율을 보이고 있지만, 생산된 휘발유를 자동차가 소모했을 때는 20%의 효율 밖에 보이지 못하고 있다. 이를 비교하면 전기자동차가 같은 양의 원유라면 효율성을 약 8% 정도 높게 사용할 수 있음을 보여 준다.

이는 단순히 원유를 생산하여 자동차가 운행될 때를 계산한 것이며 태양광, 수력, 원자력, 풍력 등 대체 에너지로 전기를 생산하게 되면 전기자동차의 효율은 내연기관 자동차와는 비교할 수 없는 매우 높은 효율을 보이게 되는 것이다.

② 전기자동차의 친환경성

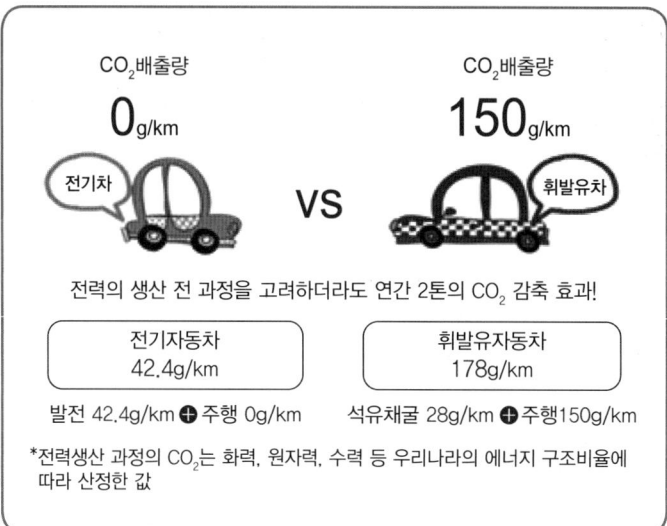

(2) 전기자동차의 역사

① 세계 최초의 전기자동차는 1824년 헝가리의 발명가 앤요스 제드릭(Ányos Jedlik)이 자신이 발명한 전기모터를 적용하여 개발을 시도한 것이 효시이다. 이후 많은 발명가들이 전기자동차 개발을 다투었다.

[앤요스 제드릭]

② 실질적으로 전기자동차 상용화를 추구한 발명가는 영국의 토머스 파커(Thomas Parker)이다. 이는 칼 벤츠의 내연기관 자동차보다도 2년이 앞선다.

[토마스 파커]

③ 1900년대 초 미국에서는 자동차의 약 38%가 전기자동차였을 만큼 역사는 오래되었다고 할 수 있다. 발명왕 토머스 에디슨(Thomas Alva Edison)은 전기자동차 및 전기철도와 관련하여 총 48건의 특허를 등록했는데 특히 에디슨은 전기자동차의 에너지 독립을 위해 충·방전이 가능한 2차 전지에 관한 총 135건의 특허를 출원 및 실용화하기도 했을 만큼 상용화에 힘썼다.

④ 아래의 1910년대 전기자동차 광고에서도 볼 수 있듯이 전기자동차는 자동차 산업의 한 축을 담당했었다. 그러면 왜 내연기관 자동차는 계속 발전해 오고 전기자동차는 역사 속으로 묻히게 되었을까?

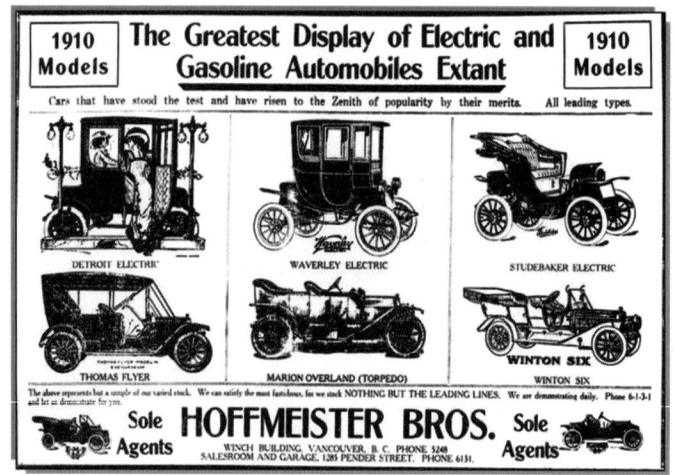

[1910년대 전기자동차 광고]

이는 미국의 석유왕 록펠러(John Rockefeller)와 자동차왕 헨리 포드(Henry Ford) 때문으로 추측된다. 1908년 헨리 포드가 개발·상용화한 모델 T와 1920년 록펠러의 텍사스 원유 발견 및 석유산업 개발은 내연기관 자동차의 가격을 평균 500달러~1,000달러 가량 혁신적으로 하락시킨다. 이를 계기로 휘발유 및 경유 자동차가 자동차를 지칭하는 대명사가 되었다. 이후 전기모터와 배터리로 구동하는 전기자동차는 1920년대부터 지금까지 약 100년 동안은 유명무실해지고, 최근까지도 전기자동차는 자동차 분야에서 조금 어색한 위치에 있었다.

⑤ 1996년 GE EV1

㉠ 1990년대 한 가지 주목할 만한 사건이 있다. 미국 캘리포니아 주 정부가 전체 자동차 회사를 대상으로 캘리포니아에서 1년에 판매되는 자동차의 10% 정도는 배기가스가 전혀 나오지 않는 자동차를 판매해야 한다는 '배기가스 제로법(ZEV: Zero Emission Vehicle)'을 제정한 것이다. 이 법은 GM(General Motors)이 전기자동차 EV1을 LA 모터쇼에 선보이는 계기를 주었다. EV1은 배기가스 및 소음이 전혀 없고, 시속 130km(최고속도 150km)로 주행이 가능한 전기자동차로 1996년부터 2000년까지 800대 가량 판매가 되며 호응을 얻었다.

[1996년 GE EV1]

ⓛ GM이 개발한 EV1은 2인승 전륜(前輪)구동 방식으로, 전기콘센트가 있는 곳이면 어디서든 충전이 가능하고, 플러그를 꽂은 뒤 4시간이면 완전 충전이 가능했다. 무게를 가볍게 하기 위해 알루미늄 프레임에 복합소재를 사용했으며, 차고 벽에 설치된 소형 액자크기의 충전기를 사용하여 한번 충전에 110~130km(최대 160km)의 주행이 가능한 것이 특징이었다. 이는 오늘날의 전기자동차와 비교하기는 어렵지만 당시로서는 획기적인 스펙이었다.

GM은 EV1 개발을 위해 15억 달러(한화로 약 1조5천억 원) 이상을 투자했으며, 저렴한 충전비용 덕분에 EV1은 신청자가 증가했고, 기존의 휘발유 자동차 업체에 위협을 줄만 했다.

ⓒ 메이저 석유회사 및 자동차 업체는 전기자동차 EV1의 인기에 위기의식을 느끼고, "전기자동차의 전지에 문제가 많고 비싸다."는 문제점을 언론에 퍼트리는 동시에 로비를 통해 캘리포니아 주정부를 압박, 결국 공청회를 거쳐 2003년 '배기가스 제로법'을 철폐했다. GM은 배기가스 제로법이 사라지자 전기자동차 EV1의 생산라인을 철수하고 직원을 해고했으며, 마지막으로 남은 78대의 EV1도 2005년 사막 한가운데서 조용하게 폐차하기에 이르렀다. 이러한 부침 속에서 드디어 2000년대 다시 한 번 전기자동차가 자동차 역사의 중심에 서게 된 것이다.

(3) 전기자동차의 분류

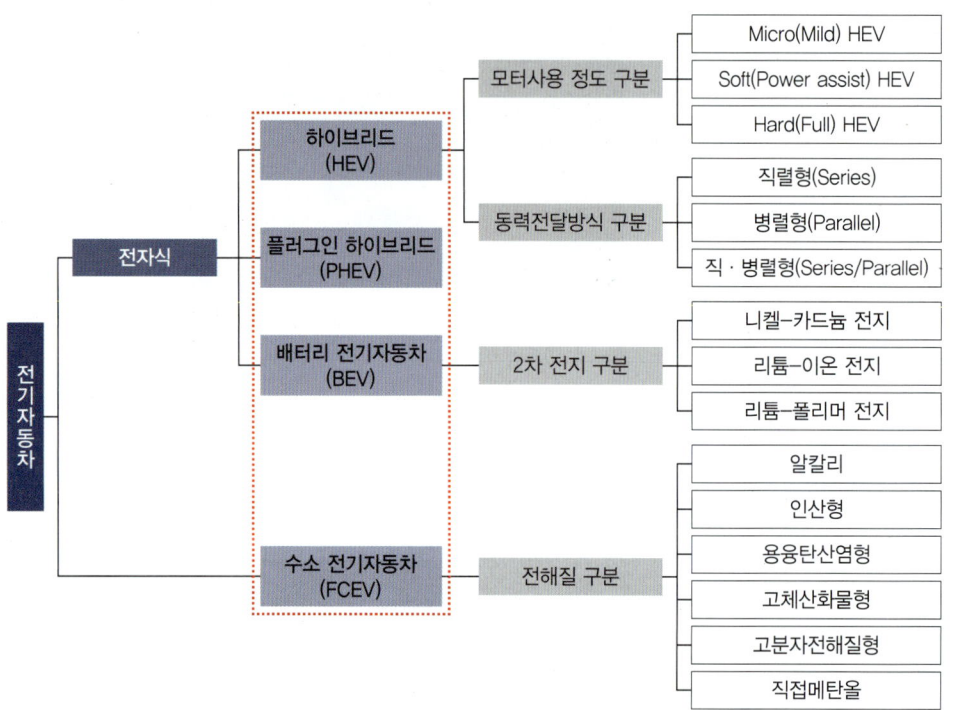

① HEV(Hybrid EV, 하이브리드 전기자동차)

하이브리드 전기자동차는 전기모터와 엔진을 같이 동력원으로 이용하는 자동차이다. 다시 말해 배터리가 충전된 상태에서는 배터리 전기로 전기모터를 작동하여 운행하고 배터리가 방전된 상태에서는 엔진을 이용하여 운행하는 형태의 자동차이다. 전기모터의 경우 엔진을 보조하는 역할을 담당하는 것으로 이해해도 좋다. 따라서 주 연료는 휘발유 또는 디젤이다.

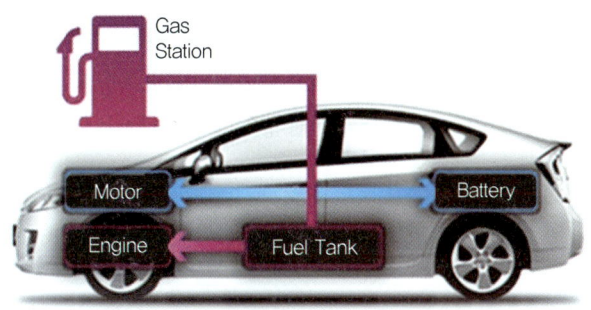

"전기모터와 엔진을 같이 동력원으로 이용하는 자동차"

② PHEV(Plug-in Hybrid EV, 플러그인 하이브리드 전기자동차)

플러그인 하이브리드 차량은 충전한 전기로 주행하다 전기가 소모되면 엔진으로 움직이는, 엔진과 배터리의 전기동력을 동시에 이용하는 자동차이다. 운행을 하지 않을 때 충전기로 배터리를 충전하여 충전된 전기로 주행을 하고, 배터리의 전기가 모두 소모되면 엔진을 사용하는 원리이다. 하이브리드 전기자동차보다는 배터리의 용량도 크고 배터리로 주행할 수 있는 거리도 긴 것이 특징이다. 배터리 전기자동차(BEV)로 가기 전 그리고 충전소 인프라가 구축되기 전 과도기 단계에서 각광 받을 수 있는 전기자동차의 형태이다.

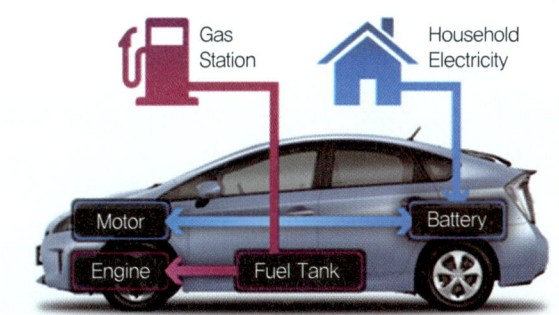

"충전한 전기로 주행하다 충전한 전기가 소모되면 엔진으로 움직이는,
엔진과 배터리의 전기동력을 동시에 이용하는 자동차"

③ BEV(Battery EV, 배터리 전기자동차)

완전한 형태의 전기자동차로 충전된 배터리의 전기만을 동력으로 움직이는 자동차를 말한다. 배터리의 용량, 가격, 충전시설 등의 문제가 해결되어 빠른 시간 안에 편하게 배터리를 충전해서 먼 거리를 주행할 수 있는 저렴한 가격의 배터리 전기자동차가 전기자동차의 실현 목표이다.

"충전된 배터리의 전기 만을 동력으로 움직이는 자동차"

④ FCEV(Fuel cell EV, 연료전지 전기자동차)

연료전지 전기자동차는 연료전지를 통해 얻은 전기만으로 움직이는 자동차를 말하는데, 주 연료인 수소를 충전하여 이를 화학 분해해서 배터리를 충전하면서 이 배터리의 전기로 운행하는 전기자동차이다. 배터리 전기자동차의 문제점인 배터리 충전시간 문제를 해소할 수 있는 대안의 전기자동차이나 수소충전소 인프라 구축, 비싼 차량가격 등의 문제도 함께 가지고 있다.

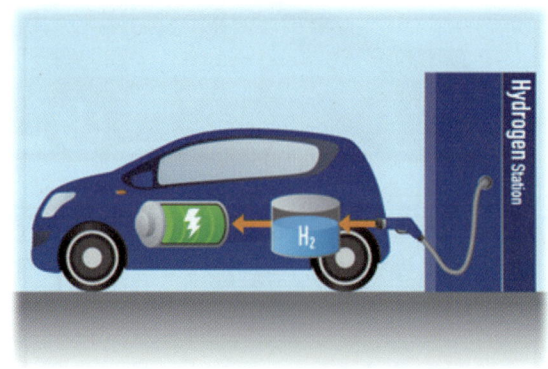

"연료전지를 통해 얻은 전기만으로 움직이는 자동차"

⑤ 각 전기자동차의 에너지 사용률

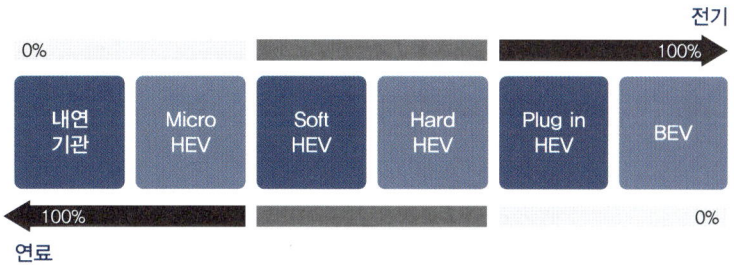

(4) 전기자동차의 구조

전기자동차에 사용되는 부품은 내연기관 자동차 3만여 개에 비해 매우 간단해 약 1만 8천 개로 구성되어 있다. 이중 가장 중요한 역할을 담당하는 부품에는 완속 충전기, 컨버터, 인버터, 모터, 감속기, 배터리 팩, 급속충전부 등이 있다.

① 전기자동차 주요부품의 주요기능 및 특징
  ㉠ 전기모터 : 배터리 전기의 링으로 회전하여 바퀴를 구동하는 장치를 말하며 전기자동차의 심장과 같은 역할을 한다.
  ㉡ 감속기 : 모터의 회전수를 줄여 적절한 힘을 만드는 자동차의 변속기 같은 장치이다.
  ㉢ 인버터 : 배터리의 고전압 직류전원을 교류전원으로 변환해 모터에 공급하는 장치이다.
  ㉣ 충전기 : 가정용 전원(완속 충전, 220V 교류) 및 급속 충전기(고전압, 직류)를 이용하여 배터리에 에너지를 저장하는 장치이다.

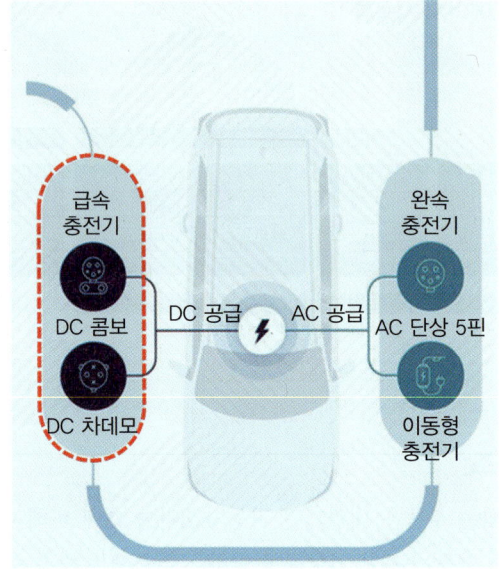

- 급속 충전기는 충전기에서 배터리로 직접 직류(DC) 전력을 공급해 충전하는 방식으로, 국내는 50kW급 성능의 급속 충전기를 주로 사용한다. 전기차의 배터리 용량에 따라 차이가 있지만, 일반적으로 1시간 이내로 80%까지 충전할 수 있다. 차종에 따라 DC콤보, 차데모(CHAdeMO) 규격을 범용으로 사용한다.
- 완속 충전기는 충전기가 교류(AC) 전력을 공급하고 전기차의 OBC(On Board Charger, 온 보드 차저)가 이 전력을 직류로 변환해 배터리에 충전하는 방식이다. AC 단상 5핀 규격을 사용하며, 7kW급 성능을 지녔다. 자동차의 배터리 용량에 따라 다르지만 통상 10%를 충전하는 데 약 1시간이 필요하다.
- 이동형 충전기는 별도의 충전기 설치 없이 기존에 설치된 220V 콘센트와 전기차를 연결해주는 장치이다. 보통 3.2kW급 성능이며 규격은 완속 충전기와 동일한 AC 단상 5핀을 사용한다. 완속 충전기보다 더 느린 속도로 충전하기 때문에 인근 충전소까지 갈 전력도 없는 경우와 같이 긴급한 순간에 임시로 사용하는 용도로 쓰인다.

ⓜ 회생제동장치 : 제동 및 차량 감속 시 잔여 구동력으로 전기를 발생하여 배터리에 충전하는 장치로 에너지 효율을 증대시키는 장치이다.

ⓗ 배터리 관리 시스템 : 전기자동차의 배터리를 효율적으로 관리 및 제어하는 장치이다.

ⓢ 저전압직류 변환기 : 고전압의 배터리로부터 12V 차량 전원을 공급하는 장치이다.

(5) 기타 전기자동차 관련 사항

① 유료 충전 서비스 개념도

② 해외 선진국의 연비(CO_2) 규제

국 가	현 황
미 국	국내 자동차 주요 수출시장인 미국은 승용차와 소형트럭에 대해 2017년부터 2025년까지 단계적으로 CO_2 규제 시행 • 승용차 132g/km(17년) → 89g/km(25년) • 소형트럭 1383g/km(17년) → 126g/km(25년)
유 럽	2012년 승용차에 CO_2 구제도입 개시, 2021년 기준 설정 130g/km(15년) → 95g/km(21년)
일 본	연간 판매된 자동차의 평균 연비 값이 일정 기준을 달성하도록 규제 16.8km/L(15년) → 20.3km/L(20년)

③ 국내외 친환경차 중 전기자동차 보조금, 세제혜택

국 가	현 황
미 국	전기차 구매 소비자에게 최대 7,500달러의 보조금을 지급, 보험료 10% 감면, 구입비 100% 세금 공제
유 럽	영국의 경우 2,000~5,000파운드 보조금 지원, 프랑스 5,000유로 환급
일 본	전기차 구매 시 자동차세 50% 감면
중 국	전기차 구매 시 취득세 40% 감면, 6위안 보조금 지원
한 국	환경부 보조금(1,500만원/대)과 지자체 보조금(300~800만원/대)을 지원받을 경우 전기자동차 가격이 큰 폭으로 감소

2 카셰어링

(1) 카셰어링의 이해

위의 이미지는 International Institute for Sustainability에서 제작한 통근자 운송수단 포스터(Commuter Toolkit Poster)로서 200명의 통근자가 각각 승용차, 자전거, 버스 그리고 경전철을 탄 모습을 보여준다.

A : 200명의 통근자가 177대의 자동차에 나누어 타고 있는 모습
B : 177대의 자동차 없는 상태의 200명의 통근자 모습
C : 200명의 통근자가 자전거를 탄 모습
D : 200명의 통근자가 3대의 버스에 나누어 탄 모습

이와 같이 많은 차량들이 불필요하게 도로를 점령하고 있는 것을 우리는 알 수 있다.

① 카셰어링이란 회원들이 자동차가 필요할 때마다 시간제로 차량을 공동 이용하는 서비스로 법적으로는 초단기 대여자동차(렌터카) 사업의 일종을 말한다.

② 유사 서비스와의 구분

구 분	카셰어링	차량대여(렌터카)	카 풀
차량 소유권	없 음	없 음	있 음
운영기관	영리, 비영리	영 리	비영리
서비스 기간	1시간 또는 30분 단위	1일 이상	합 의
차량 유형	소형 또는 전기차 위주	다 양	다양(공여자 차량)
비용 지불	이용료 (유류비, 보험료 통합 지불)	임차료 (유류비, 보험료 별도지불)	이용료 (합의에 의한 방법)
이용 방법	웹, 스마트폰으로 예약·결제(무인대여소 이용)	계약서 작성 (지점대여소 이용)	주변에서 공여자 찾기(합의에 의한 장소)

③ 카셰어링과 다른 교통수단의 특성 비교

항 목	카셰어링	자가용 승용차	렌터카	택 시	대중교통
편리성	보 통	높 음	다 양	보통~높음	보통~낮음
고정비용	$100/년	$2,000~$4,000/년	없 음	없 음	최대 $600/년
시간당 비용	$2.00/시간	없 음	$20~50/일	없 음	없 음
거리당 비용	20~40¢	15~25¢	15~25¢	$2.00	21¢

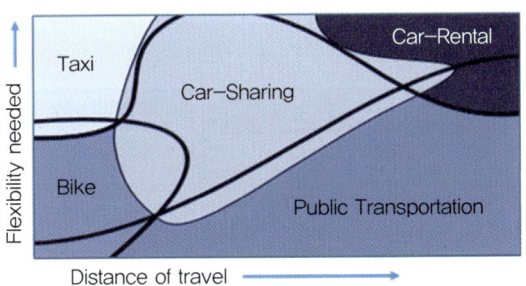

④ 나라별 카셰어링 기업 현황

세계 각국에서는 점차 차량의 소유가 아닌 공유의 개념이 늘어나고 있고 이를 운영하는 기업들도 빠른 속도로 증가하고 있다. 우리나라에도 기업형 카셰어링 업체인 쏘카, 그린카가 매우 큰 폭으로 사업영역을 확장해 가고 있다. 카셰어링은 자율주행 자동차가 보편화되면 더욱 폭발적으로 늘어 날 것으로 보이며, 이를 통해 도로 위의 차량도 줄이고 주차 공간에 대한 문제도 해결할 수 있을 것으로 전망된다.

국가	카셰어링 기업	운영 형태
미국	집카	기업형 카셰어링
	시티카셰어	비영리 카셰어링
	릴레이라이드	기업형 카셰어링
	민트	기업형 카셰어링
	허츠	기업형 카셰어링
프랑스	볼로레	친환경 카셰어링
	버즈카	개인 공유 카셰어링
영국	시티카클럽	기업형 카셰어링
스위스	모빌리티카셰어링	공공 교통 연계 카셰어링
독일	스탯오토	철도 연계 카셰어링
캐나다	모도	합동조합 카셰어링
일본	파크24	시설 거점형 카셰어링
한국	쏘카, 그린카	기업형 카셰어링

⑤ 카셰어링 이용

㉠ 회원가입

각 업체 웹사이트나 모바일 앱에서 회원가입(운전면허증, 신용카드 정보 입력)

㉡ 차량예약

모바일 앱, 웹사이트를 통해 사용일, 시간, 장소 예약

ⓒ 도어록 해제

예약한 무인거점을 방문해 모바일 앱이나 회원카드로 차량 문 열기

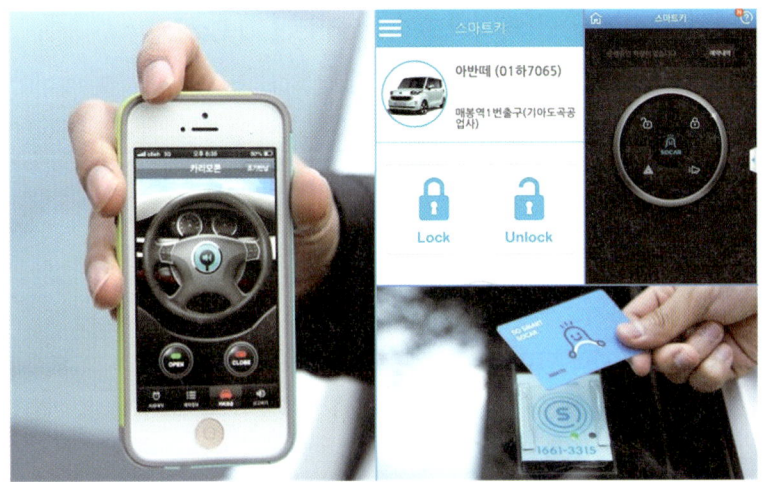

ⓔ 이용요금 결제

가입시 등록한 신용카드로 자동 결제

ⓜ 차량 반납

청결상태, 짐, 파손 여부 확인

ⓗ 차량이동

차량파손 발견, 세차 필요시 모바일 앱으로 신고

⑥ 카셰어링의 미래

카셰어링은 차량을 소유함으로써 생기는 비용절감과 필요할 때 편리하게 이용할 수 있는 점, 차량 수 감소와 주차난 완화, 탄소배출 감소와 같은 친환경적인 요소를 장점으로 하여 미래자동차 이용 방법으로 자리 잡을 것으로 예측된다. 이를 위해 카셰어링을 이용할 수 있는 접근성이 편리해지고 무인운영 시스템으로 인한 파손사고 등으로부터 안전이 보장된다면 더욱 급속히 확산할 것으로 기대한다.

3 자율주행 자동차

(1) 스마트 카(Smart Car)와 커넥티드 카(Connected Car)

자율주행 자동차는 스마트 카와 커넥티드 카로 나눈다. 스마트 카는 원-웨이(One way) 방식으로 '나만 똑똑하면 되는' 형태의 자율주행 자동차이고, 커넥티드 카는 투-웨이(Two way) 방식으로 '주변 모두가 똑똑해야 되는' 형태의 자율주행 자동차로 이해될 수 있다.

① 스마트 카(Smart Car)
  ㉠ 외부에서 원-웨이로 주어지는 자극을 레이더 및 센서를 통해 감지하고 계산 판단하여 차량을 조종하는 방식이다.
  ㉡ 자동차에 장착되어 있는 각종 센서들로 자동차의 상태를 파악하고 외부환경 등을 정확히 모니터해서 이를 계산하고, 주행하고자 하는 경로와 장애요인 등을 판단하여 자동차를 조작함으로써 스스로 목적지에 도달할 수 있도록 한다.
  ㉢ 이러한 방식을 채택하고 개발, 양산 중인 자동차 회사로 미국의 테슬라가 있으며 이를 오토파일럿 방식이라고도 한다. 현재 자율주행 기능을 탑재한 대부분의 양산 자동차는 이러한 스마트 카 방식을 채택하고 있다.

② 커넥티드 카(Connected Car)
  ㉠ 주변의 모든 사물과 투-웨이로 통신하여 즉각적인 정보를 주고받고 이를 계산 판단하여 조종을 수행하는 방식의 자율주행 자동차를 말하며 바퀴 달린 스마트폰이라고 이해하면 이해가 쉽다.
  ㉡ 이러한 방식으로 자율주행 자동차를 개발하는 회사는 구글이며 이를 구글 방식 또는 Driverless 방식이라고도 부른다.
  ㉢ 기술자들 및 메이커에 따라 의견이 갈리기는 하지만 기술개발이 진행되고 인프라가 구축되면 커넥티드 카가 자율주행차의 주류가 될 것으로 여겨진다.
  ㉣ V2X(Vehicle to Everything)
    커넥티드 카에서 이해해야 할 가장 중요한 개념이다. V2X는 자동차가 네트워크를 통해 차간, 주변 사물, 보행자, 집, 사무실, 클라우드 등 다양한 개체와 연결되어 커뮤니케이션을 하면서 운행하는 것을 말한다.

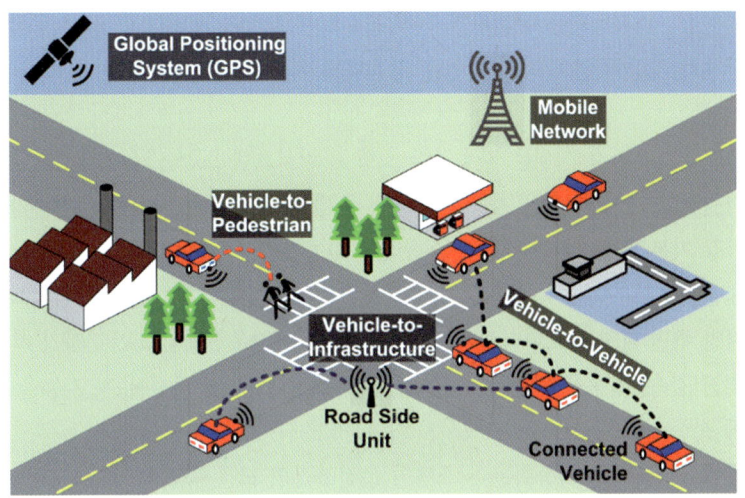

(2) 자율주행의 단계

① 자율주행의 단계를 나누는 방법은 세계 각국의 연구기관 학회에서 나름의 방식으로 구분하고 있으나 현재 가장 보편적으로 사용되고 있는 자율주행의 단계는 2016년 미국자동차 공학회(SAE)가 발표한 자율 주행 기술 정의 J3016에 따른 6단계이다.
  ㉠ 레벨 0 : 자율주행 관련 기술이 전혀 탑재되지 않은 자동차
  ㉡ 레벨 1 ~ 레벨 2 : 자율주행 관련 기술이 탑재되어 운행을 보조해 주는 ASSISTED 단계
  ㉢ 레벨 3 ~ : 비로소 자동화(AUTOMATED)에 접어드는 단계
② 국내 자율주행 기술 레벨 정의 0~5단계

[자율주행 기술레벨 정의]

㉠ 레벨 0 : 비자동화는 운전자가 전적으로 모든 조작을 제어하고, 모든 동작 주행을 조종하는 단계로 차량에 경고 장치가 있는 경우에도 이를 판단하고 조작하는 것은 모두 운전자의 몫이다.

㉡ 레벨 1 : 운전자 지원은 자동차가 조향 지원시스템 또는 가속/감속 지원시스템 중 하나를 지원하고 그 밖에 모든 자동차의 동적 주행에 대한 모든 기능을 운전자가 수행하는 단계로 가장 기본적인 크루즈 컨트롤을 장착한 자동차가 그 예일 것이다.

㉢ 레벨 2 : 부분 자동화는 자동차가 조향 지원시스템과 가속/감속 지원시스템에 의해 실행되지만 주변 환경의 모니터링은 운전자가 하며 안전운전책임도 운전자가 부담하는 단계이다. 최근 감속, 가속을 지원하는 진보된 크루즈 컨트롤 및 차선 유지 기능을 장착한 차량이 이에 속한다.

㉣ 레벨 3 : 조건부 자동화는 시스템이 운전조작의 모든 측면을 제어하지만, 시스템이 운전자의 개입을 요청하면 운전자가 적절하게 자동차를 제어해야 하며, 그에 따른 책임도 운전자가 부담하는 단계이다. 견해의 차이는 있으나 테슬라 차량에 장착된 오토파일럿 시스템을 레벨 2에서 조금 발전된 레벨 3로 분류하기도 한다. 진정한 의미의 자율주행의 시작 단계라 볼 수 있다.

㉤ 레벨 4 : 고도 자동화는 주행에 대한 핵심 제어, 주행 환경 모니터링 및 비상시의 대처 등을 모두 시스템이 수행하지만 시스템이 전적으로 항상 제어하는 것은 아닌 단계이다. 자율주행 시스템이 고도화되어 완전자율주행에 근접한 형태의 레벨이다.

㉥ 레벨 5 : 완전 자동화는 모든 도로 조건과 환경에서 시스템이 항상 주행을 담당하는 완전 자율주행이 가능한 단계이다. 비로소 완전한 자율주행이 완성된 단계로 운전자가 필요 없는 완벽한 자율주행 단계를 의미한다.

(3) ADAS

자율주행 자동차를 이해하기 위해서는 자율주행 자동차의 핵심기술인 ADAS를 이해해야 한다. ADAS란 Advanced Driver Assistance System의 줄임 말로 지능형 운전자 보조시스템 또는 첨단 운전자 보조시스템 이라고도 부른다.

① ADAS 구성 및 기능
  ㉠ Advanced Smart Cruise Control(ASCC) : 앞차와의 간격, 속도 제어 및 교통체증 시 정지·출발 제어가 가능한 장치
  ㉡ Blind Spot Detection(BSD) : 사각지대 차량의 접근 감지 및 경보를 해주는 장치
  ㉢ Lane Departure Warning(LDW) : 차선이탈 시 운전자에게 경고를 해주는 장치
  ㉣ Lane Keeping Assist(LKA) : 차선이탈 시 진동 또는 소리로 운전자에게 경고를 해주고 이탈 시 핸들 조정을 통해 원래 차선으로 돌아올 수 있게 해주는 장치
  ㉤ Autonomous Emergency Braking(AEB) : 추돌 상황 예상 시 적극 개입하여 긴급 제동을 해주는 장치
  ㉥ Smart Parking Assist(SPA) : 주차 시 스티어링 휠을 자동 제어해주고, 운전자는 페달만 컨트롤 하는 장치. 최근에는 Full Automated Parking 시스템이 나와 완전 자동 주차도 가능
  ㉦ Around View Monitoring(AVM) : 차량 주변을 Top View 360도 영상으로 제공하는 장치
  ㉧ Night Vision(NV) : 야간운전 시, 보이지 않는 위험 물체를 미리 감지하는 장치
② ADAS 센서
ADAS에서 사용되는 센서는 카메라, 레이더, 라이다, 초음파 센서이다.

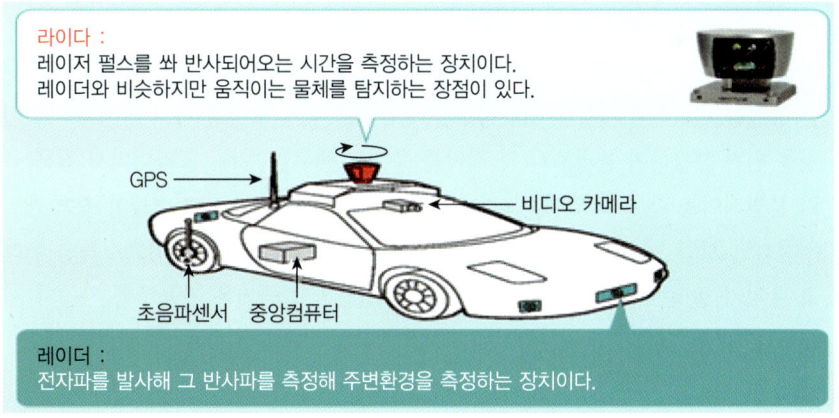

  ㉠ 카메라 센서(Camera) : 실시간 영상 제공 및 주변 환경 모니터링, 특정 용도에 맞게 차선 인식, 차량 인식, 보행자 인식 등 사용 가능하며 센싱 거리는 약 80m에 이른다.
  ㉡ 레이더 센서(Radar) : 주파수를 사용하여 거리를 측정하며 센싱 거리는 약 200m에 달한다.
  ㉢ 라이다 센서(Ladar) : 국방기술로 사용되던 것으로, 적외선 레이저 반사 값으로 거리 및 주변 지형지물(도로 구조물, 방지턱 등)을 인지한다. 측정 각도가 넓고 정밀하며 3차원 인지

가 가능한 것이 레이더 센서와 가장 큰 차이점이다. 가격이 비싸고 현재는 차량 외부에 돌출하여 부착되는 한계가 있다. 센싱 거리는 약 150m이다.
② 초음파 센서(Ultrasonic Wave) : 음파가 반사되어 돌아오는 시간을 측정하여 거리를 계산하여 주로 차량 주변(5m 이내)에 근접해 있는 물체를 감지한다. 가장 보편화된 장치로 주차 보조에 많이 쓰이고 있다.

(4) 자율주행 자동차의 위험요소

① 안전(Safety)에 대한 불안감

수십 년간 혹은 수년간 운전을 해온 운전자라면 흔히 다른 사람이 운전하는 자동차를 타는 것도 불안해하는 경우가 있다. 하물며 자동차가 스스로 운전하는 자동차에 대한 불안감은 이보다도 더 복잡한 문제이고 심심치 않게 들려오는 자율주행 자동차의 사고 소식은 우리로 하여금 더 많은 불안감을 가져올 수 있다.

② 개인정보보호

자율주행 자동차는 운전자 또는 소유주 그리고 자동차의 많은 정보를 인식하고 자료화하고 있다. 이는 개인정보 유출의 피해가 우려되는 부분이다. 이러한 개인정보 유출을 막기 위해 제조사에서는 차량 기술 개발과 동시에 개인정보 유출을 막기 위한 보안 프로그램 개발에도 많은 연구와 투자를 하고 있다.

③ 해킹(Hacking)에 대한 불안감

자율주행 자동차는 전자제어로 작동되다 보니 불손한 의도에 의해 해킹될 수도 있다. 해커들은 통신을 변조하여 차량에 거짓정보를 제공하고 통신 도청을 하고 악성코드를 감염시키고 차량을 원격 해킹하여 불법조작 및 제어를 통해 자율주행 방해, 프라이버시 침해, 사고 유발, 차량 불법제어를 할 수도 있다. 그러나 이에 대응하는 많은 보안기술들이 속속 개발되고 있으며 정책적인 보안 및 뒷받침도 이루어지고 있다. 따라서 이러한 위험요소들의 우려에도 불구하고 우리가 잘 준비하고 대응한다면 충분히 편안하고 즐거운 자율주행 자동차 시대를 맞이할 것이다.

PART 05

세일즈 프로세스

표풍부종조(飄風不終朝)
회오리 바람은 아침 내내 불지 못한다.
– 도덕경(道德經)

01 최초 고객 응대 .118

02 고객 니즈 파악 .134

03 차량 프레젠테이션 .142

04 시 승 .159

05 계약상담 .161

06 금융상담 .168

07 자동차 인도에서 출고 .191

08 사후관리 .202

PART 05-1 | 세일즈 프로세스 – 최초고객응대

1 세일즈의 기본예절

(1) 예절의 중요성

매너나 예의범절은 그 사회나 조직생활의 기본이며 질서이다. 기본 매너를 갖추지 않고 프로 세일즈 컨설턴트가 된다는 것은 생각할 수 없다. 특히 예절 중에 으뜸가는 것은 친절한 마음이며, 친절은 세일즈 세계의 기본이자 사회생활의 윤활유인 것이다.

(2) 기본 마음가짐

세일즈 컨설턴트가 지켜야 할 기본적인 마음가짐은 다음과 같다.

① 고객에 대한 감사와 기쁨을 나타낸다.
　세일즈 컨설턴트는 늘 감사한 마음으로 고객을 대해야 한다. 또한 세일즈 활동을 기쁨으로 여기는 마음과 태도를 온몸으로 표현해야 한다. 감사와 기쁨의 마음이 충만해지면 올바른 매너나 예의범절이 저절로 나오게 된다.

② 고객을 존중한다.
　매너의 기본은 고객의 마음을 편하고 부드럽게 하여 기쁨을 주는 것이다. 그러기 위해서는 남이 자신에게 해주기를 바라는 것처럼 상대방을 존중해야 한다.

③ 절대시하지 않는다.
　예의범절은 항상, 언제, 어디서, 누구에게 꼭 이대로 해야만 한다는 획일적이거나 절대적인 것이 아니다. TPO, 즉 시간(Time), 장소(Place), 상황(Occupation)에 따른 탄력적인 매너가 바람직한 매너인 것이다.

(3) 웃는 얼굴

"미소의 효과는 보이지 않지만 강력하다", "웃는 얼굴에 침 뱉으랴"라는 말이 있듯이 미소야말로 상대방에게 호감을 줄 수 있는 강력한 무기인 것이다. 웃는 얼굴은 인상이 좋아 보이고 여유가 있어 보이며 마음까지 좋아보이게 한다. 또한 전염효과까지 있어 주위의 분위기를 밝고 부드럽게 해주며, 상대방의 마음까지 즐겁고 유쾌하게 만든다. 특히 세일즈 컨설턴트에게 있어 웃는 얼굴의 효과는 매우 크다고 할 수 있다.

① **마인드 컨트롤 효과** : 스스로의 마음을 즐겁게 한다.
② **감정이입 효과** : 웃음은 세일즈 컨설턴트만 기분이 좋아지게 하는 게 아니라 그를 상대하는 고객의 기분까지 즐겁게 만든다.
③ **건강증진 효과** : 웃음이 건강에 좋다는 것은 이미 여러 학자와 의사들의 공통된 견해이며 스트레스까지 풀어준다.
④ **호감 효과** : 웃음은 세일즈 컨설턴트의 풍채와 인상을 좋게 해주어 고객으로 하여금 호감과 친밀감을 느끼게 한다.
⑤ **실적향상 효과** : 세일즈 컨설턴트의 웃음은 좋은 이미지를 만들어 원만한 인간관계를 형성하고, 이는 좋은 영업실적으로 연결된다.

표정의 중요성
- "자신의 이미지는 개발하는 것이지 운명적으로 타고나는 것이 아니다."
- 눈동자 한가운데 고정된 눈매가 가장 좋은 느낌을 준다.
- 얼굴과 눈의 표정은 함께 이동하며, 몸 전체가 고객을 향하도록 돌려 응대한다.
- 양끝이 올라간 입모양은 관상학적으로 명랑하고 사물을 선의로 해석하는 양성의 사람이며, 남에게 신뢰받고 입신출세할 수 있는 관상이다.

2 인사예절

(1) 인사의 의미

① 인사는 예절의 기본이며 인간관계의 윤활유이다.
② 마음의 표현이며 상대방의 마음을 여는 인간관계의 시작이다.
③ 신체의 가장 중요한 부분인 머리를 상대방에게 숙이는 행동은 모든 예절의 기본이다.
④ 조직체의 신뢰감과 인간관계를 형성한다.
⑤ 상대방의 인격을 존중하고 배려와 경의를 표시하는 것이다.
⑥ 상사에게는 '존경심', 동료에게는 '우애심', 고객에게는 '감사의 표시'를 의미한다.

⑦ 항상 정중하고 절도 있는 인사태도는 상대방의 호감을 받는 가장 중요한 요소이다.

(2) 인사의 기본자세

① 상대방과는 약 2~4m 정도의 거리가 적당하다.
② 상대방의 눈을 너무 응시하면 실례가 될 수 있으므로, 시선은 상대방의 시선 아래쪽이 가장 적당하다.
③ 등을 곧게 펴고 허리에서 직선으로 정중하게 머리를 숙인다.
④ 남자의 경우 손은 달걀을 쥔듯 주먹을 쥐고 바지 재봉선에 맞추며, 여자의 경우 두 손을 앞으로 모은다.
⑤ 몸을 일으킬 때는 숙일 때보다 조금 느린 속도로 일으킨다.
⑥ 인사말은 밝고 명랑하게 하되 말끝은 치켜 올린다.
⑦ 표정은 항상 가벼운 미소를 짓는다.
⑧ 발은 뒤꿈치와 무릎을 붙인다.

(3) 인사의 분류

① 기본 인사
  ㉠ 발뒤꿈치를 붙이고 몸을 30° 정도 숙인다.
  ㉡ 인사말은 고개를 숙이는 동작에서 끝난다.
  ㉢ 숙인 후 잠깐 멈추었다가 숙일 때보다 조금 느린 속도로 몸을 일으킨다.

② 가벼운 인사
  ㉠ 감사할 때, 대기 요청할 때, 대답할 때
  ㉡ 15° 이내로 몸을 숙이고 동작은 기본 인사와 같다.

③ 목 례
  ㉠ 자주 대할 때, 복도/실내에서
  ㉡ 몸을 굽히지 않고 가볍게 머리만 숙인다.
  ㉢ 눈으로 예를 표하며 부드러운 표정을 짓는다.

인사의 포인트
- 밝은 표정으로 허리를 굽혀서 인사를 한다.
- 상대방과 눈을 마주하며, 먼저 본 사람이 먼저 인사를 한다.
- 활기찬 목소리로 인사말을 명랑하고 다양하게 건넨다.
- 인사를 잘 받는 것도 또 하나의 인사예절이다.

3 방문예절

방문에 앞서 반드시 챙겨야 할 것은 '좋은 인상'과 '사전약속'이다. 개인적 용무로 근처에까지 와서 인사를 할 경우에도 상대방과 통화를 한 후 양해를 얻어 방문하도록 한다. 시간약속이 이루어졌으면 방문목적에 맞게 준비를 해야 한다. 지참할 자료나 카탈로그 등을 준비하고, 상대방의 정보도 충분히 알고 있어야 하며, 대화의 흐름이나 핵심내용을 사전에 정리해 두어야 한다.

(1) 사전약속

방문 전에는 필히 약속을 하여야 한다. 또 사전에 용건을 정리하여 상담이 부드럽게 추진될 수 있도록 준비하여야 한다.

(2) 시간엄수

방문에서 제일 중요한 것이 시간 엄수이다. 상대는 그것을 위하여 일부러 시간을 내어 기다리고 있기 때문이다. 방문처의 전화번호는 꼭 가지고 있어야 하며, 약속 시간에 늦을 경우에는 필히 전화를 해주어야 한다.

(3) 접 수

방문처에 도착하면 접수처에서 자신의 회사명, 성명, 면담자, 약속시간을 확실하게 전달하게 한다.

(4) 응접실

응접실에 안내되면 통상적으로 안내인이 착석을 권하게 되는데, 이 경우는 사양하지 말고 앉도록 한다. 의자에는 살짝 걸터앉도록 하고, 상대가 나타나면 곧 일어서도록 한다.

(5) 상 담

바쁜 가운데 만나기로 한 것이기 때문에 이야기는 능숙하고 간결하게 하여야 한다. 용건이 끝나면 내용을 확인하고, 다음 방문예정일과 상담의 내용을 명확히 해둔다.

(6) 인 사

마지막에 "바쁘신데 대단히 감사했습니다."라고 인사한다. 상대방의 명함을 잃어버리지 않도록 주의한다. 접수하는 사람에게도 인사를 하고 돌아오도록 한다.

4 고객접대의 예절

(1) 대 화
① 대화는 고객과 나와의 관계를 이어주는 매우 중요한 수단이다.
② 정보를 주고받으며 의견과 생각을 교환하는 마음과 마음의 교류이다.
③ 대화를 통해 모습, 용도, 태도에서 느낄 수 없는 그 사람의 인간 됨됨이를 판단할 수 있다.
④ 상대방의 신뢰성, 진실성 및 그 사람의 능력과 실력을 알 수 있다.
⑤ 인간은 대화에서 인간 됨됨이를 느끼고 그 사람을 좋아할지 멀리할지 판단한다.
⑥ 대화를 통하여 친근감·신뢰감·존경심·애정 등을 느낄 수 있으며, 때론 상대방의 마음을 움직일 수 있는 무기가 된다.

(2) 대화 위치
① 고객과 대화하는 경우에는 최적의 거리 간격이 요구된다. 특히 초면인 사람이나 이성과의 대화에는 상당한 주의가 필요하다. 고객과 옆으로 나란히 대화할 때의 간격은 주먹 정도를 띄우는 것이 좋다. 고객과 마주 보고 이야기할 때의 상호 간격은 약 1m로 한다.
② 명함, 카탈로그, 기념품 등을 손수 건네줄 경우 외에는 심리적 저항감이 있기 때문에 정면으로 위치하지 않는 것이 바람직하다. 왜냐하면 자기를 중심으로 앞은 긴장 혹은 대결의 공간이고, 뒤는 공포·불안의 공간이며, 옆은 친구의 공간이기 때문이다. 따라서 세일즈 컨설턴트는 고객과 옆 방향에서 상담하는 것이 효과적이며, 옆이라도 왼쪽보다는 상대의 오른쪽 옆이 더 좋다.
③ 세일즈 컨설턴트는 늘 가방을 가지고 다니므로, 가방을 놓는 위치도 자기의 의자 옆이나 책상 밑에 두되, 언제나 쉽게 꺼낼 수 있도록 위가 트인 가방이 좋다.

 지식 IN

고객과의 대화의 기본원칙
- 고객의 입장에서 먼저 생각한다.
- 고객의 자존심을 존중하고 배려한다.
- 고객의 이야기를 잘 경청한다.
- 고객과의 대화에 진심으로 응답한다.

(3) 여러 가지 대화기법

① 호감을 주는 대화기법
  ㉠ 목소리 : 말은 듣는 사람이 편안하고 좋아야 한다. 목소리의 고저와 억양은 시간, 장소, 상황(Time, Place, Occupation)에 맞게 스스로 조절할 수 있도록 한다.
  ㉡ 말의 속도 : 말을 할 때의 자신의 속도를 체크해 보는 것이 필요하다. 특히 고객을 상대하여 Man to Man 상담을 많이 하는 직업이라면, 자신의 말의 속도가 어느 정도인지 파악하여 상대가 잘 알아들을 수 있는 속도를 찾는 것이 유용하다.
  ㉢ 좋지 못한 음성 : 우물거리는 소리, 작은 소리, 느린 소리, 고성 등

대화의 기술

올바른 표현은 고객을 존중하고 중요한 사람으로 여긴다는 느낌을 준다. 고객과의 관계를 순간적으로 판단하는 센스와 배려하는 표현을 사용한다는 의지를 갖는 것은 대화의 시작이고, 커뮤니케이션 능력 향상의 출발점이다.

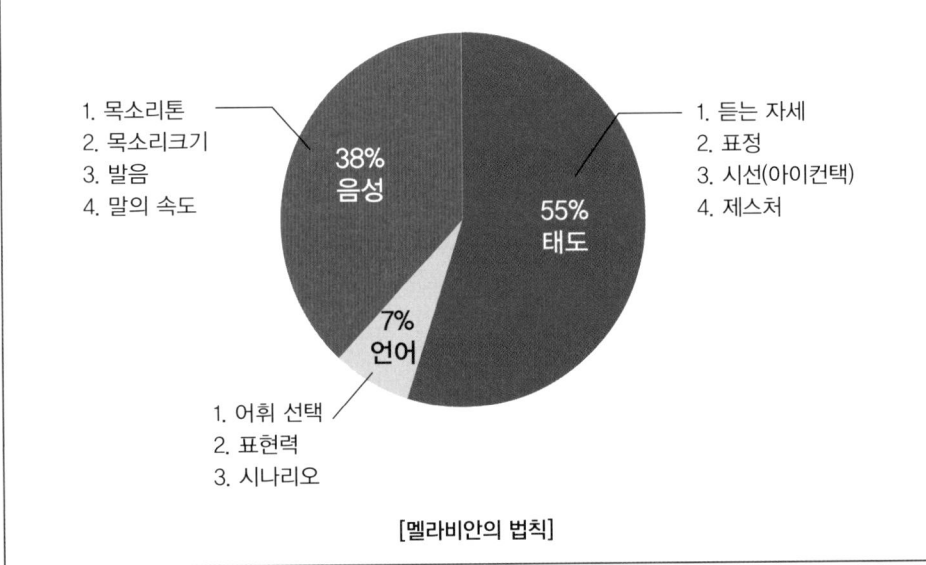

[멜라비안의 법칙]

② 적극적인 대화기법
  ㉠ 다양한 화제 : 누구와도 편안하게 대화할 수 있는 소재로 대화하는 것이 가장 자연스럽다.
  ㉡ 보디랭귀지(Body Language) : 대화는 언어로만 하는 것이 아니다. 언어적인 것보다 비언어적인 표현이 더 많은 것을 말하기도 한다. 적절한 보디랭귀지(Body Language)는 상대방과 더욱 자연스러운 분위기를 만드는 데 중요한 역할을 한다.
  ㉢ 긍정적인 표현 : 같은 표현이라도 긍정적인 표현을 많이 하는 사람과 부정적인 표현을 많이 하는 사람의 이미지는 다르다. 똑같은 말이라도 "네"보다는 "물론이죠"라는 표현이 훨씬 더 자신감 있는 느낌을 주게 된다.

③ 주의사항
  ㉠ 상대와 대화할 때 말끝을 흐리거나, 존댓말도 반말도 아닌 말을 하지 않도록 주의해야 한다.
  ㉡ 잘 못알아들었을 경우에는 "뭐라고요?"라고 하는 것보다 "죄송하지만, 다시 말씀해 주시겠습니까?"라고 말하는 것이 훨씬 정중한 표현이다.
  ㉢ "예, 아니오"로 대답할 때에는 "예, 알겠습니다.", "아니오, 그렇지 않습니다."라고 끝까지 말하는 것이 더 신뢰감을 주는 표현이다.
  ㉣ 대화를 할 때에는 시간과 상황, 장소에 맞는 화제인지 잘 생각해야 한다. 대화의 소재뿐만 아니라 음성의 톤, 억양 등에도 신경을 쓰면서 내용과 표현에 주의해야 한다.
  ㉤ 대화의 목적을 잊어버리는 경우가 많은데, 대화의 맥을 이어가는 것도 매우 중요하다.

④ 시선처리
  상담 시 에티켓으로 시선을 어떻게 처리하느냐도 매우 중요하다. 고객의 눈을 뚫어지게 바라보면 위압감을 주고 상대방에게 부담감을 주어 상담에 실패하는 경우도 있다. 그렇다고 아주 시선을 돌리면 불성실해 보일 수 있으므로, 부드럽고 친밀감이 있는 시선을 상대방의 눈 아래 부분이나 넥타이 부근에 둔다.

⑤ 면담은 잘 진행했어도 돌아올 때 매너가 나쁘면 고객의 기분을 상하게 하여 일이 망가지는 경우가 있다. 돌아올 때는 필히 다음 방문일자를 약속해두도록 유의한다.
  ㉠ 문을 닫을 때 : 두 발을 모으고 바르게 서서 가볍게 숙여 인사 한 후에 조용히 문을 닫는다. 문을 닫는 태도에는 그 사람의 인격이 나타난다.
  ㉡ 배웅 시 : 고객을 문까지 배웅할 때는 출구에 서서 상대방의 눈을 보고 가볍게 인사한다.
  ㉢ 헤어질 때의 인사 : 가볍게 상대방의 눈을 보고 인사한다.
    예 "그럼 이만 돌아가겠습니다. 바쁘신데 귀중한 시간을 내주시어 대단히 고맙습니다."

5 명함교환 예절

명함은 아주 중요한 정보자원이다. 명함은 두 손으로 받고 한 손으로 내주는 것이 명함교환의 예절이다.

(1) 명함을 줄 때

① 상의 윗주머니에서 꺼낸다.
② 아랫사람이 윗사람에게 먼저 건넨다.
③ 상대가 두 사람일 경우에는 윗사람에게 먼저 건넨다.
④ 자기 이름을 상대방이 바로 보도록 해서 오른손으로 건넨다.
⑤ 줄 때는 일어서서 정중하게 건네고 밝은 미소를 띤다.
⑥ 반드시 자기소개의 말을 함께 하며 건넨다.

(2) 명함을 받을 때

① 명함을 받을 때는 두 손으로 받되 명함 양쪽에 살며시 손을 대어 받는다.
② 맞교환을 할 때는 왼손으로 받고 오른손으로 건넨다.
③ 받은 명함은 가슴높이에서 받쳐 든 자세로 회사명과 이름을 거듭 확인한다.
④ 어려운 글자가 있으면 물어본다.
⑤ 테이블에 앉을 경우에는 받은 명함을 왼쪽에 놓는다.
⑥ 받은 명함을 만지작거리지 않고 상의 윗주머니에 넣는다.
⑦ 받은 명함은 잘 정리하여 명함철에 꽂는다.

6 악수예절

① 악수는 손을 맞잡음으로써 마음의 문을 열고, 손을 흔들면서 상호 신뢰감과 일체감을 나타내는 데 그 의의가 있다.
② 악수는 윗사람이 먼저 청하는 것으로써, 아랫사람이 손을 먼저 내밀어서는 안 된다.
③ 아는 사람을 만났을 때에는 악수를 청할 것에 대비하여 오른손에 들었던 물건을 왼손으로 바꿔든다.
④ 장갑을 낀 손, 땀에 젖은 손으로 악수를 해서는 안 된다.

⑤ 상대의 얼굴을 주시하며 웃는 얼굴로 악수한다.
⑥ 손을 너무 세게 쥐거나 손끝만 내밀어 악수해서는 안 된다.
⑦ 계속 손을 잡은 채 말을 해서는 안 된다.

7 전화예절

상대방이 보이지는 않지만 전화상담을 통해 고객에게 깊은 인상을 주어 계약으로 성사되는 확률이 매우 높다. 전화로 상담해오는 고객은 세일즈 컨설턴트와 대화하며 상담을 하는 것이 아니기 때문에 마음속에 있는 생각을 이야기하도록 화제를 다양하게 이끌어 나가야 한다. 그리고 끝나면 반드시 감사의 표현을 전해야 한다.

(1) 전화의 기본예절

① 고객을 맞이하는 마음으로 한다.
② 발음을 정확히 한다.
③ 내용은 간단명료하게 끝낸다.
④ 말을 정중하게 하며, 보이지 않아도 태도는 친절해야 한다.
⑤ 말은 평상시보다 한 톤을 높인다.

(2) 전화 받는 요령

① 벨이 울리면 신속하게 수화기를 든다.
② 먼저 감사인사 후 자기 소속과 이름을 밝힌다.
③ 상대방을 확인한 후 다시 인사한다.
④ 메모 준비를 하고 용건을 경청한다.
⑤ 용건이 끝나면 대화 내용을 요약·확인한다.
⑥ 마무리 인사 후 상대방이 수화기를 놓은 것을 확인한 후 끊는다.

(3) 전화 거는 요령

① 용건을 미리 정리하여 메모해 둔다.
② 다이얼을 돌리고 나서 주위의 잡음이 섞여 들어가지 않도록 배려한다.
③ 상대방이 나오면 자신을 밝힌 후 상대방을 확인한다.
④ 간단히 인사말을 한 후 시간, 장소, 상황을 고려하여 용건을 말한다.
⑤ 용건이 끝났음을 확인한 후 마무리 인사를 한다.

⑥ 상대방이 수화기를 내려놓은 다음 수화기를 내려놓는다.

(4) 전화응대 시 유의할 점

① 전화를 본인에게 건넬 때 상대방의 소속, 성명, 용건을 들었으면 두 번 묻지 않도록 정확히 전한다.
② 고객 앞에서 사적인 전화를 길게 하지 않는다.
③ 용건이 끝나자마자 성급하게 전화를 끊지 않는다.
④ 다이얼을 누를 때 볼펜 같은 도구를 이용하지 않는다.
⑤ 상대방이 보이지 않는다고 턱을 괴거나 껌을 씹는 등의 성의 없는 태도는 피한다.
⑥ 전화를 건 사람의 용건을 무시하거나, 물음에 대해 성의 없는 응대를 하지 않는다.

8 차량 탑승 예절

(1) 세일즈 컨설턴트이라면 탑승 예절에 익숙해야 하며, 항상 탑승 전 본인의 착석 위치가 어디인지 사전 준비하고 탑승 안내를 도와야 한다.

(2) 노약자, 유아, 여성의 탑승을 도우며 상사나 고객, 연장자들의 우선순위를 탑승 전 항상 의식해야 하고, 순서에 알맞게 탑승할 수 있도록 돕는다.

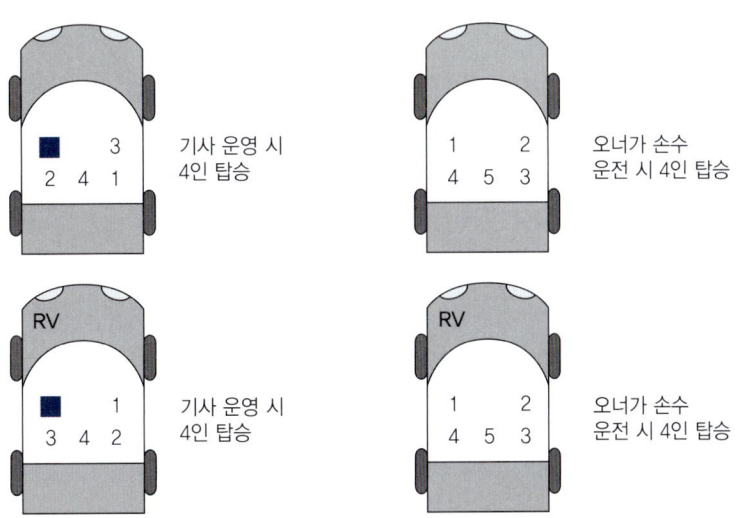

[차량 탑승 예절]

9 세일즈 컨설턴트의 올바른 복장과 비즈니스 매너

첫 대면의 인상은 90%가 복장과 몸가짐으로 결정된다. 단아하고 우아한 몸가짐을 한 사람은 인품이 더욱 돋보이며, 상대방에게 호감과 신뢰감을 준다. 바른 자세와 복장은 모든 행동의 기본이며 교양의 척도이다. 세일즈 컨설턴트는 세련되고 절제된 스타일과 매너를 갖추고, 고객의 Car Life에 대한 종합적인 상담과 컨설팅을 담당하는 전문가로서 긍지와 자부심을 가져야 한다.

[세일즈 컨설턴트의 올바른 복장 예시]

구 분	포인트
양 복	• 가능하면 짙고 무난한 색으로 하고, 화려한 원색이나 야한색은 피한다. • 바지는 줄이 잘 서있어야 하고, 길이는 구두 위에 가볍게 닿을 정도가 좋다. • 거래처의 방문이나 고객 응대 시 와이셔츠 차림은 피한다.
와이셔츠	• 색상은 백색이나 옅은 색으로 하고, 손목은 청결하게 하며 잘 다려 입는다. • 넥타이는 벨트를 약간 덮게 적당한 길이로 바르게 맨다.
구 두	• 캐주얼화는 피하고, 검정색이나 짙은 갈색으로 항상 깨끗하게 윤기가 나야 한다.
벨 트	• 검정색이나 짙은 갈색이 좋고, 요란한 버클은 피한다.
양 말	• 구두와 동일색 계통이 좋으며 흰색이나 밝은 색은 피한다. • 양복에 스포츠 양말은 피한다.
액세서리	• 비싸고 번쩍번쩍하는 장신구(반지, 시계 등)은 피한다.

(1) SC 복장 가이드 라인(Guide Line)

① SC 복장 지침 : 남성
  ㉠ 세일즈 컨설턴트는 판매를 담당하는 전문인으로서, 이에 적합한 고급스럽고 전문가적인 스타일을 갖추어야 한다.
  ㉡ 수트 컬러는 고객에게 신뢰감을 주고 전문가로서의 이미지를 전달하는 블랙(Black), 네이비(Navy), 실버(Silver) 계열을 선택한다.
  ㉢ 셔츠는 대부분의 수트와 어울리는 화이트 셔츠를 착용하여 세련된 이미지를 표현할 수 있도록 한다.
  ㉣ 단정하고 세련된 헤어스타일과 상·하의가 동일한 색상의 수트를 착용한다.
  ㉤ 신뢰감을 주는 푸른색 계열의 넥타이와 청결하게 관리된 구두를 착용한다.
  ㉥ 명찰을 착용하고 수첩과 펜은 항상 휴대한다.
  ㉦ 당직 근무 시에는 수트의 단추를 고정하여 단정한 이미지를 연출한다.

② SC 복장 지침 : 여성
　㉠ 여성의 경우 헤어스타일이 전체 이미지에 많은 영향을 주므로, 자신에게 가장 잘 어울리는 스타일로 연출한다.
　㉡ 긴 머리는 묶거나 세팅을 하고, 짧은 머리는 단정하게 잘 정돈한다.
　㉢ 화려한 색상의 블라우스는 지양하고, 단정하고 차분한 느낌의 투피스를 착용한다.
　㉣ 머리핀과 목걸이, 귀걸이 등의 액세서리는 자제한다.
　㉤ 블랙과 그레이 컬러의 치마 및 바지 정장을 착용한다.
　㉥ 블랙 컬러의 청결하게 관리된 정장 구두를 착용한다.
　　예 오픈토(Open Toe), 샌들(Sandal) 등 착용금지
　㉦ 명찰을 착용하고, 수첩과 펜은 항상 휴대한다.

(2) 비즈니스 매너(Business Manner)

① 고객과 약속한 시간과 장소에 정확히 맞추어 상담을 진행해야 하며 절대로 늦어서는 안 된다.
② 고객과 처음으로 만나게 되는 처음 약 3초간의 첫인상이 가장 중요한 포인트임을 명심하고, 이를 최대한 활용해야 한다.
③ 정확한 시간 엄수는 고객의 귀중한 시간을 중요하게 여긴다는 방증이며 신뢰도를 높여준다.
④ 세일즈 컨설턴트는 항상 고객의 말에 경청해야 하며, 질문에 정확하고 신속하게 답변을 할 수 있도록 상품과 관련된 정보와 지식을 갖추어야 한다.
⑤ 고객의 말에 주의를 기울여서 세심하게 들어야 하고, 고객의 필요사항을 파악하여 예상질문에 대한 준비를 해야 한다.
⑥ 경청은 고객에 대한 깊은 관심의 표현이며, 이를 통해 고객은 자신이 정당한 대우를 받고 있다고 느끼게 되고, 세일즈 컨설턴트에 대한 신뢰감이 생성된다.
⑦ 고객과 대화 도중에는 고객의 말을 중간에 끊거나 반박하는 의견을 말하지 않도록 주의한다.
⑧ 상담 중에는 전화를 받거나 타인과 대화를 하는 등 고객에게 주의를 기울이지 않는 행동을 자제한다.
⑨ 고객의 비전문가적인 의견일지라도 일단 긍정적으로 경청한 후, 차분하고 논리적으로 설득한다.
⑩ 고객과 필요이상으로 가까운 거리에서 상담을 진행하지 않도록 주의한다. 상담에 몰두하여 너무 가까운 거리까지 접근하게 되면 고객이 거부감과 부담감을 느낄 수 있다.
⑪ 고객에게 지급되는 서류(브로슈어, 견적서, 계약서 등)와 물품(사은품, 차량 용품 등)은 깨끗하게 관리하여 전달해야 한다.
⑫ 정성껏 관리된 물품을 전달하고, 고객에 대한 예우를 표시하여 고객만족을 이끌어 내야 한다.

세일즈 프로세스 8단계

세일즈 컨설턴트는 규정된 세일즈 프로세스(Sales Process)를 준수하여 영업활동에 임해야 한다.

초기 접촉 ⇨ 고객의 필요사항 파악 ⇨ 신차 프레젠테이션 ⇨ 시 승 ⇨ 오퍼와 계약 ⇨ 신차 인도 ⇨ 고객의 사후관리와 연락유지 ⇨ 가망고객과의 연락유지

초기 접촉

[Valet 응대와 Reception Process]

차량 진입 시	• 최초 차량 진입 시 정지 사인을 보낸 후, 차량이 정지하면 다가가서 안내한다. • Valet : "하차 하시면 주차해드리겠습니다."(하차하기 편하도록 차량의 문을 열어 드린다) • 고객이 하차하면 "안녕하십니까, 저희 전시장에는 처음 방문하시는 겁니까?"라는 인사말을 건넨다.
전시장 최초 내방일 경우	• 손을 가지런히 모으고 고객에게 손바닥이 보이도록 하여 전시장 출입문을 안내한다. • "전시장 출입문은 저쪽입니다. 들어가시면 담당직원이 안내해드리도록 하겠습니다." • 당직 SC 또는 Receptionist는 고객이 입구로 들어오기 전에 전시장 문 앞에서 기다린 후 고객님께 인사하고 안내한다.
SC와 약속 후 내방한 경우	• Valet : "담당 영업사원의 성명을 알려주시면 상담할 수 있도록 안내해드리겠습니다." • 손을 가지런히 모으고 고객에게 손바닥이 보이도록 하여 전시장 출입문을 안내한다. • "전시장 출입문은 저쪽입니다. 들어가시면 담당직원이 안내해드리도록 하겠습니다." • Receptionist는 고객과 약속한 담당 SC를 신속하게 호출하고, 고객이 입구로 들어오기 전에 전시장 문 앞에서 기다린 후 고객님께 인사하고 안내한다.

10 최초 고객응대

(1) 세일즈 활용도구의 필요성

우수한 세일즈 컨설턴트는 말보다는 각종 세일즈 용구를 효과적으로 사용하여 최소의 시간 내에 최대의 성과를 얻는다. 판매 용구를 적절히 활용함으로써 얻어지는 효과는 다음과 같다.

① 말로 표현하기 어려운 것을 알기 쉽고 효과적으로 설명할 수 있다.
② 상담시간을 단축하고, 고객의 신용과 신뢰감을 얻을 수 있다.
③ 주의와 흥미를 끌 수 있고, 깊은 인상과 기억을 남긴다.
④ 방문 시 어색함을 준다거나 세일즈 기술의 미숙함을 보완한다.

(2) 세일즈 활용도구와 판매기법

판매 용구는 대단히 많지만 때와 장소, 상대방과 상담단계별로 이용방법도 달라진다. 세일즈 컨설턴트는 항상 효과적인 활용을 위하여 판매용구에 대한 연구와 개발을 하지 않으면 안 된다.

단계	내용
Approach 단계	• DM : DM용 인쇄물, 인사장, 이벤트 안내 • Direct Hand : 각종 인쇄물(카탈로그, 매거진 등) • PR지 : 고객용 PR지, 전문잡지, 시승기
Motivation 단계	• 계약·출고리스트 : 현재 전산 현황을 가지고 설득 제시 • 세일즈레터 : 방문 후 감사인사, 자필편지는 인쇄물보다 인간적임 • 각종 판촉물
Test Closing 단계	• 가격표 : 전차종 가격표 및 타사 차 가격표 준비 • Color Chip : 색견본은 실재 도료를 사용한다. • 각차 비교표 : 제원 비교 • 통계자료 그래프 : 유리한 데이터의 수집과 그래프화 • 기사 스크랩 : 신문, 잡지 등의 기사는 신뢰성을 높임 • 시승차 : 차를 시승하면 고객의 결심을 빠르게 얻을 수 있음 • PR용 VTR테이프 : 광고용 VTR테이프는 매우 효과적임

11 가망고객의 분류와 관리

(1) 가망고객의 분류와 식별 포인트

가망고객의 판단 포인트는 '구매의욕'과 '지불능력'이다. 그러나 구매의욕은 컨설턴트 능력에 달려 있다는 것을 명심해야 한다. 먼저 가망고객이 구매의욕과 지불능력을 갖추고 있다면, '판매활동의 효율을 높이기 위해서 언제 어떤 차를 살 것인가 하는 가망도를 식별하여, 분류된 고객에 맞게 활동 계획을 수행하여야 한다.

① 가망고객의 일반적 식별법
  ㉠ 방문고객의 차림새로 구매결정권자인가를 확인
  ㉡ 롤렉스 금장시계, 신발, 벨트, 넥타이 등 고급 브랜드 상품식별

② 가망고객 분류

분 류	수주목표	방문계획	비 고
Hot고객 (A급)	1개월 이내	클로징방문 활동강화	구매결정권자에 유의 Demo-Car, Test Closing
가망고객 (B급/WARM)	3개월 이내	촉진방문으로 Hot화	타사 차와의 비교 판매용구 활용
가망고객의 원천 (C급 · D급/Cold)	3개월 이상	정기적 방문으로 인간관계형성 어프로치 차 방문	DM, Tel 활용 단순방문, 정보방문 활동 자사고객 CR활동에 이용

(2) 고객의 유형과 대응방법

수없이 많은 고객유형에 알맞은 대응방법을 항상 연구하고 개발하는 것이 프로 세일즈 컨설턴트의 능력이자 노하우이다. 고객은 일반적으로 공통적인 사고방식을 지니고, 일정한 단계를 거쳐 구매결정을 내리게 된다. 그러나 사람이란 저마다 성격이 달라서 여러 타입이 있게 마련이다.

① 고객의 공통심리
- ㉠ "자신이 최고"라는 우월감의 소유자, 때로는 겸손함
- ㉡ 상류층 경영자 및 대기업 임원
- ㉢ 전문직종 및 자영업자 대표, 인기연예인, 스포츠맨
- ㉣ 사회 전반적으로 탄탄한 기반을 구축
- ㉤ 철저한 스타일, 독특한 개성을 소유
- ㉥ 남의 말에 귀를 기울이지 않음
- ㉦ 철저한 약속관념과 신용을 갖춤
- ㉧ 여러 차종을 보유한 경험이 있으며, 자동차 메커니즘에 박식함

② 고객유형별 응대 포인트

유 형	응대 포인트
신중형	• 잘 경청하고 당당하게 대한다. • 너무 조르거나 스트레스를 주지 않는다.
변덕형	• 말씨나 태도를 공손하게 한다. • 동작을 기민하게 하여 기다리지 않게 한다.
침묵형 (의사표시가 없는 고객)	• 표정과 동작에서 관심 포인트를 찾아낸다. • 구체적인 질문으로 유도한다.
수다형 (말이 많은 고객)	• 상대방의 이야기를 인내를 가지고 듣는다. • 타이밍을 보아 상담 기회를 포착한다.
박식형 (지식이 풍부한 고객)	• "대단히 잘 알고 계십니다."하면서 치켜 세운다. • 과학적이고 체계적인 세일즈 포인트를 설명한다.
권위형	• 태도나 말씨를 특별히 공손하게 한다. • 늘 칭찬하고 자존심을 부추긴다.
의심형	• 질문으로 상대방의 의문점을 파악한다. • 이유나 근거를 확실히 설명한다.
이론형 (이론중시 고객)	• 상담을 할 때에는 부드러운 어조로 말의 속도를 최대한 느리게 한다. • 고객의 성향에 맞추어 충분한 자료들을 바탕으로 상담을 한다.

PART 05-2 고객 니즈 파악

고객의 구매성향은 영업방법에 큰 변화를 주므로, 첫 만남에서부터 고객의 구매 상황을 파악하는 것이 중요하다. 고객의 구매성향은 여러 가지 형태의 방법으로 파악할 수 있으며, 기본 환경적인 요소로는 나이와 성별, 직업, 직급, 가족 상태, 취미, 종교, 소득 수준, 소득에 대한 소비 지출의 비율 등이 있다. 또한 구매형태 및 조건에 따라 할부금융, 운용리스, 장기 대여, 면세, 자동차보험료, 금리, 관련 세금 등 다양한 조건에 따라 구매성향은 달라진다. 그러므로 고객에 대한 질문과 관찰을 통해 구매성향을 파악하여야 한다.

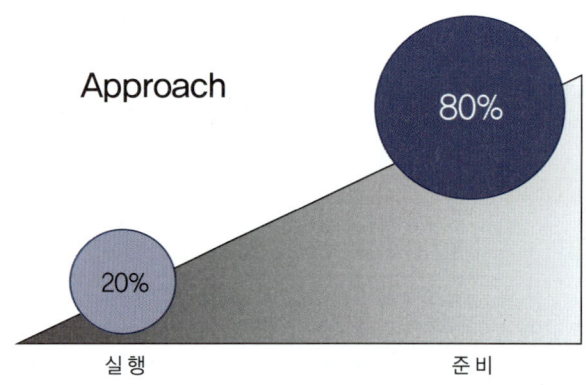

[전략적으로 고객의 정보를 입수한다]

1 질문을 통한 구매성향 파악

질문을 통해 고객의 현재 상황에 대한 정보를 제대로 파악하고, 질문의 형태와 내용을 적절히 활용하여 핵심 니즈를 파악한다. 그리고 질문을 할 때는 상대와의 마음의 유대, 즉 서로 마음이 통하는 상태에서 질문하여야 하며, 이러한 상태가 형성되면 호감과 신뢰가 생기고 비로소 깊은 마음속의 사연까지 언어화할 수 있게 되므로, 더욱 다양한 핵심 니즈를 파악할 수 있게 된다.

(1) 질문 방법

질문할 때는 '구체적으로 무엇이 중요한가'와 '왜 그것이 중요한지'를 명확하게 이해하여야 한다. 고객의 니즈는 무엇인가와 니즈의 우선순위를 완전히 이해하고, 고객이 생각하고 있는 니즈와 내 생각에는 차이가 없는지 또는 같은 생각, 같은 이미지를 그리고 있는지를 고려해서 질문하여야 한다.

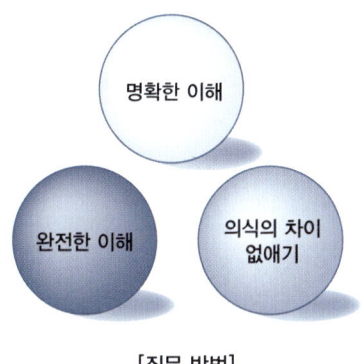

[질문 방법]

(2) 질문 구조

질문에는 자유롭게 대답할 수 있는 '열린 질문'과 짧게 대답할 수 있는 '닫힌 질문'의 구조가 있다. 고객의 생각을 이해해야 하는 부분을 '열린 질문'이라 하고, 명확히 구분할 수 있는 부분의 경우를 '닫힌 질문'이라 한다.

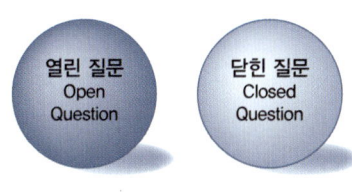

[질문 구조]

(3) 질문 내용

질문 내용에는 고객의 불편, 우려, 선호, 기대 등 니즈를 파악하기 위한 질문과 고객이 아직 인지하지 못하는 니즈를 깨달을 수 있도록 도와주는 질문이 있다. 또한 파악된 고객 니즈를 다시 확인 및 정리할 수 있도록 한다.

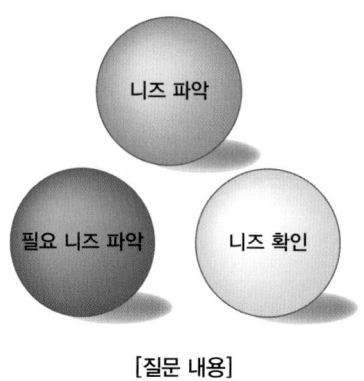

[질문 내용]

2 고객 니즈 파악을 위한 경청

(1) 고객 요구사항 경청의 필요성

고객보다 자동차에 대한 전문지식을 더 많이 알고 있으므로, 고객이 대수롭지 않게 듣게 되면 정확한 고객 니즈 파악이 어려울 수 있다. 고객이 지향하는 자동차가 무엇인지 인지하고, 현재 고객의 상태를 정확히 파악하는 것을 경청해야 한다. 고객이 직접 자동차에 대한 불편과 개선점을 제시할 때 보다 나은 영업활동을 할 수 있다.

(2) 고객 상담 시 취해야 할 태도

고객 상담 시 고객의 설명을 차분하게 듣고 난 다음, 미흡한 부분에 대한 추가적인 질문을 하는 방식으로 상담을 진행해야 한다. 또한 고객 차량에 대한 정보를 모으기 위해 직접 차트를 만들고 고객이 설명하는 내용을 요약·정리하여 이것을 토대로 상담한다면 실수하는 일은 없을 것이다.

[고객 니즈 파악을 위한 경청]

3 상담 계획 수립

상담 계획수립에서 먼저 고객의 기본 자료를 조사할 수 있도록 문진표를 작성하거나 기존 문진표가 있으면 문진표를 활용하여 니즈 파악을 한다. 또한 고객 성향, 현재 상황 정보, 핵심 니즈를 파악하기 위해 질문 항목을 미리 작성하고 상담을 할 수 있도록 한다.

(1) 고객 니즈 파악을 위한 문진표

고객 니즈 파악을 위한 문진표에는 개인정보와 고객의 주변 환경, 성향, 상황 정보, 핵심 니즈를 파악한다.

(2) 관심 차종 선택

니즈를 파악한 내용을 바탕으로 회사에서 제공하는 상품설명서 또는 상품설명 프로그램을 활용하여 고객에게 가장 적절한 차종과 색상, 옵션을 제시하고, 제시된 내용을 바탕으로 이해할 수 있는 수준으로 충분히 설명하여 고객이 선택할 수 있도록 도와주어야 한다.

① 차종 선택

해당 회사에서 제공하는 상품설명서 또는 상품설명 프로그램을 활용하여 고객에게 가장 적절한 차종을 제시하고, 제시된 내용을 바탕으로 이해할 수 있는 수준으로 충분히 설명하여 고객이 선택할 수 있도록 도와주어야 한다.

[차종 선택]

차 종	세부내용	연료종류
승용	경 차	LPG, 가솔린
	소형세단	LPG, 가솔린
	중형세단	LPG, 가솔린, 디젤
	대형세단	가솔린, 디젤
	소형왜건	LPG, 가솔린
	중형왜건	LPG, 가솔린, 디젤
	대형왜건	가솔린, 디젤
RV	소형 RV	가솔린, 디젤
	중형 RV	가솔린, 디젤
	대형 RV	가솔린, 디젤
택시	중형 RV	LPG, 디젤
	대형 RV	LPG, 디젤
소형 상용 트럭/버스	1톤 트럭	LPG, 디젤
	3톤 트럭	디 젤
	3인승 승합 밴	LPG, 디젤
	6인승 승합 밴	LPG, 디젤
	6인승 승합버스	LPG, 디젤
	9인승 승합버스	LPG, 디젤
	12인승 승합버스	LPG, 디젤

② 옵션 선택

선택된 차종에 대해 회사에서 제공하는 상품 설명서 또는 상품설명 프로그램을 활용하여 고객에게 가장 적절한 옵션을 제시하고, 제시된 내용을 바탕으로 충분히 설명하여 고객이 선택할 수 있도록 도와주어야 한다.

Style

공기의 흐름을 고려한 설계로 성능에 최적화된 디자인을 완성한다.

와이드 타입 라디에이터 그릴 & 에어커튼

19인치 알로이 휠 & 사이드 실

대형 에어핀 적용 리어 디퓨저

윙타입 리어 스포일러

Space

고성능 자동차의 매력을 느낄 수 있는 인테리어를 경험한다.

스포츠 스티어링 휠

n 전용 6단 수동 변속기 & 레브 매칭

42인치 슈퍼비전 클러스터

n 그린 컨트롤 시스템

Performance

고성능 특화사양으로 최적의 주행성능을 구현한다.

n 전용 2.0 T-GDi Engine(최대 275마력)

피렐리 P Zero 타이어

n 전용 대용량 고성능 브레이크 & 캘리퍼 n로고

능동 가변 배기시스템

③ 색상 선택

고객 니즈 파악을 한 내용을 바탕으로 선택된 차종에 대해 회사에서 제공하는 상품설명서 또는 상품설명 프로그램을 활용하여 고객에게 가장 적절한 색상을 제시하고, 제시된 내용을 바탕으로 이해할 수 있는 수준으로 충분히 설명하여 고객이 선택할 수 있도록 도와주어야 한다.

Exterior colors

[색상 선택]

④ 구매조건 분석

고객이 차량을 구매하기 위한 구매조건은 세일즈 컨설턴트의 일반적인 제안을 하기보다는 고객이 차를 구매하려고 예상했던 자금계획과 차량명의, 차량인도금, 월불입금 등 차량구매 방법에 따른 여러 가지 구매방법 중에서, 고객에게 이익이 되고 고객에게 적합한 구매조건을 분석하여 희망하는 구매조건을 토대로 선택할 수 있도록 상담을 진행해야 한다.

[구매조건 분석]

(3) 상품지식의 습득과 활용 ※ 꼭 알아두어야 할 자동차 상품지식 및 습득

① 카탈로그를 마스터해야 함
② 세일즈 매뉴얼, 취급설명서, 보증·무상수리 책자
③ 차종을 직접 작동·운전하고 취급설명서와 비교
④ 경쟁차종 시승 및 비교 설명할 수 있는 기술습득
⑤ 고객의 의견을 경청하고 장·단점을 찾아 설명이 가능해야 함
⑥ 선배들의 성공사례를 통한 고객의 니즈를 파악

 지식 IN

카탈로그 사용방법

판매용구의 가장 기본이 되는 카탈로그의 사용법은 세일즈의 기본이다. 세일즈의 설득은 말로만 할 것이 아니라, 카탈로그 등의 판매용구를 사용하여 시각적으로 설명하는 것이 상담효과를 높이는데 매우 유용하며, 그 사용방법은 다음과 같다.

- **적절한 타이밍에 내놓을 것**
  화제가 자동차로 옮겨지고 본격적인 상담에 들어가면, 고객이 원하는 장면이나 세일즈 포인트를 바로 제시할 수 있게 준비한다.
- **고객의 관심이 어디에 있는가를 살펴둘 것**
  "여기 카탈로그 있습니다."라고 접어서 건네주지 말고, 고객이 강조한 부분을 열어 보이면서 설명해 준다. 이때 효과적으로 설명할 순서도 생각해 둔다.
- **데몬스트레이션(시승)**
  데몬스트레이션(Demonstration) 즉, 상품 제시란 실제 차를 보여주면서 그 효용과 장점을 고객에게 실제로 보여주고 설명함으로써, 상담 체결로 용이하게 연결시킬 수 있는 중요한 과정이다.

PART 05-3 | 차량 프레젠테이션

1 프레젠테이션의 정의와 이해

(1) 자동차 영업에서 프레젠테이션은 자사 제품의 자동차를 구매하도록 설득시키는 과정이다. 자사 제품의 자동차 성능, 디자인, 가격경쟁력 등을 경쟁사의 차종과 비교·설명하여, 고객이 구매의 결정까지 이르게 하도록 하는 과정이라 할 수 있다.

(2) 프레젠테이션의 내용에는 언론매체의 광고내용과 광고영상 등을 활용하며, 경쟁 차종과 객관적인 성능 비교자료 및 소비자의 시승기 등을 활용하고, 자사 제품의 특징이 잘 표현되어 있는 브로슈어 등을 활용한다.

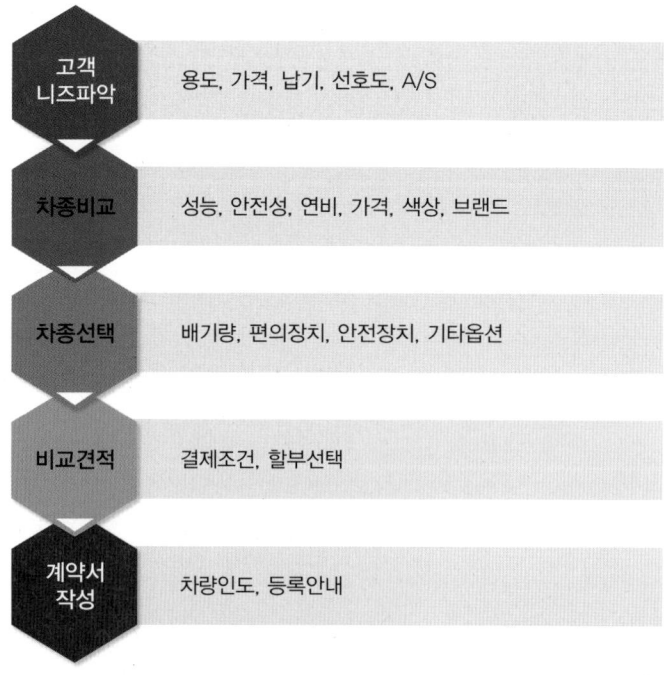

[고객 상담과정]

지식 IN

좋은 차(Good Car)의 구매요소

- 안전성(Safety) : 보호장치, 크럼블 존, 에어백(Air Bag)
- 성능(Performance) : 최고속도, 가속성, HP
- 디자인(Design) : 크기, 차의 품위, 스타일, 색깔
- 편리성(Comfort) : 조작방법, 조작위치
- 경제성(Economy) : 차량가격, 수리비용, 중고가격
- 내구성(Durability) : 보장판매, 보장수리, 무상수리, A/S System
- 브랜드(Brand) : 자동차 역사, 브랜드 철학, 고객선호도

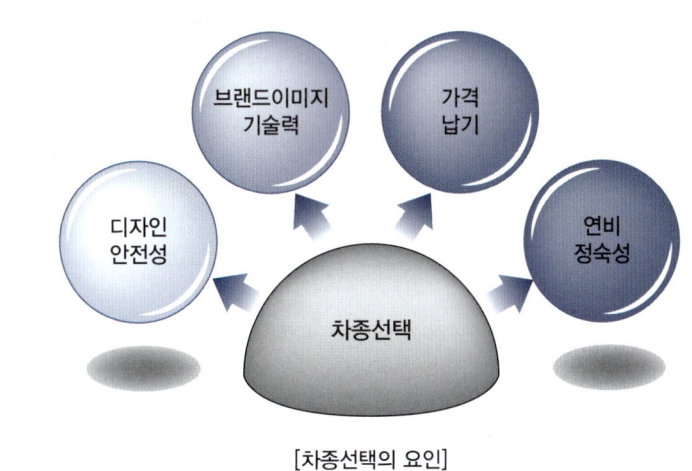

[차종선택의 요인]

2 프레젠테이션 준비

(1) 프레젠테이션 대상을 파악한다.
① 성공적인 프레젠테이션을 위해서는 프레젠테이션의 대상인 고객에 대한 파악이 매우 중요하다. 고객의 취향과 관심 분야 등을 미리 파악해야 프로젝트를 성공적으로 시작하고 좋은 결과를 가져올 수 있다.
② 성공적인 결과를 위해 영업 상담자는 고객의 관점에서 프레젠테이션을 준비하고, 고객의 니즈를 정확하게 파악하여 차량을 설명할 자료를 준비해야 한다.

(2) 다양한 자료를 준비한다.
① 자사의 차량이 잘 설명된 브로슈어를 준비하고, 신기술이나 편의장치에 대한 지식을 미리 파악해둔다.
② 자사의 차량 옵션별 선택사항과 가격이 제시되어 있는 차량 가격표를 준비한다.

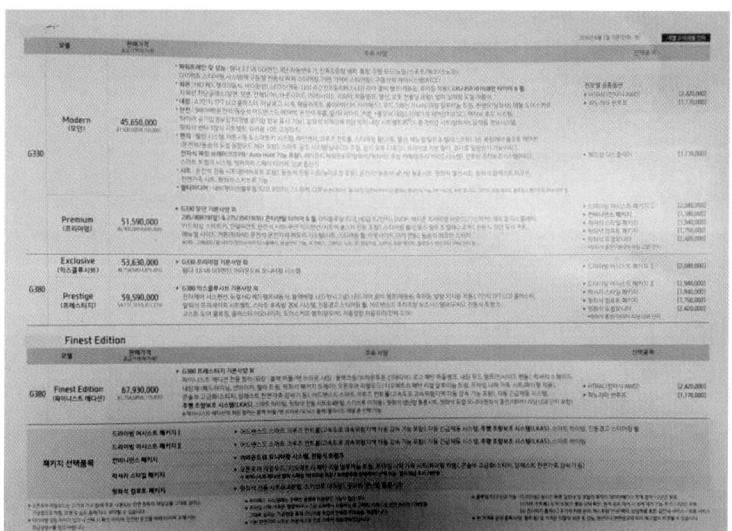

[차량 가격표]

③ 설득력 있는 다양한 근거를 고객에게 전달하여 합리적인 결정을 유도하기 위해 경쟁 차종과 객관적인 성능 비교자료, 언론매체의 보도내용, 소비자와 전문가의 시승기 등을 활용하여 프레젠테이션을 제작한다.

[자동차 모델 비교분석]

* 출처 : 현대자동차(주) (2016) 공식 홈페이지(http://www.hyundai.com/kr/index_real.do)

(3) 신기술 및 장치에 대한 지식 파악

① 가격표 외에도 지능형 첨단 안전기술에 관련된 차로 유지 보조, 충돌방지, 스마트 크루즈 컨트롤 등의 기술적 편의장치 지식과 고객의 차량 운행에 새롭게 등장하는 신기술에 대한 정보를 지속적으로 파악하는 것은 큰 도움이 된다.

② 자동차의 전문적인 지식과 이러한 신기술 및 편의장치 정보는 고객에게 자동차 영업 중개사의 신뢰감을 줄 수 있는 귀중한 역량이며, 브로슈어나 정량적 가격 정보 등 기본적인 상담으로 고객이 구매 결정을 하기 어려울 경우 큰 도움이 될 것이다. 다만, 자동차의 신기술이나 전문적인 기술 용어를 고객에게 설명할 때에는 고객의 눈높이에 맞춰 이해하기 쉽도록 설명해야 고객 상담에 긍정적인 효과를 볼 수 있으니 참고 바란다.

(4) 어떻게 설명할 것인지 준비한다.

① 자사 제품의 특징에 관하여 논리적 · 과학적인 설명을 계획하고, 다양한 표현 매체를 활용하여 이해하기 쉽게 제작하여 고객의 기억 속에 남을 수 있는 프레젠테이션을 기획하고 준비한다.

② 프레젠테이션에 참고 영상이나 다양한 자료를 삽입하여 고객의 이해도를 향상시키고 프레젠테이션의 집중도를 높이도록 한다.

(5) 프레젠테이션 설명 단계

① 자동차 관련 자료를 활용한 설명

㉠ 차량 전체 설명
- 고객과 상담 자리에서 자동차 관련 자료를 활용한 설명을 고객이 희망하는 차종 위주로 진행한다.
- 해당 차량에 대한 설명은 상담 시간의 제한점이 있더라도 차분히 설명하여 고객의 반응을 살피는 것이 중요하다.
- 일단 전체적인 설명 부분에서는 차량의 탄생 배경부터 기능, 성능, 디자인을 미리 파악한 고객의 니즈와 연관 지어 설명한 뒤 고객의 반응을 살핀다. 이 때, 신뢰감 있는 언론 보도를 함께 언급한다면 신뢰감 상승에 도움이 될 것이다.

② 자동차 제품 관측 및 기능 설명

㉠ 제원 및 가격 설명에서는 트림 및 차량의 전체, 부분 사이즈, 휠베이스, 배기량 등의 제원과 외부 내부 인테리어 요소, 그리고 안전/편의 기능 및 추가 옵션 등 세 가지 특성으로 나누어 설명할 수 있다.

㉡ 진행 순서는 고객의 선호 가치에 따라 우선순위를 바꾸어 설명하는 것이 좋다. 가격은 가능한 마지막에 설명하는 것이 유리하다.

㉢ 고객의 희망 차종 모델의 동급 경쟁 차량에 대비해서 성능, 경제성, 내구성 등 우수한 점을 비교 설명한다. 한시적으로 진행되는 가격 할인 등 캠페인을 이 때 활용하면 적극적인 상품 구매를 권유할 수 있다. 모든 설명을 마쳤다면 차량으로 이동하여 실제 관측을 하면서 추가 설명을 이어나가야 한다.

3 자동차 제품 설명

(1) 제품 설명 방법

먼저 자동차 정면을 바라보며 전체적인 설명을 하고, 측면으로 와서 측면 관측 포인트를 설명한다. 이후 후면으로 와서 후면 관측 포인트를 설명하고, 반대편 측면으로 와서 승차감 및 안정성을 설명한다. 다음으로는 정면으로 와서 후드를 오픈하여 엔진과 성능 등을 설명하고, 운전석으로 탑승하여 체험할 수 있도록 설명한다.

[상담 분위기로 판단한 경우]

① 차의 전체적 설명

차의 전체적인 설명을 할 때는 고객과 같이 자동차 정면을 바라보며 자동차 상품 콘셉트, 전체 스타일, 안전성, 경쟁 차종과의 비교, 전면 스타일, 이 차만의 특성을 고객이 이해할 수 있는 수준으로 설명한다.

[차의 전체적 설명]

② 측면 관측 포인트 설명

차의 전체적 설명을 한 다음, 고객과 같이 자동차 측면을 바라보며 자동차 측면 스타일, 색상, 측면 안전대책을 설명하고, 고객을 뒷좌석에 승차하게 한다. 또한 실내 거주성, 안락성, 편의성 등 이 차만의 특성을 고객이 이해할 수 있는 수준으로 설명한다.

[측면 관측 포인트 설명]

③ 후면 관측 포인트 설명

측면 관측 포인트 설명을 한 다음, 고객과 같이 자동차 후면을 바라보며 자동차 후면 스타일, 트렁크의 공간성, 후방 안전대책 등 이 차만의 특성을 고객이 이해할 수 있는 수준으로 설명한다.

[후면 관측 포인트 설명]

④ 주행 관련 기능성 설명

후면 관측 포인트 설명을 한 다음, 고객과 같이 자동차 측면을 바라보며 자동차 서스펜션, 승차감, 제동시스템, 제동거리, 휠, 타이어 등 이 차만의 특성을 고객이 이해할 수 있는 수준으로 설명한다.

[주행 관련 기능성 설명]

⑤ 후드 오픈 설명

주행 관련 기능성 설명을 한 다음, 고객과 같이 자동차 정면에서 후드를 오픈하고 엔진특성, 마력, 토크, 연비, 운전의 즐거움, 전방 안전대책 등 이 차만의 특성을 고객이 이해할 수 있는 수준으로 설명한다.

[후드 오픈 설명]

⑥ 운전석 체험 설명

후드 오픈 설명을 한 다음, 고객이 운전석을 탑승하게 하고 자동차 운전 공간, 시트, 에어백 등 안전대책, 공조 장치, 오디오 등 조작 편의성, 소음대책인 정숙성 등 이 차만의 특성을 고객이 체험할 수 있도록 설명한다.

(2) 제품 설명 순서

제품 설명 순서는 다음과 같이 고객이 이해할 수 있는 수준으로 설명한다.

① 해당 부분의 전체적인 설명
② 동급 차종과 비교설명
③ 해당 부분의 핵심 포인트 설명
④ 해당 부분의 스토리 화법으로 설명
- 감성적 접근(니즈 연상)
- 이성적 설명(세일즈 포인트)
- 감성적 마무리(고객의 이익)

⑤ 해당 부분의 체험 설명
  ㉠ 특징/이점, 만족전달 : 상품의 특징 및 이점으로 만족할 것을 설명한다.
  ㉡ 확인/질문, 이해전달 : 고객의 요구사항이 충족되는지 확인하고 이해시킨다.
  ㉢ 설명보강 : 구입고객의 만족사례 및 주변의 좋은 평가 또는 자료를 제시한다.
  ㉣ 확인/질문 : 고객에게 "궁금한 것이 있습니까, 혹시 더 설명을 듣고 싶은 것이 있습니까?"라고 질문한다.
  ㉤ 계약유도 클로징 : 구매 결정을 시도하며 클로징 테스트를 한다.

[상품 권유 프로세스]

(3) 차의 전체적 설명하기

① 해당 부분의 전체적인 설명

> "신형 ○○○○은 ○○차가 '세계 우수 프리미엄 차량과 당당히 경쟁할 수 있는 최첨단 후륜 구동 세단 개발'을 목표로 새롭게 탄생시킨 신차입니다. 지난 ○○○○년 첫 선을 보인 1세대 ○○○○는 '○○○○년 올해의 차'로 선정되면서 전세계적으로 인정을 받았습니다. 이렇게 세계적인 인정을 받은 ○○○○이 스타일, 주행성능, 안전성 등 모든 면에서 진일보한 프리미엄 세단으로 재탄생했습니다. 특히 신형 ○○○○은 당사의 디자인 철학인 '플루이딕 스컬프처'를 보다 정제되고 품격 있는 디자인으로 발전시킨 '플루이딕 스컬프처 2.0'이 적용된 최초의 모델입니다."

② 동급 차종과 비교설명

> "전면부에서 이전 ○○○○과 비교해봤을 때 가장 눈에 띄는 변화는 라디에이터 그릴입니다. 신형 ○○○○에는 프리미엄 헥사고날 그릴이 적용되어, 보다 웅장하면서도 역동적인 전면부의 느낌을 구현하였습니다."

③ 해당 부분의 핵심포인트 설명

"이처럼 신형 ○○○○ 전면부는 프리미엄 헥사고날 그릴이 적용되었고, 범퍼 파팅 라인이 후드 쪽으로 상향 이동하여 그릴부의 볼륨감 및 고급감이 극대화되었는데요. 이러한 후드 캐릭터 라인의 볼륨감을 통해 근육질 남성의 강인함을 느낄 수 있습니다. 듀얼 HID 헤드램프와 LED 포그램프를 보십시오. LED 주간 전조등과 방향지시등을 내장하여 최고의 감성 품질을 구현한 헤드램프와 포그램프는 마치 예술가의 손끝에서 완성된 하나의 조각상을 보는 것 같습니다. 또한, 상향등을 켜고 주행 시 반대편에서 오는 차의 불빛을 인지하여 하향등으로 자동 제어하는 스마트 하이빔이라는 똑똑한 기능도 선택 가능합니다."

* Hot Point : 스마트 하이빔

④ 해당 부분의 스토리 화법으로 설명
　㉠ 감성적 접근(니즈 연상)

"연세가 어느 정도 있으실수록, 야간 운전 중에 전방이 잘 보이지 않아 신경 쓰이시죠? 하이빔을 켜자니, 앞에서 오는 다른 차들에 방해될 것 같아서 어두운 채로 다니실 때도 있으실 거고요. 혹은 일일이 전조등을 켰다가 껐다가 하시느라 운전에 집중이 안 될 때가 있으셨을 것입니다."

　㉡ 이성적 설명(세일즈 포인트)

"이럴 때 신형 ○○○○의 스마트 하이빔 기능이 도움이 될 것입니다."

　㉢ 감성적 마무리(고객의 이익)

"빛이 발사되는 범위가 기존 세단에 비해서 크게 넓어져서 어두운 상태에서도 시야 확보가 쉬워졌습니다. 또 반대편에서 차가 오면 상향등이 자동으로 꺼졌다가 나중에 다시 켜지기 때문에 일일이 전조등을 조정할 필요가 없어서 밤길에서도 편안한 주행을 즐기실 수 있습니다."

⑤ 해당 부분의 체험 설명

"그럼, 직접 보시죠."

(4) 측면 관측 포인트 설명하기

① 해당 부분의 전체적인 설명

> "이제 전면부로 함께 가보시면, 신형 ○○○○의 롱후드와 롱 휠베이스, 수직적 후드끝단과 슬릭한 C 필러로 한층 정제된 조형미의 다이내믹함을 더했습니다. 특히 쿠페 느낌이 나는 C 필러는 최근 자동차 트렌드로써 날렵하고 다이내믹한 느낌을 줍니다."

② 동급 차종과 비교설명

> "신형 ○○○○의 휠베이스는 기존 ○○○○ 대비 무려 75mm나 길어진 3,010mm로 경쟁차인 BM○ 5 시리즈(2,968), 벤○ E클○○(2,847), 아우○ A6(2,912)와 비교해보아도 가장 긴 휠베이스를 자랑합니다. 휠베이스가 긴 만큼 실내공간 또한 동급 최고 수준입니다."

③ 해당 부분의 핵심포인트 설명

> "측면부는 반관 서라운드 크롬 몰딩과 그립 타입 아웃사이드 도어핸들이 적용되어 고급스러움을 극대화 시켰습니다. 또한, 아웃사이드 미러는 슬림 타입의 LED 사이드 리피터를 내장한 투톤 아웃사이드 미러를 적용하였고, 아웃사이드 미러에 로고 퍼들 램프를 적용하여 ○○○○만의 차별화된 이미지를 구현하였습니다(파이니스트 에디션 선택 시, 로고 퍼들 램프 적용)."
>
>   * Hot Point : 로고 퍼들램프

④ 해당 부분의 스토리 화법으로 설명

 ㉠ 감성적 접근(니즈 연상)

> "고객님, 혹시 저녁 모임을 마치고 차로 돌아가는데, 내 차가 어디에 있는지 쉽게 찾아지지 않아서 고생하신 경험 있으신가요? 이럴 때 내 차가 주인을 인식해서 맞이해주면 정말 반가울 텐데요. 특히 ○○○○의 남다른 품격으로 반겨준다면, ○○○○ 오너로서 더욱 자부심이 느껴지실 겁니다."

 ㉡ 이성적 설명(세일즈 포인트)

> "○○○○에는 '로고 퍼들램프'가 적용되어, 스마트키를 소지한 것만으로도 아웃사이드 미러가 펼쳐지면서 ○○○○ 로고가 점등됩니다."

 ㉢ 감성적 마무리(고객의 이익)

> "아마 고객님께서는 언제 어디서나 ○○○○의 프리미엄한 품격을 느끼실 수 있을 겁니다."

⑤ 해당 부분의 체험 설명

"이제 스마트키를 가지고 ○○○○의 로고 퍼들램프를 체험해 보시죠."

(5) 후면 관측 포인트 설명하기

① 해당 부분의 전체적인 설명

"전면부와 측면부가 다이내믹한 느낌을 주었다면, 신형 ○○○○의 후면부는 입체감 넘치는 리어램프 적용 및 가로형 레이아웃으로 와이드 하면서도 미래지향적인 이미지를 연출하고 있습니다."

② 동급 차종과 비교설명

"특히 신형 ○○○○은 경쟁차 대비 넓은 트렁크 공간으로 골프백 4개와 보스턴백 4개가 모두 들어갑니다. BM○ 5시리즈는 골프백 3개와 보스턴 백 2개, 아우○ A6는 골프백 2개와 보스턴 백 4개가 들어가는 것만 보아도 동급 최고 수준이라 자부합니다."

③ 해당 부분의 핵심포인트 설명

"후면부를 자세히 보시면, 입체감이 넘치는 LED 리어 콤비네이션 램프가 적용되었고, 리어 범퍼 하단부에 슬림타입의 리어 리플렉터를 적용하여 정교한 이미지 연출과 후방차량의 추돌을 예방하고 있습니다. 또한, 리어 범퍼 하단부에 범퍼 일체형의 듀얼 머플러 테일트림 적용으로 차별화된 고성능 후면 이미지를 연출합니다. 그리고 이번 신형 ○○○○에서는 스마트 트렁크가 적용되었습니다. 스마트키를 소지하고 수화물을 든 채 차량 후방의 트렁크 주변에 약 3초 정도 머물면 트렁크 리드가 자동으로 개방되는 기능으로, 물건을 내려놓았다가 다시 들지 않고도 곧바로 수납할 수 있는 편의성을 제공합니다."

* Hot Point : 스마트 트렁크

④ 해당 부분의 스토리 화법으로 설명

㉠ 감성적 접근(니즈 연상)

"고객님, 평소에 친구분들이랑 골프 치러 가셨을 때 양손에 골프백이랑 보스턴백 들고 트렁크 열기 번거롭고 힘드셨죠? 게다가 경쟁 차에서는 자동으로 열리는 트렁크가 있다고 하더라도 발을 흔들어야만 트렁크가 개폐되어서 겨울철 빙판길에서는 넘어질뻔한 아찔한 경험이 있으실 수도 있을 텐데요."

ⓒ 이성적 설명(세일즈 포인트)

> "신형 ○○○○은 스마트 트렁크가 있어서 스마트키를 소지하고 트렁크 주변에 3초 이상 머물기만 하면, 골프백이니 많은 짐을 양손에 든 상황에서 손쉽게 트렁크를 열 수 있습니다."

ⓒ 감성적 마무리(고객의 이익)

> "이처럼 신형 ○○○○은 디자인과 성능은 물론이고, 타시는 분의 편의성을 배려한 차입니다."

⑤ 해당 부분의 체험 설명

> "그럼 직접 스마트 트렁크를 작동해 보시겠어요?"

(6) 주행 관련 기능성 설명하기

① 해당 부분의 전체적인 설명

> "고급 차라면 편안한 승차감과 안정감은 기본일 텐데요, 신형 ○○○○은 자동차의 뼈대라고 볼 수 있는 차체를 강화함으로써, 차의 기본 성능이라 할 수 있는 편안한 승차감과 정교한 핸들링, 그리고 안정성을 확보했습니다."

② 동급 차종과 비교설명

> "신형 ○○○○은 차체 강성을 강화하기 위해 60kg급 이상 초고장력 강판을 차체의 51.5%까지 확대 적용했습니다. BMo5 시리즈가 32%, 벤o 클래스 16.2%밖에 적용하지 못한 것만 보아도 등급 최대 수준의 안정성을 확보했다고 볼 수 있습니다."

③ 해당 부분의 핵심포인트 설명

> "신형 ○○○○은 현존하는 가장 가혹한 충돌방식인 '스몰 오버랩 테스트'를 자체 평가한 결과 최고 등급으로 만족하게 했습니다. 또한, 전동모터가 랙을 직접 구동하는 랙 구동형 전동식 파워스티어링, 구간별로 기어비를 바꿔주는 가변 기어비 스티어링이 적용되어 핸들링의 안정감과 민첩성을 확보했습니다. 그리고 신형 ○○○○의 자랑 중 하나는 현대차에서 최초로 개발된 전자식 AWD, H-TRAC이 적용되었다는 점입니다. H-TRAC은 주행 상황에 따라서 전륜과 후륜의 구동력이 최적화되어 배분되는 시스템입니다. 대부분의 경쟁차는 고가 트림에만 사륜구동이 적용된 경우가 많은데, 신형 ○○○○은 모든 트림에서 합리적인 가격으로 AWD를 옵션으로 선택할 수 있다는 것이 가장 큰 장점입니다."

* Hot Point : H-TRAC

④ 해당 부분의 스토리 화법으로 설명
  ㉠ 감성적 접근(니즈 연상)

> "올겨울에도 눈이 많이 왔는데, 눈길에 차가 미끄러져서 사고가 날까봐 걱정 많이 하셨을 겁니다. 특히 눈길에서 차바퀴가 헛도는 경험이 한 번씩은 있으시죠?"

  ㉡ 이성적 설명(세일즈 포인트)

> "신형 ○○○○은 H-TRAC이 장착되어 위험한 상황에서도 미끄러짐 없이 안정적인 주행이 가능합니다."

  ㉢ 감성적 마무리(고객의 이익)

> "아마 눈길 오르막과 내리막길이 마치 평지처럼 느껴지는 놀라운 경험을 할 수 있을 겁니다. 노면의 제약에 운전을 망설이기보다는 차를 믿고 운행할 수 있는 자신까지 생기실 겁니다."

⑤ 해당 부분의 체험 설명

> "그럼 ○○○○ 시승차가 준비되어 있으니 시승을 통해 주행감을 느껴보시죠."

(7) 후드 오픈 설명하기

① 해당 부분의 전체적인 설명

> "신형 ○○○○은 기존 모델에 적용되었던 엔진을 개선하고, 저중속 영역에서의 성능을 강화한 람다 GDI 엔진을 탑재하여 실용영역 대에서 경쾌한 가속감을 느낄 수 있습니다. 신형 ○○○○에 탑재된 엔진은 람다 3.3GDI, 람다 3.8GDI로 우수한 엔진 성능과 연비 효율을 확보했습니다."

② 동급 차종과 비교설명

> "특히 ○○○○ 3.8GDI 엔진은 최고출력 315, 최대토크 40.5롤, BM○ 5시리즈(최고출력 245, 최대토크 35.7), 벤○ E클래스(최고출력 306, 최대토크 37.8) 대비 높은 출력과 토크를 자랑합니다."

③ 해당 부분의 핵심포인트 설명

"신형 ○○○○의 엔진은 실제 주행 시 많이 사용하는 저중속 구간에서 높은 토크를 낼 수 있도록 설계된 것이 가장 큰 특징입니다. 또한, 후드를 열었을 때 보시는 바와 같이 엔진룸에 다이아몬드 형태의 바가 적용되어 급회전 시 뒤틀림이나 차의 롤링이 거의 없으며, 엔진룸 격벽 구조가 신규로 들어가서 NVH성능 또한 향상되었습니다. 또한, ○○○○의 8단 자동 변속기는 부드러운 변속 성능과 높은 엔진 동력 전달 효율이 특징입니다."

* Hot Point : 저중속 토크 개선

④ 해당 부분의 스토리 화법으로 설명

㉠ 감성적 접근(니즈 연상)

"고객님, 주행 성능이 좋다는 독일계 브랜드의 경우 아우토반처럼 시속 200km이상 달리는 극한의 상황에서 최적화된 운전 머신입니다. 하지만 고객님이 평소에 주행하시는 시내 도로는 어떻습니까? 200km이상 달릴 일이 거의 없으시죠? 그래서 고객님께서는 실사용 구간인 시속 60~100km 사이에서 높은 토크를 내는 것이 가장 좋으실 겁니다."

㉡ 이성적 설명(세일즈 포인트)

"신형 ○○○○은 실제 주행 시 많이 사용하지 않는 고속 영역보다는, 실주행 시 가장 많이 사용하는 저중속 구간에서 높은 토크가 발휘되도록 개발되었습니다."

㉢ 감성적 마무리(고객의 이익)

"그래서 평소 시내 도로를 주행하실 때에도 가속의 경쾌함과 향상된 체감 주행 성능을 느끼실 수 있을 겁니다."

⑤ 해당 부분의 체험 설명

"그럼 ○○○○ 시승 차가 준비되어 있으니, 시내 주행을 통해 체험해 보시죠."

(8) 운전석 체험 설명하기

① 해당 부분의 전체적인 설명

"이제 실내 디자인을 함께 보실까요? 신형 ○○○○의 외관이 세련되고 다이내믹한 디자인이라면, 수평적 레이아웃의 넓고 고급스러운 실내는 손만 뻗으면 각 기능을 쉽고 빠르게 조작할 수 있도록 배치했을 뿐만 아니라, 곳곳에 적용된 섬세한 리얼 소재로 ○○○○의 품격을 느끼실 수 있습니다. 또한, 고객의 안전과 편의를 위해 경쟁차 대비 우세한 첨단기술과 신 사양이 적용되었습니다."

② 동급 차종과 비교설명

"신형 ○○○○는 프리미엄 감성 가치를 느끼실 수 있도록 기존 ○○○○ 대비 고급스러운 리얼 소재가 대폭 들어갔습니다. 시트는 프라임 나파 가죽시트가 적용되었는데, 명품가방에서도 고급라인에 많이 쓰이는 고급스러운 소재이고, 가죽 자체의 모공이나 천연 재질을 살려 촉감이 부드러우므로, 시트에 앉았을 때 일반 가죽보다 훨씬 더 안락하다는 느낌을 받을 수 있을 겁니다. 또한, 오픈도어 리얼우드가 최초로 적용되었습니다. 오픈도어 도장공법은 나무의 질감을 그대로 느껴지게 하므로 고가의 가구에 많이 적용되는 공법입니다. 그냥 차 내장재가 아니라 장인이 만든 수공예품에 둘러싸인 듯한 느낌을 주기 위해 리얼 소재를 사용했습니다. 신형 ○○○○의 프레임 나파 가죽시트와 오픈도어 리얼우드는 럭셔리 스타일 패키지 선택 시 적용됩니다."

③ 해당 부분의 핵심포인트 설명

"신형 ○○○○에는 스마트 공조 시스템이 세계 최초로 적용되었습니다. 차량 실내의 습도, 온도, 습도, CO_2량을 자동으로 파악하여 조절해주기 때문에 ○○○○ 타시면서는 공기가 탁해져서 졸리거나 목이 불편한 경험은 덜하실 겁니다. 또한 당사 최초로 긴급제동시스템(AEB)이 적용되었습니다. 이 기능은 전방 차량이 급제동 시 자동으로 브레이크가 작동되어 안전운전을 도와줍니다. 신형 ○○○○에서는 인텔리전트 운전석 시트가 적용되어, 앉았을 때 부드러움을 느끼실 수 있고 주행 시에는 지지해주는 단단함이 느껴지실 겁니다. 시트 쿠션 부 전면부의 길이가 자동으로 조절되는 쿠션 익스텐션, 고객의 체험에 따라 볼스터 높이를 조절할 수 있는 시트백 볼스터 전동조절기능 덕분에 운전자의 체형에 따라 최적의 운전자세 확보 가능합니다."

* Hot Point : 자동 긴급제동 시스템

④ 해당 부분의 스토리 화법으로 설명
  ㉠ 감성적 접근(니즈 연상)

> "고객님은 사업상(혹은 영업상) 차로 이동하는 시간이 많으실텐데, 스마트 크루져를 켜고 120km/ℓ 로 고속도로를 달리는 상황을 상상해 보십시오. 이때 장시간 운전으로 피로감이 쌓인 상태에서 주행 중 갑작스럽게 앞차가 급제동하면, 조금이라도 늦게 브레이크를 밟게 되기도 하는데, 정말 위험한 상황에 부딪히게 됩니다."

  ㉡ 이성적 설명(세일즈 포인트)

> "신형 ○○○○에는 충돌상황을 종합적으로 판단하여 긴급 제동하는 '긴급제동서비스' 시스템이 적용되어 있습니다. 이 기능은 선행 차량의 위험한 급제동 상황이 감지되면, 자동으로 브레이크를 작동함으로써 긴급상황에서 차량과 운전자의 피해를 최소화시킵니다."

  ㉢ 감성적 마무리(고객의 이익)

> "이러한 ○○○○의 똑똑한 기능들이 고객님을 위험한 상황으로부터 안전하게 지켜주는 보디가드 역할을 해줄 것입니다."

⑤ 해당 부분의 체험 설명

> "직접 각 기능을 조작해보시죠."

PART 05-4 시승

1 시승의 정의

시승(Demonstration)이란 실제 차를 보여주면서 그 효용과 장점을 고객에게 설명하고 상담 체결로 용이하게 연결시키는 중요한 과정이다.

 지식 IN

왜 시승을 시키는가?
- 고객에게 차량 운전 및 소유하는 것에 대한 혜택을 보여주기 위하여
- 고객의 감성적 개입을 유도하기 위하여
- 잘못된 구입 결정을 범할 것에 대한 우려를 줄이기 위하여
- 차량을 체험하는 것으로 고객의 감각을 보다 강하게 끌어들이기 위하여
- 고객에게 꼭 맞는 차량임을 확인시키기 위하여
- 마무리로 향하는 중요한 최종 단계이기 때문에
- 마무리를 향한 감정의 고조를 형성하는 것이며, 관계형성을 계속하고 있는 것이다.
- 모든 고객은 반드시 시승시켜야 한다.

2 시승 과정의 유의점

(1) 차량점검

① 고장이나 이상이 없도록 차량을 미리 점검해둔다.
② 세차나 실내청소로 깨끗한 상태를 유지한다.
③ 가능한 고객이 선호하는 색상의 차량을 준비해둔다.
④ 카탈로그, 컬러 칩 등 판매 용구를 준비해둔다.
⑤ 세일즈 포인트나 취급법을 충분히 연구해둔다.

(2) 설 명

① 자신감과 열의를 가지고 설명할 수 있어야 한다.
② 세일즈 포인트의 설명 요령을 익혀둔다.

(3) 시승운전

① 고객이 이해하기 쉽도록 설명한다.
② 도중에 휴식을 취하며 테스트 클로징(Test Closing)을 한다.
③ 고객이 매력을 느끼는 시점에서 고객의 구입의지를 타진한다.

(4) 상담촉진 표준과정

① **설득필요점의 발견**
  ㉠ 자차 시승여부, 사용차량, 사용상황, 희망차종, 예산, 결정권자, 관계자, 경쟁차종 등을 조사해둔다.
  ㉡ 질문을 통해 고객의 이야기를 듣고, 설득에 필요한 포인트를 찾는다.
  ㉢ 고객이 문제시 하는 점을 파악하여 모범답안을 준비해두고, 설득에 포인트를 맞춘다.

② **차량의 효용과 장점**
  ㉠ 먼저 고객의 구매 욕구를 높인다.
  ㉡ 상품의 비교단계에서는 그 세일즈 포인트를 강조한다.
  ㉢ 평판이나 사례 등을 인용한다.
  ㉣ 카탈로그, 설명자료 등의 판매용구를 최대한 활용한다.
  ㉤ 관계자의 협력을 받도록 한다.

③ **시승(Demonstration)**
  ㉠ 고객의 관심을 끌어내어 실제 차를 보여주면서 설명한다.
  ㉡ 시승할 때에는 자차의 특징과 편안함 등을 설명한다.
  ㉢ 상품설명의 마지막으로 이 단계를 잘 활용한다.

PART 05-5 계약상담

1 영업업무의 흐름

세일즈 컨설턴트는 고객과의 상담을 클로징으로 연결시켜 계약체결업무, 자동차등록업무, 사내 계약품의 및 채권확보업무, 대금수납업무 등을 처리하여야 한다. 즉, 차량 판매를 위한 계약에서부터 계약금과 인도금의 수납, 출고안내, 출고증 발급 및 등록, 채권관리, 고객관리 등 판매과정에서 일어나는 모든 업무를 영업업무라고 할 수 있다.

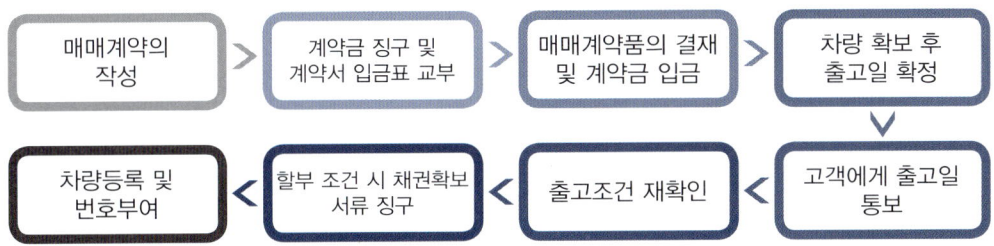

(1) 매매계약의 작성

① 계약서와 입금표를 준비하여 계약상담을 마무리 짓고 계약서를 작성한다.
② 할부판매 계약인 경우에는 출고증 발급 전까지 할부 부대서류를 준비하도록 안내한다.
③ 특수조건인 경우에는 소장 또는 대표자와 협의 후 체결하도록 한다.

(2) 계약금 징구 및 계약서 입금표 교부

소정의 계약금을 징구하여 수령하면, 입금표와 서명 날인한 소정의 계약서를 교부한다.

(3) 매매계약품의 결재 및 계약금 입금

① 세일즈 컨설턴트는 체결한 계약의 내용(특히 판매조건)에 대하여 소장에게 계약을 재가하여 줄 것을 품의하여 결재를 받는다.
② 이때에는 반드시 계약서와 입금표를 첨부하여야 하며, 매매계약서 내용과 품의서 내용은 일치하여야 한다. 동시에 계약금은 바로 대리점 관련부서에 입금한다.

(4) 차량 확보 후 출고일 확정

세일즈 컨설턴트는 회사업무 부서와 출고관리 부서에 차량확보를 협의·확정한 후 출고일을 지정받는다.

(5) 고객에게 출고일 통보

세일즈 컨설턴트는 고객에게 출고일자를 통보한다.

(6) 출고조건 재확인

① **계약자 변경(양도양수)** : 원계약서, 입금표, 신계약서 작성, 재품의
② **차종 변경** : 계약서 수정날인, 재품의
③ **해약 시** : 계약서, 입금표, 인감증명 1통, 영수증 작성날인, 해약사유서
④ **차량대금 및 인도금 수령**

(7) 할부조건 시 채권확보 서류징구

세일즈 컨설턴트는 고객으로부터 인도금과 제비용 및 채권 부대서류를 받고 입금표를 교부한다.

(8) 차량등록 및 번호부여

① 고객은 세금계산서 발급일로부터 10일 이내(임시운행기간) 고객거주지 관할관청에 등록하고 번호를 부여받아 부착한다.
② 세일즈 컨설턴트는 고객이 소정 기한 내에 등록 및 번호교부가 원활히 이루어지도록 협조하는 것이 좋다.

2 자동차 견적서의 구성

견적서는 거래 당사자 간의 신규거래 또는 새로운 품목거래 개설을 위하여 거래가격 및 조건을 미리 알아보고 결정하기 위한 공급자가 주문자에게 제출하는 문서이다. 견적서는 공급자가 주문자의 요구로 제공 가능한 최종 가격의 근거이므로, 공급자는 이를 근거로 자신의 판단기준을 정하며, 제출한 견적서로 계약이 성립된다. 자동차 견적서는 자동차의 구매, 수리 등의 경우 이를 요청하고 그 내역에 대한 견적을 받을 때 작성하는 문서이므로, 내역을 정확히 제시하는 것이 중요하다. 견적서에는 날짜, 고객성명, 전화번호, 팩스번호, 차종, 색상, 선택 사양, 구매가격, 할부 부대비용, 탁송료, 보증금, 차량인수 시 소요비용, 인수조건, 등록 비용합계, 차량구매 총비용 등이 포함된다.

(1) 자동차의 종류별 견적

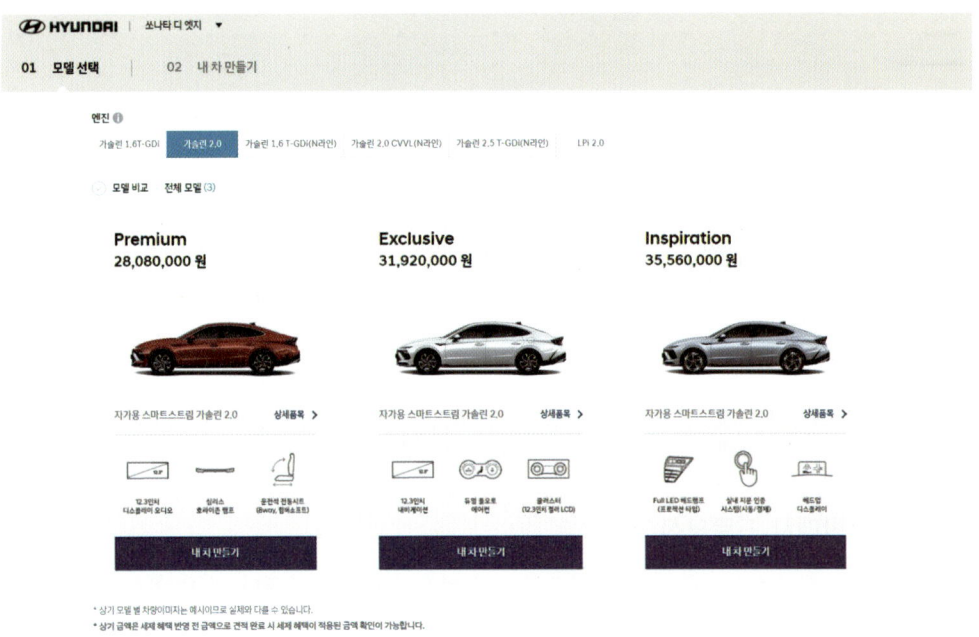

(2) 자동차의 색상

자동차 색상은 자동차에 사용되는 색상과 자동차회사가 신규 자동차 개발, 판매 시 붙인 색상 이름을 통칭하여 말한다. 주요 색상으로는 흰색, 검은색, 은색, 청색계열, 남색, 녹색계열, 자주색, 적색, 쥐색, 회색이 있다. 청색계열은 군청색, 진청색, 남청색, 회청색, 감청색을 포함하며, 녹색

계열은 청록색, 진녹색, 담녹색, 연녹색을 포함한다. 기타 사용되었던 색상으로는 청회색, 녹회색, 은백색, 겨자색, 주황색, 갈대색, 하늘색, 노란색, 아이보리, 베이지, 청옥색, 비둘기색, 금모래색, 포도주색, 황색, 갈색, 오렌지색, 수박색, 살구색 등이 있다. 전 세계 사람들은 자동차 색상 중 은색을 가장 선호하였다. 우리나라는 은색, 검은색, 흰색, 회색의 순서로 선호하고 있다.

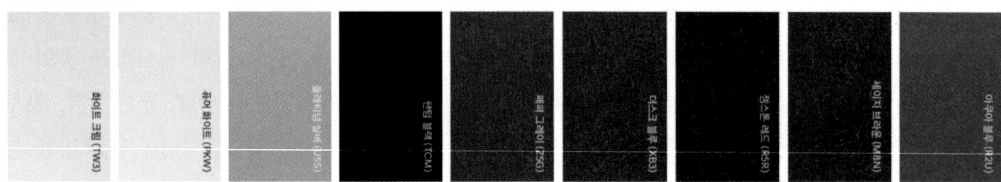

[자동차의 색상]

(3) 자동차의 선택 사양

① 변속기 선택
② 안전장치 선택
③ 편의장치 선택
④ 내부 인테리어 선택

(4) 자동차 판매사 프로모션

자동차 프로모션은 자동차 판매 딜러가 가격을 낮추어 할인해 주거나, 선택 옵션 사양을 추가해 장착해주거나, 할부기간을 늘려서 고객의 구매 부담을 줄여 생산차량의 판매촉진을 위한 이벤트성 행사를 말한다.

견 적 서

■ 고객명: 님   ■ 작성 일자 : 2012-12-25

차량	모델명	자가용 개소세인하 CVVL Style (M/T 2013년형 더 브릴리언트)		
	선택사양		색 상	

■ 가격/원가 구성

가격사항	기본가격		20,030,000 원
	선택사양		0 원
	탁송료		118,000 원
	차량가격 합계		**20,148,000 원**
	(순수차량가 20,030,000 원)		
등록비용	① 취득세	포함	1,282,140 원
	② 공채(할인)	포함	73,500 원
	③ 부대비용	포함	65,000 원
	④ 등록비용 합계		**1,420,640 원**
리스 이용금액			**21,568,640 원**
초기부담금(⑤)			**6,044,000 원**

■ 리스 조건

리스종류(기간)	운용리스36 (36 개월)	
등록명의	리스사	
약정거리		
만기처리	반납/구매/재리스	
⑤ 보증금	30%	6,044,000 원
잔존가치	30%	6,044,000 원
⑨ 월 리스료	36회	500,000 원
⑩ 자동차세	포함	43,320 원
자동차보험	별도	(이용자요율 적용)
월 납입금(⑨+⑩)		**543,320 원**

[자동차 견적서]

3 자동차 보험

(1) 책임보험

자동차를 구매하거나 소유한 사람이라면 사고 시 피해자에게 최소한의 보호를 위해 의무적으로 가입하는 보험이다.

(2) 종합보험

대인 배상, 대물 배상, 자기신체사고, 자기차량손해, 무보험자동차 상해 등이 있다.

4 자동차 세금

(1) 취득세 및 등록세
자동차를 구매하고 등록하여 본인의 자산으로 취득하는 데 부과되는 세금이다.

(2) 기타 제반 소요비용
① 계약금

자동차를 구매할 때 일반적인 계약과 마찬가지로 계약의 신뢰성을 위하여 일정 금액의 계약금을 지급하고 계약서를 작성한다.

② 차량 인도금

차량 인도금은 차량 계약금과 할부원금을 제외한 금액으로 자동차 출고 전에 지급하는 것이 일반적이다.

③ 단기 의무보험료

단기 의무보험료는 자동차가 출고되어 고객에게 인도될 때까지 만약에 일어날 수 있는 문제나 사고를 위한 보험이다. 일반적으로 고객이 계약이나 인도하기 전에 종합보험에 가입하였다면 중복의 가입은 필요 없다. 차량의 기본 가격과 선택 옵션, 대금 지급조건, 할부조건 등을 확인한 후 내용을 최종 저장하고 출력한다.

5 후속 연락(Follow-up)

(1) 전시장 영업활동을 성실하고 완벽하게 수행 했음에도 불구하고 여러 가지 이유로 고객이 구매 결정을 하지 못한 경우 후속 연락(Follow-up)은 무엇보다 중요한 영업활동이라 할 수 있다.

(2) 후속 연락 프로세스

① 1+1+1=3 Follow up은 문자, DM, 전화, 전화를 활용한 전시장 내방고객 Follow up 영업 활동이다.
② 고객의 전시장 방문 이후 일정 시간 경과 후 후속 연락을 통해 성약으로 이끌어 가거나 또는 장기관리고객으로 분류해 가는 과정이다.
  ㉠ 내방 후 1시간 후 : 문자
    • 전시장 내방에 대한 느낌을 다시 한 번 상기시킴
    • 미처 결정하지 못한 것에 대한 결정을 독려
    • 우리 전시장을 방문해주신 것에 대한 감사를 전함
  ㉡ 내방 다음날(내방+1일) : DM
    • 고객이 내방 다음날 담당 세일즈 컨설턴트를 기억할 수 있게 함
    • 차별화된 DM 용지와 레이아웃을 사용해 고급스럽게 제작
    • 상담내용에 근거하여 정성껏 작성하고 자필 서명함
  ㉢ DM발송 후 다음날(내방+2일) : 전화 방문
    • 고객의 현재 상황을 확인하면서 향후 영업활동 방향 설정
    • 구매결정을 유도하고 방해요인을 확인하여 다른 대안을 제시
    • 이 과정에서 적극적일 경우 내방 그리고 추가 시승을 제안하여 고객의 결정을 독려
  ㉣ 내방 3일 안 : 계약 상담 유도
    • 고객과의 전화를 통해 계약을 독려할 것인지, 장기고객으로 분류할 것인지 판단
    • 집중관리 고객은 가능한 자주 접촉할 수 있는 방법을 모색
    • 장기관리 고객은 월간 DM발송 등으로 정기적인 접촉 시도

PART 05-6 금융상담

1 자동차 할부

자동차 할부는 자동차 구매방법 중 하나의 방법으로 자동차를 일시금으로 구매하기 어려운 경우에 필요한 금액을 일정 금액과 일정 기간 대여해주고, 이를 나누어 상환하도록 하는 할부방식을 말한다. 가장 보편적으로 시행하고 있는 자동차 할부방식으로 금융회사가 차량 대금을 일시에 자동차를 판매하는 자동차 업체에 지급되고, 고객은 차량 인수 후 매월 할부금을 금융회사에 내는 방식이다.

(1) 자동차 할부 종류

자동차 할부의 종류에는 은행 할부, 캐피탈 회사와 같은 금융회사 할부, 그리고 보험사 할부 등이 있다. 금융회사는 자동차 판매회사에 고객이 대출한 금액을 일시금으로 내고, 자동차 구매자는 매월 할부 대출금을 기간에 따라 월 단위로 할부 금융사에 내는 방식을 말한다. 그리고 자동차 구매자의 신용도에 따라 대출금과 수수료는 차등 적용된다.

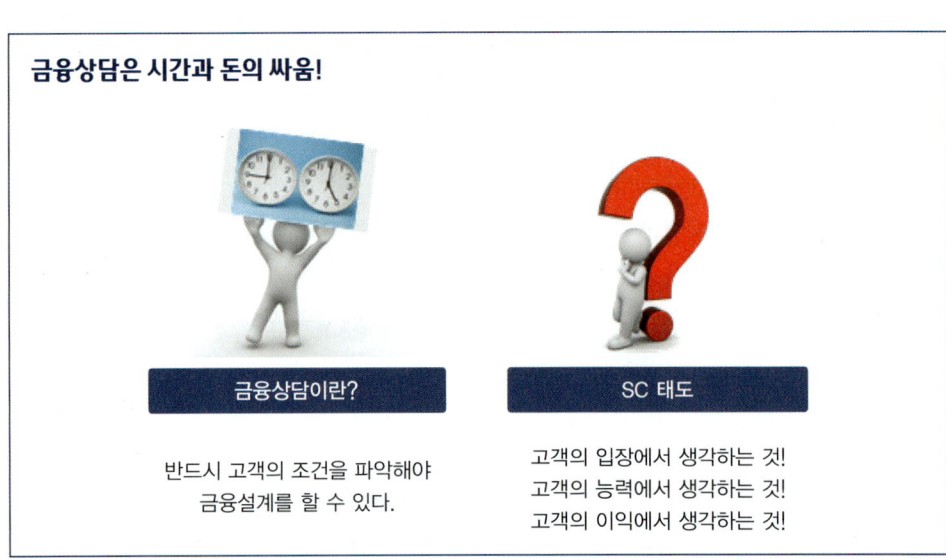

(2) 자동차 할부금융의 장·단점

① 할부금융의 장점
  ㉠ 소비자 측면
    - 일시적인 자금부담 경감 및 선사용 후 지불의 합리적인 투자지출 영위
    - 미래의 소득으로 현재의 투자효과를 얻을 수 있음
    - 원금도 계약기간에 걸쳐서 상환하므로 만기 도래 시 많은 액수의 추가 자금부담이 없음
    - 편리성(Convenience) 및 생활수준의 질적인 향상, 건전한 소비문화, 합리적인 소비 지출
  ㉡ 판매자 측면
    - 시장확대수단(Expend Markets) 및 자금능력의 확대(Acquire Financial Capital)
    - 원활한 자금 회전을 통하여 자금압박에 따른 과중한 금리 부담과 수익성 악화 해소
    - 할부판매채권의 현금화를 통한 기회 손실 최소화 및 시설투자 등 재원으로 활용 가능
    - 재무구조의 건전화 및 수령 어음의 현금화 시기에 지불되는 금융비용 절감
    - 매출채권의 감소로 판매관리비 절감
  ㉢ 금융사 측면
    - 조달금리(대출금리를 정할 때 기준이 되는 금리)와 대출금리(대출금에 대한 이자율) 차이에 따른 수익률 증대
    - 계열사의 제품을 취급할 시 혜택을 많이 주기 때문에 판매량을 높일 수 있음

② 할부금융의 단점
  ㉠ 소비자 측면
    - 일반금융기관의 대출보다도 금리가 높기 때문에 자금부담이 큼
    - 선사용, 후지불의 원리 때문에 과소비를 조장할 우려가 있음
  ㉡ 금융사 측면
    신용을 조건으로 하기 때문에 자금회수에 대한 위험부담이 큼

(3) 할부 조건 설명

고객 상담을 한 내용을 바탕으로 회사에서 제공하는 상품 설명서 또는 상품설명 프로그램에 있는 할부 조건을 활용하여 고객에게 가장 적절한 할부 조건을 제시하고, 제시된 내용을 바탕으로 충분히 설명하여 고객이 할부 조건을 확정할 수 있도록 도와주어야 한다.

① 자동차 할부 확정

고객의 요구에 따라 확정된 할부 조건을 해당 회사에서 제공하는 견적서 또는 견적서 작성 프로그램을 활용하여 작성한다.

[자동차 할부 확정(견적서) 작성항목]

할부조건	할부 부대비용
• 할부 원금 총액 • 이자 총액/이율 • 월납입금/기간 등 작성	• 인지대/공증료 • 근저당 설정료/할부이자 부가세 등

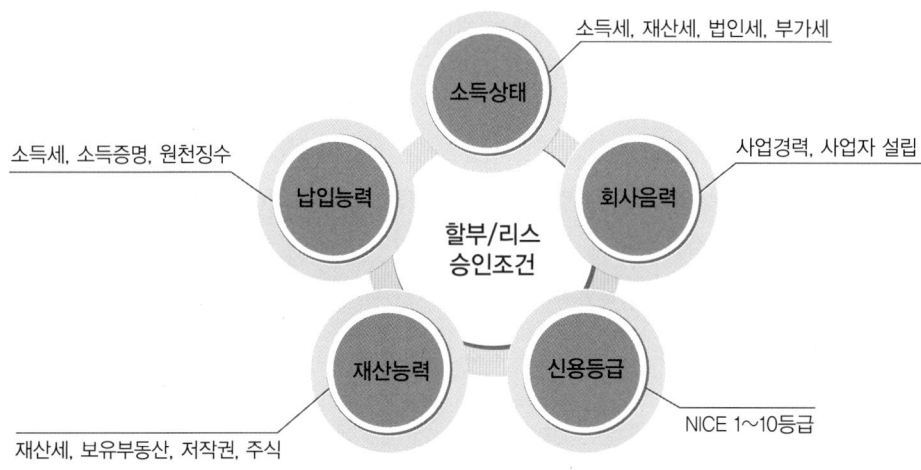

[대출을 승인하는 요소]

② 자동차 할부 확정내용 설명

고객의 요구에 따라 확정된 할부조건의 세부사항을 해당 회사에서 제공하는 견적서 또는 견적서 작성 프로그램을 활용하여 작성하고, 작성된 세부사항을 고객에게 구체적으로 설명한다.

㉠ 할부 내용설명

계약서 작성 프로그램		
고객정보	고객구분	
	고객명	

할부내용	부대비용

- 계약금: 0
- 할부상품: 현금일시불
- 할부기간:
- 이자율: 0
- 할부원금: 0
  - 1000만 500만 300만 100만 10만
  - 초기화 할부원금 : 원
- 선수금: 23,462,000 100
- 유예금: 0
- 이자계: 0원
- 월납입금: 0원/월

[자동차 할부내용 확정(견적서 작성 프로그램) 작성]

- 계약금 : 고객이 일시금으로 지급할 수 있는 금액을 작성
- 할부상품 : 고객의 요구에 따라 확정된 할부상품 작성
- 할부기간 : 고객의 요구에 따라 확정된 할부기간 작성
- 이자율 : 계약금, 할부상품, 할부기간에 따라 계산된 이자율 작성(견적서 작성 프로그램 활용)
- 할부원금 : 할부로 내는 원래 금액 작성(견적서 작성 프로그램 활용)
- 선수금 : 자동차 인도 전 지급할 수 있는 금액을 작성
- 유예금 : 고객의 요구에 따라 확정된 유예금 작성
- 이자계 : 계약금, 할부상품, 할부기간, 이자율, 할부원금, 선수금, 유예금에 의해 확정된 총 이자를 작성
- 월납입금 : 결정된 이자와 할부상품에 따라 결정된 월납입금 작성

ⓛ 할부 부대비용 내용설명

계약서 작성 프로그램		
고객정보	고객구분	
	고객명	

할부내용	부대비용	
☐ 인지대		0
☐ 공증료		0
☐ 근저당설정료	0	0.6
설정금액	0	
할부이자부가세		0
부대비용계		0

[자동차 부대비용 확정(견적서 작성 프로그램) 작성]

- 인지대 : 인지비용 작성
- 공증료 : 공증 시 발생하는 비용 작성
- 근저당 설정료 : 근저당 설정 시 발생하는 비용 작성
- 설정금액 : 근저당 설정금액 작성
- 할부이자부가세 : 할부이자 발생 시 부가세 작성
- 부대비용계 : 인지대, 공증료, 근저당 설정료 등 부대비용 합계 작성

③ 금리비교

자동차 금융사는 은행-오토론, 캐피탈(여신전문금융회사)-할부금융, 오토론, 리스가 있다. 금리수준이 취급기관별, 상품별로 각기 달라 장·단점을 잘 알아보고 비교한 후에 적합한 상품을 선택해야 한다. 자동차 할부금융 금리에 관한 정보는 각 은행 홈페이지, 전화문의 등이 있으며, 여신전문금융회사의 경우에는 '여신금융협회' 홈페이지에서 자동차 할부금융-맞춤형 비교공시 시스템 등을 통해 금리 정보 비교가 가능하다.

④ 본인에게 맞는 상환방식 선택

자신의 경제적 여건 등을 고려하여 할부 금융상품의 상환방식을 꼼꼼히 살펴보아야 한다. 여신금융전문회사는 원리금균등상환방식이 대부분이며, 은행에서는 원금균등상환방식의 비중이 높다.

⑤ 수수료 등 기타비용 유무 확인

자동차 할부 계약 시 자동차설정(저당권) 비용은 소비자가 부담할 필요가 없다. 이 비용은 할부제휴 약정에 따라 중개수수료가 포함되어 있어서 중개수수료를 별도로 지불할 필요가 없다.

(4) 중고차 할부상품 이용 시 유의사항

자동차 할부 금융상품은 신차와 중고차 상품으로 나누어진다. 신차의 경우, 차종에 대한 특별우대 금리상품인지 확인하고, 제조사와 금융사 간의 제휴를 통한 무이자 또는 저금리 혜택과 같은 이벤트가 있는지 살펴보는 것이 좋다. 중고차의 경우에는 금리가 저렴할 경우 수수료가 과다하게 부과되지는 않는지 반드시 알아보아야 한다.

 지식 IN

다이렉트 상품인지 확인

신차나 중고차를 구입할 때 금융상품을 이용하게 되는데, 이때 금융회사에 직접 대출을 신청하는 다이렉트 상품을 우선 고려해봐야 한다. 다이렉트 상품 이용 시 중간단계를 거치지 않으므로 이자비용 측면에서 크게 절약할 수 있다.

2 리 스

(1) 리스의 사전적 의미

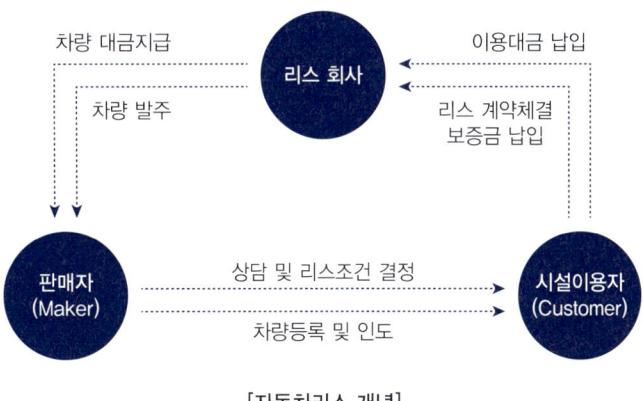

[자동차리스 개념]

① 기계, 설비, 기구 따위를 임대하는 제도이다. 일반적으로 장기간의 임대를 말한다. 사법상의 의미로는 어떤 물건을 사용료를 받고 타인에게 빌려주는 일, '임대차(賃貸借)'라고도 한다. 본래 어떠한 자산(토지, 선박 등)의 소유자가 일정기간 사용료를 받기도 하고, 타인에게 그 자산의 사용권 혹은 수익권을 주는 것을 의미하였다.

② 오늘날의 산업 용어로서는 각종 동산을 포함해서 임대업으로 영업하는 개인 또는 회사가 사용료를 받고, 일정기간 어떤 물건을 임대하는 것을 말한다. 이러한 임대업을 영업으로 하는 회사를 '리스 회사', 산업의 경우 '리스 산업'이라고 한다.

③ 임대물은 카메라, 타이프라이터, TV, 컴퓨터에서 자전거, 자동차, 선박, 비행기에 이르기까지 종류가 많다. 사용자는 일시에 큰 액수의 구입자금이 필요하지 않고, 언제나 필요할 때 최신 기계나 설비 등을 이용할 수 있는 장점이 있어서 점차 리스 산업이 발전하고 있다.

④ 리스 계약에는 리스 회사가 수리, 유지 등 기타의 서비스를 제공하는 '메인터넌스 리스'와 금융기능에 중점을 주는 '파이낸스 리스'가 있다. 이에 대해 임대기간이 비교적 짧고, 시간·주·월 단위로 임대하는 방식을 '렌탈제도'라고 한다.

(2) 리스의 종류와 장·단점

리스의 종류는 크게 '운용리스'와 '금융리스'로 나뉜다. 일반적으로 리스라고 하는 것은 운용리스를 말하며, 금융리스는 일반 할부와 크게 다르지 않다.

운용리스	• 일정기간 동안 리스 이용자가 차량을 선택하여 사용료를 지불하고 사용 • 만기 시 처리 : 매입(계약 시 정한 잔존가치로 매입) or 차량반납 or 재 리스 • 차량의 소유권 귀속을 만기 시 확정하게 되므로, 리스 이용자는 리스 차량을 자신의 재무제표에 자산으로 인식할 필요가 없음(재무구조 개선효과) • 상환방식 : 원리금균등분할상환
금융리스	• 자산의 소유에 따른 위험과 보상이 빌린 사람에게 이전됨 • 자산의 할부 취득이라는 금융거래적 성격을 가지는 계약 • 이용기간 동안 사용료를 종료시점까지 지급하며, 추가자금 없이 소유권 획득가능 • 금융리스하는 경우 : 개인 명의를 피해서 차량구입

① 리스로 차를 구매한다는 것의 가장 큰 장점은 명의를 숨길 수 있다는 것이다. 일반적으로 현금이나 할부를 이용해 개인의 명의로 차를 구매하면 자동차의 값에 비례하여 국민연금, 보험료가 높아지지만, 리스로 구매하게 되면 리스 회사로 차량이 등록되기 때문에 명의를 숨기는 것이 가능하다. 이렇게 되면, 법인에서는 자산으로 차량이 잡히지 않아서 재무구조상 할부보다 나은 점이 있다. 또한, 차를 구입하면 현행 세법상 등취득세를 7% 납부해야 하지만, 리스로 차량을 등록할 경우 일반적으로 차를 구입할 때 절세의 효과를 볼 수 있다. 또 다른 장점은 공채구입 비용을 줄일 수 있다는 것이다. 공채를 매입할 수도 있지만 5년 동안 보유해야 하는 채권이기 때문에 이자율도 높지 않다. 따라서 대부분이 공채를 매입해서 바로 할인하게 된다. 지역마다 공채 구입비용이 차이가 날 수 있다. 공채 매입이 가장 저렴한 곳은 경남 창원이다.

> 개인의 명의로 차를 등록하게 되면 주민등록상의 주소지로 등록해야 하기 때문에 서울이면 서울, 경기도면 경기도의 매입률에 맞춰서 매입을 하지만, 리스 회사의 경우 지방에도 지사가 있기 때문에 경남 창원시로 차를 등록하게 되면 공채 매입률을 낮출 수 있게 되는 것이다. 서울은 공채 매입률이 20%지만, 경남 창원의 매입률은 7%밖에 되지 않는다. 할인율 역시 서울보다 그 외의 지역이 더 낮다. 따라서 공채를 경남 창원에서 매입, 할인을 하게 되면 1억이 넘는 차량의 경우에는 수백만 원의 차이가 나기도 한다. 이러한 비용 역시 리스로 구매했을 시 얻을 수 있는 혜택이라고 할 수 있다.

② 여기서 '운용리스'와 '금융리스'의 차이에 대해 설명하자면, '리스회계처리준칙'과 '법인세법 시행규칙'에서도 그 구분이 나와 있듯이, 리스자산의 소유에 따른 위험과 효과가 실질적으로 리스 이용자와 리스 회사 중 어느 쪽으로 이전되는가에 따라서 구분이 된다. 위험과 효과가 리스 이용자에게 이전되면 금융리스로 분류하고, 그렇지 않으면 운용리스로 분류한다. 이 점에 있어서 분류기준이 다소 모호한 부분이 있어 경우에 따라 논란의 여지가 되기도 한다.

③ 다만, 개념적으로 우리가 쉽게 이해하기 위해서 앞서 언급했듯이, 리스가 금융과 임대차의 성격을 동시에 지니고 있다고 할 때에 금융리스는 금융에 가까운 성격을 지니고 있고, 운용리스는 임대차에 가까운 성격을 지니고 있다고 보면 될 것이다. 이는 리스기간 종료 후 처리와 리스 물건의 범용성과도 관계가 있는 것으로서, 금융리스의 대상 물건은 범용성이 없는 형태의 물건이 되고 이에 따라 리스회사에서는 잔존가치에 대한 매입하는 형태를 띠면서 중도해지 자체가 불가하고, 운용리스의 경우에는 중고시장이 형성되어 있는 범용성이 있는 물건이 주로 대상이므로 리스기간 종료 후 리스 이용자는 기간 종료 후 리스회사에 반환하는 형태이다. 금융리스와 운용리스는 리스 이용자의 회계처리에 있어서 큰 차이가 나타난다. 우선 금융리스의 경우 리스 이용자의 자산으로 처리되어 그 자산의 감가상각처리를 해야 한다. 반면에 운용리스는 리스 이용자의 회계장부에 영향을 미치지 않고 리스 회사의 자산으로서만 처리되는 차이점이 있다.

> 오토 리스시장에서의 주고객층은 일반 개인이 아닌 전문직 개인사업자 또는 법인이라 할 수 있다. 그에 대한 이유는 아래와 다음과 같다.
> - 운용리스의 경우 월 리스료 전액의 손금산입 및 비용처리로 절세효과가 있다는 점이다. 즉, 구입하는 것과 동일한 효용을 누리면서 부가적으로 세금이 절감되는 혜택을 누릴 수 있다.
> - 고객인 법인의 재무제표상 고정자산 및 부채항목에 나타나지 않아 자금 조달의 효과는 동일하면서 건전한 재무제표를 유지할 수 있는 하나의 방법이 될 수 있는 off-balance 효과를 누릴 수 있다.
> - 메인터넌스 리스 상품의 경우, 법인의 차량을 메인터넌스로 이용하게 되면 차량 관리와 정비, 중고차 처리, 세금관리 등을 모두 아웃소싱하면서 비용절감의 효과를 얻을 수 있다.

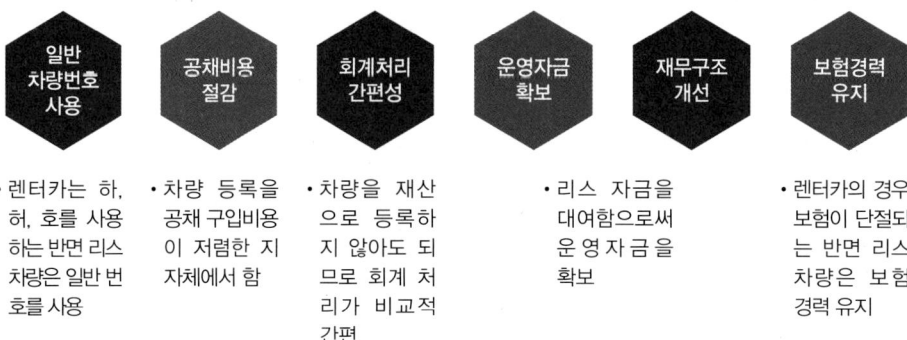

[자동차리스 장점]

결론적으로, 이러한 장점들로 인해 오토리스를 이용하는 법인이 증가하는 추세이다.

그렇다면 리스의 단점은 없는 것일까? 물론, 단점이 존재한다.

첫째, 중도 상환을 할 경우 패널티 금액이 높다. 둘째, 추후 차량을 인수할 때 한 번의 이전 비용이 발생한다는 점이다. 하지만 만기에 인수하는 경우에는 금액이 낮아 큰 부담이 없다. 셋째, 리스료가 자금을 직접 조달하는 자본비용에 비해 일반적으로 더 높고 사용권만 인정이 되므로, 리스 이용자가 직접 리스 자산을 효율적으로 관리하기 어렵다는 것이다.

(3) 운용리스(Operating Lease)

① 운용리스는 리스 자산의 효과와 위험이 리스 제공자로부터 리스 이용자에게 이전되지 않는 리스이다. 리스 제공자와 리스 이용자는 리스료 수취 및 지급 시에 수익과 비용으로 각각 처리하고, 리스 제공자는 리스 자산을 다른 소유자산과 마찬가지로 내용 연수 동안 감가상각 해야 한다. 일반적으로 "비용처리를 위해서 리스로 차를 구입했다."고 한다면 대부분이 운용리스를 말하는 것이다.

② 운용리스는 매월 납부하는 리스료가 법인이나 개인사업자에서 100% 손비처리가 가능해 많이 이용하는 금융 프로그램이다. 또한 리스회사 명의로 차량이 등록되기 때문에 법인이나 개인의 명의로 구입 시 노출을 꺼리는 대형차 구매자의 경우에도 많이 이용하기도 한다.

③ 차량을 구입할 때 할부와 다르게 초기에 내는 비용은 보증금으로 분류된다. 보증금은 차량 가격에 추가로 등록세, 취득세, 공채, 자동차세, 보험료(최초 1년만 가능)등을 포함하여 이루어진 총금액의 최소 0~50%까지 낼 수 있다.

④ 보증금은 리스 회사마다 최고 보증금율이 상이하다. 금리 부분은 보증금율에 따라 다르고 항상 변동하지만, 보증금을 많이 낼수록 금리가 낮아지는 것은 불변의 원칙이다. 최저 금리로

내려갔을 때 보증금 50%를 내고 금리가 약 4% 이하까지 내려가기도 한다. 보증금 0%일 경우 10%가 넘어가는 것과 비교해 보면 분명한 차이가 있다. 보증금은 리스회사에서 예치금으로 분류하기 때문에 그만큼 금리를 낮춰주는 것이다.

⑤ 운용리스는 보증금과 동시에 잔존가치라는 부분이 책정된다. 잔존가치는 해당 차량의 계약기간 만료 후 최소한의 가치를 미리 책정해 놓는 것이다. 이는 금융감독원의 리스법에 의거하여 최소 30%에서 최대 40%까지 책정할 수 있게 되어있다. 2005년 이전에는 잔존가치가 20%도 가능했는데, 2005년 2월에 리스법이 개정되면서 잔존가치 비율이 높아졌다. 리스회사에서 잔존가치를 너무 낮게 책정하여 차량의 반납을 하지 않게 유도하는 것이라 판단하여 금융감독원에서 비율을 상향조정하였다.

만약 잔존가치가 높다면, 반납하는 차량이 많아지고, 그 수가 증가하면 리스 회사는 그만큼의 위험부담(Risk Taking)을 가지게 되는 것이다. 따라서 리스 회사의 입장에서는 잔존가치를 낮추려고 하게 되는 것이다.

쉽게 정의하자면, '잔존가치'란 계약기간이 만료되고 리스회사의 명의로 되어 있는 차량을 인수하기 위해 필요한 금액이라고 할 수 있다. 차량을 반납하게 된다면 잔존가치와 상관없이 보증금을 그대로 돌려받을 수 있지만, 만약 그 차량을 인수하고자 한다면 차량의 값을 매기기 위한 기준이 필요하기 때문에 잔존가치를 책정해 두는 것이다. 예를 들면, 보증금을 30%, 잔존가치를 30%로 책정했다고 가정해보자. 계약기간 만료 후 리스회사에 따로 지불하거나 혹은 지급받은 금액이 없이 상계처리 후 차량만 명의 이전하여 인수하면 되는 것이다. 이는 보증금과 잔존가치가 동일하기 때문이다.

보증금이 잔존가치보다 낮다면 인수할 때 차액만큼을 리스 회사에 지불해야 하고, 보증금이 잔존가치보다 높다면 차액만큼 리스 회사로부터 지급받으면 되는 것이다.
매월 납부하는 리스료는 계산서로 이용자에게 발급되며, 전액 비용처리가 가능하다. 법인은 법인세, 개인사업자는 종합소득세 부분에서 비용처리가 가능하다.
일반 월급자의 경우 리스와 할부의 혜택 차이가 거의 없기 때문에 굳이 리스를 이용할 필요가 없다. 그러나 채권부분에서의 이득은 있을 수 있다. 현금으로 차량 구매를 할 경우 비용처리도 가능하다. 감가상각 연간 최대 800만원까지 가능하다. 그럼에도 불구하고 운용리스를 이용하고, 이자까지 지불하면서 비용처리까지 하는 이유는 바로 기간 때문이다. 대부분의 운용리스 기간이 36개월인 경우가 많은데, 같은 차량이라도 현금차량은 법인에서 비용처리를 하는데 연간 600만원의 비용이 들고, 리스를 통해 구입하게 되면 36개월이란 기간 내에 차량의 전액을 다 지불할 수 있기 때문이다.

운용리스 잔존가치

- 운용리스 잔존가치란 리스가 종료된 차량의 중고차 가격을 말한다. 예를 들어 설명하자면, 1억원의 차량의 잔존가치를 30%로 책정했을 때 리스가 만기된 후에 이 차량의 가치를 3,000만원으로 정하자는 리스 사용자와 리스 회사간의 약속인 것이다.
- 보증금 30%, 잔존가치 30%로 설정하여 차량을 임대했다면 리스 만기 후 별도의 추가비용 없이 보증금 상계 후 인수할 수 있는 것이다. 잔존가치와 리스료의 관계를 알아보면 잔존가치를 올릴수록 월 리스료는 상대적으로 낮아지고, 만기 후 인수가격이 올라가게 되고, 반대로 잔존가치를 올릴수록 월 리스료는 낮아진다.
- 일반적으로 만기 인수를 한다면 보증금과 잔존가치를 맞추어서 견적을 받는 것이 좋다. 만기에 반납하려 한다면 최대 잔존가치를 설정하여 견적을 받아 월 리스료를 낮추면 좋다.

⑥ 운용리스 특징

```
할부 및 현금 구매고객 대상
세금계산서 발행 시 체크항목
1. 개인사업자 : 사업자 정보 필수입력 세금계산서 발행
2. 특히 부가세 환급 차종 필 입력해야 환급가능(렌트카는 부가세 환급 불가)
3. 비용처리 시 클레임 이슈화 최소(사업자 정보 없어도 가능은 함)
4. 법인, 개인(사업자)명의 구매 시 비용처리 가능하지만, 처리가 번거로움(감가상각 1년에 20% ×5년)
```

```
비용(손비)처리 항목(사용료에 대한 이자표시 없고, 후불대여료)
1. 법인, 개인사업자 리스료 및 감가상각? (2014년도 변경 세율표 참조)
2. 리스보증금에 대한 비용처리
3. 리스선수(납)금에 대한 비용처리 가능
4. 법인대표 개인용 차량사용시 손비처리 불가
5. 경비처리 이슈 관련(장부 : 차계부 : 운행일지, 차량에 업무용 표시)
6. 중도 상환 1%, 금융사는 이자 수익을 내기 위해
```

```
할부 및 현금 구매고객 대상
1. 선수금 처리시(인하효과)
2. 보증금 상향 납부에 따른 적용이율 인하 가능
3. 잔가 상향에 따른 인하(잔가 = 유예금)
4. 신용조회 – Nice/KCB
```

리스료 전액을 리스 기간(보통 3~4년) 내에 비용으로 처리할 수 있어 절세효과가 높다.
㉠ 법인세율 20%(연간 순이익 2억 이상 200억 미만인 법인의 경우 주민세 포함세율)
㉡ 리스료 전액을 임차료 성격으로써 손금으로 인정받을 수 있다(법인세법 시행령 제19조).
㉢ 각 사업년도의 소득 = 이익금 − 손금(리스료)

손금특례제도

- **업무용 승용차 손금특례 제도의 취지(2016년 개정)**

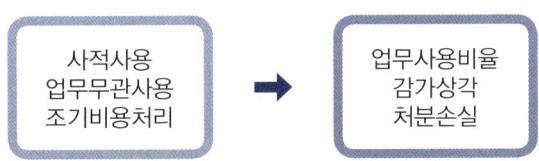

- **적용대상 '사업자의 범위'**

적용 대상 사업자		첫 적용시기	적용대상 판단기준
법 인		2016년도부터	해당연도 내국법인 및 국내 원천소득이 있는 외국법인
복식부기 의무자	성실신고 확인대상 사업자	2016년도부터	직전 과세연도 매출액에 따라 구분
	그 밖의 복식부기 의무자	2017년도부터	

- **적용대상 '업무상 승용차'의 범위**

① 업무용 승용차

취득하거나 임차하는 개별소비세법 제1조 제2항 제3호에 따른 '승용자동차'

② 승용자동차 중 차종별 적용제외 대상

경승용차 또는 8인승 초과 승용차

③ 승용자동차 중 용도별 적용제외 대상

운수관련업 등 업종의 사업자가 사업상 수익을 얻기 위하여 직접 사용하는 사업용 승용자동차는 특례 적용대상에서 제외

■ 손금 특례 조정방법
　① 관련비용 중 비업무사용금액 손금불산입 ⇨ 관련비용의 1천만원 초과 여부 확인
　② 자가차량의 감가상각비 한도 ⇨ 감가상각비 중 연간 800만원(취득월수 고려)
　③ 리스/임차차량의 감가상각비 상당액 한도
　　리스/임차하여 사용하는 경우도 감가상각비 상당액을 다음과 같이 산정하여 한도초과액 조정
　　　㉠ 리스차량 : 임차료 - 보험료 -자동차세- 수선유지비(불분명한 경우 7%)
　　　㉡ 임차차량 : 임차료의 70%

(4) 금융리스(Financial Lease)

리스 진행 시 절세 및 사회적 비용효과

1. 건강보험료 미적용됨 (경차 28점 + α) 1600cc까지
　1600~2000cc, 2천 이하 35,000~40,000만원
　2000cc 초과시 50,000~60,000만원 상승
2. 익명성 보장으로 발생하는 건강보험, 국민연금 절세 효과
3. 손비 처리 절세 효과
4. 세금환급보다 4대 보험금을 더 내지 않기 위한 수단으로 이용률 증가

3월 법인세신고로 4월부터는 전년도 재무제표 첨부

분기별 법인부가세 신고
2분기 개인부가세 신고

렌트카(하,허,호)

장점	• 보험사고이력 무관 • 100% 비용처리(세금계산서 발권) • 사업자 경비 처리가 용이 • 부채나 자산으로 잡히지 않음 • 유지관리가 용이(렌트료에 보험료, 자동차세가 포함) • 초기비용 없이 이용가능
단점	• 약정거리(보통 연 2만km) • 유지관리 제한 • 각종 위약금 발생가능(① 중도해지 위약금, ② 약정거리 초과 위약금) • 렌트료가 비쌈(리스와 큰 차이 없음) • 보험경력이 인정이 안 됨

금융리스란 리스 자산의 소유에 따른 대부분의 효과와 위험이 리스 제공자로부터 리스 이용자에게 이전되는 리스이다. 따라서 금융 리스의 경우에 리스 제공자는 리스 자산을 리스 이용자에게 할부 판매한 것처럼 회계 처리하여야 하며, 리스 이용자도 할부 구입과 동일한 거래로 보아 매 분기 지급할 리스료의 현재가치를 자본화하여 그에 따른 감가상각비로 인식하여야 한다.

금융리스는 할부와 그 개념이 똑같다고 생각하면 된다. 초기에 내는 금액이 보증금이 아닌 선수금의 개념이고, 그 선수금을 제한 나머지 금액을 계약 기간 동안 갚아 나가는 것이다. 운용리스는 차량가격에 다른 비용을 포함시킬 수 있는 반면에 금융리스는 포함시킬 수가 없다. 예를 들면, 1억원의 차량의 운용리스의 경우 등록세, 취득세, 공채, 자동차세 등을 모두 포함시켜 약 1억 1천만원이 된다고 가정하면 그 금액의 30%인 3300만원을 보증금으로 지불한다. 금융리스로 할 경우 선수금 3천만원을 낸다고 가정하고, 나머지 등록비용 등은 별도로 필요한 금액이 되는 것이다. 그러므로 추가로 1천만원이 필요한 셈이다. 같은 차량을 구매하더라도 리스 방식에 따라 보증금의 개념인지 선수금의 개념인지에 따라 초기 비용 차이가 나게 되는 것이다. 금융리스 방식으로 선수금을 30%를 냈다면 남은 계약 기간 동안 7천만원을 갚아 나가게 되는 것이고, 운용리스 방식으로 보증금을 30%를 냈다면 1억 1천만원을 계약 기간 동안 리스료로 내게 되는 것이다. 두 방식의 가장 큰 차이는 계약 기간 만료 후에 금융리스는 회수금이 0원, 운용리스는 잔존가치만큼의 금액이 남게 되는 것이다. 얼핏 보면 같아 보일 수 있지만, 운용리스는 총금액에 금리가 적용되는 것이고, 금융리스는 선수금을 제한 부분에 대해서만 금리가 적용되는 것이다. 그래서 운용리스의 표면금리가 낮고, 금융리스의 표면금리가 높은 것이다. 일반 직장인이 굳이 리스를 이용하고자 한다면, 금융리스를 이용하는 것이 적합하다고 할 수 있다.

> **운용리스와 금융리스의 차이점**
>
> 운용리스와 금융리스의 가장 큰 차이점은 계약기간 만료 후에 차를 리스 회사에 반납하는 가능 여부이다. 금융리스는 만기 후에 차량을 리스 회사에 반납할 수 없고, 반드시 인수해야만 한다. 그 이유는 운용리스와 다르게 잔존가치의 개념자체가 없기 때문에 차량을 반납할 수 없다. 따라서 만기 시 차량을 인수할 때 명의이전 비용이 발생한다. 이는 차량의 감가에 따라 과세표준에 맞춰 등록세, 취득세, 공채를 납부하면 된다(각 구청에 문의하면 됨).
> 이때, 명의자는 주민등록상의 주소로 등록되기 때문에 채권률은 해당지역에 맞춰서 적용된다. 일반적으로 과세표준이 높지 않아 비용이 크지 않다.

(5) 유예리스

유예리스는 크게 보면 금융리스에 속한다. 유예리스는 차량 가격의 일정부분을 계약기간 이후로 미루어 두는 것이다. 유예리스는 초기에 일반적으로 차량 가격의 최소 10%이상을 선수금으로 내야 한다. 5000만원의 차량을 기준으로 선수금 10%를 내고, 유예금은 50%로 한다고 하면 처음에 선수금 500만원을 지불하고, 2500만원은 유예시키는 것이다. 결론적으로 실제로 리스 금액은 2000만원이 되는 것이다. 그러므로 리스료가 저렴하지만, 이자율이 높다는 단점이 있다. 일반적으로 리스나 할부를 이용하게 되면 원금과 이자가 기간이 지날수록 금액이 내려가게 되어 그만큼 이자도 줄게 되는 구조이지만, 유예리스의 경우 리스 이용금액 중 원금과 이자에 유예금에 대한 이자를 합한 금액을 갚아나가는 형태이다. 월 리스료는 적고, 이자는 일반 금융리스만큼 내게 되는 것이어서 원금이 줄지 않아 이자를 오히려 더 많이 낼 수도 있다. 계약기간 만료 후 100%의 목돈이 생길 수 있는 분이거나 이자와 상관없이 매월 리스료 낮은 것을 선호하는 분들에게 적합한 리스 방식이다. 유예리스 또한 금융리스이기 때문에 반납은 불가능하다. 유예리스 계약서에 명시된 잔존가치는 유예금의 개념으로 이해하면 된다. 유예금액은 최대 60%까지도 가능한 경우도 있지만, 대부분의 최대 유예금액은 50% 내외이다. 유예리스 역시 리스의 모든 장점이 적용된다.

3 장기 렌트

장기 렌트카, 자동차 장기 렌트는 대표적으로 몇가지의 큰 장점을 꼽을 수 있는데, 그 중 하나가 바로 LPG차량을 이용할 수 있다는 점이다. LPG차량의 경우 연료비가 적게 들어 차량을 이용할 때 훨씬 합리적이다. LPG차량은 일정 조건 없이는 구입할 수 없기 때문에 장기 렌터카로 LPG차량을 이용하면 장기적으로 많은 경제적인 이익을 기대할 수 있다. 다른 하나는 법인, 개인사업자의 경우에는 장기 렌트카 이용료의 100%를 손비처리를 할 수 있다. 차량을 이용하며 매월 납부하는 렌트료의 사업비 처리를 통해 세금을 절감할 수 있다.

(1) 자동차 대여서비스와 신차 구매의 차이

구 분		자동차 리스/장기 렌트	신차구입
비용 절감	절세혜택	• 법인 : 대여료 전액 손비처리로 법인세 절세효과 탁월함 • 개인사업자 : 소득세 절세효과 탁월함	• 법인 : 장기간의 감가상각으로 손비처리 지연 • 개인사업자 : 고급차 보유 시 손비를 인정받기 어려움
	인건비 절감	리스/장기 렌트회사에서 유지 및 정비관련 서비스 제공	차량관리 인력 필요
	초기비용	최소한의 초기비용 발생	초기비용 과다 발생
	기 타	차량이 고급일수록 절세효과가 커짐	고급 차량 보유 시 세무조사 부담
재무 회계 처리	회계처리	매월 발행되는 세금계산서 하나로 회계처리 완료	자산과 비용(차량유지비, 제세공과금) 등의 번잡한 회계처리가 필요함
	재무구조	월 대여료만 처리하게 되므로 부채비율에 영향이 없음	자산으로 구분되므로 부채비율에 영향을 미쳐 재무구조가 약화
	자금운영 계획	자금운용계획 수립에 용이함	회계처리가 복잡해 계획수립에 어려움
차량 유지 및 관리	차량관리	리스/렌트회사에서 체계적이고 정기적인 차량관리로 최적의 자동차 상태를 유지	정비, 관리 등의 업무를 직접 해야하므로 시간적·금전적 효율이 떨어짐
	사고처리	리스/렌트회사에서 사고처리의 업무를 대행	직접 사고처리 업무를 해야 하는 부담 발생
	대차서비스	리스/렌트회사에서 보험회사와 협의 후 새로운 신차를 제공	해당 없음. 정비, 수리기간 동안 업무의 공백 생김
기 타	10부제, 2부제	• 리스 : 해당됨 • 장기렌트 : 규제대상에서 제외	해당됨
	LPG차량 이용	• 리스 : 이용 불가능 • 장기렌트 : 규제대상에서 제외	이용 불가능
	비 용	대형, 고가의 자동차의 경우 절세혜택으로 비용절감의 효과에 탁월함	대형, 고가의 승용차일수록 세금비중이 높아짐(특소세, 등록비, 자동차세 등)

(2) 차량 구매방법에 따른 특징비교

구 분	장기 렌트카	직접구매	오토리스
비 용	• 월 렌트비에 모든 비용이 포함 • 예산 산정 시 예측가능 • 손금처리 시 간편	모든 비용 본인부담	옵션에 따라 부가세 및 보험별도
대차서비스	신속한 대차서비스 지원가능	해당없음	제휴 렌트카 회사에서 대차서비스 지원
경제성	LPG차량 이용 가능으로 연료비 절감	LPG차량 이용 불가	LPG차량 이용 불가

보험요율	• KT금호렌트카에서 보험점수 및 사고처리 지원 • 이용자는 면책금 부담으로 모든 처리가능 • 보험할증 또는 패널티 없음	사용자가 직접처리 사용자 보험에 따라 보험요율 변경	• 일반적으로 사용자가 직접처리 • 리스기간 중 보험경력 인정
차량관리	• 주행거리에 따른 모든 소모품 정비 가능 • 차량관련 모든 업무대행	직접관리	한정된 차량관리 서비스 부가서비스 이용 시 가입 가능
10부제 및 홀짝제	정부시행 10부제, 홀짝제 적용제외	적용대상	적용대상
이용가능차량	15인승 이하 모든 차량(LPG가능)	모든 차량(LPG불가)	모든 차량(LPG불가)
렌트기간	36, 48개월	해당 없음	해당 없음
번호판	하, 호 번호판 사용	일반 번호판	일반 번호판

(3) 리스와 장기렌트의 특징비교

구 분	리 스	장기렌트
차 량	고객의 요구에 맞게 다양한 차종, 옵션가능	고객의 요구에 따라 다양한 차종, 옵션가능
부가세 환급	운용리스 내에 부과세 환급리스만 가능	차종에 따라 환급가능
보 험	고객의 할인, 할증적용/보험경력 지속	렌트회사 보험요율/보험경력 중단
유지보수	고객 또는 리스회사	렌트 회사
차량 소유권	리스사	렌트카 회사
계약기간	12~60개월	12~60개월
차량번호	일반 자가용 번호	허, 하, 호 등 렌트카 번호
자동차 보험	리스 이용자의 보험경력 유지	렌트카 회사 자체보험료 이용기간 중 사고 시에도 보험료 할증 없음
이용료	전액 비용처리 가능 차량구입 + 자동차세 + 보험료 + 정비료로 구성	전액 비용처리 가능 차량구입 + 자동차세 + 보험료 + 정비료로 구성
종료처리	반납, 양도, 재리스 차량 반납 시 초기비용 보증금 환급	반납, 양도, 연장 이용
유지관리 서비스	관리 서비스 상품 추가 기능	렌트 회사별 기본적인 관리 서비스 제공

(4) 자동차 금융상품별 차이점

구 분	현금	할부금융	운용리스	금융리스
등록명의	이용자	이용자	리스사	리스사
초기비용	차값 등록세 5%, 취득세 2%, 공채 매입, 기타 비용 연 보험료	선수금 등록세 5%, 취득세 2%, 공채 매입, 기타 비용, 연 보험료	보증금(0~30%), 기타비용 리스 가능	보증금(0~50%), 등록세 5%, 취득세 2%, 공채 매입, 기타 비용, 연 보험료
유지비용	자동차세, 소모품비, 일반정비비, 정기검사비, 연보험료	할부금, 자동차세, 소모품비, 일반정비비, 정기검사비, 연보험료	리스료, 월보험료, 소모품비, 일반정비비, 기타비용, 리스료에 포함 가능	리스료, 자동차세, 소모품비, 일반 정비비, 정기검사비, 연 보험료
손비처리	감가상각비	이자비용 및 감가상각비	리스료 전액 및 기타 비용	이자비용 및 감가상각비
자산계상	이용자	이용자	리스사	이용자
번호판	자가용	자가용	자가용	자가용
만기처리			반납, 구매, 재 리스	소유권 이전

 지식 IN

1. 자동차 금융시장의 전망

내수 판매시장의 경우 국산 신차시장의 정체는 당분간 이어질 것으로 예상된다. 반면, 수입차 판매시장은 중저가의 수입차량의 증가로 인해 양적 성장이 앞으로도 지속될 전망이다.

국산 신차판매는 2009~2011년 시행된 정부의 경기부양 정책과 업체들의 신차출시 및 적극적인 마케팅과 경기회복의 영향으로 성장세를 보였으나, 2012년 이후 경기침체로 인해 다시 감소추세로 전환되었다.

수입차량의 차종 포트폴리오는 과거에는 고소득층을 타깃으로 한 고급차 위주로 구성되었지만, 최근에는 일반 대중들을 타깃으로 한 중저가의 모델로 확대되어지고 있다. 이는 FTA와 관세 인하의 결과이며, 앞으로도 당분간은 수입차량에 대한 인기가 높아질 것으로 예상된다.

할부금융시장은 전문캐피탈 업체의 지배력이 지속될 것이며, 취급 금리의 경쟁력 중심인 오토론 시장의 경쟁은 계속 심화될 전망이다. Non-Captive 할부금융시장은 수수료 상한제로 중개시장 규모가 상당수준으로 축소되었을 뿐만 아니라, 수수료율 정책에 따라 점유율 확대가 가능했던 과거의 영업방식이 더 이상 유효하지 않아 직접 고객과의 접촉이 가능한 금융지주계열 여신전문회사의 경쟁우위가 확대될 가능성이 있다. Non-Captive 업체인 은행은 저금리 오토론으로 시장침투를 가속화할 전망이며, 다이렉트 채널보완으로 취급실적도 개선될 전망이다.

개인금융고객에게 자동차 금융을 제공하고 자동차 금융거래실적이 있는 우수 신용도의 고객을 다시 개인대출로 끌어들이는 자동차 금융기반의 시너지 복합상품과의 연계영업도 활발히 진행될 전망이다. 중고차 금융시장에서는 주요 매매단지 중심의 Captive 시장형성이 가속화 될 것이며, 매매단지의 대형화 추세에 따라 금융기관은 자금지원을 내세워 브랜드가 있는 기존 매매단지와의 제휴를 증가시키거나, 직접매매단지를 조성하여 Captive 영역을 구축함으로써 우월적인 시장지위 확보를 추구할 전망이다.

2. 자동차대금 지급조건 확정

고객상담을 한 내용을 바탕으로 회사에서 제공하는 상품설명서 또는 상품설명 프로그램을 활용하여 고객에게 가장 적절한 결제수단, 인도금, 할부금을 제시하고, 제시된 내용을 바탕으로 이해할 수 있는 수준으로 충분히 설명하여 고객이 결제수단, 인도금, 할부금을 확정할 수 있도록 도와주어야 한다.

① 결제수단 결정

고객상담을 한 내용을 바탕으로 확정된 결제수단(현금결제 혜택, 카드 일시금 결제 혜택 등)을 해당 회사에서 제공하는 견적서 또는 견적서 작성 프로그램을 활용하여 작성하고, 작성된 사항을 고객에게 구체적으로 설명한다.

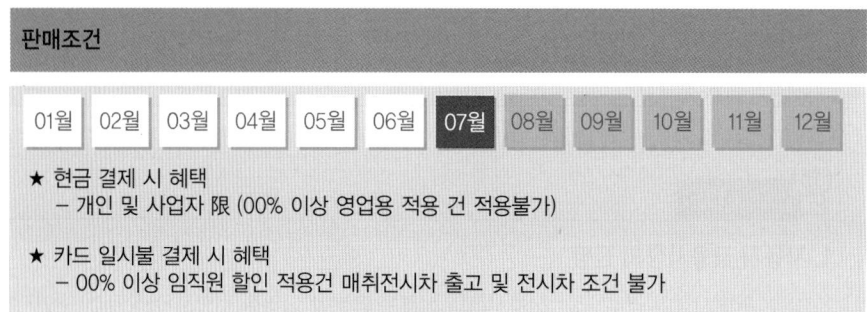

[결제 수단 결정]

② 인도금 결정

고객상담을 한 내용을 바탕으로 확정된 인도금(인도금 최소단위는 10만 원으로 함)을 해당 회사에서 제공하는 견적서 또는 견적서 작성 프로그램을 활용하여 작성하고 작성된 사항을 고객에게 구체적으로 설명한다.

계약서 작성 프로그램		
고객정보	고객 구분	
	고객명	

	할부내용	부대비용
계약금		100,000

[인도금 결정]

③ 할부금 결정

고객상담을 한 내용을 바탕으로 확정된 할부금을 해당 회사에서 제공하는 견적서 또는 견적서 작성 프로그램을 활용하여 작성하고, 작성된 사항을 고객에게 구체적으로 설명한다.

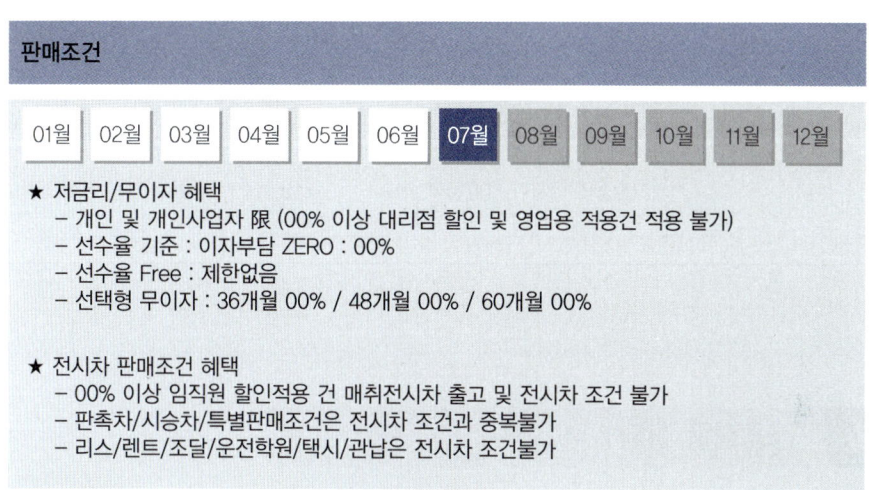

[할부금 결정]

금융의 원금 및 이자상환 방식

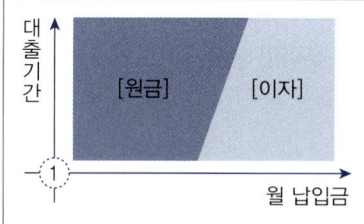

- 원금<이자 → 원금>이자
- 매월 납입 금액 동일

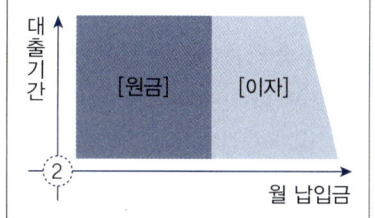

- 원금 균일, 이자 감소
- 매월 납입금이 줄어드는 방식

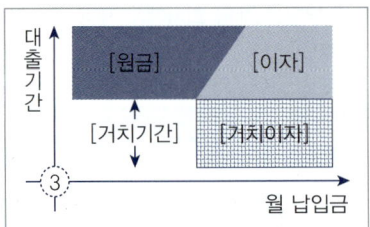
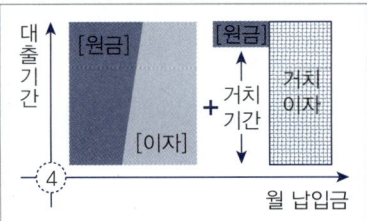

- 거치기간동안 이자가 발생하며, 이후 원리금 균등 상환 방식으로 전환
- 원금을 나누어 두 가지 방식으로 상환하는 방식

4 금융상품 상담

(1) 채권관리

채권확보에 필요한 서류는 출고 전까지 전량 확보하고 있어야 하며, 수시로 채권 서류의 준비사항을 확인한다. 특히 구입자의 직업, 업종, 수입정도, 평판 등 제반 신용상태를 종합적으로 고려하여 채권확보를 하되, 부동산업, 중소건설업, 유흥업, 신규개업자 등에 대하여는 특별히 주의하여야 한다.

> **채권서류 중 다음 사항에 관해서는 꼭 확인해 두어야 한다.**
> - 인감날인 여부, 인감증명과 일치여부, 인감시효
> - 보험가입 부적격자 확인
> - 서류미비나 하자 확인
> - 품의서 결재사항과 동일 여부

종 류	매매계약서	근저당 설정계약서	공정증서	할부 및 리스판매
성 격	채 권 (발생원인)	물 권 (물적담보)	채 권 (인적담보) (채무명의)	채 권 (신용담보) (인적담보)
서류내용	매매계약서 인감증명 계약설명문	설정계약서 설정등록신청서 위임장 법인인감증명	약속어음 또는 상환계약 위임장 인감증명	청약서, 약정서, 설명문, 인감증명, 과세증명(또는 대체서류) 특정 자격 증명

비 용	-	할부원금×설정율 ×설정세율	증가액에 따른 해당 수수료	할부원금 ×130% 선수금
조치대상자	계약자	채무자 및 물상보증인	어음발행인 또는 상환채무자	금융회사
조치대상	계약자의 책임재산	설정물건	계약자의 책임재산	설정물권 신용
조치종류	강제집행 법적조치	담보권에 기한 임의경매	강제경매	담보권에 기한 임의경매

(2) 채권확보

매매계약서의 작성은 후일 계약분쟁 시 가장 기초적인 증빙자료이며, 채권확보의 기본이 된다는 것을 알아야 한다.

① 의 의

채권확보에 있어서 가장 중요하고 기본이 되는 것은 차량 매매계약서의 작성이다. 그 외의 채권확보방법으로 연대보증인 입보, 차량근저당권 설정, 공정증서 작성, 할부 및 리스, 부동산 근저당권 설정 등이 있으며, 이들을 선택적으로 조합한 당사자 간 채권확보 조건 합의에 의한다. 채권확보는 계약의 목적물인 차량의 인도전까지 완비되어야 하며, 부득이한 경우 제작양도증이 발급되기 전까지는 반드시 완비되어야 한다. 채권확보에 관련되는 제반비용은 수익자부담의 원칙에 의하여 고객의 부담이 된다.

② 매매계약서의 작성

매매계약서는 자동차 매매거래에 관해 회사와 고객과의 약정을 서면 작성한 것으로서, 후일 차량매매대금 채권의 분쟁에 관하여 가장 중요하고도 기술적인 증빙자료가 된다. 특히 매매내역, 기한이익의 상실, 지연손해금, 할부구입시의 이행사항 등을 매매계약서로 남겨두지 않으면 이를 주장하는 것이 곤란하므로 더욱 중요한 의미를 갖는다.

③ 연대보증인의 입보

연대보증인이란 차량구입자인 주채무자가 그 채무를 이행하지 않는 경우에 그와 연대하여 채무를 부담하는 자이다. 채무의 성립, 이전과 소멸을 주 채무와 같이하는 점에서는 보통의 보증인과 같으나, 최고의 항변권과 검색의 항변권이 없는 것이 다르다. 따라서 연대보증인은 주채무자가 변제능력이 있다는 사실과 그 집행이 용이할 것이라는 것을 증명하여, 먼저 주채무자에게 청구할 것과 그 재산에 대하여 집행할 것을 항변할 수 없다.

> ※ 유의점
> - 유의해야 할 점은 연대보증인으로부터 「연대보증서」, 「자동차매매계약서 중요내용 설명문」의 연대보증인 란에 인감증명서상의 인감과 동일한 인장을 날인 받고, 그 날인된 인장이 인감인지를 확인하기 위해 연대보증인의 「인감증명서」를 받는다.
> - 연대보증인의 주소, 성명도 계약서와 같은 이유로 자필 기재토록 한다. 이 경우 연대보증서상의 주소 성명과 인감증명서상의 주소 성명에 불일치가 일어나지 않도록 살펴보아야 한다.
> - 또한 연대보증인은 변제자격이 있어야 하므로, 그 자격을 소명하기 위한 증빙서류(신분증, 자격증 등) 또는 재산세 과세증명서를 받는다.

④ 차량근저당권의 설정
  ㉠ 차량근저당설정이란 고객이 할부 구매하는 자동차에 대하여 근저당권을 설정함으로써 할부 판매한 차량의 환가금으로부터 다른 채권자에 우선하여 할부금 채권을 충당하기 위해 그 차량에 대하여 근저당권을 설정하는 것을 말한다.
  ㉡ 차량에 근저당권을 설정하면 채무자인 고객은 자동차를 소유한 채 본래의 목적대로 차량을 사용할 수 있고, 채권자인 회사는 제3채권자에 우선하는 담보권을 가질 수 있으며, 할부금 연체 등이 있을 때에는 저당권을 실행(임의경매)하여 채권을 회수할 수 있다.
  ㉢ 자동차근저당설정은 자동차등록원부에 등록하는 형식을 취하며, 채무의 종결이나 채권자인 회사의 동의 없이는 근저당권을 말소할 수 없다.

⑤ 공정증서의 효력
  ㉠ "간이절차에 의한 민사분쟁사건 처리 특례법"의 규정에 의한 합동법률사무소 또는 "공증인법"의 규정에 의하여 임명된 공증인이 즉시 강제집행할 것을 어음, 수표 또는 이에 부착된 부전지에 기재한 증서를 작성하거나 민사소송법의 규정에 의거 즉시 강제집행할 것을 기재한 증서를 작성한 경우, 이 공정증서는 "채무명의"가 되므로, 채무자가 채무이행을 하지 아니하는 때에는 재판 절차를 거치지 않고 곧바로 채무자를 상대로 강제집행을 할 수 있다.
  ㉡ '채무명의'란 간단히 말해서 "채무자의 재산에 대하여 강제집행을 할 수 있는 집행력이 인정된 문서"를 말한다. 따라서 채무명의가 없으면 강제집행을 할 수 없으므로 결국 채무명의는 강제집행을 실시하기 위한 전제가 되는 것이다. 수입차에서는 거의 이용하지 않는다.

⑥ 부동산근저당권의 설정
  ㉠ 매수인, 보증인, 제3자 소유의 부동산에 대해 매수인, 보증인을 채무자로 하고, 할부금융회사나 리스회사가 채권자로 하여 근저당권을 설정함으로써 자동차 할부금 미지급 시 그 부동산의 환가대금에서 변제받고자 하는 것이다.
  ㉡ 담보로 제공하는 부동산의 환가여력이 당해 채권에 충당될 수 있는 경우에 한하므로, 그 부동산의 담보여력은 실거래 가격을 기준으로 하는 것이 아니고 경매시의 경락가격을 기준으로 하여야 하므로, 부동산 평가에 있어서 주의가 요구된다.

PART 05-7 자동차 인도에서 출고

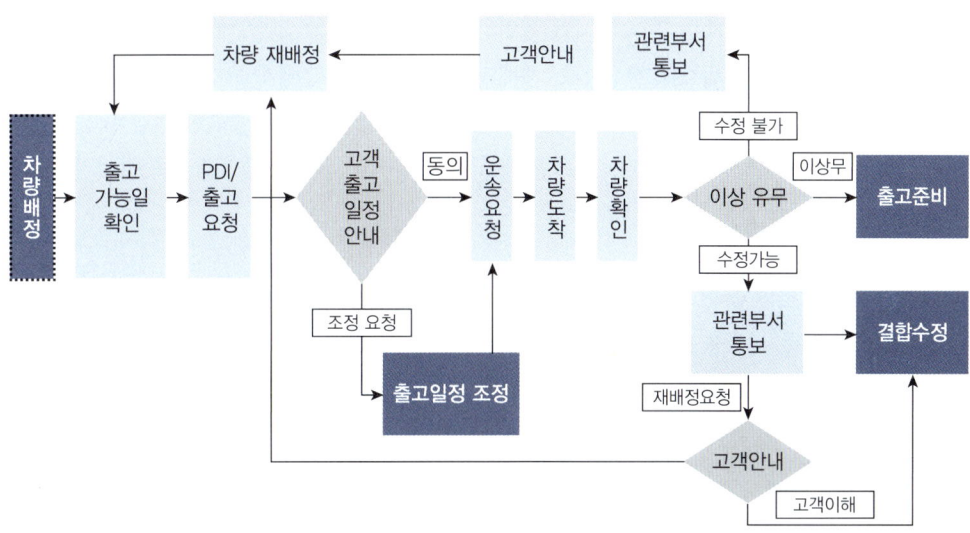

1. 자동차 인도

(1) 계약이 되면 전산 또는 판매사의 업무처리 방식에 따라 고객이 요청한 차량 배정이 이루어진다.

(2) 출고 가능일은 고객에게 인도 가능한 날로 고객이 요청한 차량이 고객 인도 장소에 도착하여 고객에게 인도되는 시점을 이야기하며 이는 세일즈 컨설턴트가 차량을 인수받아 출고를 위해 사전 준비를 하는 기간을 포함한 시점이다. 따라서 세일즈 컨설턴트가 차량을 인수 받는 시점은 고객의 요청 사항을 처리할 수 있는 충분한 시간이 감안된 시점이 되어야 한다. 만약 너무 촉박하게 출고 일정을 잡는다면 고객의 요청 사항을 미처 챙기지 못하거나 출고일정을 연기하는 일이 발생하고 지금까지 잘 다져온 고객과의 신뢰에 영향을 줄 수 있기 때문이다.

(3) 출고 가능일이 확인되면 PDI(Pre-Delivery Inspection) 또는 출고 요청을 한다.

(4) 출고 가능일이 확정되면 고객에게 출고 일정을 안내한다. 만약 고객이 출고 일정 조정을 요청하면 출고 가능일을 안내하고 출고 일정을 조정하여 확정한다.

(5) 고객과 출고 일정에 대한 협의가 끝났다면 차량 운송 요청을 하고 차량 도착을 기다린다.

(6) 요청한 날짜에 차량이 도착하면 차량을 확인하고 인수한다. 만약 차량에 결함이나 하자가 있어 차량인도가 불가능할 때는 관련 부서와 협의하여 다른 차량으로 차량 재배정을 요청하고 차량이 재배정되면 다시 프로세스를 진행한다. 재배정을 요청하는 과정에서 고객에게 출고일 지연 등의 내용을 자세히 안내하고 진행해야 한다. 고객과의 협의가 무엇보다 중요한 만큼 내용을 상세히 안내하고 이해를 잘 구해야 한다. 이로 인해 고객 해약이나 고객 컴플레인으로 이어지지 않도록 주의 깊고 세심한 업무 진행 요령이 필요하다.

(7) 세일즈 컨설턴트는 운송 과정의 이상 또한 찾아내고 수정해야 한다. 이런 검수단계에서 발견되지 않고 고객 출고 과정 또는 출고 이후 발견되면 매우 심각한 고객 컴플레인으로 번질 수 있으니 각별히 주의가 필요하다.

차량 인도 서류
- 자동차 등록증, 차량 보증서, 차량 매뉴얼 책자, 서비스센터 이용 책자, 차량 인도 확인서, 차량 구매 시 약정된 등취득세 서류 및 기타 영수증

2 자동차 검수

(1) 출고 장소에서 좀 더 세밀히 검수할 때 검수 체크리스트가 활용되는데 브랜드에 따라 다르지만 대체로 두 종류의 체크리스트가 있다.

   ① 하나는 공장 또는 VPC에서 차량을 확인하고 운송자와 도착지 인수자에게 확인하는 체크리스트이다.
   ② 두 번째는 운송사에서 차량을 인수 받으며 VPC 또는 공장의 인도자와 도착지 인수자에게 확인하는 체크리스트이다. 두 체크리스트의 내용은 비슷하나 활용하는 주체가 공장 또는 VPC 그리고 운송사에 차이가 있다. 경우에 따라 한 종류로 통합하여 사용하는 경우도 있다.

(2) 검수 체크리스트

   ① **차량 정보**
   차종, 색상, 차대번호, 주행거리, 출고일, 출고지, 도착지 등의 정보가 포함되어 있다.

   ② **차량의 상태**
   차량의 전방, 후방 그리고 각 측면에 대한 상태를 표시할 수 있는 그림이 있다.

   ③ **차량 포함 물품 항목**
   스마트 리모컨, 품질보증서, 사용설명서, 스페어타이어, 안전삼각대 그리고 기타 물품의 포함 여부를 체크할 수 있다.

   ④ **확인란**
   전체 내용을 확인하고 삼자 간의 서명과 사인을 한다. 출발 시 출고 담당자, 운송 담당자, 그리고 차량을 인수하는 담당자가 서명을 하고 사인을 하는데, 문서는 2부를 작성하여 1부는 VPC 또는 공장으로 전달하고 1부는 판매사에서 보관한다.

01. 차량 인도 준비

차량 인도 전 준비

- 차를 다시 점검하여 주문한 것과 다름이 없고 모든 것이 잘 작동하며 깨끗한지 확인한다.
- 실내 시트 등의 비닐 커버는 고객을 만나기 전까지 벗기지 않는다.
- 고객을 맞을 준비를 한다.
- 고객이 요청한 사은품 및 선물 등을 미리 준비해 간다.

02. 전시장 차량을 인도 시

전시장(인도장)에서 차량을 인도할 경우

- 출고 이벤트 장소로 활용한다.
- 준비된 축하 메시지와 차량 인도의 기쁨을 함께 나눈다.
- 먼저 고객을 상담석으로 안내하고, 모든 직원들에게 출고 고객임을 알려 환영한다.
- 웰컴 패키지와 딜러에서 준비한 기념품을 전한다.

03. 고객 집으로 인도 시

고객이 원하는 장소에서 인도할 경우

- 고객이 원하는 장소로 이동해서 SC가 직접 차량을 인도한다.
- 충분한 준비로 시간에 늦지 않도록 한다.
- 고객이 차를 잠시라도 운전하게 되면 보험 문제를 확실히 가입한다.
- 차량의 옵션 및 고객 요청 사양을 확인한다.
- 고객과 약속한 장소에 도착하면 전화를 취해 차량의 도착을 사전에 알린다.
- 고객의 차를 소중하게 대하며 고객을 맞이한다.
- 정중하고 기쁜 마음으로 인사하며 고객을 맞이하고 준비한 기념품을 함께 전한다.

Check	구 분	평가종목	내부 평가	외부 평가	강사피드백
	시간 약속	계약 후 출고 진행 사항을 고객에게 수시로 전달	5	우수	차량 출고 인도 시에 고객감동 서비스는 출고가 이루어지기 전부터 시작합니다.
		고객과 출고 인계에 대한 충분한 시간 확보	5		
		감동을 줄 수 있는 여유로운 차량 출고 설명	5		
		차량 인도 전 사전 점검 확인	5		
	출고 장소	차량 이동 시 안전확인 (보험, 탁송 등)	5	우수	고객감동을 줄 수 있기 위해서는 차량 인도에 적합한 환경과 공간을 확보한 후 방해받지 않는 상황에서 고객감동 서비스를 전달합니다.
		고객과 인도 장소 협의 (전시장, 집, 사무실)	5		
		이벤트 가능한 장소 확인	5		
		시운전을 할 수 있는 장소와 코스 확인	5		

차량 설명	고객에게 충분한 차량을 설명할 수 있는 시간 확보	5	우수	그동안 무심코 해왔던 차량 인도 방법은 고객이 차량을 인도받을 때 행복한 순간을 더 오래 기억할 수 있도록 SC는 섬세하고 적극적인 체험설명법으로 고객이 감동을 느낄 수 있도록 차량인도 설명을 합니다.
	고객의 상황에 맞는 차량 인도 방법과 시간 조정	5		
	적극적인 체험설명법으로 고객이 직접 체험하도록 인도	5		
	고객이 충분히 습득하였는지 질문과 함께 설명	5		
이벤트	고객과 약속한 서비스 품목 확인	5	우수	고객 이벤트는 필수사항이 아니며 SC의 자율적인 서비스로 고객의 성향과 니즈에 맞게 자연스럽고 진심을 통해 감동을 줄 수 있는 이벤트가 되어야 합니다.
	고객 이벤트를 위한 충분한 공간 준비	5		
	고객과의 이벤트 (기념 촬영, 꽃다발 및 기타 선물 등)	5		
	출고를 기념할 수 있는 인사장 및 SNS 이메일	5		
고객 관계	고객이 가장 기쁜 순간을 함께 하는 파트너십 유지	5	우수	차량 출고는 고객이 가장 기쁜 순간을 함께 하며 지속적인 관계자산과 고객 축적을 위한 소중한 순간입니다. 고객과 직원은 비즈니스 관계를 넘어 이웃과 같은 좋은 파트너십을 유지하는 것이 중요합니다.
	고객과의 신뢰감 유지 및 지속적인 유대관계	5		
	1M 서비스 안내 및 고객과 관계 유지	5		
	소개고객 및 정기적인 컨택 프로세스 진행	5		

[만족스러운 출고가 되기 위한 5가지 체크리스트]

지식 IN

고객에게 인도하기 전, 자동차 최종 점검

- 차량 외부 체크 : 청결상태, 장착 품목의 장착 여부, 긁힘, 눌림 여부 등
- 차량 실내 확인 : 청결, 장착 품목의 장착 여부, 파손 여부 등
- 각종 스위치 작동 여부 체크 : 차량의 기능을 작동하는 각종 스위치가 정확히 작동 하고, 계기반 경고 등의 점등 여부 등
- 엔진룸, 트렁크 체크 : 엔진룸 및 트렁크의 이상 유무와 청결 사항을 점검

3 차량 취급 설명서와 사용법 설명

세일즈 컨설턴트는 자동차를 인도하면서 고객들에게 반드시 자동치 취급 설명서의 중요성에 대해 설명하고 취급 설명서 이용 방법에 대해 안내해야 한다. 고객이 자동차를 목적에 맞게 잘 사용하기 위해서 필수적인 요소이기 때문이다.

(1) 자동차 취급 설명서

① 다양한 형태의 자동차 취급 설명서
  ㉠ 최근 들어 자동차 브랜드에서는 인쇄된 책자 형태 뿐 아니라 다양한 형태의 취급 설명서를 선보이고 있다.
  ㉡ 자동차 이용자들이 보다 쉽게 작동법을 숙지하고 필요한 부분을 빠르고 쉽게 찾게 하기 위해 동영상, AR 즉 증강현실 등의 방법으로 자동차 취급 설명서를 제작하고 있다.
  ㉢ 또한 자동차 내의 엔터테인먼트 시스템에서 사용 설명서를 찾아 확인할 수 있는 차량도 있다.
  ㉣ 이러한 멀티미디어를 활용한 자동차 취급 설명서가 있는 경우 고객이 이를 적극적으로 활용할 수 있도록 자동차 인도 과정에서 고객과 함께 시연해 보는 것이 필요하다.

② 자동차 취급 설명서의 내용
  ㉠ 자동차 브랜드마다 자동차 취급 설명서에 담고 있는 내용은 조금 차이가 있을 수 있지만 대부분 비슷한 콘텐츠로 구성되어 있다.
  ㉡ 주로 안내, 안전 주의 사항, 안전장치, 편의장치, 시동 및 주행, 비상시 응급조치, 정기 점검, 차량 정보, 그리고 색인 등으로 내용이 구성되어 있다.
  ㉢ 고객들에게 필요한 사항, 자주 사용하는 사항 또는 새로 추가된 사항들만 모아 Quick Guide의 형태로 제공하는 경우도 있어 자동차를 고객에게 인도하는 시점에서 고객에게 활용법에 대한 설명이 꼭 따라야 한다.

(2) 자동차 사용법 설명의 방법

① 고객이 자동차의 정보나 옵션 사항을 제대로 알지 못하여 자동차에 대한 즐거움을 만끽하기보다 불편함을 느끼거나 당혹스러움을 겪는다면 자동차 그리고 세일즈 컨설턴트에 대한 불만으로 이어질 수 있다. 예를 들어 시동 스위치를 켠 후 에어백 경고등과 ABS 경고등이 켜지는 이유는 자가 점검을 위한 것으로 시스템에 이상이 없으면 자동으로 꺼진다. 하지만 이것을 고객이 모른다면 에어백 경고등과 ABS 경고등이 켜지는 것을 보고 '자동차에 이상이 있지 않은가?' 라고 여길 수 있다. 앞에서도 강조했듯이 자동차 사용 설명을 잘하면 고객이 구입한 자동

차를 구입 목적에 따라 잘 사용하고 행복한 자동차 생활을 할 수 있게 되고 자동차, 브랜드, 세일즈 컨설턴트에 대한 신뢰와 만족감이 상승할 것이다. 이를 위해 중요한 4가지 요소를 인지하고 있어야 한다.

② **고객의 눈높이**
  ㉠ 자동차를 구매하는 고객은 자동차에 대해 전혀 모르고 자동차를 처음 구입하는 고객, 그동안 많은 자동차를 소유하고 자동차에 대한 전문지식을 이미 보유하고 있는 고객 등 자동차 지식에 관해 매우 다양한 분포를 보인다. 또한 자동차를 구매하는 목적도 고객마다 많은 차이점을 보일 것이다.
  ㉡ 만약 세일즈 컨설턴트가 고객에게 제공하는 자동차 사용법 설명이 마치 녹음기를 틀어 놓은 것같이 천편일률적이라면 고객은 필요한 정보를 정확히 전달 받지 못하고 지루해 할 수도 있다. 따라서 자동차 사용법 설명에 있어서도 고객의 기본 지식과 이용목적에 따라 고객의 눈높이에 맞춘 설명이 필수적이다.

(3) 자동차 사용 설명의 실제

앞에서 강조했지만 순서에 맞추어 체계적으로 고객에게 자동차 사용법을 설명하는 것이 매우 중요하다. 순서는 외부에서 내부 그리고 다시 외부로, 오른쪽에서 왼쪽으로 이렇게 진행하는 것이 좋다. 차량 내부를 설명할 때는 고객이 운전석에 착석하고 운전석 도어 및 스티어링 휠 좌측의 기능과 옵션을 설명하고, 다음에 세일즈 컨설턴트가 동승석에 착석해서 실내 기능을 설명하는 순서로 진행하면 된다.

① **자동차 사용 설명_외부**
  스마트키 사용법, 자동차 도어 및 트렁크 그리고 외부의 주유구를 열고 닫는 방법 등 외부 조작법을 설명한다.

② **자동차 사용 설명_내부**
  ㉠ 외부 설명이 끝난 후 고객은 운전석에, 세일즈 컨설턴트는 동승석에 착석해서 자동차 내부 사용법 설명을 진행한다.
  ㉡ 운전석 시트의 조정이 끝나면 고객이 운전석에 착석하고 세일즈 컨설턴트는 운전석 도어와 실내 좌측의 옵션 및 기능, 예를 들어 안전벨트 조작법 및 기능, 사이드 미러 조작 버튼 그리고 좌측 콤비네이션 스위치(일명 깜빡이)의 작동법에 대해 설명한다.
  ㉢ 운전석 좌측에 대한 설명이 끝나면 세일즈 컨설턴트는 동승석으로 이동하여 착석한다. 그리고 고객과 함께 먼저 자동차의 실내를 확인하면서 조작법을 설명한다. 확인 및 설명 순서는 당연히 좌측에서 우측 순서대로 진행하며 운전석 계기반 활용 방법, 스트어링 휠의 위치 및 각종 기기 조작 방법 등에 대해 설명한다.

ⓔ 다음으로 우측 인스트루먼트 판넬의 표시 내용과 작동법에 대해 설명한다. 자동차 중앙에 위치한 공조장치 조작 버튼과 엔터테인먼트, 오디오 작동에 대해 시연하며 설명한 후 고객이 직접 조작하면서 체험해 볼 수 있도록 한다. 우측의 대시보드와 보통 대시보드에 보관된 보관 물품, 예를 들어 품질보증서, 자동차 취급 설명서 등에 대해 간단히 언급할 수도 있다. 그리고 앞좌석에서 마지막으로 썬루프 및 실내 등화장치 조작에 대한 설명 그리고 블랙박스 등 장착물에 대한 설명을 한다.

ⓜ 마지막으로 뒷자석에 대한 설명을 한다. 동승석 뒷좌석에 고객이 앉을 수 있도록 안내하고 세일즈 컨설턴트는 운전석 뒤로 앉아서 뒷좌석 기능에 대한 설명을 이어 가면 된다.

③ **자동차 사용 설명_트렁크, 엔진룸**

ⓐ 트렁크에서는 전체적인 트렁크의 공간감과 고객의 눈높이에 맞는 화물 적재 방법 예를 들어 골프백 싣는 방법 등에 대해 설명하고 보조 타이어 또는 타이어 수리 킷 등 자동차와 함께 제공되는 물품에 대해 설명한다.

ⓑ 엔진룸 설명은 먼저 개폐 방법에 대해 안내하고 엔진룸 내부 구성에 대해 간단히 언급한 후 필수 사항으로 긴급 시동을 위한 배터리 위치와 긴급 시동 방법, 와셔액 통의 위치와 관리법, 엔진오일 및 각종 오일 체크 방법 등에 대해 설명한다.

4 각종 비상상황과 조치 요령 설명

자동차 인도 과정에서 자동차 사용법에 대한 설명이 끝나면 고객이 운행 중 꼭 알아야 할 비상상황 시 조치 방법에 대해 고객에게 안내해야 한다. 비상상황 시 조치는 4가지 경우로 나누어 설명하는데 자동차 계기반을 통해 확인할 수 있는 경고등 점등, 배터리 방전등에 따른 비상 시동, 타이어 손상으로 인한 타이어 응급조치 그리고 마지막으로 발생해서는 안 되겠지만 불의의 사고에 대한 조치 방법이다.

(1) 경고등 점등

자동차 경고등은 크게 3가지 빨간색, 노란색, 이외(초록, 파랑 또는 흰색)의 색상 또는 그 이상의 색상으로 각각의 상황을 표시한다. 빨간색 경고등은 위험 신호를 노란색 경고등은 주의 신호를, 이외 초록색, 파란색 등은 상태를 나타내고 그에 따라 대응 방법도 달라진다.

① 빨간색 경고등_위험신호

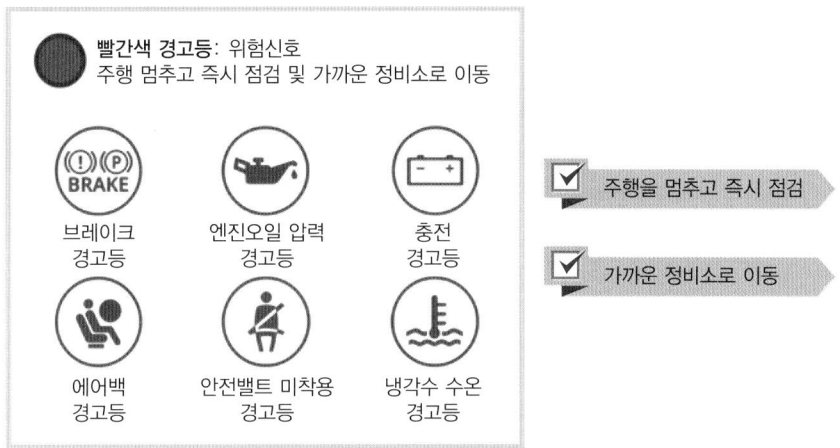

㉠ 빨간색 경고등이 점등된 경우 운전자는 주행을 멈추고 즉시 점검하여 문제를 해결하거나 문제 해결이 안 될 경우 가까운 정비소로 이동하여 점검을 받아야 한다.

㉡ 예를 들어 운행 중 사이드 브레이크가 해제되지 않은 상태에서 운행을 하면 브레이크 경고등이 점등된다. 이 경우 즉시 사이드 브레이크를 해제해서 문제를 해결해야 한다. 그러나 사이드 브레이크를 해제했음에도 경고등이 계속 점등되어 있다면 이는 브레이크 계통에 문제가 발생된 경우이니 즉시 가까운 정비소로 이동하여 점검을 받아야 한다.

② 노란색 경고등_주의신호

㉠ 노란색 경고등이 점등되면 주행은 가능하나 유의 및 추후 점검이 필요한 경우를 뜻한다.
㉡ 예를 들어 연료 부족 경고등이 점등된 경우 빨간색 경고등의 경우처럼 자동차의 운행을 즉시 멈출 필요는 없다. 그러나 연료가 부족한 것을 표시해 주는 것이기 때문에 운행을 하면서 가까운 주유소에서 연료를 보충해야 한다.

③ 기타 초록, 파랑, 흰색 경고등_상태신호
㉠ 빨간색, 노란색 이외의 경고등은 현재 상태를 표시해주는 기능 확인에 목적이 있다.
㉡ 예를 들어 야간 운행 중 상향등을 켜면 상향 전조등 표시등이 표시되고, 안개가 끼어서 안개 등을 점등하면 안개등 표시등이 점등하는 것이다.

5 고객 감동 출고

(1) 고객 감동 출고의 필요성

① 미래 4차 산업과 AI 기술이 접목된 자율주행 기능의 신개념 차량이 출시됨에 따라 모든 자동차 브랜드는 비대면 고객, 대면 시 필요로 하는 차량출고 시설(Delivery Zone) 증설 및 전문 출고 인력 양성의 박차를 가하고 있다.
② 자동차 컨설턴트는 고객이 감동할 수 있는 차별화된 출고 프리미엄 서비스를 제공하고, 재구매 및 소개고객을 위한 차별된 영업전략이 필요할 때이다.

(2) 차량 출고의 목표

① 차량 출고 시 고객이 가장 많이 하는 생각은 다음과 같다.

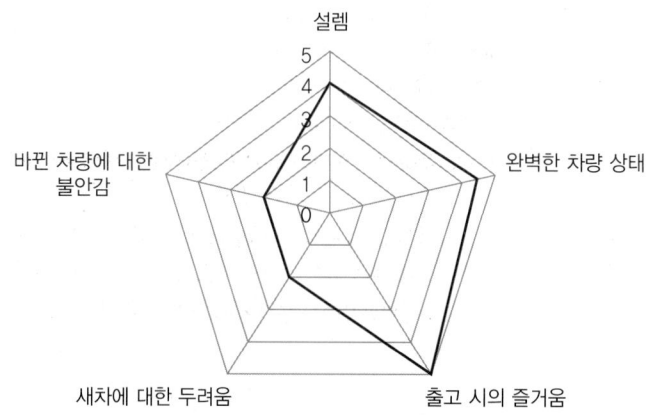

② 위의 차트를 통해서 고객에게 안전하고 편안한 출고가 되도록 세일즈 컨설턴트는 더 충분히 배려하고 고객의 우려사항을 해소시킬 수 있는 차량인도 상담을 해야 한다.

③ 앞으로 미래 4차 산업에는 많은 브랜드마다 새로운 차량 출고 프로세스 전략을 만들어낼 것이다. 고객체험 방식의 감동 출고 프로세스는 고객 추천으로 이어지며, 브랜드에 대한 고객들의 로열티를 높이는 데 목적이 있다.

(3) 감동을 주는 차량 출고의 방법

① 다르게 생각하기

　감성 있는 차량 출고 방법을 사전에 설계 후 점검

② 충분한 시간확보

　인계에 대한 충분한 시간과 여유로운 차량 출고 설명

③ 적극적 체험설명법

　㉠ 간접설명법 : 고객이 말로만 듣는 설명

　㉡ 체험설명법 : 고객이 손동작으로 작동을 체험

④ 고객감동 확인

　감동한 고객과의 친구나 이웃이 되었을 때 다른 고객을 소개하고 재구매가 가능함

 지식 IN

차량 인도의 Worst
- 쫓기듯이 급하게 차량을 인도하는 경우
- 보험 약관 설명하듯이 빠르게 설명하는 경우
- 고객의 이해 관계없이 일방적으로 설명할 경우
- 고객의 상황을 고려하지 않고 똑같은 방법으로 차량을 인도할 경우
- 체험 없이 설명만으로 차량 인도를 설명할 경우
- 고객이 이해했는지 중간중간 질문하지 않고 설명할 경우

PART 05-8 사후관리

1 고객의 사후관리와 연락유지

(1) 사후관리의 중요성

차량을 출고한 후는 고객과의 좋은 관계를 맺을 수 있는 가장 좋은 타이밍이고, 세일즈 컨설턴트는 사후 고객관리를 통해서 더 많은 고객을 발굴할 수 있다. 사후관리의 주요 핵심은 차량을 구매한 고객의 만족이 재구매로 이어지고, 사후관리를 통해서 지속적으로 고객관리를 했을 때, 서비스에 만족한 고객은 자동차의 브랜드와 인적 서비스에 대해서 새로운 고객에게 소개하고 결국 매출 증가와 브랜드 로열티를 증가시키는 요소가 된다.

(2) 사후관리의 핵심요소

① SMS 문자, 메신저, 이메일 등을 이용한 고객관리
② 고객의 차량 관리, 서비스 센터 이용안내 등 주기적으로 확인

(3) 출고 후 컨택 포인트

① 정기적인 전화 방문
  고객에게 안부인사, 서비스 이용안내, 차량점검 안내, 단순 안부 전화
② 차량 매거진, 차량 정보
  자동차 매거진, 이벤트 안내, 차량 정보, 고객 초정 이벤트
③ 생일, 기념일 등 안내
  간단한 인사, 고객 기념일, 차량 서비스 안내, 고객이 좋아하는 관련 자료
④ 출고 고객관리 1-1-1-3 법칙
  ㉠ 출고 후 1일 후 고객에게 감사 표시(기념품 선물 전달)
  ㉡ 출고 후 1주일 내에 차량 기능에 대한 작동법 재설명
  ㉢ 출고 후 1개월 후 차량운영에 대한 궁금한 점, 문제점 확인
  ㉣ 출고 후 3개월 후 좋은 관계 형성과 소개 판매 문의

(4) 출고 고객관리의 이유

구 분	기존 고객관리 중	타 영업사원 및 지인 소개	당직근무를 통해
A 그룹 (상위 실적)	42%	30%	28%
B 그룹 (하위 실적)	29%	28%	43%

위의 표와 같이 상위 실적 그룹은 기존 고객관리 및 지인소개를 통한 실적이 높다. 그와 반면 실적이 부진한 사람들은 오로지 당직근무를 통해서 실적을 내는 것을 알 수 있다.

 지식 IN

출고 후 고객 관리 프로세스

차량 출고 후에는 아래 고객 관리 프로세스(Care Process) 일정에 따라서 해피콜(Happy Call)을 실시한다.

No.	접촉시기	담당	방법	접촉내용
1	3일	SC	전화	구매 감사인사, 차량 불편사항 파악
2	30일	SC	SMS	출고 1개월차 감사 SMS 발송
3	100일	SC	전화/SMS	출고 100일 축하인사 및 자연스러운 고객소개 부탁
4	6개월	SC	전화	차량 주행거리 확인, 첫 서비스 입고시기 안내
5	9개월	SC	전화	8,000km 서비스 진행 여부 확인 → 미입고 시 즉시 입고 유도
6	12개월	SC	전화/SMS	출고 1주년 안내, 불편사항 파악
7	24개월	SC	전화	출고 2주년 안내, 무상점검 서비스 안내 → 입고유도
8	고객생일	SC	SMS	생일축하 SMS 발송
9	수시	SC	DM	신차 출시, 프로모션 시행 안내
10	필요시	SC	전화/SMS	행사 및 당사 행사초청 필요 시 모객
11	명절/연말	SC	SMS/연하장	명절 및 연말연시 감사인사, 명절 차량 점검 프로모션 안내
12	7월-8월	SC	전화/SMS	휴가철 장거리 운행 시 차량점검 안내
13	11월	SC	전화/SMS	동절기 차량관리 안내, 타이어 점검, 배터리 점검 등

※ 사후관리를 잘하는 세일즈 컨설턴트의 분석 - 재구매의 중요성

세일즈 컨설턴트가 사후관리를 통해 고객 관리를 잘한다면 월간 몇 대의 판매를 더 할 수 있을까? 차량이 판매된 후 차량인도가 끝나면 '영업은 지금부터 시작'이라는 말이 있다.

월 판매량이 3대, 연 판매량이 30대, 3년마다 재구매를 한다면 90대
⇨ 고객관리를 잘한다면 기존 고객에게 재구매로 연간 90대를 판매유지 할 수 있다.

2 고객만족도 조사 관련

(1) 차량 출고 후 차량 구매만족도 조사가 진행되면 좋은 평가를 받을 수 있도록 미리 안내와 부탁을 한다.

(2) 차량 구매만족도는 고객의 이메일을 통해서 진행되므로, 계약 시 정확한 고객의 이메일 주소를 획득하여 영업관리 프로그램에 입력해야 한다.

> 인도전 점검 ⇨ 차량의 등록 ⇨ 차량 인도 준비 ⇨ 상세한 차량 사용법 설명 ⇨ 고객관리프로세스
> (Customer Care Process)

Monthly Prospecting Record

10월	주간총계							주간총계							주간총계							주간총계						
	토	월	화	수	목	금	토	월	화	수	목	금	토	월	화	수	목	금	토	월	화	수	목	금	토
접촉	1	2	3	4	5	6	7	8	9	10	11	12	13	14	15	16	17	18	19	20	21	22	23	24	25	26	27	28	29
직접방문																													
고객에게 온 전화																													
고객에게 건 전화																													
전시장 방문																													
총계																													
결과																													
시승제공																													
DM 발송																													
총계																													
계약																													
출고																													
고객 발굴																													
신규 전화 방문																													
신규 고객 방문																													
총계																													

실적

구분	실적	목표
직접방문		
전화방문		
시승유도		
DM 발송		
총계		

구분	실적	목표
계약		
출고		

	고객명	차종/색상	예정일
계약			
총계			

	고객명	차종/색상
출고		
총계		
미출고		
총계		

대리점 :   영업담당 :

월별 고객관리 현황

대리점 :   영업담당 :   년도

구 분	1월	누계	2월	누계	3월	누계	4월	누계	5월	누계	6월	누계	7월	누계	8월	누계	9월	누계	10월	누계	11월	누계	12월	누계	총계
직접방문																									
전화상담																									
전시장 방문																									
총 계																									

DM 발송																									
시승제공																									
총 계																									

대리점

구 분	1월	2월	3월	4월	5월	6월	7월	8월	9월	10월	11월	12월
대표이사												
본부장												
지점장												
담당자												

구 분	1월	2월	3월	4월	5월	6월	7월	8월	9월	10월	11월	12월
Manager												

PART 06

고객 관리

무사성사(無私成私)
나를 버리면 결국 나를 얻는다.
- 도덕경(道德經)

01 고객의 정의 .208

02 기존고객 관리 .210

03 신규고객 발굴 .212

04 신규고객 발굴 절차 .216

05 정보 활용 .223

06 고객정보 관리 .238

★ THE 알아보기 .239

PART 06 고객 관리

1 고객의 정의

(1) 고객의 개념

좋은 의미의 고객은 '단순히 우리의 상품과 서비스를 구매하거나 이용하는 손님'을 지칭하지만, 넓은 의미의 고객은 '상품을 생산하고 이용하며 서비스를 제공하는 일련의 과정'에 관계된 자기 이외의 모든 사람을 지칭한다. 즉, 현대사회에서는 나 말고는 모두가 고객인 셈이다.

(2) 고객의 유형

① 잠재고객

현재는 차량을 구매하여 사용하고 있지 않으나, 앞으로 구매 가능성이 큰 고객을 말한다. 잠재고객은 자동차 마케팅에서 매우 소중하게 생각하고 있는 고객이다.

② 신규고객

차량을 처음으로 구매한 고객으로 앞으로 지속성 있게 구매 성향을 높일 수 있는 고객이다.

③ 일반고객

구매고객이나 구매빈도가 지속해서 자주 일어나지 않고, 타사 차량으로 교차 변경할 가능성을 내포하고 있는 고객을 말한다. 신규고객과 우량고객의 중간단계에 위치하는 고객이다.

④ 우량고객

특정한 차량에 열광하는 마니아와 같은 고객이다. 구매 대상인 차량이나 서비스의 우수성을 고려하기 이전에 무조건 우호적으로 선호하는 경향을 보이고, 지속해서 연속성 있게 회사와 함께 하기를 좋아하는 고객이다.

⑤ VIP 고객

VIP 고객은 차량의 가격에 상관하지 않으며, 특별한 프로모션이 있을 때에도 제품을 구매하려고 하지 않는다. 이들의 구매력은 일반고객 수십 명보다도 훨씬 높으며, 판매자들의 이익을 최대한으로 보장하여 준다. 구매를 지속적으로 이어나가는 고객으로서, 회사와 판매자의 입장에서는 절대적으로 잘 관리하여 고객의 이탈을 방지하는 활동이 최우선적으로 수행되어야 하는 고객이다.

⑥ VVIP 고객

소수만을 대상으로 맞춤 생산방식에 의해 제공되는 고급품 및 고급 서비스를 말하며, 이는 오직 VVIP 고객을 위해서만 제공된다.

⑦ 블랙컨슈머(Black Consumer)

악성을 뜻하는 블랙(black)과 소비자를 뜻하는 컨슈머(consumer)의 합성 신조어로서, 악성 민원을 고의적·상습적으로 제기하는 소비자를 뜻하는 말이다.

고객관리 계획수립 과정

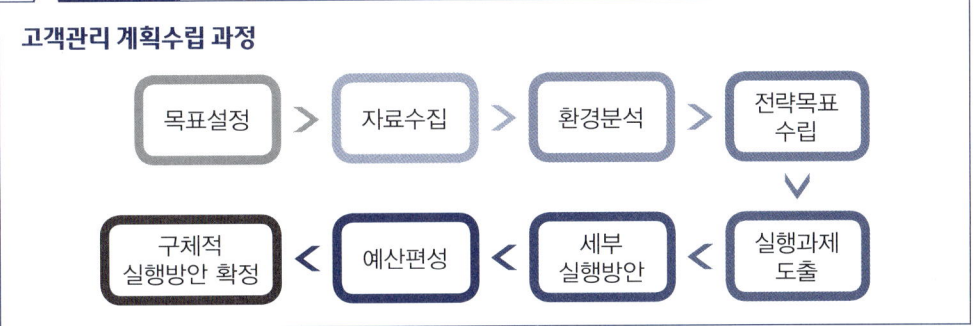

Sales Funnel

= 각 단계별 성공률을 정확하게 관리해야 한다.

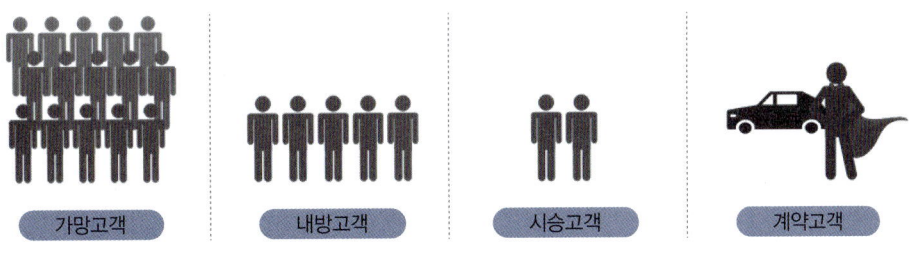

세일즈 펀넬은 영업 깔대기라고도 한다. 가망고객, 내방고객, 시승고객, 계약고객, 구매고객이라는 고객의 구매 행위의 각 이행 단계별로 다음 단계로 이행하는 고객의 비율을 계산한 것이다. 일반적으로 대부분의 세일즈 컨설턴트는 수백 명의 가망 고객정보를 보유하고 있지만, 이들 중 전시장을 방문하는 고객 즉, 내방고객은 매우 많이 줄고, 내방고객 중 시승을 하는 고객은 더 줄어들며, 계약고객은 거기서 더욱 줄어든다.

2 기존고객 관리

자동차 분야 마케팅에서 가장 중요한 것은 '기존고객과의 관계를 유지하는 것'이다. 기존고객과의 관계를 호의적으로 유지하여야 차량의 신규구매가 재구매까지 연결될 수 있기 때문이다. 또한 기존고객이 브랜드와 차종 그리고 자동차 세일즈 컨설턴트에게 좋은 이미지와 만족감을 느끼고 있을 때, 고객의 지인에게 추천하는 등 영업의 파급효과가 발생하기 때문이다. 고객과의 관계를 원활하게 유지하는 방법은 상황과 고객의 특성에 따라 다르지만, 기본적인 요소들은 아래와 같다.

(1) 고객과의 신뢰 형성

"고객에게 차를 팔기 전에 신뢰를 팔아라!"라는 말이 있을 만큼 자동차 세일즈 마케팅에서는 제품의 품질도 중요하지만, 그보다 더 중요한 것이 고객과 세일즈 컨설턴트 간의 신뢰감 형성이다. 고객은 자동차를 선택할 때 인터넷이나 매체로부터 상품에 대한 다양한 정보를 접하여 거의 모든 것을 파악하고 있다고 할 수 있다. 이러한 정보를 가지고 있어서 누구와 계약을 할 것인가 하는 기준은 지식도 정보도 가격도 아닌, 세일즈 컨설턴트에 대한 신뢰감 형성의 차이가 될 것이다.

(2) 제품(차량)의 품질 만족도

고객이 요구하는 첫번째의 항목은 바로 자동차의 품질이다. 가격과 납기 등 아무리 여러 가지 사항으로 고객에게 만족감을 주더라도 품질이 만족스럽지 않다면, 실전 영업전략을 구체적으로 수립하고 실행해야 한다.

(3) A/S 지원

자동차는 움직이는 기계이기 때문에 구매 후 항상 고장요소를 내재하고 있다. 그렇기 때문에 사후 고장이나 결함으로 인한 문제점 발생 시, 이 문제를 신속하고 명확하게 해결하는 것이 현명할 것이다. 물론 각 브랜드마다 서비스 센터를 운영하고 있으므로 고장이나 결함에 대한 해결은 서비스 센터 담당자의 몫이다. 하지만 고객에게 지속적인 정보의 제공과 친절한 안내를 통하여 고객의 서비스 만족도를 높여 영업의 효과와 재구매로의 결과 창출이 이루어질 것이다.

1 : 1 맞춤 서비스 – 고객의 감성을 요구하는 서비스

[고객 서비스의 패러다임 전환]

(4) 고객의 사후관리

① 고객에 대한 사후 관리는 고객이 재구매의 여부를 결정짓는 데 매우 중요한 사항이다. 카마스터는 고객이 구매한 제품이나 서비스에 대하여 만족하는지를 조사하여 고객에게 구매에 대한 만족을 확신시켜야 한다.

② 구매고객에 대한 정보, 구매행동과 관련된 정보, 고객 특이사항 등을 기록하여 개인의 특성에 맞는 서비스를 제공하는 것이 매우 중요하다. 예를 들어, 판매 후에 전화로 감사의 인사 또는 차량의 이상 유무를 확인하고, 문자나 이메일로 제품 사용법과 주의사항을 보내 준다든지, 고객의 기념일을 축하하는 문자를 보내는 등 기존고객과의 관계가 단 한번으로 끝나는 것이 아니라, 지속적인 관계를 유지함으로써 고객을 평생고객으로 만드는 고객관계 관리가 중요하다.

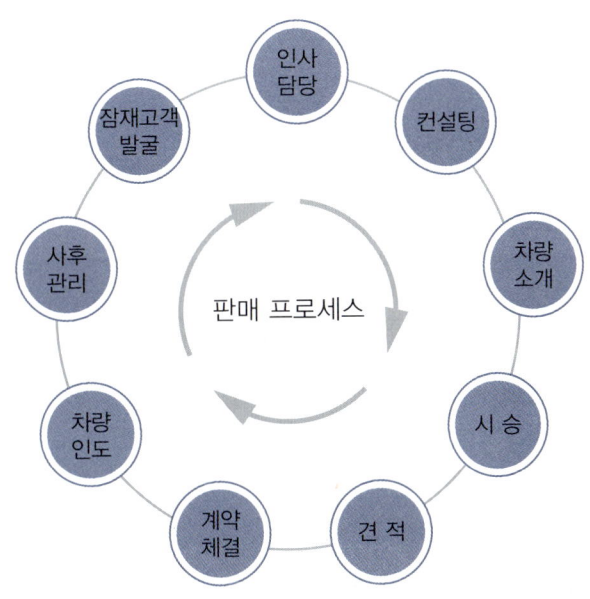

[자동차 판매 프로세스]

3 신규고객 발굴

자동차 분야 마케팅에서 한번 고객이 영원한 고객일 수는 없다. 새로운 차종이 출시되면 경쟁사로 언제든지 옮길 수 있고, 같은 회사 내의 다른 세일즈 컨설턴트로 상담과 구매담당자를 바꿀 수도 있다. 해마다 수십 개의 새로운 차종이 출시되고 있는 현실에서는 더욱 그렇다.

철저한 고객관리로 기존고객을 유지하는 것이 무엇보다 중요하지만, 새로운 고객을 유치하려고 노력하지 않는다면 성공하는 세일즈 컨설턴트가 될 수 없다. 고객의 구매 선택이 변화할 수 있다는 것은 반대로 말하면, 다른 경쟁업체의 고객도 우리 고객으로 만들 수 있다는 의미이기도 하다. 신규 개척이 매우 중요한 것은 사실이다. 신규고객을 확보하려면 어떻게 관리하여야 하는가?

(1) 기존고객을 통한 신규고객 발굴

기존의 고객이 세일즈 컨설턴트로부터 좋은 이미지를 가지고 있다면, 고객 스스로가 영업사원의 역할을 하여 판촉 동반자의 역할을 하는 동시에, 타인에게 추천하여 이것이 판매로 연결되어 좋은 결과를 맺을 것이다.

(2) 기술변화 및 산업의 변화에 대응

자동차 산업은 하루가 다르게 변화하고 발전을 거듭하고 있다. 새로운 시스템의 개발과 새로운 기술의 적용으로 잠시도 안주할 수 없을 정도로 빠르게 변화하고 있다. 이러한 상황에 맞도록 민감하게 반응해서 새로운 지식을 습득하고 필요한 정보들을 반영하여 신규고객을 언제든지 유치할 수 있는 준비가 되어 있어야 한다.

(3) 고객 리드능력

자동차의 구조, 성능, 제작과정을 포함하여 등록 관련 법규, 보험, 세제 혜택 그리고 프로모션 관련 법규에 대해 상세하고 해박한 지식을 가지고, 자동차 마케팅에 대하여 정확히 파악하고 꿰뚫고 있다면, 고객과 대면했을 때 자신감 있고 확신에 찬 상담을 진행할 수 있게 되고, 이는 자연스럽게 신규 거래처 확보로 연결될 수 있다.

(4) 신규 가망고객에 대한 정보 확보

신규고객에 관하여 가능한 한 많은 정보를 확보해야 한다. 신규고객의 개인적인 성향, 취미, 관심영역 등 다양한 정보를 취득하고 확보하여야만, 다양한 마케팅 전략 중에 신규고객에게 맞는 맞춤형 전략을 적용할 수 있기 때문이다.

(5) 전시장 방문고객을 판매로 신규고객 확보

전시장을 직접 방문하는 신규 방문고객은 제품에 관한 관심이 있거나 필요로 하는 가망고객이므로 최우선으로 상담하여 판매성과를 이루어야 한다. 이러한 가망고객은 잠재고객으로부터 발전되기 때문에 많은 수의 잠재고객을 확보하는 것이 필요하다. 가망고객이나 잠재고객의 확보가 중요함은 방문판매에서 고객 발굴이 핵심적인 역할을 한다는 것을 의미한다. 전시장을 방문한 고객은 자발적인 구매의지를 가지고 있으므로, 전시장을 방문한 모든 고객을 대상으로 판매활동을 적극적으로 할 수밖에 없다. 하지만 전시장 방문 판매에서 모든 고객이 가망고객이나 잠재고객이 아니므로, 고객들을 대상으로 이를 구분하는 고객 발굴이 필요하게 된다. 특히 잠재고객을 발전시켜서 가망고객으로 만들 수 있으므로, 많은 수의 잠재고객을 발굴해 나가는 것이 이루어져야 한다.

(6) 효율적인 고객정보를 수집

① 고객정보의 필요성을 정확하게 알아야 한다.

고객정보의 필요성에 대해서 관리자 자신이 정확하게 인식하는 것이 중요하다. 직원들을 관리하는 관리자의 생각이 정확하지 않다면, 직원들은 그 사실들을 민감하게 생각하지 않기 때문에 정확하고 필요한 정보를 얻을 수 없게 된다. 업무를 시작하기 전에 고객정보의 필요성에 대해 정리해두어야 한다.

② 고객정보 내용을 명확하게 파악한다.

고객의 구매동기, 경영전략, 재무상황 등 고객정보는 다양하므로 세일즈 컨설턴트가 고객정보를 수집하기 전에 어떤 고객정보를 수집하면 좋은지를 구체적이고 명확하게 파악하여야 한다. 필요하다면 매뉴얼로 정리해두는 것도 좋다. 고객정보는 다음 상품판매를 위한 영업으로도 이어지기 때문에 모든 정보가 중요하다고 할 수 있다. 어떤 고객정보가 어떤 영업활동을 진행하는 데 필요한 것인지 명확히 해두고, 유익한 고객정보의 내용이 어떤 것인지를 보다 구체적이고 분명하게 기록해두어야 한다.

③ 고객정보를 프로그램화하여 관리한다.

구체적이고 명확한 고객정보 내용을 확정했다면, 그 고객정보를 어디서 어떻게 수집하면 좋을지를 기획해야 한다. 방법 중에는 상담 중에 필요로 하는 고객정보를 질문형식으로 끌어낼 것인가, 아니면 고객이 방문했을 때 게시판이나 게시물 등을 보고 파악할 것인가, 혹은 지인들을 통해 파악할 것인가 등이 있다. 비록 사소한 정보라 할지라도 파악된 정보들은 프로그램에 입력하여 고객들이 방문할 때 대응할 수 있도록 정리해두어야 한다.

④ 수집된 고객정보를 정확하게 입력해야 한다.

고객정보 중에는 실시간(real time)으로 활용되는 것이 있는가 하면, 다소 많은 시간을 들여 수집하고 분석하여 영업활동에 활용하는 사례도 있다. 고객의 사업과 연관되는 사업 분야에 큰 문제가 발생한다는 정보는 조금이라도 빨리 파악하여 그 고객에게 알려주어야 한다. 반대로, 단체나 기업을 상대할 때는 거래하면서 꾸준히 모은 기업의 담당자, 대금결제담당자의 성격, 취미, 특성처럼 축적되어야 비로소 영업활동에 활용할 수 있는 것도 있다. 따라서 이와 같은 고객정보는 영업부문의 공통 정보로써 입력해두는 것이 중요하다.

고객정보 관리의 중요성	고객정보관리 활용도구
• 효율적인 고객관리 가능 • 가망고객의 차량구매 시기 예측가능 • 지속적인 관리로 경작형 영업가능 • 고객의 Needs 파악의 수단 • 가망 및 출고고객 주변의 신규고객 탐색	• One-stop System • 개인 메모 수첩 • 테블릿 PC

[고객정보 관리의 중요성]

 지식 IN

고객정보 관련 법규 및 수집활동 시 주의할 사항

① 고객이 자발적으로 정보 수집에 참여하도록 하여야 한다.

고객정보는 고객 개개인에 대한 개인정보이기 때문에 타인에 의해 정보를 요구하고 동의한 후 제공하는 것보다는, 가능하면 고객 스스로의 필요에 따라 고객정보를 기재하게 하는 것이 가장 좋다. 정보수집 시 주의할 사항은 고객정보에 대한 필요성과 활용성에 대한 이해가 우선되어야 한다는 것이다.

② 「개인정보 보호법」과 관련한 사항을 준수하여 개인정보를 수집하여야 한다.

고객정보는 고객으로서는 「개인정보 보호법」(법률 제14839호)과 연계될 수 있다는 점에서 민감하게 반응할 수 있으므로, 「개인정보 보호법」과 관련 있는 사항은 반드시 고객에게 정보수집 및 이용 목적에 관한 동의를 얻고 수집되어야 한다.

⟨※ 관련법규⟩

개인정보의 수집·이용(개인정보 보호법 제15조)

① 개인정보처리자는 다음 각 호의 어느 하나에 해당하는 경우에는 개인정보를 수집할 수 있으며, 그 수집 목적의 범위에서 이용할 수 있다.
  1. 정보주체의 동의를 받은 경우
  2. 법률에 특별한 규정이 있거나 법령상 의무를 준수하기 위하여 불가피한 경우
  3. 공공기관이 법령 등에서 정하는 소관 업무의 수행을 위하여 불가피한 경우
  4. 정보주체와의 계약의 체결 및 이행을 위하여 불가피하게 필요한 경우
  5. 정보주체 또는 그 법정대리인이 의사표시를 할 수 없는 상태에 있거나 주소불명 등으로 사전 동의를 받을 수 없는 경우로서 명백히 정보주체 또는 제3자의 급박한 생명, 신체, 재산의 이익을 위하여 필요하다고 인정되는 경우
  6. 개인정보처리자의 정당한 이익을 달성하기 위하여 필요한 경우로서 명백하게 정보주체의 권리보다 우선하는 경우. 이 경우 개인정보처리자의 정당한 이익과 상당한 관련이 있고 합리적인 범위를 초과하지 아니하는 경우에 한한다.
② 개인정보처리자는 제1항 제1호에 따른 동의를 받을 때에는 다음 각 호의 사항을 정보주체에게 알려야 한다. 다음 각 호의 어느 하나의 사항을 변경하는 경우에도 이를 알리고 동의를 받아야 한다.
  1. 개인정보의 수집·이용 목적
  2. 수집하려는 개인정보의 항목
  3. 개인정보의 보유 및 이용기간
  4. 동의를 거부할 권리가 있다는 사실 및 동의 거부에 따른 불이익이 있는 경우에는 그 불이익의 내용

개인정보의 파기(개인정보 보호법 제21조)

① 개인정보처리자는 보유기간의 경과, 개인정보의 처리 목적 달성 등 그 개인정보가 불필요하게 되었을 때에는 지체 없이 그 개인정보를 파기하여야 한다. 다만, 다른 법령에 따라 보존하여야 하는 경우에는 그러하지 아니하다.
② 개인정보처리자가 제1항에 따라 개인정보를 파기할 때에는 복구 또는 재생되지 아니하도록 조치하여야 한다.
③ 개인정보처리자가 제1항 단서에 따라 개인정보를 파기하지 아니하고 보존하여야 하는 경우에는 해당 개인정보 또는 개인정보파일을 다른 개인정보와 분리하여서 저장·관리하여야 한다.
④ 개인정보의 파기방법 및 절차 등에 필요한 사항은 대통령령으로 정한다.

4 신규고객 발굴 절차

신규고객 관리 및 발굴에 대한 표준절차를 마련하여 영업에 대한 체계적인 관리가 이루어질 수 있도록 하여야 한다.

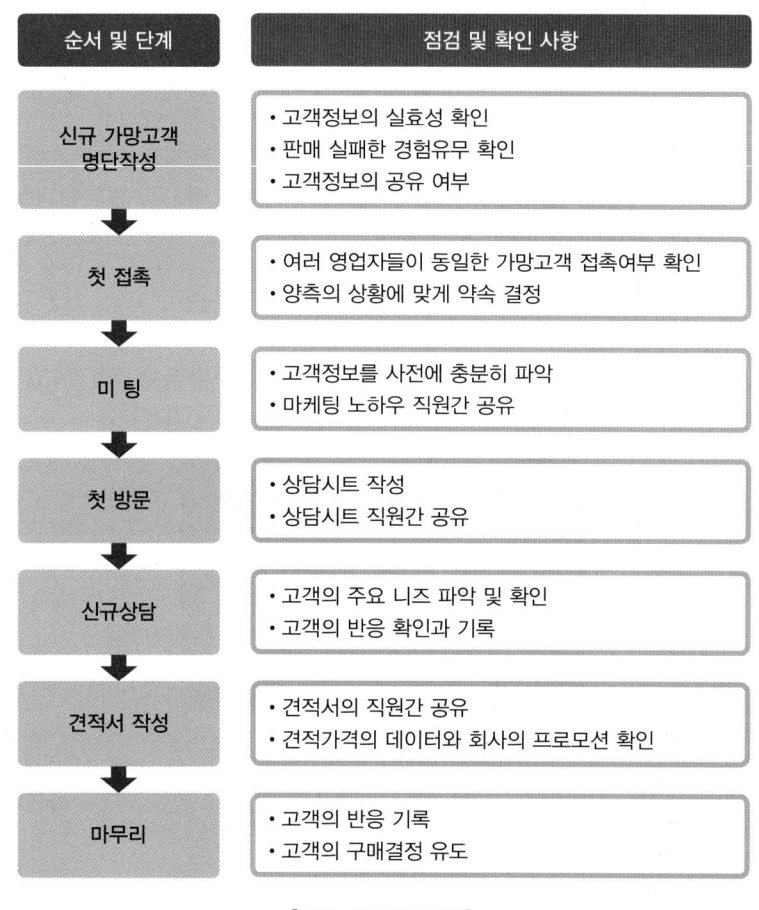

[신규고객 발굴 절차]

(1) 전시장에서의 가망고객

① 이상적인 프로세스
 ㉠ 안내직원은 세일즈 컨설턴트에게 고객을 인도하거나 고객이 원하는 정보를 제공한다.
 ㉡ 필요할 경우 안내직원은 고객에게 세일즈 컨설턴트의 명함을 전달한다.
 ㉢ 고객이 전시장을 떠나기 전에 가망고객의 이름, 주소, 전화번호를 확보한다.

② 고객정보는 데이터베이스에 기록되며, 고객과의 향후 접촉이 가능해진다.

② 프로스팩팅(Prospecting)

프로스팩팅(Prospecting)이란 자격을 갖춘 잠재고객을 찾는 과정을 말하는 것으로서, 자동차 영업활동은 프로스팩팅 프로그램에 의해 진행된다. 계획적인 판매활동의 가장 유효한 수단과 방법은 '고객관리'이다.

㉠ 계획적인 활동의 중요성

계획성이 없는 영업활동은 항해용 지도나 나침반이 없이 출항하는 외항선과 같다. 그러므로 세일즈 컨설턴트는 개인의 경험과 감각에 의존하기보다는 영업활동의 정보를 수집하고 분석하여 다음 영업활동에 반영해야 한다. 계획적인 판매활동은 다음과 같은 이점이 있다.

- 판매활동에 있어 낭비요소를 제거하고 효율적인 활동이 되도록 한다.
- 적은 노력으로 보다 많은 효과를 기대할 수 있다.
- 목표달성에 의한 일의 충실감으로 의욕향상과 자신감이 생긴다.
- 매너리즘이나 슬럼프를 방지할 수 있다.
- 목표 미달성의 부진 원인 파악이 용이하다.
- 자기관리가 가능하다.

㉡ '형편 되는대로의 판매'와 '계획적인 판매'의 비교

형편 되는대로의 판매	계획적인 판매
주관적이고 합리적인 논리가 없다.	객관적이고 논리가 정연하다.
자기 자신밖에 이해가 안 된다.	누구에게도 이해가 된다.
요령을 터득하는 데 오래 걸린다.	짧은 기간에 요령을 터득한다.
표준화가 어렵다.	표준화가 쉽다.
항상 낭비와 무리가 생긴다.	효율성과 확실성이 높다.

㉢ 프로스팩팅(Prospecting) 전 고객기초자료

- 고객관리대장 : 모든 전산자료에 고객정보를 입력하기 위해서는 세일즈 컨설턴트들이 기록한 고객의 정보와 활동내용이 필요하다. 고객관리대장은 전산입력 작업의 기초가 되며, 고객관리대장을 항상 휴대함으로써 영업활동에 반영할 수 있다.

    ※ 운용상 이점

    영업활동을 하면서 체계적인 고객관리대장을 작성할 수 있다. 세일즈 컨설턴트의 영업활동상을 고객관리대장을 이용하여 평가할 수 있다. 세일즈 컨설턴트의 특징을 살려 가장 적게 작성할 수 있도록 제정되었다. 모든 세일즈 컨설턴트들이 다이어리를 대신할 수 있으며, 전산작업의 기초자료로 활용할 수 있다.

- 출고대장 : 세일즈 컨설턴트들이 항상 소지하고 다니며 출고된 고객을 수시로 영업활동 중에 관리할 수 있고, 본인의 영업활동에 대한 평가 및 분석자료로 활용할 수 있다.

- 프로스팩팅(Prospecting)의 개념 및 흐름

고객관리대장	체크포인트
당직일지	• 고객관리대장을 이용한 고객분류 • 정확한 고객정보 • 전산 입력 후 지속적인 고객관리
소개고객	• 소개자를 상대로 가망고객의 Needs 증가 • 관심고객과 소개고객을 구분하여 관리 • 소개고객에게 관심증대
발굴고객	• 계획적인 정보의 기록, 입력 • 가망성이 있는지를 수시로 파악 • 계약을 유도할 수 있도록 집중관리
전화상담고객	• 방문시기 수립 • 구매가능성 타진 • 장기적인 관리의 필요성 판단
가망고객, 전시장 방문고객	• 누구와 경합이 되었는지 전산으로 검색 • 구매의사를 조기에 타진 가능 • 고객의 구매 욕구를 최대한 활용 • 한번 접촉한 고객은 지속적으로 관리
판매활동 집계표	• 현재 컨설턴트의 영업성과를 분석 • 향후 판매실적을 예측 • 본인의 영업목표 수립 및 목표달성

③ 세일즈 컨설턴트가 필요한 우선고객 리스트

㉠ 본인이 출고한 고객 리스트

㉡ 세일즈 컨설턴트 다이어리에 있는 가망고객(고객관리대장)

㉢ 한국에서 자동차를 보유한 고객 리스트

㉣ 한국에서 2000cc 이상 소유고객 리스트

㉤ 상장회사 및 중상장회사 리스트

㉥ 전문직종의 종사자(연예인협회, 의사협회, 변호사협회, 로터리클럽, 라이온스클럽)

㉦ 고소득자 리스트

㉧ 퇴사한 세일즈 컨설턴트의 출고고객 리스트 및 가망고객 리스트

- 출고대수 → 출고율 = $\dfrac{출고대수}{계약대수} \times 100$

- 계약대수 → 계약율 = $\dfrac{계약대수}{\text{Hot 고객수}} \times 100$

- Hot 고객수 → Hot 고객발생률 = $\dfrac{\text{Hot 고객수}}{가망고객수} \times 100$

- 가망고객수 → 가망고객발생률 = $\dfrac{가망고객수}{유효방문횟수} \times 100$

- 유효방문횟수 → 유효방문률 = $\dfrac{유효방문횟수}{총방문횟수} \times 100$

④ 표준활동과 시간관리
  ㉠ 세일즈 컨설턴트의 성공은 주어진 시간을 어떻게 활용하느냐에 따라 결정되어지는 것이다. 즉, 표준활동을 능률적이고 실효성 있게 해나가는 데 성공의 열쇠가 있는 것이다.

실제적이고 효과적인 시간 관리를 하려면
먼저 당신의 현재 시간 사용 분석부터 하라!

1. 1년에 얼마나 많은 시간을 차 안에서 보내는가?
2. 고객과의 약속이나 그 밖의 장소에서 기다리느라 잃어버리는 시간이 얼마나 되는가?
3. 사무실에서 얼마나 많은 시간동안 일하는가?
4. 사무실에서 일하는 동안 어떤 형태의 일이 대부분의 시간을 차지하는가?
5. 당신의 판매활동 중 실제 판매시간, 즉 고객과의 대면 시간은 어느 정도인가?
6. 고객을 등급별로 나누었을 때, 각각 얼마만큼의 시간을 할애하는가?
7. 새로운 고객을 확보하기 위해 당신이 투자하는 시간은 얼마인가?
8. 당신의 자유시간은 얼마인가?

[현재 시간 사용 분석을 위한 질문]

  ㉡ 표준활동 시 유의사항
   • 방문시간은 고객본위로 결정하는 것이 중요하다.
   • 고객과의 상담은 차등을 두어야 한다.

- A고객 : 20분 이상 ×수시(전화연락)
- B고객 : 10분 이상 ×2회(고객관리)
- C고객 : 5분 이내 ×1회(고객관리)

- '계획 → 실행 → 검토'의 과정을 매일 반복한다.
- 자신의 활동량을 바이오리듬에 의해 조정한다.

활동기준
1개월간 활동일수 ..... 일
하루 활동시간 .... 시간
하루 방문건수 .... 건

방문건수	신규고객	재방고객
1일 ( )방 이상	1일 ( )명 이상	1일 ( )명 이상

- 세일즈맨의 성공은 주어진 시간을 어떻게 활용하느냐에 따라 결정된다.
- 표준활동을 능률적이고 실효성 있게 해 나가는데 성공의 열쇠이다.

[표준활동과 시간관리]

ⓒ 프로 컨설턴트의 표준활동

항 목	목표(예시)	비 고
월간 출고대수	3대	출고율 85%
월간 계약대수	4대	Hot고객 계약율 70%
일일 A급 가망고객 개방	1명	Hot고객 향상율 20%
일일 B급 가망고객 개방	2명	B, C급 가망고객발생율 20%
일일 유효 방문횟수	10명	유효방문율 20%
일일 총 방문횟수	10명	단순방문포함
우수고객(유지확보)	500명	소개활용고객
일일 Tel-Call	15통	Happy Call 방문예약 등
일일 잡지배포	5통	직접배포
일일 축전	2통	생일, 출고기념, 감사 등
판매협력자(유지확보)	50명	Bird Dog 유지

일일 총 활동시간	9시간	상담시간, 전화, 방문
실판매활동시간	4시간	상담시간
고객전산관리	2,000매	고객전산 관리기준
일일 자기독서	30분	카탈로그 및 제원표 숙지
일일 정보관리	1시간	고객관리 및 리스트 작성

⑤ 활동시간관리

세일즈 컨설턴트의 실적을 올리기 위해 관건이 되는 것 중 하나는 시간관리 방법이다. 세일즈 컨설턴트는 적절한 시간 사용방법을 연구하여 그것을 습관화하는 것이 필요하다. "성공은 시간과의 싸움"이라는 말이 있듯이, 아무리 훌륭한 계획이라 할지라도 시간을 무시하면 성공할 수 없다.

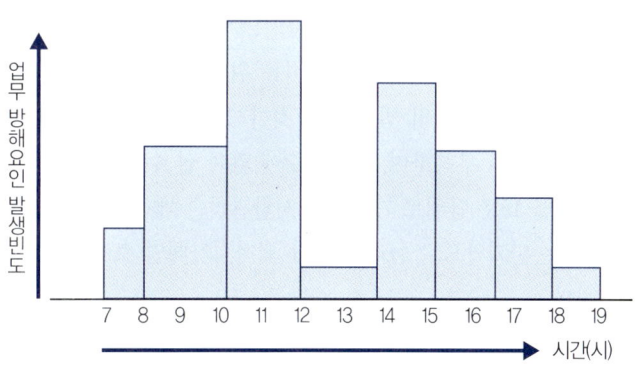

[일일업무 방해요인 그래프]

효율적인 세부계획을 실천하기 위한 '시간활용의 10가지 원칙'을 제시한다.

① 시간을 의식할 것
② 신속한 처리를 마음에 새길 것
③ 동시처리를 할 것
④ 일을 간소화 할 것
⑤ 리듬을 활용할 것
⑥ 일의 자동화와 표준화를 꾀할 것
⑦ 기다리는 시간, 자투리의 시간을 활용할 것
⑧ 다른 사람의 시간을 도용할 것
⑨ 전산을 활용할 것
⑩ 자신의 행동을 빠르게 할 것

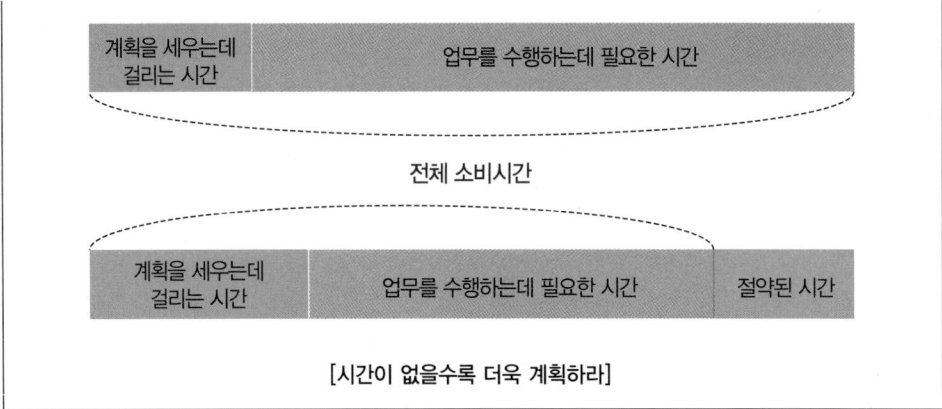

[시간이 없을수록 더욱 계획하라]

⑥ 방문활동 시간활용 포인트

컨설턴트의 판매시간 조사에 따르면, 보통의 컨설턴트의 경우 하루 업무시간 중 실제 판매 즉, 가망고객과의 면담에 사용되는 시간은 3분의 1밖에 되지 않고, 나머지는 면담과 면담 사이의 이동시간이나 대기시간 그리고 판매의 준비를 위한 업무계획, 업무처리, 정보수집 등에 소요된다고 한다. 판매에는 '평균의 법칙'이란 것이 있다. 판매성적을 올리기 위해서는 성공률을 높이기 위한 활동만으로 부족하며, 방문횟수에 많이 설 수 있기 위해 판매시간을 늘려야 한다.

㉠ 영업활동 시간을 15분 단위로 기록하여 시간관리를 개선한다.
㉡ Paper Work는 마지막으로 돌리고 상담 최적시간대인 오전 10시부터~오후 5시까지를 최대한 활용한다.
㉢ 다음과 같은 불필요한 행동을 그만두어 시간을 절약한다.
- 고객을 기다리는 일
- 가능성 없는 사람과 대화하는 일
- 가능성 없는 제품에 대해 이야기하는 일
- 고객의 구매력을 오산하는 일
- 휴식시간을 너무 길게 갖는 일

㉣ 항상 업무계획을 수립한다.
㉤ 고객의 업무습관을 고려한다.

5 정보 활용

(1) 정보 활용

자동차 판매실적은 정보의 활용에 따라 크게 차이가 난다. 영업활동이란 새로운 고객을 개척하고 기존고객을 관리하는 것이다. 시장을 개척하는 방법은 정보에 의한 개척, 직접방문에 의한 개척, DM이나 전화에 의한 개척 등이 있다. 이 가운데 정보에 의한 고객 발굴은 다음과 같다.

① 상장회사 일람표
② 자동차 소유고객
③ 각종 인명부 : 의사회, 약사회, 로터리클럽, 라이온스클럽 등
④ 각종 유명 연예인 및 전문 직종 종사자

(2) 가망고객 방문

고객과 직접 만나는 것이 가장 효과적인 판매방법이다. 방문 없이는 상담도, 계약도 없다.

① **자료, 정보방문** : 고객에 관한 정보, 소개, 재방문 등을 토대로 계획적으로 방문하는 것으로써 유효방문율이 높다.
② **차종별 방문** : 차종별, 연식별, 스타일별 정보를 가지고 방문하는 것이다.
③ **가망고객 방문** : 계속방문, 사전 약속방문 등 고객의 가망도에 따라 방문하는 것으로서 유효방문율이 높다.

(3) 인맥 개척법

컨설턴트의 성공여부는 인간관계에 달려있고, 인간관계가 인맥(Human Network)을 조작하고 활용하는 데 있다고 할 때, 컨설턴트는 누구보다도 적극적인 인맥의 개발과 관리가 필요하다.

① 인맥을 만드는 포인트

인맥 만들기에는 두 가지 방식이 있다. 첫째는 '기존의 인간관계를 유지·강화하는 것'이고, 둘째는 개척정신에 입각하여 '새로운 인간관계를 넓혀가는 것'이다. 이런 인맥 만들기의 포인트는 다음과 같다.

㉠ 'Give & Take' 정신에 철저해야 한다.
㉡ 인간관계의 기본은 눈앞에 있는 이익을 따지지 말고 사귀어야 한다.
㉢ 평생의 인맥은 양보다 질을 추구해야 한다.
㉣ 인간관계는 사람에 대한 호감에서 비롯된다.
㉤ 인맥을 만드는 데에는 투자를 아끼지 말아야 한다.

② 인맥개발의 보조수단
　㉠ 프로스팩팅(Prospecting)
　　인명관리, 명함관리, 주소록관리 프로그램의 활용으로 이름, 생년월일, 주소, 취미, 가족사항, 직업 등의 모든 정보를 수록하고 활용한다.
　㉡ 명 함
　　명함은 처음 만날 때 교환하는 것으로써 인맥관리의 기초이며 인맥 사전이 된다.
　㉢ 편지, 팩스, 전화
　　상대방의 경조사나 사업관계 등에 관하여 늘 관심과 애정을 나타내는 커뮤니케이션의 수단으로 편지, 메일, 전화를 활용한다.

③ 인맥개척
　㉠ 가망고객 소개
　　자동차를 타는 고객 주위에는 항상 가망고객이 존재한다. 특히 접촉하기 어려운 연예인이나 의사, 변호사들은 의외의 한 번의 긴밀한 접촉을 통해 연쇄적으로 자동차 구입 가망고객을 발굴할 수 있다.

[가망고객 분류]

　㉡ Hot-Customer 소개법
　　한 고객이 다른 사람을 연쇄적으로 몇 사람씩 소개하는 무한소개방법(Endless Chain)은 소개자와 컨설턴트의 신뢰관계가 매우 두터울 때 엄청난 위력을 발휘한다.

④ 소개판매
　방문판매의 효과적인 수단으로 소개판매가 있다. 통계적으로 볼 때, 차를 소유하고 있는 고객

위주로 구매가 발생한다는 것이다. 한국 자동차 시장의 판매 장애요소 중 남의 이목 및 세무조사를 우려하는 고객 심리에 의존하려는 소비패턴으로, 소개자를 매개체로 이용하여 시장을 개척하는 방법이 성공률이 높다.

> **지식 IN**
>
> **소개 이용 포인트**
>
> - 소개를 의뢰하는 상대방에게 신뢰감을 준다.
>   소개를 의뢰하는 상대방은 대부분의 기존고객인 경우가 많다. 따라서 기존고객은 물론 모든 가망고객에게 처음부터 신뢰를 받도록 한다.
> - 소개를 의뢰하는 타이밍을 고려한다.
>   소개는 소개자의 상품과 서비스에 대해 만족할 때에 쉽게 이루어진다. 따라서 납품시가 소개의뢰의 최적의 타이밍이 되고, 납품 후 만족할 만한 서비스가 이루어질 때도 소개의뢰의 적기가 된다.
> - 소개받는 고객은 철저히 조사한다.
>   소개받은 가망고객에 대하여 연령, 직업, 근무처, 직위, 성격, 취미, 가족관계 등을 철저히 조사하여 원활한 대화가 이루어지도록 한다.
> - 소개에 대한 감사를 잊지 않는다.
>   소개에 대해서는 반드시 중간 진행상황이나 결과를 보고하여 소개자가 알 수 있도록 하고, 구매 시는 물론 소개 시마다 반드시 감사와 함께 기분 좋은 사례를 잊지 않도록 해야 한다.

⑤ 무한 연쇄 소개법

㉠ 특정고객의 신뢰감을 바탕으로 다른 가망고객을 소개받는다. 그리고 이러한 과정을 반복해서 무한으로 확충해가는 것을 무한 연쇄 소개법(Endless Chain)이라고 하며, 프로 세일즈 컨설턴트에게 있어서는 가장 유효한 판매방법이다.

㉡ 소개 가운데에 가장 유력한 소개원은 '기존고객'이며 특히 '우수고객'이다. 이 고객이 다시 고객을 소개해주고, 또 다른 고객을 이어주어 고객수를 넓혀가는 것이다.

㉢ 무한 연쇄 소개법이 성공하려면 고객관리가 철저한 컨설턴트에게만 가능하다. 고객이 컨설턴트의 인물 됨됨이를 보고 나름대로 평가를 한 뒤 만족감, 신뢰감 또는 감사의 마음을 가질 때 비로소 '판매의 왕도'라고 하는 연쇄 소개법의 길이 열리는 것이다.

⑥ 다이렉트 메일(Direct Mail)

㉠ 좋은 기억에 남는 DM은 최소의 비용으로 최대효과를 올리는 가장 유효한 수단이다. 다이렉트 메일(Direct Mail, DM)이란, 어떤 상품을 판매하기 위하여 개인을 대상으로 우편에 의해 행해지는 고객개발활동을 말한다. 이 DM은 필요한 대상층에 제품을 소개할 수 있는 이점이 있는 반면에, 정확한 명단수집과 관리의 애로사항을 함께 가지고 있다.

[DM의 종류와 용도]

DM의 종류	• 신 모델 소개, 신 모델 전시회, 시승회 안내 DM • 매거진 및 모델 체인지에 따른 새로운 카탈로그 발송 • 사용자(User)에 대한 교체촉진 DM • 고객에게 소개를 의뢰하는 DM 등
DM의 대상과 용도	• 자동차 보유고객, A/S안내 • 이미지 관리에 따른 BMW 잡지 발송 • 테리토리별, 직업별 가망차종 고객 DM • 차종별 · 연식별 · 배기량별 예상고객 DM • 가망고객 DM 등

ⓒ DM은 서신, 카탈로그, 매거진, PR지 등 우송이 가능한 모든 것을 이용할 수 있으며, 저렴한 비용으로 시간을 절약하면서 효과적인 판촉활동을 할 수 있어 많이 활용되고 있다. 뿐만 아니라 최근 이메일을 통해 개인의 홈페이지 혹은 홍보파일을 만들어 발송하는 것도 좋은 방법이다.

ⓒ DM으로 인한 고객상담 증대
- 신규방문, 계속방문을 쉽게 만든다.
- 방문하기 쉽지 않은 곳에 자기 의사를 전할 수 있다.
- 방문면담보다 전혀 다른 성실한 인상을 줄 수 있다.
- DM이 들어간 날부터 1~2일 후 전화상담이 용이하다.
- 전화로 방문허락을 받으면 방문활동을 시작한다.

[DM 사용의 3가지 원칙]

DM의 성공 포인트

- 정성과 독창적인 DM을 보내는 세일즈 컨설턴트만이 고객의 마음을 움직일 수 있다.
- 인상에 남는 DM, 버릴 수 없는 DM, 고객에게 이익이 되는 DM을 보낸다.
- 가망고객의 리스트를 잘 선정하여 전달하는 것이 가장 중요하다.
- DM 발송시기가 적절한 타이밍에 이루어져야 한다.
  - 신 모델 출시, 이벤트 개최 시
  - 최초 방문 전 또는 재방문 전
  - 개업 등 경조사 발생시
  - 서비스 안내
  - 기존고객에 대한 감사
- DM은 **표현** 면에서 특징이 있어야 한다.
  - 가능한 한 자필이나 개인적인 편지(사신, 私信) 형태
  - 데이터베이스에 따른 전산으로 관리(프로스팩팅)
  - 계절에 맞는 인사 및 문안인사
  - 알기 쉬운 문장으로 작성
- DM의 관리를 지속적으로 한다.
  - 지속적인 유대관계를 위한 DM 명단관리
  - DM 수신 여부 확인 및 2차, 3차 DM 방향설정
- DM은 매일 5~10통씩 일과 활동처럼 꾸준히 한다.

⑦ 전화이용

현대는 정보통신의 시대이며, 전화는 정보통신의 총아이다. IMF이후 자동차의 부족한 영업력에 따른 신제도의 영업방법은 텔레마케팅을 활용하는 것이며 이는 컨설턴트의 기본이다. 마케팅활동에 전화를 활용하는 것을 크게 광범위한 의미의 '텔레마케팅'과 협의의 방문판매활동에 이용하는 '텔콜(Tel-Call)'로 나눌 수 있다.

㉠ 텔레마케팅의 개념

텔레마케팅(Telemarketing)이란 '텔레커뮤니케이션'과 '마케팅'의 합성어로 전화를 정보통신 매체로 하여 체계적·계획적으로 활용하는 새로운 마케팅 기법이다. 따라서 전화를 판매활동에 단순히 이용하는 전화판매(Telephone Sales) 또는 전화방문(Tel-Call)과는 다른 광의적·조직적 판매활동이라고 할 수 있다.

㉡ 텔레마케팅의 운용

텔레마케팅은 고객과 직접 전화를 통해서 이루어지는 다이렉트 마케팅의 하나이며, 한 명의 컨설턴트가 배가 이상의 영업이익 및 활동을 증가할 수 있는 기초가 될 수 있다.

ⓒ 텔레마케팅의 활용
- 판매촉진

항 목	주요내용 및 목적
방문약속	가망고객에게 Happy Call로 구매유도 및 방문약속
계속판촉	대차시기 도래 전 자사제품 구매유도(신 모델 안내 등)
구매감사	구매 후 감사전화
이벤트 안내	신 모델 발표회, 전시회, 전시장 개설 이전, 캠페인 등

- 시장조사 : 제품관련 구매자와 성향분석, 의식조사, 인지도조사, 광고효과조사를 회사 또는 컨설턴트가 텔레마케팅으로 관리한다.

ⓔ 텔레마케팅의 개발과 관리

텔레마케팅의 성패는 고객에 대한 정보 데이터베이스를 얼마나 잘 관리하고 활용하느냐에 달려있다. 고객정보 데이터베이스를 통해 가망고객을 구분하면 복합적인 판매활동을 할 수 있다.

⑧ SMS 이용

㉠ SMS란 단문 메시지 서비스(Short Message Service)의 약어로 휴대전화를 이용하는 사람들이 별도의 다른 장비를 사용하지 않고 휴대전화로 짧은 메시지를 주고받을 수 있는 서비스를 말한다. 흔히 '문자 메시지'라고도 한다.

㉡ SMS를 이용하여 고객에게 간편하고 간단한 메시지를 전달할 수 있는 것도 영업 활용도구의 중요한 수단으로써, 최근 IT시대와 관련해서 DM이나 카드, 우편물을 대신하여 SMS를 이용하는 빈도가 늘어나고 있다. 휴대전화를 이용하여 고객에게 신속하고 명확한 메시지를 전달하는 것은 세일즈 컨설턴트가 가장 많이 활용하는 고객접촉 수단이다.

 지식 IN

1:1:1:3법

가망고객 상담은 고객은 평균적으로 3일 안에 차량구매와 구매결정을 내린다는 가정 하에 고객과의 접촉 포인트를 정의내린 것으로, 고객이 전시장에 방문했을 때 1시간 안에 감사의 SMS를 보내고, 1일 안에 고객에게 차량상담에 관련된 안내전화를 하며, 1일 안에 고객상담에서 제공하지 못했던 자료를 우편으로 발송하는 것을 말한다.

(4) 판매 고객관리

> 포유류가 치열한 생존 경쟁에서 지금까지 건재하여 만물의 영장으로 존재할 수 있는 것은 그들이 강해서도 아니고 지능이 뛰어나서도 아니다. 오직 그들이 변화에 가장 잘 적응했기 때문이다.
> – 데일 카네기

몇 년 전까지만 해도 도저히 수용할 수 없었던 것을 지금은 이해할 수 있다는 말을 하는 것을 보면 세월이 흐름에 따라 생각도 변화하는 듯하다. 10년이면 강산도 변한다지만 빠르게 발전하는 시대 흐름에 이제는 10년이 아닌, 단 1년만에도 엄청난 변화가 일어나고 있다. 이러한 속도로 변하는 시장에 있는 고객들의 의식도 그 속도에 맞추어 빠르게 변화하게 되었다.

발전된 시대에 맞는 제품을 개발하지 못하면 시장에서 도태되듯이, 변화되고 있는 고객의식을 이해하지 못하면 고객에게 외면당할 수밖에 없게 된다. 아무리 훌륭한 고객응대 방법이라도 시대의 흐름을 따르지 못하고 예전의 그것에 머물러 있다면, 고객은 절대로 당신을 뛰어난 세일즈맨이라 생각하지 않을 것이다.

① 경제적·기술적 발전으로 인한 고객들의 의식이 고급화 되었다. 이러한 의식을 인식하고 고객 서비스 방안을 개발해 나가야, 고객과의 교감을 이루어 매출로도 이어질 수 있다. 그래서 단순한 제품만이 아닌, 해당 상품의 성격에 따라 서비스 방법도 점차 개발되는 것이다.

> 고객의 의식 변화를 인지하지 못하면 '소귀에 경 읽기'가 되고 만다. 이런 상황이 되면 '최선을 다해 열심히는 하고 있는데 실적이 오르지 않는다'며 고객이 아닌 자신이 답답하고 힘들어지게 된다. 정보통신과 경제적 발달로 고객의 수준이 날로 높아지고 있다는 것을 간과하지 말아야 한다. 고객의 의식을 인지하고 병행해 나가지 않으면 자신의 고립 벽만 높아질 뿐이다.

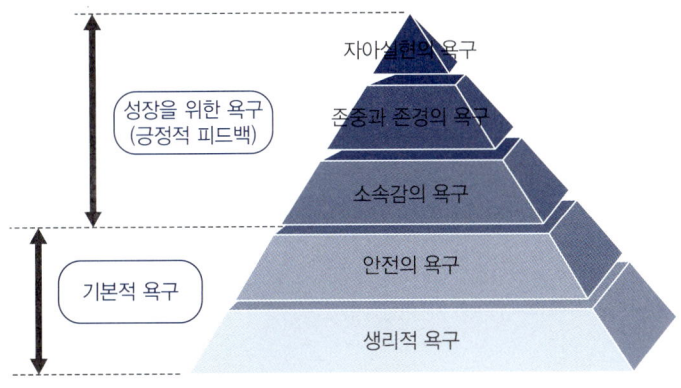

[매슬로우(Maslow)의 욕구이론]

심리학자 매슬로우(Abraham H. Maslow)는 인간의 욕구를 5단계로 설명한다.

1단계 생리적 욕구	살아가는데 필수적으로 필요한 가장 기본적인 욕구로 수면, 식욕, 성욕 등을 말한다.
2단계 안전의 욕구	생리적 욕구가 어느 정도 충족되고 나면, 정신적 · 심리적 · 육체적 · 경제적으로부터 안전을 확보하고 싶은 욕구가 나타난다.
3단계 사회적 욕구	다른 사람과 친밀한 관계를 이루거나 특별한 집단에 소속되어 소외와 고독으로부터 벗어나고 싶은, 일명 '귀속요구'라고 한다.
4단계 존경의 욕구	주변 사람들로부터 긍정적인 평가와 존경, 인정을 받고 싶어 하는 자아존중의 욕구이다. 명예, 명성이 이 욕구에 포함된다.
5단계 자아실현의 욕구	자기 발전을 이루고 자신의 잠재력을 끌어내어 극대화하려는 것으로 최고 수준의 욕구이다.

한 단계가 채워지면 다음 단계의 욕구가 생겨나게 된다. 배가 고파서 단순하게 1단계 욕구를 채우려 하는데도, 자신이 가진 경제력이나 사회적 지위를 고려하여 고급스러운 레스토랑으로 선택하는 욕구가 생기는 것이다. ⇨ '보릿고개'라는 말이 있을 정도로 가난했던 시대에는 1단계 생리적 욕구가 가장 강했지만, 경제적 발달로 배가 고픈 1단계에 자신의 경제적 · 사회적 상황에 따라 먹을거리와 장소의 선택도 하게 된다는 말이다.

가장 기본적인 욕구 충족을 위해서가 아닌, 제품을 구매하러 오는 고객은 제품의 종류에 따라 욕구와 요구가 달라지는 건 당연하다. 어떤 자동차를 선택할 것인가 하는 결정은 자신의 욕구 충족에 따라 기준도 달라진다.

② 자동차 구매 시 고려 사항 중 '안전성'은 가장 기본적인 요소이다. 이미 모든 브랜드의 자동차 기술이 상향평준화된 이 시점에서 그다지 높은 경쟁력이 아니다. 물론 자동차 회사마다 자신의 차가 안전성이 높다고 목소리를 높이지만, 매우 다른 특수한 기술로 만든 자동차가 아니라면 고객 입장에서는 선택 사항의 비교 우위가 되지 않는 시대가 된 것이다.

③ 그렇다면 자신의 욕구충족을 위해 선택하려는 자동차 매장에 들어왔을 때 구매자가 될 것인가 아닌가 하는 문제는 고객을 응대하는 세일즈 컨설턴트에 따라 달라지게 된다. 꼭 필요한 경우라면 '안전성'과 '경제성'을 고려하게 되지만, 그렇지 않은 경우는 자신이 얼마만큼 대우를 받느냐에 따라 '이 매장에서 구매할 것이다'는 결정을 내리게 된다. 이동수단으로서의 차가 필요해 구매하려는 경우보다 차를 통해 자신의 이미지나 사회적 위치를 보여 주고 싶어서인 경우가 더 많다는 것을 인지해야 한다.

④ 가장 기본적인 욕구와 그 욕구 충족을 뛰어 넘는 단계에 이르게 되면, 고객 만족이 아닌 감동으로 이어지게 된다. 자신이 취급하는 품목이 무엇인가에 따라 고객의 욕구와 충족 조건이 달라진다는 것을 인지하고 응대해야 하는 것은 기본이다.

⑤ 고객이 가지고 있는 욕구와 요구는 물론이고 생각하지 못한 대우와 서비스를 받게 되면, 다른 곳과 더 이상 비교하지 않고 당신의 고객으로 남게 된다는 것을 꼭 기억하고, 고객의 입장을 헤아리는 서비스를 해야 한다.

 지식 IN

고객을 대하는 응대규칙 조항

제1조 고객은 언제나 옳다.
제2조 의문이 생기면 다시 1조를 참조하자.
제3조 회사의 경쟁력이란 고객의 옳은 결정에 대한 지표이다.
제4조 고객이 무엇을 원하는지(Want), 무엇을 필요로 하는지(Needs)를 정확히 알고 있으면 프로이고, 모르면 아마추어이다.

(5) 잠재고객 확보

① 잠재고객 발굴

㉠ 잠재고객의 개념

잠재고객은 현재 관심과 필요가 없지만, 앞으로 차량구매나 차량의 교체에 관심이나 필요를 가질 것으로 예상할 수 있는 고객이다. 예를 들어, 현재 자동차를 보유하고 있고 차량도 오래되지는 않았지만, 앞으로 차량의 교체나 사고나 고장으로 인한 비계획적인 교체로 인한 구매가 발생할 수 있다. 즉, 잠재고객은 현재 구매를 할 가능성이 큰 가망고객은 아니지만, 향후 가망고객으로 변화될 수 있는 고객이므로, 마케팅 측면에서 장기적으로 매우 중요한 의미를 지닌다.

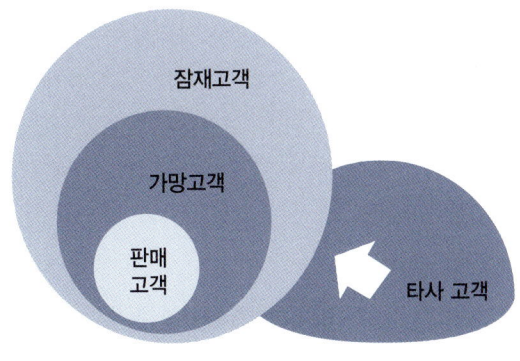

[잠재고객의 개념]

ⓛ 잠재고객의 유형

잠재고객은 세일즈 컨설턴트가 관계를 맺고 지속적인 영업활동을 통하여 가망고객으로 변화시켜야 하는 고객이다. 세일즈 컨설턴트는 잠재고객에게 바로 상품을 판매할 수 있는 것이 아니라 영업활동을 통해 관심을 불러일으키고 필요를 가질 수 있도록 설득해야 한다. 따라서 이러한 영업활동은 세일즈 컨설턴트의 입장에서 볼 때 3가지 유형의 잠재고객이 존재하게 된다.

- 지인들이나 친, 인척을 포함한 주변 인맥

  주변 인맥은 가족, 친지, 친구, 같은 사회단체에 소속된 사람, 같은 교육기관에 소속된 사람, 같은 동호회에서 활동하는 사람, 동향 또는 직업이 같은 친목회에서 활동하는 사람 등을 예로 들 수 있다. 주변의 지인들은 이미 본인과 잘 알고 있으므로 쉽게 관계를 맺고 영업활동을 적극적으로 해나갈 수 있다. 즉, 기존의 형성된 친밀감을 가지고 호의적인 상황에서 쉽고 원활한 정보교환을 해나갈 수 있다.

  또한 고객에 대한 정보를 가지고 있으므로, 이를 획득하는데 들여야 하는 시간과 노력을 상당히 줄여나갈 수 있으며, 획득된 정보를 분석하고 정리하는 데 보다 쉽고 정확하게 활용할 수 있다. 이러한 이점은 관심을 유발하고 설득을 위한 정보교환을 하는 데 유리하게 작용된다. 무엇보다도 주변의 지인들을 잠재고객으로 할 경우, 첫 방문을 하는 데 필요한 사전활동인 주의 환기를 통해 호의적인 인상을 심어주기 위한 접근활동이 쉽고 빠르게 이루어질 수 있다. 때문에 친밀감을 가진 주변의 지인들은 접근하기가 쉽고 빠르고 정확한 정보를 토대로 효과적인 진행으로 영업활동 초기에 많이 활용하게 된다.

- 지인들에게 소개받은 고객정보

  지인의 인맥을 통해 소개받는 잠재고객을 말하며, 세일즈 컨설턴트와 잠재고객 사이에서 중간 역할을 해준다. 세일즈 컨설턴트와 잠재고객과의 사이에 형성된 친밀감은 영업활동을 원활하게 하는 데 중요한 역할을 한다. 주변의 지인들로부터 소개받은 사람은 그 지인만큼의 친밀감을 가지지 못한 상태에서 잠재고객을 만나게 된다. 하지만 전혀 모르는 상태가 아니라 지인을 통해 소개가 이루어졌기 때문에, 잠재고객은 세일즈 컨설턴트에 대해 알게 되어 어느 정도 영업활동에 대한 공감을 형성하게 된다. 이러한 공감은 초기의 영업활동을 하는 데 긍정적인 영향을 주게 되고, 세일즈 컨설턴트의 호의적인 인상과 적극적인 태도에 따라 원활한 관계가 이루어질 수 있다.

- 인맥이 없는 가망 잠재고객

  전혀 알지 못하는 사이지만 구매 가능성이 존재할 것으로 예상하는 사람을 말한다. 세일즈 컨설턴트가 고객을 전혀 모르는 상태에서 접근하여 잠재고객으로 만들어 나가야 한다. 잠재고객에게 다양한 방법을 통해 접근하여 자신과의 인맥을 쌓아야 한다. 그만

큰 인맥을 활용한 잠재고객보다 세일즈 컨설턴트가 더 많은 노력을 해야 한다. 특히 자신을 알리기 위하여 고객에게 최초 접근을 할 때가 가장 중요하다. 대부분의 최초 접근에서 고객의 무관심이나 비호의적인 태도에 많은 어려움을 경험할 수 있다. 이러한 태도를 변화시킬 수 있는 다양한 영업전략을 활용하여 우호적인 관계를 유지해 나가는 것이 필요하다.

ⓒ 잠재고객의 중요성

영업의 전략에서 잠재고객의 확보는 매우 중요하다고 할 수 있다. 영업활동을 지속해 나가는 데 가장 중요하고 핵심적인 요소이며, 모든 영업활동에서 잠재고객을 확보하는 것이 중요하다. 잠재고객을 지속해서 찾지 않으면 영업대상이 고갈되고, 결국 영업활동을 할 수 없는 상황이 초래된다. 전시장은 잠재고객들이 스스로 찾아올 수 있지만, 세일즈 컨설턴트는 스스로 잠재고객들에게 찾아가야 한다. 잠재고객을 확보하는 데는 전시장의 위치나 분위기, 구비 차종보다 잠재고객을 발굴하고 접근하여 유지해 나가는 카마스터의 역량이 중요하다. 즉, 얼마나 많은 잠재고객을 확보하고 있는 지가 성과에 직접 영향을 주게 된다. 세일즈 컨설턴트는 많은 수의 잠재고객을 확보한 가운데 지속해서 영업활동을 통하여 상품에 대한 설득을 통해 구매 가능성이 큰 가망고객으로 변화시키게 된다.

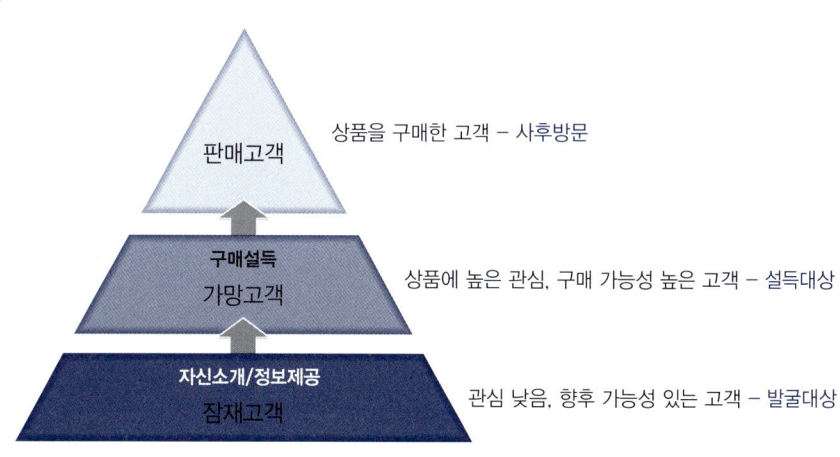

[잠재고객의 중요성]

ⓔ 잠재고객의 확보

잠재고객의 확보가 세일즈 컨설턴트의 판매성과에 직접 영향을 주기 때문에 잠재고객을 확보하는 데 많은 관심과 노력을 기울여야 한다. 잠재고객은 주변의 지인, 지인을 통한 소개, 개척을 통한 대면 등으로 구분할 수 있다. 우선 주변의 지인을 통한 잠재고객을 확보하는 것이 중요하다. 주변의 지인들은 쉽게 접근하여 판매성과를 달성할 수 있으므로 비교적 장기적인 관점에서 바라보아야 한다. 주변의 지인들은 자신과의 혈연 또는 사회적 관계를 맺는 사람이므로 다양한 관계 속에서 여러 가지 집단들로 구분될 수 있다. 따라서 방문 판매 활동을 시작할 때 이러한 주변 지인 중심의 잠재고객 군이 자연스럽게 형성된다. 주변 지인들을 중심으로 방문활동을 하면서 획득되는 잠재고객이 지인들의 소개에 의한 고객이다. 지인들의 주변에서 판매상품을 앞으로 구매할 가능성이 있다고 판단되는 대상자들을 세일즈 컨설턴트에게 소개해주는 것을 의미한다. 세일즈 컨설턴트는 주변의 지인들을 대상으로 영업활동을 하면서 판매설득을 위한 교류뿐만 아니라 지인 주변의 잠재고객을 소개 요청하는 것도 병행하여야 한다.

② **출고고객 관리수행**

㉠ 고객응대의 원칙과 프로세스

고객응대의 원칙	• 고객의 의견을 경청하여야 한다. • 고객의 요구 사항에 대하여 적극적으로 반영하여 응대하도록 한다. • 고객의 개인적인 성향을 존중하여야 한다. • 고객이 의사결정에 참여하도록 배려한다. • 고객의 동의를 끌어내도록 자연스럽게 유도한다.
고객응대 프로세스	• 먼저 고객의 요구(Needs)를 파악하여야 한다. • 고객을 위한 이미지 메이킹(Image making)을 통해 호감을 느끼도록 하여야 한다. • 고객이 원하는 결과를 얻을 수 있도록 하고 확인을 하여야 한다. • 고객의 불만요소를 해소하여야 한다.

㉡ 고객의 요구 응대

고객의 요구사항은 고객별로 매우 다양하고, 그 요구사항을 표출하고 표현하는 방법도 다양하다고 할 수 있다. 고객의 요구사항을 분석하면, 고객 개인의 성향이 강한 항목이 있는 반면에 일반적인 항목들도 많다. 이러한 고객 요구사항을 항목별로 분석하여 이에 대응하는 방법과 요령들을 매뉴얼화 하여 정리를 해두면 효율적으로 해결할 수 있을 것이다. 또한, 내부적으로 체계적인 Q&A 등의 정보를 확보하여 두면, 서비스 관련 업무에 종사하는 현장 사람들에게 드는 시간과 비용을 최소화하며, 고객 스스로 사전에 내용 확인이 가능하도록 할 수 있다.

㉢ 고객 불만사항 파악과 처리

고객의 불만 처리는 판매 제품 또는 서비스에 대한 문의사항, 서비스 상담 및 서비스를 요청하는 고객으로부터 관련된 정보 및 요구 사안을 접수하여 사용법 설명, 고객의 불평·불만 사항을 해결토록 지원하며, 서비스 결과 및 고객만족도의 확인을 통해서 고객 불만의 요소를 해소해야 한다.

• 고객과 상담을 통하여 소비자의 불만사항을 경청하여 불만사항을 처리하여야 한다.
• 자동차 제조물 책임법, 소비자 기본법, 개인정보 보호법 등 소비자보호 제도 및 법에 대

한 지식을 가지고 응대하여 고객 불만을 처리하여야 한다.
- 고객 응대 매뉴얼 및 상품 및 서비스에 대한 확실한 지식을 숙지하고, 고객 불만을 확실하게 처리하여야 한다.
- 고객에게 적극적인 태도로 고객 불만을 신속하게 처리하여 고객에게 만족감을 주어야 한다.

③ **고객의 만족도 충족**
  ㉠ 고객만족도 충족
   - 고객 중심의 고객에 대한 인식의 변화를 두어야 한다.
   - 고객이 최고라는 인식을 두어야 한다.
   - 고객 없이는 마케팅이 성공할 수 없다는 고객 최고의 인식을 두어야 한다.
   - 고객 만족을 위한 서비스 실천에 최선을 다하여야 한다.
   - 고객에 대한 서비스 실천으로 고객을 감동하게 한다.
  ㉡ 유의사항
   - 고객의 관점에서 생각하고 평가하여야 한다.
   - 고객의 의견을 먼저 듣고 그 이후에 행동하여야 한다.
   - 항상 고객 만족이 최종 목표라고 인식하여야 한다.
   - 친절하고 항상 밝은 미소와 정중한 태도를 실천하여야 한다.
   - 회사 내 부서 간의 협조가 원활하여 소통이 잘 이루어져 고객지향적으로 함께 움직이는 시스템이 이루어져야 한다.
   - 모든 제도나 시스템은 고객이 운영하거나 사용하기 편한 방향으로 되어있어야 한다.
  ㉢ 고객만족도 조사 관련
   - 차량 출고 후 차량 구매 만족도 조사가 진행되면 좋은 평가를 받을 수 있도록 미리 안내와 부탁을 한다.
   - 차량 구매 만족도는 고객의 이메일을 통해서 진행되므로, 계약 시 정확한 고객의 이메일 주소를 획득하여 영업관리프로그램에 입력해야 한다.
   - 인도 전 점검 → 차량의 등록 → 차량 인도 준비 → 상세한 차량 사용법 설명 → 고객관리프로세스(Customer Care Process)

④ **가망고객과의 연락 유지**
  ㉠ 출고고객의 소개와 재구매 창출
  ㉡ 출고고객의 불편사항(서비스 예약, 차량의 고장, 차량 사용법 문의, 차량의 사고발생 등)이 발생할 경우 1차 연락은 담당 SC에게 할 수 있도록 안내하고 최대한 신속하고 정확하게 해결한다.
  ㉢ 필요시 서비스 Pick-up & Delivery, 사고시 보험처리 등의 SC 개인별 서비스를 제공한다.
  ㉣ 출고고객에 대한 사후관리는 무엇보다 중요한 SC의 의무이며, 이를 통해서 고객 만족과

감동을 실현할 수 있다.
ⓜ 지속적이고 정성 어린 출고고객 관리는 지인의 소개와 재구매를 창출하여 새로운 가망고객을 만들어 내는 가장 확실한 방법이다.

⑤ **출고고객 사후 관리계획**
㉠ 일반적인 고객관리

기존고객의 이탈	자사의 제품을 더 구매하기를 원치 않는 고객을 대상으로 그 원인을 파악한다. 불만의 원인을 질문을 통하여 알아내어 원인을 제거하고, 그 조치 결과를 이탈고객에게 알려주어 고객의 회귀를 유도한다.
우량고객 유지	신규고객을 확보하는 업무보다 기존고객의 유지가 더 효율적인 고객관리에 속한다. 신규고객과의 소통을 통하여 고객유지에 초점을 맞춘 마케팅은 고객이 가치를 찾아 계속 제공자를 바꾸기보다는 한 조직과 지속해서 관계를 맺는 것을 선호한다는 것을 전제로 하고 있다.
휴면고객 활성화	오래전에 고객으로 등록된 구매자 중 오랫동안 구매를 중지하고 휴면상태로 있는 고객 조사활동의 결과물을 분석하여 다양한 이벤트 방안을 마련하고 시행하여 재구매를 유도한다.
이탈고객 재확보	외부 기업환경의 변화, 기업의 경쟁 심화, 유통채널의 다변화, 고객 요구의 변화와 다양화에 따라 타사로 이탈된 구매고객의 재확보를 위한 마케팅이 필요하다.

㉡ 신규고객 확보
- 신규고객 선정 기준의 수립 필요성
- 신규 유치 전략방안 수립의 필요성

㉢ 고객 관계 관리(CRM)의 도입

고객 관계 관리(CRM, Customer Relationship Management)란 고객과 관련된 기업 내외부의 자료를 분석하고 통합하여 고객의 특성을 고려하는 마케팅 활동을 수행하는 것을 의미한다. 현재 기존고객과 고객 가능성이 있는 고객에 대한 마케팅 활동을 효율적이고 전략적으로 추진할 것인가를 검토하고 수립한다. 이처럼 고객 관계 관리를 적극적으로 관리하고 유지하여 고객의 가치를 극대화할 수 있다.
- 신규고객 확보 전략
- 우수고객 차별화 전략
- 고객 이탈 방지 및 유지 전략
- 휴면고객 활성화 전략
- VIP 고객 관리 전략
- 고객 특성 맞춤형 전략
- 고객 성향에 맞춘 마케팅 전략

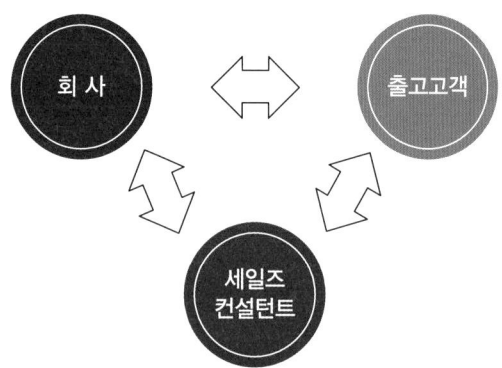

- 지속적인 서비스 제공으로 고객이탈 방지
- 지속적 고객터치로 로열티(Loyalty) 제고
- 고객만족도 향상을 통한 기업이미지 제고

- 회사와의 지속적인 관계유지로 신뢰감 구축
- 차량정비 관련 정보 확보로 경제적 이익실현
- 차량 사용의 만족에 따른 재구매 및 소개 가능

- 출고고객 관리를 통해 재구매 고객의 사전 확보 가능
- 조력자 및 소개확보를 통하여 영업의 활동영역 확대 가능
- 지속적인 서비스와 유대관계 조성을 통한 평생 고객화 가능

[고객관리의 개념]

ⓔ 고객별 정보제공 관리
- 고객별 제공된 정보 항목에는 고객이 필요로 하는 정보로 제품 및 신제품 정보 등이 포함되어 있다.
- 고객유형별 분류를 토대로 고객에게 적합한 상품을 추천한다.
- 고객에게 적합한 상품 자료를 수집한다.
- 고객의 특성에 맞게 추천할 제품에 관련된 자료를 준비할 수 있어야 한다.

ⓜ 고객관리 방안 도출
환경분석 자료와 마케팅 전략기획서, 자사 역량 분석자료 등을 기준으로 고객 유형별, 고객 특성별, 구매 차량별 등으로 고객을 관리할 수 있는 실행 방안을 마련하여야 한다.

ⓗ 고객관리시스템

고객관리	고객등록, 고객조회, 상세조회, 고객관리 설정
상담관리	고객 상담등록, 상담조회, 상담 상세조회, 설문시작, 설문등록, 설문관리, 결과조회, 상담관리 설정
예약관리	고객 예약등록, 일정등록, 달력보기, 목록보기, 예약관리 설정
판매관리	판매하기, 구매하기, 구매내역, 판매내역, 재고내역, 상품관리, 거래처 관리, 판매관리 설정
회사관리	직원등록, 직원조회, 대리점 등록, 대리점 조회, 회사관리 설정
SMS	SMS 전송, 대량 메시지, 발송내역, 수신거부, 자동메시지 설정, 통화내역 조회 등의 일반적인 항목 등으로 구성된 고객관리 및 판매활동을 지원하는 시스템

6. 고객정보 관리

차량 구입 진행 시 매매 계약서를 작성하면 회원 등록을 위한 고객정보를 인수 받은 뒤 서명을 받는다. 이때 고객정보를 동의 없이 다루게 되면 법에 저촉되고 벌금까지 발생될 수 있기에, 계약 단계에서 꼭 개인정보활용에 대한 동의 서명을 받는 것이 중요하다.

(1) 개인정보보호법 관련 주요사항

① 수집 및 이용목적
 ㉠ 개인정보를 수집할 때에는 목적에 맞추어 고객의 최소한의 정보만을 수집해야 한다.
 ㉡ 개인정보의 이용목적
  - 매매계약 관련 의무와 청구서 관련 내용 외 고객의 신용 판단 및 임시 운행증 발급 관련 목적
  - 탁송, 보험, 청구서 발송, 자동차 관리 등의 업무 관련 목적
  - 분쟁 조정 외에도 마케팅 활용과 제휴 서비스 이용을 위해 제조사 및 판매사의 회원제 서비스, 그리고 자동차 매매 시 부정 이용을 방지하기 위한 부가적 목적

② 수집항목
 ㉠ 계약 시행과 서비스 제공을 위한 본인 확인용으로 성명 및 주민등록번호 항목
 ㉡ 자동차 관련 서비스 제공 및 마케팅 및 이벤트 행사 진행을 위한 주소, 전화번호, 이메일 등과 같은 추가 항목과 사업자 구매일 경우 사업자 번호 항목
 ㉢ 온라인 서비스 이용 및 개인 식별을 위한 온라인 회원 정보 항목과 차량 금액 감면 서비스 등의 제공을 위한 국가 유공자 및 장애우 정보
 ㉣ 이러한 항목에는 정치적 성향 및 범죄 기록, 건강 상태 등 기본적 인권을 현저하게 침해할 우려가 있는 개인정보는 제외되며, 앞서 말했던 정보 활용 목적 이외로는 사용할 수 없다.

③ 보유 및 이용기간
 ㉠ 상업 장부 및 영업 관련, 즉 회사 내의 매매 및 서비스 이용에 따른 매출 지표와 관련된 항목은 상법에 따라 10년을 보유
 ㉡ 고객 개별 거래 및 증빙 서류와 관련된 내용은 국세기본법 및 법인세법에 따라 5년
 ㉢ 보증과 애프터 세일즈 등의 서비스 관련은 계약 이행 마무리가 되면 파기
 ㉣ 분쟁이 발생되면 관련 서류는 소비자보호법에 따라 3년 보유
 ㉤ 기타 개별 동의가 필요한 사항이 있을 경우, 작성한 기간까지 보유

THE 알아보기

고객 없이는 생존할 수 없다.

잠재고객과 가망고객을 "글쎄?, 아마도…"라고 생각한다면 당신의 고객이 아니다. 구매 가능자로 정의를 내리고 원하는 것(Want), 필요로 하는 것(Needs)을 발견하고 행동으로 옮기는 것이 세일즈(Sales)이다.

"고객은 왕"이라고 하는 시대는 지났고, 지금은 "고객은 신"이라고 말하는 시대가 되었다. 고객만족 서비스가 점점 강조되고 2000년대에는 고객감동으로, 치열한 경쟁에서 살아남기 위해서는 고객을 졸도시켜야 한다는 말이 나올 정도로 고객에 대한 중요성이 강조되었다. 하지만 고객을 만족시키기 위한 서비스 교육을 받거나, '고객은 왕이다'는 현수막만 걸어놓는다고 해서 '고객만족'이나 '고객감동'으로 이어지는 것이 아니다.

보여지는 것이 아닌, 느끼게 해주는 것이 고객감동으로 이어지는 것이기 때문에 고객 존재 자체의 중요성을 인식하고 고객에게 전달되는 서비스를 하기 위한 언행을 습관으로 만들도록 해야 한다. 순간 만들어진 것이 아닌, 몸에서 배어 나오는 언행이 진정으로 전달되고 교감을 이루게 되는 것이다.

고객의 이름을 가진 그대는 누구인가?

물건을 구매해 주는 사람만이 진정된 고객인가? 물론 회사를 유지하게 해주는 강력한 사람임은 틀림없다. 하지만 가장 중요한 원천이 되는 것은 이러한 고객들을 잘 응대하여 매출로 이어지게 하는 '내부고객', 바로 '직원들'이다.

자판기로 물건을 구매하는 것이 아니라면 내부고객(직원) 없이는 외부고객과의 교류를 이룰 수 없고, 매출로 이어지게 할 수도 없다. 외부고객이 중요한 만큼 내부고객의 중요성도 인지해야 한다.

메리어트 호텔은 "직원을 잘 보살펴라, 그러면 그들이 당신의 고객을 보살필 것이다"라고 직원 제일주의를 실천하고 있으며, 이런 문화가 고객 만족과 고객 감동, 서비스 제일로 인정받게 된 것이다. 이런 기본 정신이 '말'로만이 아닌, '실천'으로 이어져야 '문화'로 자리 잡게 된다. 자신이 중요한 사람으로 대우받고 있다는 생각으로 애사심과 프로 의식이 깊은 내부직원은 이런 고객들의 심리를 잘 파악하여 자신의 고객으로 만들게 될 것이다.

고객은 무형이 아닌, 유형의 어떠한 것으로 자신이 대우받고 있다는 것을 인식하게 된다. "고객은 왕이다!"라는 문구만으로 고객의 관심을 끌었던 시대는 지났다. 오히려 이제는 그런 말에 관심조차 가지지 않는다. 말로는 고객이 최고라고 하면서 정작 응대하는 태도에서는 고객을 우습게 안다는 느낌을 받으면, 불만을 넘어 배신감이 생겨 심하면 불매운동으로까지 번지기도 하는 것을 간혹 뉴스를 통해 보기도 한다.

원래 좋은 일보다 나쁜 일들이 다른 사람에게 전달되는 속도가 빨라 소문이 금방 퍼지고, 수습이 어려워지는 지경에 이르기도 한다. 눈으로 볼 수 있는 자동차를 보며 구매 욕구를 가지게 되기도 하고, 보이지는 않지만 세일즈맨으로부터 고객을 소중하게 대우한다는 인상을 받아 제품을 구매하기도 한다. 무형적인 '고객을 생각하는 마음'이 진심이 담긴 언행을 통해 유형적으로 표현되어야 가치를 발할 수 있는 것이다.

오랜 연구기간과 많은 비용을 투자해 값진 물건을 개발했다고 가정해 보자. 이것의 값어치가 돈으로 환산되지 않으면 무용지물이 되지 않겠는가? 혼자만 보는 소장품으로 가지고만 있는 것이 아니라면 말이다.

대단한 기술이나 제품이라도 고객의 관심을 유도할 수 없다면 시장에서는 아무 의미가 없다. '고객 없이는 생존할 수 없다'는 말이 바로 여기서 유래된 것이다. 생존을 책임지는 고객을 절실히 원한다면, 당신이 고객의 입장이 되어 어떻게 하면 그들을 감동시키고 구매로 연결시킬지 고민해 보고 답을 구해 보자. 자신의 발로 찾아와 준 고객을 그냥 돌려보내는 바보가 있는가 하면, 발길을 돌리려는 고객도 자신의 충성고객으로 만드는 현명한 사람도 있다.

고객을 '고객(顧客 : 응시할 고)'으로 대하느냐 '고객(苦客 : 괴로울 고)'으로 대하느냐에서부터 당신의 실적도 결정될 수 있다는 사실을 명심하자.

> 고객이 없이는 어떤 비즈니스도 이루어 질 수 없다. 그래서 고객 없이는 생존할 수 없는 것이다. 당장의 실적을 위해 물건을 살 사람이라는 생각이 아닌, 고객의 가치를 진심으로 이해하고 응대할 때 고객은 당신의 진심을 알게 되고, 그것이 바로 구매결정으로 이어질 것이다.

 충성고객을 만들어라.

> 다른 사람의 행동은 나의 거울이다.
> 또 다른 사람을 알려거든 특히 그 사람을 아껴주어라.
> 또 그 사람을 이해하려거든 먼저 자기 마음 속을 들여다보아라.
> 네가 남에게 바라고 싶은 것을 네가 먼저 베풀어라.
>
> – 시르렐

고객이 어떤 제품을 재구매하는 것은 그것에 대한 장·단점을 잘 알고 있기 때문이다. 그런데 재구매를 하지 않는 경우는 단지 제품에 대한 실망뿐만 아니라, 제조회사와 세일즈맨에 대한 불만족이 크기 때문이기도 하다. 하드웨어적인 제품의 개발이나 서비스(정비나 관리 등), 회사의 이미지는 기본이고, 세일즈맨의 응대나 지속적인 관리도 고객과의 연대를 이어나가는 중요한 요소이다.

마케팅 전문가들에 의하면, 신규고객 1명을 만드는 것보다 기존고객의 이탈을 방지하는 것이 노력과 비용 면에서 5배나 적게 든다고 한다. 그런데 많은 세일즈맨들이 신규고객 확보에만 집중하여 기존고객들을 방치하는 경우가 있다. 요즘 같은 극진한 대접이 난무하는 서비스 경쟁시대에 고객의 마음은 움직일 수밖에 없다. 자신이 고객이라도 그럴 것이다. 미국 전략 컨설팅 회사인 베인 & 컴퍼니의 로열티가 높은 충성고객이 어떻게 기업에 높은 수익을 창출해 주는지, 5가지 수익 공헌의 원천 별로 연구한 조사 결과를 보면,

1. 기본수익

1명의 고객을 유치하는데 100이라는 비용이 발생하고 매년 유지비용도 발생하지만, 이 고객의 충성도를 강화시키면 이탈하지 않고 1년차부터 7년차까지 지속적으로 거래함으로써 매년 100이라는 기본 수익을 발생시켜 준다.

2. 추가수익

충성고객은 일반고객에 비해 교차구매 및 추가구매에 높은 반응을 나타내고, 실제로도 기업에 교차 및 추가 판매로 인한 추가수익을 발생시켜 준다.

3. 비용절감

마케팅 연구결과에 의하면, 신규고객 1명을 확보하는 비용의 20%정도만 투입해도 기존고객의 유지가 가능하다고 한다. 1명의 고객 이탈을 줄이면 80이라는 비용절감 효과를 얻게 되는 것이다.

4. 기존고객의 추천에 의한 신규고객 확보로 수익이 발생한다.

뛰어난 영업의 달인은 기존고객들이 자발적으로 새로운 고객을 추천해 주어 힘들이지 않고 신규고객을 확보한다. 로열티가 높은 상품이나 브랜드 역시 기존고객들이 입소문을 내서 신규고객들을 끌어 모으는 역할을 한다.

5. 로열티가 높은 고객은 가격에 대해 민감하게 반응하지 않는 프리미엄 로열티를 나타낸다.

0.1%만 더 높은 금리를 주거나 1,000원만 가격이 싸도 미련 없이 떠나는 고객들이 많으나, 충성고객은 경쟁사나 경쟁 점포에서 아무리 낮은 가격, 낮은 수수료로 유혹해도 이탈하지 않으며, 특정 회사의 상품이나 서비스를 지속적으로 이용하고 재구매하여 그 기업에 높은 수익을 발생시켜 준다. 이 조사결과에서 보더라도 충성고객은 기업이나 세일즈맨에게 가장 필요한 존재이다.

하버드 비즈니스 스쿨의 서비스 수익 체인(Service Profit Chain)에 의하면, 기업에 지속적으로 수익을 창출해 주는 가장 중요한 경영 원천이 고객 충성도(Customer Loyalty)라고 한다. 고객을 충성하게 만드는 것은 갈대 같은 고객이 아닌, 대나무 같은 고객들을 많이 심어두는 것이 아닌가. 대나무를 많이 심어 수를 늘려 나가게 하는 관리는 경쟁 우위를 갖게 하는 가장 강력함이다. 신뢰를 바탕으로 충성고객이 된 사람은 경쟁업체의 달콤한 유혹에도 쉽사리 동요되지 않는다. 오히려 경쟁사의 유혹을 고자질해주어 대응전략을 세울 수 있게 해주니 얼마나 고마운 존재인가.

무조건 가격을 싸게 해준다고 정성을 들인다고 충성고객으로 자리 잡는 것이 아니다.
고객이 어떤 욕구가 강한지를 정확히 판단하고 관리를 해야 충성고객이 되는 것이다. 이런 고객들이 자신의 수첩을 채우고 있다면, 경쟁자에 대한 두려움이나 자신감 상실 같은 것은 그저 남의 이야기가 될 뿐이다.

> 만족한 고객은 그 경험을 5명에게 이야기하고 그 이야기를 들은 고객은 그렇지 않은 고객에 비해 6배 정도 기업에 이익을 준다고 한다. 고객의 '칭찬의 말'보다 '질책의 말'에 감사하며 겸허히 받아들일 줄 아는 자세가 고객 이탈률을 줄이고 서비스와 기업의 발전을 이룰 수 있다. 우리를 찾는 고객은 어떤 요구와 욕구를 가지고 있는가를 인식하는 것이 구전 서비스 마케팅을 성공적으로 이룰 수 있는 가장 기초 작업이다.

 불만고객에게 오히려 감사하라.

불만고객 해결 비법은 최악의 상황에도 반드시 기회와 해결책이 숨어 있고,
고객을 만나면 해결할 수 있다고 믿는 것이다.

본인의 고객이 단 한명도 없어 불만고객이라도 있었으면 좋겠다는 생각을 하는 세일즈맨이 아니라면 모를까, 일반적으로 불만고객이 좋은 사람이 있을까? 누구나 자신에게 불만을 드러내는 사람과 함께 하는 것이 불편한 건 당연하다.

제품이나 회사에 대한 불만은 보상을 해주면 해소가 될 수도 있지만, 사람으로 인한 불만은 단순 불만이 감정싸움으로 번지게 되기도 하며, 심하면 불매 운동으로까지 이어지기도 한다. 이런 상황이 발생되면 직원 한 명의 이미지만이 아닌, 회사의 이미지도 실추되어 타격이 크다.

나에게 불만을 이야기하면 자존심이 상하고 억울하며 불쾌한 생각이 들 수도 있다. 또 각종 커뮤니티를 통해 자신의 화풀이를 하려는 경우도 있다. 감정 조절을 하지 못하는 이러한 섣부른 행동은 회사나 세일즈맨에게 큰 타격을 줄 수도 있다. 이런 유형의 고객이라면 차라리 앞에서 불만을 이야기하고 대화를 통해 처리를 하는 것이 훨씬 현명한 대응이다.

불만을 느낀 고객 중 91%는 다시 이용하지 않으려 하지만, 불만요소가 해소되면 82%의 고객은 다시 이용한다는 것이 TRPI(Technical Research Programs Institute)사의 조사 결과 밝혀졌다. 이 조사 결과를 보면, 고객의 불평을 신속히 처리하면 고객 손실률을 줄일 수 있다는 것이다. 자신의 불평을 적극적으로 해소해 주는 기업(세일즈맨)이 재구매를 하게 만드는 요소가 되기도 하는 것이다.

또한 고객이 말로 표현하지 않는다고 불만이 전혀 없을 거라는 확신은 안이한 생각일 수 있다. 겉으로 드러내지 않는 고객들의 불평 사항을 미리 파악해서 처리하려는 모습을 보여준다면 고객은 감동할 수밖에 없다.

고객의 마음을 읽을 줄 아는 독심술이 있다면 얼마나 좋을까?
고객들에게 평가를 받으며, 소소한 이야기 하나라도 귀를 기울여 경청하고 개선해 나가는 것이 불만요소를 줄이는 가장 좋은 방법이다.

- **■ 고객이 불평을 할 때 주의할 점은,**
  - 고객의 말을 끊지 않도록 해야 한다.
  - 고객의 불평 사항에 대해 변명부터 하지 않도록 해야 한다.
  - 제일 먼저 "고객님! 죄송합니다."라는 사과로 시작해야 한다.
  - 가장 신속히, 원만히 해결될 수 있는 방법을 찾아 처리해 주어야 한다.
  - "빨리 처리해 드리겠습니다."가 아닌 '언제, 몇 시까지' 처리해 줄 것인지에 대한 명확한 답을 주어야 한다.
  - 불만 처리 후 피드백을 받아야 한다.
  - 불만 처리가 고객의 입장에서 만족스러운지 반드시 확인한다.
  - 가장 중요한 것은 같은 고객에게 같은 불평을 만들어 내서는 안 된다.

- **■ 고객이 영업점을 방문했을 경우로 예로 들어보면,**
  - "영업지점 방문했을 때 바빠서 고객을 상대해 주지 않는 느낌을 받는다."
  - "기본적인 안내책자 제공과 차량설명 보다는 구매여부에만 관심을 갖더라."
  - "광고내용과 다르고 방문기념품에 대한 혜택이 미비한 것 같다."
  - "영업소를 다시 방문했는데, 담당자가 없어 알아보는 사람이 없더라."
  - "주차 시부터 배려받고 있다는 느낌을 받지 못하였다."

고객들의 의식과 유형이 다르기 때문에 고객들의 불만과 불평을 완전히 없앨 수는 없다. 하지만 같은 고객이 같은 불만을 가지게 해서는 절대 안 된다. 사소한 불만이 클레임(Claim)으로 번지게 하는 불씨가 되기 때문이다. 수입차를 구매하는 고객 중에는 온라인 커뮤니티를 형성하기도 하는데 불만이 깊어진 사람의 입을 통해 나온 말들은 다른 고객들이 그 브랜드나 세일즈맨에 대한 외면으로 이어지게 되기도 한다는 사실을 놓치지 말아야 한다.

나쁜 소문은 좋은 소문보다 더 빠르게 확산되고, 경험에 의한 말들은 사실 확인을 하지 않은 채 불신이라는 이름을 달고 빠르게 퍼져나가 우호적인 고객들도 도망가게 만들기도 한다. 우리의 잘못된 점을 지적해 주는 고객이 다 옳은 것은 아니지만, 그 작은 한 마디에도 귀를 기울이고 문제점을 개선해 나가는 것이 컴플레인을 최소화시키는 것이고, 작은 컴플레인이 클레임으로 발전될 수 있는 불씨를 피우지 않게 하는 길이다. '불평'과 '감동'은 종이 한 장 차이이다.

일반적으로 사람 관계에서는 단점을 늘어놓는 사람이 나중에 사과를 하는 경우가 많지만, 고객이라는 이름을 가진 사람은 자신의 잘못을 시인하는 경우가 거의 없다는 것을 명심하자.

※ 클레임(Claim)의 4원칙 : 우선사과, 신속해결, 원인규명, 논쟁불허

나의 고객이 없어 '고객'이라는 이름을 가진 사람이 절실히 필요하다면 '고객의 불만쯤이야 어떠하랴'라는 생각을 가지기도 한다. 반대로 고객이 그리 절실하지 않은 세일즈맨에게는 불만을 토로하는 고객이 반갑지 않아 외면해 버리려 하기도 한다. 하지만 관심이 없다면 불만을 토로하지도 않는다는 것을 알아야 한다. 불만을 토로하는 고객이 그렇지 않은 고객보다 자신의 고객이 되거나 충성 고객으로 발전할 확률이 높다는 사실을 간과하지 말도록 하자.

고객 관리 특화를 만들어라!

남의 이익에 신경 써라.
분배되지 않는 이익은 결코 오래가지 않는다.

— 볼테르

고객 관리를 잘하는 세일즈맨을 보면 고객들이 재구매 시 그 세일즈맨만을 찾으려 하고, 주변 사람들이 차를 구입하려 하면 소개를 하는 역할을 하게 만들기도 한다. 반면 한 번의 거래로 고객과 멀어지는 세일즈맨도 있다. 한두 번의 실적만 만들면 된다는 생각을 가지고 세일즈를 하는 사람이 그렇다. 그런 생각으로 세일즈를 하다가 고객과 인연의 끈을 계속 이어가지 못하는 안타까운 영업사원들을 많이 보게 된다. 꼭 세일즈맨이 아닌 사회적 인간관계의 기술이 부족한 사람이다.

인연의 고리를 잘 엮어 튼튼한 사슬을 만들어 가는 세일즈맨은 판매왕의 타이틀을 거머쥐기도 한다. 물건을 팔러 다닌다며 발품을 파는 사람보다 인연의 사슬을 잘 만들어 가는 사람이 소모적인 시간 낭비를 하지 않고, 사람이라는 자산으로 여러 가지 성과들을 만드는 힘을 발휘한다.

경쟁이 치열해지면서 고객 관리도 특화가 되지 않으면 고객들에게 감동을 전달하기 어려워졌다. 작은 관심에도 감동을 받던 고객들이 좀 더 깊은 관심에 눈을 뜨기 시작하면서, 이젠 웬만한 것에는 감동을 느끼기 어려워졌다는 것이다. 내가 고객으로 대접받을 때 여기저기서 받는 관심을 떠올려 보자. 어떤 것들에 감동을 느끼며 가슴에 간직하게 되는가? 고객은 좀더 세심하고 품위 있는 관리에 관심을 가지고 세일즈맨의 연락처를 휴대폰에 저장하게 되는 것이다.

지금은 디지털 시대이기에 고객과의 소통도 빨라지게 되었다. 전화를 통해 고객이 불편함을 느끼게 하지 않고도 문자나 모바일 메신저로 고객에게 인사를 하며, 자신의 존재가 잊혀지지 않게 관리할 수 있게 되었다. 하지만 이런 통신의 발달이 고객 입장에서는 그리 유쾌하지만은 않다. 여기저기서 오는 문자나 소위 카톡으로 오히려 불편함이나 불쾌감을 느끼기도 한다. 그래서 쓸데없는 연락이 자주 오는 발신자는 스팸저장소로 옮겨지기도 한다. 자신의 존재가 스팸이 되지 않도록 각별한 주의를 해야 한다.

자신이 고객 입장이라면 어떨까 하는 역지사지의 정신으로 생각해 보아야 한다. 인터넷이나 통신으로 고객과의 만남이나 이메일, 문자, 모바일 메신저의 관리도 고객의 입장에서 생각을 해야 역효과를 낳지 않게 된다. 최소한의 네티켓(인터넷 에티켓), 폰티켓(휴대폰 에티켓)을 지켜야 한다. 빠르게 소통할 수 있는 이메일이나 휴대폰 문자, 카톡 등으로 고객에게 자신을 알리고 가까워 질수도 있지만, 오히려 고객들에게 귀찮은 존재로 인식되어 고객과 멀어질 수도 있음을 잊지 말아야 한다.

또한 디지털 시대라고는 하나 디지털보다 아날로그 방식을 선호하는 사람들도 의외로 많다는 것도 생각해보아야 한다. 디지털 전달 홍수 속에 살면서 이런 것에 점점 무감각해지기도 해 직접 느끼는 아날로그식 전달에 작은 감동을 받게 된다는 것을 생각하고, 고객의 마음을 움직일 수 있는 전달이나 관리방법을 만들어 간다면 다른 세일즈맨과의 차별화를 이룰 수 있을 것이다. 예를 들면, 고객의 특별한 기념일에 잊지 말고 축하메시지를 보내 보자. 휴대폰으로 여기저기서 오는 이모티콘 축하메시지보다 직접 쓴 카드나 꽃다발은 특별한 대접을 받는다는 느낌을 전달할 수 있다. 당신을 그저 스쳐지나가는 사람으로 인식하는 것이 아닌, 머리나 가슴에 묻게 만들 수 있다.

> **하이 터치(High-Touch) 시대이다.**
> 사람은 관계적 동물이다. 농업사회에서는 자연과의 관계가 중요했고, 산업사회에서는 인공 자연(기술과 자연의 결합으로 생긴 공장이나 기계 등)과의 관계가 중요했던 반면, 정보지식 사회에서는 사람과 사람의 관계가 중요하다. 땅을 파거나 기술을 개발하는 일보다 '사람의 마음을 파고드는 일'이 더 가치 있는 비즈니스이다. 하이 테크(High-Tech)보다 하이 터치(High-Touch)가 더욱 중요하다. 한 번의 관계로 끝나는 것은 자신이 고객 관리에 문제가 있는 것이 아닌지 점검해 볼 필요가 있다.

■ **1994년 미국 플로리다대학교의 버지니아 셰어(Virginia Shea) 교수가 제시한 네티켓**

① 인간임을 기억하라.
② 실제 생활에서 적용된 것처럼 똑같은 기준과 행동을 고수하라.
③ 현재 자신이 어떤 곳에 접속해 있는지 알고, 그 곳 문화에 어울리게 행동하라.
④ 다른 사람의 시간을 존중하라.
⑤ 온라인상의 당신 자신을 근사하게 만들어라.
⑥ 전문적인 지식을 공유하라.
⑦ 논쟁은 절제된 감정 아래 행하라.
⑧ 다른 사람의 사생활을 존중하라.
⑨ 당신의 권력을 남용하지 마라.
⑩ 다른 사람의 실수를 용서하라.

PART 07 세일즈 스킬

1 화법

(1) 세일즈 화법의 의의

화법이란 고객 접근에서부터 계약에 이르기까지의 설득을 위한 언어표현을 말한다. 고객에게 일방적으로 자차의 내용만을 이해시키려 한다면 설득이 아닌 설명만으로 충분하다. 그러므로 고객의 마음속에 구매에 대한 흥미와 욕망이 일어나도록 효율적으로 세일즈 화법을 전개해 나가야 한다.

(2) 세일즈 화법의 중요성

영업활동의 중심이 되는 것은 상담이며, 상담은 구매 설득의 연속으로써 화법은 가망고객을 끄는 힘이 있다. 따라서 세일즈 활동에 있어 올바르게 말하는 법과 듣는 법 즉, 세일즈 화법은 매우 중요하다.
① 뛰어난 어프로치 화법을 익혀둔다.
② 품위 있고 고상한 말씨를 사용한다.
③ 이름이나 직위를 자주 부른다.
④ 알아듣기 쉬운 말씨나 용어를 사용한다.
⑤ 고객의 말을 잘 경청한다.
⑥ 적절한 질문을 활용한다.

위기지학(爲己之學)
남에게 보이기 위한 배움을 멀리하라.
— 논어(論語)

01 화 법 .250

02 협 상 .261

03 클로징 .269

04 영업 상담기법 .273

★ THE 알아보기 .279

PART 07
세일즈 스킬

호감을 주는 대화기법

1. 목소리 : 말을 듣는 사람이 편안하고 좋아야 한다. 목소리의 고저와 억양은 상황, 장소, 시간에 맞게 스스로 조절할 수 있어야 한다. 우물거리는 소리, 작은 소리, 느린 소리, 고성, 단조로운 소리 등은 좋지 못한 음성이다.

톤(tone)	느 낌	상 황
도	• 차분하고 다정한 느낌(+) • 침체된 분위기(-)	• 동료 간의 대화나 사적인 전화통화 시
미	• 자신감 있고 정중한 느낌(+) • 권위적이고 잘난 체 하는 느낌(-)	• Man to Man 상담, 대고객 상담, 상사와 업무상의 이야기를 할 때, 보고할 때
솔	• 밝고 명랑함, 자신감(+) • 흥분되고 상대를 압도하려는 느낌(-)	• 전화를 받을 때 • 전체 앞에서 발표를 할 때

2. 말의 속도 : 말을 할 때의 자신의 속도를 체크해 보는 것이 필요하다. 특히 고객을 상대하여 Man to Man으로 상담을 많이 하는 직업이라면, 자신의 말의 속도가 어느 정도인지 파악하여 상대가 잘 알아들을 수 있는 속도를 찾는 것이 유용하다.

(3) 세일즈 화법의 기본

① 화법의 3원칙

  ㉠ 긍정적으로 말한다.
  자신감과 신념을 가지고 긍정적으로 말해야 한다.

  ㉡ 밝은 표정으로 말한다.
  언제나 미소를 띤 자신감이 넘치는 의연한 태도와 함께 밝고 명랑한 표정과 말투로 상대방에게 즐거운 기분이 들도록 분위기를 만드는 것이 중요하다.

  ㉢ 정확하게 사실을 근거로 말한다.
  이야기는 추측이 아닌 사실에 바탕을 두어야 한다. 정확하게 말하지 않고서는 결코 상대방의 신용을 얻을 수 없고, 설득을 할 수도 없다.

② 어프로치 화법

  ㉠ 어프로치의 화법은 기분 좋은 분위기를 만드는 'Happy Talk'으로부터 시작해야 한다.
  고객과의 면담(상담)에 앞서 호의적인 상담분위기를 만드는 어프로치 화법은 '방문 알림 → 방문 인사 → 어프로치 화제 → 본격적인 상담'의 과정을 거쳐 이루어진다.

  ㉡ 누구나 자신을 비판하거나 질책하는 말에는 기분이 좋을 리 없기 때문에, 적절하게 칭찬하고 치켜세우는 말을 사용하여 친근한 기분을 느끼게 해줘야 한다. 직접 상대방을 치켜세우

기보다 상대방의 신변에 관하여 치켜세운다. 때문에 세일즈 컨설턴트는 칭찬화법을 잘 익혀두어야 한다.
ⓒ 대화나 상담은 먼저 상대방의 이야기를 잘 경청하는 데 있으며, 분위기를 부드럽게 유지하기 위해서는 적절한 질문도 꼭 필요하다. 질문은 주도면밀해야 하며, 불필요한 질문으로 고객이 당황하지 않도록 해야 한다.
ⓔ 어프로치 화법의 예

고객의 유형	세일즈 컨설턴트의 화법
같은 차를 몇 번이고 돌아보는 고객	살며시 다가가 가볍게 "사장님, 어떻습니까?"하고 물어본다.
미리 마음을 정하고 바로 차에 접근하는 고객	"바로 이 스타일이 마음에 드십니까?"하고 본론에 들어간다.
가족이나 친지 등과 함께 전시장을 방문하는 경우	• 부인과 함께 온 경우 – 이해하기 쉽게 구체적으로 설명한다. • 연인사이인 경우 – 동반자의 기분이 상하지 않도록 쌍방에게 말을 건넨다. • 남편이 운전하면 운전이 용이함을, 부인에게는 조수석의 승차감이 뛰어남을 호소한다.
첫날은 혼자 오고 다음날은 여럿이 오거나, 첫날은 여럿이 오고 다음날은 혼자 오는 고객의 경우	단도직입적으로 구체적인 이야기를 나누고, 솔직하게 고객의 성명, 주소, 차종, 용도 등을 묻는다.
구형 차를 타고 오는 고객	승차감이나 불편함 또는 차의 연비나 유지비를 묻고, 신차의 성능을 이야기한다.

※ '가망도가 높은 고객'으로 다음과 같은 고객은 특별히 배려한다.
- 날씨가 궂어도 찾아오는 고객
- 폐점시간 가까이에 오는 고객
- 이쪽에서 묻기도 전에 자기의 성명과 주소를 가르쳐주는 고객
- 차종, 그레이드, 가격 등에 관해 이야기를 듣고 싶어 하는 고객
- 부부가 함께 온 경우, 특히 부인이 적극적인 고객

1. 고객정보 수집의 포인트
차를 파는 것이 아니라 상담의 준비로써 정보수집을 하고 고객의 가망도를 판단하는 것이 무엇보다 중요하다. 정보수집의 포인트는 다음과 같은 것을 생각해 볼 수 있다.
- 상대방 : 구매 결정권자, 성명, 취미, 출신지, 학교 등
- 가망도 : 근무처, 직위, 업종, 영업내용, 사용차량, 경쟁자 동향
- 경쟁동향 : 경쟁 판매조건, 경쟁 상품의 장단점, 경쟁 세일즈맨의 동향

2. 계속방문을 유도하기 위한 방법
어프로치에 있어서는 계속 방문이 이루어지도록 항상 계기를 만들어 두어야 한다.
- 고객의 질문에 전부 대답하지 않고 일부는 유보해 둔다.
- 가지고 다니는 자료(세일즈 매뉴얼, 어프로치북, 타사 비교자료 등)를 건네주고, 다음 방문 시까지 검토하도록 의뢰한다.
- 사용차량을 보고 중고차 매매가격을 차후 알려준다.
- 다음 방문이 쉽도록 인사를 하고 돌아간다.

③ 설득화법의 3원칙

단언한다.	브랜드가 가져다주는 편익과 이익을 강력하게 주장한다. 즉, 자신이 확신하는 바를 성실하게 힘주어 말한다.
반복한다.	상담 중에 강조해야 할 특성이나 장점에 대해서는 그것을 몇 번이고 되풀이해서 말하도록 한다.
확신한다.	스스로의 확신에 찬 열의와 태도로 이야기하면, 자기의 확신과 열의가 반드시 고객에게 전달된다.

④ 대화표현의 3원칙

대화는 모습, 용도, 태도에서 볼 수 없는 사람의 됨됨이를 판단할 수 있고, 상대방의 신뢰성, 진실성 및 그 사람의 능력과 실력까지 알 수 있는 사람의 마음을 표현한다. "지식은 펜으로 표현되고, 마음은 혀로 표현된다"는 말이 있다. 강약을 섞어서 리듬감 있게 화법을 구사해야 한다.

㉠ 음률(Rhythm), 음조(Tempo), 음속(Speed)을 조정한다.
　상대방의 인품, 때와 장소, 상황을 고려하여 말의 리듬과 템포, 속도를 조절하면서 대화한다.
㉡ 대화에 연기를 함께 한다.
　상담이라면 고객에게는 그다지 흥밋거리가 되지 못한 경우가 많다. 이때 싫증나지 않게 이끌어가려면 어조, 호흡, 표정, 동작 등의 연기를 함께 하는 것이 좋다.
- 이쪽에서 강조하고 싶은 요점을 말할 때에는 몸을 내민다.

- 상대방의 말에 긍정적으로 동의할 때는 입가에 미소를 짓는다.
- 진지한 태도를 알리기 위해서는 음성을 낮춘다.
- 어떤 대목을 강조할 때에는 펜으로 가리키고 줄을 긋는다.

ⓒ 대화의 흐름을 조절한다.

대화는 상대적이다. 자기 혼자만 쉴 새 없이 말하는 것은 대화가 아닌 일방적인 강요이다. 대화를 효과적으로 추진하려면 상대방에게 생각할 시간을 주어야 한다. 또 상대방의 이야기를 경청하면서 대화가 의도하는 대로 흐름을 타면서 진행되도록 조절을 해야 한다.

대화자세
- 얼굴을 만지는 자세 : 비평적 평가
- 턱을 받치는 자세 : 사고 및 평가
- 다리를 꼬는 자세 : 권태, 조바심
- 손으로 보고 있음 : 자기 자신의 말에 대한 확신

⑤ 대화훈련법

대화훈련에 효과적인 방법으로 싱글 스피치 방식인 토스트 마스터(Toast Master)법이 있다. 이것은 하나의 테마에 대하여 자기의 의견이나 정보를 상대에게 되도록 짧게(2~3분 이내) 요령 있고 표현력 풍부하게 전달하여 잘 이해할 수 있도록 하는 스피치 화법을 말한다. 이것을 매일 잘 훈련해 두면 상담, 잡담, 보고, 회의상의 발언, 일반대화 등에 훌륭한 화법으로써 활용할 수 있다. 〈토스트 마스터 방법의 훈련과 활용 포인트〉는 다음과 같다.

㉠ 대리점의 조회, 회의 등에서 훈련과 실시를 겸한다.
㉡ 고객과 대화훈련 시 하나의 테마를 선정하여 3분 이내에 마치도록 한다.
㉢ 세일즈 포인트마다 2~3분짜리 설명화법을 많이 준비해둔다.

(4) 경청의 3원칙

"대화의 7:3 원칙"의 포인트는 경청을 7할에 할애하는 것이다. 듣는데 익숙해야 하며, 잘 듣기 위해선 맞장구치는 기술도 있어야 한다. '이야기를 잘하는 사람은 듣기를 잘하는 사람'이라는 말이 있다. 세일즈맨이 일방적으로 말만 하여 팔리는 예는 거의 없다. 프로 세일즈맨은 이야기를 잘하는 것이 아니라, 고객의 소리를 잘 경청하는 것이다. '듣기 7할, 말하기 3할' 즉 〈대화의 7:3 원칙〉을 명심할 필요가 있다.

구 분	영업직원	고 객
신입사원	80%	20%
경력사원	50%	50%
프로 세일즈맨	30%	70%

① 맞장구를 친다.

맞장구를 치는 데는 그 시기와 그 때에 사용하는 말이 중요하다. 그러기 위해서는 상대방의 이야기를 주의 깊게 들어야 한다.

② 말하는 도중 상대방의 이야기를 끊지 않는다.

상대방의 이야기를 모두 듣는다. 그리고 이쪽의 판단이나 의견을 말한다.

③ 진지한 자세로 듣고, 중요한 내용은 메모한다.

몸은 상대방을 향하여 바른 자세로 하고 똑바로 바라본다. 딴전을 피우거나 주의를 흩뜨려서는 안 되며, 때로는 메모하면서 들으면 더욱 감동한다.

> **경청 1,2,3 기법**
> 자신은 1번 말하고, 상대의 말을 2번 들어주며, 대화중에 3번 맞장구를 치며 대화한다.

THE 알아보기

 고객의 구매 심리를 파악하라.

고객에 대해 아는 만큼 고객은 보답한다.
고객을 보는 눈은 마음을 통해서 알 수 있다.

고객은 구매할 제품이 정해져 있거나 신제품에 대한 관심과 궁금증을 해결하고자 할 때, 그리고 타 업체의 제품과 비교를 통해 구매결정을 하기 위해 매장을 찾는다. 이때 가장 중요한 역할을 하는 것이 세일즈 컨설턴트이다.

고객이 찾아와야 제품에 대해 설명할 기회를 갖게 되고 판매로 이루어지는 것이 아닌가?
제품에 관심이 없는 고객보다 관심을 가지고 찾아오는 고객이 구매결정을 하게 되고, 자신의 고객이 될 확률이 높다. 방문한 고객과 얼마나 교감 있는 소통을 이루고 관계를 잘 만들어 가느냐가 자신의 고객 명단을 또 한줄 채워 나가게 하는 길이다. 고객의 구매 심리를 잘 파악해야 신속한 구매결정을 내리게 만든다. 고객에게 묻지 않고도 고객의 심리를 잘 파악하고 응대해 나가야 고객을 리드하고, 구매 심리 욕구가 강하게 일어나게 만들 수 있는 것이다.

처음에는 이성적 판단에 의해 구매 욕구를 가지게 되지만, 결국 감성에 의해 구매결정이 이루어지게 된다는 것을 인식한다면 세일즈 컨설턴트의 역할이 얼마나 중요한지 알 수 있을 것이다.

고객상담 구매 심리 7단계

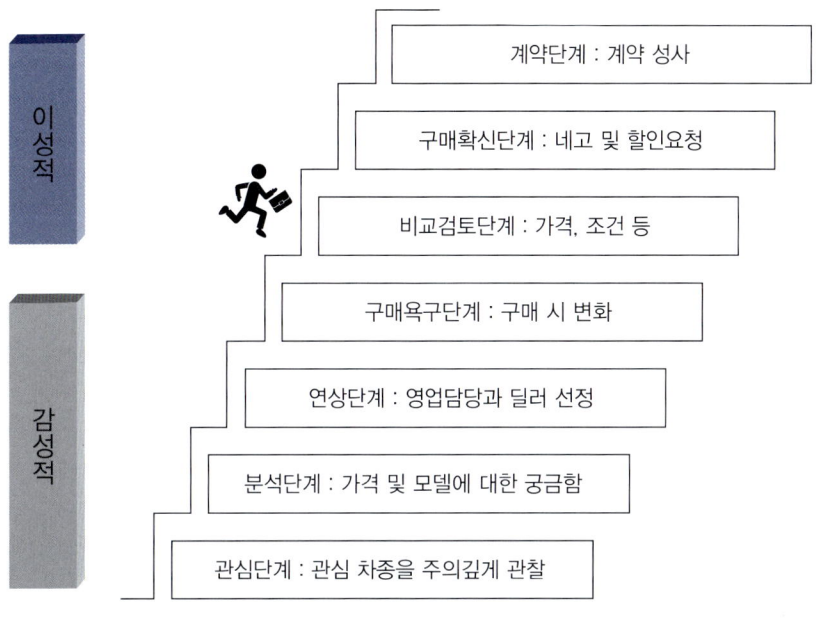

관심단계 (Interest)	고객이 자기 기준에서 관심을 가지고 있으며, 관심상품에 대해서 알고 싶어 하고 기대하고 있는 단계이다.
분석단계 (Analysis)	상품을 응시하고 살펴보다가 그냥 가는 사람도 있지만, 좀더 세밀한 관심을 가지고 가격이나 디자인에 대해 살펴보는 단계이다.
연상단계 (Association)	상품을 자신이 소유했을 때를 구체적으로 생각하고 상상해 본다. 연상단계부터는 구매 가능성이 높아진다.
구매욕구단계 (Desire)	3단계 연상이 깊어질수록 구매 욕망이 점점 커지게 된다. 이때부터 비교·검토의 단계로 접어들게 된다.
비교검토단계 (Comparison)	관심상품만 보는 것이 아니라 타 업체의 제품과 여러 요소들을 비교·분석을 하고 검토를 하는데, 이때부터는 세일즈 컨설턴트의 역할이 크게 작용하게 된다.
구매확신단계 (Confidence)	고객이 자신의 니즈에 부합하다고 생각되면서 마음의 결정을 내리려 하는데, 세일즈 컨설턴트에 대한 믿음과 신뢰가 결정적인 역할을 하게 된다.
계약단계(Action)	구매의사를 명확하게 표현하고, 계약을 체결하게 된다.

7단계까지 이루어졌다 해도 결코 안심해서는 안 된다. 사소한 행동 하나로 세일즈 컨설턴트에 대한 불만과 실망감이 생기게 되면 그 즉시 계약 파기로 이어질 수도 있다. 일반적으로 자동차 구매 시 고려하는 중요 요소 중 7가지는 브랜드, 디자인, 안전성, 성능, 내구성, 편의성, 경제성 등인데, 이론적으로는 이 모든 요소들이 중요한 고려사항인 것은 틀림없지만, 실제 돈을 지불하게 만드는 것에는 숨어 있는 매슬로우(Maslow)의 이론이 작용한다.

Point

세일즈란 진정한 구매동기를 이해하고 고객이 무엇을 원하고(Want), 무엇을 필요로 하는지(Needs)를 발견하고 올바른 결정을 할 수 있도록 진심으로 컨설팅 하는 것이다.

구매욕구가 분명히 있었던 고객이 세일즈맨으로 인해 결정을 내리지 못하기도 하고, 반대로 구매욕구가 없었지만 세일즈맨의 활약으로 구매결정을 내리기도 한다. 그렇게 하려면 고객의 요구에 맞게 적극적으로 상담에 참여하고, 구매할 상품을 통해 결국 고객이 원하는 것, 필요로 하는 것이 무엇인지를 찾아내야 한다.

온라인 쇼핑이 난무하는 요즘 인터넷이나 자판기를 통해서 팔 수 없는 상품이 존재하는 이유는 '고객의 감성을 이해하고 심리적 구매동기를 발견했을 때 판매가 성사될 수 있기 때문'이다. 그래서 세일즈맨의 역할이 매우 큰 것이다.

 **서비스 의식을 가져야 한다.**

어떤 직원도 고객에 대한 서비스 의무에서 면제될 수 없다.

― 버드 바게트

몇 년 전 미국의 유명 마케팅 잡지를 보니, '미국 최상위 301개 기업의 기업사명'에 등장하는 단어 가운데 '서비스'가 230회로 1위이고, '고객'이 211회로 2위를 차지했다고 한다. '서비스'와 '고객'은 어느 기업이든지 가장 중요한 경쟁력의 핵심이다.

기업이나 세일즈맨의 입장에서는 '고객의 마음을 사로잡는 진정한 서비스는 무엇일까?'하는 물음에 대한 고민을 하지 않을 수 없는 것이다. 서비스가 점점 중요 요소가 되면서부터 고객 서비스에 대한 경쟁이 치열해지고 과열 현상을 낳게 되었다. 이런 과열 현상 속에 살고 있는 고객들은 서비스를 누리기도 하지만, 간혹 지나친 서비스에 오히려 불편해 하기도 한다.

> ■ 서비스의 정의
> - 서비스의 정의 : 회사 내의 한 일원이 고객(타인)에게 제공하는 호의적인 인간 행위로서, 무형의 투자 가치로 고객 만족의 욕구를 충족시켜 주는 활동 및 행위를 말한다.
> - 서비스의 차별 : 서비스를 받는 쪽의 가치관에 따라서 제공되는 서비스도 다를 수 있다.
>
> ■ 서비스의 어원
> 서비스(Service)라는 단어의 어원은 라틴어 Servus(세브리스) '노예'에서 유래했다고 한다. 이러한 어원 탓에 서비스는 봉사, 제공, 덤이라는 인식이 있었다. '손님은 왕이다'라는 슬로건을 내세운 기업들이 많았던 것도 서비스의 어원을 인식한 것으로부터 나왔을 것이다. 그래서 서비스를 제공하는 기업이나 세일즈맨의 입장에서는 '서비스는 어렵다', '고객응대가 힘들다', '서비스라는 말에 스트레스를 받는다'는 생각들을 많이 갖기도 한다. 하지만 진심 없이 이런 생각으로 고객을 대하는 서비스에 만족과 감동을 느끼기 보다는 오히려 불편하고, 형식적이며, 상술만 보인다는 생각을 하기도 한다.

진정한 고객 서비스는 내가 원하는 것을 얻기 위해 무언가를 제공하고 봉사하는 것이 아닌, 고객과 세일즈 컨설턴트(또는 기업)가 서로 소통하는 것이다. 어느 한쪽이 기울고 높은 것이 아닌 기본적인 예의를 지켜주며 서로가 통할 수 있어야 오래도록 좋은 벗이 되지 않겠는가. 멀리하고 싶은 것이 아닌, 함께 하고 싶은 것이 벗이란 이름이다. 가볍고 만만한 상대가 아닌, 서로가 인정해 주며 깊은 정을 나누는 것이 고객과 오랫동안 함께 할 수 있는 서비스이다. 고객 입장에서도 기본적으로 '고객'이라는 이름의 대우를 해주면서 서로가 즐거움을 교감할 수 있어야 고객 만족을 넘어 감동을 느끼게 된다.

> 마케팅 이론에서는 '고객'과 '손님'을 구매 경험 유무를 기준으로 구분한다. '고객'이란 한번 물건을 사간 사람이 다시 매장을 찾는 것을 말하고, '손님'은 구매 경험이 없이 매장을 찾아온 사람을 의미한다고 한다. 그래서 '손님 유치'가 아닌 '고객 유치'라는 말이 나오게 되었고, 손님을 고객으로 변화하게 만드는 것을 진정한 서비스 개념으로 본다. 세일즈맨의 서비스 의식에 따라 손님이 고객으로 진화되기도 하고, 고객이 손님보다 먼 이름으로 강등되기도 한다.

서비스는 의무적이나 가식적으로 하는 것이 아니다. 제품 가격에 서비스 비용이 포함되어 있다고 생각하는 고객들이 늘고 있다는 점을 인식한다면, '취급하는 제품에 따라 어느 정도 가치의 서비스를 제공해야 할까?'
차 한 대를 팔기 위해 하는 서비스는 한 대로 끝날 수 있지만, 손님을 진심으로 생각하며 몸에 밴 서비스를 한다면 손님을 고객으로 바꾸고, 한 대가 열대로 늘게 할 수 있는 것이다. 주인 의식이 있는 사람은 서비스 정신이 강하고 깊다. 자신이 주인이라면 단 한번 방문한 손님으로 끝나게 할 것인가.

고객 입장에서도 주인 의식이 있는 세일즈 컨설턴트에게 더 신뢰가 가는 건 당연하다. '서비스는 단지 고객을 위해서만이 아닌, 나 자신의 발전을 위해서도 필수이다'라는 의식을 가진 세일즈 컨설턴트는 차를 사지 않는 고객에게도 좋은 서비스를 제공하여 잠재고객을 만들기도 한다. 이것이 '포로'와 '프로'의 차이이다. 자신은 차 한 대를 팔기 위해 마지못해 서비스를 하는 '포로'인지, 잠재고객을 만들어 가는 진정한 서비스맨의 의식을 가진 '프로'인지 객관적으로 평가해 보자.

봉사나 노예의식은 서비스가 아니다.

봉사는 무상으로 나의 서비스를 제공하는 것이고, 노예의식이 담긴 서비스는 고객이 즐기는 것이 아닌 불편함을 동반하게 만들어 버린다. 차 한 대를 팔기 위한 가식적인 서비스는 상술이라는 인상을 남기게 된다. '상대의 마음을 헤아리고 배려하는 것'이 진정한 서비스이고, 그것이 '손님'을 '고객'으로 만들 수 있는 힘을 발휘할 수 있다.

2 협상

협상이라는 것은 국가 간의 이익이나 기업 간에만 하는 것으로 생각할 수 있는데, 우리는 살면서 끊임없이 나도 모르는 사이에 협상이라는 것을 하고 있다. 보통 구매자는 자신이 선택한 물건을 누구보다 저렴하고 만족스럽게 구매하기를 원하며 이것이 고객의 권리이다. 그렇다면 세일즈 컨설턴트의 의무는 적당한 가격에 회사의 이익과 자신의 이익을 고려한 적정선에서 상품을 판매하는 것이다. 결국 고객은 물건을 싸게 사는 것이 권리이고, 세일즈 컨설턴트는 적정한 가격에 물건을 판매하는 것이 의무이다. 한국 사람들이 가장 취약한 부분이 협상이다. '전략적 협상'이란 비즈니스에서만 국한되는 것이 아니라 일상에서 집을 구하거나 차 또는 여러 가지 스마트기기를 구매하는 등 우리의 일상과 친밀하게 맞닿아 있다. 그렇다면 셀러(Seller) 입장에서 어떻게 하면 최소의 할인으로 판매가를 지켜 상품을 판매할 수 있을까?

지식 IN

이익을 남기기 위한 Negotiation Golden Rules

: Discount를 최소화 하는 방법
- 상담의 시나리오를 예상한다.
- 정확한 구매방법을 제시한다.
- 누가 먼저 가격할인을 제시할 것인가
- DC금액을 작은 단위(가격)으로 오퍼한다.
- 고객의 구매욕구가 지속되도록 한다.
- 포기하지 말고, 계속해서 계약을 유도한다.

(1) 판매의 3원칙

일반적으로 판매를 잘 할 수 있는 기술은 무엇일까? 먼저 자기관리 능력과 영업능력이 기본으로 갖추어져야 한다. 세일즈 컨설턴트는 상품을 판매하기에 앞서 먼저 자신을 팔고, 상품가치를 팔며, 마지막으로 조건과 가격을 파는 것이다. 이것을 〈판매의 3원칙〉이라 한다.

① 자기 자신을 판다.

인간의 커뮤니케이션은 항상 상호 신뢰로부터 성립된다. 고객은 "상품을 사는 것이 아니라 세일즈맨을 사는 것이다", "세일즈맨은 상품을 팔기 전에 자기 자신부터 팔아라"라는 세일즈 명언이 있을 정도로 세일즈 컨설턴트의 인간성과 매너, 서비스 정신은 그만큼 중요하다. 따라서 세일즈맨은 단순히 상품을 팔기 이전에 자신의 인격과 신용을 팔아야 한다.

② 상품가치를 판다.

고객에 대한 정보를 수집해 상품의 장점과 특징을 맞추어주는 컨설턴트 능력을 개발해야 한다. 따라서 세일즈 컨설턴트는 고객이 원하는 상품의 가치와 매력이 무엇인가를 발견할 수 있는 눈을 가져야 한다. 고객과 대화를 하며 고객의 잠재 욕구를 정확히 파악해야 고객의 마음을 명중시킬 수 있는 것이다.

③ 판매 조건을 판다.

고객은 만족한 상품에 대해 구매결정을 하게 되면, 본격적으로 본인이 원하는 조건을 제시한다. 이때부터 세일즈 컨설턴트 특유의 협상 능력을 발휘해야 구매결정에 대한 마음이 흔들리지 않게 된다. 또한 세일즈 능력 배양을 위해서는,

㉠ 분석의 눈을 가져야 한다.

시장의 변화나 흐름에 대한 이해와 분석, 고객의 의식과 잠재욕구에 대한 정확한 분석력은 세일즈의 성공 여부를 가늠하게 하는 가장 기본적인 요소이다. 고객의 마음을 읽을 줄 아는 세일즈 컨설턴트가 다양한 부류의 고객층을 만들어간다. 단순히 고객의 외모로 고객을 판단하고 분석하는 것이 아닌, 드러나지 않는 내면의 욕구와 요구를 읽어낼 줄 아는 것이 자신만의 세일즈 노하우와 강력한 파워를 갖게 되는 것이다.

㉡ 소통의 기술을 가져야 한다.

소통이 단절되면 당연히 관계 유지도 어려워지게 된다. 소통이 관계 개선, 유지, 지속으로 이어지게 하는 중요한 수단이다. 세일즈 컨설턴트가 고객보다 말을 더 많이 하면 고객의 니즈를 파악할 수 없다. 개방적 질문으로 고객이 원하는 것이 무엇인가를 알아내고, 고객의 이야기를 경청하여 고객의 욕구를 파악해야 한다. 또한 고객이 이해할 수 없는 전문적인 용어는 삼가고, 편하고 쉬운 내용으로 설명해야 고객과 소통을 이룰 수 있다.

㉢ 협상의 기술을 가져야 한다.

고객은 회사나 세일즈 컨설턴트의 입장이 아닌, 본인의 입장에서 설명해 주어야 세일즈 컨설턴트를 신뢰할 수 있게 된다. 자신에게 좋은 혜택을 제공하는 세일즈 컨설턴트에게 마음이 열리게 되는건 당연하다. 고객과 '윈-윈' 할 수 있는 방안들에 대해 정보를 제공하고 끊임없이 검색해 주는 성의와 적극성을 보인다면 구매 갈등은 구매 결정으로 바뀌게 될 것이다.

(2) 협상의 전제조건

협상이란 서로 다른 욕구(이해관계)와 요구를 일치시키고 조화시키는 과정으로 협상 준비능력, 협상 이슈에 관한 상식, 경청 등의 요소를 그 전제조건으로 한다.

> **성공하는 협상을 위한 10계명**
> ① 요구에 얽매이지 말고 욕구를 찾는다.
> ② 양쪽 모두를 만족시키는 창조적인 대안을 개발한다.
> ③ 상대방의 숨겨진 욕구를 자극한다.
> ④ 윈윈(Win-Win) 협상을 만들도록 노력한다.
> ⑤ 숫자를 논하기 전에 객관적 기준부터 정한다.
> ⑥ 합리적인 논거를 협상의 지렛대로 활용한다.
> ⑦ 협상결렬 시 취할 수 있는(배트나/차선책)을 최대한 개선하고 활용한다.
> ⑧ 좋은 인간관계를 협상의 토대로 삼는다.
> ⑨ 질문한다. 질문한다. 질문한다.
> ⑩ NPT(Negotiation Preparation Table) 양식 - 협상준비 양식을 준비한다.

(3) 협상 시의 문제와 해결

① 협상 시 직면하는 문제들
  ㉠ 가격인하의 요구
  ㉡ 끈질긴 요구들(Wibbling)
  ㉢ 가격명세
  ㉣ 시간재촉
  ㉤ 협상기술

② 협상 시의 해결방안
  ㉠ 관심의 방향을 문제로부터 분리시킨다.
  ㉡ 고객이 우려하는 문제의 대안을 제시한다.
  ㉢ 가격의 경우 쪼개서 말한다.
  ㉣ 적극적이고 성실하게 협상에 임하고 있음을 표시한다.
  ㉤ 흥미를 느끼는 부분에 대하여 강조한다.

(4) Force = 힘

① 경쟁자의 힘 : 비슷한 레벨의 고객과 경쟁하도록 만든다.
② 합법성의 힘 : 서류, 안내문, 신문, 스크랩 등을 보여준다.
③ 위험감수의 힘 : 협상에서는 때론 위험을 감수할 수 있어야 한다.
④ 동조의 힘 : 고객과 관련된 사람의 동조를 받는다.
⑤ 전문기술의 힘 : 더 많은 지식, 전문기술, 다양한 경험이 있다고 믿게 만든다.
⑥ 필요를 아는 힘 : 고객이 진정으로 필요로 하는 것을 파악한다.

⑦ **투자의 힘** : 고객이 시간, 돈, 에너지를 투자하게 만들어 종결시간을 앞당긴다.
⑧ **인정의 힘** : 다른 고객들로부터 인정을 받으면 판매협상에 유리하다.
⑨ **끈기의 힘** : 끈기와 인내심을 갖는다.
⑩ **설득력의 힘** : 비유하거나 증빙자료를 제시하여 설득한다.
⑪ **자세의 힘** : 신나는 놀이라고 생각하고 협상에 유연한 자세를 갖는다.

세일즈 기술 법칙

> 일상생활에서 언제나 영업소재를 찾고 고객을 발굴하라.
> 적절한 방법을 발견하면 그 즉시 시도해 보는 자세가 필요하다.
>
> — 스즈키 야스토모

세일즈 기술이라는 이론은 있지만 판매 제품이나 세일즈맨의 유형에 따라 이론이 현장에서 적용이 되기도 하고 그렇지 않기도 한다. 가장 기본적인 요소들을 갖추고 노하우를 만들어 자신만의 브랜드 이미지를 강화시키는 사람이 세일즈를 잘하고 인정받는다.

사람의 마음을 잘 움직이는 사람이 인간관계에서 리더십을 발휘하듯, 고객들의 마음을 파악하고 헤아리며 응대하는 세일즈맨은 고객 서비스 리더십을 발휘하여 성공의 빛을 보게 된다. 자신 없다는 생각이 가장 큰 장애물이고, 기술도 연마해야 발전하게 되는 것이다.

꿈을 종이에 적으면 목표가 되고, 목표를 세분화하면 계획이 된다. 계획을 실천하면 당신의 꿈을 이룰 수 있다. 사람이 머릿속으로 생각을 하면 언젠가 그것을 말로 하게 되어 있고, 여러 번 말하게 되면 행동으로 옮기게 되어 있다. 그 행동으로 계획을 실천하게 되고 그 실천은 습관이 되며, 당신의 그 습관이 성공을 가져올 수 있다.

시작할 때부터 세일즈 기술을 가지고 태어나는 사람은 없다. 세일즈란 여타 다른 지식과 마찬가지로 방법과 기술을 공부함으로써 최고의 비즈니스맨으로 만들어지는 것이다. 세일즈 전공을 하지 않았는데도 불구하고 자신의 재능을 발견하고 판매왕에 우뚝 서는 성공한 전문 세일즈 컨설턴트들의 사례를 자주 발견한다. 하나씩 이루다보면 자신감도 상승하고 자신만의 노하우가 생기게 된다. 무엇이든 누군가 대신해 주는 것은 없다. 개발하고 열정을 쏟아 부어라. 그러면 새로운 길이 열릴 것이다.

최고의 세일즈맨은 물건을 팔지 않는다.

판매할 때까진 아무 일도 일어나지 않는다.	⇨ 판매의 법칙
최고가 되겠다는 결심이 최고를 만든다.	⇨ 결심의 법칙
세일즈맨은 만족을 팔아야 한다.	⇨ 욕구의 법칙
고객은 해결책을 산다.	⇨ 문제의 법칙
가치를 증명해야 판매할 수 있다.	⇨ 설득의 법칙
안전은 모든 것을 이긴다.	⇨ 안전의 법칙
위험은 모든 것을 극복한다.	⇨ 위험의 법칙
오직 신뢰만이 판매할 수 있다.	⇨ 신뢰의 법칙
고객은 제품이 아닌 세일즈맨을 산다.	⇨ 인간관계의 법칙
고객은 세일즈맨이 아닌 친구에게 구매한다.	⇨ 우정의 법칙
고객은 이미지를 구매한다.	⇨ 위상의 법칙
당신의 이미지가 수입을 결정한다.	⇨ 시각의 법칙
철저한 사전 준비보다 더 좋은 것은 없다.	⇨ 사전 계획의 법칙
고객은 스스로 결정하길 원한다.	⇨ 자발성의 법칙

Bryan Tracy의
'The 100 Absolutely Unbreakable Laws of Business Success'(2000)중에서

 '신뢰'는 가장 강력한 세일즈의 힘이다.

> 직장에서든 비즈니스에서든 가장 중요한 책무는 신뢰를 쌓는 것이다.
> 그것만큼 최우선 순위에 두어야 할 것은 없다.
>
> — 로버트 애커트

인간관계에서 가장 기본적이고도 가장 중요한 것이 신뢰이다. 신뢰가 깨지면 관계를 이어갈 의미를 잃게 되어 소원해지다가 결국에는 관계가 청산되기도 한다. 일반적인 관계에서도 이러한데 고객과 세일즈맨으로 만난 경우는 더 말할 나위 없이 신뢰가 중요한 요소가 아닐 수 없다. 특히 고가의 제품을 구매할 때 브랜드 신뢰도를 따지듯이, 거기에 소속된 세일즈멘에 대한 신뢰감이 구매결정에 중요한 역할을 하기도 한다. 브랜드에 대한 신뢰는 있었지만 세일즈맨으로 인해 신뢰에 금이 가기도 하고, 반대로 브랜드에 대한 신뢰가 깊지는 않았지만 세일즈맨을 보고 탄탄한 신뢰를 구축하기도 한다.

대인 관계에서 신뢰의 힘을 강하게 하기 위해서는,

■ 신뢰의 인상을 만들어라.

알고 보면 아주 속이 깊고 믿을 만한 사람인데 첫인상에서 왠지 모르게 신뢰가 가지 않는 사람이 있다. 이런 사람들은 인상 때문에 불이익을 당하기도 하여 대인관계를 힘들어 하기도 한다. 반대의 경우인 사람도 있다. 신뢰가 가는 인상 때문에 일을 시작하기도 전에 기본적으로 호감의 점수를 얻어 자신의 의도대로 사람들을 움직이기도 한다.

어떤 인상이 신뢰감을 줄까?
만나는 사람, 상황에 따라 외모를 갖추고 예의 바른 모습을 보이는 것이 첫인상의 신뢰감을 높이는 길이다. 회사의 이미지에 부합되지 않는다면 고객은 세일즈맨뿐만 아니라 회사에 대한 첫인상도 그다지 신뢰가 가지 않을 것이다. '외모가 경쟁력이다'는 말은 맞다. 하지만 잘생기고 못생기고의 차이를 말하는 것이 아니다. 자신을 얼마나 갖추었느냐에 따른 내면으로부터 풍기는 이미지, 언행까지도 포함되는 것이다. 어떤 사람과 어떤 자리에서 어떤 목적을 가지고 만나느냐에 따라 내가 하는 말과 행동, 옷차림 등을 전략적으로 꾸밀 줄 알아야 신뢰가 가는 인상을 줄 수 있다.

■ 고객에 따라 신중하게 말하고 행동하라.

신중함이 부족한 사람은 성격이 급하고 덤벙댄다는 인상 외에도 일처리가 매끄럽지 못할 것이라는 불안감을 가지게 한다. 제품을 구매하고 돈을 지불해야 하는 고객의 입장에서는 신중해 보이지 않는 세일즈맨으로 인해 손해를 보지는 않을까 하는 우려 때문에 구매를 망설일 수도 있다. 고가의 제품일수록 고객의 입장에서 신중하게 비교하고 설명해 주어야 세일즈맨에 대한 믿음이 생겨 신뢰가 갈 수 있다. 말로만 자신을 믿어 달라고 해서 고객이 절대 믿어주지 않는다.

또한 자신이 뱉은 말은 반드시 지켜야 한다. 고객에게 접근하기 위해, 물건을 팔기 위해 말로만 달콤한 약속을 하고 지키지 않았을 때 고객이 느끼는 감정은 설명하지 않아도 알 수 있을 것이다. 한껏 기대하고 있는데 공수표로 끝나버린 것에 대해 배신감과 불신을 느낄 것이다. 고객이 느낀 불쾌감으로 끝나면 그나마 다행이다. 이것으로 끝나지 않고 컴플레인을 넘어 클레임까지 발생한다면 가장 큰 피해를 입게 되는 건 세일즈맨 자신이다. 자신이 한 말은 꼭 지키려고 하는 모습은 신뢰를 강화시키는 길이다.

■ 시간 관리에 투철하라.

'방향'보다 '속도'란 말이 있다. 때로는 스피드가 최고의 무기가 될 수 있다. 전시장에서 근무할 때의 일이다. 상담을 마치고 돌아간 고객으로부터 전화가 걸려 왔다. 와이프를 설득해서 나에게 상담을 받았던 차를 꼭 사고 싶으니, 아까 보여줬던 프레젠테이션 자료를 줄 수 있겠냐는 문의였다. 나는 당연히 '그러겠다'고 했고, 이때 문득 고객이 여기까지 가지러 오면 퇴근길이라 차가 막혀 불편할 것이라는 생각이 들었다. 그래서 퀵서비스를 통해 원하는 자료를 깔끔하게 포장하여 고객의 집으로 보내드렸다.

고객이 집에 도착했을 때는 이미 내가 보낸 자료가 도착해 있었고, 그날 밤 고객은 나에게 전화를 걸어 "내일은 제가 꼭 계약하러 가겠습니다!"라고 했다. 물론 고객이 차를 꼭 살 것이라는 확신이 들어 내 나름대로 최선을 다한 것인데, 나는 이 에피소드를 '속도가 때로는 최고의 무기가 될 수도 있다'는 사례로 강의 때마다 소개하곤 한다.

부자 혹은 성공한 사람들일수록 시간 관리에 철두철미하여 자신의 시간을 낭비하게 만드는 사람을 좋아하지 않는다. 시간이 가장 값비싼 자산이라는 생각을 가지고 시간을 효율적으로 관리하려고 하기 때문이다. 이런 사람들과는 시간 약속을 잘 지키는 것은 물론이고, 고객의 시간을 효율적으로 관리해주어야 한다. 혹시라도 약속시간을 못지키는 상황이 발생하면 그 시간에 임박해서 고객에게 알리지 말고, 차후 시간 활용을 위해 사전에 미리 양해를 구해야 한다.

■ 아는 만큼 설명할 수 있다.

프로 VS 아마추어 세일즈맨 중 누가 고객에게 더 잘 설명할까?
정답은 아마추어가 더 많은 이야기를 하고, 프로 세일즈맨은 더 짧은 이야기로 상담을 진행한다는 것이다. 대부분 프로 세일즈맨은 제품 및 관련 지식이 풍부하고 모든 부분을 고객에게 설명할 수 있다는 자신감을 보인다. 그 자신감은 세일즈맨으로 하여금 판매로 이어질 수 있다는 확신을 가지게 한다. 그래서 고객에게 필요한 질문만을 하며 꼭 필요한 것만 설명한다. 하지만 아마추어 세일즈맨은 때로는 구매에 방해가 되거나, 고객이 원하지 않는 이야기까지 가리지 않고 일방적으로 많은 이야기를 들려주려고 애쓴다.

고객보다 더 많은 지식을 습득하는 것!
간혹 고객상담 중 차량지식과 관련해서 모르는 질문을 받았을 때 당황하는 세일즈맨을 종종 본다. 고객에게 차를 구매하게 하려면, 예를 들어 5,000만 원짜리 차량이라면 그 금액만큼 혹은 더 넘는 지식과 정보를 공부해야만 가능한 것이다. 고객은 상품의 가격만큼 구매 갈등을 하고, 갈등한 만큼 제품에 대한 정확한 정보와 구매 관련 지식을 세일즈맨에게 의존하려고 하기 때문이다. 이것이 고객보다 더 '정보와 지식으로 무장해야 하는 이유'이다. 고객의 마음을 움직일 수 있는 상품지식과 구매정보에 관하여 최고의 전문가라고 자부해야 고객은 구매 신호를 느낄 수 있다.

프로 세일즈맨의 구호

나의 머리는 풍부한 상품지식으로, ⇨ 상품지식
나의 눈은 예리한 관찰력으로, ⇨ 고객만족
나의 입은 풍부한 설득력으로, ⇨ 판매기법
나의 가슴은 뜨거운 열정으로, ⇨ 목표의식
나의 두 다리는 많은 고객을 확보한다! ⇨ 근면
나는 할 수 있다! ⇨ 도전
나는 '성취인'이다! ⇨ Pro Sales Adviser

3 클로징

고객에게 있어 클로징(Closing)의 중요한 요소는 구매조건과 인간관계를 구분하는 것이다. 가끔 세일즈 하는 사람들이 고객이 요구하는 서비스를 해줄 수 없다거나, 나중에 구매한 차량에 대한 서비스를 받아준다든가, 고객의 요구조건을 몸으로 때우는 식의 상담을 시도해 보는데, 이것은 아마추어의 생각이다. 고객이 조건으로 이야기 하면 조건에 맞는 제품의 가치와 상품의 혜택 그리고 구매로 인한 고객의 혜택이 무엇인지를 정확히 설명하고, 협상단계를 통해서 클로징이라는 마지막 관문을 마무리 하는 것이다.

> 클로징에서 계약순간을 결정하는 것은 마치 우물을 파는 것과 같다. 우물을 만들 때 비록 아홉 길을 팠다고 하더라도 마지막 한 삽을 뜨지 못하면 물을 만날 수 없다. 최악의 상태를 받아들인다면 더 이상 잃을 것이 없다. 이미 모든 것을 얻었다는 것이다.

계약을 결정할 수 있도록 설득하는 법은 '당위성, 논리성, 분석, 선택'에 따라 진행되어야 한다. 클로징에서 인간관계를 앞세워 고객을 설득하며 구매하라고 강요하는 것은 절대 계약으로 이어질 수 없다. 고객은 '협상'과 '관계'의 차이를 잘 이해하고 있기 때문이다.

계약을 성사시키려면 더 잘해주려고 생각하지 말고, '다른 영업사원과는 다르다는 생각'을 하게 만들어야 한다. 결정을 내리기 전에 모든 것을 완벽하게 알고자 고집하는 영업사원은 클로징에서 구매 권유를 내릴 수 있다. 과감하게 구매권유를 하라!

(1) 세일즈 화법의 기본형

① **부메랑법(직접법, 앵무새법)** : "그렇습니다. 그래서" 식으로 고객의 발언에 일단 긍정하면서 다시 화답하는 방법이다. "그렇기 때문에 이번 신차는~"
② **Yes-But 화법** : 가장 많이 사용되고 있는 방식이다. 어떠한 유형의 고객에게도 불쾌감을 주지 않는 정중한 방법이다. 대개의 경우 사람은 자기의 이야기를 정면에서 반박하는 것을 좋아하지 않기 때문에, 일단 고객의 이야기를 "예, 그렇습니다"로 긍정하여 경계심을 푼 후, "그러나"로 대응하는 것이다.
③ **자료활용법** : "그것에 관해서는 이 표를 잠깐 봐주십시오" 식으로 자료를 보여주며 대답한다.
④ **예화법** : 다른 사람의 이름을 거명하면서 실제 예를 들어 설명한다.
⑤ **화제전환법** : 강한 거절이나 대화 중 시간의 공백이 생기는 경우에는 판매와 관련되지 않은 새로운 화제로 전환하여 고객의 경계심을 완화한다.
⑥ **정면부정법** : 거절에 대하여 직접 부정해버리는 방법이다. 고객이 잘못 알고 있거나 틀린 점을 이야기할 때, 세일즈맨이 답변할 수 있는 확실한 이유 등이 있을 때 유효한 방법이다. 직접 부

정하는 방법을 잘 사용하면 세일즈맨의 성실함이나 자동차에 대한 강한 신념을 고객에게 심어줄 수 있다. 그러나 이 방법을 잘못 사용하면 결정적으로 나쁜 결과를 초래할 수도 있다. 정면부정법을 사용해야 하는 확실한 경우라도 적당하게 비위를 맞추는 말을 섞어서 답변한다.

⑦ **묵살법** : 고객의 거절은 맹목적인 경우가 대부분이므로, 고객의 가벼운 거절에 대한 응답은 오히려 설득의 진행을 방해하게 되므로, "아 그렇습니까?" 정도의 응답으로 가볍게 받아 넘기고, 자기의 계획대로 설득을 진행한다.

⑧ **반복법** : 고객이 행한 거절의 말을 그대로 받아들여 그것을 역으로 이용하여 세일즈의 계기를 만들어내는 방법인데, "선생님 말씀하신 그대로입니다. 그렇기 때문에"와 같이 고객의 거절에 대한 이유를 설명해나가는 방법이다.

⑨ **Approach** : 고객과의 공감대 형성으로 고객의 불안감을 제거하고, 상담하기 쉬운 분위기를 만든다.
　㉠ 시장상황(한국시장에서 판매되는 차종)
　㉡ 대상고객(직업, 연수입, 연령층, 구매동기)
　㉢ 회사 전반 현황과 취급업종의 역사
　㉣ 자동차 업계동향(자동차 업계, 고객의 업계)

⑩ **Motivation** : 구매의욕을 증가시키고, 고객의 잠정적인 욕구를 끌어내는 동기 포착과 구매를 결정하는 적정 시점을 유도한다.
　㉠ 고객의 구입의사 타진 및 고객의 정보를 포착
　㉡ 세일즈 포인트(성능, 내성, 안전성, 경제성, 스타일)
　㉢ 경쟁 차종과의 세일즈 포인트(가격, 품질, 옵션)
　㉣ 중고차 가격(수리비, 감가상각비 등)

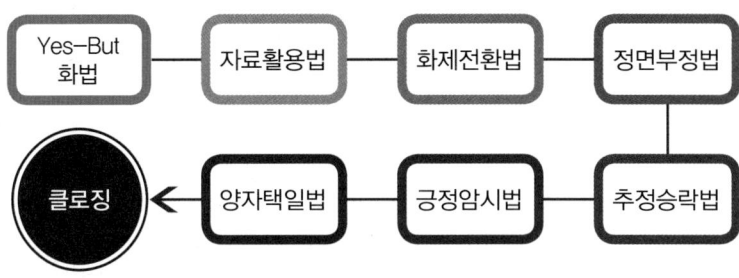

[고객응대 화법]

(2) 테스트 클로징

고객의 구매심리에 척후를 들여보내 그 심리를 적극적으로 클로징의 방향으로 유도하는 테크닉을 테스트 클로징(Test Closing)이라고 한다. 테스트 클로징은 고객이 징후를 나타내는 경우와 이쪽에서 계약체결로 이끌어 가는 경우가 있다. 그 방법에는 다음과 같은 여러 가지가 있다.

① **추정승락법** : 가정법 또는 시행판매완료법이라고 부르기도 하지만, 문자 그대로 고객이 살 것이라는 가정 하에 이야기를 진행시켜 나가는 방법이다.
② **긍정암시법** : 고객으로 하여금 "Yes"라는 대답을 유도하여 설득을 용이하게 하는 것이다.
③ **양자택일법** : 고객에게 결단의 계기를 만들어 주는 하나의 테크닉으로써, 고객 스스로 판단했다고 느끼게끔 한다.

> ※ 추정승락법, 긍정암시법, 양자택일법의 세 가지는 테스트 클로징의 정석이라 해도 과언이 아니다. 고객이 산다는 표시를 하기 전에 사는 것으로 정해진 듯 이야기를 유도해 나가서 그 의사결정을 촉진하는 방법을 말한다. 이 세 가지는 클로징의 징후가 보였을 때에는 효과가 있지만, 함부로 사용하게 되면 역효과를 초래할 우려도 있으므로 주의해야 한다.

앞에서 소개한 세 가지 방법이 클로징의 '기초편'이라 한다면, 다음에 소개하는 방법은 '응용편'이라 할 수 있다.

④ **입증법** : 고객의 경쟁심이나 허영심을 자극하는 테크닉이지만, 클로징 찬스를 끌어내는 효과가 의외로 크다. "김 사장님도 곧 이 차를 계약하시려고 합니다."
⑤ **유도법** : "마지막 찬스", "지금이 찬스"라는 어구를 사용하여 고객심리를 구매행동으로 유도하는 것을 겨냥하고 있다. 이는 우유부단하여 좀처럼 결론을 내리려 하지 않는 고객에게 특히 효과가 있다.
⑥ **시승법** : 시승법보다 더 효과적인 테스트 클로징법은 없다. 이 방법은 자동차를 직접 구경하고 시승하여 성능을 직접 점검케 하는 것이다.
⑦ **미니맥스(Mini Max)** : 고객의 계약결정에 방해되는 요소를 가장해서 긍정적으로 유도하는 방법이다. "만약에 손해를 본다 해도 …… 이익입니다.", "최악의 경우에는 …… 제가 해결해 드리겠습니다."

(3) 클로징의 찬스포착법

클로징에는 성공하는 '타이밍'이 있다. 고객의 '구매의욕이 최고조로 높아진 결정적 순간'을 겨누어 재빨리 클로징으로 이끌어 나가야 한다.

① 고객의 얼굴에 나타나는 클로징 찬스
  ㉠ 세일즈 컨설턴트의 설명에 납득해 하는 표정을 할 때
  ㉡ 긴장한 얼굴을 할 때
  ㉢ 만족해하는 표정을 할 때

② 고객의 동작에 나타나는 클로징 찬스
  ㉠ 카탈로그 등을 손에 들고 열심히 검토하기 시작했을 때
  ㉡ 세일즈 컨설턴트 쪽으로 자세를 고쳐 앉거나 잠깐 자리를 뜰 때
  ㉢ 세일즈 컨설턴트의 설명에 대하여 고개를 끄덕일 때
  ㉣ 차를 타보거나 관심을 가지고 살펴볼 때
  ㉤ 어느 정도 지난 후 다시 상담을 요청할 때

③ 그때의 분위기에 나타나는 클로징 찬스
  ㉠ 방문 시 대하는 태도가 평상시보다 부드럽고 반가운듯 할 때
  ㉡ 고객 주변사람들의 태도가 호의적인 것으로 바뀌었을 때
  ㉢ 상담이 일단 중단된 뒤에 고객 쪽에서 먼저 말을 걸어올 때

④ 고객의 이야기에서 나타나는 클로징 찬스
  ㉠ 상품에 대한 구체적인 이야기가 나올 때
  ㉡ 가격이나 서비스, 구입한 후의 보증에 대해 듣고 싶어할 때

지식 IN

클로징을 성공시키기 위해서는 무슨 일이 있어도 판매하고 말겠다는 '근성'과 '정열'이 있어야 한다. 그러나 그 근성과 정열이 결실을 맺기 위해서는, 분명한 클로징 찬스의 포착이라는 기술이 뒷받침되어야 한다.
- 성공할 때까지 여러 번 시도한다.
- 그 자리의 분위기를 놓치지 않는다.
- 시승(Demonstration)에서 기회를 이끌어낸다.

(4) 클로징의 유의점

어프로치부터 클로징까지 진행이 잘 되다가도 계약서의 도장을 찍으려는 순간 사소한 부주의로 끝나버리는 경우가 있다. 상담이 원점으로 되돌아간다거나, 고객이 새로운 요구를 한다거나, 최악의 경우에는 계약 후에도 해약을 요구하는 경우도 있다.

계약서를 쓰기 전 단계	• 테스트 클로징을 시도해 본다. • 거절해도 체념하지 않는다. • 주어진 권한 내에서 판단한다.
계약서를 쓰는 단계	• 약속이나 조건은 반드시 문서로 서로 확인한다. • 차량 명의인을 확인한다.
서명하는 단계	• 신속하게 서명한다. • 가능한 한 사무적으로 대한다. • 금전 면에서는 반드시 확인한다. • 계약금을 받은 후 계약서를 건네준다.
체결 단계	• 절대 기쁜 표정이나 만족한 표정을 짓지 않는다. • 관계 서류 준비를 알린다. • 적절한 예의를 보이고 감사를 표시한다. • 납기준수를 다짐하고 알린다.

4 영업 상담기법

(1) 시간 계획

① 효과적이고 계획적인 시간계획을 수립한다.
② 판매 가망고객을 정리하여 목표고객을 설정한다.
③ 월간 방문고객을 선정하고, 1주일에 5개의 업체를 방문상담하여 수요를 점검한다.
④ 출장 시 이동 동선에 방문계획 고객이 있으면 시간계획을 세워 방문한다.
⑤ 방문한 이후의 업체는 반드시 상담 및 수요상태를 방문일지에 기록한다.

(2) 방문일지 작성

① 월간 방문고객 목록을 매월 1일 작성한다.
② 매주 월요일 주간 방문일지를 작성한다.
③ 필요 시 수시 작성을 한다.

(3) 자동차 판매 마케팅 배합의 3P

① Product(제품) : 품질, 특징, 옵션, 스타일, 서비스, 보증
② Price(가격) : 정가, 금융조건
③ Promotion(촉진) : 할인

(4) 상담 시 고객정보의 수집

① 고객명, 회사명, 주소, 전화번호, 홈페이지
② 회사연혁, 비전, 인재상, 조직도, 경영진
③ 주요 제품, 경쟁사
④ 재무상태 등

(5) 상담 시 유의사항

① 상담 시 해야 할 이야기와 해서는 안 될 이야기를 구분한다.
② 질문의 의도를 파악하고, 결론부터 긍정적인 표현으로 답변한다.
③ 과장되거나 거짓말을 하지 않고 솔직하게 답변한다.
④ 말을 많이 하거나 궤변을 늘어놓지 말고 간결하게 답변한다.
⑤ 자세를 바르게 하고, 바른 말을 사용한다.
⑥ 자신감을 가지고 최후의 순간까지 최선을 다한다.
⑦ 상담 이후 24시간 이내에 감사메일(Thank you Letter)을 보낸다.

(6) 상품에 대한 표준화법

3F 방식	• Fact Function For you • 사실, 기능, 역할, 고객이익 예 트윈터보 디젤차량입니다. 고연비를 구현해서 유지비용이 저렴합니다.
JIM 3단논법	• Just Facts Interpretation Merit • 사실, 의미해석, 장점 예 이 연필은 6각형입니다. 그래서 손에서 미끄러지지 않습니다. 그래서 손가락이 피로하지 않습니다.
FABE 화법	• Feature Advantage Benefit Evidence • 특징, 이점, 이익, 증거 예 F(특징) - 고객님, 이 모델은 4륜구동 모델입니다. 　 A(이점) - 주행 안정성이 정말 좋습니다. 　 B(이득) - 날씨에 관계없이 언제든지 운전이 가능합니다. 　 E(증거) - 구입 고객 10명 중 9명은 상당히 만족하십니다.

(7) 바디랭귀지 전법

① 따뜻한 행위

> 또렷이 눈을 본다. 손을 만진다. 상대방을 향해 움직인다. 자주 미소를 짓는다. 머리에서 발끝까지 눈을 움직인다. 몸을 편다. 행복한 얼굴을 한다. 이를 드러내고 활짝 웃는다. 입을 벌리고 웃는다. 상대방을 마주 대하고 똑바로 앉는다. 긍정적으로 고개를 끄덕인다. 눈을 크게 뜬다. 말하는 동안 손짓을 한다. 짧은 눈맞춤을 한다.

② 차가운 행위

> 차갑게 노려본다. 가짜로 하품을 한다. 찡그린다. 다른 곳으로 눈길을 돌린다. 천장을 본다. 입을 실룩인다. 손톱을 청소한다. 부정적으로 고개를 젓는다. 다른 곳을 본다. 입을 삐죽인다. 줄담배를 피운다. 손가락을 꺾는다. 방 주위를 본다. 손을 올린다. 머리를 만지작거린다. 머리냄새를 맡는다.

③ 시 선

> ㉠ 시선 마주치기 : 고객의 말에 관심을 기울이고 있다. 경청하고 있다는 모습을 보여준다.
> ㉡ 잘못된 시선 마주치기 : 지나치게 노려보는 것은 금물이다. 아예 시선을 주지 않는 것도 금물이다.

④ 얼 굴

> ㉠ 표정을 밝게 하기 : 잔뜩 찡그린 얼굴을 보이지 않는다. 개인의 감정을 얼굴에 표출시키지 않는다. 고객의 근심이나 걱정에는 함께 얼굴표정을 바꾼다.
> ㉡ 직원들 간에도 밝은 얼굴표정으로 대한다.

⑤ 신 체

> 신체의 움직임은 얼마나 열정적인지를 표현한다. 고개를 끄덕인다. 고객을 쳐다본다. 몸을 앞쪽으로 굽힌다.

⑥ 손

> ㉠ 손가락을 두드린다 : 조바심과 욕구불만으로 비쳐진다.
> ㉡ 손가락으로 가리키는 동작 : 고객의 면전에서 고객을 향하는 것은 삼가야 한다.
> ㉢ 삿대질을 해서는 안 된다.
> ㉣ 펜 뚜껑을 덮는다 : 대화가 끝난 것으로 오해를 할 수 있다.
> ㉤ 손짓언어(손가락을 펴는 동작) : 방향, 정중한 표시가 된다.

⑦ 접촉

> ㉠ 악수 : 손이 아프도록 꽉 쥐지 않는다.
> ㉡ 고객의 어깨에 팔을 두른다. 고객의 등을 친다. 몸을 껴안고 가지 못하게 하는 등의 지나친 접촉은 위협적일 수 있다.

⑧ 공간과 거리

> ㉠ 바디존 파괴 : 다른 사람의 침입을 거부하는 공간을 뜻한다.
> ㉡ 앞은 '이성의 공간', 양 옆은 '정의 공간', 뒤는 '공포의 공간', 머리 위는 '신비의 공간'으로서, 먼저 '이성의 공간'에서 시작하여 점차 '정의 공간'으로 이동한다.
> ㉢ 거리 : 친밀한 공간(두걸음 이내)은 애인, 가족 및 가까운 친구 대인공간(두걸음~네걸음)은 고객과 상담 시, 사회적 공간(네걸음 이상)은 무대에서 교수시 사용된다.

⑨ 기 타

> ㉠ 불결한 외모와 팔짱을 끼고 있는 행동은 좋지 않은 인상을 줄 수 있다.
> ㉡ 사람을 끌어당기는 힘 → 매력
> ㉢ 호감을 주는 인상 만들기 / 상대방의 마음을 움직이는 방법

1. 이미지를 좋게 하는 첫인상 체크리스트

자신감	• 자신감 있게 말한다(신념을 가지고 말한다). • 회사나 상품을 연구하여 자신감을 배양한다. • 세일즈 활동에 자신감과 자긍심을 갖는다.
복장	• 복장 및 몸가짐을 단정하게 점검한다. • 지참물을 깨끗하게 정리한다. • 가방속도 깔끔하게 정리한다.
표정	• 상대방의 장점을 보려고 노력한다. • 웃는 표정을 한다. • 거울로 자신의 표정을 점검한다.
인사	• 자기소개를 간단히 하고, 깊은 인상을 심어준다(명함 활용). • 회사소개를 간단히 한다.
감사	• 면담을 허락한 것에 대해 감사표시를 한다. • 상대방이나 회사의 장점을 칭찬한다. • 밝은 목소리와 명확한 발음으로 이야기한다.
동작	• 기본 동작을 마스터한다(명함주고 받기 등). • 기민하게 행동한다.

2. 인사의 포인트

- 사람이 하는 일이고, 사람만이 하는 일(人 + 事)이다.
- 사람이 갖추어야 할 인간관계의 시작이다.
- 신체의 가장 중요한 부분인 머리를 상대방에게 숙이는 모든 예절의 기본이다.
- 인사는 '내가 먼저, 고객의 눈을 보고, 상황에 맞게, 큰소리로 명랑하게, 형식적이지 않고, 마음을 담아서' 해야 한다.

(8) 영업화술의 9가지 원칙

① 본능에 호소한다.

고객의 머리를 노리지 말고 마음을 노린다. 생활의 4/5를 지배하는 감정에 호소한다(자부와 허영의 본능/타산적 본능/공포의 본능/호기의 본능/모방의 본능/경쟁의 본능).

② 판매도구를 활용한다.

고객을 설득하기 위한 자료나 도구를 활용한다.

③ 구매심리 단계에 유의한다.

구매심리의 단계를 적절히 활용하여 현재의 설명이 어느 단계에 있는지 알아야 한다. 각 단계마다 적절한 방법으로 밀고 나간다.

④ 신용을 획득한다.

신용을 얻는 방법의 3원칙인 '단언한다', '반복한다', '신념을 가지고 말한다'. 또한 알맞은 맞장구를 활용하여 고객의 말에 경청한다.

⑤ 질문을 활용한다.

적절한 질문을 통해 이야기에 흥미를 느끼고 있는지의 여부를 파악할 수 있다. 고객의 대답에 실마리로 다음의 판매대책을 세우고, 고객의 대답에 통해 자기를 채점한다.

⑥ 다른 사람을 이용한다.

고객이 감동할 만한 사람이나 신용할 만한 사람을 지명한다.

⑦ 이야기하듯 대화한다.

성공담과 실패담(상품 내용에서)을 이야기하듯이 말한다.

⑧ 함께 온 일행을 이용한다.

한 곳에 있는 부하, 가족, 친구를 한패로 끌어들인다. 한 곳에 있는 사람을 자신의 강력한 편이 되도록 만든다.

⑨ 유머를 활용한다.

유머란 인간성이 묻어나오는 것이어야 한다. 가볍게 웃을 수 있는 요령을 터득해야 하고, 고객이 거절을 하더라도 바로 표정에 드러내거나 화를 내서는 안 된다.

⑩ 예상질문에 대한 답변을 준비한다.

제시하기	• 왜 내가 당신을 만나야 하는가 → 회사명과 이름소개 영업목적 설명 • 왜 당신의 말에 귀를 기울여야 하는가 → 최초의 이점(보편적 이점)과 방문목적
문제해결하기	• 나의 문제는 무엇인가 → 문제 제시, 이점 설명, 문제를 기회로 전환 • 당신이 어떻게 해결해 줄 수 있는가 → 제품의 특성과 이점 설명 • 왜 당신을 믿어야 하는가 → 개인적인 신뢰도 높임(지식, 경험, 이미지, 문제해결능력) • 왜 당신의 회사를 믿어야 하는가 → 회사의 신뢰도 증명(실적, 판매결과, 서비스) • 왜 당신의 해결책이 최고인가 → 독특성 설명(특성, 효과, 이점, 조건)
행동의 구체화	• 왜 이것을 실천해야 하는가 → 요약(특성과 이점, 비용대비 투자효과) • 왜 지금 사야만 하는가 → 실천유도(실천에 옮겨야 할 특별한 이유)

THE 알아보기

 영업 상담기법 성공 포인트

새해가 밝으면 많은 영업담당자들은 올 한해 영업활동에 대한 새로운 각오를 다지게 된다. '영업에 왕도란 없다'라는 말처럼, 효과적인 영업스킬과 중요한 노하우에 대해 철저히 배우고 준비하는 자세가 가장 중요하다.

어치브 글로벌(Achieve Global)이라는 곳에서는 1990년 전 세계 24개 기업의 영업사원들을 대상으로 500회 이상의 영업 상담과정을 분석하여, 영업사원이 고객과 상담할 때 구체적으로 어떤 행동이 영업상담의 성공 확률을 높이는가에 대한 연구조사를 했다고 한다. 이에 다음과 같은 결론을 얻었다고 한다.

> "영업실적이 우수한 영업사원은 질문을 효과적으로 구사하여 고객의 니즈를 더욱 많이 알아내고, 그 니즈를 영업사원의 상품이나 서비스로 만족시킬 수 있음을 고객에게 더 효과적으로 설득시킬 수 있고, 무관심, 의심, 반론 등을 표명하는 고객의 태도에 효과적으로 대처할 수 있는 스킬을 가지고 있으며, 이를 더 능숙하게 활용할 줄 안다는 것이다."

다음에서 간략하게 구체적인 영업 성공 포인트를 짚어보자.

첫째, 사전조사를 철저히 하는 것이 가장 최상의 방법이다. 물론, 대충이 아닌 치밀하고 철저한 조사를 의미한다. 왜냐하면, 영업담당자의 강한 자신감이나 확신과 열정에 찬 설득이나 프레젠테이션은 충분한 사전조사와 지식 그리고 철저한 준비에서 나오기 때문이다.

둘째, 목적에 정확히 맞는 프레젠테이션 준비도 성공 포인트이다. 영업담당자들이 흔히 범하는 실수 중의 하나는 고객이나 업체 방문 시 귀찮거나 또는 시간이 없어서 평소에 이용하던 내용들을 그대로 또는 약간만 수정하여 설명하는 경우가 있는데, 이는 성의가 없어 보이기 쉽다.

셋째, ESS, EOB, PMP와 같은 기법들을 잘 기억하여 영업상담에 적용할 수 있도록 준비하는 것도 도움이 될 것이다. ESS란 Expensive(최상의 서비스), Simple(쉽고 명료하게), Short(지루하지 않게, 되도록 짧은 시간으로) 전략이고, EOB는 Example(사례를 들어서 시작), Outline(핵심정리), Benefit(전하고자 하는 이야기가 주는 이익에 초점)을 의미한다. 또 PMP는 (Practice Makes Perfect)의 의미로, 완벽한 영업상담을 위한 연습(리허설)이 필수임을 강조한다.

자신만의 세일즈 노하우를 만들어라.

> '할 수 있다'고 생각하는 자가 할 수 있다. He can who Thinks He Can!
>
> – 오리슨 스웨트 마든

"뛰어난 세일즈맨은 만들어지는 것이다"는 말이 있다.
대인관계가 좋아 세일즈에 자신이 있다고 했던 사람이 생각만큼 실적이 달성되지 않아 중도에 포기하는 경우를 많이 본다. 반대로 세일즈는 자신과 맞지 않을 거라 생각했던 사람이 '판매왕'으로 성공하는 경우도 많이 본다. 실제로 세일즈맨의 능력과 특성은 처음부터 타고나기 보다는 '끊임없는 자기계발'과 '인성함양'으로 이루어진다.

주변 사례에서도 느끼듯, 자신감만 있다고 세일즈맨으로 성공을 이루는 것이 아니다. 물론 무슨 일이든 자신감이 기본이 되어야 하지만, 자신감부터 갖는 것은 자만하게 되는 걸림돌이 되기도 한다. 인간관계를 잘 이끌어가는 사람이 그렇지 못한 사람보다 세일즈를 잘 할 수 있는 장점을 가진 것은 사실이지만, 사람 관계가 세일즈와 연결되면 달라질 수도 있다.

주변에 보험 세일즈를 하는 사람이 있다면 유심히 살펴보라.
인맥이 넓어 영업에 장점이 될 거라 자신하지만 막상 실적으로 이어지는 경우가 얼마나 있는가. 믿는 지인들이 외면하게 되면 실적에 대한 스트레스가 아닌, 인간관계에 대한 회의와 스트레스를 동반하게 되어 점점 자신감을 잃게 된다. 실전 영업에 돌입하면 자신이 생각했던 대로 움직여지지 않는 것이 더 많다는 것을 알아야 한다.

부자들을 많이 알아 수입차 몇 대는 자신 있다고 했던 사람이 주변 지인들만 믿고 있다가 실망감만 안고 또 다른 도전은 해보지도 않고 포기를 해버리는 사람도 보았다. 영업은 아는 사람보다 모르는 고객들로 인해 이루어지는 경우가 많다는 것을 알아야 한다. 인맥의 수를 세며 자신감을 가지게 되면 스스로 무덤부터 파게 된다는 것이다.

'일반적인 인간관계나 인맥을 쌓아가는 것과 현장에서 세일즈를 하는 것은 다르다'라는 기본 인식을 가지고 있어야 한다. 물론 인맥이 넓은 사람이 그렇지 않은 사람보다 시작이 유리한 것은 사실이다. 이런 장점을 매출로 연결시키기 위해서는 세일즈 컨설턴트로서의 기본 정신을 무장해야만 한다.

■ **영업적 접근은 금물이다.**

> 처음부터 영업적인 목적만 어필하면 순수한 인상을 줄 수 없다. 고객 스스로 매장을 찾는 경우라면 모를까, 대개의 경우는 자신을 영업 대상으로만 본다는 것을 즐길 사람은 없다. 고객이 제 발로 매장을 찾아온 경우라도 팔기 위한 수단으로 대해서는 안 된다. 한 건 성사시키기 위해서가 아닌, 고객을 위해서 최선을 다한다는 인상을 주는 것이 자신의 고객으로 만드는 방법이다. 제품 판매로 회사나 세일즈맨이 이익이 되는 건 사실이지만, 고객에게도 이득이 되는 방법을 찾아주는 '조력자로서의 자세'가 되어야 고객과의 만남이 한 번으로 끝나지 않게 된다. 자신의 이득을 위해 고객에게 최선을 다한다는 인상은 신뢰감을 줄 수 없다. 고객에게 이득이 되는 방법을 제시해 주는 세일즈맨에게 신뢰가 가게 되는 것은 당연한 것이다.

■ **제품의 특성이 있듯이 세일즈맨의 특성을 만들어야 한다.**

> 제품마다 고유한 특성이 고객의 관심을 끌 듯, 세일즈맨의 특성에 따라 고객들의 관심도 달라지게 된다. 자신이 고객이라면 어떤 세일즈맨과 거래를 하고 싶겠는가.
> 판매하는 제품은 물론 관련 정보나 지식에 능통한 세일즈맨에게는 신뢰가 가게 된다. 고가의 제품일수록 세일즈맨의 능력이 뒷받침되어야 고객들과 인연을 만들어 갈 수 있다. 어떤 제품을 파느냐에 따른 고객의 니즈를 파악하고, 그것에 맞춰 자신의 브랜드 가치를 높여가야 한다.

■ **한 번의 거래로만 끝낸다는 인상을 주면 '충성고객'을 만들 수 없다.**

> 한 건만 하면 그만이라는 생각은 스스로 세일즈맨으로서의 수명을 앞당기는 일이다. 세일즈맨의 이러한 생각은 고객에게 그대로 전달되어 지속적인 관계를 유지할 수 없게 된다.
> 고가이거나 가치가 높은 제품일수록 구매한 제품에 대한 개런티(guarantee) 수명을 길게 하고 싶은 것이 고객의 마음이다. 세일즈맨은 고객의 이러한 기대를 인정해 주고, 자신의 개런티를 높여야 한다. 세일즈맨의 개런티가 곧 제품의 개런티가 되는 것이다.
> 세일즈를 하기 위해선 회사와 제품에 대해 풍부한 지식을 가지고 있어야 하는 것은 기본이다. 하지만 이런 기본 지식만으로는 고객을 확보하는데 한계가 있다. 세일즈라는 행위 자체가 제품을 판매하여 이익을 얻기 위한 것이기는 하지만, 처음부터 영업적인 접근은 금물이다. 이런 세일즈맨의 대부분은 일회성으로, 한 번 물건을 팔면 그만이라는 생각을 가진 사람들이 많다. 오히려 인간관계를 맺는 것에서부터 공을 들이고 관계를 유지하는 사람이 세일즈로 성공을 이루며 롱런을 하는 경우가 많다.

위의 3가지 요소는 나만의 충성고객을 만드는 데 필수적인 것들이다. 자기관리를 잘한다 해도 영업스킬이 부족하거나 인간미가 부족하다면 실적으로 이어갈 수 없게 되고, 영업스킬이 좋아도 자기관리가 안 되어 있으면 신뢰감을 잃게 되어 장사꾼으로 전락되어 버릴 수도 있다. 이 삼박자를 골고루 갖춘다면 자신만의 이미지 특화를 만들어 어떤 유혹에도 흔들리지 않는 충성고객을 많이 확보할 수 있다.

프로 세일즈맨의 노하우

- 프로 세일즈맨은 절대 세일즈 하지 않는다.
- 이 세상 그 누구도 팔지 못하면 죽는다.
- 영업에는 선순환과 악순환의 법칙이 존재한다.
- 고객이 스스로 찾아오게 만들어야 한다.
- 나만의 인맥지도를 그린다.
- 도저히 거절할 수 없게 만든 뒤 접근한다.
- 상대를 빚진 상태로 만들어야 한다.
- 고객의 DNA를 파악한다.

 성공한 세일즈맨을 벤치마킹하라.

> 만일 세일즈맨이 자신이 판매하는 제품을 진정으로 신뢰하고 있다면,
> 고객을 설득하는 데 별 어려움을 겪지 않을 것이다.
>
> – 프랭크 패링톤

성공을 꿈꾸는 사람들은 이미 성공한 사람들의 노하우를 배우고 벤치마킹(Benchmarking)을 하려 한다. 그 노력의 결과로 더 큰 성공을 이루는 사람도 있지만, 오히려 역효과를 만들어 버리는 사람도 있다. 똑같은 옷을 입어도 누가 입느냐에 따라 전혀 다른 느낌을 주지 않는가. 사람마다 인상이나 체형이 다르기 때문에 같은 옷이라도 결과가 다른 것은 당연하다. 그런데 다른 사람이 입은 모습이 멋있다고 하여, 맞지도 않는 옷을 억지로 끼어 입는다면 오히려 우스꽝스러운 모습이 연출될 것은 뻔하다. 체형이나 이미지 등 나의 조건에 맞는 옷을 입어야 자신만의 멋진 모습을 연출하게 되는 것이다.

성공한 사람들의 좋은 습관을 본받아 자신의 습관으로 만들어가는 것은 바람직하다. 하지만 자신이 하는 일과 맞지 않는 성공인의 노하우를 따라하는 것은 오히려 방해요소가 될 수 있다. 판매왕 자리에 오른 사람들에게 성공의 비결을 물어 보면 "열심히 발품을 팔아 물건을 팔았다"는 말보다 "고객들에게 신뢰를 파니 재구매로 이어지는 충성고객이 되었고, 그 고객이 신규고객을 소개해주어 고객 명부가 늘게 되었다"고 말한다. 이런 네트워크로 고객이 되었어도 지속적인 신뢰 관계를 이어가지 못하면 한 번의 거래로 끝나 버리기도 한다. 그러나 판매왕 자리에 오른 사람들을 보면, 고객과의 관계 소원이나 청산이라는 단어가 없다.

차 한 대를 팔면 끝이 아니라 그 후에도 고객관리를 철저히 하는 것이다.

고객이 필요한 부분들, 예를 들면 경조사나 휴양시설 예약 등에 관심을 가지고 필요할 때마다 고객에게 도움을 주는데 어떻게 고맙지 않겠는가. 그런데 간혹 신입 세일즈맨들 중에 이런 장점을 벤치마킹 한답시고 아무 때나 수시로 연락을 하거나 과한 관심을 보인다면, 고객이 고마움을 느끼게 될까? 귀찮고 지나치다는 생각이 들게

되면 고마움보다는 불편함을 넘어 불쾌감까지 생길 수 있다. 이런 일이 반복되고 쌓이게 되면 세일즈맨의 연락처는 스팸처리 되고, 결국에는 관계가 끝나버리게 될 것이다.

한 잡지에서 읽은 성공 세일즈맨의 감동 실화를 소개한다.

> 미국의 한 백화점에 매일 월등하게 많은 매출을 올리는 판매사원이 있었다. 어느 날 손님은 단 한 명뿐이었는데 매출액을 집계하니 무려 1억 원이 넘었다. 매출을 점검하는 직장상사가 놀라 그 판매사원에게 그 비결을 물으니, "신사 고객이 오셔서 간단한 낚시장비를 원해 낚싯대와 줄, 찌 같은 낚시용품을 팔면서 대화를 해보니 그가 바다낚시를 갈 예정이라는 것을 알아 낚시 배를 소개했어요. 신사 고객이 차가 소형이라 배를 끌고 갈 수 없다기에 자동차 판매부로 모시고 가서 낚시 배를 끌 대형차를 판매했습니다."는 것이다. 직장상사가 "낚싯대 하나를 사러 온 손님에게 그렇게 비싼 차를 팔았군요!"라며 감탄하니, "아닙니다. 사실은 그 신사 고객은 아내의 편두통 때문에 아스피린을 사러왔습니다. 그래서 주말에 바람도 쐴 겸 사모님과 함께 낚시라도 가면 어떻겠냐고 권해드렸죠. 그 말이 손님의 마음을 흔들었나 봅니다"라는 답을 했다.

아스피린을 사러 온 고객에게 낚싯대는 물론 자동차까지 판매를 한 것이다. 판매사원은 아내의 두통을 해결할 방안에 대해 이야기를 나누다 진심으로 고객이 걱정이 되어 바다낚시를 권유했고, 그 결과 판매왕이 되었다는 이야기를 보며 감탄했었다. 이 판매사원이 판매왕이 되기 위해 호객 행위를 하였는가? 진심으로 고객의 고민 해결 방안에 대해 컨설턴트가 되어 준 것이 판매로 이어지게 한 것이다. 진정한 프로 세일즈맨이라는 생각이 든다.

또 하나의 감동 실화가 있다. 바로 '미 서부 판매왕 빌 포터'에 관한 이야기이다.

> 빌 포터는 언어장애와 사지 근육마비를 동반하는 뇌성마비 상태로 태어났다. 성인이 되었을 때 그는 직업 상담사의 소개로 약국의 재고 담당업무를 맡았으나, 선반 위 물건을 자꾸 떨어뜨려 하루 만에 해고되었고, 매장 계산원 일에 도전했으나 금전출납기를 잘 다루지 못해 역시 그만두어야 했다. 다음으로 찾아간 '와트킨스'라는 회사에서도 그를 채용하려 하지 않았지만, 그의 끈질긴 요구로 마지못해 그를 받아들이면서 다른 모든 세일즈맨이 회피하는 영업 지역을 할당해 주었다. 어렵게 영업사원이 된 빌 포터는 몸이 자유롭지 못해 준비시간이 3시간이나 걸려, 매일 4시 45분에 일어나 출근 준비를 하고 고객들을 방문했지만 늘 문전박대를 당했다. 하지만 그는 고객이 "No"라고 말하는 것은 "오지마세요"가 아니라 "더 좋은 제품을 갖고 다시 오세요"라는 의미로 해석하며, 늘 한결같은 모습으로 고객들을 찾아가 꼼꼼하게 상품을 설명했다. 2개월 만에 어렵게 한 가정에 세제를 판매했고, 세제가 떨어질 시기를 계산한 빌 포터는 다시 찾아가 "세제 떨어지셨죠?"라며 고객이 이쯤에 구입을 해야 한다는 것을 인식하기 전 알림 역할을 했다. 이러한 고객 관리로 고객이 늘게 되었고, 24년간 수백만 가구의 문을 두드린 빌 포터는 미국 서부 지역 최고의 판매왕 자리에 올랐으며, 그가 세운 기록은 40년이 넘도록 깨지지 않고 있다고 한다.

고객의 마음을 헤아린 것만이 아닌, 긍정적인 사고가 자신을 성공의 빛으로 포장하게 된 것이라 본다. 고객이 외면하거나 문전박대를 하면 누구나 좌절감을 느낄 수밖에 없는데, 빌 포터는 자신이 거절당한 것이 아니라 더 좋은 제품을 원하는 것이라 생각한 것이다.

자신의 생각이 스스로 실패를 만들고 있는 것은 아닐까?

성공한 사람들을 보면 사고가 남다르고, 사고가 다르기 때문에 언행도 달라지는 것이다. 성공 유전자는 타고나는 것이 아닌, '만들어 지는 것'이다.

성공하는 세일즈맨

- 항상 긍정적인 태도를 유지하는 사람
- 이미 입증된 세일즈 기법들을 배우고 적용하는 사람
- 긍정적인 사고로 업무를 수행하는 사람
- 고객의 말을 경청하는 사람
- 자신이 판매하는 제품에 대한 충분한 지식을 가지고 있는 사람
- 자신의 시간을 잘 관리하고, 업무 순위를 설정할 줄 아는 사람
- 본인 스스로 문제 해결자라고 생각하는 사람
- 세일즈에 종사함을 자랑스럽게 생각하는 사람

성공한 사람은 무언가 다르다! 무엇이 다를까?

진정한 의미의 성공은 실천을 통해서 찾아온다. 특히 세일즈의 정석은 철저하게 원칙을 지키는 것이다. 판매왕들의 성공비법을 인터뷰하면서 느낀 것은 그들은 직업관을 가지고 있으며, 자신을 성공으로 이끄는 세일즈의 원칙을 잘 실천하는 사람들이란 것이다. 자신도 성공의 대열에 들어서고 싶어 성공인의 모습 중 나에게 없는 부분을 벤치마킹하려 한다. 그런데 똑같은 옷을 입어도 느낌이 같을 수는 없다는 것을 알아야 한다. 잘못 벤치마킹하면 얻어 입은 옷을 입은 꼴이 되어버리기도 한다. 장점을 벤치마킹 하려거든 반드시 나에게 맞게 잘 변형시켜 적용시켜야 한다.

신속한 대응이 세일즈 성과를 높인다.

> 나타야 할 시간과 장소에 맞춰 자신을 드러내는 것,
> 그것만으로도 세일즈의 80%는 이미 보증을 받은 것이나 다름없다.
>
> – 브라이언 트레이시

고객을 맞이할 때 신속한 응대를 해야 고객과 대화를 이룰 수 있고 구매 심리를 자극하게 된다. 하지만 어떤 제품이냐에 따라 고객 접근 시간은 달라져야 한다. 저가의 제품은 신속히 응대해야 고객이 다른 곳으로 발길을 돌리게 하지 않고 구매를 하게 만들 수 있다. 하지만 고가의 제품일수록 인사는 신속하되 고객이 제품을 충분히 감상할 수 있는 여유 시간도 주어야 한다. 고객이 이미 제품에 대해 파악하고 구매의사를 가지고 온 경우라면, 신속한 응대를 해야 고객을 빼앗기는 불상사를 만들지 않을 수 있다. 그러므로 구매결정을 하고 왔느냐 아니냐를 파악하는 센스가 필요하다.

결정을 하지 않고 온 고객이라면 일단 제품부터 보려 들것이고, 이미 제품에 대해 알아보고 구매 의향을 가지고 온 경우라면 "이 차에 대해 잘 아는데…", "다른 곳에서 봤는데…"라는 말을 하며 구체적인 판매조건을 알고 싶다는 의사표시를 할 것이다. 이런 상황이라면 신속히 자세한 정보에 대해 설명하고, 고객에게 유리한 구매조건을 제시하여 의사를 확고하게 하도록 이끌어 가야 한다.

■ **Approach와 Motivation을 살펴보자.**

Approach는 고객과 공감대 형성으로 고객의 불안감을 제거하고 대화를 시작하게 하는 분위기를 형성한다. 고객이 들어왔을 때 무안함이나 외톨이가 된 느낌을 갖지 않도록 신속한 인사로 고객맞이를 해야 하는 건 기본이다. 구매결정을 하고 온 경우인데 매장에 들어서는 순간 자신을 홀대한다는 느낌을 갖게 되면 발길을 돌리게 되는 건 누구나 같은 마음일 것이다. 무조건 자리에 앉혀 카탈로그를 보여주며 상품에 대한 설명을 하는 것보다는 고객 스스로가 제품들을 돌아보며 구매욕구가 생길 시간을 주는 것도 필요하다.

특정 제품을 선택하고 매장을 찾은 경우라면 자리에 앉을 것을 권하고 카탈로그를 보여주며 상세한 설명을 하는 것이 좋지만, 그렇지 않은 경우라면 고객이 직접 제품들을 보면서 흥미를 유발할 수 있는 시간을 방해하지 않도록 해야 한다. 구매결정을 하고 온 고객인 경우는 마음이 변하지 않도록 신속하게 응대하며 리드해야 한다. 제품 특성과 경쟁 브랜드와의 비교우위에 대한 상세한 설명으로 구매결정이 확고해지도록 해야 한다.

Motivation은 구매의욕을 증가시키고, 고객의 잠정적인 욕구를 끌어내는 동기 포착과 구매를 결정하는 적정 시점을 유도한다. 구입의사 타진 및 고객정보를 포착하고 고객에게 맞는 제품에 대한 세일즈 포인트(성능, 내성, 안전성, 경제성, 스타일 등)로 구매 의욕이 증가하게 만든다. 세일즈맨의 기술에 따라 원래 사려고 했던 것보다 가격이 높은 제품에 대한 구매욕구가 생기게 되기도 한다.

고객에게 맞는 제품을 권유해 주는 세일즈 컨설턴트로서의 자세를 보인다면, 고객은 더욱 신뢰를 가지게 되어 구매 확신을 가지게 될 것이다. 자신이 관심을 가진 제품은 물론, 다른 제품에도 구매 충동을 갖게 하는 것이 세일즈 컨설턴트의 역량이다. 무조건 더 비싼 제품을 권유하라는 것이 아니다. 비싼 것을 팔려 애쓴다는 인상은 장사꾼으로 보여 지고 불신감을 조장할 수도 있다. 고객의 성향이나 직업, 지위에 어울리며, 경제적인 제품이 있다면 그 장점을 설명해주고 권하라는 뜻이다. 이런 모습은 고객에게 신뢰감을 주게 되어 '구매 욕구'가 '구매 확신'으로 자리 잡게 할 것이다.

맞이는 신속하게, 응대는 고객이 편하게 즐길 수 있는 시간적 여유로움을 주어야 한다. 구매 결정을 하고 온 경우는 구매 확신에서 계약으로 진행되도록 신속한 응대를 해주어야 하는 건 당연하다. 세일즈맨의 늦장 대응으로 100% 구매의사를 가지고 온 고객도 빈손으로 돌아갈 수 있다는 것을 명심해야 한다.

세일즈 법칙
- 진실성 : 진실로 고객과 의견을 나눈다.
- 질문형 : 고객의 이야기를 경청하고 원하는 것을 들어준다.
- 핵심형 : 최대한 쉽고, 짧게 핵심만을 말한다.
- 전문성 : 고객의 눈높이에서 수치를 이용하여 말한다.
- 신뢰성 : 구매원을 찾아 확신을 주는 상담을 한다.
- 입증형 : 자료와 동영상 등과 같은 근거에 입각한 제시를 한다.
- 확신성 : 확신 있는 구매 권유를 하며, 혜택과 이익을 실행한다.

자동차 세일즈 컨설턴트 Role Play 평가서 Sample

		평 가							장점 및 단점 요약	
		부정						긍정	확인	예상
A.	**의사소통 및 타인에게 주는 이미지**									
1	용모/ 태도/ 자동차 세일즈 컨설턴트로서의 이미지 개발	1	2	3	4	5	6	7		
2	명확하고 알기 쉽게 말한다.	1	2	3	4	5	6	7		
3	언어적 표현/ 몸짓 및 제스쳐/ 얼굴표정	1	2	3	4	5	6	7		
4	상대방 의견의 수용 및 경청	1	2	3	4	5	6	7		
5	친밀한 대인 접촉 및 관계형성 능력	1	2	3	4	5	6	7		
B.	**고객과의 관계형성**									
1	대화 상대의 입장에서 이해하며 문제에 접근한다.	1	2	3	4	5	6	7		
2	공손한 자세로 고객에게 호감을 준다.	1	2	3	4	5	6	7		
3	상대방과의 인터뷰를 통제하고 주도하는 능력이 있다.	1	2	3	4	5	6	7		
4	상대방에게 개방적이고 우호적인 자세로 접근한다.	1	2	3	4	5	6	7		
5	상대방의 니즈와 동기에 시간을 할애하고 주의를 기울인다.	1	2	3	4	5	6	7		
C.	**상담능력 및 계획적 행동**									
1	고객의 니즈 및 정보를 파악하는 능력	1	2	3	4	5	6	7		
2	고객과의 상담에서 세일즈 화법을 활용하는 능력	1	2	3	4	5	6	7		
3	고객에게 인정받고 상담을 원활하게 진행	1	2	3	4	5	6	7		
4	상담기법이 있으며, 어프로치에서 클로징까지의 절차 활용	1	2	3	4	5	6	7		
5	자동차 판매기법 프로세스를 활용하는 능력	1	2	3	4	5	6	7		
D.	**판매기법 및 영업능력**									
1	자사의 상품 및 자동차브랜드에 대한 자부심이 있는 상담	1	2	3	4	5	6	7		
2	적극적이며 상담의 열정을 가지고 자동차의 구매의욕을 증가시킴	1	2	3	4	5	6	7		
3	고객과의 상담을 주도하며 구매를 꺼리는 문제점을 파악하는 능력	1	2	3	4	5	6	7		
4	경합차종과 자동차를 비교하는 능력과 장점을 부각시키는 능력	1	2	3	4	5	6	7		
5	직업관이 있어 보이며, 전문가다운 상담능력이 있음	1	2	3	4	5	6	7		
E.	**자동차 제품에 대한 지식**									
1	자동차의 기술을 알기 쉽게 설명	1	2	3	4	5	6	7		
2	자동차 제품에 대한 지식이 있으며, 장점을 부각시켜 설명	1	2	3	4	5	6	7		
3	자동차 옵션에 관련된 정확한 지식	1	2	3	4	5	6	7		
4	자동차 철학과 브랜드에 맞는 상담 능력	1	2	3	4	5	6	7		
5	제품에 대한 Role Play 평가능력은?	1	2	3	4	5	6	7		
F.	**경쟁사의 대한 지식 및 비교설명 능력**									
1	경쟁사 모델에 대한 지식이 있어 보입니까?	1	2	3	4	5	6	7		
2	경쟁사 옵션과 자사의 제품을 비교ㆍ설명하는 능력이 있습니까?	1	2	3	4	5	6	7		
3	자동차 모델과 경쟁 차종을 대비하여 설명하는 능력이 있습니까?	1	2	3	4	5	6	7		
4	경쟁사의 대한 제품지식 능력이 있습니까?	1	2	3	4	5	6	7		
5	경쟁사 제품에 대한 Role Play 평가능력은?	1	2	3	4	5	6	7		
G.	**고객이 상담 후에 영업담당에게 평가한 점수**									

PART 08
자동차 세금 및 등록

일목삼착(一沐三捉)
인재를 얻기 위해 최선을 다하라.
– 사기(史記)

01   자동차 세금 .290

02   자동차 관련법의 종류 .300

PART 08 자동차 세금 및 등록

1 자동차 세금

(1) 취득세 감면

① **다자녀 자동차 취·등록세 혜택**

자동차 취득 시점에 가족관계등록부상 18세 미만의 자녀가 3명 이상인 가정(만 18세 미만의 양자, 배우자의 자녀와 입양자 포함)이 양육을 목적으로 자동차를 등록하면 일정 규모의 1대에 대해 취·등록세 감면을 받을 수 있다. 다만, 다자녀 양육자 중 1명 이상이 종전에 감면받은 자동차를 소유하고 있거나 배우자 및 자녀 외의 자와 공동등록을 하는 경우에는 그러하지 아니하다. 해당 조항은 2025년 1월 1일부터 다자녀 양육자에 대한 자동차 취득세 감면 혜택이 확대돼 2자녀 양육자는 자동차 취득세를 50% 감면받게 된다. 그동안 3자녀 이상 양육자에게만 취득세 100% 감면 혜택이 있었다. 6인 이하 승용차의 경우 2자녀는 70만원, 3자녀 이상은 140만원 한도가 적용된다.

② **경자동차 취·등록세 혜택**

비영업용 경형 자동차는 자동차 취·등록세를 4%로 최대 75만원까지 감면 받게 된다. 여기서 경형 자동차란 배기량 1,000cc 미만으로써 길이 3.6m, 너비 6m, 높이 2.0m 이하인 자동차를 말한다.

③ **하이브리드 및 전기차에 대한 자동차 취득세 감면**

정부의 온실가스 감축정책의 하나로 친환경 하이브리드와 전기 차량 또한 자동차 취·등록세 감면 혜택을 받을 수 있다.

④ **장애인·유공자 등 취득세 감면과 면제 혜택**

국가유공자(상이등급 1~7급), 장애인(장애등급 1~3급, 시각은 4급), 고엽제후유의증 환자, 광주민주화운동부상자는 승용차를 취득한 경우에 1대에 대해 취득세 및 자동차세를 면제받을 수 있다. 적용대상이 되는 차량은 배기량 2000cc 이하인 승용차, 승차정원이 7명 이상에서 10명 이하인 승용차, 승차 정원이 15명 이하인 승합차, 최대적재량 1톤 이하인 화물자동차, 이륜자동차(250cc 이하) 등이다.

(2) 소득세율과 법인세율의 이해

① 소득세와 법인세의 의미

　㉠ 소득세는 개인이 얻은 소득에 대하여 부과하는 조세로써, 국세이며 직접세이다.

　㉡ '개인소득세'와 '법인소득세'로 나눌 수 있으며, 개인소득세는 소득세법에 따라 적용되고, 법인소득세는 법인소득세법에 따라 적용받는다.

　㉢ 2023년도 1월 1일부터 적용되는 소득세율은 다음과 같다.

과세표준	세 율	누진공제
14,000,000원 이하	6%	–
14,000,000원 초과 50,000,000원 이하	15%	1,260,000원
50,000,000원 초과 88,000,000원 이하	24%	5,760,000원
88,000,000원 초과 150,000,000원 이하	35%	15,440,000원
150,000,000원 초과 300,000,000원 이하	38%	19,940,000원
300,000,000원 초과 500,000,000원 이하	40%	25,940,000원
500,000,000원 초과 1,000,000,000원 이하	42%	35,940,000원
1,000,000,000원 초과	45%	65,940,000원

　㉣ 2023년도 1월 1일부터 적용되는 법인세율은 다음과 같다.

과세표준	세 율	누진공제
2억 이하	9%	–
2억 초과 200억 이하	19%	20,000,000원
200억 초과 3,000억 이하	21%	420,000,000원
3,000억 초과	24%	9,420,000,000원

 지식 IN

자동차 관련 세금 – 차량을 구입할 때 부과되는 세금

항목	기 준	세 율
개별소비세 (특별소비세)	1,500cc 이하 승용차	공장도가의 5%
	2,000cc 이하 승용차	공장도가의 5%
	2,000cc 초과 승용차	공장도가의 10%
교육세	전차종	특별소비세의 30%
부가가치세	전차종	(공장도가 + 특소세 + 교육세)의 10%

- **개별소비세(특별소비세)**

  특별한 물품 또는 용역의 소비에 대하여 부과하는 소비세이다. 장애 1~3급 장애인용으로 차량 구입 시 특별소비세(개별소비세)를 면제 받는데, 면제받은 차량의 보유기간은 5년이다. 예를 들어, 3년 경과 후 동급 장애인 등에게 판매하였다면 세금이 추징되지 않지만, 일반인(매매상사 포함)에게 판매하였다면 세금이 추징된다. 이 경우 차주가 동사무소 또는 시·군·구청에 자진 신고해야 한다.

- **교육세**

  교육세는 조세수입의 전부 또는 그 일부를 국가 및 지방자치단체의 주요 사업 중 하나인 교육서비스 활동을 수행하는데 필요한 경비조달을 목적으로 국민으로부터 징수하는 목적세이다.

- **부가가치세**

  재화 또는 용역의 공급, 재화의 수입과정에서 새로 만들어지는 가치인 '마진'에 대해 부과되는 세금이다. 실제 세금은 소비자가 부담하며 소득이 많고 적음에 관계없이 일률적으로 적용된다. 우리나라는 현재 재화나 용역의 최종 가격에 10%의 부가가치세가 포함되어 있다. 부가가치세는 세금을 실제로 부담하는 자와 납세의무자가 서로 다른 간접세이다. 이러한 특징 때문에 소득이 많은 사람이 소득이 적은 사람보다 세금 부담률이 훨씬 낮다는 단점이 있다.

[차량등록 시 부과되는 세금]

항목	기준	세율
취득세	일반 자동차	부가세를 제외한 차량가격의 2%
	차량취득일 자진납부 (세금계산서 및 검사증, 도장 지참)	
등록세	자가용 승용차	부가세를 제외한 차량가격의 5%
	영업용 승용차	부가세를 제외한 차량가격의 2%
채권	자가용 승용차	지방자치단체에 따라 다름

- **취득세**

  일정한 자산의 취득에 대하여 부과되는 조세이다.

- **등록세**

  재산권 기타 권리의 취득, 이전, 변경 또는 소멸에 관한 사항을 공부에 등기 또는 등록하는 경우에 그 등기 또는 등록을 받는 자에게 부과하는 지방세(도세)를 말한다.

- **채권**

  채권은 정부, 공공단체와 주식회사 등이 일반인으로부터 비교적 거액의 자금을 일시에 조달하기 위하여 발행하는 차용증서이며, 그에 따른 채권을 표창하는 유가증권이다.

- **자동차세**

  자동차세는 자동차 소유에 대한 과세로 시세로서, 재산적인 성격과 도로 손상 및 환경오염에 대한 부담금의 성격을 동시에 갖고 있는 세금이다. 쉽게 말하면, 자동차를 소유함에 따른 세금으로 사람들이 '자동차유지비'라고 흔히 말한다. 우리가 개인적인 편의를 위해 자가용을 이용함으로써 대기오염과 같은 환경오염에 대한 영향을 주는 것에 대한 부담 비용도 포함하고 있는 세금이다.

- **납세의무자**
  납기가 있는 월(매년 6월 1일과 12월 1일)을 기준으로 현재 자동차를 소유하고 있는 자를 말한다.

- **과세대상**
  자동차관리법에 의해 등록 또는 신고된 차량과 건설기계관리법에 의해 등록된 덤프트럭 및 콘크리트 믹서 트럭을 소유한 자를 말한다.

- **과세표준**
  세금을 부과하는데 있어서 그 기준이 되는 것으로서 자동차의 실제 배기량, 승차 정원, 적재차량 등을 기준으로 한다.

[자동차 과세표준]

항목		차종	세율
자동차세	승용차	1600cc 초과	200원/cc
		1600cc 이하	140원/cc
		1000cc 이하	80원/cc
자동차세 연 2회 납부(1~6월 / 7~12월)			

★ 1톤 화물차량 28,500원 → 42,800원, 인상안 입법 예고, 소형 승합차(11인승)는 65,00원

[국가유공자 및 장애인 면세내역]

분류	등급	개별소비세	취득세	자동차세	공채
장애인	1급~3급	면제	면제	면제	면제
	시각장애 4급	-	면제	면제	면제
	4급~6급 (시각장애 4급 제외)	-	-	-	면제
국가유공자	상이등급 1급~7급	면제	면제	면제	면제
5.18 민주화운동 부상자	신체장애 1급~14급	면제	면제	면제	면제
고엽제후유증 환자	경도장애이상	면제	면제	면제	면제

② 취득세 작성

취득세는 일정한 자산의 취득에 대해 부과되는 조세로 고객 결정에 따라 확정된 자동차에 대한 구매금액에 맞게 결정하며, 해당 회사에서 제공하는 견적서 또는 견적서 작성 프로그램을 활용하여 작성하고, 작성된 취득세에 대해 고객이 이해할 수 있는 수준으로 충분히 설명하여야 한다.

[자동차 취득세(2018년 기준)]

구 분	자동차 종류	취득세(등록세 + 취득세)
비영업용 (자가용)	경 차	면 제
	승용차	7%(등록세 5% + 취득세 2%)
	승합차(7~10인승)	7%(등록세 5% + 취득세 2%)
	승합차(11인승 이상)	5%(등록세 3% + 취득세 2%)
	화물차	5%(등록세 3% + 취득세 2%)
영업용	경차/승용차/승합차/화물차	4%(등록세 2% + 취득세 2%)
기 타	저당권 설정 등록 : 0.2%, 기타 등록세(정액세) : 7,500원	

* 출처 : 차량등록사업소 공식 홈페이지(http://www.daegu.go.kr 또는 http://car.pohang.go.kr/car/)

[등 취득세 계산법 및 예시 추가]

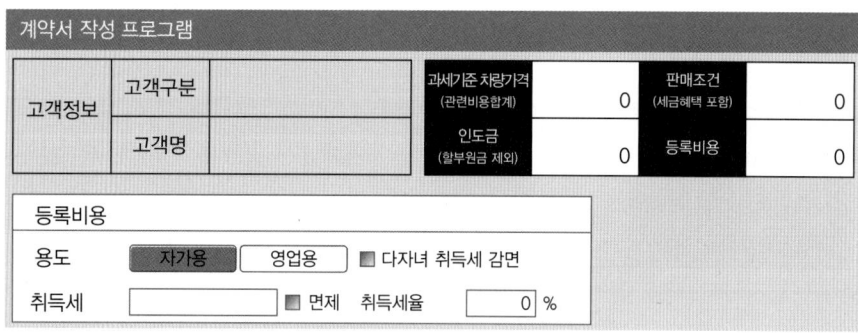

[취득세(견적서 작성 프로그램) 작성]

차량등록

구매한 자동차는 반드시 등록을 하고 차량 번호판을 교부받아야 운행할 수 있다.
차량등록은 자동차관리법 제8조, 자동차등록령 제18조, 자동차등록규칙 제27조에 의거하여 국내·외에서 제작 판매하는 자동차의 신규 등록과 말소 등록된 자동차를 다시 등록하는 것을 말한다.

구비서류

구 분		구비서류
공통서류		• 신규등록신청서 자동차제작증(신규출고차량) ※ 말소차량 : 말소사실증명서(용도·부활등록용) ※ 수입차량 : 수입신고필증 또는 수입사실증명서 • 책임보험 가입증명서 • 임시운행허가증 및 번호판 • 세금계산서 • 본인신분증(위임시 : 위임 받는 자의 신분증, 위임자의 인감증명서 위임장-위임자의 도장 날인) ※ 법인 : 위임 받는 자의 신분증, 법인인감증명서, 위임장 법인도장날인
추가서류	개 인	• 본인신분증 국가유공자는 국가유공자증, 장애인은 장애인증, 주민등록등본 외국인 국내거소자 : 거소사실증명서(출입국관리소 발행)
	법 인	• 법인등기부 등본 • 사업자등록증 사본

자동차 등록은 고객이 직접 할 수도 있지만 대부분의 경우 판매사 또는 세일즈 컨설턴트가 등록을 대행하는 업체에 자동차 대행 등록 업무를 시킨다. 이때 필요한 구비서류를 잘 구비하여 등록해야 한다. 구비서류는 표로 보는 바와 같이 공통 서류가 있고 개인과 법인 그리고 개별 요건에 따른 추가 서류가 있다.

자동차 등록비용

자동차를 구입하게 되면 자동차 값뿐만 아니라 여러 가지 비용이 나가는데, 취득세와 자동차세 등 여러 가지 비용이 있다. 이러한 비용을 상담한 내용을 바탕으로 회사에서 제공하는 상품 설명서 또는 상품설명 프로그램을 활용하여 고객에게 제시하고, 제시된 내용을 바탕으로 이해할 수 있는 수준으로 충분히 설명하여야 한다.

확정된 차량 등록비용 작성

① 취득세
② (공채매입)/공채할인
③ 차량번호판/증지대(수입인지)
④ 등록대행수수료

〈 계 〉

등록비용 포함 납입총액
(① + ② + ③ + ④)

[등록비용(견적서) 작성]

계약서(견적서) 작성 프로그램

고객정보	고객구분	
	고객명	

승용	RV		과세기준 차량가격 (관련비용합계)	0	판매조건 (세금혜택 포함)	0
소형상용	상용		인도금 (할부원금 제외)	0	등록비용	0

등록비용 선택

- 용 도 :
- 취득세 :
- 공채금 :
- 번호판대 :
- 증지대 :
- 등록대행 수수료 :
- 구비서류 :

다자녀 취득세 감면
면제 취득세율 %
할인요율 %
보조번호판대

본인등록

[등록비용(견적서 작성 프로그램) 작성]

③ 공채금 작성

공채금은 정부나 지방자치단체가 자금조달을 위해 발행하는 채권으로 국가는 수익이 발생하는 자동차 구매 시 이를 사들이도록 하고 있다. 공채매입 비율은 지역마다 각각 다르고 채권시세 역시 매일 변한다. 그래서 차량을 언제, 어디서 등록하느냐에 따라 내는 금액이 달라진다. 공채금은 고객의 결정에 따라 확정된 자동차에 대한 공채매입 비율이 결정되며, 해당 회사에서 제공하는 견적서 또는 견적서 작성 프로그램을 활용하여 작성하고, 작성된 공채매입 비율에 대해 고객이 이해할 수 있는 수준으로 충분히 설명하여야 한다.

채권종류	지 역	상환방식	이 율
도시철도채권	서 울	7년 거치 후 일시상환	연 1.5% 최초 5년간 1년 단위 복리, 나머지 2년 단리
	부산, 대구, 인천	5년 거치 후 일시상환	연 1.5% 복리
지역개발채권	서울, 부산, 대구, 인천 외 전지역	5년 거치 후 일시상환	연 1.5% 복리 (경북은 2.0% 복리)

㉠ 도시철도채권의 매입대상 및 금액표

매입 대상				매입 금액
가. 비사업용 승용자동차(승차정원이 7명 이상인 자동차는 제외한다)	신규 등록	전기 자동차 및 수소전기 자동차	소형(길이 4.7미터, 너비 1.7미터, 높이 2.0미터 이하인 것)	취득세 과세표준액의 100분의 9
			중형(길이ㆍ너비ㆍ높이 중 어느 하나라도 소형을 초과하는 것. 다만, 길이ㆍ너비ㆍ높이 모두 소형을 초과하는 것은 제외한다)	취득세 과세표준액의 100분의 12
			대형(길이ㆍ너비ㆍ높이 모두 소형을 초과하는 것)	취득세 과세표준액의 100분의 20
		전기 자동차 및 수소전기 자동차 외의 자동차	소형(배기량 1,000시시 이상 1,600시시 미만인 것으로서 길이 4.7미터, 너비 1.7미터, 높이 2.0미터 이하인 것)	취득세 과세표준액의 100분의 9
			중형(배기량 1,600시시 이상 2,000시시 미만이거나, 길이ㆍ너비ㆍ높이 중 어느 하나라도 소형을 초과하는 것. 다만, 길이ㆍ너비ㆍ높이 모두 소형을 초과하는 것은 제외한다)	취득세 과세표준액의 100분의 12
			대형(배기량 2,000시시 이상이거나, 길이ㆍ너비ㆍ높이 모두 소형을 초과하는 것)	취득세 과세표준액의 100분의 20
		다목적형		취득세 과세표준액의 100분의 5
	이전 등록	–	–	취득세 과세표준액의 100분의 6

구분			금액
사업용 승용자동차(사업용 다목적형 자동차와 승차정원이 7명 이상인 자동차는 제외한다)의 신규등록 및 이전등록			취득세 과세표준액의 100분의 3
사업용 다목적형 자동차의 신규등록 및 이전등록			취득세 과세표준액의 100분의 2
승차정원이 7명 이상인 승용자동차 및 소형 승합자동차(승차정원이 11명 이상 15명 이하인 승합자동차로서 길이 4.7미터, 너비 1.7미터, 높이 2.0미터 이하인 것)	신규등록	비사업용	대당 390,000원
		사업용	대당 130,000원
	이전등록	비사업용	대당 130,000원
		사업용	대당 45,000원
중형 승합자동차(승차정원이 16명 이상 35명 이하이거나, 길이·너비·높이 중 어느 하나라도 소형을 초과하고 길이가 9미터 미만인 것)	신규등록	비사업용	대당 650,000원
		사업용	대당 215,000원
	이전등록	비사업용	대당 215,000원
		사업용	대당 70,000원
대형 승합자동차(승차정원이 36명 이상이거나, 길이·너비·높이가 모두 소형을 초과하고 길이가 9미터 이상인 것)	신규등록	비사업용	대당 1,300,000원
		사업용	대당 435,000원
	이전등록	비사업용	대당 435,000원
		사업용	대당 145,000원
화물자동차			
소형(최대 적재량이 1톤 이하인 것으로서 총중량이 3.5톤 이하인 것)	신규등록	비사업용	대당 195,000원
		사업용	대당 65,000원
	이전등록	비사업용	대당 65,000원
		사업용	대당 20,000원
중형(최대 적재량이 1톤 초과 5톤 미만이거나, 총중량이 3.5톤 초과 10톤 미만인 것)	신규등록	비사업용	대당 390,000원
		사업용	대당 130,000원
	이전등록	비사업용	대당 130,000원
		사업용	대당 45,000원
대형(최대 적재량이 5톤 이상이거나, 총중량이 10톤 이상인 것)	신규등록	비사업용	대당 650,000원
		사업용	대당 215,000원
	이전등록	비사업용	대당 215,000원
		사업용	대당 70,000원

ⓛ 지역개발채권

비상업용 승용차 채권 매입 요율표

구 분	1,000cc 이상	1,600cc 이상	2,000cc 이상	7~10인승
강 원	6%	8%	12%	기준 없음
경 기	6%	8%	12%	기준 없음
경 북	6%	8%	12%	기준 없음
울 산	6%	8%	12%	기준 없음
전 남	6%	8%	12%	기준 없음
충 북	6%	8%	12%	기준 없음
경 남	1500cc 이상 : 4%	1500cc 이상 : 4%	5%(다목적형 : 4%)	39만원
전 북	4%	6%	10%	기준 없음
충 남	4%	5%	5%	기준 없음
대 전	4%	5%	5%	기준 없음
광 주	4%	4%	5%	기준 없음
제 주	3%	4%	5%(다목적형 : 4%)	39만원

④ 번호판대 작성

번호판대는 기존번호판 2개, 봉인장치에 대한 비용을 말하며, 이때 발생하는 비용(번호판대, 보조번호판대)을 작성하고, 작성된 비용에 대해 고객이 이해할 수 있는 수준으로 충분히 설명하여야 한다.

⑤ 증지대 작성

증지대는 각종 증명서 등의 발급 과정에서 첨부하는 비용을 말하며, 이때 발생하는 비용을 작성하고 작성된 비용에 대해 고객이 이해할 수 있는 수준으로 충분히 설명하여야 한다.

⑥ 등록대행 수수료 작성

등록대행 수수료는 자동차 등록을 진행하는 과정을 대행하는 수수료를 말하며, 고객이 직접 등록을 할 때는 수수료는 지급하지 않아도 되는 비용이다. 그래서 고객이 등록 여부를 직접 확인하여야 하고, 고객이 직접 등록을 할 때는 고객에게 임시운행 허가증, 차량구매 영수증, 보험가입확인서, 자동차제작증 등을 등록을 위해 고객에게 지급하여야 한다. 이렇게 선택한 내용을 작성하고, 작성된 비용에 대해 고객이 이해할 수 있는 수준으로 충분히 설명하여야 한다.

2 자동차 관련법의 종류

(1) 자동차 관리법 [시행 2024.8.14.] [법률 제2298호, 2024.2.13., 일부개정]

① 목 적

이 법은 자동차의 등록, 안전기준, 자기인증, 제작결함 시정, 점검, 정비, 검사 및 자동차관리사업 등에 관한 사항을 정하여 자동차를 효율적으로 관리하고 자동차의 성능 및 안전을 확보함으로써 공공의 복리를 증진함을 목적으로 한다.

② 용어 정의

㉠ "자동차"란 원동기에 의하여 육상에서 이동할 목적으로 제작한 용구 또는 이에 견인되어 육상을 이동할 목적으로 제작한 용구(이하 "피견인자동차"라 한다)를 말한다. 다만, 대통령령으로 정하는 것은 제외한다.

㉡ "원동기"란 자동차의 구동을 주목적으로 하는 내연기관이나 전동기 등 동력발생장치를 말한다.

㉢ "자율주행자동차"란 운전자 또는 승객의 조작 없이 자동차 스스로 운행이 가능한 자동차를 말한다.

㉣ "미완성자동차"란 차대 등 국토교통부령으로 정하는 최소한의 구조·장치를 갖춘 자동차로서, 용법에 따라 사용이 가능하도록 추가적인 제작·조립 공정이 필요한 자동차를 말한다.

㉤ "단계제작자동차"란 미완성자동차를 이용하여 제2호에 따른 운행(용법에 따라 사용이 가능하도록 하는 것을 말한다)이 가능하도록 단계별로 제작된 자동차를 말한다.

㉥ "운행"이란 사람 또는 화물의 운송 여부에 관계없이 자동차를 그 용법(用法)에 따라 사용하는 것을 말한다.

㉦ "자동차사용자"란 자동차 소유자 또는 자동차 소유자로부터 자동차의 운행 등에 관한 사항을 위탁받은 자를 말한다.

㉧ "형식"이란 자동차의 구조와 장치에 관한 형상, 규격 및 성능 등을 말한다.

㉨ "내압용기"란 「고압가스 안전관리법」 제3조 제2호에 따른 용기로서 고압가스를 연료로 사용하기 위하여 자동차에 장착하거나 장착할 목적으로 제작된 용기(용기밸브와 용기안전장치를 포함한다)를 말한다.

㉩ "폐차"란 자동차를 해체하여 국토교통부령으로 정하는 자동차의 장치를 그 성능을 유지할 수 없도록 압축·파쇄(破碎) 또는 절단하거나 자동차를 해체하지 아니하고 바로 압축·파쇄하는 것을 말한다.

㉪ "자동차관리사업"이란 자동차매매업·자동차정비업 및 자동차해체재활용업을 말한다.

ⓣ "자동차매매업"이란 자동차[신조차(新造車)와 이륜자동차는 제외한다]의 매매 또는 매매 알선 및 그 등록 신청의 대행을 업(業)으로 하는 것을 말한다.

ⓟ "자동차정비업"이란 자동차(이륜자동차는 제외한다)의 점검작업, 정비작업 또는 튜닝작업을 업으로 하는 것을 말한다. 다만, 국토교통부령으로 정하는 작업은 제외한다.

ⓗ "자동차해체재활용업"이란 폐차 요청된 자동차(이륜자동차는 제외한다)의 인수(引受), 재사용 가능한 부품의 회수, 폐차 및 그 말소등록신청의 대행을 업으로 하는 것을 말한다.

㉮ "사고기록장치"란 자동차의 충돌 등 국토교통부령으로 정하는 사고 전후 일정한 시간동안 자동차의 운행정보를 저장하고, 저장된 정보를 확인할 수 있는 장치 또는 기능을 말한다.

㉯ "자동차의 튜닝"이란 자동차의 구조·장치의 일부를 변경하거나 자동차에 부착물을 추가하는 것을 말한다.

㉰ "표준정비시간"이란 자동차정비사업자 단체가 정하여 공개하고 사용하는 정비작업별 평균 정비시간을 말한다.

㉱ "전손(全損) 처리 자동차"란 피보험자동차가 완전히 파손, 멸실 또는 오손되어 수리할 수 없는 상태이거나 피보험자동차에 생긴 손해액과 보험회사가 부담하기로 한 비용의 합산액이 보험가액 이상인 자동차로서,「보험업법」 제2조에 따른 보험회사(이하 "보험회사"라 한다)가 다음 각 목으로 분류 처리한 경우를 말한다.
- 도난 또는 분실 자동차로 분류한 경우
- 수리가 가능한 자동차로 분류한 경우
- 수리가 불가능하여 폐차하기로 분류한 경우

㉲ "자동차경매"란 제60조에 따라 경매장을 개설하여 자동차(신조차와 이륜자동차는 제외한다)를 경매(競賣)의 방식(「전자문서 및 전자거래 기본법」 제2조 제5호에 따른 전자거래를 통한 경매를 포함한다)으로 처리하는 것을 말한다.

(2) 자동차 등록규칙 [시행 2024. 8. 14.] [국토교통부령 제456호, 2024. 02. 13., 일부개정]

① 목 적

이 규칙은 자동차의 등록과 자동차저당권의 등록에 필요한 사항을 규정함을 목적으로 한다.

② 적용범위

자동차의 등록과 자동차저당권의 등록에 관한 절차는 「자동차관리법」(이하 "법"이라 한다), 「자동차등록령」(이하 "등록령"이라 한다) 및 「자동차 등 특정동산 저당법」에서 정한 것을 제외하고는 이 규칙에서 정하는 바에 따른다.

③ 관련 법규에 따른 신규 이전등록
　㉠ 신규등록

　　신규등록은 국내 또는 외국에서 제작한 차량을 구매하여 그 차량에 대하여 소유권을 설정하는 행위이다. 등록하지 않은 상태에서는 도로운행을 할 수 없기 때문이다. 신규등록 자격은 자동차구매 본인, 본인의 대리인, 자동차 제작자 혹은 판매회사에만 해당한다.

[자동차 등록절차]

- **등록신청서 작성**

　자동차를 구매하게 되면 임시운행허가 기간 10일 이내에 소유자의 사용본거지를 관할하는 등록관청(시·군·구)에 자동차 신규등록 신청서를 작성한다. 등록신청은 소유자가 직접 하거나 자동차 판매회사가 대행할 수도 있다.

- **내국인의 신조차 등록신청 필요서류(수입자동차를 포함)**

　내국인이 수입자동차를 포함한 신조 차의 신규등록에 필요한 서류는 다음과 같다.
　(* 등록비용은 수수료 2,000원)

- 자동차제작증 1부
- 소유권증명서류(제작증으로 소유권을 알 수 없는 경우)
- 임시운행허가증 및 임시운행허가 번호판(임시운행 허가를 받은 경우)
- 자동차 사용본거지를 확인할 수 있는 서류 1부
　(주민등록증, 주민등록등본, 운전면허증, 사업자등록증 사본, 법인 등기부등본, 기타 사용본거지를 알 수 있는 서류 중)
- 책임보험 가입 사실 증명서 1부
- 신규등록 신청서
- 등록세 납부 영수증
- 지역개발공채 매입 필증
- 수입면장 또는 수입 사실 증명서 1부(수입차량인 경우)

- **대리인에게 위임하고자 할 때 추가로 필요한 서류**

- 인감증명서(자동차 신규등록 위임용) 1부
- 신청서 위임 난에 위임자 인감 날인 처리

■ 운수사업용 자동차의 신규등록에 추가로 필요한 서류

> - 자동차 운수사업에 관한 면허, 등록, 인가 또는 신고를 증명하는 서류 또는 사업계획의 변경을 증명하는 서류 1부
> - 외국인의 신조차 등록신청 필요서류(수입자동차를 포함)

■ 외국인이 수입자동차를 포함한 신조 차의 신규등록에 필요한 서류

(* 등록비용은 수수료 2,000원)

> - 자동차제작증 1부
> - 외국인 등록등본 1부(기타 사용본거지를 알 수 있는 서류)
> - 소유권 증명서 1부(제작증에 의하여 소유권을 증명할 수 없는 경우)
> - 임시운행허가증 및 임시운행허가 번호판(임시 운행허가를 받은 경우)
> - 책임보험 가입 사실 증명서 1부
> - 신규등록 신청서
> - 등록세 납부영수증
> - 지역개발 공채 매입 필증

■ 수입면장 또는 수입 사실 증명서 1부(수입차량인 경우) 대리인에게 위임하고자 할 때 추가로 필요한 서류

> - 인감증명서(자동차 신규등록 위임용) 1부
> - 신청서 위임 난에 위임자 인감 날인 처리

ⓒ 신규등록 시 드는 비용

신규등록 시 드는 비용은 취득세, 등록세, 채권, 수입증지, 안전협회비, 번호판 대금 등을 포함한다.

■ 취득세 및 등록세

취득세와 등록세는 과세표준액을 기준으로 하며, 과세표준액은 세금계산서 상에 기재된 금액에서 부가가치세를 제외한 공급가액이다. 취득세는 차량 취득일로부터 30일 이내에 납부하면 되고, 30일 이후에 납부하면 20%의 가산세가 부과된다.

구 분	자동차 종류	취득세(등록세 + 취득세)
비영업용 (자가용)	경 차	면 제
	승용차	7%(등록세 5% + 취득세 2%)
	승합차(7~10인승)	7%(등록세 5% + 취득세 2%)
	승합차(11인승 이상)	5%(등록세 3% + 취득세 2%)
	화물차	5%(등록세 3% + 취득세 2%)
영업용	경차/승용차/승합차/화물차	4%(등록세 2% + 취득세 2%)
기 타	저당권 설정 등록 : 0.2%, 기타 등록세(정액세) : 7,500원	

■ 채 권

채권의 가격은 과세표준액을 기준으로 하며, 관할 관공서(시, 군)에 따라 다르고 해당 시도의 조례에 아래와 같이 정해진다.

구 분	차 종	서울, 부산, 대구, 인천 (도시철도 채권)	기타지역(지역개발 채권)
승 용	배기량 800cc 이하	과세표준액의 4%	과세표준액의 1.5%
	배기량 1,000cc 이하	과세표준액의 4%	과세표준액의 3%
	배기량 1,500cc 이하	과세표준액의 9%	과세표준액의 6%
	배기량 2,000cc 이하	과세표준액의 12%	과세표준액의 8%
	배기량 2,000cc 이상	과세표준액의 20%	과세표준액의 12%
	지프형	과세표준액의 5%	과세표준액의 6%
승 합	15인승 이하	39만원	
	16~25인승 이하	65만원	
	26인승 이상	130만원	
화 물	2.5t 미만	19.5만원	
	2.5~4.6t 미만	39만원	
	4.6t 이상	65만원	

■ 수수료(수입증지), 안전협회비

안전협회비는 1대당 월 400원으로, 자동차검사 유효기간 동안 협회비를 납부하는 것이다.

수입증지	안전협회비	
	승 용	승합/화물
2,000원	19,200원	4,800원

■ 번호판 대금

해당 관할 관공서(시, 군)에 따라 금액이 다르다.

신규 차량의 임시운행

등록 이전에 임시로 차를 운행할 수 있도록 제한적 허가를 하는 제도로서, 임시운행 허가증을 차의 앞 유리에 부착하고 임시번호표를 붙여야 한다. 허가되는 기간은 신차 출고 이후 10일 동안이다. 신규등록 시 임시운행 허가증과 임시번호표를 첨부하여야 한다.

ⓒ 이전등록

매매, 증여, 상속 등으로 소유권을 이전하는 경우에 등록하는 경우를 '이전등록'이라 한다.

■ 소유권 이전등록 기간

- 매매한 경우 : 매수한 날부터 15일 이내
- 증여한 경우 : 증여한 날로부터 20일 이내
- 상속한 경우 : 상속받은 날로부터 3개월 이내
- 기타 사유로 발생한 소유권 이전일 경우 : 사유발생일로부터 15일 이내

■ 이전등록 절차

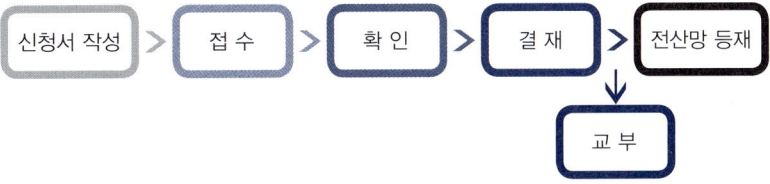

■ 등록신청서 작성

자동차의 소유가 변경된 15일 이내에 사용본거지 관할 등록소에 자동차 이전등록 신청서를 작성하여 변경신청을 하여야 한다.

■ 자동차등록증(양도인이 신청하는 경우를 제외) 1부

(3) 자동차 세금

자동차를 구입하여 자신의 명의로 신규등록을 위해서는 각종 세금을 납부해야 한다. 구매 후 차량을 유지하는 단계에서도 세금을 납부해야 한다.

① 구매단계 시 부과되는 세금

자동차 구매단계에서 부과되는 세금은 특별소비세, 교육세와 부가세이다. 특별소비세 및 교육비의 경우 배기량에 따라 차이가 있는데, 800cc 미만은 없고, 2,000cc 미만은 10%, 2,000cc 이상은 10%이다. 채권은 별도이다.

② 등록단계에서 부과되는 세금

자동차 등록단계에서 부과되는 세금은 등록세와 취득세이고 비영업용, 영업용으로 차등하여 부과된다.

구 분	차 종	신규 및 이전 취득
		세(등록세 + 취득세)
비영업용		7%(등록세 5% + 취득세 2%)
경자동차	승합(7~10인승)	7%(등록세 5% + 취득세 2%)
면 제	승합(11인승 이상)	5%(등록세 3% + 취득세 2%)
	화 물	5%(등록세 3% + 취득세 2%)
승용차		
영업용	경차/승용/승합/화물	4%(등록세 2% + 취득세 2%)
기 타	저당권 설정등록 : 0.2%, 기타 등록세(정액세) : 7,500원	

(4) 자동차 손해배상보장법

자동차의 운행으로 인한 손해배상을 보장하는 제도를 시행하기 위한 법률이다. 자동차의 운행으로 사람이 사망하거나 부상한 경우에서의 손해배상을 보장하는 제도로서, 자동차사고로 인하여 피해자를 보호하고 자동차 운송의 건전한 발전을 촉진함을 목적으로 한다. 자기를 위하여 자동차를 운행하는 자는, 자동차 운행으로 인하여 다른 사람을 사망하게 하거나, 부상하게 한 때에는 그 손해를 배상할 책임을 진다. 자동차를 운행하고자 하는 자는 손해배상책임에 대한 책임보험 또는 책임공제에 가입하여야 한다.

① 보험의 종류

㉠ 책임보험

책임보험은 피해자의 인적 피해만을 보상해주는 자동차 손해배상보험이다.

ⓛ 종합보험

대인배상뿐만 아니라 대물 및 자손(자기손실) 등에 따른 배상책임을 해주는 자동차 손해배상보험이다.

ⓒ 담보에 따른 분류

자동차보험은 담보는 대인배상, 대물배상, 자기신체손해(혹은 자동차 상해), 무보험차 상해, 자기차량손해 등으로 구성된다.

- **대인배상 1 – 의무보험(책임보험)**

  대인배상 1은 자동차 사고로 다른 사람을 사상케 하였을 때 보상되는 담보이다. 자동차 소유자라면 법적으로 의무적으로 가입하게 되어 있어 의무보험 혹은 책임보험이라고 한다. 따라서 대인배상 1은 미가입시 책임보험 미가입 과태료가 부과된다. 보상한도는 사망 후 장애는 1억 5천만 원~2천만 원이고, 부상은 3천만 원~50만 원이다. 대인배상 1로는 대인사고 발생 시에 충분한 보상이 되지 않는 경우가 대부분으로, 대인 1은 상해 급수별로 보상한도가 정해져 있기 때문이다. 대인배상 1을 보완하기 위해서 대인 2를 가입하도록 하는 것이 유리하다.

- **대인배상 2**

  대인배상 2는 대인배상 1의 보상한도를 초과한 부분을 보상한다. 가입금액은 5천만 원/1억 원/2억 원/3억 원/5억 원/무한 중에서 선택해서 가입할 수 있고, 대부분 "무한"으로 가입한다. 대인배상 2를 무한으로 가입하는 이유는 사망사고 혹은 중과실 사고나 중상해 사고가 아닌 경우, 형사상의 책임이 면해지기 때문이다. 자동차 사고를 최소 대인배상 2 무한, 대물배상 2천만 이상 가입하지 않으면, 자동차 사고 시 구속수사를 받을 수도 있기 때문이다. 그러나 형사상의 책임이 있는 사고 시, 개인 합의를 해야 하는 사고는 다음 4가지 범주의 사고는 자동차보험에 어떻게 가입하든 반드시 형사합의를 해야 한다.

  • 사망사고

  • 도주사고

  • 11가지 대중과실사고

    신호지시위반사고, 중앙선침범사고, 속도위반사고, 추월방법위반사고, 건널목 통과 방법 위반사고, 횡단보도사고, 무면허사고, 주취약물복용사고, 인도침범사고, 개문발차사고, 어린이보호구역 안전의무 위반사고 등을 포함한다.

  • 중상해사고

- **대물배상**

    대물배상은 자동차 사고로 상대편의 차량이나 재물에 손해를 입혔을 때 보상해주는 담보이다. 가입금액은 1천만에서 10억 원 내에 선택해서 가입할 수 있다. 담보 선택 시 유의사항은 최소 2천만 원 이상은 가입을 유도한다. 2천만 원 이상 가입해야 자동차사고 시 형사책임이 면책이기 때문이다. 최근 고급 외제차의 증가와 고급 국산차량의 증가로 담보를 높여서 가입하는 추세이다.

- **자기신체손해 및 자동차상해**

    자기신체손해나 자동차상해는 내 과실로 인한 자동차 사고로 피보험자가 다친 사고를 보상해주는 담보로써, 자기신체손해나 자동차상해 중 선택해서 가입할 수 있다. 자동차상해가 자기신체손해보다 보상범위가 넓어서 자동차상해로 가입하는 것이 더 유리하다.

자기신체손해	가입금액 1,500만 원에서 2억 원 한도 내에서 선택해서 가입할 수 있다. 보상 시 실제 손해액을 보상하는 실손보상이 아니라 상해급수별 한도 내에서 보상되기 때문에 만족스러운 보상이 되지 않을 수도 있다.
자동차상해	자동차상해는 자기신체손해와는 달리 실손보상을 받을 수 있다. 그리고 보상기준이 대인보상의 기준에 따라서 보상이 되기 때문에 치료비 이외에도 위자료 휴업손해 등의 합의금을 추가로 받을 수도 있다. 가입금액은 사망 후 장애 1억 원, 2억 원, 5억 원 중 선택할 수 있고, 부상은 2천만 원, 3천만 원, 5천만 원 중 선택할 수 있다.

- **무보험차 상해**

    무보험차 상해는 상대편이 보험에 가입하지 않는 무보험차나 뺑소니 차량에 의해 사고가 났을 경우 보상받을 수 있는 담보이다. 피보험자가 무보험차나 뺑소니 차량에 의해 사고를 당했을 때 내 차의 자동차보험에서 보상받을 수 있다. 가입조건은 대인, 대물, 자손까지 가입했을 때만 가입할 수 있다. 무보험차 상해에 가입하면 피보험자뿐만 아니라 가족의 무보험차나 뺑소니차에 의한 보행 중 상해도 보상한다.

- **자기차량손해**

    피보험자 본인의 과실로 인한 사고로 피보험자동차가 파손되었을 경우 이를 보상하는 담보이다. 보상은 보험가입금액을 한도로 해서 자기부담금을 공제하고 보상한다. 자기부담금은 자동차사고 시 피보험자가 부담해야 하는 금액이다.

② 범칙금, 벌금, 과태료

㉠ 자동차관리법 시행령 위반에 따른 과태료(20조)

- **과태료 부과 일반기준**
    - 위반행위가 둘 이상이면 그중 가장 무거운 부과기준(무거운 부과기준이 같은 경우에는 그중 하나의 부과기준을 말한다)을 따르되, 가장 무거운 부과기준의 2분의 1까지

그 부과금액을 늘릴 수 있다. 다만, 각 부과금액을 합한 금액을 넘을 수 없다.
- 부과권자는 다음의 어느 하나에 해당하는 경우에는 제2호에 따른 과태료 액수의 2분의 1의 범위에서 그 금액을 줄일 수 있다. 다만, 과태료를 체납하고 있는 위반행위자의 경우에는 그러하지 아니하다.
  - 위반행위자가 「질서위반행위규제법 시행령」 제2조의2 제1항 각 호의 어느 하나에 해당하는 경우
  - 위반행위가 사소한 부주의나 오류로 인한 것으로 인정되는 경우
  - 위반행위자가 법 위반상태를 시정하거나 해소하기 위하여 노력한 것이 인정되는 경우
  - 그 밖에 위반행위의 정도, 위반행위의 동기와 그 결과 등을 고려하여 줄일 필요가 있다고 인정되는 경우
- 부과권자는 다음의 어느 하나에 해당하는 경우에는 제2호에 따른 과태료 금액의 2분의 1의 범위에서 그 금액을 늘릴 수 있다. 다만, 법 제84조 제1항부터 제3항까지에 따른 과태료 금액의 상한을 넘을 수 없다.
  - 위반의 내용·정도가 중대하여 소비자 등에게 미치는 피해가 크다고 인정되는 경우
  - 법 위반상태의 기간이 6개월 이상인 경우
  - 그 밖에 위반행위의 정도, 위반행위의 동기와 그 결과 등을 고려하여 늘릴 필요가 있다고 인정되는 경우

■ 과태료 부과 개별기준

위반행위	근거 법조문	과태료 금액 (만원)		
		1차	2차	3차 이상
가. 법 제8조제3항을 위반하여 신규등록 신청을 하지 않은 경우 또는 법 제13조제2항을 위반하여 자동차의 말소등록 신청을 하지 않은 경우	법 제84조제4항 제1호·제5호			
1) 등록신청대행 의무자가 등록신청대행을 거부한 경우		50		
2) 등록신청대행기간이 지난 경우				
가) 경과 기간이 10일 이내인 경우		5		
나) 경과 기간이 10일 초과 104일 이내인 경우		5만원에 11일째부터 계산하여 1일마다 1만원을 더한 금액		
다) 경과 기간이 105일 이상인 경우		100		

나. 법 제8조제3항 또는 법 제58조제10항을 위반하여 전산정보처리조직에 전송하지 않은 경우	법 제84조제5항 제7호의2	10		
다. 법 제8조의2를 위반하여 반품된 자동차라는 사실 또는 인도 이전에 발생한 하자에 대한 수리 여부와 상태 등을 구매자에게 고지하지 않고 판매한 경우	법 제84조제4항 제1호의2	100		
라. 법 제10조제1항 단서(같은 조 제7항에서 준용하는 경우를 포함한다)에 따른 자동차등록번호판의 부착 또는 봉인을 하지 않은 경우	법 제84조제4항 제2호	50		
마. 법 제10조제3항(같은 조 제7항에서 준용하는 경우를 포함한다)을 위반하여 자동차등록번호판의 부착 및 봉인의 재신청을 하지 않은 경우	법 제84조제4항 제3호	10		
바. 법 제10조제4항(같은 조 제7항에서 준용하는 경우를 포함한다)을 위반하여 자동차등록번호판을 부착 또는 봉인하지 않은 자동차를 운행한 경우(법 제27조제2항에 따른 임시운행허가번호판을 붙인 경우는 제외한다)	법 제84조제3항 제1호	50	150	250
사. 법 제10조제5항(같은 조 제7항 및 법 제52조에서 준용하는 경우를 포함한다)을 위반하여 등록번호판을 가리거나 알아보기 곤란하게 하거나 그러한 자동차를 운행한 경우(법 제81조제1호의2에 해당되는 경우는 제외한다)	법 제84조제3항 제2호	50	150	250
아. 법 제11조를 위반하여 변경등록 신청을 하지 않은 경우	법 제84조제5항 제2호			
1) 신청 지연기간이 90일 이내인 경우		2		
2) 신청 지연기간이 90일 초과 174일 이내인 경우		2만원에 91일째부터 계산하여 3일 초과 시마다 1만원을 더한 금액		
3) 신청 지연기간이 175일 이상인 경우		30		
자. 법 제13조제1항을 위반하여 말소등록 신청을 하지 않은 경우	법 제84조제5항 제2호의2			
1) 법 제13조제1항제1호부터 제5호까지에 해당하는 경우				
가) 신청 지연기간이 10일 이내인 경우		5		
나) 신청 지연기간이 10일 초과 54일 이내인 경우		5만원에 11일째부터 계산하여 1일마다 1만원을 더한 금액		
다) 신청 지연기간이 55일 이상인 경우		50		
2) 법 제13조제1항제6호에 해당하는 경우		20		
차. 법 제13조제8항을 위반하여 수출의 이행 여부 신고를 하지 않은 경우	법 제84조제4항 제6호			
1) 신고 지연기간이 10일 이내인 경우		5		

2) 신고 지연기간이 10일 초과 54일 이내인 경우		5만원에 11일째부터 계산하여 1일마다 1만원을 더한 금액			
3) 신고 지연기간이 55일 이상인 경우		50			
카. 법 제13조제10항을 위반하여 말소등록 된 자동차를 다시 등록하려는 경우에 법 제8조에 따른 신규등록을 신청하지 않은 경우	법 제84조제4항 제7호				
1) 수출을 사유로 말소등록한 자동차를 다시 등록하려는 경우					
가) 신청 지연기간이 10일 이내인 경우		5			
나) 신청 지연기간이 10일 초과 54일 이내인 경우		5만원에 11일째부터 계산하여 1일마다 1만원을 더한 금액			
다) 신청 지연기간이 55일 이상인 경우		50			
2) 그 밖의 사유로 말소등록한 자동차를 다시 등록하려는 경우		10			
타. 법 제22조제1항(법 제52조에서 준용하는 경우를 포함한다)에 따른 차대번호와 원동기형식의 표기를 하지 않은 경우	법 제84조제3항 제3호	100	200	300	
파. 법 제25조제1항에 따른 운행제한 명령을 위반하여 자동차를 운행한 경우	법 제84조제4항 제10호				
1) 전시·사변 또는 이에 준하는 비상사태의 대처를 위한 자동차 운행제한명령을 위반한 경우		50			
2) 제31조제1항에 따른 결함이 있는 자동차의 운행으로 인한 화재사고가 반복적으로 발생하여 공중(公衆)의 안전에 심각한 위해를 끼칠 수 있는 경우를 방지하기 위한 자동차 운행제한명령을 위반한 경우		50			
3) 극심한 교통체증 지역의 발생예방 또는 해소를 위한 자동차 운행제한명령을 위반한 경우		10			
4) 대기오염 방지를 위한 자동차 운행제한명령을 위반한 경우		5			
하. 법 제26조의2제1항을 위반하여 폐차 처리 요청 기간 내에 침수로 인한 전손(全損) 처리 자동차를 자동차해체재활용업자에게 폐차 요청을 하지 않은 경우	법 제84조제3항 제4호				
1) 폐차 요청 지연기간이 10일 이내인 경우		100			
2) 폐차 요청 지연기간이 10일 초과 49일 이내인 경우		100만원에 11일째부터 계산하여 1일마다 5만원을 더한 금액			
3) 폐차 요청 지연기간이 50일 이상인 경우		300			

위반행위	근거 법조문			
거. 법 제26조의2제2항을 위반하여 전손 처리 자동차 또는 해당 자동차에 장착된 장치로서 같은 항에서 정하는 자동차의 안전운행에 직접 관련된 장치를 수출하거나 수출하는 자에게 판매한 경우	법 제84조제3항 제5호	150	300	300
너. 법 제27조제1항을 위반하여 임시운행허가의 목적 외로 운행한 경우	법 제84조제3항 제6호	50	150	250
더. 법 제27조제3항을 위반하여 임시운행허가번호판을 붙이지 않고 운행한 경우	법 제84조제3항 제7호	50	150	250
러. 법 제27조제4항을 위반하여 임시운행허가증 및 임시운행허가번호판을 반납하지 않은 경우	법 제84조제4항 제12호			
1) 반납 지연기간이 10일 이내인 경우		3		
2) 반납 지연기간이 10일 초과 106일 이내인 경우		3만원에 11일째부터 계산하여 1일마다 1만원을 더한 금액		
3) 반납 지연기간이 107일 이상인 경우		100		
머. 법 제27조제5항을 위반하여 자율주행자동차의 운행 및 교통사고 등에 관한 정보를 국토교통부장관에게 보고하지 않거나 거짓으로 보고한 경우 1) 보고기한을 경과한 경우	법 제84조제1항 제1호			
가) 경과 기간이 10일 이내인 경우		5		
나) 경과 기간이 10일 초과 100일 이내인 경우		5만원에 11일째부터 계산하여 1일마다 1만원을 더한 금액		
다) 경과 기간이 100일 이상인 경우		100		
2) 거짓으로 보고한 경우		100		
버. 법 제29조를 위반하여 자동차안전기준, 부품안전기준, 액화석유가스안전기준 또는 전기설비안전기준에 적합하지 않은 자동차를 운행하거나 운행하게 한 경우	법 제84조제4항 제13호			
1) 제8조제2항제7호의 전기·전자장치 중 최고속도제한장치 및 제8조제2항제18호 중 주행거리계 및 운행기록계		100		
2) 제8조제1항제5호·제6호, 같은 조 제2항제7호(연료장치 및 최고속도제한장치는 제외한다), 같은 항 제17호 중 광각 실외후사경 및 같은 항 제17호의2		30		
3) 제8조제2항제11호·제19호		5		
4) 제8조제1항제7호 및 제2항제2호(차축은 제외한다), 제3호, 제6호, 제14호부터 제16호까지, 제17호(광각 실외후사경은 제외한다) 및 제18호(주행거리계 및 운행기록계는 제외한다)		3		

서. 법 제30조의3제2항(법 제52조에서 준용하는 경우를 포함한다), 법 제31조제4항(법 제52조에서 준용하는 경우를 포함한다), 법 제72조제2항, 제73조제1항 및 제73조의2제2항을 위반하여 확인·조사·보고·검사 또는 단속을 거부·방해 또는 기피하거나 질문에 대하여 거짓으로 진술한 경우	법 제84조제4항 제14호	100	
어. 법 제30조의5에 따른 대체부품의 성능 및 품질 인증을 거짓으로 한 것을 알면서도 이를 판매한 경우	법 제84조제4항 제13호의3	100	
저. 법 제31조제8항에 따른 보고를 하지 않거나 거짓으로 보고한 경우	법 제84조제1항 제2호		
1) 시정조치 계획 또는 경제적 보상 계획을 보고하지 않은 경우			
가) 경과 기간이 5일 이내인 경우		600	
나) 경과 기간이 5일 초과 74일 이내인 경우		600만원에 6일째부터 계산하여 1일마다 20만원을 더한 금액	
다) 경과 기간이 75일 이상인 경우		2,000	
2) 시정조치 계획 또는 경제적 보상 계획을 거짓으로 보고한 경우		1,000	
3) 시정조치 또는 경제적 보상의 진행 상황을 보고하지 않은 경우			
가) 경과 기간이 5일 이내인 경우		200	
나) 경과 기간이 5일 초과 71일 이내인 경우		200만원에 6일째부터 계산하여 1일마다 6만원을 더한 금액	
다) 경과 기간이 72일 이상인 경우		600	
4) 시정조치 또는 경제적 보상의 진행 상황을 거짓으로 보고한 경우		600	
처. 제31조제12항을 위반하여 결함 사실과 그에 따른 시정조치계획등을 다시 공개하지 않은 경우	법 제84조제2항 제2호의2	500	
커. 법 제31조의2제1항(법 제52조에서 준용하는 경우를 포함한다)을 위반하여 보상을 하지 않은 경우	법 제84조제4항 제15호	100	
터. 법 제31조의4제2항(법 제52조에서 준용하는 경우를 포함한다)을 위반하여 시정조치 사실을 구매자에게 고지하지 않고 판매한 경우	법 제84조제4항 제15호의2	100	
퍼. 법 제32조의2제4항을 위반하여 자동차 소유자에게 하자의 내용과 무상수리 계획을 알리지 않은 경우	법 제84조제2항 제3호		
1) 경과 기간이 5일 이내인 경우		300	
2) 경과 기간이 5일 초과 24일 이내인 경우		300만원에 6일째부터 계산하여 1일마다 10만원을 더한 금액	

3) 경과 기간이 25일 이상인 경우			500
허. 자동차를 산 사람에게 법 제33조제1항·제5항(법 제52조에서 준용하는 경우를 포함한다)에 따른 자료 제공을 하지 않은 경우	법 제84조제5항 제3호		50
고. 법 제33조제3항 및 제4항(법 제52조에서 준용하는 경우를 포함한다)을 위반하여 자료를 제출하지 않거나 거짓으로 제출한 경우	법 제84조제1항 제3호		1,000
노. 법 제34조의3(법 제52조에서 준용하는 경우를 포함한다)에 따른 튜닝부품인증을 거짓으로 한 것을 알면서도 이를 판매한 경우	법 제84조제4항 제13호의4		100
도. 법 제35조의3제2항을 위반하여 저속전기자동차를 운행한 경우	법 제84조제4항 제15호의3		10
로. 법 제35조의5를 위반하여 내압용기안전기준에 적합하지 않은 내압용기가 장착된 자동차를 운행하거나 운행하게 한 경우	법 제84조제4항 제13호의2		
1) 내압용기(용기밸브와 용기안전장치 등 부속장치는 제외한다)			100
2) 용기밸브와 용기안전장치 등 부속장치			30
모. 법 제35조의10제4항에 따른 내압용기가 장착된 자동차의 사용정지 또는 제한 및 고압가스의 폐기 명령을 위반한 경우	법 제84조제2항 제4호		500
보. 법 제43조제1항제2호에 따른 정기검사 또는 법 제43조의2제1항에 따른 종합검사를 받지 않은 경우	법 제84조제4항 제15호의4 및 제15호의5		
1) 검사 지연기간이 30일 이내인 경우			4
2) 검사 지연기간이 30일 초과 114일 이내인 경우			4만원에 31일째부터 계산하여 3일 초과 시마다 2만원을 더한 금액
3) 검사 지연기간이 115일 이상인 경우			60
소. 법 제45조제8항(법 제45조의2제4항에서 준용하는 경우를 포함한다)을 위반하여 휴업 또는 폐업 신고를 하지 않은 경우	법 제84조제4항 제16호		10
오. 법 제47조제1항을 위반하여 택시미터의 검정을 받지 않고 사용한 경우	법 제84조제4항 제17호		
1) 제작·수리 또는 수입에 관한 검정을 받지 않고 사용한 경우			100
2) 사용에 관한 검정을 받지 않고 사용한 경우			
가) 검정 지연기간이 30일 이내인 경우			30
나) 검정 지연기간이 30일 초과 49일 이내인 경우			30만원에 31일째부터 계산하여 1일마다 1만원을 더한 금액

다) 검정 지연기간이 50일 이상인 경우		50		
조. 법 제48조제1항을 위반하여 사용 신고를 하지 않고 이륜자동차를 운행한 경우	법 제84조제4항 제18호	50		
초. 법 제48조제2항을 위반하여 이륜자동차의 변경 사항이나 사용 폐지를 신고하지 않은 경우	법 제84조제5항 제6호의2			
1) 신고 지연기간이 90일 이내인 경우		2		
2) 신고 지연기간이 90일을 초과하는 경우		2만원에 91일째부터 계산하여 3일을 초과할 때마다 1만원을 더한 금액. 다만, 과태료의 총액은 30만원을 초과할 수 없다.		
코. 법 제49조제1항을 위반하여 이륜자동차번호판을 부착하지 않고 이륜자동차를 운행한 경우	법 제84조제4항 제18호의2	30	50	70
토. 법 제49조제2항 단서를 위반하여 이륜자동차번호판의 부착 또는 봉인을 하지 않은 경우	법 제84조제4항 제18호의3	40	60	80
포. 법 제50조를 위반하여 이륜자동차의 안전기준 또는 부품안전기준에 적합하지 않은 이륜자동차를 운행하거나 운행하게 한 경우	법 제84조제4항 제19호			
1) 연료장치 및 배기가스발산방지장치		20		
2) 그 밖의 안전기준에서 정한 이륜자동차의 구조 및 장치(법 제34조에 따른 튜닝 승인 대상은 제외한다)		3		
호. 법 제53조제1항을 위반하여 변경등록을 하지 않고 자동차관리사업을 한 경우	법 제84조제4항 제20호	100		
구. 법 제53조의2에 따른 포상금을 지급받기 위해 거짓으로 신고한 경우	법 제84조제5항 제9호	30		
누. 법 제55조를 위반하여 자동차관리사업의 양도·양수, 합병(법인인 경우만 해당한다) 또는 휴업·폐업 신고를 하지 않은 경우	법 제84조제4항 제21호			
1) 양도·양수 또는 합병(법인인 경우만 해당한다) 신고를 하지 않은 경우		100		
2) 휴업·폐업 신고를 하지 않은 경우		10		
두. 법 제58조제1항제3호를 위반하여 수수료 또는 요금을 고지하지 않거나 거짓으로 고지한 경우	법 제84조제4항 제21호의2	30		
루. 자동차정비업자가 법 제58조제5항 각 호의 어느 하나를 위반한 경우	법 제84조제4항 제22호	30		
무. 법 제58조제6항제3호 및 제4호에 따른 준수사항을 이행하지 않은 경우	법 제84조제3항 제8호	100	200	300
부. 법 제58조제8항제1호를 위반하여 성능·상태점검의 내용을 제공하지 않은 경우	법 제84조제4항 제22호의2	100		

위반행위	근거 법조문			
수. 법 제58조제8항제3호를 위반하여 정당한 사유 없이 자동차성능·상태점검에 관한 교육을 이수하지 않은 경우	법 제84조제4항 제22호의3	30		
우. 법 제58조의3제4항을 위반하여 손해배상책임에 관한 설명을 하지 않거나 관계 증서의 사본 또는 관계 증서에 관한 전자문서를 발급하지 않은 경우	법 제84조제4항 제23호			
1) 법인인 경우		70		
2) 법인이 아닌 경우		35		
주. 법 제65조제3항을 위반하여 차액이 있다는 사실을 통지하지 않거나 거짓으로 통지한 경우	법 제84조제4항 제24호	30		
추. 법 제68조의22에 따른 개선명령을 따르지 않은 경우	법 제84조제2항 제4호의2	500	750	1,000
쿠. 법 제68조의23에 따른 임직원에 대한 징계·해임의 요구에 따르지 않거나 시정명령을 따르지 않은 경우	법 제84조제2항 제4호의3	500	750	1,000
투. 법 제69조의4제2항을 위반하여 정당한 사유 없이 관련 자료를 제출하지 않은 경우	법 제84조제2항 제5호	500		
푸. 법 제69조의4제3항을 위반하여 정당한 사유 없이 필요한 조치를 하지 않은 경우	법 제84조제2항 제6호	500		
후. 법 제72조제1항에 따른 보고를 하지 않거나 거짓으로 보고를 한 경우	법 제84조제5항 제8호	20		

ⓒ 도로교통법 시행령 위반에 따른 과태료(제88조 제4항)

'운전자'가 아닌 '차량 소유주'에게 책임을 묻는 처분이다. 예를 들어, 무인단속 카메라에 속도위반을 한 차량이 단속에 걸렸을 경우 차량번호만 확인할 수 있을뿐 운전자는 식별할 수 없다. 이 경우에 운전자에게 제재를 가할 수 없으므로 차량 소유주에게 불이익이 돌아가게 되는데 이것이 바로 '과태료'이다. 속도위반 규정을 어긴 것은 같지만, 경찰관에게 단속된 경우에는 운전자를 확인할 수 있으므로 범칙금을, 무인단속 카메라에 걸린 때는 과태료를 내게 된다.

■ 도로교통법 시행령 위반에 따른 과태료의 부과기준 〈개정 2023. 6. 20.〉

과태료의 부과기준(제88조제4항 본문 관련)

위반행위 및 행위자	근거 법조문 (도로교통법)	과태료 금액
1. 법 제5조를 위반하여 신호 또는 지시를 따르지 않은 차 또는 노면전차의 고용주등	제160조제3항	1) 승합자동차등 : 8만원 2) 승용자동차등 : 7만원 3) 이륜자동차등 : 5만원
1의2. 법 제6조제1항 및 제2항을 위반하여 통행을 금지하거나 제한한 도로를 통행한 차 또는 노면전차의 고용주등	제160조제3항	1) 승합자동차등 : 6만원 2) 승용자동차등 : 5만원 3) 이륜자동차등 : 4만원

1의3. 법 제11조제4항을 위반하여 어린이가 개인형 이동장치를 운전하게 한 어린이의 보호자	제160조제2항 제9호	10만원
1의4. 법 제13조제1항을 위반하여 보도를 침범한 차의 고용주등	제160조제3항	1) 승합자동차등 : 8만원 2) 승용자동차등 : 7만원 3) 이륜자동차등 : 5만원
2. 다음 각 목의 어느 하나에 해당하는 차의 고용주등 　가. 법 제13조제3항을 위반하여 중앙선을 침범한 차 　나. 법 제25조의2제1항을 위반하여 회전교차로에서 반시계방향으로 통행하지 않은 차 　다. 법 제60조제1항을 위반하여 고속도로에서 갓길로 통행한 차 　라. 법 제61조제2항에서 준용되는 제15조제3항을 위반하여 고속도로에서 전용차로로 통행한 차	제160조제3항	1) 승합자동차등 : 10만원 2) 승용자동차등 : 9만원 3) 이륜자동차등 : 7만원
2의2. 법 제13조제5항을 위반하여 안전지대 등 안전표지에 의하여 진입이 금지된 장소에 들어간 차의 고용주등	제160조제3항	1) 승합자동차등 : 8만원 2) 승용자동차등 : 7만원 3) 이륜자동차등 : 5만원
2의3. 다음 각 목의 어느 하나에 해당하는 차의 고용주등 　가. 법 제14조제2항 본문을 위반하여 차로를 따라 통행하지 않은 차 　나. 법 제14조제2항 단서를 위반하여 시·도경찰청장이 지정한 통행방법에 따라 통행하지 않은 차 　다. 법 제14조제5항을 위반하여 안전표지가 설치되어 특별히 진로 변경이 금지된 곳에서 진로를 변경한 차 　라. 법 제19조제3항을 위반하여 진로를 변경하려는 방향으로 오고 있는 다른 차의 정상적 통행에 장애를 줄 우려가 있음에도 진로를 변경한 차 　마. 법 제38조제1항을 위반하여 방향전환·진로변경 및 회전교차로 진입·진출하는 경우에 신호하지 않은 차	제160조제3항	1) 승합자동차등 : 4만원 2) 승용자동차등 : 4만원 3) 이륜자동차등 : 3만원
3. 법 제15조제3항을 위반하여 일반도로에서 전용차로로 통행한 차의 고용주등	제160조제3항	1) 승합자동차등 : 6만원 2) 승용자동차등 : 5만원 3) 이륜자동차등 : 4만원
4. 법 제17조제3항을 위반하여 제한속도를 준수하지 않은 차 또는 노면전차의 고용주등 　가. 60km/h 초과 　나. 40km/h 초과 60km/h 이하 　다. 20km/h 초과 40km/h 이하 　라. 20km/h 이하	제160조제3항	 1) 승합자동차등 : 14만원 2) 승용자동차등 : 13만원 3) 이륜자동차등 : 9만원 1) 승합자동차등 : 11만원 2) 승용자동차등 : 10만원 3) 이륜자동차등 : 7만원 1) 승합자동차등 : 8만원 2) 승용자동차등 : 7만원 3) 이륜자동차등 : 5만원 1) 승합자동차등 : 4만원 2) 승용자동차등 : 4만원 3) 이륜자동차등 : 3만원

위반행위	근거 법조문	과태료
4의2. 다음 각 목의 어느 하나에 해당하는 차의 고용주등 가. 법 제18조를 위반하여 횡단·유턴·후진을 한 차 나. 법 제21조제1항 및 제3항을 위반하여 앞지르기를 한 차 다. 법 제22조를 위반하여 앞지르기가 금지된 시기 및 장소인 경우에 앞지르기를 한 차 라. 법 제62조를 위반하여 고속도로등에서 횡단·유턴·후진을 한 차	제160조제3항	1) 승합자동차등 : 8만원 2) 승용자동차등 : 7만원 3) 이륜자동차등 : 5만원 1) 승합자동차등 : 6만원 2) 승용자동차등 : 5만원 3) 이륜자동차등 : 4만원
4의3. 법 제23조를 위반하여 끼어들기를 한 차의 고용주등	제160조제3항	1) 승합자동차등 : 4만원 2) 승용자동차등 : 4만원 3) 이륜자동차등 : 3만원
4의4. 다음 각 목의 어느 하나에 해당하는 차 또는 노면전차의 고용주등 가. 법 제25조제1항을 위반하여 우회전을 한 차 나. 법 제25조제2항을 위반하여 좌회전을 한 차 다. 법 제25조제5항을 위반하여 다른 차 또는 노면전차의 통행에 방해가 될 우려가 있음에도 교차로(정지선이 설치되어 있는 경우에는 그 정지선을 넘은 부분을 말한다)에 들어간 차 또는 노면전차 라. 법 제25조의2제2항을 위반하여 회전교차로에 진입한 차	제160조제3항	1) 승합자동차등 : 6만원 2) 승용자동차등 : 5만원 3) 이륜자동차등 : 4만원
4의5. 다음 각 목의 어느 하나에 해당하는 차 또는 노면전차의 고용주등 가. 법 제27조제1항을 위반하여 보행자의 횡단을 방해하거나 위험을 줄 우려가 있음에도 일시정지하지 않은 차 또는 노면전차 나. 법 제27조제7항을 위반하여 어린이 보호구역 내의 횡단보도 앞에서 일시정지하지 않은 차 또는 노면전차	제160조제3항	1) 승합자동차등 : 8만원 2) 승용자동차등 : 7만원 3) 이륜자동차등 : 5만원
5. 법 제29조제4항 및 제5항을 위반하여 도로의 오른쪽 가장자리에 일시정지하지 않거나 진로를 양보하지 않은 차 또는 노면전차의 고용주등	제160조제3항	1) 승합자동차등 : 8만원 2) 승용자동차등 : 7만원 3) 이륜자동차등 : 5만원
6. 법 제32조(제6호는 제외한다)부터 제34조까지의 규정을 위반하여 정차 또는 주차를 한 차의 고용주등	제160조제3항	1) 승합자동차등 : 5만원(6만원) 2) 승용자동차등 : 4만원(5만원)
6의2. 법 제32조제6호를 위반하여 정차 또는 주차를 한 차의 고용주등 가. 제10조의3제2항에 따라 안전표지가 설치된 곳에 정차 또는 주차를 한 경우 나. 가목 외의 곳에 정차 또는 주차를 한 경우	제160조제3항	1) 승합자동차등 : 9만원(10만원) 2) 승용자동차등 : 8만원(9만원) 1) 승합자동차등 : 5만원(6만원) 2) 승용자동차등 : 4만원(5만원)

6의3. 법 제37조제1항제1호·제3호 및 같은 조 제2항을 위반하여 등화점등·조작을 불이행(안개가 끼거나 비 또는 눈이 올 때는 제외한다)한 차 또는 노면전차의 고용주등	제160조제3항	1) 승합자동차등 : 3만원 2) 승용자동차등 : 3만원 3) 이륜자동차등 : 2만원	
6의4. 다음 각 목의 어느 하나에 해당하는 차 또는 노면전차의 고용주등	제160조제3항		
가. 법 제39조제1항을 위반하여 승차 인원에 관한 운행상의 안전기준을 넘어선 상태로 운전한 차		1) 승합자동차등 : 8만원 2) 승용자동차등 : 7만원 3) 이륜자동차등 : 5만원	
나. 법 제39조제1항을 위반하여 적재중량 및 적재용량에 관한 운행상의 안전기준을 넘어선 상태로 운전한 차		1) 승합자동차등 : 6만원 2) 승용자동차등 : 5만원 3) 이륜자동차등 : 4만원	
다. 법 제39조제4항을 위반하여 운전 중 실은 화물이 떨어지지 않도록 덮개를 씌우거나 묶는 등 확실하게 고정될 수 있도록 필요한 조치를 하지 않은 차			
라. 법 제48조제1항을 위반하여 안전운전의무를 지키지 않은 차 또는 노면전차			
7. 법 제49조제1항제1호를 위반하여 고인 물 등을 튀게 하여 다른 사람에게 피해를 준 차 또는 노면전차의 운전자	제160조제2항 제1호	1) 승합자동차등 : 2만원 2) 승용자동차등 : 2만원 3) 이륜자동차등 : 1만원	
8. 법 제49조제1항제3호를 위반하여 창유리의 가시광선 투과율 기준을 위반한 차의 운전자	제160조제2항 제1호	2만원	
8의2. 다음 각 목의 어느 하나에 해당하는 차 또는 노면전차의 고용주등 가. 법 제49조제1항제10호를 위반하여 운전 중 휴대용 전화를 사용한 차 또는 노면전차 나. 법 제49조제1항제11호를 위반하여 운전 중 운전자가 볼 수 있는 위치에 영상을 표시한 차 또는 노면전차 다. 법 제49조제1항제11호의2를 위반하여 운전 중 영상표시장치를 조작한 차 또는 노면전차	제160조제3항	1) 승합자동차등 : 8만원 2) 승용자동차등 : 7만원 3) 이륜자동차등 : 5만원	
9. 법 제50조제1항을 위반하여 동승자에게 좌석안전띠를 매도록 하지 않은 운전자 가. 동승자가 13세 미만인 경우 나. 동승자가 13세 이상인 경우	제160조제2항 제2호	6만원 3만원	
10. 법 제50조제3항 및 제4항을 위반하여 동승자에게 인명보호 장구를 착용하도록 하지 않은 운전자(자전거 운전자는 제외한다)	제160조제2항 제3호	2만원	
10의2. 법 제50조제3항을 위반하여 운전자 또는 동승자가 인명보호 장구를 착용하지 않은 이륜자동차·원동기장치자전거(개인형 이동장치는 제외한다)의 고용주등	제160조제3항	3만원	

10의3. 법 제52조제1항을 위반하여 어린이통학버스를 신고하지 않고 운행한 운영자	제160조제1항제7호	30만원
11. 법 제52조제2항을 위반하여 어린이통학버스 안에 신고증명서를 갖추어 두지 않은 어린이통학버스의 운영자	제160조제2항제4호	3만원
11의2. 법 제52조제3항에 따른 요건을 갖추지 아니하고 어린이통학버스를 운행한 운영자	제160조제1항제8호	30만원
11의3. 법 제53조제2항을 위반하여 어린이통학버스에 탑승한 어린이나 유아의 좌석안전띠를 매도록 하지 않은 운전자	제160조제2항제4호의2	6만원
11의4. 법 제53조제7항을 위반하여 안전운행기록을 제출하지 아니한 어린이통학버스 운영자	제160조제2항제4호의5	8만원
11의5. 법 제53조의3제1항을 위반하여 어린이통학버스 안전교육을 받지 않은 사람	제160조제2항제4호의3	8만원
11의6. 법 제53조의3제3항을 위반하여 어린이통학버스 안전교육을 받지 않은 사람에게 어린이통학버스를 운전하게 하거나 어린이통학버스에 동승하게 한 어린이통학버스의 운영자	제160조제2항제4호의4	8만원
11의7. 법 제60조제1항을 위반하여 고속도로등에서 자동차의 고장 등 부득이한 사정이 없음에도 행정안전부령으로 정하는 차로에 따라 통행하지 않은 차의 고용주등	제160조제3항	1) 승합자동차등 : 6만원 2) 승용자동차등 : 5만원
11의8. 법 제60조제2항을 위반하여 고속도로에서 앞지르기 통행방법을 준수하지 않은 차의 고용주등	제160조제3항	1) 승합자동차등 : 8만원 2) 승용자동차등 : 7만원
12. 법 제67조제2항에 따른 고속도로등에서의 준수사항을 위반한 운전자	제160조제2항제5호	1) 승합자동차등 : 2만원 2) 승용자동차등 : 2만원 3) 이륜자동차등 : 1만원
12의2. 법 제68조제3항제5호를 위반하여 도로를 통행하고 있는 차에서 밖으로 물건을 던지는 행위를 한 차의 고용주등	제160조제3항	6만원
12의3. 법 제73조제4항을 위반하여 긴급자동차의 안전운전 등에 관한 교육을 받지 않은 사람	제160조제2항제6호	8만원
13. 법 제78조를 위반하여 교통안전교육기관 운영의 정지 또는 폐지 신고를 하지 않은 사람	제160조제1항제1호	100만원
14. 법 제87조제1항을 위반하여 운전면허증 갱신기간에 운전면허를 갱신하지 않은 사람	제160조제2항제7호	2만원
15. 법 제87조제2항 또는 제88조제1항을 위반하여 정기 적성검사 또는 수시 적성검사를 받지 않은 사람	제160조제2항제8호	3만원
16. 법 제109조제2항을 위반하여 강사의 인적 사항과 교육 과목을 게시하지 않은 사람	제160조제1항제2호	100만원

17. 법 제110조제2항을 위반하여 수강료등을 게시하지 않거나 같은 조 제3항을 위반하여 게시된 수강료등을 초과한 금액을 받은 사람	제160조제1항제3호	100만원
18. 법 제111조를 위반하여 수강료등의 반환 등 교육생 보호를 위하여 필요한 조치를 하지 않은 사람	제160조제1항제4호	100만원
19. 법 제112조를 위반하여 학원이나 전문학원의 휴원 또는 폐원 신고를 하지 않은 사람	제160조제1항제5호	100만원
20. 법 제115조제1항에 따른 간판이나 그 밖의 표지물의 제거, 시설물의 설치 또는 게시문의 부착을 거부·방해 또는 기피하거나 게시문이나 설치한 시설물을 임의로 제거하거나 못 쓰게 만든 사람	제160조제1항제6호	100만원

※ 비 고

1. 위 표에서 "승합자동차등"이란 승합자동차, 4톤 초과 화물자동차, 특수자동차, 건설기계 및 노면전차를 말한다.
2. 위 표에서 "승용자동차등"이란 승용자동차 및 4톤 이하 화물자동차를 말한다.
3. 위 표에서 "이륜자동차등"이란 이륜자동차 및 원동기장치자전거(개인형 이동장치는 제외한다)를 말한다.
4. 위 표 제6호 및 제6호의2의 과태료 금액에서 괄호 안의 것은 같은 장소에서 2시간 이상 정차 또는 주차 위반을 하는 경우에 적용한다.

PART 09
플리트 영업

출기불의(出其不意)
상대방이 의도하지 못한 시간에 나가라.
— 손자병법(孫子兵法)

01 법인영업 숙지 .324

02 정부기관의 구매특징 설명 .329

03 국가종합전자조달시스템(KONEPS) - 나라장터 .335

04 업체 사후관리 .337

PART 09 플리트 영업

1 법인영업 숙지

(1) 법인영업(Fleet Sales)의 개념

① 플리트 세일(Fleet Sales)은 공기업, 렌트카회사, 상장회사, 중소기업협회, 사단법인 및 법인체에 속한 대상에게 판매하는 것을 말한다. 한 대 이상 다량의 차량을 판매하는 방식을 플리트 세일이라 구분하며, 판매회사마다 플리트 세일에 대상 기준을 다르게 정의내리고 있다.
즉, 자동차를 판매함에 있어 개인고객이 아니라 관공서, 기업, 법인, 렌트카, 택시 등을 대상으로 판매하는 것을 말한다.

② 법인영업의 경우 기업의 리스크(risk)를 담보할 수 있는 보험상품을 제시하고 인수하는 것이 기업보험 부분의 중요한 역할이다. 기업 관계사들을 설득할 수 있는 설득력과 유관부서와의 원활한 의사소통능력이 필요하다. 법인영업을 수행하기 위해서는 책임감, 의사소통역량, 분석력이 중요하다.

[법인의 종류]

③ 플리트 세일즈 프로세스(Fleet Sales Process)의 순서는 다음과 같다.

> 상 담 ⇨ 계 약 ⇨ 차량배정 ⇨ Fleet 조건 요청 Sales Admin 진행 ⇨ Fleet Team 접수 ⇨ 조건 생성/선택 ⇨ 출 고 ⇨ 서류제출(재직증명서 원본) ⇨ 지원금 송금

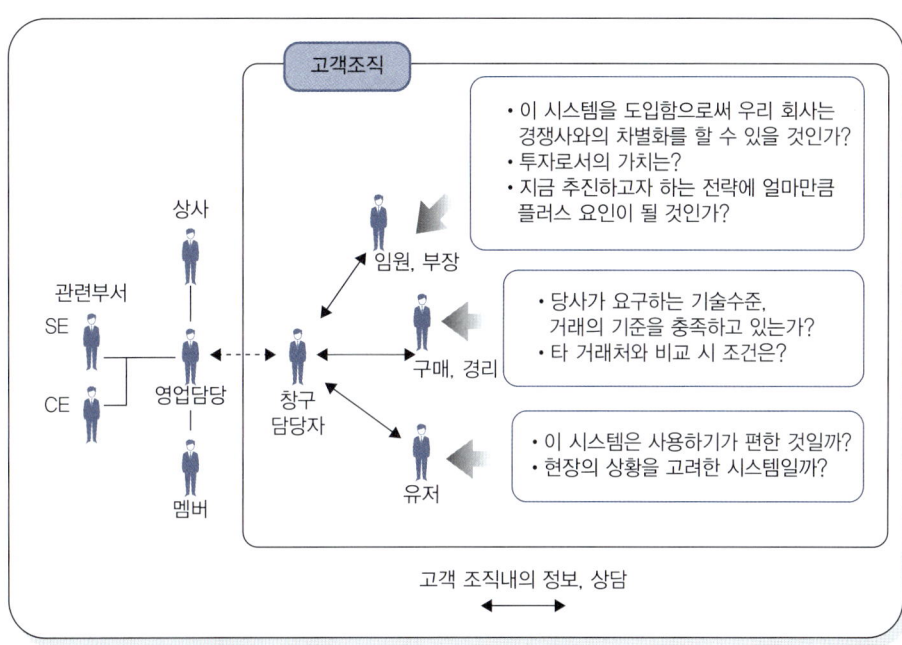

[법인영업의 구도 / 시스템영업의 예]

(2) 법인 판매업무를 위한 주요 사전활동

기업체 또는 정부기관의 영업에 앞서 아래와 같은 사전 활동이 필요하다.

시장정보 이해 (Market Information)	• 정치, 경제, 사회, 기술, 법률, 환경분석(PESTLE 분석)을 통해 시장의 환경에 대해 이해한다. • SWOT 분석을 통해 시장과 자사의 환경에 대해 이해한다. • 분석을 바탕으로 영업활동에 중점을 둘 시장의 우선도를 선정하고 분석한다. • 시장 우선도에 따라서 경쟁 상황을 분석한다.
상품정보 (Product Information)	• 선정된 시장 내의 요구분석을 한다. • 제품에 대한 지식을 바탕으로 해당 시장의 요구에 맞을 수 있는 가치를 분석한다. • 예비 시장과 고객에 적합한 제품가격을 가격전략에 따라 설정한다.
판매태도 (Sales Mind Set)	• 조직/사업/전사적 사업전략 및 목표를 이해한다. • 사업전략 및 목표와 개인의 영역 간 영향을 인지한다.
연계관리 (Pipeline Management)	• 신규판매, 추가판매, 소개판매 기회에 대해 주기적으로 관리하고, 유관부서와 공유하여 판매확대 시 원활한 공급을 준비한다. • 제품수요, 판매지원, 마케팅, 기술적 지원 등 관련 도구를 이해하고 활용한다.
고객 상호작용 (Customer Interactions)	• 고객과 직접적인 접점에 있는 주요부서의 업무를 파악한다. • 제품 수요예측의 절차 및 중요성에 대해 이해한다. • 관련 도구를 이해하고 활용한다.
손실과 법률 (Risk, Legal)	• 윤리 및 법적인 부분에 저촉될 수 있는 위험을 파악하고 영업 활동에 주의한다. • 신용 관련 위험을 최소화하기 위한 절차를 이해한다.

(3) 대상 법인 선정

[판매채널]

판매채널	고객그룹	정 의
법 인	리무진	리무진 사용용도로 판매되는 차량
	호텔/리조트	호텔 또는 리조트 리무진 서비스 용도로 판매되는 차량
	공공기관	공공기관으로 판매되는 차량
	국내 100대 기업	국내 매출 상위 100대 기업
	50대 전문직 기업	국내 10대 법무법인/회계법인/병원/컨설팅/투자회사/ 엔터테인먼트사 등
	지역별 130개 기업	총 13곳 지방에서 10개씩 선정된 기업
	국내 협회	기본조건
		사단법인 / 재단법인
		국가대표협회
		지역성이 포함된 협회 또는 민간협회
	50개 주요산업, 기업	총 5곳의 주요 산업군에서 10개씩 선정된 기업
	일반기업	모든 일반법인
	택시법인	대형/중형/밴
렌트카	렌트카 회사	렌트카 사업을 영위하는 법인

(4) 법인 구매자 행동분석

개인 소비자는 자신의 필요와 욕구를 충족시키기 위해 소비를 하지만, 소비를 목적으로 하지 않고 생산을 하거나 다시 판매할 목적으로 제품을 구매하는 조직체를 조직구매자(Organizational Buyer)라 한다. 조직구매자의 구매 행동은 신뢰를 받을 만한 조직의 구매라는 점에서 공통점이 많으며, 특히 최종적인 개인 소비자와 비교할 때 하나로 묶어서 분석할 수 있다.

① 구매센터에 의한 구매

조직에서 구매 의사결정에 직접 관여하는 사람을 묶어서 구매 센터(Buying Center)라 한다. 구매 센터의 역할구성을 볼 때, 판매하고 있는 기업의 마케팅관리자는 다음의 사항을 고려해야 한다.

㉠ 대상기업의 구매 센터가 어떤 사람으로 구성되었는가
㉡ 각 구성원이 각각 어떤 결정에 참여하고 있으며, 어느 정도의 영향력을 행사하고 있는가
㉢ 각 구성원이 제품의 평가 시 어떤 기준을 사용하고 있나 등을 분석하여야 한다.

[플리트 구매 센터 구성원과 역할]

구성원	구매 센터의 구성원의 역할
사용자(User)	구매한 제품을 직접 현장에서 사용하게 되는 사람들
영향력 행사가 (Influencer)	구매할 제품에 대한 평가기준이나 제품평가에 필요한 정보를 제공함으로써, 구매결정에 직·간접적으로 영향을 끼치는 사람
의사결정자 (Decider)	조직에서 실제로 구매선을 선택하고, 구매조건에 대해 협상·타결하는 공식적인 권한을 가진 사람
구매자 (Buyer)	의사결정자의 요구사항을 파악하여 구매대행을 주로 하며 가격, 제품의 품질, 공급자 관리를 하는 사람
정보통제자 (Gatekeeper)	구매 센터로 들어오는 각종 정보나 판매자를 통제할 수 있는 권한을 가진 사람

② 직접구매

필요로 하는 제품을 대부분 중간상인을 통하지 않고, 생산자로부터 직접 구매하는 경향이 있다.

③ 파생수요

구매수요는 결국 그 산업재 제품을 다시 활용하여 생산한 최종소비재에 대한 수요에 기인한다.

④ 상호구매

구매자가 자신이 생산한 제품을 구매해 주는 회사로부터 제품을 구입하는 것이다.

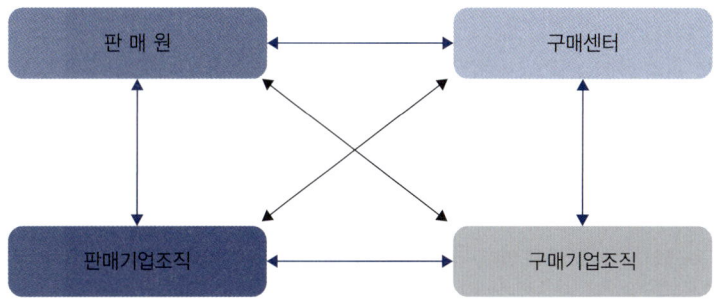

[판매자와 구매자의 포괄적 쌍방관계]

⑤ 구매선에 대한 애호

법인구매자는 개인 소비자들에 비해 그동안 거래해 온 구매선을 좀처럼 바꾸지 않는 성향이 강하다.

⑥ 시스템적 구매와 판매

그들 제품의 구매자들이 여러 가지 문제에 대해서 작은 부분까지 해결해 줄 수 있는 시스템적 판매를 하고 있다.

(5) 법인 구매자 의사결정과정

법인 구매자들의 구매 의사결정은 아래와 같은 7가지 단계의 과정을 거친다.

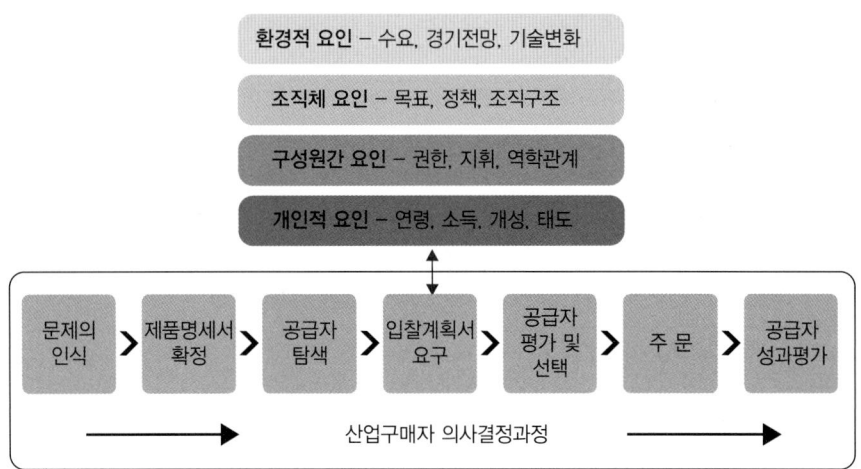

[법인 구매 의사결정과정과 법인 구매 행동에 영향을 미치는 요인]

① 문제의 인식

구매의 첫 시작은 조직 내 구성원이 특정 제품에 대한 필요를 느끼는 데서 비롯된다.

② 제품명세서의 확정

구매할 제품의 특성과 품질수준, 기술적 명세 등을 결정하는 것이다.

③ 공급자 탐색

구매조직은 품목을 조달해줄 수 있을 것으로 기대되는 공급자를 탐색한다.

④ 입찰계획서 요구

예상 공급업자들에 대해 제품명세서의 규정에 따라 입찰계획서를 제출할 것을 요구한다.

⑤ 공급자 평가 및 선택

구매센터의 구성원들은 그들이 가진 평가의 기준에 따라 공급업자를 평가하고, 가장 적절한 기업을 선택한다.

⑥ 주 문

입찰계획서를 사용한 공급업자의 선정이 끝나면 구매기업은 그 공급업자에게 주문한다.

⑦ 공급자 성과평가

구매기업은 자사에 제품을 납품한 공급업자의 실적과 성과를 평가한다.

(6) 법인 구매자 행동에 영향을 미치는 요인

환경적 요인	구매자들은 그들을 둘러싸고 있는 환경 즉, 경제적·기술적·정치적·법률적 환경의 추세에 의해 영향을 받는다.
조직체 요인	구매자들은 각기 독특한 조직적 특징을 지니고 있다. 여기에는 조직의 목표, 정책, 절차, 구조, 그 조직이 보유한 기술, 구매센터 구성원들의 특성 등이 포함된다.
구성원간 요인	법인 구매에 중추적인 역할을 하는 구매센터의 구성원들은 그들의 지위, 권위, 타인에 대한 설득력이 각기 다른 특성이 있어, 이 특성이 구매센터 내 구성원들의 역학관계에 대한 이해를 소홀히 하지 말아야 한다.
개인적 요인	구매센터 구성원 각 개인의 동기, 지각, 선호 등에 관한 특징을 말하며, 이들의 가치관이나 구매성향에 맞는 마케팅 활동이 필요하다.

[구매유형에 따른 구매결정단계]

구매결정의 단계	구매유형		
	신규구매	수정 반복구매	단순 반복구매
문제의 인식	○	△	×
제품명세서의 확정	○	○	○
공급자의 탐색	○	△	×
입찰계획서를 요구	○	△	×
공급자 평가 및 선택	○	△	×
주 문	○	○	○
공급자 성과평가	○	○	○

2 정부기관의 구매특징 설명

(1) 일반 구매조달

① 구매의 정의

구매(Purchasing)란 대가를 지급하고 필요한 물건을 취득하거나 다른 사람의 손(서비스)을 빌리는 것을 말한다.

② 구매의 대상

구매의 대상은 기업에 따라 차이가 있을 수 있으나, 생산에 필요한 자재[원자재, 부자재 및 소모성 자재(MRO)], 부품과 상품 제조활동을 지원하는 기계·설비, 보전 자재 및 서비스(정보

시스템, 보안 등)의 세 가지로 분류할 수 있다.

* MRO ; Maintenance, Repair, Operating supplies

③ 구매관리의 정의

구매를 계획 · 조정 · 통제 및 평가하는 일련의 과정을 '구매 관리'라고 한다. 제조기업의 입장에서 구매 관리를 더욱 세분하여 정의하면, 기업의 전략 및 생산활동을 효율적으로 수행할 수 있도록 다음의 '6R'을 수행하는 관리활동이라고 할 수 있다.

㉠ 필요로 하는 품목, 설비 및 서비스(Right Item)를,
㉡ 역량 있는 협력사(Right Supplier)로부터,
㉢ 양호한 품질(Right Quality)을 확보하여,
㉣ 필요한 시기(Right Time)에,
㉤ 필요한 수량(Right Quantity)만을,
㉥ 합리적인 비용(Right Price)으로 조달 · 확보하는 것이다.

④ 구매의 목표

구매의 목표는 기업의 전략 및 운영계획을 효율적으로 달성할 수 있도록 수립되어야 한다. 즉 기업의 경쟁우위 달성을 위하여 시기적절하고 안정적인 공급, 기업내부 및 고객을 만족하게 할 수 있는 품질의 확보, 합리적인 원가에 의한 구매를 통한 기업이윤의 확보, 역량 있는 협력사의 발굴 및 관계 유지, 그리고 앞의 Q · C · D(Quality/품질, Cost/원가, Delivery/납기) 및 이윤을 위해 지속적인 개선의 중추적 역할을 하는 데 있다.

⑤ 구매에 영향을 주는 요인

구매활동은 기업 내부 및 외부 환경 모두에 의해 영향을 받는다. 기업업무의 관리 및 통제활동은 동적이고 변수가 많으므로 매우 복잡하다. 이를 테면, 내부 환경의 경우에는 비교적 쉽지만, 외부 환경의 경우는 특성상 복잡하고 어려운 경우가 많다. 구매 또는 구매관리에 영향을 미치는 일반적인 요인으로는 구매대상 품목 및 품목의 특성, 수요 및 공급시장의 상황, 조달방법, 제품 수명주기(Product Life Cycle), 협력사 수, 산업특성(제조환경), 계약방식, 조직정책 및 조직구조, 글로벌 소싱(Global Sourcing) 여부, 정보기술(IT ; Information Technology) 활용, 환경 및 규제사항, 그리고 구매담당자의 역량(Capabilities) 등 매우 다양하다.

⑥ 구매 업무 프로세스

구매 업무 프로세스는 '내자 업무' 및 '외자 업무'로 분류할 수 있다. '외자 업무'의 경우에는 다른 국가와의 거래이기 때문에 내자 업무보다는 그 프로세스가 복잡하고, 해당 국가의 수출 · 입 관련 법규, 관세 및 규제조항 등에 대한 이해가 필요하다. 최근에는 구매업무가 국제화 또는 글로벌화(Globalization) 되면서 내자 업무와 외자 업무를 동시에 수행하고 있는 경우도 늘고 있다. '내자 업무' 및 '외자 업무'의 주요 프로세스는 다음과 같다.

㉠ 내자 업무 프로세스

> 구매요청(Purchase Requisition) ⇨ 구매검토 및 일정 계획수립 ⇨ 견적요청(Inquiry) ⇨ 견적(Offer) ⇨ 구매조건 검토(견적대비) ⇨ 조건협상(Q·C·D 등) ⇨ 구매계약 및 발주(P/O ; Purchase Order) ⇨ 계약·주문 확인 ⇨ 독 촉 ⇨ 납 품 ⇨ 수입검사 ⇨ 입고처리 ⇨ 대금지급

㉡ 외자 업무 프로세스

> 구매요청(Purchase Requisition) ⇨ 구매검토 및 일정 계획수립 ⇨ 견적요청(Inquiry) ⇨ 견적(Offer) ⇨ 구매조건 검토(견적대비) ⇨ 조건협상(Q·C·D 등) ⇨ 구매계약 및 발주(P/O ; Purchase Order) ⇨ 계약·주문 확인 ⇨ 수입허가(I/L ; Import License) ⇨ 지급수단 개설(L/C ; Letter of Credit 신용장 등) ⇨ 독촉(Expedite) ⇨ 선적, 대금지급(Shipping, Payment) ⇨ 보세운송(Transportation) ⇨ 통관 ⇨ 수입검사 및 입고처리(Incoming Inspection, Receiving)

(2) 정부 구매조달

① 정부 구매의 정의

정부 구매란 정부기관이 필요로 하는 물자나 기자재를 민간업자로부터 구매하는 것이다.

② 정부 구매의 특징

구매의 재원이 국민의 세금으로 마련되는 것이므로, 당연히 국내 업자의 상품을 우선으로 매입하고, 특히 국내의 기술개발이나 중소기업 육성, 고용증대와 같은 국내정책을 시행하는 수단으로도 활용된다. 세계 각국에서 운영되고 있으나, 외국제품에 대한 차별대우와 비관세 장벽으로 간주한다.

③ 중앙구매기관(Central Purchase Agency)

㉠ 국가기관의 업무에 필요한 물자를 일괄적으로 구매하여 각 수요기관에 공급하여 주는 중앙기관으로서, 집중구매(集中購買)의 필요성이 강조됨에 따라 많은 나라에서 설치하고 있다.

㉡ 우리나라의 구매행정은 1961년 이전까지만 하더라도 부처별로 분산구매를 하여 왔다. 그러나 집중구매의 필요성이 강조됨에 따라 1961년 10월 공포된 정부조직법에 따른 중앙구매기관인 조달청(調達廳)이 설치되었다.

㉢ 우리나라의 조달청은 정부가 행하는 물자(군수품은 제외)의 구매·공급 및 관리에 관한 사무와 정부의 주요시설 공사 계약에 관한 사무를 관장하는 중앙구매기관이다.

㉣ 현재 기획재정부 장관의 소속 아래 있으며, 5개 국(局)과 운영지원과 및 11개의 지방조달청을 두고 있다.

> **지식 IN**
>
> **정부 조달청의 역할**
> - 물품 구매 · 공급 및 공사계약 관리
>   - 공공기관이 필요로 하는 물품(용역) 및 공공시설물을 국내 · 외에서 조달 · 공급('17년 물품용역 약 26조원, 시설공사 약 12조원)
>   - 고객이 원하는 시설공사 Total Service 제공 및 대형공사 총사업비 검토 등 조달지원사업 수행('17년 약 20조원)
> - 주요 원자재 비축사업 운영
>   - 원자재의 국내 수급 안정을 위해 알루미늄 등 주요 원자재의 적기 비축 · 방출('17년 약 4천 억원)
> - 정부물품 및 국유재산 관리
>   - 약 17조원 상당(1,230만점)의 정부보유 물품 관리
>   - 국유재산의 활용도 제고를 위하여 국유재산 관리
>   * 공공용 토지 비축, 공공기관의 국유재산 관리상황 점검 및 감사 등
> - 나라장터(국가종합전자조달시스템)운영 관리
>   - 공공기관 입찰정보 통합공고 등 공공전자조달 단일창구(Single Window) 역할수행
>   * 5만 2천여 공공기관과 37만여 조달업체가 이용

(3) 조달업무

법인 구매부서나 구매 본부에 물건을 영업해서 물건을 납품하고 공급하며 수금도 하는 업무를 말한다.

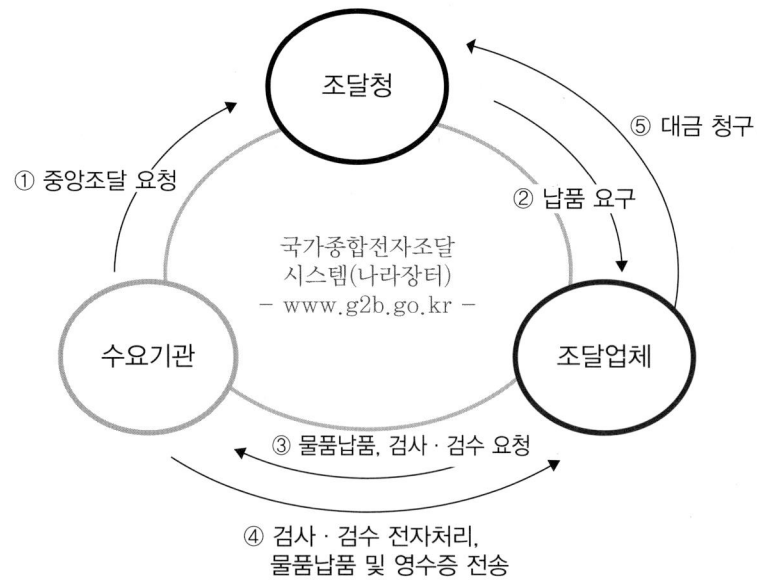

[조달청-수요기관-조달업체 간의 물품 납품요구 및 처리절차]

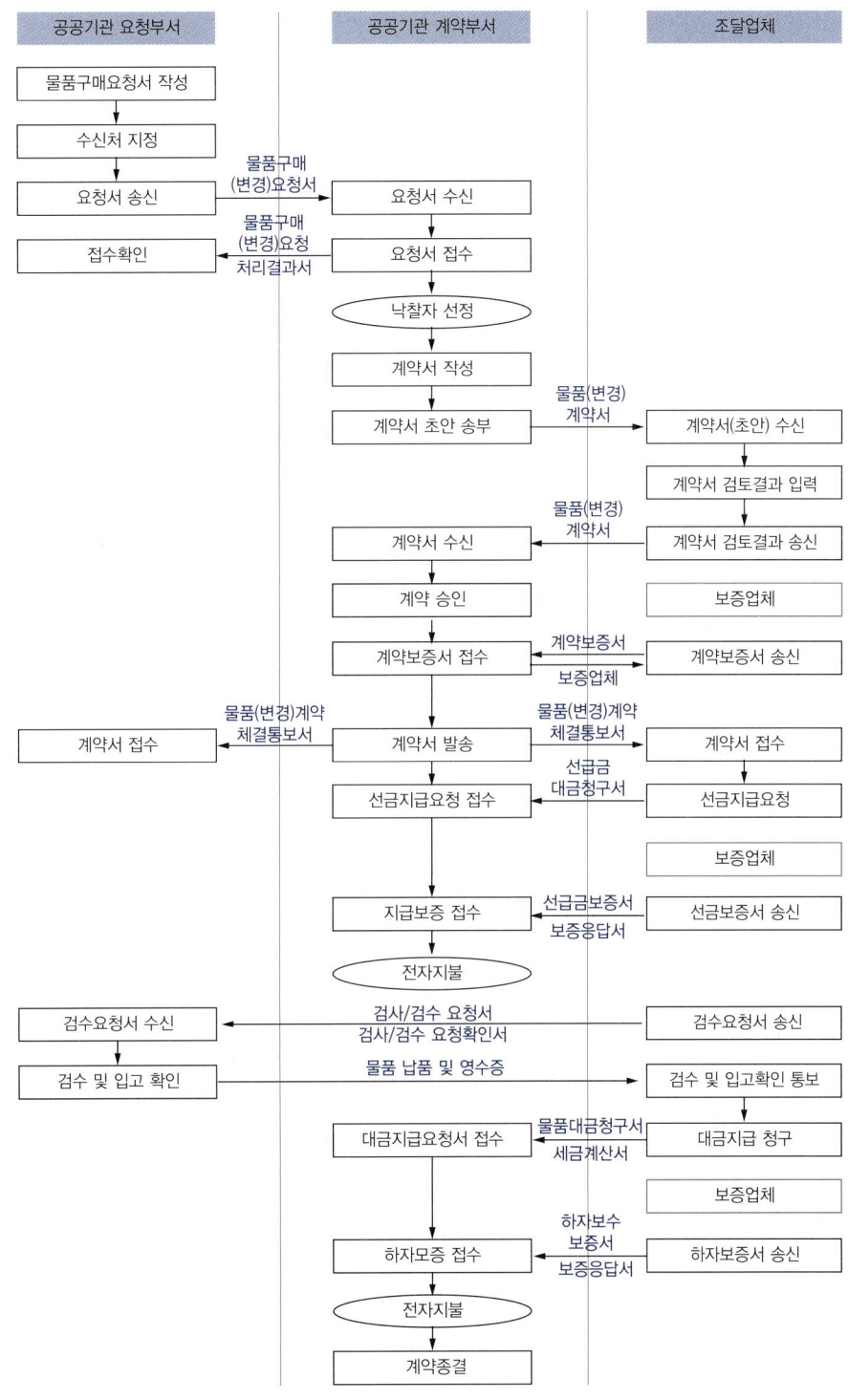

[조달물품 구매 처리 흐름 상세도(자체구매계약)]

① 계약사양과 조건제시

　기업체 또는 정부기관의 요구에 따라서 경쟁우위의 가치를 가지는 계약사양과 조건을 제시한다.
　　㉠ 가격조건 : 할인혜택 – 차종별/구매대수 별에 따라 조건이 달라짐
　　㉡ 법인 임직원 특별 우대금리 제공 : 법인 임직원 프로그램 이용 시, 파이낸셜 서비스를 이용하는 임직원에게 특별 파이낸셜 서비스에서 제공하는 금리 제공

② 동종업체 타 차종 시승 기회 제공

　법인 우대 프로그램 이용 고객 중, 아래 용도를 위한 목적으로 사용할 경우 시승 차를 제공한다.
　　㉠ 법인 의전용
　　㉡ 법인 (임직원) 고객 시승용
　　㉢ 법인 (임직원) 프로그램 홍보를 위한 행사용 차량
　　㉣ 법인 (임직원) 고객 연 3회 사용 가능

③ 기타 제작사에서 제공하는 공식 행사(이벤트/공연) 초청

④ 보험 특약 서비스(긴급출동, 견인지원 서비스)

⑤ 안전운행 관리에 따른 정기점검, 소모품 교환 서비스

⑥ 지정 정비사 제공 등의 맞춤 정비 서비스 고객 맞춤형 가치 제안

　기업체와 정부기관의 요구에 따라서 계약사양과 조건제시가 차이가 있을 수도 있으므로, 아래와 같은 이해가 필요하다.
　　㉠ 제품과 서비스의 이해
　　㉡ 기타 제안 프로그램의 이해
　　㉢ 물류의 이해

 지식 IN

1. 법인판매(모든 법인 명의로 출고되는 차량)시 필요한 서류
   - 리스사용 시, 리스계약서 사본
   - 매매계약서 사본

2. 임직원 판매(법인 임직원, 협회의 회원, CEO)시 필요한 서류
   - 재직증명서(또는 4대 보험가입증명서)
   - 협회회원일 경우 협회회원증명서
   - 리스사용 시, 리스계약서 사본
   - 공동명의 시 가족관계증명서(등본 안됨)
   - 매매계약서 사본

3. 렌트카 판매(영업용 차량)는 별도로 필요한 서류가 없다.

3 국가종합전자조달시스템(KONEPS) - 나라장터

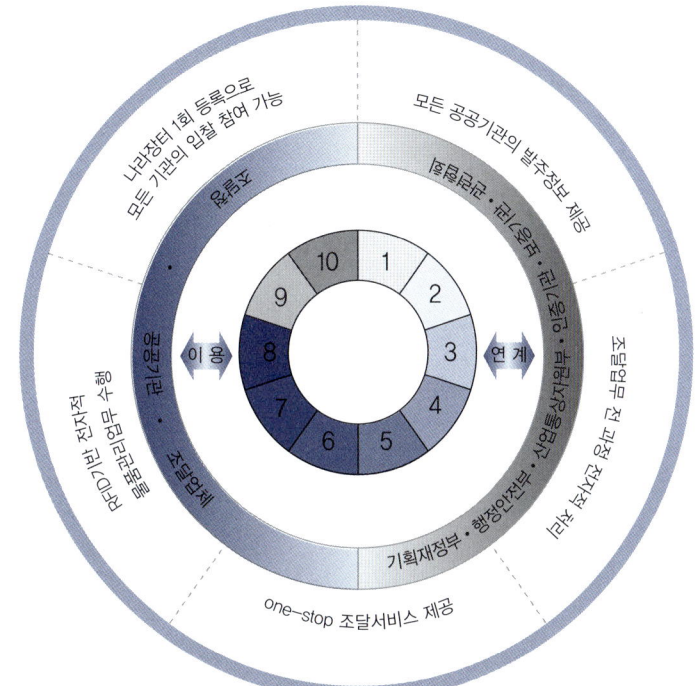

[국가종합전자조달시스템(KONEPS)의 역할과 Lay-out]

조달청 : http://www.g2b.go.kr

(1) 국가종합 전자조달 시스템의 개요

국가종합 전자조달 시스템(KONEPS)은 조달업무 전 과정을 온라인으로 처리하는 전자 조달시스템으로 모든 공공기관의 입찰정보가 공고되고, 1회 등록으로 어느 기관 입찰에나 참여할 수 있는 공공조달 단일창구(Single Window) 역할을 한다.

(2) 국가종합 전자조달 시스템의 역할

① 전자입찰

입찰 공고, 조달기업의 입찰참가 신청, 입찰, 개찰 및 자격심사를 통해 낙찰자 선정을 한다.

② 전자계약

공인인증, 최신 생체지문인식 기술을 적용하여 계약서 작성 및 전자서명, 각종 보증서 처리,

인지세 납부, 채권매입 등 계약 체결에 필요한 모든 업무를 처리한다.

③ 전자지급

제품, 서비스, 시설물에 대한 검사, 대금청구, 지급까지의 전 과정을 국가·지자체·교육기관 등 3대 주요 재정정보시스템과 연계하여 처리한다.

④ 종합쇼핑몰

수시 구매가 필요한 상용 물품이나 서비스 등의 경우, 조달기업은 자사의 상품을 종합쇼핑몰에 등록하고, 공공기관은 종합쇼핑몰에서 직접 검색하여 원하는 상품을 구매하도록 한다.

⑤ 목록정보

250만 개 품목의 상품정보를 UNSPSC 분류체계를 활용하여 빠르게 등록·조회하여 공공기관, 조달기업은 구매 대상이 되는 물품, 서비스 등의 설명, 규격, 품질정보 등을 공유한다.

(3) 국가종합 전자조달 시스템에서의 조달과정 및 절차

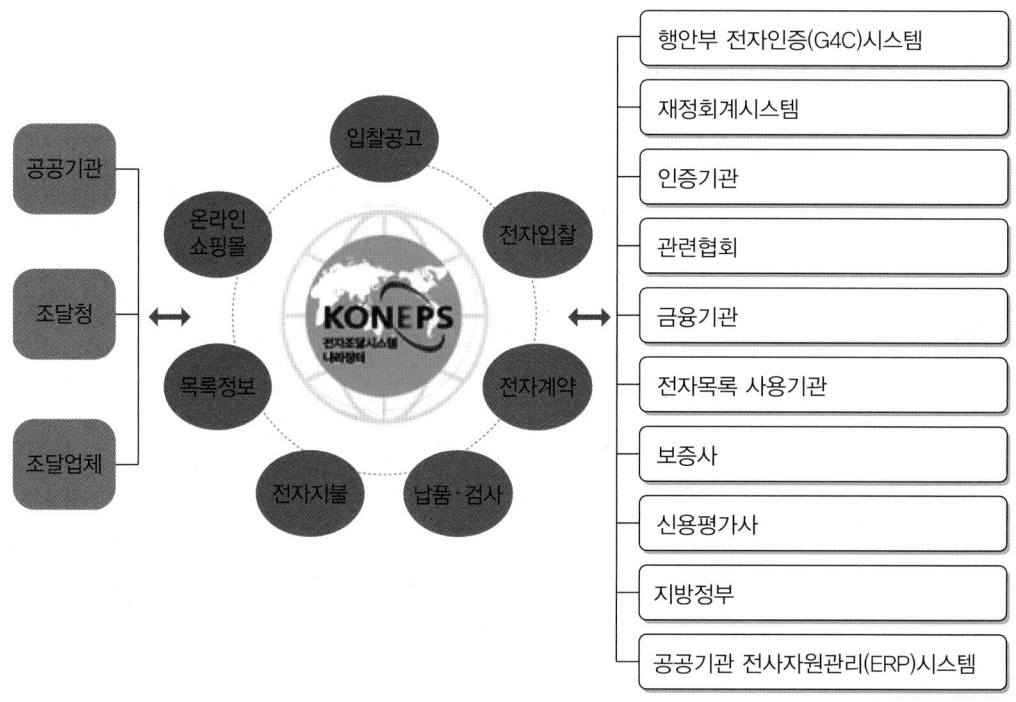

[국가종합전자조달시스템(KONEPS)의 조달과정]

조달청 : http://www.g2b.go.kr

4 업체 사후관리

(1) 고객 관리 일반

① 고객 관리의 정의
고객 관리란 신규고객 확보, 기존고객 유지와 고객 수익성을 증대시키기 위하여 지속적인 소통을 통해 고객의 행동을 이해하고, 영향을 주기 위한 광범위한 활동이라고 할 수 있다.

② 고객 관리의 중요성
성공적인 고객 관리가 이루어진다면 무엇보다 기존고객을 지속해서 유지할 수 있다. 신규고객을 창출하는 노력보다도 기존고객의 이탈을 방지하는 것이 고객 관리에 있어서 효율적이다.

(2) 기존고객 유지 관리

기존의 고객 관리를 위해 무엇보다도 중요시되는 것이 관계를 유지하는 것이다. 고객과의 관계를 원활히 유지할 방법은 상황과 대상에 따라 다르다.

① 가격(견적)
기업은 이윤을 창출하기 위해서 존재한다. 고객과의 관계를 원활히 유지하고 철저한 고객 관리를 하여 이익을 내는 것이다. 고객이 원하는 차량의 요구가격과 갖추고 있는 차량의 정확한 가격을 산출할 수 있어야 하는 것이 고객 관리자에게 우선시 되어야 할 능력이다.

② 차량의 만족도
자동차의 성능에 대한 만족은 기본이다. 가격, 기간, 서비스 등 아무리 여러 가지가 고객에게 만족을 주어도 자동차의 성능이 만족스럽지 않다면 그 프로그램은 성공할 수 없다.

③ 유지 관리
자동차는 소모품 교환 등 상시 정비와 관리를 해주어야 만족할 만큼의 성능을 발휘할 수 있는 기계이다. 규정된 기간이나 주기마다 정확하게 교환과 정비를 해주어야 하므로 세심한 관리가 필요하다.

(3) 신규거래처 확보를 통한 매출증대

고객은 상황에 따라 조건이 더 좋은 다른 업체로 이동할 가능성을 항상 내재하고 있다는 점을 염두에 두어야 한다. 그래서 철저한 고객 관리로 기존고객을 유지하는 것이 무엇보다 중요하지만, 새로운 고객을 유치하려는 노력을 게을리 한다면 이는 반쪽짜리 고객 관리자가 될 수밖에 없다. 고객이 항상 변화할 수 있다는 것은 역으로 말해, 다른 경쟁업체의 고객도 우리 고객으로 만들 수 있다는 의미이기도 하다.

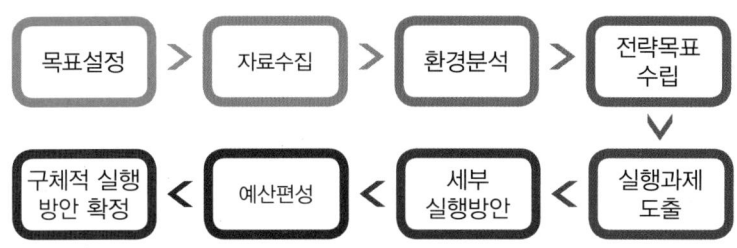

[고객관리 계획수립]

① 신규고객 확보 방법
  ㉠ 철저한 기존고객 관리
    감동을 주는 고객 관리를 경험한 고객은 생각하지 못한 새로운 고객을 가져오는 훌륭한 영업 파트너가 될 수 있다.
  ㉡ 시장변화 주시
    자동차 산업과 시장의 변화에 민감하게 반응해서 새로운 지식을 습득하고 다양한 프로모션을 기획하여 신규고객을 언제든지 유치할 수 있어야 한다.
  ㉢ 고객 컨설팅
    고객의 요구에 맞는 맞춤형 프로그램을 기획하여 고객에게 제시할 수 있어야 한다. 또한, 자동차의 전문적인 지식과 새로운 신기술의 습득에도 게을리 하지 말아야 한다.
  ㉣ 신규 유치고객의 정보
    고객에 대한 정보는 새로운 고객일수록 가능한 모든 정보를 얻어야 한다. 이때 영업자와 고객 관리자들은 해당 고객에 대한 모든 정보를 회사 전체와 공유해야 한다.

② 법인 업체 사후관리
  납품 조달한 기업체와 정부기관이 지속해서 차량을 유지하고 있는지를 판단하기 위해 체계적이고 지속해서 관리하는 활동이다. 더 정확한 사후관리를 위해 기업체와 정부기관의 접촉, 관리를 통해 클레임 예방 및 판촉활동 그리고 신규업체를 개발할 수 있다.
  ㉠ 법인 업체 사후관리의 3가지 요소

고객관리	구매 관계자들이 다양하지만 결국 창구 담당자의 관리가 중요하다.
가격관리	기업체 또는 정부기관의 요구에 따라서 가격 제안이 필요하다.
계약관리	해약, 채권, 연체, 수금관리 등의 계약이 중요하다.

  ㉡ 법인 업체 관리대상의 3가지 요소

관계관리	구매 관계자, 딜러 임직원의 기념일 관리
차량관리	보험 만기일, 리스 만기일, 정기검사 및 주행거리 관리
계약관리	해약, 연체, 수금관리

ⓒ 법인 업체의 사후관리 필요성

　　신규판매, 추가판매, 소개판매 기회에 대해 주기적으로 관리하고, 유관부서와 공유하여 판매 확대 시 원활한 공급을 준비하여 제품수요, 판매지원, 마케팅·기술적 지원을 한다.

(4) 고객정보 데이터베이스 구축

① 고객정보 데이터베이스의 개념

　　여러 사람이 공유하고 사용할 목적으로 통합 관리되는 고객정보의 집합을 의미하며, 고객데이터베이스 구축은 홍보, 마케팅을 위해 필요한 작업이다.

② 데이터베이스의 구축 방법

　　고객정보 데이터베이스의 구축은 주로 회사에서 자체적으로 개발한 프로그램을 활용하는 것이 일반적이다. 최근 IT기술의 입력된 고객의 데이터를 다양한 고객 관리 자료로 활용할 수 있으며, 필요에 따라 사후 관리를 위해 필요한 항목들을 추가하여 관리할 수 있다.

③ 데이터베이스 구축의 구분과 항목

　　데이터베이스는 업체규모, 업체종류, 업체성격 등 활용하기에 편리하게 구분하여 관리하는 것이 유용하다.

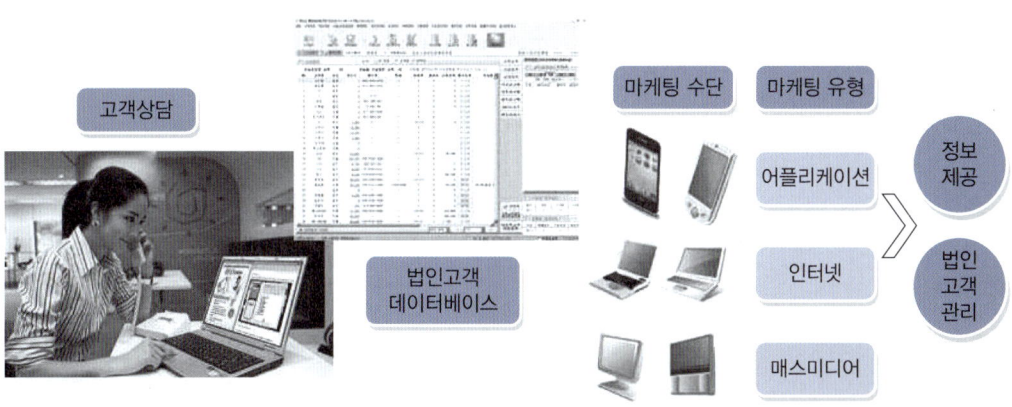

[법인고객 관리]

PART 10
중고자동차 매매

구즉득지(求則得之)
구하면 얻을 것이요, 버리면 잃을 것이다.
– 맹자(孟子)

01 중고차 시장가격 .342

02 감가요인 및 매매가격 파악 .358

03 자동차 외관 및 사고 여부 등 파악 .363

04 소모품 및 사양품목 확인 .366

05 성능 · 상태 점검 .389

06 이전등록 및 확인 .393

07 중고자동차 수출 .400

08 경매업체 선정 및 출품절차 .403

PART 10 | 중고자동차 매매

1 중고차 시장가격

(1) 시장가격의 의미
① 시장에서 매매되는 상품의 가치는 기본적으로 수요와 공급의 균형에 따라 결정되는데, 이때 거래되는 상품의 가치를 '시장가격'이라고 한다.
② 일반적인 상품과 마찬가지로 중고차 시장에서도 수요와 공급에 따라 중고차의 시장가격이 형성되고 있으며, 매매시장에서 거래되는 평균적인 시장가격을 '시세'라고 한다.
③ 중고차의 판매가격은 대개 매매가격에 정비 및 상품화비용, 각종 부대비용, 판매이익을 더한 금액이므로, 중고차를 매입할 때에는 기본적으로 매입하려는 동종차종의 판매 예상가격, 즉 시세를 정확히 파악해야 한다.

(2) 중고차의 시세에 영향을 미치는 요인
중고차의 시세에 영향을 주는 내적 요인으로는 연식, 주행거리, 사고 여부, 차량상태, 옵션, 변속기의 종류, 색상, 사용용도 등이 있으며, 외적 요인인 소비자의 선호도나 계절, 장소, 유행, 특정사건 등도 시세에 영향을 줄 수 있다. 중고차의 시세에 영향을 미치는 주요 요인에 대한 거래특성은 다음과 같다.

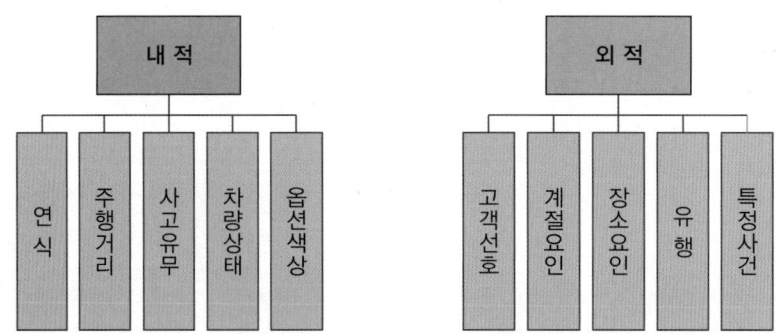

[중고차 시세에 영향을 미치는 요인]

① 연식(경과연수)
  ㉠ 연식이 지날수록 차량의 차체(Body), 섀시(Chassis), 엔진(Engine) 등의 구성품은 노후화가 진행되고, 사용상의 내구 품질도 낮아지기 때문에 중고차의 잔존가치는 떨어지게 된다.
  ㉡ 연식 경과에 따른 중고차의 감가율은 차종, 모델, 용도 등에 따라 다르지만, 승용차의 경우 대개 1년이 지나면 신차 가격의 10~15% 하락하고, 대부분의 제조사 보증기간이 끝나는 3년이 경과 후에는 약 40~60%까지 하락하기도 한다.
  아래 그래프는 경과연수에 따른 잔존가치 비율을 조사한 결과이다.

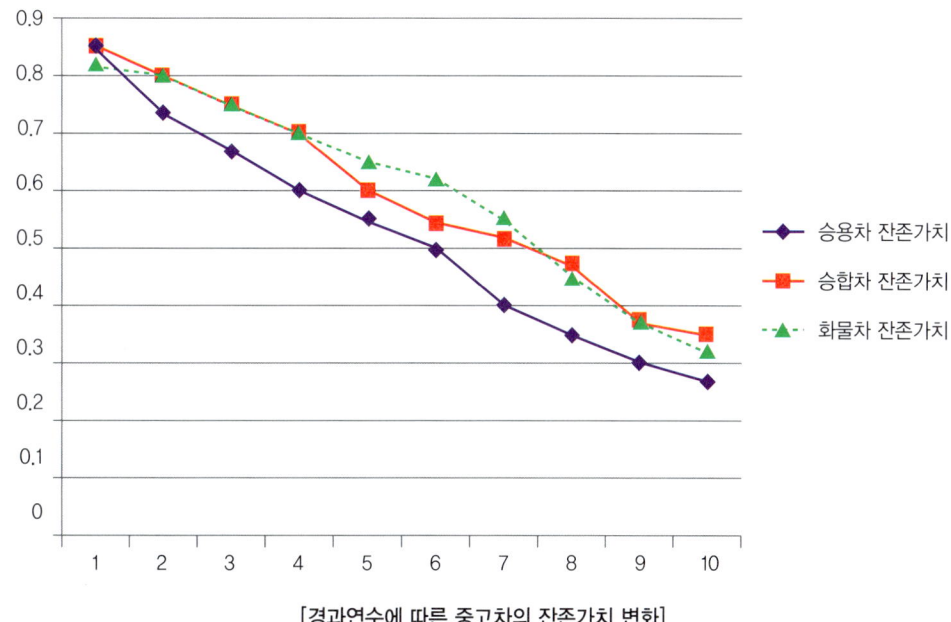

[경과연수에 따른 중고차의 잔존가치 변화]

* 윤대권 외 3인(2015), 「중고자동차 가격산정을 위한 평가요인 연구」, 『한국자동차공회 부분종합학술대회』, KSAE15, 1095-1100.

② 주행거리
  ㉠ 차량의 주행거리도 중고차의 시세에 중요한 영향을 미치며, 누적된 주행거리가 많으면 그만큼 차량의 운행시간이 길어져 부품의 마모가 증대되고, 품질도 저하될 수 있다. 또한, 각종 부품의 교체주기도 단축되기 때문에 아무래도 소비자의 선호도가 떨어질 수밖에 없다.
  ㉡ 국내 중고차 평가기관에서 적용하고 있는 승용차의 평균 주행거리는 대부분 평균 연간 2만km를 기준하며, 평균 주행거리를 초과하면 중고차 시세보다 낮게 평가받을 수 있고, 주행거리가 짧으면 평균시세보다 높게 평가받을 수 있다.

③ 사고이력
　㉠ 중고차의 시세에 가장 크게 영향을 미치는 요인 중 하나는 사고 이력의 여부이다. 사고 차량은 소비자의 선호도가 매우 떨어질 뿐만 아니라 정상적인 수리를 하더라도 무사고 차량과 같은 원상회복이 불가능하다.
　㉡ 수리 후에도 차량의 소음, 진동, 주행 안전성, 내구성, 부식성 등에 악영향을 미칠 수 있으므로, 중고차 시장에서도 비교적 큰 감가요인이다. 그러므로 차량의 손상 횟수가 많고 수리범위가 넓을수록 감가율이 높게 책정된다.

 지식 IN

자동차 사고이력 확인방법

- 보험개발원은 11개 손해보험사의 1996년 이후부터의 자동차 보험수리 지급기록을 바탕으로 2003년 4월부터 인터넷으로 '사고·이력정보 보고서(카히스토리 www.carhistory.or.kr)'를 제공하고 있다.
- 카히스토리는 ① 자동차 일반사양(제작사, 차명, 연식, 배기량) ② 소유자/차량번호 변경이력 ③ 자동차 용도이력(렌트카, 영업용, 관용 등 사용이력) ④ 특수보험사고 정보(침수, 도난, 전손처리 정보) ⑤ 보험사고 이력정보(내차 처리정보, 타차 처리정보, 타인재물 가해정보)로 구성되어 있다.
- 다만, 보험사에 사고 신고를 하지 않고 자비로 사고 처리한 경우와 운수공제(택시, 화물, 버스 공제)로부터 피해보상을 받은 경우는 정보에서 빠져 있다.

[카히스토리 www.carhistory.or.kr 홈페이지]

④ 차량상태

㉠ 차량의 외장, 내장, 엔진, 주요 장치, 옵션, 타이어 등의 상태에 따라 중고차의 가치도 달라지며, 차량의 외판이나 내장에 긁힘, 찌그러짐, 변색, 오염, 부식, 손상 등이 나타나면 상품가치가 떨어질 뿐만 아니라, 상황에 따라서는 정비수리비가 소요되어 중고차 시세에 영향을 주게 된다.

㉡ 또한, 엔진과 주요 장치의 성능이 불량한 경우에도 그 수리비용 만큼의 가치가 감소하며, 특히 침수나 화재, 전손 차량의 경우에는 수리성과 안전성에 큰 영향을 미치기 때문에 중고차 시세가 크게 떨어지게 된다.

중고자동차 성능검사

1. 중고자동차 성능 · 상태 점검기록부

중고자동차 성능 · 상태 점검기록부는 중고자동차를 판매하는 사람이 중고자동차를 구입하려는 사람에게 법적으로 발급하는 검사서이다(자동차관리법 제58조 제1항).

■ 자동차관리법 시행규칙 [별지 제82호서식] 〈개정 2023. 6. 9.〉 (1/4쪽)

중고자동차 성능 · 상태 점검기록부
([　] 자동차가격조사 · 산정 선택)

제　　　　호　　　※ 자동차 가격조사 · 산정은 매수인이 원하는 경우 제공하는 서비스 입니다.

자동차 기본정보 (가격산정 기준가격은 매수인이 자동차가격조사 · 산정을 원하는 경우에만 기재합니다)				
① 차명	(세부모델 :)	② 자동차등록번호		
③ 연식	④ 검사유효기간		년 월 일 ~ 년 월 일	
⑤ 최초등록일		⑦ 변속기 종류	[ ]자동　[ ]수동　[ ]세미오토	
⑥ 차대번호			[ ]무단변속기　[ ]기타( )	
⑧ 사용연료	[ ]가솔린　[ ]디젤　[ ]LPG　[ ]하이브리드　[ ]전기　[ ]수소전기　[ ]기타			
⑨ 원동기형식	⑩ 보증유형　[ ]자가보증　[ ]보험사보증	가격산정 기준가격		만원

자동차 종합상태 (색상, 주요옵션, 가격조사 · 산정액 및 특기사항은 매수인이 자동차가격조사 · 산정을 원하는 경우에만 기재합니다)			
⑪ 사용이력	상　태	항목 / 해당부품	가격조사 · 산정액 및 특기사항
주행거리 및 계기상태	[ ]양호　[ ]불량	현재 주행거리 [ ]	만원
	[ ]많음　[ ]보통　[ ]적음		만원
차대번호 표기	[ ]양호　[ ]부식　[ ]훼손(오손)	[ ]상이　[ ]변조(변타)　[ ]도말	만원
배출가스	[ ]일산화탄소　[ ]탄화수소　[ ]매연	％, ppm, ％	만원
튜닝	[ ]없음　[ ]있음　[ ]적법	[ ]불법　[ ]구조　[ ]장치	만원
특별이력	[ ]없음　[ ]있음	[ ]침수　[ ]화재	만원
용도변경	[ ]없음　[ ]있음	[ ]렌트　[ ]리스　[ ]영업용	만원
색　상	[ ]무채색　[ ]유채색	[ ]전체도색　[ ]색상변경	만원
주요옵션	[ ]있음　[ ]없음	[ ]썬루프　[ ]네비게이션　[ ]기타	만원

사고 · 교환 · 수리 등 이력

(가격조사 · 산정액 및 특기사항은 매수인이 자동차가격조사 · 산정을 원하는 경우에만 적습니다)

※ 상태표시 부호 : X (교환), W (판금 또는 용접), C (부식), A (흠집), U (요철), T (손상)
※ 하단 항목은 승용차 기준이며, 기타 자동차는 승용차에 준하여 표시

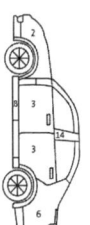 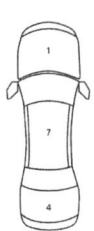 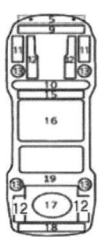 

⑫ 사고이력(유의사항 4 참조)		[ ]없음 [ ]있음	단순수리	[ ]없음 [ ]있음
⑬ 교환, 판금 등 이상 부위				가격조사 · 산정액 및 특기사항
외판부위	1랭크	[ ]1. 후드 [ ]2. 프론트펜더 [ ]3. 도어 [ ]4. 트렁크 리드 [ ]5. 라디에이터서포트(볼트체결부품)		만원
	2랭크	[ ]6. 쿼터패널(리어펜더) [ ]7. 루프패널 [ ]8. 사이드실패널		
주요골격	A랭크	[ ]9. 프론트패널 [ ]10. 크로스멤버 [ ]11. 인사이드패널 [ ]17. 트렁크플로어 [ ]18. 리어패널		
	B랭크	[ ]12. 사이드멤버 [ ]13. 휠하우스 [ ]14. 필러패널 ([ ]A, [ ]B, [ ]C) [ ]19. 패키지트레이		
	C랭크	[ ]15. 대쉬패널 [ ]16.플로어패널		

(2/4쪽)

자동차 세부상태

(가격조사 · 산정액 및 특기사항은 매수인이 자동차가격조사 · 산정을 원하는 경우에만 적습니다)

⑭ 주요장치	항목 / 해당부품		상 태			가격조사 · 산정액 및 특기사항
자기진단	원동기		[ ]양호	[ ]불량		만원
	변속기		[ ]양호	[ ]불량		
원동기	작동상태(공회전)		[ ]양호	[ ]불량		만원
	오일누유	실린더 커버(로커암 커버)	[ ]없음	[ ]미세누유	[ ]누유	
		실린더 헤드 / 개스킷	[ ]없음	[ ]미세누유	[ ]누유	
		실린더 블록 / 오일팬	[ ]없음	[ ]미세누유	[ ]누유	
	오일 유량		[ ]적정	[ ]부족		
	냉각수누수	실린더 헤드 / 개스킷	[ ]없음	[ ]미세누수	[ ]누수	
		워터펌프	[ ]없음	[ ]미세누수	[ ]누수	
		라디에이터	[ ]없음	[ ]미세누수	[ ]누수	
		냉각수 수량	[ ]적정	[ ]부족		
	커먼레일		[ ]양호	[ ]불량		
변속기	자동변속기 (A/T)	오일누유	[ ]없음	[ ]미세누유	[ ]누유	만원
		오일유량 및 상태	[ ]적정	[ ]부족	[ ]과다	
		작동상태(공회전)	[ ]양호	[ ]불량		
	수동변속기 (M/T)	오일누유	[ ]없음	[ ]미세누유	[ ]누유	

		기어변속장치	[ ]양호	[ ]불량		
		오일유량 및 상태	[ ]적정	[ ]부족 [ ]과다		
		작동상태(공회전)	[ ]양호	[ ]불량		
동력전달	클러치 어셈블리		[ ]양호	[ ]불량	만원	
	등속조인트		[ ]양호	[ ]불량		
	추진축 및 베어링		[ ]양호	[ ]불량		
	디퍼렌셜 기어		[ ]양호	[ ]불량		
조향	동력조향 작동 오일 누유		[ ]없음	[ ]미세누유 [ ]누유	만원	
	작동상태	스티어링 펌프	[ ]양호	[ ]불량		
		스티어링 기어(MDPS포함)	[ ]양호	[ ]불량		
		스티어링조인트	[ ]양호	[ ]불량		
		파워고압호스	[ ]양호	[ ]불량		
		타이로드엔드 및 볼 조인트	[ ]양호	[ ]불량		
제동	브레이크 마스터 실린더오일 누유		[ ]없음	[ ]미세누유 [ ]누유	만원	
	브레이크 오일 누유		[ ]없음	[ ]미세누유 [ ]누유		
	배력장치 상태		[ ]양호	[ ]불량		
전기	발전기 출력		[ ]양호	[ ]불량	만원	
	시동 모터		[ ]양호	[ ]불량		
	와이퍼 모터 기능		[ ]양호	[ ]불량		
	실내송풍 모터		[ ]양호	[ ]불량		
	라디에이터 팬 모터		[ ]양호	[ ]불량		
	윈도우 모터		[ ]양호	[ ]불량		
고전원 전기장치	충전구 절연 상태		[ ]양호	[ ]불량	만원	
	구동축전지 격리 상태		[ ]양호	[ ]불량		
	고전원전기배선 상태 (접속단자, 피복, 보호기구)		[ ]양호	[ ]불량		
연료	연료누출(LP가스포함)		[ ]없음	[ ]있음	만원	

210mm×297mm[백상지 80g/m2 또는 중질지 80g/m2]

자동차 기타정보
(이 항목은 매수인이 자동차 가격조사·산정을 원하는 경우에만 기재합니다)

		항 목					가격조사·산정액
수리필요	외장	[ ]없음 [ ]있음			내장	[ ]없음 [ ]있음	만원
	광택	[ ]없음 [ ]있음			룸 크리닝	[ ]없음 [ ]있음	
	휠	[ ]없음 [ ]있음	운전석 [ ]전 [ ]후 / 동반석 [ ]전 [ ]후 / [ ]응급				
	타이어	[ ]없음 [ ]있음	운전석 [ ]전 [ ]후 / 동반석 [ ]전 [ ]후 / [ ]응급				
	유리	[ ]없음 [ ]있음					
기본품목	보유상태	[ ]없음 [ ]있음 ([ ]사용설명서 [ ]안전삼각대 [ ]잭 [ ]스패너)					

최종 가격조사·산정 금액   □□□□□ 만원

이 가격조사·산정가격은 보험개발원의 차량기준가액을 바탕으로 한 기준가격과 ([ ]기술사회, [ ]한국자동차진단보증협회) 기준서를 적용하였음

⑯ 특기사항 및 점검자의 의견	성능·상태점검자	
	가격·조사산정자	

(3/4쪽)

유 의 사 항

※ 자동차성능·상태점검의 보증에 관한 사항 등

1.
   - ○ 자동차매매업자는 자동차성능·상태점검기록부(가격조사·산정 부분 제외)에 기재된 내용을 고지하지 아니하거나 거짓으로 고지함으로써 매수인에게 재산상 손해가 발생한 경우에는 그 손해를 배상할 책임을 집니다.
   - ○ 자동차성능·상태점검자가 거짓 또는 오류가 있는 자동차성능·상태점검 내용을 제공하여 아래의 보증기간 또는 보증거리 이내에 자동차의 실제 성능·상태가 다른 경우, 자동차매매업자는 매수인의 재산상 손해를 배상할 책임을 지며, 자동차성능·상태점검자에게 이를 구상할 수 있습니다.(매수인이 자동차성능·상태점검자가 가입한 책임보험 등을 통해 별도로 배상받는 경우는 제외)
   - ○ 자동차인도일부터 보증기간은 (   )일, 보증거리는 (   )킬로미터로 합니다.
     (보증기간은 30일 이상, 보증거리는 2천킬로미터 이상이어야 하며, 그 중 먼저 도래한 것을 적용)
   - ○ 자동차매매업자는 자동차 자동차성능·상태점검기록부를 매수인에게 고지할 때 현행 자동차성능·상태점검자의 보증범위(국토교통부 고시)를 첨부하여 고지하여야 합니다. 동 보증범위는 '자동차성능·상태점검자의 보증범위'(국토교통부 고시)에 따르며, 법제처 국가법령정보센터 또는 국토교통부 홈페이지에서 확인할 수 있습니다.
   - ○ 자동차의 리콜에 관한 사항은 자동차리콜센터(www.car.go.kr)에서 확인할 수 있습니다.
   - ○ **자동차365(www.car365.go.kr)에서 실매물 조회 및 정비이력 확인을 할 수 있습니다.**
     – 자동차365 > 자동차 실매물검색 > 차량번호 입력
     – 자동차365 > 자동차 이력조회 > 매매용차량조회 > 자동차등록번호 검색

2. 자동차의 구조·장치 등의 성능·상태를 고지하지 아니한 자나 점검한 내용을 거짓으로 고지한 자는 「자동차관리법」 제80조제6호 및 제7호에 따라 2년 이하의 징역 또는 2천만원 이하의 벌금에 처합니다.

3. 자동차성능·상태점검자가 거짓으로 자동차성능·상태 점검을 하거나 실제 점검한 내용과 다른 내용을 제공한 경우 「자동차관리법」 제80조제9호의2에 따라 2년 이하의 징역 또는 2천만원 이하의 벌금에 처하며, 「자동차관리법 제21조제2항 등의 규정에 따른 행정처분의 기준과 절차에 관한 규칙」 제5조제1항에 따라 1차 사업정지 30일, 2차 사업정지 90일, 3차 사업장 폐쇄의 행정처분을 받습니다.

4. ⑫ 사고이력 인정은 사고로 자동차 주요 골격 부위의 판금, 용접수리 및 교환이 있는 경우로 한정합니다. 단, 쿼터패널, 루프패널, 사이드실패널 부위는 절단, 용접 시에만 사고로 표기합니다.
   (후드, 프론트펜더, 도어, 트렁크리드 등 외판 부위 및 범퍼에 대한 판금, 용접수리 및 교환은 단순수리로서 사고에 포함되지 않습니다)

5. 자동차성능·상태점검은 국토교통부장관이 정하는 자동차성능·상태점검 방법에 따라야 합니다.

6. 「자동차관리법 시행규칙」 제120조제2항에 따라 자동차성능·상태점검기록부는 해당 기록부의 발급일을 기준으로 120일 이내에 이루어진 자동차 성능·상태점검으로 한정합니다.

7. 체크항목 판단기준(예시)
   - ○ 미세누유(미세누수): 해당부위에 오일(냉각수)이 비치는 정도로서 부품 노후로 인한 현상
   - ○ 누유(누수): 해당부위에서 오일(냉각수)이 맺혀서 떨어지는 상태

(4/4쪽)

- ○ 부식: 차량하부와 외판의 금속표면이 화학반응에 의해 금속이 아닌 상태로 상실되어 가는 현상(단순히 녹슬어 있는 상태는 제외합니다)
- ○ 침수: 자동차의 원동기, 변속기 등 주요장치 일부가 물에 잠긴 흔적이 있는 상태
- ○ 현재 주행거리: 자동차성능·상태점검 당시 해당 차량 주행거리계의 주행거리를 기록하되, 기록한 주행거리가 자동차전산정보처리조직(자동차관리정보시스템)으로부터 받은 주행거리(주행거리계 교체 정보 포함)보다 적은 경우 '특기사항 및 점검자의 의견' 란에 이를 적어야 합니다.

※ 자동차가격조사 · 산정의 보증에 관한 사항 등

8. 가격조사 · 산정자는 아래의 보증기간 또는 보증거리 이내에 자동차성능 · 상태점검기록부(가격조사 · 산정 부분 한정)에 적힌 내용에 허위 또는 오류가 있는 경우 계약 또는 관계법령에 따라 매수인에 대하여 책임을 집니다.
   • 자동차인도일부터 보증기간은 (　　)일, 보증거리는 (　　)킬로미터로 합니다.
   (보증기간은 30일 이상, 보증거리는 2천킬로미터 이상이어야 하며, 그 중 먼저 도래한 것을 적용합니다)
9. 자동차매매업자는 매수인이 가격조사 · 산정을 원할 경우 가격조사 · 산정자가 해당 자동차 가격을 조사 · 산정하여 결과를 이 서식에 적도록 한 후, 반드시 매매계약을 체결하기 전에 매수인에게 서면으로 고지하여야 합니다. 이 경우 자동차매매업자는 가격조사 · 산정자에게 가격조사 · 산정을 의뢰하기 전에 매수인에게 가격조사 · 산정 비용을 안내하여야 합니다.
10. 자동차가격은 보험개발원이 정한 차량기준가액을 기준가격으로 조사 · 산정하되, 기준서는 「자동차관리법」 제58조의4제1호에 해당하는 자는 기술사회에서 발행한 기준서를, 제2호에 해당하는 자는 한국자동차진단보증협회에서 발행한 기준서를 각각 적용하여야 하며, 기준가격과 기준서는 산정일 기준 가장 최근에 발행된 것을 적용합니다.
11. 특기사항란은 가격조사 · 산정자의 자동차 성능 · 상태에 대한 견해가 성능 · 상태점검자의 견해와 다를 경우 표시합니다.

─── 자동차가격조사 · 산정이란 ───

※ "가격조사 · 산정"은 소비자가 매매계약을 체결함에 있어 중고차 가격의 적절성 판단에 참고할 수 있도록 법령에 의한 절차와 기준에 따라 전문 가격조사 · 산정인이 객관적으로 제시한 가액입니다. 따라서 "가격조사 · 산정"은 소비자의 자율적 선택에 따른 서비스이며, 가격조사 · 산정 결과는 중고차 가격판단에 관하여 법적 구속력은 없고 소비자의 구매여부 결정에 참고자료로 활용됩니다.

점검 장면 촬영 사진	
(앞 면)	(뒷 면)
서명	

「자동차관리법」 제58조 및 같은 법 시행규칙 제120조 · 제123조의5에 따라
([ ]중고자동차성능 · 상태를 점검, [ ]자동차가격조사 · 산정) 하였음을 확인합니다.

　　　　　　　　　　　　　　　　　　　　　　　　　　　　　년　　　월　　　일

자동차 성능 · 상태 점검자　　　　　　　　　　　　　　　　　(서명 또는 인)
자동차가격조사 · 산정자　　　　　　　　　　　　　　　　　　(서명 또는 인)
자동차 성능 · 상태 고지자　　　　　　자동차매매업소　　　　(서명 또는 인)

본인은 위 자동차성능 · 상태점검기록부([ ]자동차가격조사 · 산정 선택)를 발급받은 사실을 확인합니다.
　　　　　　　　　　　　　　　　　　　　　　　　　　　　　년　　　월　　　일
　　　　　　　　　　　　　　　　　　　　　매수인　　　　　　(서명 또는 인)

⑤ 기타 시세에 영향을 주는 요인
  ㉠ 중고차의 시세에 영향을 주는 기타 요소로는 차량 브랜드 선택의 인기도, 차량의 색상, 제조사의 보증수리 여부, 단종 및 신차 출시계획, 소비자의 차종 선호도, 세금제도, 계절적 요인이나 유행 등이 있다.
  ㉡ 중고차의 사용 용도와 변경이력, 차량말소 등도 시세에 영향을 준다.
  ㉢ 자가용, 영업용, 리스, 대여, 관용 등에 따라 차량관리 상태가 달라질 수 있으므로, 대여 이력은 감가요인이 된다.

(3) 수리비용

수리비용 차량의 수리비용은 '부품비용'과 '수리공임(기술료)'등으로 구성되어 있다.

$$수리비용 = 부품비용 + 수리공임(기술료)$$

① 부품비
부품비의 유형으로는 순정부품, 중고부품, 재생부품, 사제부품, 제작부품, 재료대 등이 있다.
  ㉠ 순정부품 : 자동차 제작사에서 공급 및 품질을 보증하는 부품을 말한다. 순정부품은 제작사별로 차종별 부품목록, 부품번호, 명칭, 가격이 설정되어 있다.
  ㉡ 중고 및 재생부품 : 신품이 아닌 중고자동차에서 해체한 부품 또는 해체하여 재생한 부품을 말한다. 중고 및 재생부품은 순정부품보다 가격이 저렴하지만, 품질에 대한 보증이 없거나 제한적인 단점이 있다.
  ㉢ 사제부품 : 자동차 제작사에서 공급 및 보증하는 부품이 아니라, 일반 업체에서 제작한 비순정부품을 말한다. 주로 기능이나 안전과 관련이 없는 부위에서 사용되고 있다.
  ㉣ 제작부품 : 순정부품 등으로 구매가 어려워 특수용도로 제작된 부품을 말한다. 보통 대형 차량이나 특수자동차에서 주로 사용된다.
  ㉤ 재료대 : 도색작업에 드는 도료(페인트), 용제, 퍼티, 연마제 등의 재료비용을 말한다.

② 수리공임(기술료)
공임은 시간당 공임(M/H)과 표준작업시간(OST)을 적산 방식으로 산출한 금액이다. 공임에는 탈착 교환공임, 판금수리공임, 오버홀(O/H) 공임, 도장공임 등이 있다.

$$수리공임 = 표준정비시간 \times 시간당 공임$$

  ㉠ 탈착 교환공임 : 부품을 분리하고 장착하는 작업, 부품을 교환하는 작업에 드는 기술비용이다.

ⓒ 판금 수리공임 : 손상된 차체 패널이나 골격 부재를 수정하고 교정 수리하는 작업에 드는 기술비용이다.
ⓒ 오버홀 공임 : 엔진이나 주요 장치의 구성품에 대한 분해 · 점검 · 교환 · 조정 · 조립 · 세척 등을 포함하는 일련의 작업에 드는 기술비용이다.
ⓔ 도장공임 : 구도막 제거, 퍼티, 마스킹, 프라이머 서페이서, 베이스코트, 크리어, 가열건조 등 일련의 도장 작업에 드는 기술비용이다.

(4) 수행 순서

① 자동차의 기본사항 확인하기
  ㉠ 자동차의 외형 및 등록번호 확인하기
    자동차의 외형을 시계방향 또는 반시계방향으로 한 바퀴 돌면서 차체의 전방, 우측 또는 좌측 측면, 후방, 지붕 부분을 확인하고, 등급기호 및 등록번호를 확인한다.

[자동차의 외형 및 등록번호 확인]

  ㉡ 차대번호 및 네임 플레이트(Name Plate) 확인하기
    엔진룸 또는 차체 측면에 부착된 차대번호와 네임 플레이트를 확인하여 차량의 각종 제원 정보를 파악한다.

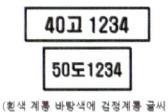  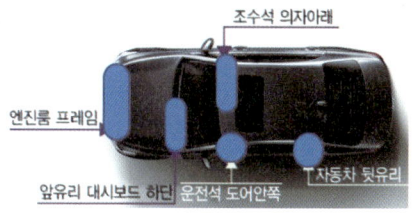

[자동차의 네임 플레이트, 차대번호판, 차대번호 위치 확인]

- 차대번호 : 차량식별번호(VIN ; Vehicle Identification Number)라고도 부르며, 제조사가 차량에 부착하는 차량 고유의 일련번호이다. 사람으로 치면 주민등록번호라고 할 수 있다. 차대번호는 총 17자리의 숫자와 알파벳으로 이루어진다.

> - 차대번호(VIN)는 숫자와 혼동을 일으킬 수 있는 I, O, Q 21개의 알파벳과 숫자의 조합시킨 총 17자리로 되어있다. 연식을 나타내는 10번째 자리에는 추가로 "U, Z, 숫자 0"을 사용하지 않는다.
> - 앞 1~3자리까지는 "세계 자동차 제조사 식별 코드(WMI)"를 나타내며, 4~8자리까지는 제조사별 자동차 고유속성을, 9번째 자리는 Check Digit, 10번째 자리는 연식(예 2019년식 자동차의 제작을 2018년 6월 또는 10월부터 시작하기 때문에 연식은 19년[K]이지만 등록은 2018년에 하게됨)을 나타내며, 11번째 자리는 공장구분코드(Plant Code)를 나타낸다.
> - 연식을 나타내는 방식은 1980년을 "A", 81년 "B", 82년 "C", … 1990년은 "Y"그리고 1991년은 "1", 92년 "2", 93년 "3"… 1999년을 "9"로 표기한 다음, 다시 알파벳으로 2000년은 "A", 2001년 "B", 2002년 "C", … 2018년 "J", 2019년은 "K"로 표시된다.

- 차대번호 위치 : 차대번호의 위치는 제조사마다 차이가 있지만, 보통 창문에 붙은 라벨, 조수석 아래쪽, 운전석 대시보드, 운전석 문짝, 엔진룸 등에서 찾을 수 있다.

자동차 차대번호 정보 확인하는 법 예시

▶ 차대번호 속의 정보 보는 법

	제작사	차종	차체형상	배기량	제작년도	생산번호
K	N H	E	M	4 4	B P A C	001234
지역	차량구분	세부차종	안전장치	확인란	생산공장	

지 역	제작사	차량구분	차 종	세부차종	차체형상
A-H : 아프리카 J-R : 아시아 S-Z : 유럽 1-5 : 북미 6-7 : 오세아니아 8-9 : 남미 K : 한국 J : 일본 1 : 미국 W : 독일 M : 인도	M : 현대 L : 대우 N : 기아 P, R : 쌍용	H : 승용 J : 승합 F : 화물 C : 특장 B : 트레일러	A : 경차 B : 중소형차 C : 소형차 D : 준중형차 E : 중형차 F : 준대형차 G : 대형차	A : 카고 B : 덤프 H : 믹서 L : 기본사양 M : 고급사양 N : 최고급사양	1 : 리무진 2-5 : 도어수 6 : 쿠페 8 : 웨건 0 : 픽업
안전장치	**배기량**	**확인란**	**제작년도**	**생상공장**	**생산번호**
1 : 장치없음 2 : 수동안전띠 3 : 자동안전띠 4 : 에어백	A : 1800cc B : 2000cc C : 2500cc	P : LHD R : RHD 0-9 : 미국	V : 1997 W : 1998 X : 1999 Y : 2000 1 : 2001 2 : 2002 A : 2010	A : 아산 C : 전주 U : 울산 M : 인도 Z : 터키	000001 ~ 999999

② 자동차등록증 확인하기

자동차등록증을 확인하여 기재된 등록번호와 차대번호가 실제 차량정보와 일치하는지를 확인하고, 표시된 차종, 용도, 형식, 제원 등의 차량정보를 파악한다.

■ 자동차등록규칙 [별지 제1호서식] 〈개정 2024. 6. 18.〉

자동차등록증

제 호   최초등록일 : 년   월   일

① 자동차등록번호		② 차 종		③ 용 도	
④ 차 명		⑤ 형식 및 모델연도			
⑥ 차 대 번 호		⑦ 원동기 형식			
⑧ 사용본거지					
소유자	⑨ 성명(명칭)		⑩ 주민(법인)등록 번호		
	⑪ 주 소				

「자동차관리법」 제8조에 따라 위와 같이 등록하였음을 증명합니다.

※ 유의사항 : 사용연료의 종류가 전기 또는 수소인 자동차의 경우 ⑦번란의 '원동기 형식'은 '구동전동기 형식'을 말합니다.

년   월   일

등록관청명 직 인

1. 제 원

⑫ 제원관리번호
 (형식승인번호)

⑬ 길 이	mm	⑭ 너 비	mm
⑮ 높 이	mm	⑯ 총중량	kg
⑰ 배기량	cc	⑱ 정격출력	Ps/rpm
⑲ 승차정원	명	⑳ 최대적재량	kg
㉑ 기통수	기통	㉒ 연료의 종류	(연비 : km/L)

유의사항 : * 사용연료의 종류가 전기인 자동차의 경우
"정격출력(ps/rpm)"은 "구동전동기 정격출력/회전수(kW/rpm)"를,
"기통수/배기량(cc)"은 "구동축전지 정격전압/용량(V/Ah)"을 말하며,
"연료소비율(km/ℓ)"은 "연료소비율(km/kWh)"을 말합니다.
* 사용연료의 종류가 수소인 연료전지 자동차의 경우
"정격출력(ps/rpm)"은 "구동전동기 정격출력/회전수(kW/rpm)"를,
"기통수/배기량(cc)"은 "연료전지 최고출력(kW)"을 말하며,
"연료소비율(km/ℓ)"은 "연료소비율(km/kg)"을 말합니다.

2. 등록번호판 교부 및 봉인

㉓ 구 분	㉔ 번호판 발급일	㉕ 봉인일	㉖발급대행자확인

3. 저당권등록사실(저당권등록의 내용은 자동차등록 원부(을)를 열람·확인하시기 바랍니다)

㉗ 구분(설정 또는 말소)	㉘ 일 자

4. 검사유효기간

㉙ 연월일 부터	㉚ 연월일 까지	㉛ 검사 시행 장소	㉜ 주행 거리	㉝ 검사 책임자 확인	㉞ 검사 구분

주의사항 : ㉙항 첫째란에는 신규등록일을 적습니다.

비고
- 자동차 출고(취득)가격(부가가치세 제외) :

[자동차등록증]

(뒤쪽)

자동차소유자 유의사항

○ 주소·성명 등의 변경등록(법인과 외국인에만 해당함. 「자동차등록령」제22조제2항에 따라 개인은 「주민등록법」에 따른 정정신고 또는 전입신고를 한 경우, 변경등록의 신청을 한 것으로 봄)
– 전입신고일 또는 사유발생일부터 30일 이내에 새로운 사용 본거지의 시·군·구청 또는 자동차등록관청에 주소·성명 등의 변경등록을 신청해야 합니다(위반 시 관련 규정에 따른 과태료).
○ 자동차소유자는 정기검사 또는 자동차종합검사를 반드시 받아야 합니다(유효기간 경과 시 관련 규정에 따른 과태료).
○ 튜닝승인
– 자동차의 튜닝을 하려는 경우에는 교통안전공단에서 튜닝승인을 받아야 합니다(위반 시 관련 규정에 따른 징역 또는 벌금).
○ 이전등록
– 양수인은 이전사유별로 다음의 기간 내에 이전등록신청을 해야 합니다(위반 시 관련 규정에 따른 범칙금).
 · 매수한 날부터 15일 이내, 증여를 받은 날부터 20일 이내, 상속개시일이 속하는 달의 말일부터 6개월 이내, 그 밖의 사유가 발생한 날부터 15일 이내
– 양수인이 15일 이내에 이전등록신청을 하지 않는 경우에는 양도인도 양수인을 대신하여 이전등록신청을 할 수 있습니다.
○ 말소등록
– 사유(폐차요청 등) 발생일부터 1개월 이내에 폐차인수증명서와 자동차등록증을 첨부하여 말소등록을 신청해야 합니다(위반 시 관련 규정에 따른 과태료).
○ 무단방치 자동차의 강제처리
– 자동차를 도로 등에 무단방치하는 경우에는 폐차 등 강제처리대상이 됩니다(위반 시 관련 규정에 따른 징역 또는 벌금).

자동차등록증

○○시·도

5. 변경등록사항

㉟ 성 명	㊱ 주 소	㊲ 등록일자	㊳ 확 인

6. 튜닝사항

㊴ 내 용	㊵ 검사일자	㊶ 검사책임자 확인

7. 기 타

㊷ 내 용	㊸ 일 자	㊹ 확 인

㉠ 최초등록일 : 최초 신차 구매 시의 자동차 등록일
㉡ 자동차 등록번호 : 차량등록사업소에서 등록 시 발급되는 번호판의 차량번호
㉢ 형식 : 제조사 내부의 모델코드. 같은 차명의 차량이라도 모델코드에 따라 정확히 구분이 가능
㉣ 연식 : 차량 제조사에서 구분하는 방법으로 연식변경에 따른 각 차량 모델의 변화를 확인가능
㉤ 차대번호 : 주민등록증과 같이 차량의 주민등록번호와 같은 의미
㉥ 원동기 형식 : 엔진의 코드명. 엔진 자체에 부여되어진 이름
㉦ 소유자 정보 : 개인과 공동명의 및 법인소유의 차량인지를 확인할 수 있음
㉧ 최종등록일 : 매매에 의한 이전 등을 통한 자동차등록증이 발급된 최종등록일
㉨ 제원 : 제원 관리번호, 총 중량, 정격출력 등을 표시
㉩ 등록번호판 발급 및 봉인 : 이 부분은 공란인 경우가 대부분인데, 번호판 재발급을 받는다면 별도의 표기가 있을 수 있음
㉫ 저당권 등록 : 차량을 구입할 때 금융사로 할부 등의 금융거래 시 저당권이 설정
㉪ 검사유효기간 : 차량 정기검사 기간을 표시
  - 신차 구입시 최초 4년째 검사를 받고, 매 2년마다 정기검사를 실시해야 한다. 10년이 넘은 노후차량이라면 화물차나 승합차는 매 6개월마다, 승용차는 매년 정기검사를 받아야 한다.
㉬ 자동차 출고(취득)가격 : 최초 차량 구입 시 취득했던 자동차 구매가격에서 10%의 부가가치세를 뺀 가격

③ 온·오프라인 시세 확인하기
  ㉠ 온라인 시세 확인하기
    인터넷 검색을 이용하여 전문기관에서 온라인으로 제공되는 승용차, 상용차, 트럭, 버스 등의 차종에 대한 다양한 자동차시세 정보를 조사 및 확인한다.

[중고차 온라인 시세정보 예시]

* 출처 : SK엔카 홈페이지 2017. 07. 27일 스크린 샷

ⓛ 오프라인 시세 확인하기

자동차 시세 관련 전문기관에서 발행하는 시세정보지, 시세책자, 매매시장 거래가격 등을 조사 및 확인한다.

분류	모델명	연식								
		2016	2015	2014	2013	2012	2011	2010	2009	2008	2007
경차	기아	올 뉴 모닝		하450 상850		하350 상800				
	쉐보레	스파크		하400 상800		하350 상700				
소형	기아	올 뉴 프라이드			중583 상1146		중445 상700			
	쉐보레	아베오			중570 상1180		중489 상780			
	현대	엑센트			중638 상1250		중485 상945			
준중형	기아	K3			중850 상1400					
					중980 상1447					
	르노삼성	SM3 네오		중940 상1480				중580 상900		
							중750 상1300			
	쉐보레	크루즈			중850 상1400					
	현대	아반떼			중678 상800		중820 상1300			

[중고차 온라인 시세정보 예시]

* 출처 : A 매매단지 사업조합 2016. 08월호 일부 발췌

④ 기타 시장가격 파악하기

스마트폰을 활용한 중고차 시세 앱, 커뮤니티 사이트 자동차 섹션(네이버, 다음 등), 중고차 경매장 낙찰정보, 국토교통부와 교통안전공단의 '자동차민원 대국민포털'에서 중고차 시세를 스마트폰에서도 볼 수 있으며, 공단이 운영하는 애플리케이션 '마이카 정보'에서도 중고차 시세 조회 서비스를 제공한다.

[중고차 오프라인 시세정보 예시]

* 출처 : 마이카 애플리케이션, 자동차민원 대국민포털, 다음 중고자동차 화면 캡쳐

⑤ 시장가격 파악하기

온·오프라인에서 조사 및 확인한 동종 차종의 평균시세 범위를 통해 매입하려는 자동차의 연식 및 등급(사양)에 따른 시장가격을 파악한다.

2 감가요인 및 매매가격 파악

> ※ **중고차의 감가요인**
>
> 차량의 외관 및 실내, 성능상태, 주행거리, 사고 이력, 색상, 침수 및 화재, 구조변경, 변경 이력 등은 중고차를 매입할 때 감가 요인이 될 수 있다.

(1) 차량의 상태

차량의 외관과 내장에 긁힘, 흠집, 변색, 오염, 부식, 찌그러짐, 손상 등이 있으면, 별도의 수리비가 소요되거나 상품가치가 떨어진다. 엔진이나 주요 장치에 누유, 손상, 기능과 작동이 불량하면 수리비만큼의 감가가 불가피하다. 이처럼 중고차의 외관, 실내, 휠 및 타이어, 주요 장치 성능 등의 차량 상태가 불량하면 소비자의 선호도가 떨어질 뿐만 아니라 상품화 비용이 추가로 소요되기 때문에 감가 요인이 된다.

(2) 주행 거리

차량의 누적 주행거리가 증가하면 각종 부품의 마모 및 교체주기가 단축되고, 내구 품질에도 악영향을 미치기 때문에 중고차의 감가 요인이 된다. 보통 승용차의 1년 평균주행 거리를 20,000 ㎞로 하여 주행거리를 초과한 정도에 비례하여 감가 금액이 설정된다.

(3) 사고 이력

중고차시장에서 사고 이력은 가장 큰 감가 요인이 된다. 평균 시세는 보통 무사고를 기준으로 조사된 가격이므로 단순교환, 중손상, 대손상 등과 같은 사고 이력이 있으면 일정 비율 이상의 상품가치 감소가 불가피하다. 다음 아래의 그림은 손상 및 수리범위에 따른 사고 이력의 평가등급을 구분한 것이다.

[사고이력 평가등급 구분]

무사고	단순교환	중손상	대손상
• 앞/뒷 범퍼교환 • 후드수리 • 도어패널수리 • 트렁크패널수리 • 기타 외판 수리	• 후드 앞/뒤 휀더 • 앞/뒤 도어패널 • 트렁크리드 백도어	• 앞/뒤 패널 • 인사이드 패널 • 트렁크바닥 패널 • 사이드스탭 패널	• 휠하우스 • 사이드멤버(프레임) • A, B, C 필러 • 루프(지붕) • 실내바닥 패널

(4) 침수, 화재, 구조변경, 변경이력 등 기타

침수, 화재, 전손, 불법구조 변경, 변경이력 등과 같은 특별한 하자나 시세변동 상태는 감가 요인이 된다. 변경이력에는 렌트, 영업용, 관용, 법인차량 이력 등이 있다.

(5) 차량상태 감가요인 평가하기

차량의 외관(외장), 실내(내장), 주요 장치 성능상태, 휠 및 타이어, 기본품목 등에 대한 관리 상태와 손상 정도에 따라 감가 금액을 평가한다. 감가 금액은 동종차종의 평균시세와 거래특성, 상품화 정비와 수리에 드는 비용을 추산하여 평가한다.

차량상태 평가요소	평가기준
외관(외장)	교환, 판금, 도장, 덴트, 광택 등의 정비 및 보수비용
실내(내장)	스크래치, 각종 스위치 불량, 시트 및 인테리어 등의 여부와 교환, 보수 및 클리닝의 비용
주요 장치 성능상태	엔진, 미션 등의 동력 전달 계통의 이상 여부와 에어컨, 히터, 스마트키 등의 수리 여부에 따른 정비비용
휠, 타이어	휠의 파손 및 스크래치, 타이어의 마모상태에 따른 교환 여부 등의 교환 및 보수비용
기본품목 등	각종 전구류, 오디오, A/V시스템, 네비게이션 모니터 등의 보수 및 수리비용

(6) 주행거리 감가요인 평가하기

차량의 누적 주행거리가 경과연수에 따른 평균주행 거리를 어느 정도 초과하였는지 확인하고, 초과하는 거리에 따라 감가 금액을 평가한다. 일반적으로 연간 2만km를 기준으로 감가금액에 가감을 하며, 오래된 연식일수록 감가율은 시장 상황에 따라 미세 조정한다.

(7) 사고이력 감가요인 평가하기

사고부위 및 수리범위에 따라 중고차의 감가 금액을 평가한다. 감가 금액은 보통 동종 차종의 시장가격(평균시세)과 사고 정도에 따른 감가율을 고려하여 평가한다.

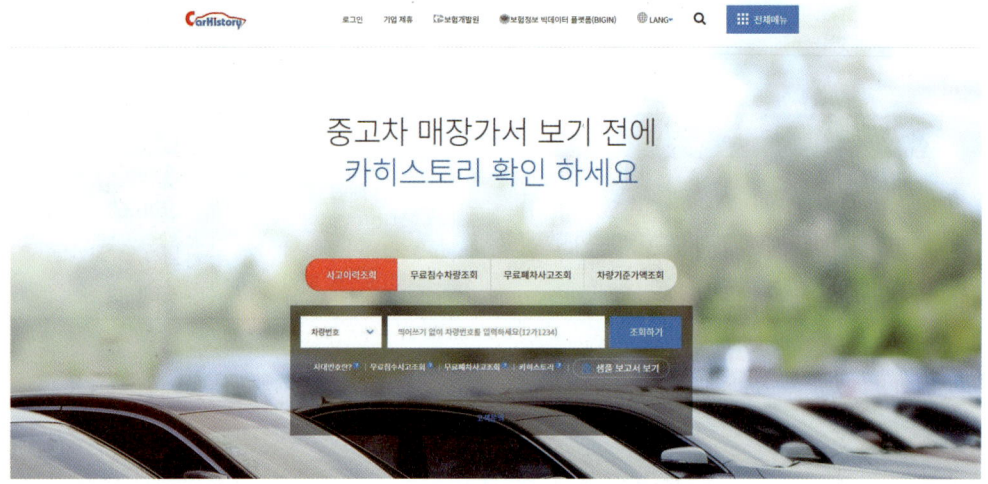

* 출처 : 카히스토리 www.carhistory.or.kr 홈페이지

(8) 기타 감가요인 평가하기

침수, 화재, 전손, 불법구조 변경, 변경 이력, 말소등록, 등록부활 등과 같은 특별한 하자나 기타 시세변동 요인이 있는 경우에는 그에 대한 감가 금액을 평가한다.

카히스토리 홈페이지에서 다루지 않는 불법 구조변경, 변경이력, 말소등록, 등록부활, 저당권 등록이력, 압류이력, 자동차세 체납, 과태료 체납 등의 내용은 각 구, 시청 등록사업소나 자동차민원 대국민포털에서 간단한 본인인증 절차만 거치면 자동차등록원부에서 확인이 가능하다.

■ 자동차등록령 [별지 제1호 서식] 〈개정 2018. 8. 14.〉

자동차등록원부(갑)

총   면중제   면

자동차등록번호	제원관리번호	말소등록일
차 명		차 종
차대번호	원동기 형식	용 도
모델연도	색 상	출처구분
최초등록일	세부유형(사업용 자동차만 해당합니다)	제작연월일
		최초 양도연월일
최종소유자		주민등록번호(법인등록번호)
사용본거지 (차고지)		
검사유효기간		등록사항 확인일
		폐쇄일

순위번호		사 항 란	주민등록번호 (법인등록번호)	등록일	접수번호
주등록	부기등록				

특별시장 · 광역시장 · 특별자치시장 · 도지사 · 특별자치도지사 또는 시장 · 군수 · 구청장   직 인

[자동차등록령 별지 제1호 서식]

■ 자동차등록령 [별지 제2호 서식] 〈신설 2015.7.6.〉

자동차등록원부(을)

총 면중제 면

을부번호		저당권설정 접수번호	
저당권자	성명(명칭)		
	주소		
저당권	성명(명칭)		
	주소		
채무자	성명(명칭)		
	주소		
채권가액 원		저당권설정일	저당권말소일

순 위	구 분	사 항 란	등록일

공동저당된 자동차의 등록번호 등

종 류	자동차번호	설정일	말소일	종 류	자동차번호	설정일	말소일

폐쇄연월일

특별시장 · 광역시장 · 특별자치시장 · 도지사 ·
특별자치도지사 또는 시장 · 군수 · 구청장   직 인

[자동차등록령 별지 제2호 서식]

3 자동차 외관 및 사고 여부 등 파악

(1) 자동차의 외관 및 골격구조

① 외판구조 및 명칭

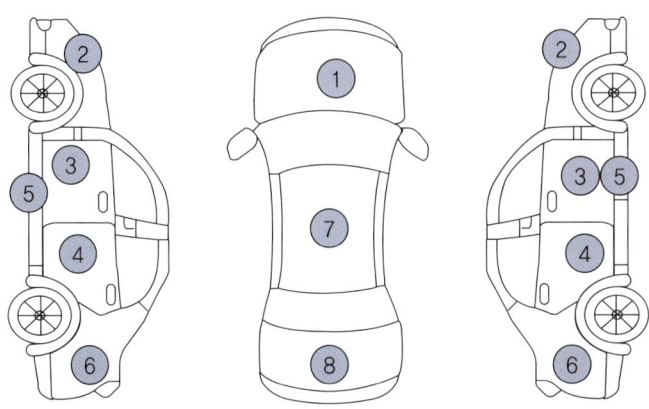

① 후 드
② 프론트 휀더
③ 도어(프론트)
④ 도어(리어)
⑤ 사이드 실(사이드 스텝)
⑥ 쿼터패널(리어휀더)
⑦ 루프패널
⑧ 트렁크 리드(백도어)

[자동차의 외판구조]

② 주요 내판 및 골격구조

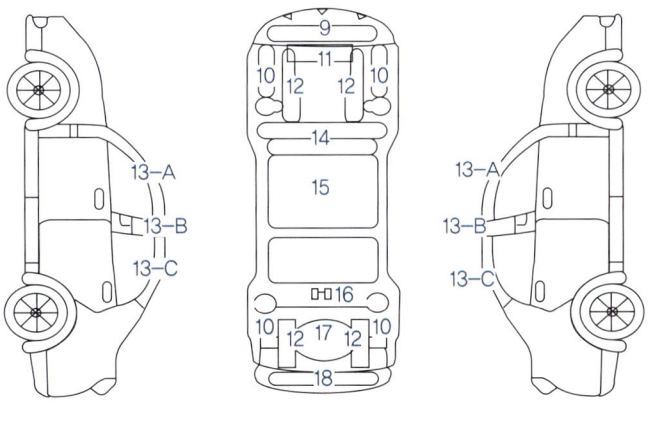

⑨ 프론트 패널
⑩ 휠 하우스
⑪ 크로스 멤버
⑫ 사이드 멤버
⑬-A. A필러
⑬-B. B필러
⑬-C. C필러
⑭ 대쉬 패널
⑮ 플로어(바닥)
⑯ 패키지 트레이
⑰ 트렁크 플로어
⑱ 리어 패널(백 패널)

[자동차의 내판 및 골격구조]

(2) 사고부위 식별방법

사고 자동차를 복원 수리하여도 수리 부위는 외형적 또는 구조적으로 무사고 차량과는 다른, 차이나 수리흔적이 남게 된다. 패널을 교환하거나 판금하면 부품의 체결부위에 탈착흔적이 생기거나 부자연스러운 수리흔적이 나타난다. 도장 수리한 때도 색상이나 두께 차이가 나기 마련이다. 패널이나 골격 부재를 용접 또는 절단하면 그에 따른 접합흔적이 남고, 접합한 면의 용접 상태를 비교·관찰하면 무사고 차량과 확연히 구분된다.

① **자동차의 전면부 식별방법**

　㉠ 후드 및 프론트패널(라디에이터 서포트)
- 차량의 정면에서 전체적인 밸런스를 보고 부자연스럽지는 않은지, 지면과 범퍼면, 루프가 각각 평행이 되어 있는지 확인한다.
- 차량에 접근하여 후드와 휀더 좌우의 틈새가 같은지를 확인한다. 신차 출고 시 좌우의 틈새는 대등하나, 교환과 수리를 한 경우에는 좌우의 틈새가 다를 경우가 많다.
- 엔진룸 내부의 부품수리로 인한 도장의 벗겨짐, 페인트 흔적, 배선의 정렬상태, 패널의 주름 상태 등을 확인한다.
- 각종 램프류의 파손 및 부착상태를 확인한다.

　㉡ 프론트 사이드멤버
- 사이드멤버의 부식 및 용접흔적, 판금흔적, 색상(도장)의 차이 등을 확인한다.

　㉢ 프론트 휠하우스 패널
- 프론트 패널과 휠하우스 접합 부분의 용접 상태가 신차 출고 상태로 유지되어 있는지 확인한다.
- 주변부의 도장상태와 차이가 있는지, 실링 작업 여부와 상태를 비교·확인한다.

　㉣ 대쉬패널
- 카울 및 대쉬패널의 인슐레이션(전면 방음판) 부착상태가 양호한지 확인한다.
- 패널에 판금흔적, 용접흔적, 주변부의 도장과 차이가 없는지 확인하고, 실링 작업의 상태를 비교·확인한다.

② **자동차의 측면부 식별방법**

　㉠ 프론트 및 리어 휀더
- 휀더의 체결부위에 탈부착 흔적이 있는지 확인한다.
- 패널 간의 색상이나 도장 두께의 차이, 보수도장 결함이 있는지 확인한다.
- 패널의 가장자리 부분에 흩날린 도장이나 손으로 느껴지는 감촉의 정도를 비교·확인한다.

　㉡ 도어 패널
- 각 도어와 휀더 사이의 틈새가 자연스러운지 확인한다.
- 도어패널의 탈부착 흔적, 도장의 색상 차이, 내부의 수리흔적, 부식상태, 패널 가장자리

의 실링 상태 등을 비교·확인한다.
ⓒ 필러(A, B, C)
- 필러 및 스텝의 부착상태가 양호한지 확인한다. 도장의 흘날림, 색상 차이, 도장의 두께 상태를 확인한다.
- 웨더스트립(Weather Strip)을 탈착한 후 필러 안쪽의 용접상태 및 도장상태를 확인하고, 판금수리 흔적이 있는지 확인한다.

ⓔ 루프패널
- 전체적으로 틀어짐이나 변형이 있는지 확인한다.
- 패널의 긁힘, 찍힘, 물결모양, 도장의 결함이나 색상 차이, 도막의 두께, 몰딩류의 부착 상태를 비교·확인한다.

ⓜ 리어 휠하우스 패널
- 휠하우스와 트렁크 사이의 단차가 일정한지 확인한다.
- 패널의 긁힘, 찍힘, 물결모양, 도장의 색상 차이 등을 확인하고, 내측의 용접상태와 접합 상태를 확인한다.

ⓗ 사이드실 패널
- 패널의 찌그러짐, 변형, 물결모양, 부식, 색상 차이, 도막의 두께, 용접상태, 몰딩의 부착 상태를 비교·확인한다.

③ **자동차의 후면부 식별방법**
ⓞ 리어패널 및 트렁크
- 리어패널의 찌그러짐, 주름짐, 찍힘, 용접상태, 도장상태 등을 확인한다.
- 트렁크 패널의 긁힘, 찍힘, 찌그러짐, 물결모양, 용접상태, 도장상태 등을 확인한다.
- 트렁크 리드의 탈부착 흔적, 번호판의 봉인상태, 몰딩류의 부착상태, 각종 램프류의 파손 및 부착상태를 확인한다.

ⓛ 트렁크플로어 패널
- 트렁크 바닥과 리어패널의 접합상태, 실링 작업 상태, 도장상태를 확인한다.
- 휠하우스, 필러와의 접합부분 수리흔적, 용접상태, 도장상태를 확인한다.
- 트렁크 바닥면의 방음, 방진, 부식상태를 확인하고 예비 타이어와 공구가 정상적으로 부착되어 있는지 확인한다.

④ **자동차의 하부 식별방법**
ⓞ 차량 하체 프레임과 바닥 패널의 탈부착 흔적, 용접이나 접합흔적, 찌그러짐, 변형, 찍힘, 주름 모양, 부식상태 등을 확인한다.
ⓛ 하체에 부착된 엔진, 변속기, 동력전달장치, 조향장치, 브레이크, 현가장치 등과 같은 주요 장치의 변형이나 손상, 틀어짐, 휨, 누유, 손상 상태를 확인한다.

> **지식 !N**
>
> **자동차의 외관 파악**
>
> - **전면 외관**
>   전면의 앞범퍼, 후드, 전조등 및 등화장치, 좌우 펜더, 앞유리 등의 도장상태, 오염, 변색, 긁힘, 깨짐
>
>
>
> - **우측면 외관**
>   우측면의 필러, 앞뒤 도어 패널, 사이드실 패널, 후사경, 측면 창유리 등 부위에 대한 도장상태, 오염, 변색, 긁힘, 깨짐, 부식, 손상 등 확인
>
>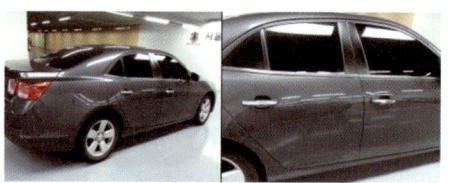

4 소모품 및 사양품목 확인

(1) 자동차 소모품의 확인

① 자동차 소모품의 정의

자동차는 운행하는 동안에 계속해서 오일류, 필터, 배터리, 벨트류, 타이어 등을 교환하면서 사용해야 하는 기계장치이다. 주행거리나 사용기간에 따라 노후화 또는 기능이 저하되어 교환하여 사용해야 하는 소모성 부품을 말한다. 소모성 부품을 제대로 관리하지 않으면 차량의 성능이 저하될 뿐만 아니라 내구성 저하와 고장의 원인이 된다.

② 자동차 소모품의 유형

㉠ 엔진오일

- 엔진오일은 엔진 내부의 윤활 및 냉각, 밀봉, 방청, 청정작용 등을 통한 엔진성능의 향상

과 수명을 연장하는 기능을 한다.
- 엔진오일이 부족한 상태에서 차량을 계속 주행하면 엔진 내부의 운동 부분이 고착되어 엔진 고장의 원인이 된다.
- 엔진오일은 밸브 가이드와 스템, 피스톤과 실린더 라이너를 윤활시킨 오일의 일부가 연소실로 유입되어 연소 후 증발하여 소모되기도 한다.
- 따라서 주행거리나 사용기간을 고려하여 점검 및 교환하여야 한다.

ⓒ 수동변속기, 자동변속기 오일
- 수동변속기 오일은 변속 기어장치가 부드럽게 작동되도록 기능하는 윤활유로써, 주행거리와 사용기간을 고려하여 점검 및 교환하여야 한다.
- 자동변속기 오일은 기계적 마찰을 줄이고 동력을 전달하는 유압유로써, 변속기의 수명과 주행 성능에 매우 중요한 역할을 하므로, 취급설명서를 점검하고 교환주기에 따라 관리를 잘해야 한다.

ⓒ 브레이크 오일 및 패드
- 브레이크 장치는 주행 중인 자동차를 감속 또는 정지시키는 목적 외에 주차상태를 유지하는 안전상 매우 중요한 장치이다.
- 제동 시에는 브레이크 오일의 유압과 패드의 마찰력을 이용하여 제동력이 발생하기 때문에 관리를 소홀히 하면 안전상의 위험을 초래할 수 있다.
- 취급설명서를 점검하고 교환주기에 따라 관리를 잘해야 한다.

ⓛ 냉각수(부동액)
- 냉각수(부동액)는 엔진의 과열과 동파를 방지하는 중요한 기능을 한다.
- 냉각수는 시간의 경과에 따라 부동, 방청성능이 저하되므로 일상적인 점검을 통한 관리와 주기적인 교환이 필요하다.
- 냉각수는 보통 부동액과 물이 40:60~60:50의 비율로 혼합되어 있다.

ⓜ 공기필터(에어크리너 필터)
- 공기필터는 엔진으로 유입되는 공기의 이물질이나 먼지를 제거하는 기능을 한다.
- 공기필터를 오래 사용하면 먼지가 쌓여 공기의 유입이 불량해지므로 엔진성능이 저하된다.
- 주행거리나 사용기간을 고려하여 점검 및 교환하여야 한다.

ⓗ 에어컨필터
- 에어컨필터는 외부로부터 실내로 유입되는 유해먼지나 이물질을 제거하는 기능을 한다.
- 에어컨필터를 오래 사용하면 오염물질이 쌓여 에어컨이나 히터 작동 시 해로운 공기가 실내로 유입될 수 있으므로, 사용기간과 오염상태를 점검하여 교환하여야 한다.

ⓢ 연료필터
- 연료필터는 연료(휘발유나 경유)에 유입된 이물질을 제거해 주는 여과장치이다.

- 연료필터에 이물질이 과다하게 쌓이면 연료의 송출이 불량해져 시동불량이나 성능의 저하가 발생할 수 있다.
- 주행거리나 사용기간, 필터의 상태를 점검하여 주기적으로 교환하여야 한다.

ⓞ 점화플러그와 케이블
- 점화플러그와 케이블은 가솔린 엔진에서 점화 전기를 전송하고, 점화 불꽃을 일으키는 부품이다.
- 점화플러그나 케이블이 불량하면 전기의 누설 또는 점화상태가 불량해져 엔진의 연소 성능이나 연비가 저하될 수 있으므로, 주행거리나 사용기간, 부품상태를 점검하여 주기적으로 교환하여야 한다.

ⓩ 벨트류
- 엔진에 사용되는 벨트에는 구동벨트, 에어컨 벨트, 파워스티어링 벨트, 타이밍 벨트 등이 있다.
- 벨트는 장시간 사용함에 따라 장력이 저하되고 재질의 노후화가 진행되므로, 주행거리나 사용기간, 점검상태에 따라 장력을 조절하거나 교환하여야 한다.

ⓩ 배터리
- 배터리는 전기를 축적하였다가 시동 및 점화, 등화장치나 전장품에 필요한 전기를 공급하는 역할을 한다.
- 차량 운행 중 충전 불능의 경우 차량 운행에 필요한 최소한의 전기를 공급하는 기능을 한다.
- 배터리는 차량의 전기사용이나 사용자의 관리 상태에 따라 수명의 차이가 현저하게 달라질 수 있다.
- 주행거리나 사용기간, 점검상태에 따라 충전 또는 교환하여야 한다.

ⓔ 타이어
- 타이어는 엔진에서 발생한 구동력을 노면에 전달하는 기능을 한다.
- 타이어가 노후화되거나 마모가 심하면 주행 중 파열의 위험이 있고, 빗길 제동 시에는 균형을 상실하면서 위험한 상황에 직면할 수 있다.
- 주기적으로 접지면(트레드)의 마모나 관리 상태를 점검하여 교환하여야 한다.
- 타이어는 사용자의 운전습관과 관리 상태에 따라 수명의 차이가 발생할 수 있다.

③ **자동차 소모품의 교환주기**

자동차의 소모품 교환주기는 차종과 관리상태에 따라 달라질 수 있다. 해당 차종의 취급설명서를 참조하여 점검 및 교환하여야 한다. 또한, 단거리 주행의 반복, 비포장도로 주행, 고속주행, 급제동 및 급가속 등과 같은 가혹조건에서는 소모품의 교환주기가 짧아진다.

[소모성 부품 교환주기]

정비항목		정비(교환)시기	비 고
엔진오일, 오일필터 에어 클리너	가솔린 차량	최초 5,000km 교환 후 통상 10,000km	최소 1년에 2회 교환 에어클리너는 오염여부에 따라 교환결정
	디젤 차량	최초 5,000km 교환 후 통상 5,000km	
미션오일	자동변속기	최초 10,000km 교환 후 매 20,000km	필터 동시 교환
	수동변속기	최초 10,000km 교환 후 매 40,000km	
브레이크 오일		매 2년 또는 30,000km	
파워스티어링 오일		매 2년 또는 30,000km	
점화플러그		매 20,000km	불완전 연소 배제 및 배기가스
점화플러그 케이블		매 20,000~25,000km	
타이밍 벨트		매 70,000~80,000km	
브레이크 패드	자동변속기	매 20,000km	수시로 점검하여 마모 시 교환
	수동변속기	매 30,000km	
클러치디스크/커버/베어링		매 70,000~80,000km	슬립현상 발생 시 즉시 교환
휠얼라이먼트(차륜정렬)		매 30,000~40,000km	핸들이 쏠리거나 편마모 시 정비
타이어 위치교환		매 10,000km	장기간 주행 시 공기압 보충
배터리		매 2~3년마다 점검 및 교환	

* 출처 : 차량관리 정비업체 홈페이지 발췌

(2) 자동차 사양품목의 확인

① 자동차 사양품목(옵션)의 정의

㉠ 자동차의 사양품목이란 자동차에 장착된 또는 장착될 수 있는 안전장치, 편의장치, 내/외장 품목 등을 말한다. 자동차의 사양은 크게 '기본품목(기본옵션)'과 '선택품목(추가옵션)'으로 구성된다.

㉡ 기본품목은 차종의 등급(트림)별 판매가격에 기본적으로 포함되어 장착된 품목이고, 선택품목은 소비자가 추가로 비용을 지급하고 선택할 수 있는 품목을 말한다.

㉢ 보통 같은 차종에서 등급이 높을수록 포함되는 기본품목의 수가 많아지며, 같은 품목이라도 등급에 따라 기본품목으로 분류되기도 하고 선택품목으로 분류되기도 한다.

[자동차의 등급에 따른 사양품목 구성 예시]

* 출처 : H자동차의 홈페이지(http://www.hyundai.com), 2016. 06. 25. 스크린샷

② 자동차 사양품목(옵션)의 유형
  ㉠ 엔진 등 주요장치
     자동차의 엔진, 변속기, 브레이크, 조향장치, 현가장치 등과 같은 주요 장치에 대한 세부 종류 및 형식이다.
  ㉡ 안전장치
     에어백 시스템, 시트벨트 안전장치(프리텐셔너 등), 차량자세제어장치(ESP), 경사로밀림 방지장치, 타이어공기압감지시스템(TPMS), 충돌감지 도어록제어장치, 액티브헤드레스트, 충돌저감시트, 사각지대감지시스템, 전후방 감지시스템 등의 승객의 안전과 관련된 품목이다.
  ㉢ 편의장치
     파워윈도우, 트립컴퓨터, 에코시스템, 후방경보시스템, 후방카메라, 네비게이션, 오토 헤드램프, 주차보조시스템, 전동 및 열선시트, 스마트키, 전자식 룸밀러, 통풍시트, 하이패스시스템, 크루즈컨트롤 등과 같은 운전 및 승객 편의품목이다.
  ㉣ 기타 내/외장 장치 등
     타이어 및 휠의 형식, LED 등화장치, 후사경, 실내인테리어, 가죽 또는 직물시트, 콘솔박스, 선루프, 뒷좌석 에어벤트, 클러스터(디스플레이), 멀티미디어시스템 등의 품목이다.

(3) 소모품 및 사양품목 확인 수행순서

① 자동차의 소모품 교환주기 확인하기

차종에 따른 자동차 정비 지침서나 사용설명서(취급설명서), 제작사의 인터넷 검색정보를 확인하여 소모품의 교환주기를 파악한다.

[S 자동차 소모성 부품 교환주기 및 설명]

교환 점검 부품	교환주기	안정적 교환주기	소모성 부품 교환사유 설명
엔진오일 세트	1만km 또는 6개월	5천~6천km 또는 6개월	• 엔진 윤활장치 기계적 고장 초래 • 가스켓류의 빠른 경화로 누유 발생기간 단축 • 연소실 내 카본 누적으로 출력 감소, 노킹발생, 연비 손실
와이퍼 블레이드 (사용환경에 따라 다름/ 필요시 교환)	1년	6개월	유리 표면의 미립자성 이물질에 의한 고무 손상으로 특정 주행조건이나 구간에서 잘 안닦이는 현상 발생
공기청정기 필터	2만km 또는 1년	1만5천km 또는 1년	• 각종 세균 증식으로 감기나 호흡기 질환 유발 • 필터 막힘량 증가로 송풍 성능 저하
에어컨 클린 필터			• 각종 세균 증식으로 감기나 호흡기 질환 유발 • 필터 막힘량 증가로 송풍 성능 저하
휠발란스 & 타이어 로테이션			• 피동, 구동 타이어의 마모 형태가 달라 구동 타이어 교환 시기 단축 • 하체 부품들에 편심을 주어 휠얼라이먼트의 빠른 변형 초래
스로틀 챔버 & AAC 밸브 청소	3만km 또는 1.5년	2만km 또는 1년	공회전 밸브 고착과 흡기관 오염이 빠르게 진행되어 노킹 발생, 출력 저하, 연비 손실, 시동 불량, 시동 꺼짐 초래
일반 스파크 플러그 교환 (고압배선/로터/캡) (이그니션 코일/하네스)			전류가 흐르는 각종 접점 마모와 전기 카본 누적으로 점화 에너지 손실 출력 저하, 연비 손실, 시동 불량, 시동 꺼짐 초래
드라이브 벨트 & 텐셔너	4만km 또는 2년	4만km 또는 2년	벨트의 슬립으로 이음 발생, 시동 꺼짐, 주행 중 엔진 고장 발생
앞 브레이크 패드 교환 (점검 후 교환)			표면 경화로 브레이크 디스크에 손상을 주며, 캘리퍼 고착 등 초래
브레이크 오일 (2L)			수분이 생성되어 각종 기계장치 내부 부식, 고착 등의 고장 초래
타이어 교환 (휠 얼라이먼트 포함)			• 마모 : 돌발상황에서 제동 시 제동거리가 길어져 사고를 유발할 수 있음 • 기간이 오래된 타이어는 고무 성질의 변화로 인하여 고속주행 중 파스(터짐)가 발생하여 심각한 사고를 유발할 수 있음 • 주행 시 마찰 소음발생
배터리			• 갑작스런 비중 저하로 시동 불량, 시동 꺼짐 초래 • 전기 보유 용량 감소로 적은 방전에도 시동 불량 초래

항목			설명
리어 브레이크 패드 교환 (점검 후 교환)	6만km 또는 3년	5만km 또는 2.5년	표면 경화로 브레이크 디스크에 손상을 주면 캘리퍼 고착 등 초래
연료필터(QM5 디젤 포함)			연료 라인 내 수분과 이물질이 과다하게 축적되어 연료 분사기와 연료 압력 조정기 등의 고장 초래
부동액 4L			빙점 상승 외에 방청작용 악화로 냉각 라인의 빠른 부식 진행
오토 트랜스미션 오일(16L), CVT 오일(16L)			미립자성 분진으로 인해 기계장치에 고장을 일으켜 변속기 교환 초래
산소 센서	8만km 또는 4년	7만km 또는 3.5년	• 배기 카본 누적으로 왜곡된 신호를 ECU에 제공 • 연비 손실, 출력 저하, 엔진 부조, 시동 꺼짐 현상 초래
캐니스터 & 필터 세트			기체 연료 순환 계통에 이물질 축적으로 공급장애를 초래하여 엔진 부조, 연료탱크 구성 부품의 고장 초래
수동 클러치 디스크 세트			주행 중 디스크 슬립으로 연비 손실, 주행 불가 초래
수동 변속기 오일			이물질에 의한 기계 고장으로 변속기 교환 초래
백금 스파크 플러그 이그니션 코일 / 배선	10만km 또는 5년	8만km 또는 4년	• 전류가 흐르는 각종 접점 마모와 전기 카본 누적으로 점화 에너지 손실 • 출력 저하, 연비 손실, 시동 불량, 시동 꺼짐 초래
QM5 스파크 플러그(가솔린) 이그니션 코일(가솔린)			• 내부 접점 마모와 카본 누적으로 점화 에너지 손실 • 출력 저하, 연비 손실, 엔진 부조, 시동 불량, 시동 꺼짐 초래

※ 단, 차량 운행 환경과 조건에 따라 달라질 수 있음

* 출처 : S 자동차의 정비센터 홈페이지 발췌(2017)

② 자동차의 정비 이력 확인하기

자동차의 관리 상태를 확인할 수 있는 차계부, 국토교통부의 정비 이력조회 서비스 등을 활용하여 소모품 교환과 정비 이력을 파악한다.

③ 자동차의 누적 주행거리 및 사용기간 확인하기

자동차의 시동스위치를 켠 상태에서 계기판에 표시된 누적 주행거리를 확인하고, 자동차등록증 또는 차대번호를 확인하여 자동차의 사용기간을 확인한다.

④ 소모품의 상태 확인하기

차량의 취급설명서를 참고하여 엔진오일, 변속기 오일, 브레이크 오일 및 패드, 냉각수, 공기 필터, 에어컨 필터, 연료필터, 점화장치, 벨트류, 배터리, 타이어 등과 같은 소모품의 양, 오염, 마모, 노후, 손상 등의 상태를 확인한다.

㉠ 엔진오일 확인하기
- 자동차를 평지에 주차하기 : 자동차를 평지에 안전하게 주차한 후, 정상 온도에 도달할 때까지 워밍업 운전을 한 후 시동을 끈다.

- 엔진오일 게이지 탈거하기 : 자동차의 후드(보닛)를 열고 엔진룸에 있는 엔진오일 게이지를 탈거한다. 이후 깨끗한 헝겊으로 게이지에 묻은 오일을 닦고, 다시 게이지를 끼워 넣은 다음 뽑아 게이지에 묻은 오일을 확인한다.
- 엔진오일 상태 확인하기 : 게이지의 지시선에 묻은 엔진오일의 양, 색상, 오염정도, 이물질의 유입상태를 확인한다.

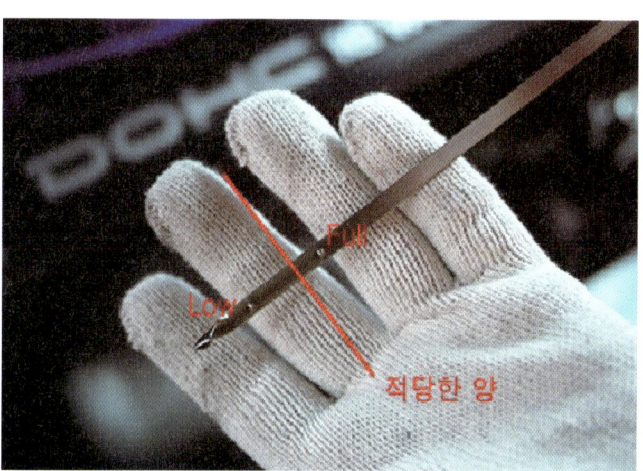

[자동차의 엔진오일 점검 예시]

* 출처 : 카카오카(kakaoka.co.kr)

ⓒ 자동변속기 오일 확인하기
- 자동차를 평지에 주차하기 : 자동차를 평지에 안전하게 주차한 후, 정상 온도에 도달할 때까지 워밍업 운전을 한 후 공회전 상태를 유지한다.
- 변속레버 조작하기 : 시동이 걸린 상태에서 브레이크를 밟고 선택 레버를 P 위치에서 L(1) 위치까지 위치별 2~3초 간격으로 2~3회 왕복시킨 후 N 위치에 놓는다.
- 변속기 오일 게이지 탈거하기 : 자동차의 후드(보닛)를 열고 엔진룸에 있는 변속기 오일 게이지를 탈거한다. 이후 깨끗한 헝겊으로 게이지에 묻은 오일을 닦고 다시 게이지를 끼워 넣은 다음 뽑아 게이지에 묻은 오일을 확인한다.
- 변속기 오일상태 확인하기 : 게이지의 지시선(HOT 범위)에 묻은 변속기 오일의 양, 색상, 오염 정도, 이물질의 유입상태를 확인한다. 오일점검 게이지가 없는 자동변속기 차량의 경우에는 차를 리프트로 들어 올린 상태에서 오일점검 플러그를 탈거해 점검해야 하므로, 정비업체에서 전문가의 도움을 받아 점검한다.

 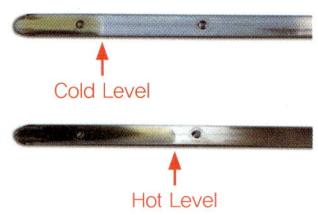 

[자동변속기 오일점검 및 오염상태 체크 예시]

ⓔ 브레이크 오일 및 패드 확인하기
- 자동차를 평지에 안전하게 주차하기 : 자동차를 평지에 안전하게 주차한 후 시동을 끈다.
- 오일 및 패드의 위치 확인하기 : 자동차의 후드(보닛)를 열고 엔진룸에 있는 브레이크 오일 저장용기를 확인하고, 바퀴의 브레이크 캘리퍼 안쪽에 부착된 브레이크 패드를 확인한다.
- 브레이크 오일 및 패드 상태 확인하기 : 저장용기에 담겨 있는 브레이크 오일의 양과 오염상태를 확인하고, 각 바퀴의 브레이크 캘리퍼 안쪽에 부착된 패드의 마모 상태를 확인한다.

양 호	보 통	불 량
30,000km 미만 주행	30,000~40,000km 주행	40,000km 초과 주행
수분 함량 1% 이내	수분 함량 1~2%	수분 함량 3%

[자동차의 브레이크 오일 점검 예시]

[자동차의 브레이크 패드 점검 예시]

ⓔ 냉각수 확인하기
- 자동차를 평지에 안전하게 주차하기 : 자동차를 평지에 안전하게 주차한 후 시동을 끈다.
- 냉각수 보조탱크 위치 확인하기 : 자동차의 후드(보닛)를 열고 엔진룸에 있는 냉각수 보조탱크를 확인한다.
- 냉각수 상태 확인하기 : 보조탱크에 담겨 있는 냉각수의 양과 오염상태를 확인한다.

[자동차 냉각수 점검 예시]

ⓜ 공기필터(에어 클리너필터) 확인하기
- 자동차를 평지에 안전하게 주차하기 : 자동차를 평지에 안전하게 주차한 후 시동을 끈다.
- 공기필터 위치 확인하기 : 자동차의 후드(보닛)를 열고 엔진룸에 있는 에어크리너 위치를 확인한다.
- 공기필터 상태 확인하기 : 엔진룸의 에어크리너 커버나 케이스를 분리하여 안쪽에 삽입된 공기필터의 오염 정도를 확인한다.

[자동차 공기필터(에어 클리너필터) 점검 예시]

ⓗ 에어컨필터 확인하기
- 자동차를 평지에 안전하게 주차하기 : 자동차를 평지에 안전하게 주차한 후 시동을 끈다.
- 에어컨필터 위치 확인하기 : 자동차의 정비지침서 또는 취급설명서를 참고하여 실내에 부착된 에어컨필터의 위치를 확인한다.
- 에어컨필터 상태 확인하기 : 실내의 조수석 글로박스 등을 분리하여 안쪽에 삽입된 에어컨필터의 오염 정도를 확인한다.

[자동차 에어컨필터 점검 예시]

ⓢ 벨트류 확인하기
- 자동차를 평지에 안전하게 주차하기 : 자동차를 평지에 안전하게 주차한 후 시동을 끈다.
- 벨트류의 위치 확인하기 : 자동차의 정비지침서 또는 취급설명서를 참고하여 엔진룸에 설치된 각종 벨트류의 장착상태와 위치를 확인하다.
- 벨트류의 상태 확인하기 : 엔진 앞부분에 장착된 벨트류의 장력, 경화 정도, 갈라짐 상태를 확인한다.

[자동차 벨트류 점검 예시]

ⓞ 배터리 확인하기
- 자동차를 평지에 안전하게 주차하기 : 자동차를 평지에 안전하게 주차한 후 시동을 끈다.
- 배터리의 장착 위치 확인하기 : 자동차의 정비지침서 또는 취급설명서를 참고하여 엔진룸, 트렁크룸 등에 장착된 배터리의 위치를 확인하다.
- 배터리의 상태 확인하기 : 배터리의 터미널 장착상태를 확인하고, 배터리의 점검 창을 이용하여 색상에 따른 충전상태를 확인한다.

[자동차의 배터리 확인 예시]

ⓩ 타이어 확인하기
- 자동차를 평지에 안전하게 주차하기 : 자동차를 평지에 안전하게 주차하고 시동을 끈다.
- 타이어의 제조번호 확인하기 : 각 타이어의 측면에 표시된 제조번호(DOT)를 확인하여 사용 시기를 확인한다.
- 타이어의 마모 상태 확인하기 : 각 타이어의 접지면(tread) 홈에 볼록 솟은 돌기의 마모

정도를 확인한다. 승용차 타이어의 경우 마모한계 돌기의 높이는 1.6㎜이며, 돌기의 부착 위치는 타이어 측 면에 "△"또는 "∧"모양으로 표시되어 있다.

[자동차의 타이어 확인 예시]

- 타이어 규격 표기법

    ISO 국제 표준 표기법

    예시 P205/65 R16 95H

    - P : Passenger Car Tire
    - 205 : 타이어 단면 폭(Section Width)
    - 65 : 편평비(Aspect Ratio) = (타이어 단면 높이 / 타이어 단면 폭) X 100
    - R : 타이어의 종류 (R : 레디얼 타이어, D : Diagonal 일명 바이어스 타이어)
    - 16 : 휠의 림 경(Rim Diameter) – 단위 : Inch
    - 95 : 하중 지수(Load Index) – 높을수록 타이어가 견디는 하중이 높음
    - H : 속도 지수(Speed Grade) H = 210km/h 타이어가 보증하는 자동차 속도

    → R: 170km/h, S: 180km/h), T: 190km/h, H: 210km/h), V: 230km/h, W: 270km/h

- 타이어 용어

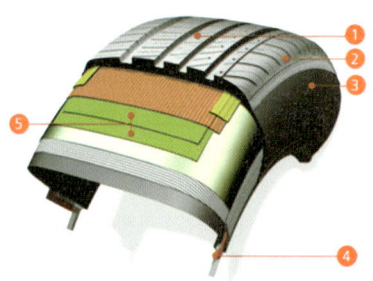

1. 트레드(Tread) : 직접 노면과 접촉하는 부분으로 두껍고 내마모성이 강한 고무층으로 노면과 접촉하는 부분으로 마모성이 양호하여야 하고, 발열이 적으며, 외부 충격에 견딜 수 있어야 한다. 타이어의 트레드 패턴은 제동성, 가속성, 승차감 등 트레드 패턴은 타이어의 주행 기능을 높이는데 중요한 역할을 한다.
2. 숄더(Shoulder) : 타이어의 어깨 부분에 해당하며 트레드(Tread) 부와 사이드 월(Side Wall) 사이를 숄더라고 한다. 구조상 고무의 두께가 가장 두껍기 때문에 주행 중 타이어의 열을 쉽게 외부로 발산시키게 설계되어 있다.
3. 사이드 월(Side Wall) : 타이어의 옆부분(측면 부분)으로 유연한 굴곡 운동과 승차감을 좋게 하며, 타이어 상표명과 규격, 제조번호, 구조, 제조회사, 상품명, 안전표시 등의 문자가 표시되어 있다.
4. 비드(Bead) : 휠(Wheel)과 림(Rim)과 접촉하는 부분으로 높은 압력의 공기를 넣은 타이어를 림에 장착시키는 역할을 한다. 주행 중 타이어의 공기압이 급격히 감소 될 경우에도 타이어가 림(Rim)에서 빠지지 않도록 설계되어 있다.

5. 벨트(Belt) : 노면에 접촉하는 부위를 넓게 하여 주행 안정성을 높이는 역할을 한다. 타이어의 충격을 완화시켜주는 역할을 하며, 트레드의 노면에 닿는 부위를 넓게 유지시켜 조종성과 안전성을 갖게 한다.

■ 이외 자동차 용어
1. 타이어 단면폭(Section Width) : 도로 지면과 닿는 면의 가로 폭을 말하며, 폭이 넓으면 접지력이 좋고, 코너링이 안정적이다. 반면, 접지 면적이 넓어 연료 소모가 많이 된다.
2. 카카스(Carcas) : 카카스는 타이어의 골격이 되는 중요한 부분으로 뼈대 역할을 하는 부분이다. 타이어의 공기압과 자동차 무게 등을 견딜 수 있을 정도로 주행 중 변화나 충격을 흡수하기 위해 유연성을 갖추고 있다.
3. 그루브(Groove) : 타이어의 트레드 모양에 따라 패인 홈으로 트레드에 세로로 길게 파인 홈을 그루브라고 한다. 그루브의 폭이 넓을수록 우천 시 조종안정성, 견인력 등이 좋아지고, 그루브가 넓으면 제동력과 코너링 성능이 약해진다.

■ 타이어의 종류
1. 레이디얼(Radial) 타이어 : 대부분의 승용차는 내구성이 좋은 레이디얼 타이어를 장착하고 있다. 레이디얼 구조의 타이어는 타이어의 원주 방향에 직각으로 배열된 타이어를 말하며, 트레드 부의 강성을 높고, 카카스 코드가 레이디얼 구조인 것에 의해 고속용 타이어로 승용차나 SUV 차량에 많이 사용된다. 레이디얼 타이어 성능은 편평비를 낮출 수 있으며, 회전 저항이 작고, 고속 주행 시 제동 능력이 우수하다.
2. 바이어스(Bias) 타이어
외부 충격이나 하중에 대한 강도도 높아 농기계와 중장비 타이어로 사용되기도 하며, 비교적 가격이 저렴하고 승차감과 조종성이 좋다. 타이어 코드가 타이어의 원주 방향에 사선으로 겹쳐서 배열된 타이어를 말하며, 다만, 발열이나 마모가 레이디얼 타이어보다 매우 심하다.

■ 계절에 따른 종류
1. 여름용 타이어(Summer Tire) : 주행 안정성이 뛰어나며 소음 및 승차감, 조정 안정성이 좋아 일반적으로 가장 널리 사용되며, 눈이 오는 겨울철을 제외한 시기 즉 봄, 여름, 가을에 사용하는 타이어를 말한다. 승차감이 우수하고 타이어로서 주로 핸들링(Handling) 성능과 젖은 노면에서의 성능을 최대한 발휘할 수 있도록 설계된 타이어로서 마른 노면과 젖은 노면에서의 구동력과 제동력이 좋은 타이어이다. 형태에 따라 리브형, 러그형 또는 리브러그형이 있다. 배수 성능의 향상을 위해 패턴 형상을 가지고 있으며, 넓고 스트레이트한 그루브(Groove) 형상을 가지고 있다.
2. 스노타이어(Snow Tire) : 겨울철 눈길에서 마찰력을 최대한 발휘하여 접지력이 좋고, 트레드 모양은 블록형으로 그루브(홈)가 깊고 제동력이 특출하도록 설계된 타이어를 말한다. 사이드 월에 'SNOW'란 표시가 있다. 하지만, 스노타이어도 홈의 깊이가 절반으로 마모되면 눈길에서의 성능이 일반 타이어와 같아져서, 얼음 위나 빙결된 눈에서는 성능을 발휘하지 못한다. 겨울철에 사용하는 타이어여서 윈터 타이어라고도 한다.

3. 올시즌 타이어(All Season Tire) : 사계절용 타이어는 적설 기간이 짧은 지역에서 여름용과 겨울용 타이어를 교체하는 번거로움을 해소하기 위하여 개발된 타이어로, 사계절 구분 없이 사용할 수 있는 타이어이다. 여름과 겨울의 특성을 고루 갖춘 타이어로 우천 시 배수성 확보를 위해 스트레이트(Straight)한 메인 그루브를 갖고 있으며, 상온에는 마른 노면과 젖은 노면에서도 최적화된 주행 성능을 가지고 있고, 계절마다 타이어를 교환하지 않고 사용할 수 있도록 만든 타이어이다.

■ 타이어 관리 요령

타이어의 관리는 안전과 관련되어 있으며, 수명과 성능을 유지하기 위해서는 정기적인 관리가 필요하다. 최근 신형 차량은 타이어 공기압 모니터링 시스템(TPMS ; Tire Pressure Monitoring System)을 통해 운전자가 주행 중에 타이어 상태 확인이 가능하며, 공기 주입기를 통해서 공기압을 체크할 수도 있다. 타이어의 공기압은 약 한 달에 한 번 혹은 정기적으로 확인하고, 타이어의 진동이나 이상한 소리가 나는 경우, 바로 점검을 받아야 한다. 정기적인 점검과 타이어 수명에 맞게 교체하는 것은 주행 안전과 연료 효율성을 향상하는데 필요하다.

1. 고무가 주 성분인 타이어는 온도 변화에 매우 민감하며, 열에 취약하므로 여름철에는 높은 외부 온도와 햇빛에 노출되지 않도록 실내나 그늘에 주차하는 것이 타이어 관리에 도움이 된다.
2. 과적은 되도록 피하고 운행 후엔 트렁크나 승객실에서 적재된 물건을 꺼내서 과도한 하중을 줄여 연비와 타이어 관리에 도움이 되도록 한다.
3. 타이어는 장기 주행 시 4개 타이어의 마모 상태가 달라질 수 있기 때문에 정기적으로 위치를 교환하는 것이 타이어 관리에 큰 도움이 된다. 급출발이나 급제동은 타이어 마모에 큰 영향을 주므로 자제해야 하고, 일반적으로 조향을 담당하는 앞바퀴가 마모 진행이 빠르다. 따라서 타이어의 수명을 연장하기 위해서는 정기적으로 위치를 교환하는 것이 좋다. 대체적으로 앞뒤 및 X자 교차 교환이 가능하지만 차종에 따라 앞바퀴와 뒷바퀴의 사이즈가 다를 경우가 있으니 위치 교환 시 참고해야 한다.
4. 타이어 마모 상태를 확인하기 위해서는 트레드 부위에 동전을 끼워서 마모 상태를 확인한다. 동전을 끼워봤을 때 동전이 많이 튀어나온다. 타이어의 마모 한계선의 프로필 깊이는 보통 1.6mm이다. 마모가 심할 때는 잘 미끄러지거나 고속주행에 취약하기 때문에 정기적인 타이어 점검은 사고 예방에 도움이 된다.

■ 타이어 선택 시 주의 사항 및 선택 요령

타이어 선택 요령은 자동차의 종류와 용도를 고려하여 교환해야 하며, 승용차, SUV, 트럭 등 다양한 차량 종류에 따라 적합한 타이어를 선택해야 한다. 차량의 타이어를 교환 또는 변경할 때는 타이어의 사이즈와 사양도 확인해야 한다. 원하는 성능과 용도, 계절에 따라 적절한 타이어를 선택해야 하며, 간혹 휠 사이즈(Wheel Size)를 늘려 적용(Wheel Inch-Up)하고자 한다던지, 타이어 폭을 키워(광폭 타이어) 적용하고자 하는 경우 전문가의 조언을 얻어 교환해야 한다. 타이어의 사이즈는 차량의 성능과 안전에 직접적인 영향을 미쳐, 차량 제조사의 권장 사양을 따르는 것이 좋다. 브랜드에 따라 타이어의 품질과 성능이 다를 수 있으며, 가격도 다양하다.

⑤ 소모품 상태 평가하기

자동차의 누적 주행거리와 사용기간, 소모품의 교환주기, 소모품의 현재 상태를 고려하여 차량의 관리와 정비상태를 평가한다.

⑥ 중고차의 사양품목 확인하기

자동차의 등급 및 사양품목 확인하기

제조사의 신차 가격표 또는 인터넷 차량정보 검색을 이용하여 해당 차종의 등급별 기본품목과 구성을 확인한다.

구분	판매가격 공급가액 (부가세)	구분	기본 품목	선택 품목	
VELOSTER N	29,110,000 26,463,636(2,646,364)	• 파워트레인/성능	N 전용 가솔린 2.0 터보 엔진(250마력), N 전용 6단 수동변속기, 레브매칭, 미쉐린 PSS 타이어(225/40ZR18), 랙 구동형 전동식 파워 스티어링(R-MDPS), N 전용 고성능 브레이크, N 그린 컨트롤 시스템(에코/노멀/스포츠/N/커스텀), 전자식 제어 서스펜션(ECS), 전자식 사운드 제너레이터(ESG)	▶ 퍼포먼스 패키지	[1,960,000]
		• 안전	6에어백 시스템(운전석/동승석, 앞좌석 사이드, 전복 대응 커튼), 유아용 시트 고정장치(뒷좌석), 차체자세 제어 장치(ESC), 샤시 통합 제어 장치(VSM), 경사로 밀림 방지 기능(HAC), 급제동 경보장치(ESS), 개별 타이어 공기압 경보장치(TPMS), 세이프티 언락, 타이어 응급처치 키트	▶ 컨비니언스 패키지	[590,000]
		• 외관	N 전용 디자인(라디에이터 그릴, 전/후 범퍼, 18인치 알로이 휠, 레드 브레이크 캘리퍼, 사이드 실, 원타입 리어 스포일러, 삼각형 LED 보조제동등, 리어 디퓨저, 듀얼 싱글팁 머플러, N 엠블럼), LED 헤드램프(LED 주간주행등 포함), LED 리어 콤비램프, 자외선 차단 유리(앞면), 에어로 타입 와이퍼, 리어 와이퍼, 아웃사이드 미러(열선, 전동 조절, 전동 접이, LED 방향지시등)	▶ 멀티미디어 패키지 ▶ 와이드 선루프(직물 헤드라이닝 포함)	[980,000] [590,000]
		• 내장	N 전용 디자인(가죽 스티어링 휠, 가죽 변속기 노브, N 전용 메탈 도어 스커프, 퍼포먼스 블루 색상 내장 엑센트/시트 벨트, 슈퍼비전 클러스터, 시프트 타이밍 인디케이터), 메탈 페달, 선바이저(조명 & 거울), 룸램프, 선글라스 케이스, 센터콘솔 암레스트	▶ 하이패스 시스템(ECM 룸미러 포함)	[250,000]
		• 시트	N 전용 스포츠 버켓 시트(가죽, 블루 스티치), 앞좌석 열선, 운전석 수동 높이조절장치, 운전석 전동식 럼버 서포트(4way), 앞좌석 틸트 헤드레스트, 뒷좌석 6:4 분할 폴딩 시트	▶ 무광 컬러	[200,000]
		• 편의	버튼시동 & 스마트 키(N 로고 적용), 파워 윈도우, 운전석 세이프티 파워 윈도우, 풀오토 에어컨, 마이크로 에어 필터, 열선 스티어링휠, 수동 틸트 & 텔레스코픽 스티어링휠, 핸드 파킹 브레이크, 후방 카메라(조향 연동), 후방 주차 거리 경고, 12V 파워 아웃렛, 스티어링 휠 리모컨, 오토 라이트 컨트롤, 오토 크루즈 컨트롤, N 전용 디지털 퍼포먼스 게이지		
		• 멀티미디어	7인치 디스플레이 오디오(컬러 LCD, 폰 커넥티비티), 일반 사운드 시스템(6스피커), AUX & USB 단자, 블루투스 핸즈프리(오디오 스트리밍), USB 충전기		

구분	세부내용
퍼포먼스 패키지	엔진 출력 강화(275마력) + 피렐리 P Zero 타이어(235/35R19) & 19인치 알로이 휠 + N 코너 카빙 디퍼렌셜(eLSD) + 능동 가변 배기 시스템 + N 전용 대용량 고성능 브레이크(전/후륜 브레이크 디스크 사이즈 증대, 후륜 브레이크 벤틸레이티드 디스크 적용) + 브레이크 캘리퍼 N 로고 추가
컨비니언스 패키지	운전석 전동 슬라이딩 & 높이 조절(6way) + 앞좌석 통풍
멀티미디어 패키지	8인치 내비게이션 + 폰 커넥티비티 + 블루투스 + JBL 프리미엄 사운드 시스템(8스피커) + 하이패스 시스템(ECM 룸미러 포함)

[자동차의 등급별 사양품목 검색품목 예시]

* 출처 : 현대자동차 홈페이지 가격서(벨로스터 N)

⑦ 중고차에 장착된 사양품목 확인하기

중고차의 실내 및 외부에 장착된 사양품목의 종류를 확인한다.

[중고차의 내부 및 외부 사양품목 확인 예시]

⑧ 사양품목 작동상태 확인하기

 ㉠ 사양품목 작동방법 숙지하기 : 자동차의 취급설명서(사용설명서)를 참고하여 각 사양품목의 작동방법을 숙지한다.

 ㉡ 기본품목 작동상태 확인하기 : 중고차에 장착된 기본 품목에 대한 긁힘, 균열, 파손 등의 관리상태와 정상적인 작동여부를 확인한다.

 ㉢ 선택품목 작동상태 확인하기 : 중고차에 장착된 선택품목에 대한 긁힘, 균열, 파손 등의 관리상태와 정상적인 작동여부를 확인한다.

[중고차의 스마트키, 전동시트, 내비게이션, 썬루프]

5 성능 · 상태 점검

(1) 중고차 성능 · 상태 점검제도

"중고차 성능 · 상태 점검"은 판매하려는 차량의 성능 및 상태를 점검하여 매수자인 소비자에게 정확한 차량정보를 제공하여 알림으로써, 중고차매매 거래 시 투명성을 높이고 소비자를 보호하기 위해 도입된 제도이다. 자동차관리법에 의해 매매업자는 매매 또는 알선하고자 하는 중고자동차의 구조 · 장치의 성능과 상태를 점검한 "중고자동차 성능 · 상태 점검기록부"를 성능 · 상태 점검자에게 발급받아 매수인에게 알려야 한다.

① 중고차의 성능 · 상태 점검내용

성능 · 상태 점검자는 중고차의 차대번호, 사고 여부, 수리부위 상태표시, 침수 여부, 자기진단 내용, 배출가스 상태, 주요 장치의 작동상태, 소음, 누유, 누수, 부족, 지연, 정비요, 교환요 등의 사항을 점검하여 그 점검 내용을 기재한 "중고자동차 성능 · 상태 점검기록부"를 발급하여야 한다.

[성능 · 상태 점검자가 발급하는 중고자동차 성능 · 상태 점검기록부 양식 예시]

② 중고차 성능·상태 점검의 보증책임 및 유효기간 등
  ㉠ 성능·상태 점검의 보증책임
    매매업자 및 성능·상태 점검자는 중고차의 성능·상태 점검 내용을 구매자에게 알리고, 그 내용을 일정한 조건 이상으로 보증해야 한다. 성능·상태 점검 내용은 최소 자동차 인도일부터 30일 이상 또는 주행거리 2천㎞ 이상을 보증하고, 보증시간과 보증 주행거리에서 먼저 도래한 것을 적용한다.
  ㉡ 성능·상태 점검 내용의 유효기간
    중고차의 성능·상태 점검 내용의 유효기간은 발급일을 기준으로 120일이다.
  ㉢ 성능·상태 점검자의 처벌
    중고차의 성능·상태를 알리지 아니하거나 거짓으로 점검 또는 거짓으로 알린 자는 2년 이하의 징역 또는 2천만원 이하의 벌금을 과한다. 또한, 성능·상태 점검자가 거짓으로 점검하거나 점검한 내용과 다르게 매매업자에게 알린 때는 1차 사업정지 30일, 2차 사업정지 90일, 3차 등록취소의 행정처분을 받는다.

(2) 중고자동차 성능·상태점검의 보증에 관한 사항

① 유의사항

유 의 사 항
※ 자동차성능·상태점검의 보증에 관한 사항 등
1. ○ 자동차매매업자는 자동차성능·상태점검기록부(가격조사·산정 부분 제외)에 기재된 내용을 고지하지 아니하거나 거짓으로 고지함으로써 매수인에게 재산상 손해가 발생한 경우에는 그 손해를 배상할 책임을 집니다. ○ 자동차성능·상태점검자가 거짓 또는 오류가 있는 자동차성능·상태점검 내용을 제공하여 아래의 보증기간 또는 보증거리 이내에 자동차의 실제 성능·상태가 다른 경우, 자동차매매업자는 매수인의 재산상 손해를 배상할 책임을 지며, 자동차성능·상태점검자에게 이를 구상할 수 있습니다.(매수인이 자동차성능·상태점검자가 가입한 책임보험 등을 통해 별도로 배상받는 경우는 제외) ○ 자동차인도일부터 보증기간은 (   )일, 보증거리는 (   )킬로미터로 합니다. (보증기간은 30일 이상, 보증거리는 2천킬로미터 이상이어야 하며, 그 중 먼저 도래한 것을 적용) ○ 자동차매매업자는 자동차 자동차성능·상태점검기록부를 매수인에게 고지할 때 현행 자동차성능·상태점검자의 보증범위(국토교통부 고시)를 첨부하여 고지하여야 합니다. 동 보증범위는 '자동차성능·상태점검자의 보증범위'(국토교통부 고시)에 따르며, 법제처 국가법령정보센터 또는 국토교통부 홈페이지에서 확인할 수 있습니다. ○ 자동차의 리콜에 관한 사항은 자동차리콜센터(www.car.go.kr)에서 확인할 수 있습니다. ○ **자동차365(www.car365.go.kr)에서 실매물 조회 및 정비이력 확인을 할 수 있습니다.** **- 자동차365 > 자동차 실매물검색 > 차량번호 입력** **- 자동차365 > 자동차 이력조회 > 매매용차량조회 > 자동차등록번호 검색**

② 보증의 범위와 보증책임
  ㉠ 점검한 내용이 자동차의 실제 상태와 다를 경우 어떻게 해야 되는지, 보증의 개념과 범위 그리고 보증책임을 알아야 한다.
  ㉡ 보증이란 "중고자동차 성능·상태점검 기록부의 점검내용이 자동차의 실제 성능·상태와 달라 점검오류로 판명되었을 시 자동차매매업자 또는 자동차성능·상태점검자가 점검오류로 인한 자동차 매수인의 피해를 보상하는 것"을 말한다.
  ㉢ 예를 들어 성능기록부에는 자동차 전기장치 중 시동모터 항목에 "양호"로 체크되어 있는데 보증기간 이내에 시동모터가 불량이 된 경우 보증해 주어야 한다.
  ㉣ 보증항목은 크게 보면 원동기, 변속기, 제동장치, 조향장치 등의 13가지 부분으로 나뉘어 있으며, 세부 부품까지도 구체화하고 있다.
  ㉤ 보증책임에 대해서는 "자동차 성능·상태점검 책임보험"을 의무적으로 가입하게 하여 소비자로 하여금 보험회사로부터 AS를 받도록 하고 있다.
  ㉥ 2019년 6월부터 시행하고 있는 성능책임보험제도는 개인 간 거래에는 해당이 안 되고 자동차매매업자를 통한 거래로서 주행거리 20만km 이내의 차량만 해당된다.
  ㉦ 국토교통부 고시(3조)로 지정된 보증범위

보증범위		
동일성		차대번호 및 원동기형식 표기를 상이하게 점검한 경우
튜닝		각 장치에 대한 불법 튜닝을 상이하게 점검한 경우
용도변경		렌트 및 영업용 이력을 상이하게 점검한 경우
자기진단 사항	엔 진	흡입공기유량센서, 공전속도제어장치[엔진온도센서(ETS)제외], 냉각수온도센서, 스로틀위치센서(TPS), 산소센서, 크랭크위치센서, 흡기온도센서
	변속기	인히비터스위치, 입력축속도센서A, 출력축속도센서B, 자동변속기 관련 솔레노이드밸브
원동기	실린더헤드	실린더 헤드 및 그 내부 부품 / 개스킷, 실린더 커버(로커암 커버)
	실린더블럭	실린더 블록 및 그 내부 부품 / 개스킷, 오일팬
	냉각장치	워터펌프, 엔진룸 라디에이터
	고압연료 분사장치	커먼레일, 고압연료파이프(고압펌프,인젝터 제외), 연료압력조절밸브, EGR밸브
	※ 미세누유 또는 미세누수로 표기한 경우 위 부품이 고장난 경우에 한하여 보증 ※ 누유 또는 누수로 표기한 경우 누유 또는 누수를 원인으로 하는 위 부품 고장시 보증 제외	
	동력전달	클러치 어셈블리(클러치판 제외), 추진축 및 베어링, 등속조인트, 드라이브샤프트, 디퍼렌셜기어

변속기	자동변속기 (A/T)	토크컨버터, 변속기케이스, 유성기어, 디퍼렌셜기어, 유온센서, 콘트롤밸브바디(내부클러치, 브레이크 제외)
	수동변속기 (M/T)	변속기케이스, 변속기어셈블리, 디퍼렌셜기어
	\※ 미세누유 또는 미세누수로 표기한 경우 위 부품이 고장난 경우에 한하여 보증 \※ 누유 또는 누수로 표기한 경우 누유 또는 누수를 원인으로 하는 위 부품 고장시 보증 제외	
조 향	스티어링펌프, 스티어링기어(MDPS포함), 스티어링조인트, 파워고압호스, 타이로드엔드 및 볼조인트	
제 동	마스터실린더, 휠실린더(캘리퍼), 브레이크 호스 및 파이프, 배력장치, 진공펌프, 브레이크압력센서	
전 기	발전기, 와이퍼모터, 송풍모터, 라디에이터팬모터, 시동모터, 윈도우모터	
고전원 전기장치	충전구 절연상태, 구동축전지 격리상태, 고전원전기배선(접속단자, 피복, 보호기구) 상태	
연 료	연료호스 및 파이프, 믹서, 기화기(베이퍼라이저), 솔레노이드밸브, 연료게이지센서	
외판부위	후드, 프론트펜더, 도어, 트렁크리드, 쿼터패널, 루프패널, 사이드실패널 \※ 흠집, 요철, 손상 및 자동차관리법령상 자동차정비업의 제외사항에 해당하는 경미한 판금·도색은 제외	
주요골격 부위	프론트패널, 크로스멤버(볼트체결부품 제외), 인사이드 패널, 트렁크플로어(볼트체결부품 제외), 리어패널, 사이드멤버, 휠하우스, 필러패널, 대쉬패널, 플로어패널, 루프레일	
기 타	성능점검 기관별 성능점검 서비스 차별화를 위하여 보증항목을 추가할 수 있음	

6 이전등록 및 확인

(1) 중고차의 이전등록

① 이전등록의 개요

이전등록이란 자동차의 소유권이 변경되어 그 소유권을 이전하는 절차를 말한다. 자동차관리법 및 자동차등록규칙에 따라 소유권을 이전받은 양수인은 반드시 법정 기간 내에 이전등록을 신청하여야 한다.

② 이전등록 기간

㉠ 매매의 경우 : 매수한 날로부터 15일 이내
㉡ 증여의 경우 : 증여를 받은 날로부터 20일 이내
㉢ 상속의 경우: 상속개시일이 속하는 달의 말일부터 6개월 이내
㉣ 기타 사유로 인한 소유권 이전의 경우 : 사유가 발생한 날부터 15일 이내

③ 등록관청

전국 시·군·구 차량등록사업소에 등록한다. 다만, 자동차매매 사업자의 상품용 자동차 및 사업용 자동차, 차고지 신고대상 자동차(2.5톤 이상 화물 및 특수자동차, 제주도 관할 차량)은 관할 시·군·구 차량등록사업소에 등록한다.

④ 수수료, 취·등록세 및 공채

수입증지 1,000원(타지역 1,500원) 및 수입인지 3,000원이 소요된다. 취득세 및 공채매입 금액은 자동차의 등록지역, 차종, 용도, 배기량에 따라 차등 적용된다. 다만, 매매용으로 취득하는 중고자동차에 대해서는 취·등록세가 2018년 12월 31일까지 한시적으로 면제되고 있으며, 공채매입도 면제되고 있다.

⑤ 구비서류

[소유권 이전등록 구비서류(매매용)]

소유권 이전등록 구비서류		
기본서류		• 자동차 이전등록 신청서 • 자동차등록증 또는 자동차등록원부 • 의무보험가입증명서(양수인) • 신분증(신청인)
개 인	양도인	• 양도증명서(양도인, 양수인 도장날인) (자동차매매사업자 거래용, 양도인·양수인 직접 거래용) • 양도인 불참 시 인감증명서 또는 본인 서명확인서(자동차 매도용)
	양수인	• 자동차 양도증명서(양도인, 양수인 도장 날인) (자동차매매사업자 거래용, 양도인·양수인 직접 거래용 • 양수인 불참 시 인감증명서 또는 본인 서명확인서(자동차 매도용)
법 인	양도인	• 양도증명서 및 위임장, 법인 인감증명서, 사업자등록증
	양수인	• 양도증명서 및 위임장, 법인 인감증명서, 사업자등록증

주) 매매상사에서 상품용으로 이전하는 경우에는 양도증명서(매매사업자용, 양수인 인적사항 기재)와 기본 서류만으로 가능하다.

⑥ 관련 법규

㉠ 자동차관리법 제12조, 자동차관리법 시행규칙 제156조

㉡ 자동차등록령 제26조, 자동차등록규칙 제33조

㉢ 자동차손해배상보장법 제34조, 지방세법 제196조의13

(2) 이전등록 처리 절차

이전등록의 절차는 '등록서류 접수 → 수수료 납부(수입증지창구) → 취·등록세 납부, 공채매입 → 번호판 봉인부착(본인 신청 시) → 등록증 교부'의 순으로 이루어진다.

[자동차 이전등록 절차 예시]

(3) 자동차 이전등록 신청서 첨부서류 준비하기

"이전등록 신청서"를 작성한 다음 이전등록 신청에 필요한 첨부서류를 준비한다. 첨부서류로는 자동차양도증명서(자동차매매업자 거래용), 매수자 인적사항이 기재된 인감증명서를 준비한다.

■ 자동차등록규칙 [별지 제16호 서식] 〈개정 2017. 10. 26.〉

자동차양도증명서(자동차매매업자 거래용)

※ 뒤쪽의 유의사항을 읽고 작성하여 주시기 바랍니다. (앞 쪽)

중고자동차 제시 또는 매도 번호						
계약 당사자	양도인 (갑)	성명(명칭)	(서명 또는 인)	양수인 (을)	성명(명칭)	(서명 또는 인)
		전화번호			전화번호	
		주소			주소	
자동차 매매업자	등록번호 및 상호		제 호		제 호	
	대 표 자		[직인]		[직인]	
	취 급 자		(서명 또는 인)		(서명 또는 인)	
계약연월일			년 월 일			

중고자동차 매매계약서

자동차등록번호			주행거리			km
차 종			차 명			
차대번호			계약금		년 월 일 일금	원정
중도금	년 월 일 일금	원정	잔 금		년 월 일 일금	원정
매매금액	일금	원정	등록비 및 대행수수료		등 록 비: 일금 대행수수료: 일금	원정 원정
매매알선수수료	일금	원정	관리비용		일금	원정
자동차인도일			압류 및 저당권 등록여부			

제1조(당사자표시) 양도인을 "갑"이라 하고, 양수인을 "을"이라 한다.
제2조(동시이행 등) ① "갑"은 잔금 수령과 상환으로 소유권 이전등록에 필요한 서류와 매매목적물을 "을"에게 인도하기로 한다. 다만, "갑"과 "을"의 합의에 따라 매매금액의 2/3 이상의 상당액을 지급한 경우에는 매매목적물을 인도할 수 있다.
② "을"은 "갑"에게 잔금을 지급함과 동시에 소유권 이전등록의 절차에 필요한 서류와 등록비용을 자동차 매매업자(이하 "매매업자"라 한다)에게 내주어야 한다. 다만, 매매업자가 매수할 때에는 그러하지 아니하다.
③ 매매업자는 잔금지급일부터 15일 이내에 자동차 소유권 이전등록 신청을 하여야 한다.
제3조(공과금 부담) 이 자동차에 대한 제세공과금은 자동차 인도일을 기준으로 하여, 그 기준일까지의 분은 "갑"이 부담하고, 기준일 다음날부터의 분은 "을"이 부담한다. 다만, 관계 법령에 제세공과금 납부에 관하여 특별한 규정이 있는 경우에는 그에 따른다.
제4조(사고책임) "을"은 이 자동차를 인수한 때부터 발생하는 모든 사고에 대하여 자기를 위하여 운행하는 자로서의 책임을 진다.
제5조(법률상의 하자책임) ① 자동차 인도일 이전에 발생한 행정처분 또는 이전등록 요건의 불비 등의 하자에 대해서는 "갑"이 그 책임을 진다.
② 매매업자는 「자동차관리법」 제58조 제1항에 따라 자동차의 성능·상태의 점검 내용을 "을"에게 알려야 하고, "을"이 원하는 경우 같은 법 제58조의4에 해당하는 자가 자동차 가격을 조사·산정한 내용을 알려야 한다.
제6조(해약금 등) ① "갑"이 이 계약을 위반한 경우에는 "갑"은 해약금으로 계약금의 2배액을 "을"에게 배상해야 하며, "을"이 위약한 경우에는 "을"은 "갑"에게 계약금의 반환을 요구할 수 없다. 다만, 손해배상의 청구는 방해하지 않는다.
② 제5조 제2항에 따라 "갑"이 고지한 자동차의 성능·상태의 점검 중 주행거리, 사고 또는 침수사실이 다르거나, "갑"이 자동차의 성능·상태의 점검 내용 또는 압류·저당권의 등록 여부를 거짓으로 고지하거나 고지하지 아니한 경우 "을"은 자동차 인도일로부터 30일 이내에 매매계약을 해제할 수 있으며, 이 경우 "을"은 자동차를 즉시 "갑"에게 반환하고, "갑"은 자동차의 반환과 동시에 이미 지급받은 매매금액을 "을"에게 반환하여야 한다.
제7조(매매업자의 책임) 제5조의 하자에 대해서는 매매업자가 매도인과 동일한 책임을 지며, 시·도의 조례가 하자보증금을 예치하도록 하는 경우 매수인의 요청이 있을 때에는 그 하자보증금으로 매수인에게 우선 지급해야 한다. 다만, 매매업자는 양도인 또는 그 하자에 책임이 있는 자에 대하여 구상권을 행사할 수 있다.
제8조(등록 지체 책임) "갑"과 "을"이 매매업자에게 이전등록의 대행에 필요한 서류 등의 발급 또는 권한의 위임을 한 후 매매업자가 이전등록 신청을 대행하지 않을 때에는 이에 대한 모든 책임을 매매업자가 진다.
제9조(할부승계 특약) "갑"이 자동차를 할부로 구입하여 할부금을 다 내지 않은 상태에서 "을"에게 양도하는 경우에는 나머지 할부금을 "을"이 승계하여 부담할 것인지의 여부를 특약사항란에 적어야 한다.
제10조(계약서) 이 계약서는 년 월 일 4통 작성하여 "갑"이 1통, "을"이 1통, 등록절차를 대행하는 매매업자가 2통씩을 각각 지닌다.

(특약사항):

수입인지
「인지세법」에 따름 (뒤쪽에 붙임)

「자동차등록규칙」 제33조 제2항 제2호에 따라 위의 중고자동차 매매계약서 기재내용과 같이 양도하였음을 증명합니다.
년   월   일

양도인   (서명 또는 인)   양도인   (서명 또는 인)

■ 인감증명법 시행령 [별지 제14호 서식] 〈개정 2016. 7. 5.〉

인감증명서 발급사실 확인용 번호	− −
신청인 :　　(생년월일 :　　), 담당자 :	(전화 :　　)

※ 이 용지는 위조식별 표시가 되어 있음

주민등록번호	−	인 감 증 명 서	본인	대리인
성명 (한자)		(　　)	인 감	
국 적				
주 소				

용도	매도용	[ ] 부동산 매수자, [ ] 자동차 매수자		
		성 명 (법인명)		주민등록번호 (법인등록번호)
		주 소 (법인·사업장 소재지)		
		위의 기재사항을 확인합니다. (발급신청자)　　　　　　(서명)		
	일반용			
비 고				

1. 인감증명서 발급사실통보서비스를 신청하면 발급 사실을 휴대폰 문자로 즉시 통보받을 수 있습니다.
2. 인감증명서 발급신청인이 본인인 경우에는 본인란에, 대리인이 신청하는 경우에는 대리인란에 ○표시됩니다.
3. 주민등록번호란에는 미주민등록 재외국민의 경우 여권번호, 국내거소신고자의 경우에는 국내거소신고번호, 외국인의 경우에는 외국인등록번호를 기재하며, 주민등록번호가 있는 경우 그 아래에 (　)를 하고 주민등록번호를 기재할 수 있습니다.
4. 민원인이 요청하는 경우 주소이동사항을 포함하여 발급합니다.
5. 부동산 또는 자동차(「자동차관리법」 제5조에 따라 등록된 자동차를 말합니다) 매도용으로 인감증명서를 발급받으려면 매수자의 성명, 주민등록번호, 주소를 확인하고 서명하여야 합니다. 다만, 부동산 또는 자동차 매도용 외의 경우에는 "빈칸"으로 표시됩니다.
6. 용도의 일반용란은 '은행제출용', '○○은행의 대출용으로만 사용' 등 자유롭게 기재할 수 있습니다. 다만, 피한정후견인의 인감증명서를 발급하는 경우에는 담당 공무원이 신청인에게 구체적인 용도를 확인하여 직접 기재하여 발급하여야 합니다.
7. 매수자가 개인사업자인 경우 대표자의 성명, 주민등록번호를 작성하되, 주소는 사업장소재지를 기재합니다.
8. 미성년자, 피한정후견인, 피성년후견인의 표시와 미성년자의 법정대리인, 한정후견인, 성년후견인의 성명 및 주민등록번호의 기재는 비고란에 합니다. 비고란은 개명한 사람인 경우 개명 전 성명 등 민원인 요청사항을 기재하면 됩니다.
9. 인감증명서의 발급사실은 전자민원창구(www.minwon.go.kr)를 통하여 「발급일, 인감증명 발급사실 확인용 번호, 주민등록번호, 발급기관」으로 확인할 수 있습니다.
10. 인감증명서와 동일한 효력이 있는 본인서명 사실확인서는 미리 신고해야 하는 불편 없이 전국 읍면사무소 및 동주민센터에서 바로 발급이 가능한 편리한 제도입니다.

발급번호		위 인감은 신고되어 있는 인감임을 증명합니다.

년　　월　　일

○○시 · 군 · 구 · 읍 · 면 · 동장 또는 출장소장　[직인]

발급기관 고유코드 : 주소지 증명청 : ○○○

(4) 자동차 이전등록 신청하기

자동차등록규칙 별지 서식에 따라 작성된 이전등록 신청서와 준비된 첨부서류를 관찰 자동차등록사업소에 접수 신청한다. 관련 법령에 따라 이전등록은 매매일 로부터 15일 이내에 신청해야 한다.

(5) 이전 등록된 자동차등록증을 확인하기

① 이전 등록된 자동차등록증 받기

이전등록 신청 접수 후 행정절차에 따라 소유권이 이전된 자동차등록증을 받는다.

② 자동차등록증 확인하기

등록관청에서 받은 자동차등록증의 세부 내용이 이전등록 신청서 내용과 일치하는지, 해당 매매상사의 상품용 자동차로 변경되어 있는지를 확인한다.

■ 자동차등록규칙 [별지 제16호 서식] 〈개정 2024. 6. 18.〉 (앞쪽)

자 동 차 등 록 증

제 호　　　　　　　　　　최초등록일 :　년　월　일

① 자동차등록번호		② 차 종		③ 용 도	
④ 차 명		⑤ 형식 및 모델연도			
⑥ 차 대 번 호		⑦ 원동기 형식			
⑧ 사 용 본 거 지					
소유자	⑨ 성명(명칭)		⑩ 주민(법인)등록 번호		
	⑪ 주 소				

「자동차관리법」 제8조에 따라 위와 같이 등록하였음을 증명합니다.

※ 유의사항 : 사용연료의 종류가 전기 또는 수소인 자동차의 경우 ⑦번란의 '원동기 형식'은 '구동전동기 형식'을 말합니다.

년　월　일

등록관청명　[직인]

1. 제 원

⑫ 제원관리번호
　(형식승인번호)

⑬ 길 이	mm	⑭ 너 비	mm
⑮ 높 이	mm	⑯ 총중량	kg
⑰ 배기량	cc	⑱ 정격출력	Ps/rpm
⑲ 승차정원	명	⑳ 최대적재량	kg
㉑ 기통수	기통	㉒ 연료의 종류	(연비 : km/L)

유의사항 : * 사용연료의 종류가 전기인 자동차의 경우
"정격출력(ps/rpm)"은 "구동전동기 정격출력/회전수(kW/rpm)"를,
"기통수/배기량(cc)"은 "구동축전지 정격전압/용량(V/Ah)"을 말하며,
"연료소비율(km/ℓ)"은 "연료소비율(km/kWh)"을 말합니다.
* 사용연료의 종류가 수소인 연료전지 자동차의 경우
"정격출력(ps/rpm)"은 "구동전동기 정격출력/회전수(kW/rpm)"를,
"기통수/배기량(cc)"은 "연료전지 최고출력(kW)"을 말하며,
"연료소비율(km/ℓ)"은 "연료소비율(km/kg)"을 말합니다.

2. 등록번호판 교부 및 봉인

㉓ 구 분	㉔ 번호판 발급일	㉕ 봉인일	㉖ 발급대행자 확인

3. 저당권등록사실(저당권등록의 내용은 자동차등록 원부(을)를 열람 · 확인하시기 바랍니다)

㉗ 구분(설정 또는 말소)	㉘ 일 자

4. 검사유효기간

㉙ 연월일 부터	㉚ 연월일 까지	㉛ 검사 시행 장소	㉜ 주행 거리	㉝ 검사 책임자 확인	㉞ 검사 구분

주의사항 : ㉙항 첫째란에는 신규등록일을 적습니다.

비고
- 자동차 출고(취득)가격(부가가치세 제외) :

(뒤쪽)

자동차소유자 유의사항

○ 주소·성명 등의 변경등록(법인과 외국인에만 해당함. 「자동차등록령」 제22조 제2항에 따라 개인은 「주민등록법」에 따른 정정신고 또는 전입신고를 한 경우, 변경등록의 신청을 한 것으로 봄)
  – 전입신고일 또는 사유발생일부터 30일 이내에 새로운 사용본거지의 시·군·구청 또는 자동차등록관청에 주소·성명 등의 변경등록을 신청해야 합니다(위반 시 관련 규정에 따른 과태료).
○ 자동차소유자는 정기검사 또는 자동차종합검사를 반드시 받아야 합니다(유효기간 경과 시 관련 규정에 따른 과태료).
○ 튜닝승인
  – 자동차의 튜닝을 하려는 경우에는 교통안전공단에서 튜닝승인을 받아야 합니다(위반 시 관련 규정에 따른 징역 또는 벌금).
○ 이전등록
  – 양수인은 이전사유별로 다음의 기간 내에 이전등록신청을 해야 합니다(위반 시 관련 규정에 따른 범칙금).
  – 매수한 날부터 15일 이내, 증여를 받은 날부터 20일 이내, 상속개시일이 속하는 달의 말일부터 6개월 이내, 그 밖의 사유가 발생한 날부터 15일 이내
  – 양수인이 15일 이내에 이전등록신청을 하지 않는 경우에는 양도인도 양수인을 대신하여 이전등록신청을 할 수 있습니다.
○ 말소등록
  – 사유(폐차요청 등) 발생일부터 1개월 이내에 폐차인수증명서와 자동차등록증을 첨부하여 말소등록을 신청해야 합니다(위반 시 관련 규정에 따른 과태료).
○ 무단방치 자동차의 강제처리
  – 자동차를 도로 등에 무단방치하는 경우에는 폐차 등 강제처리대상이 됩니다(위반 시 관련 규정에 따른 징역 또는 벌금).

자동차등록증

○○시·도

5. 변경등록사항

㉟ 성 명	㊱ 주 소	㊲ 등록일자	㊳ 확 인

6. 튜닝사항

㊵ 내 용	㊵ 검사일자	㊶ 검사책임자 확인

7. 기 타

㊷ 내 용	㊸ 일 자	㊹ 확 인

7 중고자동차 수출

(1) 중고자동차 수출 실적

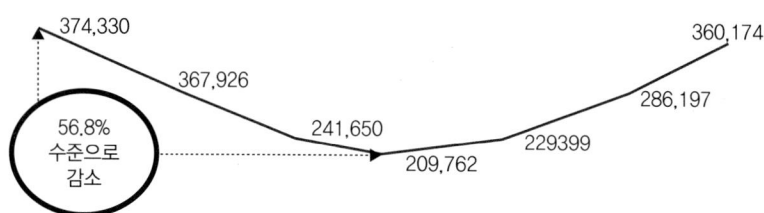

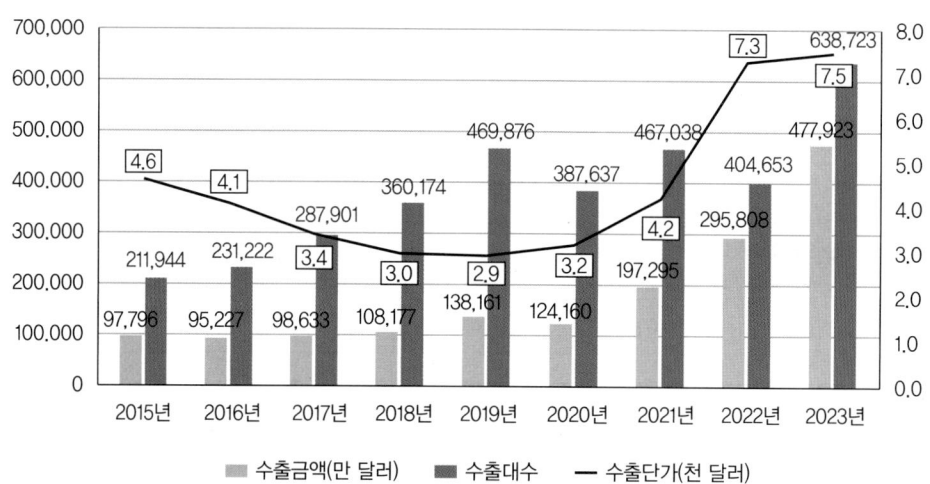

구 분	2015	2016	2017	2018	2019	2020	2021	2022	2023
수출금액 (만달러)	97,796	95,227	98,633	108,177	138,161	124,460	197,295	295,808	477,923
수출대수	211,944	231,222	287,901	360,174	469,876	387,637	467,038	404,653	638,723
수출단가 (천달러)	4.6	4.1	3.4	3.0	2.9	3.2	4.2	7.3	7.5

[출처] 작성자 : 블로거 마당 사람 https://blog.naver.com/hdshin7/223378001251
[무역협회 통계 기반]

① 우리나라 중고자동차 시장은 연 370만대 거래규모로 성장을 했고, 사업자간 거래대수를 제외해도 250만대 시장의 규모로 성장하고 있다.

② 국가별 중고자동차 수출 동향
　㉠ 우리나라의 수출 주력 차종은 소형 및 준중형 가솔린승용차 및 디젤 소형 트럭이 있다.

> 디젤 엔진의 승용 RV차량, 승합차, 경차의 수출 비중도 점차 높아지는 추세. 평균 수출단가는 약 4,6000달러 정도(내수의 70% 수준)

　㉡ 우리나라의 3대 수출 주력국가로는 요르단, 리비아, 러시아가 있다.

> 최근 도미니카공화국, 튀르키예, 예멘, 이집트와 같은 국가의 수출비중이 높아지는 추세(2023년도 기준)

　㉢ 해당 지역의 경제사정 및 정책에 따라 수출실적 변동 가능성이 높다.

> 요르단 : 2012년 수입차량 연식규제(5년 이하)로 인한 수출 대수 감소
> 러시아 : 러시아-우크라이나 전쟁에 따른 국제사회의 러시아 제재가 이어지면서 국내 중고차 수출이 뜻밖의 호황을 맞고 있다. 국제 제재로 글로벌 완성차 업체들이 만든 신차를 들여오기 어려워지자 중고차 수요가 크고 늘고 있어서다.

(2) 중고자동차 수출 절차

[INVOICE 서류]

[쇼링 작업 사진]

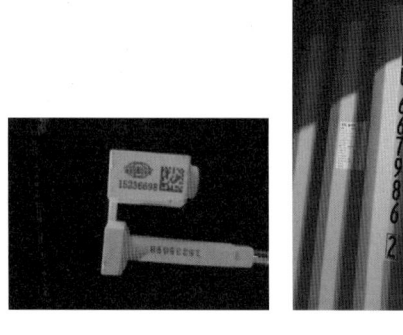 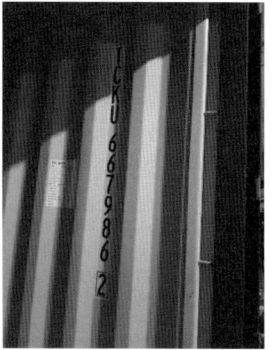

[쇼링 작업 사진]　　　　[컨테이너 봉인]

① INVOICE는 중고자동차를 수출할 때 계약서의 역할을 한다.
② 컨테이너로 중고자동차를 수출할 때 쇼링 작업은 필수이다. 보통 하나의 컨테이너에 4대 정도를 입고하여 고정시키는 작업을 한다.

(3) 수출형태 분류

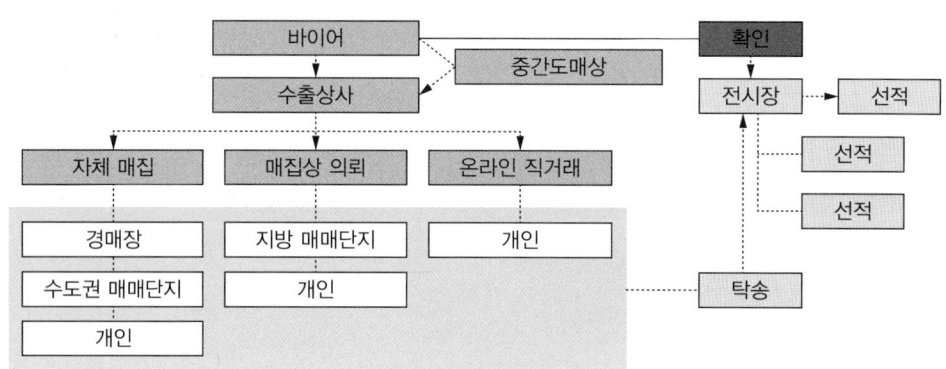

① 현재 중고자동차 수출단지는 실제 매물을 전시하고 매매가 이루어지는 공간이라기보다는 수출 차량의 선적 대기장소로서의 역할로 변질된 상태에 있다.
② 바이어는 수입할 중고자동차 매집을 1차적으로 수출업체를 통해서 하고 있지만 수출업체가 매매장으로서의 역할을 하지 못하기 때문에 바이어가 별도의 매집 절차를 직접 진행하고 있기도 한다.
③ AJ셀카, 현대 글로비스, 롯데, K카 등의 경매장을 통해서 바이어가 직접 매집을 하는 경우가 많이 발생되고 있는 추세이다.

8　경매업체 선정 및 출품절차

최근 국내 중고자동차 경매업이 활성화되고 있는 추세이다. 더욱이 2020년 10월 자동차관리법이 개정되면서 온라인 경매 플랫폼을 제공하는 헤이딜러, KB차차차, K-Car, SK엔카 등 다수의 업체들이 시장에 진입하고 있어 경매업은 앞으로 더 활성화될 것으로 보인다. 이들 온라인 경매는 C TO B 즉, 소비자가 딜러에게 중고자동차를 경매로 판매하는 형태이다.

(1) 자동차 경매업체 선정

① 인터넷 검색 또는 방문 조사 등을 통해 지역별 경매업체 유형, 경매장의 위치, 시설상태, 출품차량의 수량, 경매 수수료, 입찰방식, 낙찰가격 등을 비교 조사하여 출품할 경매 업체를 선정하는 것이 좋다.

② 소비자나 딜러가 오프라인 경매를 통해 중고자동차를 판매하는 경우, 경매되는 중고자동차를 입찰하는 사람들은 딜러가 대부분이기 때문에 입찰하는 딜러가 많은 경매업체 선정이 중요하며, 낙찰가격이 높게 형성되는 경매업체, 경매수수료가 낮은 경매업체를 선정해야 하는 것이 중요하다.

③ 소비자가 중고자동차를 판매하기 위해서 주변의 딜러에게 직접 판매하면 신속하게 판매할 수 있기 때문에 편리함을 가질 수 있겠으나, 그럼에도 경매를 통해 판매를 하는 것은 판매가격을 높게 받기를 원하기 때문이다.

(2) 출품절차 및 경매절차 파악

① 경매업체 선정 후 출품절차와 경매절차를 파악해야 한다. 경매업체의 출품절차 안내서의 내용에 따라서 필요한 서류와 내용을 먼저 숙지한다.

② 일반적으로 출품절차 및 경매절차 과정을 살펴보면 출품신청 → 탁송 및 입고 → 차량 평가 → 경매진행 → 낙찰 대금 등 정산 → 사후 관리의 과정으로 진행한다.

③ **출품신청**

　㉠ 출품신청서는 해당 경매 업체의 홈페이지 또는 경매장에 비치된 신청서 양식을 사용하여 작성한다. 이때 해당 업체의 경매규약(운영기준)을 충분히 숙지한 후 작성하는 것이 좋다.

　㉡ 경매업체의 출품신청서에 기재해야 할 공통사항으로 출품차량에 대한 정보, 출품자 고객정보, 희망가격 또는 경매 시작가격을 기재하도록 되어 있다.

　㉢ 희망가격 및 시작가격은 출품차량의 모델, 연식, 성능 및 상태와 비슷한 다른 출품차량의 낙찰시세를 참고하고 차량 상태를 감안하여 결정하는 것이 좋다. 이를 무시하고 임의로 가격을 결정하면 시세보다 낮게 기재한 경우 출품자는 손해를 보거나 반대로 높게 기재한 경우 유찰이 되어 경매 기간의 경과로 가격이 하락할 수 있는 리스크가 생길 수 있다.

　㉣ 출품신청서를 작성할 때 차량의 사용이력, 침수 및 접합여부, 주행거리 변경 및 수리이력, 사고여부, 구조변경 등 신청서의 주요 기재사항에 대한 허위 및 오기재 시에는 그에 따른 민사·형사상의 책임이 발생할 수 있음에 유의해야 한다.

- 굵은 선 안에 사항을 기재해 주십시오.
- 고객정보

출품자명	
예금주	
거래은행	
계좌번호	
연락처	

	희망가	

- 출품차량정보

차량명		연료		년식	
차량번호		주행거리		색상	
미션	☐ A/T ☐ M/T ☐ 기타( )	용도	☐ 자가 ☐ 업무 ☐ 사업 ☐ 렌트		
※ 주행거리 기록장치의 변경 및 수리 이력 여부 확인			☐ 있음 ☐ 없음		
※ 영업용 이력 여부 확인			☐ 있음 ☐ 없음		
※ 침수 및 접합수리의 이력 여부 확인			☐ 있음 ☐ 없음		
※ 차량 KEY 수량, 스마트 개/리모컨 개/수동 개/ 기타 추가 보관물품등( )					
※ 구조변경사항		※ 정식수업 여부	☐ 정식수업		
☐ 사제 타이어 힐 ☐ 사제 LED등 ☐ 기타( )		☐ 낙찰시 계산서 발행 금액 (낙찰가/기타 원)			

[출품신청서 양식 예시]

ⓔ 출품에 필요한 구비서류

개 인	개인 사업자	법 인
• 출품신청서 • 자동차등록증 • 개인인감증명서 • 지방세완납증명서 • 양도행위위임장	• 출품신청서 • 자동차등록증 • 인감증명서 • 지방세완납증명서 • 양도행위위임장 • 사업자등록증사본	• 출품신청서 • 자동차등록증 • 법인인감증명서 • 양도행위위임장 • 사업자등록증사본 • 등기부등본 • 세금계산서

(3) 낙찰희망가격 결정

① 낙찰시세 검색

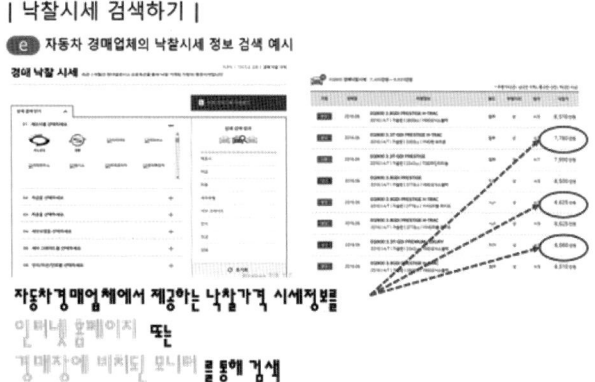

㉠ 낙찰시세란 자동차경매업체에서 경쟁 입찰을 통해 낙찰 거래된 차량의 평균 낙찰가격을 말한다.
㉡ 자동차 경매업체는 해당 경매장에서 거래된 중고자동차의 평균 낙찰가격 정보를 제조사별, 차종별, 세부모델별, 등급별, 연식 등에 따라 제공하고 있다.
㉢ 자동차경매업체에서 제공하는 낙찰시세에는 경매일, 경매장소, 사용용도, 주행거리, 차량상태 평가 등의 정보가 함께 표시되어 있다. 차량의 사용용도와 주행거리, 사고이력 등의 성능상태점검 평가정보는 차량의 시세에 큰 영향을 미치기 때문에 정확하게 파악하는 것이 중요하다.

② 낙찰희망가격 결정

PART 11 | 자동차 관련 용어

1 자동차 세일즈 용어

용어	용어설명
SC (Sales Consultant)	자동차회사에 소속된 영업사원으로 고객의 자동차상담, 구입, 판매, 사후관리를 담당하는 직원을 일컫는 용어이다.
리셉션리스트	자동차 전시장으로 오시는 고객을 맞이하고 환영한다는 뜻이며, 이런 업무를 하는 직원을 일컫는 용어이다.
리셉션데스크	고객을 맞이하고 안내하는 리셉션의 근무공간이며, 전시장의 모든 업무가 중점적으로 이루어지는 장소이다. 전시장으로 걸려오는 전화를 받고 기타 자동차 업무 관련 서류를 보관하기도 한다.
지점장	통상 영업지점장을 일컬으며, 서비스지점장도 지점장으로 불린다. 소장, 점장, 매니저 등 다양하게 호칭되기도 한다. 각 지점의 인력관리, 재무관리, 매출관리, 시설관리 등 총괄업무를 수행한다.
DP (Dealer Principal)	전시장을 대표하는 최고책임자로서, 영업·서비스·금융·중고차 등 모든 업무의 총 책임자이다.
전시장 당직근무	자동차회사에 소속된 영업사원은 전시장 근무를 원칙으로 한다. 정해진 회사내규에 의해 의무적으로 당직근무를 수행한다. 통상 전시장에서 고객을 맞이하고, 상담을 하는 업무를 일컫는다.
브로셔(카탈로그)	자동차 또는 자동차브랜드를 알리고 홍보하기 위한 책자이다. 자동차의 제원, 사진, 그림, 기능 등 대한민국 자동차법에 기준한 내용을 고객에게 전달하는 목적을 가지고 있다. 통상 종이책자이며, 최근 e-브로셔 형태의 카탈로그를 많이 활용한다.
시승차(데모카)	고객이 자동차 구매를 목적으로 영업사원 상담 시, 자동차를 직접 체험하고 경험을 할 수 있도록 자동차회사에서 준비한 차량이며, 정해진 기준에 따라 운행할 수 있는 차량을 일컫는다.
로너카(커티시카)	고객이 서비스센터에서 차량수리 중 자동차회사로부터 제공받는 대차서비스 또는 차량을 '로너카'라고 하며, 고객의 불편을 최소화하기 위한 자동차회사의 서비스 프로그램의 일환이다.
차량등록 업체	차량 등록에 관한 모든 사항은 국가가 관장하며, 고객이 자동차를 구매 후 차량을 등록할 수 있도록 도와주는 차량등록 대행업체를 일컫는다. 자동차영업사원 또는 자동차회사가 공인한 업체에서만 고객의 차량등록 대행업무를 진행하고 있다.
지하철 공채	국가나 지방자치 단체가 재원을 조달하기 위하여 발행하는 채권으로 자동차를 구입할 때 일종의 교통체증 유발 부담금으로 반드시 구입하여야 한다.

비룡재천(飛龍在天)
하늘을 나는 용처럼 마음껏 꿈을 펼쳐라.
− 주역(周易)

01	**자동차 세일즈 용어** .410
02	**자동차 서비스 용어** .418
03	**중고차 관련 용어** .422
04	**자동차 기술적 용어** .427
05	**자동차 구조학 용어** .439
06	**자동차 브랜드별 기능 및 용어** .442

PART 11
자동차 관련 용어

㉠ 검색된 낙찰시세 정보에 표시된 차량정보, 용도, 주행거리, 차량 상태 평가등급의 내용을 확인하고 기호 또는 약어로 표시된 세부 낙찰정보를 파악한다.
㉡ 낙찰 차량의 용도 정보는 보통 자가용, 업무용, 사업용, 영업용, 렌트카 등으로 구분하여 표시하고 있다. 일반적으로 영업용이나 사업용 등의 사용 이력은 동종의 자가용 조건보다 시세의 감가 요인이 된다.
㉢ 낙찰 차량의 주행거리 정보는 보통 상, 중, 하 등급으로 구분 표시되어 있다. 예를 들어 누적 주행거리 2만km 미만은 상, 2~3만km는 중, 3만km 이상은 하 등급으로 표시한다. 일반적으로 누적 주행거리가 증가하면 각종 부품의 마모 및 소모품의 교체주기가 단축되고, 내구 품질에도 좋지 않은 영향을 미치기 때문에 시세의 감가 요인으로 작용할 수밖에 없다.
㉣ 출품자동차의 상태조건 나열
- 출품하려는 자동차의 상태조건을 해당 경매업체의 낙찰시세 정보내용과 같게 나열표시하면 예상 평가등급을 알 수 있다.

구 분	차량정보	경매업체 예상 평가등급
차종/세부 모델	○○○	
연 식	2012	
용 도	자가용	
주행거리	40,000km	상
사고이력	무사고	A
차량상태	후두 찌그러짐	2
비 고		

- 주행거리가 40,000km인 차량의 경매업체 예상 평가등급은 상으로 평가한다.
- 해당 출품자동차는 사고이력이 없는 무사고 차량이므로 사고이력 평가는 A이다.
- 차량상태 예상 평가등급은 후두 찌그러짐이 있기 때문에 2로 평가등급 정보를 나열표시하고 있는 것을 알 수 있다.

자동차등록증	고객이 구매한 자동차가 공식적으로 국가에 등록되어 인증을 받고 교부받는 자동차 등록 서류이다. 자동차관련 기본내용 및 소유자에 관한 정보가 나와 있다.
취득세	자동차의 취득행위로 인하여 부과되는 지방세로 2011년 이후 등록세와 취득세가 합해져 취득세로 통칭한다.
모터쇼	자동차를 홍보하기 위한 가장 큰 행사이며, 모든 자동차브랜드의 축제이기도 하다. 각 국가별로 열리는 시기는 상이하며, 신차 발표 및 기타 자동차회사의 기술 각축의 장이기도 하다. 우리나라에서는 2년 주기로 서울모터쇼와 부산모터쇼가 개최된다.
시승행사	판매를 목적으로 고객에게 차량을 체험하도록 하는 행사로 영업팀, 영업지점 단위로 진행된다. 자동차회사에 만들어진 모든 브랜드를 체험할 수 있도록 적극적인 지원이 이루어지기도 한다.
판촉행사	개인별, 팀별, 지점별 행사 등으로 구분할 수 있으며, 고객이 자동차를 구매할 수 있도록 촉진하는 행사이다. 고객이 만족할 수 있는 사은품 등을 제공하여, 고객의 참여도를 높이기도 한다.
고객 초청 골프 행사	고객이 참여할 수 있는 체험형 행사로 고객과 자동차회사 임직원이 함께 진행하며, 고객의 충성도를 높이는 가장 큰 행사 중에 하나이다. 사전 참여고객 선정 및 자동차브랜드에 따라 행사진행 및 규모가 달라질 수 있다.
딜러스탠다드	자동차브랜드가 각 나라별 판매사(딜러사)를 선정하며 운영하게 되는데, 이때 자동차브랜드에 맞는 계약조건, 운영조건, 판매조건 등 모든 업무를 기준에 맞게 정하고 이끌어나가게 된다. 이에 적합한 모든 기준을 말한다.
KPI	Key Performance Indicators(핵심 성과지표). 목표를 성공적으로 달성하기 위해 핵심적으로 관리해야 하는 요소들에 대한 성과지표를 말한다.
팀 장	보통의 영업활동은 팀단위로 구성되어 있으며, 그 구성된 팀의 수장을 '팀장'이라고 한다.
팀 원	보통의 영업활동은 전시장의 영업팀을 기준으로 하고 있으며, 팀장을 비롯하여 팀원들로 구성되어 있다. 팀 숫자 및 팀원 숫자는 지점의 규모 및 판매목표, 방문객 수 등에 따라 유동적으로 변화한다.
발렛파킹	고객이 차량을 이용하여 전시장을 방문했을 때 제일 처음으로 고객을 맞이하는 직원으로서, 고객의 차량 주차를 도와주는 직원이다. 주로 외부 파견을 통해 인력을 활용하는 경우가 많다.
컨피규레이션룸	전시장에 준비되어 있는 룸으로 고객 상담 시 차량에 관련된 모든 옵션이나 실내 디자인 등을 확인하고 선택할 수 있도록, 옵션 등을 모니터를 통해 고객이 직접 확인하고 선택할 수 있는 공간이다. 디지털 추세에 맞추어 점차 많은 전시장들이 구비하고 있다.
대 차	차량 출고 후 차량의 기계적 이상으로 차량 수리가 필요할 때 고객의 불편과 컴플레인을 해소하기 위한 수단으로 차량을 빌려주는 행위를 말한다.
픽업 앤 딜리버리	차량 출고 후 정기적인 소모성 부품 교환 및 이상 수리가 필요할 때, 고객이 직접 운행하지 않고 판매사에서 서비스 차원에서 차량을 직접 픽업하여 점검 및 수리 후 고객에게 전달해주는 서비스를 말한다.
INFORM/DB (방명록)	고객이 전시장을 방문하고 상담 후 고객의 정보를 남겨놓을 수 있도록 준비된 노트이며, 방명록 작성 전 법규에 의거 고객정보동의서를 필히 서명을 해서 받아야 한다.
시승일지	회사에서 보유한 시승 차량의 사용내역을 정리하여 놓은 자료이다. 마일리지, 운행시간, 고객정보 등이 포함되어 있고, 이를 통해 향후 잠재고객 발굴에 활용한다.

시승 신청서	차량구매에 앞서 차량의 성능, 디자인, 승차감 등을 확인하기 위해 직접 시운전을 원할 때 신청·작성하는 서류로써, 고객의 운전 가능 여부, 예를 들면 유효한 운전면허 및 보험 해당 연령 등을 필히 확인한 후 시승한다.
당직순번	전시장 방문 고객을 맞이할 때 고객 상담을 위해 영업사원이 순번을 돌아가며 당직 스케줄에 맞추어 고객 상담을 하는 것을 말한다. 당일 근무자인 영업사원들의 고객 상담의 기회와 계약을 위하여 팀별로 로테이션을 하도록 정한 순서이다. 보통 팀장들이 순번을 정하고, 지점장이 당직 스케줄을 관리한다.
캐시백	영업사원들이 고객이 차량의 디스카운트를 원할 경우 자료에 남게 하지 않는 방법으로써, 차량 출고 후 일정 금액을 고객에게 현금으로 되돌려 주는 비정상적인 행위를 말한다.
저금리	딜러사 프로모션의 일환으로 차량할인이 아닌, 리스나 할부금융에서 발생되는 이자 중 일부를 지원함으로써 표면금리를 낮추는 것을 말한다. 저금리 리스, 저금리 할부 등으로 불리기도 한다.
보증금	금융계약에 따라 부담하는 각종 채무의 이행을 담보하기 위하여 금융회사에게 지급하는 금액으로, 중도해지나 리스계약 종료 시 고객에게 리스보증금을 반환하게 된다.
선납금	고객이 월리스료 부담을 경감하기 위하여 금융회사에 리스료를 미리 목돈으로 납부하는 금액이다. 보증금과는 달리 리스종료시 반환받는 금액이 아니다.
위약금	위약금에는 중도해지 수수료와 규정손해금이 있다. 중도해지수수료는 중도해지를 이유로 자동차를 반환하고자 할때 발생되며, 규정손해금은 중도해지를 이유로 자동차를 매입하고자 할 경우에 발생된다. 통상 자동차를 중도에 반환하는 경우는 거의 없다.
취득원가	물건의 구입금액 및 등록과 관련하여 자동차인수증 발급 전까지 금융회사가 부담한 비용 일체를 말하는 것으로, 통상 차량가에 취등록세, 공채할인비용, 등록부대 비용 등을 더한 금액이 취득원가가 된다.
해피콜	고객의 방문, 차량구입 등의 영업활동에 대한 고객 만족, 개선 사항 청취, 감사표시를 해피콜이라는 확인 과정을 통해 고객과의 친밀감 형성 및 로열티 향상, 원활한 관계 형성을 목적으로 하는 전화 통화이다. 지점의 규모에 따라 전담 해피콜 직원을 배치하기도 하고, 규모가 작은 지점은 리셉션리스트가 수행하기도 한다.
CR	차량 또는 관련된 서비스에 만족하지 못하여 고객이 제기하는 불만이다. * CR : Customer Relationship(고객 불만건)
미스터리 쇼퍼	손님으로 가장하여 미스터리 쇼핑을 시행하는 사람이다. 미스터리 쇼핑에는 방문객을 가장 그리고 전화 상담고객을 가장하여 시행하고 있다. 임포터에서는 미스터리 쇼핑 결과를 통해 딜러사의 프로세스에 대한 개선을 요구한다.
카이다	KAIDA(Korea Automobile Importers & Distributors Association) : 한국수입자동차협회로, 등록된 한국 수입차 브랜드 회사들의 공동체이다.
Area Manager	자동차 제조·판매사 또는 수입사에서 지역별 소속 딜러사의 영업, 정비 등의 활동을 지원, 모니터링, 조율하기 위해 선정한 담당자이며 정기적·비정기적으로 딜러사와 의사소통을 하는 채널이다.
CSS	Customer Service Satisfaction Index의 약자로 자동차 제조·판매사 또는 수입사에서 실시하는 소속 딜러사 애프터 서비스에 대한 고객 만족도 조사를 말한다.
CSI	Customer Sales Satisfaction Index의 약자로 자동차 제조·판매사 또는 수입사에서 실시하는 소속 딜러사 영업활동에 대한 고객 만족도 조사를 말한다.

VPC	Vehicle Preparation Center의 약자로 일반적으로 수입된 자동차 판매에 있어 오랜 기간 선박으로 이동한 차량의 사전점검을 위해 수입된 차량의 통관 및 PDI(인도 전 점검)를 위한 장소이다.
수입면장	세관에 수입신고가 적법하고 검사의 결과, 수입화물과 신고서의 기재가 합치했을때 발급하는 서류를 말한다.
형식승인	국가가 판매될 자동차 형식이 일정한 규격에 만족하게 생산될 수 있도록 보증하는 것으로써, 시험을 통해 측정한 결과가 규격에 만족했을 때 승인하게 된다.
DD	Dealer Development의 약자로, 자동차 제조·판매사 또는 수입사가 판매증진을 위해 새로운 딜러 네트워크(전시장 또는 AS센터)를 확장하는 활동이다.
ROS	Return of Sales의 약자로, 기업의 매출액에서 영업 및 영업외 비용, 세금 등을 모두 제하고 최종적으로 남는 순이익의 비율이 얼마나 되는가를 나타내는 수치로, 기업경영에 있어 최종적으로 창출해내는 이익율을 말한다.
MOU	Memorandum of Understanding의 약자로, 기업 간 합의에 의해 정식계약을 체결하기 전에 쌍방의 의견을 미리 조율하고 확인하는 상징적인 문서로 '양해각서'라고 하며, 법적인 구속력은 없으나, 도덕적인 책임은 존재한다.
타겟 어그리먼트	자동차 제조·판매사 또는 수입사와 소속 딜러사 간의 목표에 대한 합의로써, 주로 연간 목표 대수, 모델별 판매대수 및 매출액 그리고 딜러를 평가할 수 있는 KPI 지표 등에 대한 양자 간의 합의를 지칭한다.
미스터리 쇼핑	고객을 가정하여 전시장이나 서비스 센터 방문을 통해 고객응대 능력이나 영업사원의 실무능력 혹은 서비스 센터의 고객응대 수준을 파악하는 것으로, 서비스 사업장의 환경이나 직원들의 경쟁력을 증가시키기 위해서 태도를 평가하기 위한 조사방법이다.
프로모션	선전 및 판촉활동을 통해 고객이 제품을 접할 수 있는 기회를 제공하여 신규고객을 창출하고, 기존고객에게는 브랜드 로열티를 강화하여 제품의 매출 증대에 기여하는 프로그램이다.
CRM	기업이 고객과 관련된 내·외부 자료를 분석하고 통합하여 고객중심 자원을 극대화하고, 이를 토대로 고객의 특성에 맞게 마케팅 활동을 계획·지원·평가하는 과정이다. * CRM(Customer Relationship Management)
출고품의서	차량의 출고를 위해 상부에 문서로 기안하여 결재받기 위한 서식으로, 고객인적사항, 차량 세부 내용, 대금수납방식 등을 포함하고 있다.
계약서	고객과 회사 간에 차량의 판매·구매를 위해 합의한 계약사항에 관하여 작성한 문서로 차량계약서에는 매수인(고객), 매도인(회사) 사항과 차량 내용, 납기 등을 담고 있다.
계약출고담당	회사에서 차량의 계약과 출고에 관련된 업무를 담당하는 직원이다.
차량등록대행사	차량의 등록은 고객이 하는 것이 원칙이나, 업무의 편의상 이를 대행하는 업체이다.
전시차	전시장에서 판매를 목적으로 고객이 차량의 실물을 확인할 수 있도록 전시된 차량을 말한다.
가격표	자동차 가격을 모델별로 정리하여 고객이 쉽게 파악할 수 있도록 만든 표를 말한다.
번호판	정식으로 등록한 모든 차량에 부여받은 번호를 전후 면에 부착하는 직사각형의 금속판을 말한다.
판촉물	고객 홍보 차원의 판촉을 위해 만들어 나누어 주는 물건을 말한다. 예 골프가방, 우산, 키홀더 등 행사의 성격에 따라 고객을 위해 다양한 선물을 제작한 것
경쟁모델	고객의 차량 구매 시 당사의 자동차와 가격, 크기, 옵션 등의 사항이 비교 대상이 되는 모델을 말한다.

서비스센터	자동차의 판매 전후 관리(차량점검, 일반수리, 보증수리, 사고수리 등)를 위해 딜러사에서 운영하는 시설을 말한다.
견적서	차량 판매 또는 서비스 제공에 따른 각종 비용을 예상하여 계산한 내역을 구체적으로 기록한 문서를 말한다.
중고차	누군가가 사용했던 차량을 폐차시키지 않고, 다시 재활용하여 운행하는 차량을 말한다.
구매조건	고객이 차량을 구매하기 위한 조건으로 일반적으로 현금 또는 금융 프로그램 이용 등으로 구분된다.
입 항	수입차에 있어 차량을 제조한 국가로부터 선적된 차량이 선박 또는 항공기로 항구 또는 공항에 도착한 것을 말한다.
소모성 부품	차량을 운행함에 있어 일정기간 또는 운행거리에 따라 소모 또는 마모되는 자동차의 부품을 말한다.
차량 옵션	차량에 있어 기본적으로 장착되어 있는 품목이 아니라 고객이 선택할 수 있는 품목이다.
딜러사	차량을 제조 또는 수입하는 회사로부터 차량을 공급받아 차량을 판매하고 정비업을 하는 회사를 말한다.
웰컴패키지 (출고패키지)	차량을 출고할 때 자동차 회사에서 고객에게 제공하는 감사 또는 환영의 선물로써, 차량 열쇠고리, 차량용품, 판촉물 등이 여기에 해당한다.
세금계산서	차량을 매도·매수할 때 부가가치세 법에 따라 매수인(고객)에게 매도인(자동차 회사)이 발행하는 영수증을 말한다.
캐리어 (탁송차량)	차량의 운반을 위한 특수 차량으로 차량으로 운반하는 차량을 끌어서 운반하는 것이 아니라 화물칸에 차량을 적재하여 운반하는 차량을 말한다.
인탁송	차량의 운반을 캐리어나 견인차량이 아닌, 사람이 직접 대행하여 운반하는 것이다.
계약금	차량 구매 계약의 이행을 보장받기 위하여 고객이 자동차 회사에 미리 제공하는 금액이다.
당직실	전시장의 당직 근무를 위해 만든 방으로써, 고객방문 시 이곳에서 상담 등이 이루어진다.
Stock	자동차 회사에서 생산이 완료되어 판매가 가능한 차량 또는 부품으로 즉시 판매가 가능한 Stock 차량 또는 부품과 운송중인 Stock 차량 또는 부품으로 구분할 수 있다.
트레이닝 센터	자동차 회사에서 직원들의 교육을 위해 운영하는 시설로 '트레이닝 아카데미'라고도 부른다. 영업, 서비스, 관리자 등 딜러의 각 부문에 대한 교육이 이루어지는 곳이다.
마케팅	자동차 회사 또는 소속 딜러가 고객에게 제품을 판매하기 위한 기획활동, 시장조사, 선전, 판촉활동 등의 모든 경영활동을 말하며, 영업보다는 넓은 의미를 지니고 있다.
PR (Public Relation)	회사가 커뮤니케이션 활동을 통해 스스로의 생각이나 계획, 활동, 업적 등을 널리 알리는 활동으로 사실에 근거한다(= 홍보).
한국 지사장	외국의 자동차 회사가 한국 지사에 파견한 수장으로 일반적으로 한국 법인의 대표를 말한다.
프로모션	고객이 제품에게 다가갈 수 있는 기회를 제공하여 신규고객을 창출하고, 기존고객에게는 브랜드 로열티를 강화하여 제품의 매출을 증대시키는 활동을 말한다.
홀세일	자동차를 공급하는 임포터 회사와 소속 딜러사 간의 공급받는 자동차 또는 부품을 사전에 협의된 계약에 의해 대량 혹은 도매로 구입하는 것을 말한다. 보통 차량과 부품을 구매하고 딜러사가 고객을 대상으로 한 소매(리테일)를 하기 위한 모든 절차를 '홀세일'이라고 한다.
리테일	딜러사를 통한 판매 형태로 최종 구매자인 고객에게 판매하는 형태를 말한다.

용어	설명
차량런칭	신규모델의 공식적인 판매를 위해 정식 출고 전에 미리 기자, 고객 및 잠재고객들에게 선보이는 신형 차량 출시 행사로, 신차 홍보를 위한 적극적인 활동으로 사용되고 있다.
모터쇼	자동차 브랜드별 출시하는 신형 자동차와 컨셉카 및 생산 중인 최신형 자동차를 전시하여 공개하는 대규모 자동차 전시회를 말한다. 예 세계 유명 모터쇼 – 독일 프랑크푸르트, 스위스 제네바, 미국 디트로이트, 프랑스 파리, 일본 도쿄, 한국 서울, 중국 상해
딜러개발	자동차 회사가 판매 및 서비스를 위해 판매, 서비스 거점을 확보하려는 활동이다.
딜러네트워크	자동차 회사가 판매 및 서비스를 위해 보유하고 있는 판매, 서비스 망을 말한다.
테리토리 (Territory)	해당 지역에 거점을 둔 딜러사의 판매의 우선권을 보호하기 위해 지정해 준 지역의 범위이지만, 공정한 거래를 위해 지금은 거의 유명무실하고 암묵적으로 운영되고 있다.
보증서(예 ISP)	자동차의 품질, 성능, 안정성 등을 보증하기 위한 서류를 말하는 것으로, 보증기간 및 조건은 브랜드사별로 상이하다.
고객정보동의서	고객의 개인정보를 활용하는 것에 대한 동의를 확인하는 문서로 고객의 기본 정보사항, 제공한 고객의 신용정보, 활용할 고객의 정보 및 제공된 정보의 활용 방법 등이 포함된다. 법적으로 고객정보를 활용하기 위해서는 사전 동의가 필수적이다.
중고차 사업부	자동차 회사나 딜러사에서 중고차 관련 업무를 담당하는 중고차 사업 부서를 일컫는 말로, 브랜드별 딜러에서 고객에게 신뢰와 안정감을 주기 위해 각종 체크리스트를 통과한 차량에 부여하는 이름으로 일컫는다. 각 브랜드별 상이한 이름으로 중고 사업부를 다르게 부르기도 한다. • BMW – BMW Premium Selection(BPS) • Benz – Certified Pre-Owned(CPO) • Jaguar Landrover – Approved Used Car(APO) • Porsche – Pre-Owned Car(POC) 등
일일 활동보고서	영업직원의 일별 영업활동을 보고서로 작성하여 딜러별 판매 예상 및 재고 확보 그리고 세일즈 컨설턴트(어드바이저)의 영업활동량을 측정하기 위해서 영업사원 개인별 활동을 기록한 보고서이다.
주간 활동보고서	영업직원의 주간 영업활동을 보고서로 작성하여 딜러별 판매예상 및 재고확보 그리고 세일즈 컨설턴트의 영업활동량을 측정하기 위해서 영업사원 개인별 활동을 주간 단위로 기록한 보고서이다.
옵션표	차량 모델별 선택할 수 있는 옵션(필수옵션/선택옵션)을 고객이 선택할 수 있도록 보기 쉽게 표로 정리한 것이다.
제원표	차량 모델별 제원을 차량 크기, 성능, 옵션 등을 보기 쉽게 표로 정리한 것이다.
인센티브 (Incentive)	차량을 한대 판매했을 때 판매수당으로 세일즈 컨설턴트(어드바이저)에게 지급하는 차량 판매 수당을 말한다. 딜러사에 따라 한 대 이상 판매할 때마다 누진제로 지급하는 경우도 있고, 고정으로 지급하는 경우도 있다. 보통 영업사원들의 기본금+수당으로 능력별 판매 수당을 지급받는 것을 말한다.
리스피	차량을 판매하는 과정에서 고객이 할부나 리스 등 차량금액을 할부 형태로 구매하게 될 경우 자동차 금융 대출을 해주는 캐피탈사나 리스사 같은 금융권 회사가 영업사원에게 지급해주는 수당을 말한다.
종합보험	의무적으로 가입해야 하는 책임보험 외에 운전자가 필요에 따라 선택하여 가입할 수 있는 보험을 말한다. 종합보험에도 종류가 있는데 대인배상II, 대물배상, 자기신체사고, 자기차량손해, 무보험자동차상해 등이다. 대부분의 운전자들은 책임보험 외에 자신에게 적합한 보험을 선택해서 가입을 하는데, 보통 만기가 1년인 보험을 말한다.

용어	설명
책임보험	책임보험은 자동차를 소유한 고객이 의무적으로 가입해야 하는 보험을 말하며, 혹시 모를 사고가 발생했을 때 피해자를 보호하기 위한 의무보험으로, 보상범위는 대인배상 1억 원, 대물배상 1천만 원의 한도로 되어 있다. 책임보험을 가입하지 않으면 과태료가 부과되고 신규등록이나 이전등록, 자동차 정기검사를 받을 수 없게 된다. 미가입 상태에서 운전을 하다가 적발이 되면 1년 이하의 징역이나 5백만 원 이하의 벌금형에 처하도록 되어 있다.
공채	우리나라에서는 차를 살 때 의무로 공채를 매입해야 하는데, 공채는 국가의 기반이 되는 도시철도의 건설 및 운영, 지역개발사업 지원을 위한 자금 확보를 위해 발행하는 채권이다 (지방공기업 제19조, 도시철도법 제21조, 각 지자체 도시철도 채권 조례, 각 지자체 지역개발 기금 설치 조례). 공채는 도시철도 채권과 지역개발 공채를 이렇게 두 종류가 있으며, 차량의 배기량에 따라 채권을 구매해야 하는 비율도 달라진다.
공채 할인	차를 살 때 의무로 공채를 매입해야 하는데 공채는 공공 채권으로 본인이 매입하여 5년간 보관 후 금융기관에서 현금으로 교환해야 하나, 예외로 본인 의사에 따라 매입 당일 농협중앙회 등 금융기관에 고시된 비율로 매도를 하는 과정을 채권할인, 매도하는 것을 공채할인이라고 한다.
PE 또는 PG 차량 안내직원	차량을 전문적으로 고객에게 소개하는 직원으로 직접 판매를 담당하는 것이 아니라 제품에 대한 설명, 시승 및 차량 인도 등을 주 업무로 한다. 기존 세일즈 직원과 업무 분담이 명확하게 되어 있다. * PE(Product Expert), PG(Product Genious)
세그먼트 기준	• 경형 − 배기량 1,000cc 미만, 5인승 이하, 길이 3.6m 너비 1.6m 높이 2.0m 이하 • 소형차 − 배기량 1,600cc 미만, 10인승 이하, 길이 4.7m, 너비 1.7m, 높이 2.0m 이하 • 중형차 − 배기량 2,000cc 미만, 10인승 이하 혹은 길이 · 너비 · 높이 중 소형을 초과하는 차량 • 대형 − 배기량 2,000cc 이상, 10인승 이하 혹은 길이 · 너비 · 높이 중 소형을 초과하는 차량
프로스펙팅 (Prospecting)	프로스펙팅의 정의는 가망, 가능성이라는 영어단어로 가망고객을 발굴하는 행동을 뜻한다. 구매 가능성이 높은 고객을 CRM이나 고객 분류를 통해 전략적인 고객 데이터를 구축하는 것을 말한다.
mini max법	기본 개념은 작은 결정을 성사시킨 후 큰 결정을 유도하는 화법이다.
롤 플레잉 (Role Playing)	가상 역할 연기로 인간관계의 커뮤니케이션 훈련 방법으로 사용하기도 한다. 고객 상담과 비슷한 시나리오를 만들어 실제 고객 상담처럼 재현해 봄으로써 문제 해결 능력을 촉진시키는 교육 훈련을 말한다.
임포터	임포터란 국내 대리점을 관리하는 본사를 말한다. 외국 브랜드 자동차 회사가 한국에 현지법인을 설립하여 한국시장에 자동차를 수입하고 대리점을 모집 및 관리하며 자동차 부품과 수리 진단 장비를 판매하는 곳으로 부품을 수입하여 공급한다. 한국 시장에 마케팅 활동 및 광고 등을 하는 곳을 말한다.
구매암시법	구매암시법은 클로징 화법으로 많이 사용되며 고객 상담 중에 이미 결정된 사항을 반복하여 설명하면서 이미 구매가 완료된 것 같은 느낌을 가지게 설득하는 방법으로 고객이 구매 결정이 이미 결정되고 승낙한 것으로 설득하는 화법을 말한다.
타깃팅, 타켓팅 (Targeting)	전체 시장을 특정한 기준에 따라 세분화하여 기업이 진입할 목표시장과 범위를 결정하는 과정을 타깃팅이라 한다. 과거에 비해 광고매체와 유통경로가 다양해지고, 시장의 경쟁 또한 치열해짐에 따라 기업에서는 목표시장을 선정하여 효율적인 마케팅을 펼칠 때 필요하다.
USP (Unique Selling Propositon)	성공적 신차 출시를 위해서는 차별화 전략이 중요하다. 즉 그 차별화된 제품을 가지고 고객과 소통해야 한다. 제품의 차별화, 서비스 차별화, 이미지 차별화 등 경쟁사의 제품과 비교해서 우위에 있다고 하는 '오직 우리 제품만 가지고 있는 장점'을 말한다.

용어	설명
PPL	기업의 협찬을 대가로 영화나 드라마에서 기업의 상품이나 브랜드를 소품으로 화면 속에 상품의 이미지를 자연스럽게 인지시키는 광고를 말한다.
자동차진단평가사	중고자동차의 유통발전과 소비자의 권익을 보호하기 위해서 공정한 기준으로 중고자동차의 사고 유무 등 정확한 평가를 하는 사람을 말한다.
리 콜	차량 제조사 잘못으로 인해 차량에 중대 결함 발생 시, 전액 제조사 비용으로 결함 부품을 교체하거나 혹은 수리해 주는 제도이다.
타겟옵션	자동차 고객의 다양한 요구를 100% 만족시켜 줄 차량 제작은 불가능하다. 이를 보완하기 위해 특정 고객층에 대해서 옵션을 통해 고객이 원하는 사양을 맞춰주는 것을 말한다.
정성 조사	정성 조사는 탐색적 조사로 인터뷰나 그룹을 모아 의견을 수집하는 방법으로 소비자의 선호나 구매 성향 등을 조사할 때 사용하는 방법이다. 정성 조사의 결과는 보통 개별적이거나 경향성을 보여주며, 조사 목적을 설정하여 탐색적으로 진행하여 고객의 구체적인 선호도를 정확하게 파악할 수 있다.
STP 분석	STP 분석은 소비자의 선호에 적합한 제품 또는 서비스를 통해 차별성과 경쟁력을 확보하기 위한 광고 기법으로 시장 세분화(segmentation), 목표 시장 설정(targeting), 포지셔닝(positioning)으로 이루어져 있다.
GM	자동차 판매점에 혹은 수입 자동차 대리점에서 영업지점(전시장) + 서비스센터를 총괄 운영하는 Manager로서 영업 지점장보다 한 단계 높은 관리자를 GM(General manager)이라고 한다.
SWOT	외부 환경의 기회(Opportunity)와 위협(Threat) 요인, 내부환경의 강점(Strength)과 약점(Weakness)을 분석하여 최적의 광고전략을 수립하는 것이다.
가망고객	구매 필요성(Needs)이 있고 구매 자금(Money)이 준비되어 있으며 구매 결정권(Decision) 경우를 가망고객이라고 정의한다.
운용리스 사용개월수	운용리스의 리스사에서 차량의 잔존가에 대해서 환산을 하기 위해서 주로 연간(12개월, 24개월, 36개월, 48개월, 60개월)으로 리스 계약을 진행한다.
업셀링(Upsell)	세일즈 용어로 고객이 기대하는 제품보다 상위 제품 즉, 더 비싼 제품이나 서비스를 구매하도록 권유하여 판매 매출을 극대화하는 방식으로 기능이나 품질이 높은 상품을 판매하려는 시도로 상품이나 서비스 상품을 업그레이드 하는 판매 방식을 말한다.

2 자동차 서비스 용어

용 어	용어 설명
Service Center	자동차 정비 사업장(정비 공장)이다.
Work Shop	자동차 정비 작업을 하는 공간으로써 고객 접수실, 고객 대기실을 제외한 작업장과 부품창고 등을 의미한다.
Quick Shop	판금 도장을 제외한 일반적인 정비 수리를 하는 정비 사업장으로써 'General Repair'이라고 부르기도 한다.
Full Shop	판금 도장까지 가능한 정비 사업장이다.
3S	영업매장(Showroom), 부품판매(Spare Parts), 자동차 정비 사업장(Service Center)의 앞머리인 S를 합친 의미이며, 이런 시설을 갖춘 곳을 3S Shop이라고 한다.
2S	부품판매(Spare Parts), 자동차 정비 사업장(Service)을 갖추고 영업매장이 없는 곳이다.
Service Manager	Service Center 운영 책임자이다.
Workshop Manager	정비 작업장 책임자를 말하는 것으로써 '현장 책임자'라고 부르기도 한다.
Service Advisor	고객에게 정비 의뢰를 받아 작업지시서를 작성하고, 정비 작업장과 수리 정비를 조율하는 사람이다.
Foreman	정비사에게 작업지시서를 전달하고 작업계획 및 수리과정 등을 관리하는 사람이다.
Mechanic	정비사이며, 브랜드별로 상이하지만 '일반 정비 기술자'를 칭하기도 한다.
Technician	정비사이며, 브랜드별로 상이하지만 '판금 도장 기술자'를 칭하기도 한다.
Receptionist	고객접수 담당자(여직원)로, 서비스 센터로 예약하는 고객 및 방문 고객에 대한 응대, 안내 등을 책임지는 직원이다.
Cashier	출납원(회계원)으로, 고객수리 완료 후 비용수납을 책임지는 직원이다.
Car Parc	서비스 센터에 등록된 모든 자동차 고객이다. 브랜드별로 Car Parc 기준은 상이하지만, 일정기간 내에 한번이라도 방문한 고객을 집계한다.
Active Customer	브랜드 별로 기준은 상이하지만, 통상적으로 최근 1년간 서비스 센터에 입고한 자동차 고객이다.
Final Check	자동차 수리를 마치고 고객에게 인도되기 전 최종 차량점검 과정으로, 수리 후 차량상태 및 고객이 원하는 내용에 대한 수리 여부 등을 고객과 점검하는 과정이다.
End Control	자동차 수리가 끝나고 Foreman이 작업내용에 대해 최종 확인하는 점검과정이다.
Reception at the car	SA가 RO 작성 전에 고객과 함께 차량 밑과 주변을 점검하는 과정이다. 본 과정에서 차량의 상태, 외관, 마일리지 등을 고객과의 오해를 방지하기 위해 사전 점검하고 고객의 동의를 받는 과정을 말하는 것으로써 서비스 센터에서 매우 중요한 과정이다.
Dialogue Reception	'Reception at the car'과 같은 의미이다.
DMS	딜러사에서 자동차 정비 관련하여 사용하는 전산 시스템이다. * DMS(Dealer Management System)
EPC	딜러사에서 자동차 부품을 조회하는 전산 프로그램이다. * EPC(Electric Parts Catalogue)

Warranty	제작사에서 자동차의 결함으로 인해 무상 처리하는 과정이다.
Goodwill	보증기간이 지났지만 고객관리 차원에서 무상 보증처리 하는 과정 및 예산을 말한다.
Internal	딜러사에서 자기 부담으로 처리하는 과정이다(고객부담 없음).
Service Coupon	제작사 또는 수입차에서 발행하는 정비 쿠폰으로, 일정기간 동안 쿠폰을 사용하여 무상으로 점검·교환하는 것이다.
Customer Pay	고객이 수리비를 지불하는 과정이다.
Insurance	보험처리 과정이다(보험사에서 수리비 지불과정).
자기부담금	보험처리 과정에서의 자차 처리 면책금이다(수리비 20%, 최대 50만원).
시간당 공임	1시간 수리비 공임 요금으로써 브랜드별로 공임은 상이하다.
공 임	수리비에서 부품 등을 제외한 정비사 작업시간에 대한 요금, 즉 정비사 인건비에 해당된다.
부 품	자동차 수리에 들어가는 부속품이다.
액세서리	자동차 부대용품이다.
리프트	자동차 수리를 위해 자동차를 위로 올리는 장비로써, 각 브랜드별로 차량 총 중량에 따라 Load 최대 중량에 맞추어 리프트 설치를 한다.
휠 얼라이먼트 점검	자동차 앞뒤 바퀴의 정렬 상태를 점검하는 과정이다.
진단기	제작사에서 지정한 자동차 진단에 필요한 장비이다.
생산성	정비사가 출근시간 중(Present hours) 정비에 일한 시간(Clocking hours)으로써 용어의 정의를 정확히 정한 후 분석해야 하며, 브랜드별로 상이할 수 있다.
효율성	정비사가 일한 시간 중(Clocking hours) 판매한 시간(Sold hours)으로써 용어의 정의를 정확히 정한 후 분석해야 하며, 브랜드별로 상이할 수 있다. 컴플레인 차량, 단순 문의 차량은 효율성 계산에서 제외하고, 오직 고객에게 판매한 시간(Sold hours)만 집계해야 한다.
타임 클락킹	자동차 수리에 투입된 정비시간을 기록하는 과정이다.
CSS	고객 만족도를 조사하는 과정으로, 다양한 항목의 질문을 통해 서비스 센터에 대하여 고객이 느끼는 만족도를 평가하는 과정이다. * CSS(Customer Service Satisfaction)
해피콜	자동차 정비 완료 후 출고된 차량에 대해 고객에게 전화를 걸어서 정비 만족도를 조사하는 과정이다. 규모가 큰 딜러사에서는 별도로 해피콜 직원을 배치하고, 작은 규모에서는 리셉션리스트가 수행한다.
Follow up call	SA가 출고 후 고객에게 전화 조사하는 과정으로써, 해피콜의 일환이지만 고객을 직접 응대한 서비스 어드바이저가 수행하는 절차이다.
매우 만족	수리 만족도 조사의 '최고 점수'를 의미하며, 브랜드별로 용어는 상이하다.
CRO	고객의 불만을 처리하는 최고 책임자로서 'CR 매니저'라고 부르기도 한다.
긴급출동	외부에서 자동차의 결함으로 인해 고객접수 시 현장으로 출동하는 과정이다.
Call Center	고객으로부터 고장 및 불만을 접수하는 곳이다.
Service Mobile	긴급 출동에 필요한 자동차이다.
판 금	얇고 넓게 조각을 낸 금속판으로써, 이를 소성 변형시켜 자동차의 변형된 부분의 패널을 원래의 모양으로 회복시키는 등의 가공을 하는 작업을 말한다.

도 장	자동차 외장 부품을 페인트 재료로 입히는 과정이다.
도장부스	자동차 외장 부품에 도장재료를 칠하고 열처리를 하는 장비이다.
알루미늄 용접기	알루미늄 용접에 필요한 용접 장비를 말한다.
고장력 접합용접기	두 개의 철판을 열과 압력을 가해 접합하는 장비이다(Spot Welding).
조 색	새 자동차의 보디 컬러에 맞추어 작성된 원색 배합표의 기준에 따라 계량기를 이용하여 원색을 필요한 양만큼 혼합하는 배색 방법이다.
Area Manager	임포터 소속의 딜러 담당 매니저이다(지역 담당 책임자).
백 오더 (Back Order)	생산나라에 부품 발주하였으나 현지 창고에 제품이 없는 경우이다.
넌 무빙 파트 (Non Moving Part)	창고에 1년 이상 재고상태로 출고가 없는 상태의 부품이다.
엔 진 (Engine)	동력을 발생시켜 자동차를 이동하기 위한 수단으로 사용하는 주체를 말한다. 주요 구성 부분은 크게 두 가지로 '실린더 헤드' 부분과 '실린더 블록' 부분으로 구성되어 있다. 이 부분을 Short Engine이라고 한다.
실린더 (Cylinder)	실린더 블록 내부에 피스톤이 왕복 운동하는 구멍을 말한다. 구멍의 수에 따라 4실린더, 6실린더, 8실린더, 12실린더로 구분한다.
실린더 블록 (Cylinder Block)	실린더 블록 내 실린더가 있으며, 엔진 내부를 윤활할 수 있도록 오일의 통로와 엔진을 냉각시키는 냉각수의 통로가 있다.
실린더 헤드 (Cylinder Head)	실린더 블록의 상부에 위치하고, 연소실을 가지고 있으며, 밸브장치가 있다. 실린더 헤드와 실린더 블록이 결합하기 위해 가스켓이 둘 사이에 조립되어 있으며, 엔진오일과 냉각수가 이동할 수 있는 통로가 있다.
오일 팬 (Oil Pan)	실린더 블록 하부에 설치되어 있다. 엔진이 구동하면 오일 통로를 따라 움직이면서 오일이 줄어들었다가, 엔진이 멈추면 엔진오일을 저장하는 부품으로써 냉각 기능이 있다.
크랭크 축 (Crank Shaft)	크랭크 축은 실린더 블록 내 크랭크케이스 안에 설치되어 회전하면서 피스톤을 왕복운동할 수 있도록 하는 부품이다.
피스톤 (Piston)	실린더 내부를 왕복하는 물체이며, 연소실 내부의 폭발로 인해 발생된 에너지를 실린더를 통해 계속 왕복운동을 하면서 압력을 발생시킨다. 피스톤은 실린더의 수와 동일한 수를 가진다. 피스톤은 커넥팅 로드를 통해 크랭크 축과 같이 움직인다.
커넥팅 로드 (Connecting Rod)	피스톤(왕복운동)과 크랭크 축(회전운동)을 연결하는 부품이다.
로커암 (Rocker Arm)	캠축에 의해 밸브를 열어주는 작용을 하며, 실린더 헤드에 설치되어 있다.
로커암 축 (Rockerarm Shaft)	로커암을 지지하는 축이며, 내부에 오일통로가 있어 이것을 통해 로커암의 윤활작용을 한다.
밸 브 (Valve)	흡기 및 배기 밸브가 있으며, 연소실에 설치되어 혼합기를 연소실 내부로 흡입하고, 연소가스는 외부로 배출하는 역할을 한다.
캠 축 (Cam Shaft)	흡기 및 배기 밸브를 개폐하기 위한 캠이 설치되어 있는 축이며, 크랭크 축이 2회전 하는 사이에 흡·배기 밸브가 1회씩 개폐한다.
가솔린 엔진 (Gasoline Engine)	가솔린 연료로 사용하여 공기와 혼합하는 연소실에서 점화하여 폭발을 일으켜 동력을 얻어내는 엔진이다.

디젤 엔진 (Diesel Engine)	경유 또는 중유를 연료로 압축 및 점화를 통해 작동하는 내연기관이다.
엔진오일 펌프 (Engine oil Pump)	엔진의 여러 작동부를 윤활하기 위한 엔진오일을 공급해주는 장치이다.
엔진 마운팅 (Engine Mounting)	엔진을 지지하고 차체에 고정된 부품으로써, 엔진 진동을 감쇠하는 기능을 가지고 있다.
인젝터 (Injector)	전자 제어 연료 분사장치에서 보내진 분사 신호에 따라 흡기관에 연료를 분사하는 부품이다.
에어플로미터 (Air Flow Meter)	가솔린 분사장치에 사용되는 센서로서, 엔진에 흡입되는 공기량을 미터 내에 흐르는 공기의 흐름으로 검출하는 부품이다.
드로틀 밸브 (Throttle Valve)	드로틀 바디에 통과하는 공기량을 조절하는 밸브이다.
흡기 매니폴더 (Intake Manifold)	공기나 혼합가스를 실린더에 혼입하는 관이며, 실린더를 연결하는 기통수 만큼의 다기관이다.
배기 매니폴더 (Exhaust Manifold)	실린더로부터 배출되는 배기가스 장치를 말한다.
촉매 변환기 (Catalytic Converter)	배기 매니폴드와 머플러 사이에 장착되어 있으며, 배출되는 배기가스 중에 인체에 유해한 배기가스, 즉 탄화수소(HC), 일산화탄소(CO) 및 질소 산화물(NOx)이 무해한 성분으로 변환되도록 촉매 작용을 하는 장치를 말한다.
산소센서 (O_2 Sensor)	배기가스 중 산소를 검출하는 센서를 말한다.
ECU (Electronic Control Unit)	자동차의 엔진, 자동변속기, ABS 따위의 상태를 컴퓨터로 제어하는 전자제어 장치이다.
터보차저 (Turbo Charger)	자동차의 출력, 토크를 높여서 연료 소비율을 향상시켜 주는 장치이다.
라디에이터 (Radiator)	자동차 엔진 앞쪽에 설치하여 엔진 내부의 발생하는 열을 냉각시켜주는 역할을 하는 부품으로써, 내부에는 냉각수가 들어 있다.
워터펌프 (Water Pump)	자동차 냉각장치의 냉각수를 순환시켜 주는 부품이다.
수온조절기 (Thermostat)	엔진 내부의 냉각수 온도의 변화에 따라 밸브가 자동적으로 개폐하여 냉각수의 적정온도를 유지시켜 주는 일종의 개폐장치이다.
엔진오일 (Engine Oil)	엔진 내부 마찰 부품의 윤활유 역할과 냉각·청소·방청 기능을 가지고 있으며, 가솔린 엔진오일과 디젤 엔진오일이 있다.
에어클리너 (Air Cleaner)	엔진에 흡입되는 공기 중의 먼지를 제거하는 필터이다.
미션오일 (Transmission Oil)	변속기 내부의 기계적 장치들을 윤활제 역할과 냉각·청소·방청 기능 가지고 있다. 자동변속기 오일과 수동변속기 오일이 있다.
팬 벨트 (Pan Belt)	크랭크샤프트의 회전을 워터펌프 풀리와 발전기 풀리에 전달하는 벨트로써, 일반적으로 팬 벨트는 이음이 없는 V벨트를 사용한다.

용어	설명
타이밍 벨트 (Timing Belt)	크랭크 축에 장착된 타이밍 기어와 캠축에 장착된 타이밍 기어를 연결해 주는 벨트이다.
연료필터(Fuel Filter)	연료 속에 포함되어 있는 먼지, 수분 등을 제거하는 필터이다.
레몬법 (LamonLaw)	차량 구입 후 보증기간 내 반복적인 결함이 발생하면 소비자를 보호하기 위해 제조사가 교환·환불·보상 등을 하도록 규정한 것으로 신차 구매 후 1년 이내(주행거리 2만km 이내)에 동일한 중대 하자가 2회 이상 일반 하자가 3회 이상 재발할 경우 제조사에 신차 교환이나 환불을 요구할 수 있는 제도를 말한다.
썸머스텟 (Thermostat)	수온 조절기 또는 정온기라고도 하며, 냉각 펌프와 라디에이터 사이에 설치되어 냉각수의 온도에 따라 밸브가 열리거나 닫혀 엔진의 온도를 항상 일정하게 조절하는 장치이다.
토인 (Toein)	앞바퀴를 위에서 보았을 때 앞쪽이 뒤쪽보다 좁게 되어 있는 상태를 말하는데 반대로 바퀴의 앞쪽이 뒤쪽보다 넓게 되어 있는 것을 토아웃(toe-out)이라 한다.
메인터넌스 (Maintenance)	자동차의 수명 연장과 경비 절감 및 고장 시 수리를 위하여 점검·측정·수정 및 조립을 거쳐 자체의 성능 향상과 회복을 위한 작업을 말한다. 고장과 관계 없이 일정한 시기 또는 주행 거리에 따라 실시하는 정기 정비, 주행 중 고장이 발생되었을 때의 원인분석, 조정, 교환하여 원래의 상태로 성능을 유지시키는 수리 정비, 고장 또는 성능의 저하로 장치를 분해하여 수리하는 해체 정비 등이 있다.

3 중고차 관련 용어

용어	용어 설명
매입시세	차량의 연식, 주행거리, 사고유무, 옵션 등 매물의 상태나 조건에 따라서 매입하는 가격이다. 매매상사에서 중고차량을 구입하는 가격을 말한다.
매도시세	매입가격에 상품화 비용 및 마진과 기타 비용을 더하여 판매하는 가격이다. 규정된 가이드 라인이 없으며, 가격정보 사이트 시세도 정확하지는 않다.
1인 신조	차량 최초 구입 차주가 소유자 변경 없이 운행한 차량으로, 1인이 애정을 가지고 관리한 상태가 좋은 차량으로 인식된다.
각 자	다음 년도 모델의 최초 등록일이 당해년도일 경우 '각자 차량'이라고 한다. 각자와 역각자는 중고차 구매 시 주로 사용되며, 차량의 모델 연식과 자동차등록증에 등록된 등록일이 다를 수 있기 때문에, 이를 구분하기 위해 만들어진 용어이다.
역각자	전년도 제작차량의 당해년도 최초등록일 경우 '역각자 차량'이라고 한다.
임판차	임시번호판 차량을 말하는 것으로, 임시운행 기간의 확인이 필요하다(과태료).
대포차	서류상 소유자와 실사용자가 다른 불법차량이다. 대포차를 구매할 경우 구매자도 법적인 처벌을 받게 된다.
판 금	차량 표면의 찌그러진 부위 등을 망치도구를 활용하여 원래의 모양으로 복구하는 작업을 말한다.
덴 트	차량 도장면의 약간의 스크래치나 경작업 필요 시 특수장비를 이용하여 복원하는 방법이다.

용어	설명
무사고	차량 자체에 영향을 주지 않을 정도의 수리 및 부품을 교체한 차량으로, 차량 섀시 등의 중요 골격과 동력전달 계통의 사고가 없는 차량을 말한다.
삼박자사고	범퍼, 본닛, 양쪽 휀더가 모두 훼손되어 교체한 사고 차량이다. 각각의 경미한 사고 시 무사고로 처리되기도 한다.
출고도장	차량의 출고 때 그대로 유지된 도장면을 말한다.
보수도장	차량의 사고수리 및 보수를 하기 위하여 정비공장에서 페인트 도장을 한 차량을 말한다.
대차거래	한 곳의 매매상사에서 타던 차량을 팔고 중고차를 구입하는 행태이다.
압류등록	세금이나 과태료 등이 납부되지 않아 자동차 등록원부에 기록하는 행위이다. 압류된 기록을 해지해야만 중고차 이전등록이 가능하다.
저당	금융거래 당사자 간의 합의에 의한 자동차 등록원부 등록행위이다(일반적으로 금융사 할부사용 시).
전손차량	현재 차량가액보다 사고수리 비용이 더 높게 견적된 차량으로, 보험사에서 책정된 해당 차량가를 차주에게 지급 후 보험사가 인수 처리한다.
리스승계	최초 차량 구입 시 리스계약 기간이 남아 있는 차량을 매수자가 남은 계약을 양도 승계하는 것으로, 매매 딜러가 허위 매물 등 사기 건으로 많이 이용하니 주의가 필요하다.
의제 매입세액 공제	부가가치세가 면제되는 차량을 구입하여 매입세액이 없는 경우에도 일정한 요건에 해당하는 때에는 그 매입가액 중에 일정한 매입세액이 포함되어 있는 것으로 간주하여, 계산한 일정액을 매출세액에서 공제하는 세액을 말한다. 중고차 재활용 촉진을 위해 1993년 도입되어 세금계산서를 발행할 수 없는 개인 및 간이사업자로부터 중고차를 매입하는 사업자에게 적용한다(구입가격의 9/109를 매입세액으로 간주하여 세액공제).
과세표준 금액	매년 정부에서 발표하는 연식별 중고차 잔가율에 출고가격의 부가세를 뺀 금액을 곱한 금액이다. 출고가(부가세 제외) X 잔가율 X 등,취득세(7%) + 채권(1%) * 채권은 지자체마다 다르다.
현금영수증제도	중고차 매매거래 시의 투명성을 확보하고 중고차량 구입자에게도 소득공제 혜택을 받을 수 있는 제도이다(2017년 7월 1일부터 시행). * 소득공제 : 차량 구입금액의 10%(소득공제 한도 300만원)
중개수수료	중고차 거래 시 발생하는 알선 수수료이다. 중고차 단지에서는 매입딜러와 이를 판매하는 판매딜러로 2원화 된 구조로 되어 있으며, 법정 최고 중개 수수료율은 2.2% 이내이다. 부동산중개소에서 받는 중개수수료를 그 예로 들 수 있다.
제시신고	정식 허가를 득한 중고차 매매상사에서 중고차를 매매하기 위해서 지역 중고차 매매조합에 판매신고를 하는 것을 말한다.
가스킷(Gasket)	엔진에서 실린더 내의 혼합기가 새는 것을 막기 위한 금속 또는 종이로 된 얇은 패킹(Packing, 막)을 말한다.
고무부싱	링키지나 카뷰레터 등 슬라이드 운동을 하는 기계류를 수분이나 쓰레기, 먼지 등의 이물질로부터 보호하기 위해 부착하는 기름에 강한 고무 부품을 말한다.
그리스(Grease)	반고체 상태의 윤활유. 베어링이나 기어 등 하중이 큰 장소에 주로 사용한다. 그 종류도 광물류나 실리콘유 등 다양하게 있으므로, 사용목적이나 위치에 맞게 선택하도록 한다.
기어(Gear)	회전력을 미끌림없이 다른 구동계에 전달하는 중요한 역할을 한다. 그 방향도 동일 방향, 역회전, 90도 변경 등 다양한 역할을 맡고 있다. 그 종류도 대단히 많은데, 일반적으로 피니언 기어, 스퍼기어 등의 평기어와 베벨기어로 대표되는 90도 방향 전환에 사용되는 우산기어 등이 있다.

용어	설명
기어박스 (Gear Box)	먼지나 흙 등의 이물질로부터 엔진을 보호하거나 베벨기어의 배열각도, 백러시, 윤활 등을 적절하게 유지하기 위해 필요한 부분이다.
기어비 (Gear Ratio)	한쪽 기어에서 다른 한쪽 기어로 회전을 전달할 때의 감속비를 말한다. 일례로 기어비가 5:1이라는 것은 피니언 기어가 5회전하면 스퍼기어가 1회전하는 것을 의미한다.
나일론 스트랩 (Nylon Strap)	배선 등을 묶는 나일론 재질의 벨트로써, 니카드전지 등의 고정에도 사용된다. 보통 '케이블타이'라고도 한다.
너클암 (Knuckle Arm)	전륜측(앞바퀴) 조향 부분의 일부로 앞바퀴 회전의 중심인 킹핀에 직접 연결되며, 타이로드(스티어링 로드)와 볼링크로 연결되어 있는 부분을 말한다. RC카에서는 너클을 킹핀이 관통하는 타입이 많은데, 실제차나 4륜 독립차 등은 너클에 킹핀이 설치된 경우가 많다. 너클암은 너클과 하나가 되어 같은 역할을 한다.
뉴트럴(Neutral)	기어의 '중립상태' 또는 '중앙'을 의미한다.
니들밸브(Needle Valve)	연료의 양을 조절하는 밸브로, 카뷰레터 연료의 유량 조절에 사용된다.
니켈-카드뮴 전지 (Ni-Cd Battery)	니켈-카드뮴 전지는 반복적인 방충전이 가능한 전지를 말한다.
렌치(Rench)	너트 등의 나사를 푸는 도구로써 스패너 렌치, 박스 렌치, 알렌 렌치 등이 있다.
로드 클리어런스 (Road Clearance)	지상과의 높이로, 섀시와 노면과의 간격을 말한다.
로터리 카뷰레터 (Rotary Carburetor)	카뷰레터 형식으로, 카뷰레터 내부의 구멍 있는 조절 막대를 회전시켜 공기유량을 바꾸며 엔진회전을 올렸다 내렸다 하는 것을 말한다.
롤 바(Roll Bar)	실제 차가 전복 시 차의 운전자를 보호하기 위해 부착되어 있는 둥근 모양의 파이프이다.
리미티드 슬립 디퍼렌셜 (Limited Slip Differential)	'차동제한장치'를 뜻한다. 보통 디퍼렌셜은 한쪽 바퀴가 떠있거나 슬립하면 그 바퀴가 헛돌고 다른 한쪽 바퀴는 전진력을 잃어버리고 만다. 이때 한쪽 바퀴가 일정 비율 이상으로 돌면 거기서 그 바퀴를 제동하는 기구(클러치 등)를 부착하여 반대측 바퀴가 직진력을 잃는 현상을 막는 기구이다.
리버스 스티어 (Reverse Steer)	커브를 돌때 일정한 원을 그리며 차가 돌다가 마지막에 커브 안쪽으로 들어가 버리는 현상이다. '오버 스티어(Over Steer)'와는 달리 커브 입구에서는 일정한 원을 그린다.
리스폰스 (Response)	보통 조종기에서 콘트롤이 되는 서보트로닉의 반응을 나타낸다.
링키지(Linkage)	서보의 움직임을 스티어링 또는 스로틀 동작으로 제어하기 위해 직접 또는 벨 크랭크 등을 사이에 둔 피아노선, 플렉시블 와이어 등의 시스템 전체를 말한다.
마운트(Mount)	물체를 고정하는 부분 또는 고정하기 위한 부품을 '마운트'라고 한다. 엔진 마운트, 보디 마운트 등이 있다.
머플러(Muffler)	소음기. 엔진의 배기음을 줄이기 위한 장치이다.
미드쉽 엔진 (Midship Engine)	엔진 전후의 차축 사이(휠 베이스 내)에 세팅하는 방식이다. 중량물을 가능한 차의 중심 가까이에 모아 코너링 특성을 높인 것이 특징이다. 실제 레이싱카나 고성능 스포츠카도 이 방식을 주로 사용한다.
4WD	'Four Wheel Drive Car'의 약자로써, 4륜 구동차를 말한다.
샤프트(Shaft)	동력 등을 전달하는 회전 봉으로, 보통 '드라이브 샤프트'라고 부른다. 회전하지 않는 봉은 '액슬(Axle)'이라고 한다.

용어	설명
섀시(Chassis)	최근의 실제차는 모노코크 구조라고 해서 보디가 섀시를 겸하는 구조가 많이 채용되고 있으나, 일반적인 경우는 보디와 섀시 부분이 별도로 이루어지는 것이 보통이다. 그리고 서스펜션 계통과 엔진계통(파워 트레인), 서보 등을 탑재한 플레이트를 뺀 나머지 부분을 '섀시 본체'라고 한다.
쇼크 업소버 (Shock Absorber)	'충격완충기'를 의미한다. 원래 충격을 부드럽게 하는 목적의 제품은 스프링을 포함한 전부를 말해야 하지만, 관행적으로 오일댐퍼를 대표로 하는 댐퍼류를 지칭한다.
스타터(Starter)	엔진 시동을 거는 장비를 말한다.
스태빌라이저 (Stabilizer)	평형유지 장치로, 코너링 중에 차체가 기우는 것을 막기 위해 좌우의 암을 옆으로 연결하는 바(Bar)이다. 실제 승용차에서는 앞바퀴에는 반드시 부착한다고 해도 좋을 정도이며, 뒷바퀴에 부착하는 차도 적지 않다.
스트레이너 (Strainer)	여과기. 연료 스트레이너 등이 있으며 '필터'라고도 한다.
스트로크(Stroke)	'행정'을 의미한다. 어떠한 물체가 직선운동을 할 때, 그때의 동작거리를 '스트로크'라고 한다.
스티어링(Steering)	앞바퀴의 좌우 조종을 스티어링 계통이라고 한다. 스티어링 특성이란 조타특성이나 조종성을 의미한다.
스포일러(Spoiler)	보디 뒷부분에 튀어나온 공력적인 부분이다. 보디 뒷부분을 지면으로 누르는(다운포스) 역할을 한다. 일반적으로 차의 속도가 빨라짐으로써 차체가 노면에 대해 떠오르려 하는데, 이를 막기 위해 스포일러가 필요하며, 이것이 공기의 흐름을 바꾸는 역할을 하므로 '에어 스포일러', '리어윙'이라고도 한다.
아웃 인 아웃 (Out-In-Out)	커브를 돌때 주행라인을 그리는 방법이다. 즉, 커브의 입구에서는 바깥쪽(Out)으로 차를 몰고, 커브의 중간지점부터 출구까지는 안쪽(In)으로 치우치며, 커브 출구에서는 바깥쪽(Out)으로 차를 모는 방법을 말하는데, 이것은 차의 속력을 크게 떨어뜨리지 않으면서 커브를 주행할 수 있다.
아이들링(Idling)	엔진의 뉴트럴 상태에서 적정한 저속회전이다. RPM
애커만(Ackerman)	앞바퀴를 꺾었을 때, 안쪽 바퀴와 바깥쪽 바퀴가 서로 다른 조향각(안쪽 바퀴가 바깥쪽보다 많이 꺾인다)을 가지도록 설정된 것이다. 이같은 애커만 원리에 의해 차의 네바퀴 전체가 같은 원을 그리며 부드럽게 선회할 수 있게 된다.
RR(Rear Engine Rear Drive)	차의 구동방식 중 하나이다. 리어 엔진, 리어 드라이브로 엔진이 뒤쪽에 실려 뒷바퀴에 차의 무게를 효과적으로 실을 수 있는 장점이 있다.
FF(Front Engine Front Drive)	FF는 'Front Engine Front Drive'의 약자이다. 엔진이 프런트부에 설치되고 앞바퀴를 구동하는 방식으로써 일반적으로 가장 많이 쓰이는 방식에 해당한다.
FR(Front Engine Rear Drive)	FR은 'Front Engine Rear Drive'의 약자이다. 엔진이 프런트부에 설치되고, 뒷바퀴를 구동하는 방식으로서 '후륜구동'이라고도 불린다. 안락한 승차감과 다이내믹한 드라이빙이 가능하고, 프리미엄 브랜드 및 차종에 많이 쓰인다.
액셀러레이터 (Accelerator)	실제 자동차에 엔진의 회전을 제어하여 가감속을 하는 페달을 뜻한다.
언더 스티어 (Under Steer)	앞바퀴를 고정해두고 점점 가속해나갈 때 최초의 원보다 점점 크게 원을 그리는 차의 특성을 '언더 스티어'라고 한다.
오버 스티어 (Over Steer)	반대로 원이 점점 작아지는 차, 즉 스핀으로 발전하는 차를 '오버 스티어'라고 한다.

용어	설명
얼라인먼트 (Alignment)	타이어와 차체의 부착각을 말한다. 즉 차의 프런트부에서 이미 계산된 서스펜션의 각도 등을 일컫는 것으로 토우각, 캐스트 각, 캠버각 등이 있다.
오버쵸크 (Over Choke)	엔진에 연료가 지나치게 많이 들어간 상태를 말한다. 엔진시동이 걸리지 않으며, 최악의 경우에는 플러그나 커넥팅로드 등의 파손으로 이어진다. 그 대책으로는 일단 플러그를 떼내고 스타터에서 플라이휠을 돌려 불필요한 연료를 빼낸 다음 시동을 걸면 된다.
에어필터 (Air Filter)	엔진 카뷰레터의 흡입구 측에 장착되어 엔진에 흡입되는 공기를 정화하는 역할을 한다.
FRP(Fiberglass Reinforced Plastics)	유리섬유 등으로 강화된 플라스틱 제품이다. 가볍고 내구성이 뛰어난 것이 특징이며, 차량의 경량화를 통한 동력성능 및 연비 개선에 효과적이다.
오버행 (Over Hang)	차의 앞뒤 차축보다 튀어나온 부분을 말한다.
오버 히트 (Over Heat)	엔진 냉각수가 부족하거나 냉각팬의 고장, 엔진오일의 부족, 서머스탯의 고장 등의 이유로 엔진이 과열되어 냉각수가 끓어 넘치는 현상을 말한다.
인젝션(Injection)	연료 분사장치를 말한다.
조인트(Joint)	구동부를 연결하여 가동하는 접합부로, 볼 조인트나 유니버설 조인트 등이 있다.
카운터 스티어 (Counter Steer)	'역핸들'이라고도 한다. 커브를 돌때 차의 뒷부분이 원심력에 의해 미끄러지는 현상을 막기 위해 커브의 안쪽으로 핸들을 꺾는 조종 테크닉을 말한다.
캠버각 (Camber Angle)	앞바퀴를 앞에서 봤을 때 휠이 위로 벌어진 각도를 말하며, 앞바퀴의 아래가 넓은 경우는 네거티브 캠버(Negative Camber)라고 한다. 주로 핸들 조작이 쉽도록 하기 위한 것이다.
클러치(Clutch)	엔진의 회전을 차축에 전달하는 부분이다.
킹핀(King Pin)	앞바퀴의 조향(방향 전환)을 위한 회전축이며, 이 축의 기울기가 '캐스터각'이다.
파워 슬라이드 (Power Slide)	드리프트(Drift)라고도 한다. 코너에서 앞바퀴가 미끄러지기 시작할 때 뒷바퀴에 넘치는 구동력을 걸어서 드리프트 시작단계를 만든다. 여기서 중요한 것은 차의 움직임이 항상 조종자에 의해 컨트롤 되어야 하며, 이것이 컨트롤 되지 않은 경우를 '스핀'이라고 한다.
파워 유닛 (Power Unit)	엔진 및 모터 본체만을 뜻하는 경우와 엔진 주변(구동계 제외) 전체를 말하는 경우가 있다.
파트(Parts)	차를 구성하는 부품을 말한다.
프레임(Frame)	'골격', '구조'를 의미하는 것으로, 섀시 프레임 등이 있다.
피봇(Pivot)	선회축. 회전하는 물체의 중심이 되는 축을 말한다.
하이 기어드 (High Geared)	일반적인 감속비보다 높은 기어비를 말한다. 예를 들어, 4 : 1이 일반적이라면, 3 : 1은 '하이기어드', 반대로 5 : 1은 '로 기어드'가 된다. 이는 실제 차를 포함해서 자동차 세계에서는 일반적인 것으로 되어있다. 감속비의 숫자가 많은 편(앞에서는 5 : 1)이 하이 기어드인 것으로 착각하는 사람이 있는데, 이것은 잘못된 것이다.
허브 캐리어 (Hub Carrier)	서스펜션의 차축을 받치고 있는 부분이다. 프런트(앞부분)의 '스티어링 허브 캐리어'와 리어(뒷부분)의 '액슬 허브 캐리어'가 있다.
헤어핀 커브 (Heirpin Curve)	머리핀 모양의 작은 R자 커브를 말한다. 180°로 꺾어진 도로로, 원래 상태로 돌아가는 것과 같은 코너이다.
휠 얼라인먼트 (Wheel Alignment)	바퀴의 정렬로 캠버각, 캐스터각, 토우인각의 3가지 요소로 이루어진다. 차를 직진시키기 쉽고, 부드럽고 안정된 코너링을 할 수 있도록 다양한 연구가 이루어지고 있다.

용어	용어 설명
휠 밸런스 (Wheel Balance)	휠(바퀴)과 타이어를 접착한 다음, 납 등의 추로 균형을 잡는 것이다. 밸런스용 추는 휠의 뒷면에 고무접착제로 고정하고 테이프로 붙여 둔다.
휠 베이스 (Wheel Base)	앞뒤 차축 사이의 거리로, 프런트 타이어와 리어 타이어의 중심 간격의 거리를 말한다.
휠 하우스 (Wheel House)	타이어 휠의 회전 및 작동에 지장이 없도록 마련된 공간을 말한다.
히트싱크 (Heat Sink)	방열판 또는 냉각판으로, 차체를 충격으로부터 보호하고 냉각시키는 부품이다.
출 품	경매를 통해 자동차 판매를 의뢰하는 것을 말한다.
낙 찰	경매를 통해 거래가 성사되는 행위를 말한다.
유 찰	경매를 통해 거래가 성사되지 못한 경우를 말한다.

4 자동차 기술적 용어

용 어	용어 설명
ABS (Anti lock Brake System)	차량 운행 중 불가피하게 발생되는 급제동시나 눈길, 빗길과 같이 미끄러지기 쉬운 노면에서 제동 시 발생되는 차륜의 슬립현상을 감지하여 브레이크의 유압을 조절한다. 또한 바퀴의 잠김(Locking) 방지하고 제동 시에도 핸들의 조절을 가능하게 하면서 가능한 최단거리로 차량을 정지시킬 수 있게 하는 시스템이다.
공연비 (Air Fuel Ratio)	연소에 사용된 연료에 대한 공기의 중량 비율을 말한다. 통상적으로 옥탄가의 이론적 공연비율은 15 : 1로 나타낸다.
이론공연비 (Air fuel ratio for complete combustion)	휘발유와 산소가 산화반응을 일으켜서 완전 연소를 하기 위한 중량 비율을 화학식에 의해 이론적으로 구한 값을 말한다. 통상적으로 옥탄가의 이론적 공연비율은 14.7 : 1로 나타낸다.
노킹 (Knocking)	내연기관의 실린더 내에서의 이상연소에 의해 망치로 두드리는 것과 같은 소리가 나는 현상이다.
질소산화물 (Nox)	질소산화물(NOx)은 질소와 산소의 화합물로, 연소과정에서 공기 중의 질소가 고온에서 산화되어 발생한다. 공해 문제를 일으키는 주요 요인은 일산화질소(NO), 이산화질소(NO_2)이다.
옥탄가 (Octane Number)	가솔린이 연소할 때 이상폭발을 일으키지 않는 정도를 나타내는 수치이다.
RPM (Revolution Per Minute)	회전하면서 일을 하는 장치가 1분 동안 몇 번의 회전을 하는지 나타내는 단위이다.
HP(Horse Power)	동력이나 일률을 측정하는 단위이며, 한국의 경우에는 1PS = 735.5W로 계산한다.

용어	설명
EGR (Exhaust Gas Recirculation)	연소 후 배출되는 가스의 일부를 Intake Manifold로 순환시켜 재연소 시킴으로써 유해 배출 가스량을 감소시키는 시스템이다.
배기량 (Displacement)	피스톤이 실린더 내에서 1행정 하였을 때 흡입한(또는 배출한) 공기 또는 혼합 가스의 체적을 말한다. 각 기통의 실린더 면적 ×스트로크 ×기통수로 나타내며, cc나 리터(L)로 표시한다.
연료소비율 (Rate of Fuel Consumption)	자동차가 연료의 단위용량 당 주행할 수 있는 거리이다(km/ℓ로 표시).
연소실 (Combustion Chamber)	엔진에 흡입된 혼합기가 연소되는 장소로 혼합기를 실린더 내에 넣고 또 연소가스를 외부에 배출하기 위하여 흡입한다. 배기밸브가 있는 챔버이다.
토오크(Torque)	물체를 그 회전축 주위로 회전시키려는 회전력을 말한다.
프레임(Frame)	섀시를 구성하는 각종 장치나 차체(body)를 설치하는 부분으로, 차체에서 전달되는 하중 및 전후 차축의 반력 등을 지지하는 자동차의 골격에 해당하는 구조물이다.
플랫폼(P/F Platform)	스타일링의 변경에 영향을 받지 않는 차량의 기본적인 골격이다. 즉, 주행성, 충돌성 등에 직접적인 영향을 미치는 차체와 기계적 부품들의 기본구조를 말한다.
압축비 (Compression Ratio)	내연기관에서 실린더 안으로 들어간 기체가 피스톤에 의해 압축되는 용적의 비율이다.
하이브리드 카 (Hybrid Car)	내연 엔진과 전기자동차의 배터리 엔진을 동시에 장착 등 기존의 일반 차량에 비해 연비 및 유해가스 배출량을 획기적으로 줄인 차세대 자동차를 말한다.
START/STOP	스타트/스톱 시스템은 차량 정지 시 엔진을 자동으로 정지시켰다가 출발할 때 자동으로 다시 시동을 걸어 연료 소비를 줄이는 일이다.
크루즈 컨트롤 (Cruise Control)	운전자가 희망하는 속도로 고정하면 가속 페달을 밟지 않아도 그 속도를 유지하면서 주행하는 정속 주행장치이다.
차선이탈 경고장치 (Lane Departure Warning)	70km/h 이상으로 주행하다가 운전자 의도와 상관없이 차선을 이탈할 경우, 스티어링휠에 진동을 가해 차선이탈 경고를 주는 장치이다.
차선변경 경고장치 (Lane Change Warning)	50km/h 이상의 속도로 주행 중에 차선을 변경 시 가능한 충돌에 대해 경고를 준다. 운전자 사각지대에 다른 차가 들어오면 경고를 준다.
액티브 프로텍션 (Active Protection)	주행 중에 사고 발생과 같은 위험한 상황이 발생하면 충돌사고에 대하여 사전 안정성을 높여주는 기능을 한다.
브레이크 에너지재생 (Brake Energy Regeneration)	제동 또는 감속 중일 때 배터리를 충전하는 시스템으로, 연비를 최대 3%까지 향상시키고 가속 시 엔진의 최대 출력을 활용화 할 수 있도록 한다.
DSC (Dynamic Stability Control)	DSC는 악조건이나 혹독한 노면에서도 차량 제어를 용이하게 하여 안정성을 향상시킨다.
EBV (전자식 제동력 분배)	자동차 적재 상태에 따라 앞 차축과 뒤 차축 사이의 제동력 전후 배분을 조정한다.
MSR (엔진 슬립 컨트롤)	미끄러운 도로에서 구동기어가 블로킹되는 경향을 방지한다.

RPA(타이어 펑크 디스플레이)	4개의 휠 회전속도를 통해 각 휠의 타이어 롤링의 편차를 비교하며, 이를 통해 완만한 타이어 압력 손실을 감지한다.
ASC (자동 안정성 제어)	출발할 때, 코너링에서 가속할 때, 코너링에서 가속할 때 및 다른 중요한 순간에 구동휠의 견인력 손실을 방지한다.
DBC (Dynamic Brake Control)	상시 브레이크 페달을 신속하게 밟을 때 브레이크 압력을 더 높이지 않으면 즉시 최대 브레이크 압력을 높여 자동차를 더 빨리 정지시킨다. 운전자가 적절한 힘으로 브레이크 페달을 밟지 않더라도 DBC 자동으로 제동거리가 가능한 짧게 한다.
CBC (Cornering Brake Control)	커브상황에서 제동 시 주행 안전성을 향상시키는 장치이다.
HDC (Hill Descent Control)	가파른 내리막이나 거칠고 미끄러운 내리막의 어려운 주행상황에서 운전자가 조향에 완전히 집중할 수 있도록 브레이크 제어를 통해 사전 설정된 속도로 차량을 꾸준히 유지한다.
EDC (전자 댐퍼 제어)	자동 또는 수동으로 각 댐퍼를 운전 조건에 맞게 조정하여 도로에서의 안정성과 최상의 편안함을 제공한다.
PDC (Parking Distance Control)	장애물 감지장치, 앞과 뒤 범퍼에 센서가 설치되어 있다.
Park Assitant (주차 어시스턴트)	주차과정이 진행되는 동안 주차 어시턴트 버튼을 계속 누르고 있으면 자동차가 주차공간에 주차를 한다.
역주행 경고기능 (Wrong-way Warning)	역주행 경고기능은 내비게이션 시스템과 연계되어 있으며, 고속도로 혹은 회전 교차로를 진입할 때 등 교통상황 또는 도로 코스가 불명확한 경우 운전자를 지원한다. 또한 이 시스템은 도심지에서 일방통행 도로를 감지할 수 있다.
통행권 우선 경고 (Junction Warning)	통행권 우선 경고기능은 운전자가 통행우선권을 무시하는 상황에서 운전자에게 경고해준다. 통행 우선권 경고기능은 내비게이션 시스템과 연계되어 있으며, 교차로에서, 합류 도로에서, 진입주행 시, 회전 교차통행 시와 같은 교통상황 사례에 적용된다.
교차로 경고기능 (Cross Traffic Warning)	교차하는 차량과 충돌 위험이 있을 경우 운전자에게 시스템에 의해 시각 및 음향에 의한 경고 신호가 전달된다. 그에 따라 교차로에서의 사고 개연성 혹은 심각한 사고가 확연히 줄어들 수 있다.
하이빔 보조 (High Beam Assist)	야간 운전 시 전조등이 필요할 때 로우 빔으로 자동 전환한 다음, 교행 차량이 없을 때 하이 빔으로 돌아가도록 지원해준다.
어댑티브 헤드라이트 (Adaptive Headlight)	적응형 헤드라이트는 곡선 방향으로 빔을 캐스팅하고, 구불구불한 도로에서 야간 주행 중에 더 나은 가시성과 안전성을 보장한다.
서라운드 뷰 (TRSVC) (Surround View)	골목길이나 교차로에서 나와 도로에 진입할 때 좌우 시야를 향상시켜 준다. 또한 좁은 공간에서 운전하거나 주차를 할 경우 주변의 상황을 왜곡 없이 나타내어 준다. 전방 및 후방 카메라 그리고 사이드미러 하단의 카메라를 통해 마치 위에서 내려다보는 영상을 통해 차량 주변의 360° 시야를 확보할 수 있다.
충돌 경고 시스템 (Collision Warning)	카메라 기반의 보조시스템으로 보행자 또는 차량에 의한 사고를 피하거나 충돌 시 사고의 영향을 줄이는데 기여한다.

기능	설명
디스트로닉 플러스 (Distronic Plus)	일반적인 크루즈 컨트롤 기능에서 전방 차량과 안전거리를 일정하게 유지하며 달릴 수 있도록 가속과 제동을 스스로 조절하며, 스티어링휠의 회전 보조력을 자동 조절해 차량이 차선 중앙에서 벗어나지 않게 주행할 수 있도록 도와준다. 또한 Stop & Go 파일럿 기능이 포함되어 있어 차량이 완전히 멈추었더라도 앞 차량이 출발할 경우 따라가도록 해준다.
나이트 뷰 어시스트 플러스 (Night View Assist Plus)	어두운 곳에서 사람이나 동물을 좀 더 빨리 발견할 수 있게 해준다. 사람이나 동물이 감지되면 계기반의 다기능 디스플레이에 표시된다. 또한, 스포트라이트 기능은 도로에 보행자가 있을 경우, 운전자가 보행자를 발견할 수 있도록 빠르게 연속해서 네 번 보행자를 비춰주며, 운전자에게 보행자의 존재를 알릴뿐만 아니라, 보행자에게도 현재 위험 상황을 알리는 역할을 한다.
햇빛 차단 패키지	햇빛 차단 패키지는 뒷좌석의 옆과 뒷 유리의 전동식 블라인드로 구성되어 있다. 햇빛으로부터 보호해 줄 뿐만 아니라 보다 독립적인 공간을 제공한다.
측풍 제어 보조기능 (Crosswind Assist)	옆에서 강한 바람이 불어오는 것을 감지하고 운전자가 주행 경로를 일정하게 유지할 수 있도록 도와준다. 차량이 주행 경로에서 밀려나는 경우, 차량의 주행 방향을 바로 잡기 위해 ESP® 센서 시스템을 이용해 브레이크를 자동으로 작동시킨다.
VSC(차체 자세 제어장치) (Vehicle Dynamic Control)	운전자가 별도로 제동을 가하지 않더라도, 차량 스스로 미끄럼을 감지해 각각의 바퀴 브레이크 압력과 엔진 출력을 제어하는 장치이다.
TRC (구동력 제어장치)	TRC는 차량이 평평하지 않은 도로나 미끄러운 도로에서 출발할 때나 가속할 때, 최적의 접지력을 유지한다. 즉, 휠 스핀의 위험을 즉각적으로 감지하여 바퀴가 미끄러지지 않도록 한다.
EBD (전자식 제동력 분배장치)	EBD는 ABS와 함께 작동하여, 도로 상황에 따라 각 바퀴에 적합한 제동을 가한다. BAS는 급브레이크 상황에, 필요한 제동력을 자동으로 증가시킨다.
AHS (어댑티브 하이빔 시스템)	윈드실드에 장착된 카메라를 통해 다가오는 차량을 자동으로 감지하여 실드 빔 모드를 실행함으로써 하이빔 라이팅의 일부분을 가립니다. AHS는 효율적으로 필요한 부분만 하이빔이 작동하도록 하여 다가오는 차량 운전자의 시야 확보를 돕고, 동시에 불필요한 에너지 낭비를 막는 인공지능 장치이다.
보행자 충돌 안전 시스템	보행자의 안전을 위해, 충격을 흡수할 수 있도록 각종 외장 부품에 충격 흡수구조를 적용하고 있다. 충돌 사고 시 보행자의 머리와 다리에 가해지는 충격을 감소시킨다.
HAC (경사로 밀림 방지장치)	HAC는 경사로에서 출발할 때 밀리지 않도록 브레이크 압력을 유지시켜 준다. 또한 미끄러운 경사면에서 휠 스핀을 최소화한다.
BSM (사각지대 감지장치)	턴 시그널 램프가 작동 시 미러에 보이지 않는 사각지대에 다른 차량이 접근해 오면 아웃사이드 미러 인디케이터에 불빛이 번쩍이며, 운전자가 접근해 오면 아웃사이드 미러 인디케이터에 불빛이 번쩍이며 운전자에게 경고를 보내 사고를 방지한다.
VGRS (가변 기어비 스티어링)	차량의 속도와 운전자의 조작에 따라 스티어링의 기어 비를 자동으로 변환시켜 주는 장치이다. 차량 속도에 맞추어 최적으로 스티어링 각을 제어함으로써 조작성과 반응성 모두를 향상시킨다. 고속 주행에서 VGRS는 스티어링 기어비를 줄여주어 차량을 정밀하게 스티어링 할 수 있도록 한다.
TVD(토크 벡터링 디프런셜)	언더스티어 없이 빠른 코너링도 가능하다. 주행 중에도 운전자가 TVD의 전자적 개입을 인식하지 못할 정도로 자연스러운 코너링 감각을 구현한다.
브레이크 오토 홀드 시스템	정차 시 브레이크 페달에서 발을 떼더라도 브레이크 압력을 일정하게 유지하여 가속 페달을 작동하기 전까지 정차 상태를 유지하여 준다. 경사로 출발 시 차량의 밀림방지 또한 지원한다.

용어	설명
RCTA (후 측방 경고시스템)	후진 시 뒤쪽 사각지대의 차량 및 보행자 등을 감지하고, 경보음을 울려 운전자에게 위험을 인식시켜 준다.
차선이탈 경고장치 (Lane Departure Warning)	약 70km/h 이상의 속도에서 차선 이탈 경고 포함. 카메라 기반 접근 제어 경고는 최대 50m 거리까지 차선 표시를 등록한다. 차량이 의도하지 않게 차선을 교차할 가능성이 있는 것으로 보일 경우, 운전자는 조향 핸들의 가벼운 진동으로 경고를 받는다. 방향 지시등이 활성화되어 있는 경우(즉, 운전자가 의도록 차선을 변경하는 경우) 경고가 표시되지 않는다. 카메라 기반 접근 제어 경고는 차선 이탈 경고 시스템의 일부이다. 룸미러의 높이에 있는 카메라가 차선 표시와 장애물을 포착한다. 차선이탈 방지기능을 사용하기 위한 전제조건은 차선이 명확히 인식되고, 일정한 주행속도를 유지해야 한다. 이로써 해당 시스템의 경고기능이 정확하게 제공될 수 있다. 차선을 위협적으로 변경하는 경우 해당 시스템은 스티어링 휠을 진동함으로써 운전자에게 경고를 전달한다. 한개 또는 두개의 차선에 대한 인식을 바탕으로 시스템에서는 우선 해당 차선에 대한 차량의 위치를 파악하게 된다. 조향각 및 주행속도를 바탕으로 해당 차선으로부터 이탈하기까지 남은 시간이 계산된다. 차선 표시를 이탈하기 전 적절한 시간에 경고가 전달된다. 경고는 오직 일회에 한해 해당 차선 표시에 근접할 때 나오게 된다. 해당 경고는 최대 2.5초 동안 지속된다. 만약 차량이 해당 차선 표시에 걸쳐 있는 경우라면, 추가적인 경고는 전달되지 않는다. 원래의 차선으로 돌아온 이후 또는 새로운 차선으로 변경한 이후에야 다시금 경고 기능이 활성화 될 수 있다. 운전자의 의지가 작용한 차선 변경 진입을 위해 방향지시등을 작동시킨 경우라면 경고는 출력되지 않는다.
차선변경 경고장치 (Lane Change Warning)	차선변경 경고장치는 운전자가 다른 차선으로의 변경 시 외부 미러로 확인이 안 되는 부분까지 시스템이 알려줌으로 인해 보다 안전하게 차선 변경을 할 수 있는 시스템이다. 차선변경 경고 장치(SWW)는 차선을 바꿀 때 운전자를 보조해 준다. 50km/h 이상의 속도로 주행 중 차선 변경 시 가능한 충돌에 대해 알려 준다. 이때 차선 변경 경고 장치는 2개의 레이더센서를 통해 후방과 측면의 차량을 모니터링 한다. 차종 및 시스템 변경에 따라 속도는 틀리다. (F0xLC I: 20km/h, G1x : 10km/h) 차선변경 경고장치(SWW)를 통해 차선 변경 시 위험이 발생할 수 있는 교통상황을 확인할 수 있다. 이러한 상황이 발생하면 운전자는 2단계로 (아웃사이드 미러의 발광 다이오드, 스티어링 휠의 진동) 정보와 경고를 받게 된다. 이와 같은 교통상황은 멀리 떨어져 있는 차량이 뒤에서 빠르게 접근할 때 발생한다. 운전자 스스로 어둡거나 나쁜 날씨 상황에서 후방 또는 후방측면에 따라오는 차량에 대해서 예측하기 힘들 수 있다. 레이더 센서는 날씨와 조명 상태와는 무관하게 작동된다. 다른 차량이 사각지대에 있을 때에 또 다른 위험이 발생할 수 있다. 운전자는 매우 신중하게 행동할 때에만 위험을 감지할 수 있다. 차선 변경 경고 장치의 레이더 센서는 본인 차량의 후방 60미터 이전의 차량부터 감지하게 된다. 옆 차선의 차량은 본인 차량의 중간 지점까지 인식한다.
액티브 프로텍션 (Active Protection)	주행 중에 사고 발생과 같은 위험한 상황이 발생하면 충돌사고에 대하여 사전 안정성을 높여 주는 기능이다. 차량이 약 30km/h 이상의 속도가 되면 자동으로 활성화 된다. 위급상황의 판단은 급제동이나 코너링에서 과도한 오버스티어링 또는 언더스티어링과 같은 상황 발생시 Active Protection이 활성화 된다.

브레이크 에너지 재생 (Brake Energy Regeneration)	제동, 또는 감속 중일때 배터리를 충전하는 브레이크 에너지 재생은 연비를 최대 3%까지 향상시키고 가속 시 엔진의 최대 출력을 활용화 할 수 있도록 한다. 오늘날의 차량은 전기, 전자장치 및 편의와 안전 시스템의 훨씬 더 광범위한 적용으로 인해 구형 모델보다 훨씬 많은 전기 에너지를 필요로 한다. 이 에너지는 엔진의 출력을 전기로 변환하는 발전기에 의해 생성된다. 종래의 시스템에서 발전기는 엔진에 의해 구동되는 벨트에 의해 작동 되었다. BMW의 브레이크 에너지 재생은 다르게 작동한다. 발전기는 가속페달에서 발을 떼거나 브레이크를 밟을 때만 전기 에너지를 생성한다. 달리 낭비되는 운동 에너지는 이제 효율적으로 사용되어 발전기에 의해 전기로 변환되어 배터리에 저장된다. 이렇게 효율적으로 전기를 생산하면 추가 장점이 있다. 가속페달을 밟을 때 발전기가 비활성화 되므로 엔진의 전체 출력을 구동 휠로 보낼 수 있다. 따라서 브레이크 에너지 재생은 연비를 향상시키는 동시에 주행 역동성을 향상시킨다. 안전 예방책으로 Brake Energy Regeneration 시스템은 배터리 충전량을 모니터링하고 필요한 경우 가속 중에도 배터리를 계속 충전하여 배터리가 완전히 방전되는 것을 방지한다. 배터리를 충전하기 위해 엔진에서 더 적은 노력이 필요하며, 이는 연료소비 및 배출가스를 줄이는 효과를 가져 온다.
DSC (다이내믹 스테빌리티 컨트롤)	악조건이나 혹독한 노면에서도 차량 제어를 용이하게 하여 안정성을 향상시킨다. 운전할 때 가능한 높은 수준의 안정성을 보장하며, 출발하거나 가속할 때 모던 바퀴의 견인력을 최대화 한다. 오버스티어링이나 언더스티어링의 첫 신호를 감지 할 수 있으며, 타이어의 그립 수준이 다양하더라도 안전하게 주행할 수 있다.
발진 어시스턴트	자동차가 경사 길에서 출발할 경우 운전자가 브레이크 페달에서 발을 떼더라도 제동압력을 2초 동안 계속 유지시켜 자동차가 뒤로 굴러가지 않게 하는 기능이다. 언덕길에서 출발할 때 브레이크 페달에서 가속페달로 발을 옮겨야 하는데, 이때 발진 어시스턴스는 상향변속으로 언덕길 상행 주행 상황에서 자동차가 뒤로 굴러가는 것을 방지한다.
EBV (전자식 제동력 분배)	자동차 적재 상태에 따라 앞 차축과 뒤 차축 사이의 제동력 전후 배분을 조정한다. 주행 안정성이 동시에 높은 경우 자동차 적재 상태에 관계없이 최적의 제동거리를 확보할 수 있으며, 브레이크 패드가 보다 균일하게 마모된다. ABS 고장 시, EBV 기능은 가능한 오래 동안 유지된다.
MSR (엔진 슬립 컨트롤)	엔진 슬립 컨트롤(MSR)은 미끄러운 도로에서 구동기어가 블로킹되는 경향을 방지한다. 하향 변속시 또는 갑작스런 부하 변동 시(특히 마찰계수가 낮은 도로에서) 구동 기어가 엔진 드래그 토크에 의해 블로킹될 위험이 있다. 휠 회전속도 센서를 통해 MSR은 블로킹이 시작되면 곧바로 블로킹 경향을 감지한다. MSR은 엔진출력을 약간 올려 엔진 드래그 토크를 잠깐 동안 감소시킨다. 이로 인해 구동륜은 타행 주행 시에도 자신의 선회력을 유지할 수 있다.
RPA (타이어 펑크 디스플레이)	타이어 펑크 디스플레이(RPA)는 4개의 휠 회전속도를 통해 각 휠의 타이어 롤링의 편차를 비교하며, 이를 통해 완만한 타이어 압력 손실을 감지한다. 운전자는 계기판, 멀티 인포메이션 디스플레이에서 타이어 펑크 표시를 나타내어 준다.
ASC (자동 안정성 제어)	ASC는 출발할 때, 코너링에서 가속할 때, 코너링에서 가속할 때 및 다른 중요한 순간에 구동휠의 견인력 손실을 방지한다. 한쪽 바퀴가 견인력이 좋은 위치에 있고 다른 바퀴가 미끄러운 도로 위에 있을 때 견인력이 약한 바퀴는 견인력이 발생할 때까지 제동된다. 두 바퀴가 견인력을 상실하면 엔진 관리 시스템이 개입하여 엔진 출력을 감소시켜 차량 뒤쪽이 구동력에 의해 미끄러질 위험을 크게 줄인다. 전체 프로세서는 매우 빠른 속도로 진행된다. ASC는 신속하게 차량의 안정성과 견인력을 되찾아준다.

용어	설명
DBC (다이내믹 브레이크 컨트롤)	비상 시 브레이크 페달을 신속하게 밟을 때 브레이크 압력을 더 높이지 않으면 즉시 최대 브레이크 압력을 높여 자동차를 더 빨리 정지시킨다. 운전자가 적절한 힘으로 브레이크 페달을 밟지 않더라도 DBC 자동으로 제동거리가 가능한 짧게 될 것을 보장한다. DBC- 컨트롤 유닛은 차량의 현재 속도와 차량의 현재 속도와 브레이크의 마모 수준에 맞게 제동 압력을 조정한다. DBC(Dynamic Brake Control)는 비상 제동 시 운전자를 능동적이고 안정적으로 지원한다. 운전자가 브레이크 페달을 적용하는 속도와 압력을 전자적으로 모니터링 함으로써 비상 제동 상황을 인식할 수 있으며, 즉각적으로 제동력이 바퀴에 적용되도록 할 수 있다. 이것은 자동으로 제동력을 ABS 제어 범위까지 올린다. 이 프로세스는 급격한 제동으로 인해 정지거리가 불필요하게 연장되지 않도록 한다. 운전자가 신속하게 또는 느리게 브레이크를 적용하든 시스템은 운전자의 행동에 자동으로 반응하고 DBC를 통해 정지 시까지 브레이크 압력 증가를 실행한다.
CBC (코너링 브레이크 컨트롤)	커브상황에서 제동시 안전성 향상 - Cornering Brake Control은 물리적으로 어려운 조건 (예 바퀴 부하가 변할 때 커브 안쪽으로 차량이 움직이는 경우)에도 브레이크 압력을 비대칭으로 적용하여 자동차를 안정화시킨다. CBC(Cornering Brake Control)는 감속되는 동안 제동력이 가해질 때 발생할 수 있는 차량 불안정성의 위험을 줄인다. CBS가 없으면 제동으로 인한 부하가 커브 내부쪽으로 휠의 견인력을 감소시켜 다른 쪽에 과도한 부하를 가할 수 있다. 이 하중 불균형으로 인해 방향 제어가 손실되어 차량이 커브를 벗어나 미끄러질 수 있다. 운전자에 의한 제동이 정상적인 ABS 범위를 벗어난 경우에도 CBC는 좌우 브레이크에 브레이크 압력을 비대칭적으로 분배하거나 압력을 줄여서 (리어 액슬로) 커브를 벗어나려는 경향을 방지한다. 그 결과 커브에서 가벼운 브레이크 압력을 적용할 때 주행 안정성과 안전성을 크게 향상된다.
HDC (Hill Descent Control)	Hill Descent Control(HDC)은 가파른 내리막이나 거칠고 미끄러운 내리막의 어려운 주행 상황에서 운전자가 조향에 완전히 집중할 수 있도록 브레이크 제어를 통해 사전 설정된 속도로 차량을 꾸준히 유지한다. 4륜구동 차량의 운전자 보조시스템인 HDC는 버튼을 눌러 활성화 할 수 있다. 35km/h 미만으로 주행할 때, HDC가 활성화 되어있을 경우 차량을 일정한 속도로 줄임으로써 운전을 도와준다. 최저 시작속도 전진 주행 시 7km/h, 후진 시 6.5km/h이다. HDC 작동 시 뒤에 따라오는 운전자에게 경고하기 위해 브레이크 등이 자동으로 점등된다. 가속과 감속은 정속 주행장치의 토클 스위치를 통해 최저속도 (25km/h) 사이에서 속도를 변경할 수 있다. 원하는 경우 가속페달과 브레이크를 사용하여 가속과 감속을 할 수 있다. 이 경우 HDC가 대기 모드로 들어간다. 속도가 60km/h를 초과하면 HDC는 비활성화 된다. HDC는 특히 자갈, 눈 또는 잔디와 같이 노면의 변화가 심하고 미끄러운 내리막 길에서 운전할 때 유용하다. ABS와 함께 내리막 주행 시 브레이크를 작동시켜 바퀴가 잠기는 것을 방지하면서 뛰어난 안정성을 보장한다. 이것은 차량이 미끄러지는 것을 방지하고 조향장치에 대한 제어권을 유지할 수 있게 해준다. HDC가 비활성화 되면 운전자의 의지에 따라 가속과 감속, 제동 등을 실행할 수 있다.
PDC (Parking Distance Control)	Park Distance Control을 사용하면 가장 좁은 주차공간을 출입하는 것이 훨씬 쉬워진다. 음향 경고 신호는 당신이나 당신 뒤에 있는 차에 얼마나 가까이 있는지 알 수 있게 해준다. 자동차 후면의 범퍼에 통합된 초음파 센서는 차량 뒤쪽의 가장 가까운 큰 물체까지의 거리를 측정한다. 후진 방향으로 계속 가면 경고음의 빈도가 증가한다. 자동차 또는 다른 장애물로 부터 30㎝ 밖에 떨어지지 않은 경우, 제동 신호로 지속적인 경고음이 울린다. 자동차의 모델 및 장비에 따라 초음파 신호가 컨트롤 디스플레이에 시각적으로 표시되므로 주차공간에 들어가거나 주차 할 때마다 장애물이 있는 곳을 보고 들을 수 있다.

Park Assitant (주차 어시스턴트)	Park Assistant를 사용하면 적합한 주차공간을 쉽게 찾을 수 있으며, 적극적으로 주차할 수 있다. 작동 여부와 관계없이 시스템은 저속 (35km/h 미만) 및 주차된 자동차 열에서 최대 1.5m 거리에서 서행주행 중 잠재적인 공간(주차공간)을 측정한다. 두 가지 경우에 운전자를 지원해준다. 차도와 평행을 이루어 측면에 주차할 경우와 차도를 가로질러 수직으로 주차할 경우이다. 차도와 평행을 이루어 주차할 때 그리고 차도를 가로질러 주차할 때 시스템은 주차가 진행되는 동안 조향 및 가속, 그리고 제동기능을 수행하며 필요시 기어 변속도 한다. 주차과정이 진행되는 동안 주차 어시스턴트 버튼을 계속 누르고 있으면 된다. 주차과정이 종료되면 선택레버는 P 위치에 놓이게 된다.
트레일러 안정성 컨트롤 (Trailer Stability Control)	견인 시 탁월한 안정성과 안전성을 보장하며 차량과 트레일러의 확고성을 꾸준히 유지한다. 속도가 증가함에 따라 트레일러는 좌우로 흔들리는 경향이 있으며, 제어가 불가능할 수도 있다. 이것은 특히 트레일러 하중이 증가할 때 또는 트레일러 하중의 무게가 고르게 분산되지 않는 경우에 해당한다.
역주행 경고기능 (Wrong-way Warning)	역주행 경고기능은 내비게이션 시스템과 연계되어 있으며, 고속도로 혹은 회전 교차로 진입할 때 등 교통상황 또는 도로 코스가 불명확한 경우 운전자를 지원한다. 또한 이 시스템은 도심지에서 일방통행 도로를 감지할 수 있다.
통행권 우선경고 (Junction Warning)	도심지 운행 시 운전자는 수많은 정보 또는 상황에 대처해야 한다. 따라서 운전자가 일시정지 통행권 우선 경고기능은 운전자가 통행우선권을 무시하는 상황에서 운전자에게 경고해 준다. 통행 우선권 경고 기능은 내비게이션 시스템과 연계되어 있으며, 교차로에서, 합류 도로에서, 진입 주행시, 회전 교차 통행 시와 같은 교통상황 사례에 적용된다. 약 15~65km/h 사이의 주행속도에서 작동된다.
교차로 경고기능 (Cross Traffic Warning)	교차로는 도심지 교통에서 가장 사고가 발생하기 쉬운 장소 중 하나이다. 교차하는 차량과 충돌 위험이 있을 경우 운전자에게 시스템에 의해 시각 및 음향에 의한 경고 신호가 전달된다. 그에 따라 교차로에서의 사고 개연성 혹은 심각한 사고가 확연히 줄어들 수 있다. 교차로 경고기능은 교차 통행하는 차량과 충돌 위험을 조기에 감지함으로써 이를 방지할 수 있다. KAFAS 스테레오 카메라와 전방 레이더센서(ACC 레이더 센서)가 교통상황을 감시한다. 이를 통해 획득된 정보가 시스템 작동을 위한 토대를 이룬다. 여러 개의 센서가 다른 차량과의 간격과 그 차량의 주행속도 및 이동 방향을 포착한다.
레이저 라이트 (Laser Light)	헤드라이트보다 두 배 높은 하이빔 범위의 고효율 조명기술이다. 레이저 헤드라이트는 할로겐, 크세논, LED 등 기존의 광원보다 10배 이상의 광도를 얻기 위해 광속을 결속시켜 놓았다. 레이저 헤드라이트에는 차량이 오르막 길, 내리막 길, 전 부하 여부 또는 운전자가 단독인지 여부와 관계없이 빛의 광선을 미리 설정된 수준으로 유지하기 위한 자동 헤드라이트 범위 제어장치가 장착되어 있다. 조명 범위는 어두운 곳에서 운전할 때 더 나은 시야와 향상된 판단을 가능하게 해준다. 결과적으로 편안한 승차감과 주행안전성이 향상된다.
충돌 경고 시스템 (Collision Warning)	카메라 기반의 보조시스템으로 보행자 또는 차량에 의한 사고를 피하거나 충돌 시 사고의 영향을 줄이는데 기여한다. 작동원리는 감지 및 경고 알고리즘에 의해 KAFAS 카메라는 차량 앞의 상황을 캡처하고 머신 비전을 사용하여 카메라 범위에서 보행자를 탐지한다. 계산된 위치, 거리 및 탐지된 보행자의 움직임을 기반으로 가능한 다음 움직임이 결정되고, 차량의 움직임을 고려하여 충돌 위험을 분석한다. 경고 알고리즘에 의해 심각한 상황에서는 긴급 경고를 발행한다. 이 경고는 운전자에게 시각적이며, 음향적으로 경고한다.

용어	설명
나이트 비전 다이내믹 라이트 스팟 (Night Vision with Dynamic Light Spot)	Night Vision의 다이내믹 라이트 스팟은 야간주행에서 최대한의 안전을 위해 최상의 가시성으로 어두운 곳에서도 사람과 큰 동물을 먼 거리에서도 감지하고 선택적으로 조명해 준다. 이 시스템은 두 개의 스포트라이트 중 하나를 불투명한 사람이나 큰 동물에게 비춘다. 이것은 운전자와 보행자에게 잠재적으로 위험한 상황을 매우 효과적으로 경고해준다. 적외선 카메라는 차량 앞의 영역을 촬영하고 사람과 큰 동물을 인식하고 더 가벼운 (보행자) 또는 노란색의 더 어두운 그늘(큰 동물)의 열 이미지에서 적절하게 표시한다. 원하는 경우 열화상을 제어 디스플레이에 표시할 수 있다. 매우 위험한 상황에서는 기호가 추가로 깜박이고, 경고신호가 울리고 자동차가 제동을 준비한다. 주변 환경에 따라 이 시스템은 약 150m 거리에서 약 100m 이상 떨어진 동물을 자동으로 인식하지만, 운전자는 더 먼 거리에서 사진을 통해 볼 수 있다.
헤드 업 디스플레이 (Head Up Display)	BMW 헤드 업 디스플레이는 관련 운전정보를 운전자 시야에 직접 투영한다. 이를 통해 운전자는 운전과 관련한 여러 상황에 대해서 최대 50% 더 빠르게 처리하고 교통상황에 더욱 주의를 기울일 수 있다. 속도 제한 및 탐색 방향과 같은 일반 운전정보와 긴급 경고 신호를 구별하기가 쉬워진다. 전방에서 눈을 뗄 필요 없이 정보를 훨씬 빨리 확인할 수 있다.
캘리퍼 (Caliper)	자동차의 패드를 디스크에 밀착시켜 앞바퀴 브레이크를 잡아주는 유압장치이다.
너클 (Knuckle)	앞바퀴 조작 부분의 일부로, 앞바퀴 조작 회전이 중심인 킹핀에 직결해 타이로드(스티어링로드)와 볼링으로 연결되어 있는 부분이다.
컨트롤암 (ControlArm)	중량 게이지 강철 또는 알루미늄으로 만들어진 서스펜션 구성 요소로 앞쪽의 스티어링 너클 또는 뒤쪽의 차축 캐리어를 차량의 프레임에 연결한다.
트레드 (Thread)	타이어가 노면과 접촉하는 부분으로, 타이어의 구동력, 제동력, 선회력 등을 노면에 전하는 부분이다.
브레이커 (Breaker)	트레드와 카커스 사이에 삽입하는 코드층으로 비드부에 도달하지 않는 것을 말한다. 트레드로부터 카커스에 전해지는 노면으로부터의 충격을 완화하고 카커스를 보호할 목적으로 사용한다.
카커스 (Carcass)	타이어의 골격을 이루는 플라이와 비드 부분의 총칭으로, 타이어에서 트레드와 사이드월 그리고 벨트(브레이커)를 제외한 것을 말한다. 타이어 내부의 공기압과 차량 전체의 하중을 지지하고 주행 중 노면 충격에 따라 변형되어 완충 작용 한다.
비드 (Bead)	타이어를 림에 고정하는 부분으로, 스틸 와이어(비드 와이어)의 묶음을 섬유와 고무로 싼 것으로 되어 있다.
Auto Hold (전기제어식브레이크유치장치)	정차 시 운전자가 브레이크 페달을 밟고 있지 않아도 차량을 정지 상태로 유지해 주는 기능으로 차량 출발 시 브레이크가 잠긴 상태에서 페달만 밟으면 자동으로 해지되어, 비탈길이나 출발 시 차량이 뒤로 밀리지 않아 안전에 도움이 되고, 운전 시 자주 액셀러레이터 페달을 밟을 필요가 없어 편리한 기능이다.
롤 현상 (Roll)	주행 중 코너링과 같이 회전할 때 원심력에 의해서 차량이 바깥으로 쏠리는 현상을 말한다.
다이버 현상 (Diver)	주행 중 제동 시, 앞쪽은 내려가고 뒤쪽은 상승하는 현상이다.
스쿼트 현상 (Squat)	차량 정지 시, 출발할 때, 앞쪽은 올라가고 뒤쪽은 내려가는 현상이다.

용어	설명
베이퍼록 현상 (VaporLock)	내리막길에서 지나치게 브레이크 페달을 밟으면 브레이크 디스크 마찰열 때문에 브레이크를 밟아도 제동이 걸리지 않는 현상으로 유압식 브레이크의 유압회로 내에 공기가 차는 현상을 말한다.
페이드 현상 (Fade)	긴 내리막길에서 Brake를 자주 밟아 Brake와 Drum의 마찰열 상승으로 제동력이 감소되는 현상
EDB	차량의 적재 무게와 제동 시 무게 이동까지 고려, 급정차 시 차가 앞으로 쏠리는 현상 방지
미도로교통안전국 (NHTSA)	1970년 교통안전 증진을 목표로 설립된 미국 운수부 산하조직으로, 차량의 교통안전기술 표준을 제정 및 감독하고, 각종 자동차·오토바이 등 제품 안전도를 시험평가하는 등 각종 교통안전에 대한 연구를 추진하는 미국의 정부기관이다.
조향 속도 감응식	차량 속도에 따라 저속에서는 가볍게 하고, 고속에서는 무겁게 하는 방식으로 차량의 안정성을 위해서 조향력을 제어하는 것
DOHC (Doubleoverheadcam-shaftengine)	실린더헤드 위에 각각 흡기 캠 샤프트와 배기 캠 샤프트가 따로 설치되어 있는 엔진
휠 스핀 (WheelSpin)	눈길이나 미끄러운 길을 주행 중에 바퀴가 헛도는 현상
인터쿨러 (Intercooler)	흡기 공기를 냉각하는 장치를 말한다.
듀얼클러치 변속기 (DualClutchTransmission)	수동변속기의 주행감과 경제성, 자동변속기의 운전 편의성의 이점 등을 두루 갖춘 변속기
엔진 브레이크	긴 언덕길을 내려갈 때나 고속에서 감속하려면 브레이크가 과열 상태가 되어 결국에는 제동 능력을 상실하게 되므로 위험하다. 제동이 작동하지 않는 현상을 페이드 현상이라고 한다. 이로 인해 엔진 브레이크를 이용하여 위험을 방지할 수 있다.
공주거리	운전자가 주행 중 인식하고 상황에 대처하여 브레이크를 밟았다고 해도 제동하려는 지연 시간과 브레이크 유격 등에 의해서 일정한 시간이 걸린다. 운전자가 위험을 인지하고 브레이크가 실제로 작동하기까지 지연된 시간만큼 차량이 이동한 거리이다.
공차 중량	자동차에 사람이나 짐을 싣지 않고 기본적으로 필요한 최소한의 장치, 장비 및 연료를 갖춘 상태에서 잰 무게를 말한다.
요소수	디젤엔진의 질소산화물(NOx) 발생을 저감하는 환원제로서 유로6 기준을 맞추기 위해 이것을 배출 가스에 용액 형태로 분사하는 것을 말한다.
수소 자동차	수소 자동차는 물을 원료로 만들어 낼 수 있는 무한 에너지원인 수소를 에너지원으로 하며, 매우 적은 양의 질소산화물만 발생하여 전기 자동차와 함께 미래 친환경적인 자동차로 각광받고 있다. 일반 가솔린 자동차와 달리 가솔린 대신에 수소를 연료로 하므로 배기가스의 주성분은 물이며, 질소산화물이 약간 배출되는 것 외에는 공해물질이 거의 배출되지 않는다. 단지, 수소의 저장방법으로 인해서 실용화와 가성비면에 상품화하는데 어려움이 있다.

용어	설명
오픈카 (Open Car)	자동차의 지붕을 접었다 폈다 할 수 있게 만든 자동차이다. 이 오픈카는 그 특징에 따라 여러 이름으로 불린다. 즉, 지붕의 재질이 천과 같이 부드러운 것으로 만들면 '소프트톱', 반대로 재질을 딱딱한 재료를 쓰면 '하드톱'이라고 한다. 이외에도 사이드 유리창이 없는 것을 '로드스터', 달리는 모습이 거미와 같다고 하는 '스파이더'로 불린다. 또한, 지역에 따라서 영국에서는 '드롭헤드', 유럽에서는 '캐브리올레'라고도 한다.
2종 차량	중형승합차, 중형화물차(2축 윤폭 279.4mm 초과 윤거 1,800mm 이하)를 말한다.
1종 차량	승용차, 소형승합차, 소형화물차(2축 윤폭 279.4mm 이하)를 말한다.
시미(Shimmy) 현상	바퀴가 옆으로 흔들리는 현상으로 Wheel Balance의 균형이 정확하지 않을 경우 회전 저항이 증가하며, 특히 고속주행 시 핸들이 떨리는 현상을 말한다.
브레이크 디스크	전축판 같이 생겨 브레이크 디스크라고도 한다. 자동차 바퀴와 브레이크 디스크에 브레이크 라이닝판을 압착시켜 제동하는 브레이크를 말한다. 주요 부품은 회전하는 디스크 그리고 디스크에 밀착하여 제동을 감속하는 브레이크 패드와 유압을 이용해 작동하는 휠 실린더와 캘리퍼 등으로 구성되어 있다.
Power Train	Power Train은 E/G → Clutch → T/M → D/Shaft → Diff. Gear → Wheel 까지 이르는 동력전달 체계를 말하며, 자동차의 주요 성능을 결정하는 가장 중요한 부분이다.
DPF	배기가스 저감 장치라고 하며 차량에서 배출되는 대기오염물질을 감소시키기 위해 매연 저감장치(DPF : Diesel Particulate Filter) 차량에는 전용 엔진오일을 사용한다.
가시광선투과율	썬팅 필름은 일정량의 가시광선을 막아주며, 가시광선을 막은 후 걸러지고 남은 빛의 양을 백분율로 환산한 것을 투과율이라고 한다. 썬팅 필름은 자외선 차단 및 차량 안의 사생활을 보호 목적으로 설치하는데, 썬팅은 운전 시 시야 확보에 안정상의 문제가 발생되어 자동차관리법으로 투과율을 법으로 정하고 있다. 전면 유리의 경우 70% 이상, 옆면 유리 창문의 경우 40% 이상, 뒷좌석 창문 및 뒷유리는 제한이 없다.
유압조절밸브	윤활 시스템 내에서 오일 압력이 과도하게 상승되는 것을 방지하여 항상 일정한 압력이 유지되도록 해주는 장치를 말한다.
터보 인터쿨러 (Turbo Intercooler Engine)	터보에 의해 압축되는 과정 중에 온도가 상승된 공기를 식혀 줌으로써 공기밀도를 향상시켜 공기충전 효율을 증대시켜 주는 장치이다.
AICC (Autonomous Intelligence Cruise Control)	센서를 통해 주행 중 앞 차량과 일정한 거리를 유지하여 주행하도록 하며, 자율 주행 장치로 앞 차와의 거리를 유지하거나 제동 감속으로 접촉 사고를 예방하는 장치이다. 고속도로나 구간 단속 도로에서 일정한 주행 속도를 유지하거나 가속 페달을 작동하지 않고 운전자의 조작 부담을 줄여 주는 역할을 한다. 제조사별로 명칭은 상이할 수 있다.
조향비	앞바퀴가 1도 회전하는데 필요한 조향 핸들의 "회전각도 비율"을 말한다.
전방충돌 보조시스템	FVCMS는 대상차량의 주행 경로상의 장애물로 인해 운전자가 적절히 반응하기 어려울 때 전방충돌을 방지하는 장치로, 전방차량의 움직임과 잠재적인 충돌까지의 시간 및 대상차량의 충돌여부를 분석, 처리함
엔진의 4행정	내연기관엔진이 실린더 내에서 4행정으로 흡입-압축-폭발-배기 단계로 사이클을 완성하는 원리를 4행정이라고 한다.
자동차 창문 서리 제거	차량 내·외부의 온도 차이로 발생하는 증세로 유리 바깥쪽의 찬 공기와 안쪽의 따뜻한 공기가 만나면서 따뜻한 공기 쪽에 물방울이 맺히는 것인데, 간단한 조치로 창문을 열어 내부와 외부 온도를 맞추거나 풍량을 최대로 높여 서린 김을 제거하거나 에어컨 패널에서 디프로스터(Defroster) 버튼을 눌러서 제거한다.

킥다운(kick down)	운전자가 가속 페달을 85% 이상 급격히 밟았을 때(보통 페달 아래쪽에 스위치 있음) 스로틀 밸브를 완전 개방하고 기어는 저단으로 강제 변속시킨다.
공기저항 계수	자동차가 주행할 때 공기 저항력으로 속도에 영향을 미치는데 자동차의 디자인과도 많은 영향이 있다. 공기저항 계수는 CD(Coefficient of Drad)로 표시하며 공기저항을 고려하여 자동차 디자인을 설계하여 공기동력학적으로 최적화된 차량은 더 높은 최고 속도를 낼 수 있다.
등판 능력	차량이 비탈길을 올라가는 능력을 뜻하며 최대 적재 상태에서 1단 기어로 등판할 수 있는 능력을 말한다.
가속 능력	자동차가 평지에서 가속할 수 있는 최대치 능력을 말하며, 주로 출발 가속 능력과 추월 가속 능력으로 구분한다. 자동차를 정지 상태에서 출발시킨 수치를 가속 능력(standing start accelerating ability)이라고 한다.
최고 시속	자동차의 최고 속도는 자동차의 제조사, 모델, 엔진, 디자인, 도로 상태 및 규정에 따라 다를 수 있는데 최고시속은 바람이 없는 상태에서 2Km 이상 직선도로를 2회 이상 달려 낸 최고 속도의 평균값을 말한다.
ECS (Electronic Controlled Suspension)	노면 상태와 운전 조건에 따라 차체 높이를 변화 시켜주고 비포장도로에서는 차체를 높여주고 고속주행에서는 차체를 낮춰주어 안전성과 승차감을 완화 시켜주는 장치이다.
고속 충전	자동차 충전 방식에 대한 설명으로 개인주택·아파트나 대형마트 등 충전 시간이 길며 충전 비용도 저렴한 완속 충전 방식이 있다. 이와 반면 고속도로 휴게소나 관공서·차량정비소 같은 곳에 짧은 시간에 충전이 필요로 하며, 충전시설비용이 비싸며 또한 충전 비용도 비싼 충전 방식을 말한다.

5 자동차 구조학 용어

용 어	용어 설명
세 단 (Sedan)	앞, 뒤 2열의 좌석이 있고, 4개의 독립된 문이 있으며, 문에는 섀시(Sash)가 있다. 엔진실과 객실, 그리고 화물실이 독립된 3박스 구조로 되어 있으며, 차체의 외부 형상은 데크(deck)가 돌출된 형상을 이룬다. 세단은 미국에서의 이름이며 영국에서는 '살롱', 독일에서는 '리무진', 프랑스에서는 '베르니느', 이탈리아에서는 '베르리나'라고 불린다.
리무진 (Limousine)	운전석과 뒷좌석 사이를 유리로 칸막이한 VIP용 호화차를 말한다. 미국에서는 스트레치드 리무진(Stretched Limousine) 또는 줄여서 리모(Limo)라 하며, 독일에서는 풀만(Fulman)이라 부른다. 그리고 독일에서는 세단을 리무진이라 부른다.
쿠 페 (Coupe)	공기의 저항을 줄이기 위해 차체의 뒷부분을 경사지게 깎아내린 자동차로 스포츠카는 대부분 쿠페 모양이다. 보통 2도어 2인승이며, 낮고 좁기는 하지만 뒷좌석을 만들어 놓은 것도 있다. 트렁크가 있는 노치드 쿠페와 트렁크가 없는 패스트백이 있다.
왜 건 (Wagon)	사람과 짐을 함께 실을 수 있는 다용도 자동차이다. 원래 미국 서부 개척시대의 포장마차 또는 역마차를 가리키던 말로, 차의 실내를 길게 만들고 뒤쪽에 짐을 실을 수 있는 짐칸을 만든 것이 특징이다. 업무용이나 레저용으로 많이 이용되고 있으며, 독일에서는 '콤비', 영국에서는 '에스테이트', 프랑스에서는 '브레이크'라고 부른다.
컨버터블 (Convertible)	승용차에서 지붕을 임의대로 덮거나 접을 수 있는 자동차를 말한다. 지붕이 부드럽고 질긴 천이나 가죽 또는 비닐 등으로 되어있기 때문에 '소프트 톱'이라고도 불린다. 유럽에서는 '카 브리올레'라 부르며, 사이드 윈도가 없는 컨버커블은 '로드스터', 4도어 컨버터블은 '페톤'이라 한다.
로드스터 (Roadster)	스포츠카와 승용차의 중간 형태이다. 대개 배기량이 크고 속도가 빠르며, 옆 유리창이 없이 지붕을 접어 열 수 있고, 보닛이 긴 2인승 자동차를 말한다.
하드탑 (Hardtop)	자동차가 등장했던 초기에는 지붕이 없는 2인승 차를 뜻했으나, 지금은 소프트탑이 달린 컨버터블도 포함한다.
해치백 (Hatch Back)	소프트탑(Soft Top)의 반대의 의미로써, 원래는 컨버터블탑(Convertable Top) 차량에 금속이나 합성수지제의 지붕을 씌운 개념에서 출발하였다. 딱딱한 철판이나 플라스틱으로 만든 지붕을 떼었다 붙였다 할 수 있고, 창문의 중간 기둥을 없애서 창을 열었을 때 시원함을 느낄 수 있는 자동차이다.
스포츠카 (Sports Car)	요즈음에는 지붕을 떼어낼 수 없더라도 창문의 기둥이 없으면 '하드탑'이라 한다.
밴 (Van)	세단이나 쿠페의 뒷부분에 문을 단 승용차로 트렁크 부분의 뒷문을 열면 바로 실내와 연결되어 여러 용도로 쓸 수 있으나, 대부분은 칸막이를 두어 뒷좌석을 트렁크로 쓴다. 트렁크 문을 열면 실내공간과 트렁크 공간이 트여진 형태의 자동차를 말한다.
RV (Recreation Vehicle)	레저용을 뜻하는 차량으로 여가를 위해서 만들어졌다. 최근 도시형 RV차량과 기능성 RV 차량으로 사용되기도 하며, 야외 스포츠와 모험 또는 오락을 즐기기 위해 만들어진 다목적 자동차로써 지프, 소형 승합차, 미니 밴 등이 있다.
SUV (Sports Utility Vehicle)	본래는 버스 정도의 크기에 주방과 잠자리는 물론 욕실까지를 갖춘 캠핑카의 의미였으나, 이제는 보다 넓은 의미로 사용되어 SUV, MPV 등을 통틀어 말한다.

MPV (Multy Purpose Vehicle)	5인승 승용을 기초로 하여 만들었으며, 험로 등의 주파능력 등에 용이한 4륜 구동으로 오프로드를 달릴 수 있도록 만든 자동차이다. 하지만 요즘은 4륜 구동이 아닌 것도 있고, 도시의 일반도로에 맞도록 제작하기도 해서 차량의 경계가 사라지고 있다. SUV 는 4~5인승이 원칙이나, 우리나라 차량의 7인승 쏘렌토, 싼타페, 렉스턴 등은 세금을 절약하기 위하여 변형시킨 SUV 차량이다.
SUT (Sports Utility Truck)	일반적으로 4WD(4Wheel Driver's) 차량 또는 4륜 구동차를 일컫으며, 픽업트럭 스타일에 SUV의 실용성과 세단의 편의성을 접목시킨 차량으로써, 화물을 실용적으로 적재할 수 있고, 세단의 승차감을 접목시킨 차량이다. 예 무쏘 스포츠, 액티언 스포츠, 코란도 스포츠, 렉스턴 스포츠, 닷지 다코다 등
CUV (Crossover Utility Vehicle)	'크로스오버 자동차'라고 하는데, 승용차와 RV자동차를 접목시켜 두 가지의 장점을 혼합하여 개발된 자동차이다. 전고를 높여 외형은 스테이션 웨건과 비슷하고, 실용성과 편의성을 고려하여 개발된 자동차이다. 예 기아 Soul, 쉐보레 Trax, 인피니티 QX30, 삼성 QM3, BMW X1, 벤츠 GLA, 아우디 Q3
EGR	연소후 배출되는 가스의 일부를 Intake Manifold로 순환시켜 재연소 시킴으로써 유해배출 가스량을 감소시키는 시스템으로, 연소 온도가 높을 때 발생되는 질소산화물을 감소시키기 위해 배기가스의 일부를 흡입계통에 피드백시켜 혼합기가 연소할 때 발생되는 최고 온도를 낮게 함으로써 질소산화물의 생성량이 감소되도록 하는 장치를 말한다.
연료소비율	자동차가 연료의 단위용량당 주행할 수 있는 거리(예 km/ℓ 로 표시)로 일정속도로 주행할 때의 정지연비율과 사용 상황에 따른 주행모드(예 동경 10모드, LA 4모드)의 시가지 연비율로 표시된다. 우리나라의 시가지연비는 LA 4모드로 측정한다.
압축비	피스톤이 하사점에 있는 경우의 피스톤 상부용적과 피스톤의 상사점에 있는 경우의 피스톤 상부용적과의 비율을 압축비라고 한다. 일반적으로 압축비가 높을수록 폭발압력이 높아 높은 출력과 큰 토오크를 얻을 수 있지만, 가솔린 엔진의 경우 지나치게 높아지면 혼합기가 타이밍에 관계없이 자연 착화되어 노킹의 원인이 된다.
연소실 (Combustion Chamber)	엔진에 흡입된 혼합기가 연소되는 장소로 혼합기를 실린더 내에 넣고 또 연소가스를 외부에 배출하기 위하여 흡입한다. 배기밸브가 있는 곳이며 연소실은 형상이 반구형, 지붕형, 욕조형, 쐐기형 등이 있다.
토오크 (Torque)	일반적으로 누르고 당기는 힘을 단순히 힘이라고 말하지만, 이것에 대해 회전하려고 하는 힘을 토오크라고 한다. 단위는「kg.m」로 하나의 수평축으로 부터 직각 1m 길이의 팔을 수평으로 하여 끝부분에 1kg의 무게를 가할 때 축에서 생기는 것이 1kg.m이다. 토오크는 자동차의 성능 가운데 견인력, 등판력, 경제성을 좌우하는 요소가 된다.
프레임 (Frame)	섀시를 각 장치나 차체(body)를 설치하는 부분으로 설치한 부품과 차체에 전달되는 하중과 앞뒤 차축의 반력 등을 지지한다. 따라서 노면에서의 충격과 적하 중에 의해 생기는 힘, 비틀림, 인장, 진동 등에 대해 충분히 견딜 수 있는 강도와 강성을 가지고 또한 가벼워야 한다.
플랫폼 (P/F Platform)	스타일링의 변경에 영향을 받지않는 차량의 기본적인 골격. 즉, 주행성, 충돌성 등에 직접적이 영향을 미치는 차체와 기계적 부품들의 기본구조를 말한다.
압축비 (Compression Ratio)	피스톤이 하사점에 있는 경우의 피스톤 상부용적과 피스톤의 상사점에 있는 경우의 피스톤 상부용적과의 비율을 압축비라고 한다. 일반적으로 압축비가 높을수록 폭발압력이 높아 높은 출력과 큰 토오크를 얻을 수 있지만, 가솔린 엔진의 경우 지나치게 높아지면 혼합기가 타이밍에 관계없이 자연 착화되어 노킹의 원인이 된다.

하이브리드 카 (Hybrid Car)	2개의 동력원(내연기관과 축전지)을 이용하여 구동되는 자동차를 말하며, 가솔린 엔진과 전기모터, 수소연소엔진과 연료전지, 천연가스와 가솔린 엔진, 디젤엔진과 전기모터 등 2개의 동력원을 함께 쓰는 차를 말한다. 주로 가솔린 엔진과 전기모터를 함께 쓰는 방식을 많이 이용하고 있다.
브레이크 에너지 재생 (Brake Energy Regeneration)	제동, 또는 감속 중일 때 배터리를 충전하는 브레이크 에너지 재생은 연비를 최대 3%까지 향상시키고, 가속 시 엔진의 최대 출력을 활용화할 수 있도록 한다. 오늘날의 차량은 전기, 전자장치 및 편의와 안전 시스템의 훨씬 더 광범위한 적용으로 인해 구형 모델보다 훨씬 많은 전기 에너지를 필요로 한다. 이 에너지는 엔진의 출력을 전기로 변환하는 발전기에 의해 생성된다. 종래의 시스템에서 발전기는 엔진에 의해 구동되는 벨트에 의해 작동되었다. 브레이크 에너지 재생은 다르게 작동한다. 발전기는 가속페달에서 발을 떼거나 브레이크를 밟을 때만 전기 에너지를 생성한다. 달리 낭비되는 운동 에너지는 이제 효율적으로 사용되어 발전기에 의해 전기로 변환되어 배터리에 저장된다. 이렇게 효율적으로 전기를 생산하면 추가 장점이 있다. 가속페달을 밟을 때 발전기가 비활성화되므로 엔진의 전체 출력을 구동 휠로 보낼 수 있다. 따라서 브레이크 에너지 재생은 연비를 향상시키는 동시에 주행 역동성을 향상시킨다. 안전 예방책으로 Brake Energy Regeneration 시스템은 배터리 충전량을 모니터링하고, 필요한 경우 가속 중에도 배터리를 계속 충전하여 배터리가 완전히 방전되는 것을 방지한다. 배터리를 충전하기 위해 엔진에서 더 적은 노력이 필요하며, 이는 연료소비 및 배출가스를 줄이는 효과를 가져온다.
피스톤 링 (PistonRing)	피스톤에 끼워져 있는 부품으로 엔진 연소실의 기밀을 유지하고 실린더 블록과 피스톤 사이에서 적당하게 오일 막을 유지시키는 목적으로 설치된 부품을 말한다.
Radial 타이어	카아커스 코드가 반경 방향으로 배열된 타이어. 일반 승용차용으로 널리 사용된다. 단면비를 작게 할 수 있고 트레드의 변형이 적어 고속주행 시 제동효과가 좋고 선회 시 옆방향 미끄럼도 적다.
타이어 속도지수 표시	타이어가 최대 하중을 적재할 수 있는 최대 속도를 말하며, 타이어의 속도 제한 표시에 따라 아래와 같이 규정한다. 타이어 속도지수 표시 'Q'는 160km/h 이하, 타이어 속도지수 표시 'R'는 170km/h 이하, 타이어 속도지수 표시 'S'는 180km/h 이하, 타이어 속도지수 표시 'T'는 190km/h 이하, 타이어 속도지수 표시 'U'는 200km/h 이하, 타이어 속도지수 표시 'H'는 210km/h 이하, 타이어 속도지구 표시 'V'는 240km/h 이하, 타이어 속도지수 표시 'W'는 270km/h 이하, 타이어 속도지수 표시 'Y'는 300km/h 이하이다.
런플렛 타이어 (Run-flattire)	자동차의 타이어가 펑크로 인해 타이어 안의 공기가 없어져 공기압이 감소하여도 타이어의 형상을 유지하여 일정한 속도로 100km 전후 거리를 주행할 수 있는 타이어를 말한다.
스노우 타이어 (Snow-tire)	겨울 노면에서 제동력이 우수하며, 표면 트레드(홈) 패턴이 일반 타이어보다 깊고 넓으며 고무 재질이 더 부드럽다. 이로 인해 접지면적이 넓어져 빙판을 움켜쥐듯이 달릴 수 있고 제동 시에도 미끄러지는 거리가 짧다.
연료 전지 전기자동차 (FuelCellElectricVehicle)	수소와 산소의 화학반응을 이용하는 연료 전지로 전기를 일으켜 모터를 구동시키는 방식의 자동차이다.
커넥티드 자동차 (Connected car)	정보통신기술과 자동차를 연결시킨 것으로 양방향 인터넷, 모바일 서비스 등이 가능한 차량을 말한다. 외부에서 원격으로 시동을 걸거나 히터 등을 켤 수 있으며 날씨, 뉴스 등의 정보를 운전자가 실시간으로 받아 볼 수 있다. 또한 영상, 음악 등 각종 콘텐츠를 실시간으로 이용할 수 있으며 음성으로 지도 찾기, 전화걸기 등이 가능하다.

윤활유	자동차 엔진의 마찰면에 생기는 마찰력을 줄이거나 마찰열을 분산시킬 목적으로 광물유를 이용한다. 윤활유는 사용 온도에 적당한 점성(粘性)을 유지하고, 안정한 유막을 형성하면서 열과 산화에 대해 안정도가 높은 특징을 가지고 있다.
스티어링 휠	자동차 방향 조절의 주요 조향장치로 흔히 운전대, 핸들(handle) 또는 스티어링 핸들(steering handle)이라 한다. 스티어링 휠에는 에어백이나 경음기가 설치되어 있으며 오디오컨트롤러가 내장된 것도 있다.
일산화탄소	자동차·보일러·난로 등 배출가스로 성질이 무색·무취의 기체로서 산소가 부족한 상태에서 석탄이나 석유 등 연료가 탈 때 발생한다.
조향 속도 감응식	차량의 속도에 따라 저속에서는 가볍게 하고, 고속에서 적절히 무겁게 하여 조향 안정성을 유지하게 하는 방식이다. 속도 감응 파워 스티어링은 차량의 속도가 증가하면 스티어링 휠 힘이 증가하여 조향이 단단해지고 서행하거나 주차할 때 약간의 힘으로 스티어링 휠이 가볍게 돌아간다.
필러 (Pillar)	기둥을 말하는 것으로, 도어부와 천장의 중간에 있어 차에 강도를 더해 준다. 프론트 윈도와 사이드 윈도의 중간에 있는 필러가 프론트 필러(A필러), 앞뒤 도어의 중간에 있는 것이 센터 필러 또는 사이드 필러(B필러), 리어 도어와 리어 윈도 사이의 것이 리어 필러(C필러)이다. [네이버지식백과] 필러[pillar] (자동차용어사전, 2012.5.25., 자동차용어사전편찬회)

6 자동차 브랜드별 기능 및 용어

(1) 현대(HYUNDAI) 자동차 기능별 용어

- **ASCC(Advanced Smart Cruise Control)**
어드밴스드 스마트 크루즈 컨트롤
레이더 센서가 차간 거리를 측정하여 엔진 및 브레이크를 스스로 제어함으로써, 적정 차간 거리를 자동으로 유지해주는 시스템입니다. 앞 차량 정지 시 자동정지가 가능하며, 앞 차량이 출발할 경우 자동으로 출발하는 기능까지 갖추었습니다.

- **BSD(Blind Spot Detection)**
스마트 후측방 경보 시스템
아웃사이드 미러로 확인할 수 없는 시야, 사각지대 차량 또는 후방에서 고속으로 접근하는 차량 등을 인지하여 경보함으로써 충돌사고를 예방합니다.

- **LDWS(Lane Departure Warning System)**

차선이탈 경보 시스템

운전자가 의도하지 않게 차선을 이탈하는 경우에 경보를 통해 운전자가 주의력을 되찾게 도와주는 시스템입니다. 룸미러 전방에 장착된 광학 카메라를 통해 차선을 인식합니다. 방향지시등을 켜지 않고 차량이 한쪽으로 움직이는 것을 감지하면, 차량은 스티어링 휠에 약간의 진동을 보내 경고한 후, 경고 후에도 차선 이탈이 진행될 경우 자동으로 조향하여 차선 내로 복귀하는 능동형 시스템입니다.

- **ASPAS(Advanced Smart Parking Assist System)**

에드밴스드 주차 조향 보조 시스템

초음파 센서가 주차공간을 탐색하여 편안하게 주차할 수 있도록 안내해주는 첨단 편의 시스템입니다. 실생활에서 자주 활용되는 평행주차는 물론, 직각주차 및 평행주차 모드까지 모두 지원하여 더욱 편리합니다.

- **AEB(Autonomous Emergency Braking)**

자동 긴급제동 시스템

선행차량과의 충돌위험 상황이 감지될 경우, 자동으로 브레이크를 작동시켜 긴급상황에서 차량과 운전자의 피해를 최소화시켜 주는 최첨단 안전장비입니다.

- **LKAS(Lane Keeping Assist System)**

차로 이탈방지 보조

차량 전방의 카메라를 통하여 차선을 인식하고 차로 이탈상황을 방지해줍니다. 차로 이탈 경고기능, 차로 이탈방지 보조기능, 차로 이탈방지 능동보조기능 중 하나를 선택하여 사용할 수 있습니다.

- **FCA(Forward Collision-Avoidance Assist)**

전방 충돌방지 보조

전방 레이더와 전방 감지 카메라의 신호를 종합적으로 판단하여 선행차량 및 보행자와의 충돌 위험 상황이 감지될 경우 운전자에게 이를 경고하고 필요 시 브레이크 작동을 보조합니다.

- **ABSD(Active Blind Spot Detection)**

후측방 충돌 회피 지원 시스템

아웃사이드 미러로 확인할 수 없는 시야 사각지대 또는 후방에서 고속으로 접근하는 차량을 인지하여 경보하며, 차선 이탈시 후측방 차량과 충돌위험이 예상될 경우 차체자세제어장치(ESC)와의 협조제어를 통해 이탈하려는 차선 반대편의 휠을 미세하게 편제동 제어하여 충돌 회피를 지원합니다.

■ DAA(Driver Attention Alert)
부주의 운전 경보 시스템
부주의 운전 패턴과 차선 내 차량 위치 등을 종합적으로 분석하여 운전자의 운전 상태를 5레벨로 표시하며 운전자의 피로, 부주의 운전 패턴이 판단되면 팝업 메시지와 경보음으로 휴식을 유도합니다.

■ NBSC-C(Navigation-based Smart Cruise Control)
곡선 도로 자동감속
내비게이션의 도로 정보를 기반으로 스마트 크루즈 컨트롤 설정 주행 중 고속도로 또는 자동차 전용도로 본선의 곡선구간 진입 전 필요 시 감속제어를 통해 주행 안전성 및 편의성을 높여줍니다.

■ SEA(Safe Exit Assist)
안전 하차 보조
차량 정차 후 탑승객이 도어를 오픈하는 상황에서 해당 방향 후방에서의 위험물체 접근을 알려주어 더욱 안전한 하차 환경을 제공합니다.

■ DRM(Driving Rear-view Monitor)
주행 중 후방영상 디스플레이
기존에 제공되었던 주차 시 후방영상기능에 주행 중 후방 영상을 추가 제공함으로써 시스템의 기능을 확장하고, 후방 차량과의 거리와 자차의 폭을 표시하여 주행 안정성을 향상하였습니다. 그리고 주차조건과 차별화하여 주행조건에 맞게 영상을 최적화하여 사용하게 됨으로써, 주행 중 보다 편하게 후방을 모니터링하면서 안전에 도움을 줍니다.

■ HBA(High Beam Assist)
하이빔 보조
야간에 상향등을 켜고 주행하는 중 맞은편 또는 앞쪽에 차량이 있을 경우 헤드램프를 하향등으로 전환하여 잦은 상향등 조작에 따른 불편함을 줄여주고, 운전차량 및 상대차량이 안전하게 주행할 수 있도록 도와줍니다.

■ Hyundai Smart Sense
현대 스마트 센스
전방의 보행자나 차량을 감지하여 충돌을 막아주고 차선 이탈을 방지하며, 가다 서다를 반복하는 도로에서 앞차와의 거리를 유지합니다. 사각지대에 접근하는 차량을 경고하고 운전패턴과 피로도를 분석하여 휴식을 유도합니다. 또한 고속도로 주행 보조기능을 탑재하여 장거리 운행에서도 편안한 주행이 가능합니다.

■ DBL(Dynamic Banding Light)
다이내믹 벤딩 라이트
스티어링 휠의 조향에 따라 헤드램프가 회전하여 야간 주행 시 시야의 사각지대를 최소화해주는 진보된 헤드램프 기능입니다.

■ SU(Safety Unlock)
세이프티 언락
차량 범죄 예방을 위해 안전성을 강화한 기능입니다. 도어열림 버튼을 1회 누르면 운전석만 열리고, 한번 더 누르면 전 좌석이 오픈됩니다(리모콘 동일/트립 컴퓨터에서 기능설정 가능).

■ RSPA(Remote Smart Parking Assist)
원격 스마트 주차 보조
주차 보조기능을 활성화한 후 주차공간을 발견하게 되면 차량 내 안내에 따라 하차한 다음, 스마트키의 작동 버튼을 누르고만 있으면 차가 스스로 주차합니다. 직각주차 및 평행주차 모두 가능하며, 운전자 탑승 시에도 차량 내부의 작동 버튼을 누르고 있으면 자동 주차 보조를 지원하는 기능입니다.

(2) 기아(KIA) 자동차 기능별 용어

■ ABS(Anti-lock Brake System)
잠김 방지 브레이크 시스템
ABS 시스템은 급제동할 때, 그리고 동시에 슬립률이 클 때, 차륜의 잠김을 방지하기 위해 노면과 타이어 간의 점착 능력에 맞추어 휠브레이크의 제동압력을 제어합니다.
* 타이어와 노면 사이에 발생하는 미끄럼 정도를 '슬립률'이라고 합니다.

■ ECU(Electronic Control Unit)
자동차 전자 제어장치
차량 내부의 수많은 센서들이 감지된 정보에 따라 최적의 효율을 내기 위한 연료 분사와 점화시기 등을 판단해주는 컴퓨터의 CPU와 같은 존재입니다.

■ ESP(Electronic Stability Program)
차량 주행 안전성 제어장치
차량 속도 회전 미끄러짐을 스스로 감지, 브레이크와 엔진을 제어해 사고를 방지하는 제어시스템입니다. '전자식 주행 안전장치'라고도 불리며, 국내 일부 자동차에서는 '차량자세제어장치(VDC)'란 이름으로 정착되었습니다.

■ TCS(Traction Control System)
트랙션 컨트롤 시스템
미끄러운 노면에서 발진 또는 가속, 등반할 때 구동륜이 헛도는 것을 방지하여, 자동차가 X축(길이방향 축) 선상에서 안정을 유지하도록 합니다. 결과적으로 선회 안전성이 유지되며, 자동차의 구동축 차륜들이 옆으로 미끄러져 차선을 이탈하는 것을 방지합니다.

■ DRL(Daytime Running Light)
주간 주행등
엔진 시동시 주간주행등(DRL)이 자동으로 켜져 해질 무렵이나 해뜨기 직전, 낮 시간에 다른 사람들이 차량을 쉽게 볼 수 있도록 하여 사고 예방에 도움을 줍니다.

■ HBA(High Beam Assist)
상향등 보조장치
하이빔 보조(HBA) 시스템은 전조등을 자동으로 상향 및 하향으로 전환하는 편의장치입니다. 앞 유리 상단의 카메라를 이용하여 야간에 마주 오는 차량 또는 선행차량의 램프 및 주변 밝기 상태를 감지하여 자동으로 상향 또는 하향으로 전환하여 운전에 집중할 수 있도록 도와주는 편의장치입니다.

■ PAS(Parking Assist System)
주차 조향 보조시스템
전, 후방 감지센서와 음성안내로 스티어링 휠의 조작 없이 자동으로 주차를 도와주는 기능을 하고, 현재 직각주차, 평행주차가 개발되어 있습니다.

- HDA(Highway Driving Assist)

고속도로 주행 지원 시스템

고속도로 본선에서 차간거리/차로유지 통합 제어를 통해 운전자의 주행 편의를 향상시키는 시스템입니다.

- ESC(Electronic Stability Control)

전자식 주행 안정화 컨트롤

미끄러지기 쉬운 노면에서 구동되는 바퀴가 헛도는 것을 방지하고, 커브 주행 시 적절한 구동력과 조종력을 가능하게 합니다.

- ETC(Electronic Throttle Control)

전자식 스로틀 컨트롤

악셀 페달 위치 센서(APS ; Accelerator Position Sensor) 신호에 따라 ETC로 스로틀 밸브의 개폐를 제어하는 전자식 개폐장치입니다. ETC 시스템은 추가적인 장치 없이 크루즈 컨트롤 기능이 가능합니다.

- MDPS(Motor Driven Power Steering)

전동식 파워 스티어링

스티어링 휠에 연결된 센서를 통해 감지된 신호가 차량의 속도 등을 고려하여 알맞게 모터를 작동시킴으로써 차량의 방향 전환 능력을 보조하는 장치입니다.

- EFD(Emergency Fastening Device)

하체상해저감장치

정면충돌 시 운전석/동승석 승객의 골반 쪽 벨트를 순간적으로 잡아당겨 하체를 보호하는 안전벨트의 효과를 한층 높여주는 장치입니다.

- PDW(Parking Distance Warning)

주차 거리 경고

초음파의 특성을 이용하여 주차 시, 혹시 저속주행 시, 차량 측면 및 후방 시야 사각지대의 장애물을 감지하여 운전자에게 경고하여 주는 운전 보조장치입니다.

■ Idle Stop & Go
공회전 제한장치

공회전 제한 장치로써 연비향상 및 CO_2 배출감소를 위하여 정차 시 엔진을 끄는 공회전 저감장치입니다. 잦은 시동으로 높은 내구성 및 강력한 시동능력이 필요하며, 정차 시 사용된 전기량의 회복 충전을 위하여 빠른 충전 회복 능력의 배터리를 장착해야 합니다.

■ EGR(Exhaust Gas Recirculation)
배출가스 환원장치

배기가스 내의 NOx를 저감하는 한 방법으로, 불활성인 배기가스의 일부를 흡입 계통으로 재순환시키고, 엔진에 흡입되는 혼합가스에 혼합되어서 연소 시의 최고 온도를 내려 NOx의 생성을 적게 하는 장치입니다. 보다 효과적으로 EGR을 가동시키고 NOx의 저감을 도모하는 외에, 운전성 확보를 위해서 흡기 온도, 냉각수 온도, 차속이나 변속 기어 위치를 감지하고, 운전 상태에 따라 가장 적합한 제어 하에서 배기가스의 일부를 흡입관으로 재순환시킵니다. NOx 저감을 위해서는 부하나 차속에 관한 EGR율이 일정한 것이 바람직합니다.

■ ECM(Electronic Chromic Mirror)
감광식 미러

주로 룸미러에 사용되기 때문에 'ECM 룸미러'로 통용됩니다. 야간 운전을 할 때 뒤쪽 차량의 전조등이 너무 밝거나 빛이 위쪽으로 향하면, 운전자는 룸미러에 반사되는 뒤쪽 차량의 빛 때문에 눈이 부셔 운전을 제대로 할 수 없게 됩니다. 이럴 경우에 눈부심 현상을 제거해 주는 장치가 ECM입니다.

■ EPB(Electric Parking Brake)
전자 파킹 브레이크

차가 서 있을 때는 브레이크가 자동으로 잠겨 있다가, 출발할 때는 액셀러레이터 페달만 밟으면 자동으로 풀리는 브레이크 장치입니다. 비탈에서 출발할 때도 뒤로 밀리지 않고, 교통체증이 심할 경우에도 운전자가 속도를 높일 때만 앞으로 나아가게 되어 있어, 자주 액셀러레이터 페달을 밟을 필요가 없습니다.

- **TPMS(Tire Pressure Monitoring System)**
타이어 압력감지 시스템
타이어에 부착된 자동감지 센서를 통해, 타이어의 공기압과 온도 등의 정보를 제공하는 장치입니다. 자동차 타이어의 공기압이 너무 높거나 낮으면 타이어가 터지거나 차량이 쉽게 미끄러져 대형사고로 이어질 가능성이 있습니다. 또한 연료 소모량이 많아져 연비가 악화되고, 타이어 수명이 짧아질 뿐만 아니라, 승차감과 제동력도 많이 떨어집니다. 타이어에 부착된 전파식별(RFID) 센서로 타이어의 압력과 온도를 감지한 뒤, 이 정보를 운전석으로 보내 운전자가 실시간으로 타이어의 압력 상태를 점검할 수 있게 설계되어 있습니다. 이 시스템을 이용하면 타이어의 내구성·승차감·제동력 향상은 물론, 연비도 높일 수 있고, 주행 중 차체가 심하게 흔들리는 것도 막을 수 있습니다.

- **EAS(Electronic self-leveling Air Suspension)**
전자 제어 에어 서스펜션
전자 제어장치(ECU)가 자동차 각 부분에 설치된 여러 개의 센서로부터 받은 주행 정보를 종합해, 차체의 자세와 높이 등을 제어하는 장치입니다. EAS에는 에어 서스펙션 스트럿, 쇼크업소버, 스프링 운동센서, 차체 액셀러레이션 센서, 전자제어장치 따위가 포함됩니다.

- **AQS(Air Quality System)**
유해가스 차단장치
공기 오염도가 높은 지역을 지나갈 때, 운전자가 별도의 스위치 조작을 하지 않더라도 외부 공기의 유입을 자동으로 차단하는 장치입니다. 자동차가 오염도가 높은 지역으로 들어설 경우, 가스감지센서가 공기 오염도를 검출해 에어컨 컴퓨터로 자료를 보내면, 내기·외기 순환모드가 절환모드로 자동으로 바뀌면서 외부의 유해가스가 차단됩니다. 그러다 자동차가 다시 오염도가 낮은 지역으로 들어가면 절환모드에서 외기유입 모드로 돌아가도록 설계되어 있습니다.

- **IMS(Integrated Memory System)**
통합 메모리 시스템
운전자에 맞는 최적의 운전 위치를 기억해 두었다가, 운전자가 탑승하면 기억된 대로 운전 자세를 자동으로 조정해 주는 시스템입니다. 작동 원리는 운전자가 운전석에 앉아서 자신의 체형 또는 운전 습관에 맞는 최적의 핸들(스티어링 휠) 위치, 시트의 높낮이와 앞뒤 위치, 룸미러와 사이드 미러 위치 따위를 조정하여 입력시킵니다.

(3) 르노 삼성(Renault Samsung) 자동차 기능별 용어

- Intelligent Smart Card

인텔리전트 스마트카드

인텔리전트 스마트카드에는 네 개의 버튼이 있습니다. 바로 왼쪽 아래의 전구 표시 모양 버튼이 원거리 라이팅 기능을 위한 버튼입니다. 주차장에서 차량 위치를 찾기 힘들 때 이 버튼을 누르면 헤드램프, 차폭등, 차량 내부의 램프가 동시에 환하게 켜져 멀리서도 차량 위치를 쉽게 파악할 수 있습니다.

- IPAS(Intelligent Parking Assist System)

주차 조향 보조시스템

센터 콘솔 아래쪽 운전대 모양이 주차 조향 보조 버튼입니다. 주차 조향 보조시스템은 평행주차, 직각주차, 직선주차, 그리고 평행주차를 지원합니다. 원하는 주차 방향을 선택했다면 그 방향으로 방향지시등을 켜 저속으로 직진하면 12개의 센서가 주차 가능한 공간을 찾습니다. 가능한 주차 공간이 인식되면 멀티스크린 위 선택한 주차 방향에 "P"라고 적힌 표시가 나타납니다. 표시를 확인했으면 차를 멈추고 변속 레버를 후진 기어에 옮기고 안내에 따라 변속 레버, 가속과 브레이크 페달만 조작하면 됩니다. 계기판에 경고등이 꺼지고 경보음이 울리면 주차가 끝납니다.

- Automatic High-beam

오토매틱 하이빔

운전대 왼쪽의 헤드램프 조작 링을 가장 위로 돌려 "AUTO"로 설정만 해두면 됩니다. 룸미러 뒤 카메라가 반대편 차량을 자동으로 감지합니다. 어두운 길에서 하이빔을 계속 켜고 달리게 되면, 손으로 일일이 직접 조작할 필요 없이 마주 오는 차가 있으면 자동으로 하이빔이 꺼지고 켜집니다.

- Auto Closing

오토 클로징

인텔리전트 스마트카드를 소지한 상태에서 시동을 끄고, 도어와 트렁크를 닫고 내리면 스마트카드가 멀어지는 걸 감지하여 자동으로 문을 잠급니다. 손으로 버튼을 눌러 잠글 필요가 없어집니다.

- Speed Limiter

스피드 리미터

스피드 리미터 기능은 동급 최초 적용된 기능으로 운전자가 설정한 속도를 초과하지 않도록 제어해주는 첨단 주행 시스템으로, 운전이 미숙한 첫 차 구매자나 여성 고객에게 유용합니다. 특히, 과속으로 인하여 발생할 수 있는 위험 상황을 막아주며, 경제적인 연비 운전이 가능합니다.

- EPB(Electronic Parking Brake)

전자식 파킹 브레이크

운전자 친화적인 자동 브레이크 시스템으로 시동을 끄면 자동으로 브레이크가 작동하고, 시동을 켜고 엑셀을 밟으면 자동으로 브레이크가 풀려 운전자가 더 편하게 운전할 수 있도록 도우며, 수동 작동 시 버튼 클릭만으로도 작동이 가능하여 첫 차 구매자들에게 유용합니다.

- **멀티미디어 인포테인먼트 시스템(SMart Connect)**

New SM3에 새롭게 채용된 스마트 기술로 르노삼성 자동차의 하드웨어와 SK의 소프트웨어가 결합된 첨단 멀티미디어 인포테인먼트 시스템으로, 내비게이션과 오디오 시스템이 결합되어 있습니다. 내비게이션은 SK T-map을 국내 최초로 적용하였습니다. SK T-map은 경쟁사 대비 월등한 애니메이션 효과와 정교한 3D map이 특징으로, 스마트폰과의 Wi-Fi 태더링 기능을 사용하면 실시간 교통정보의 확인이 가능하며, 지정된 SK 주유소 접근 시 최신 맵, 전국 도로 정보 등 최신 데이터가 자동으로 업데이트 됩니다.

- **자동 접이 아웃사이드 미러**

자동 접이 아웃사이드 미러 기능은 시동을 켤 때 자동으로 사이드 미러가 열리고, 문을 잠글 때 자동으로 접히는 편의 기능으로써, 2009년부터 준중형급 최초로 SM3에 도입된 이후 현재까지 준중형에 유일하게 적용된 기능입니다. 단지 시동을 켜고, 문을 잠그는 것만으로도 자동 동작하여 운전자의 편의를 높여 주는 기능입니다.

- Emergency Stop Signal

이머전시 스탑 시그널

50km 이상으로 주행 중 운전자가 갑자기 급브레이크를 밟을 시 6개의 사이드 리피터가 자동으로 4번 깜빡이는 기능입니다. 이 기능은 특히 초보 운전자나 여성 운전자들에게 유용한 기능으로써, 뒤에 오는 차가 위험상황을 쉽게 인지하고, 안전거리를 유지하여 충돌 사고를 막을 수 있는 기능입니다.

(4) 벤츠(Benz) 자동차 기능별 용어

■ MBC(Magic Body Control)
매직 바디 컨트롤

액티브 바디 컨트롤 서스펜션 기반은 매직 바디 컨트롤은 민첩한 반응의 ABC(액티브 바디 컨트롤)의 진보된 기술로 앞으로 나타날 도로 상황에 미리 대응하여 지면을 서스펜션이 그대로 흡수합니다. 룸미러 뒤에 설치된 스테레오 카메라를 통해 도로 상황을 스캔하여 이를 실시간으로 계산해줍니다. Comfort, Sport 두 가지 모드가 있으며, 차량 속도에 따라 서스펜션 높이가 자동 조절되어, 도로 상태가 좋지 않은 곳에서는 주행 중 서스펜션을 높일 수 있습니다.

■ ESP(Curve Dynamic Assist)
커브 다이나믹 어시스트

ESP는 커브길의 코너링 주행 시 차량의 주행 안전성을 보장합니다. ESP센서는 언더스티어링 현상이 발생 시 내측 바퀴의 제동력을 컨트롤하여 외측 바퀴의 토크를 약간 증가시켜 차량의 미끄러움 현상을 방지하고, 다이나믹한 코너링을 가능하게 해줍니다.

■ TPMS(Tire Pressure Monitoring System)
타이어 공기압 표시 장치

타이어 펑크가 난 운전자들이 감지하지 못하고 주행하는 경우가 있는데, 이 기능은 공기압 자연 손실로 타이어 압력이 줄어들거나 펑크 난 타이어가 발생 시 차량 계기판에 공기압의 경고 장치를 표시하여 안전한 운전과 타이어 모니터링을 통해 수명을 향상시키는 장치입니다. 벤츠에서는 직접 경고방식(공기압 표시장치)과 ESP시스템을 이용한 간접 경고방식(공기압 경고장치)이 있습니다.

■ Hands-Free Access
핸즈-프리 액세스

운전자가 키를 소지한 경우에 뒤범퍼 하단에 발을 넣었다 빼면 뒤범퍼 하단에 장착된 센서를 통해 트렁크가 자동으로 열리고 닫히는 기능으로써, 두 손에 짐을 가득 들고 있는 고객이 손쉽게 트렁크에 짐을 실을 수 있도록 편의성을 높인 것입니다.

■ APA(Active Parking Assist)
액티브 파킹 어시스트

범퍼에 장착된 초음파 센서와 전자 유압식 파워 스티어링 시스템을 적용하여 평행주차나 T주차를 지원해 주는 자동 주차 장치입니다. 그리고 자동 출차는 자동주차 기능을 이용하여 평행주차의 경우에만 출차를 지원합니다. 방법은 시동을 걸고 변속기를 "D"또는 "R"로 옮기고 방향 지시

등을 작동할 경우 계기판에 자동 출차 안내표시가 표시됩니다.

■ EPB(Electrical Parking Brake)
전자식 주차 브레이크

전자식 주차 브레이크는 기존의 수동식보다 손쉽게 작동할 수 있고, 특히 실수로 주차 브레이크를 해지하지 않고 주행하는 일을 방지할 수 있도록, 차량이 출발할 경우 자동으로 주차 브레이크를 해제시켜 주고 잠금장치도 전자식으로 지원합니다. 또한 차량이 15㎞/h 이상의 속도에서 브레이크 작동에 이상이 생길 경우, 버튼을 지속적으로 누르고 있으면 차량을 제동시켜주는 비상 제동 기능이 있습니다.

■ ECO Start-Stop
에코 스타트-스탑

차량이 정지해 있을 때 자동으로 엔진을 정지시켜 연료소비와 배기가스를 줄이는데 기여합니다.

■ THERMOTRONIC
지능형 자동 에어 컨디셔너

메르세데스-벤츠 차량 최초로 지능형 공조시스템인 써모트로닉(THERMOTRONIC)이 탑재되었습니다. 소프트 탑을 열거나 닫을 때 모드를 따로 선택하지 않아도 차량 내부 온도가 자동으로 조절되며, 12개의 센서와 18개의 액츄에이터가 차량의 다양한 부품과 유기적으로 움직여 쾌적한 실내를 유지합니다. 센서들은 내·외부 기온뿐만 아니라 일사량도 측정해 공기오염 정도를 파악하고, 유리의 절대 습도를 측정합니다.

■ AHAP(Adaptive Highbeam Assist Plus)
상향등 어시스트 플러스

벤츠의 어댑티브 하이빔 어시스트 플러스는 스테레오 카메라를 이용합니다. 카메라가 반대편 차선에서 차가 마주 오고 있는지 계속 모니터 하는데, 만약 그럴 경우 헤드램프 모듈에 이 정보를 전달합니다. 정보를 받은 헤드램프는 메인 빔의 일부를 막아 마주 오는 차나 앞을 달리고 있는 차에 하이빔을 닿지 않게 합니다.

■ DAPP(Driving Assistance Package Plus)
드라이빙 어시스턴스 패키지 플러스

드라이브 파일럿은 앞 차와의 차간 거리를 자동으로 유지시켜 주고, 교통 상황과 설정한 속도에 따라 차량을 컨트롤합니다. 최대 210㎞/h 속도 내에서 스티어링 휠을 자동으로 조향하여 차선을 따라 안정적으로 주행하며, 60초까지 별도의 조작 없이 자율주행이 가능합니다.

- **CPAP(Collision Prevention Assist Plus)**

충돌 방지 어시스트 플러스

앞 범퍼 내장 레이더로 선행 차량, 정지 사물과의 거리를 파악하여 시각적·청각적 경고를 합니다. 동시에 어댑티브 브레이스 어시스트 시스템은 후방 추돌을 방지하기 위해 이상적인 제동력을 계산합니다. 운전자 무반응 시 자율 부분 제동으로 감속하여 사고를 예방합니다.

- **PRE-SAFE**

프리세이프

벤츠가 최초로 개발한 안전장치로 사고가 발생할 것으로 예측되는 상황에서 최대한 탑승자의 안전을 보호하는 장치로써 급브레이크, 차량이 미끄러지는 오버스티어 또는 언더스티어 등 위험을 감지하여 사고를 대응하는 사전조치입니다. 앞좌석 안전벨트의 장력을 조절하고, 차량 전복 시 사이드 윈도우, 선루프를 자동으로 닫히게 하여 탑승자의 신체를 보호하고, 시트의 세이프티 포지션을 최적화하여 에어백의 승객 보호 효율을 높이는 등 부상을 감소시키는 안전장치입니다.

- **NVAP(Night View Assist Plus)**

나이트뷰 어시스트 플러스

야간에 발생하는 사고에 대해 주행 안전성을 보장하는 장치로써, 어둠 속에서 도로변의 보행자나 동물 등이 나타났을 때 헤드램프와 전면 유리에 장착된 적외선 카메라와 라디에이터 그릴에 장착된 열화상 카메라가 전방 상황을 인식하고 경고하는 기능을 가집니다. 흑백 이미지로 선명하게 디스플레이에 출력하여 운전자가 위험한 상황을 인지할 수 있도록 하는 안전장치입니다.

- **ABC(Active Body Control)**

액티브 바디 컨트롤

쾌적한 승차감과 조정 응답성을 위한 기능으로써, 노면의 요철이나 차량의 감속, 급회전에 따라 발생하는 바디의 진동과 타이어의 진동을 전자 제어를 하게 됩니다. 쇼크 업쇼버와 코일 스프링을 통하여 차량의 균형을 유지하여 주행 안전성을 높여주는 장치입니다. 급출발, 급제동, 급커브 주행에서 ABC 장착 차량은 차량의 평형상태를 유지시켜 주어 편리하고 안전한 운전을 제공합니다.

- **AS(Airmatic Suspension)**

에어메틱 서스펜션

벤츠가 자랑하는 첨단 서스펜션으로 주행 환경 및 노면상태에 따라 스스로 승차감 및 차체 조종력을 가변적으로 변화시켜 최상의 승차감과 주행 성능을 발휘하게끔 보조해주는 장치입니다.

- ABSA(Active Blind Spot Assist)

능동형 사각지대 어시스트

4개의 단거리 레이더와 1개의 장거리 레이더를 이용하여 전후방 사각 지대의 차량들을 파악하여 운전 중에 발생하는 사고의 위험을 방지해주는 기능입니다. 사이드 미러 경고표시와 경고음이 발생하며, 차선 변경을 시도할 시 운전자의 의지를 인식한 경우를 제외하고 ESP로 자동 차선 보정을 하며, 더 나아가 자율 제동으로 운전자에게 경고를 합니다.

- LED ILS(LED Intelligent Light System)

인텔리전트 라이트 시스템

날씨, 주변 조명 및 주행 상황에 따라 라이트를 자동으로 조절하여 최적의 시야를 확보할 수 있도록 해줍니다. 하향등과 상향등을 위한 2개의 LED 프로젝션 모듈을 통해 뛰어난 시야를 확보해주는 것 외에도 LED 인텔리전트 라이트 시스템(LED Intelligent Light System)은 야간에 안전성을 높이고 상황에 적합하게 빛을 분배하고 주간등에 가까운 광원색을 비추어 눈부심 현상을 줄입니다.

- AS(AIRSCARF)

에어스카프

에어스카프(AIRSCARF) 기능은 기온이 낮을 때 헤드레스트에 있는 송풍구를 통해 흐르는 따뜻한 공기로, 운전자와 탑승자의 목과 어깨 주변을 따뜻하게 해줍니다. 목 부위를 따뜻하게 감싸주는 에어스카프(AIRSCARF) 기능은 원하는 온도를 세 단계로 조절할 수 있습니다

- AC(AIRCAP)

에어캡

앞 유리 에어캡(AIRCAP)과 뒤편의 바람막이는 소프트 탑이 열린 상태에서 실내의 터뷸런스와 소음을 줄여줍니다.

- ABA(Active Brake Assist)

액티브 브레이크 어시스트

앞차와의 간격이 가깝거나 장애물 및 보행자를 레이더가 인식하면 계기판에 불이 들어와 경고를 합니다. 그리고 급제동 시에 제동을 최적화하며, 브레이크를 밟지 않은 경우 속도를 자동으로 줄여줍니다. 교차로에서 교행하는 차를 운전자가 인식하지 못한 채 주행했을 때 이를 감지하고 자동 제어하는 장치이기도 합니다.

■ DL(Digital Light)
디지털 라이트
HUD(Head Up Display) 같이 헤드램프가 도로에 직접 이미지를 투광하여 운전자에게 정보를 알리는 시스템입니다.

■ GM(Gliding Mode)
글라이딩 모드
타 브랜드에서 사용하고 있는 Coasting Mode와 비슷한 기능으로써, 적정속도 범위 안에서 일시적으로 기어변속과 엔진 회전수를 떨어드리고, 연료소모를 최소화 하며, 주행거리를 늘려줍니다.

■ ALCA(Active Lane Change Assist)
능동형 차선 변경 어시스트
차선 변경도 수월하게 할 수 있습니다. 예컨대, 운전자가 시속 80~180㎞ 상황에서 차선을 바꾸고 싶을 때 카메라와 레이더 센서가 주변 차를 스캔합니다. 안전하다고 판단하면 차가 스스로 자리를 옮깁니다.

■ ALKA(Active Lane Keeping Assist)
능동형 차선이탈 어시스트
스테레오 카메라는 계속적으로 노면의 실선과 점선을 감지하고, 운전자가 의도치 않은 차선 이탈을 하는 경우 스티어링 휠을 간헐적으로 진동하여 경고합니다. 또한 차선 이탈 시 ESP를 이용하여 반대편 앞, 뒤 바퀴에 브레이크를 작동시켜 자동으로 차선 안으로 차량이 되돌아오게 해주는 최첨단 안전주행 보조 기능입니다. 단, 급가속, 급감속, 스티어링휠 조작 등의 파라미터를 통해 운전자의 의도를 파악하여 작동합니다.

■ DS(Dynamic Select)
다이내믹 셀렉트
하나의 스위치로 "comfort", "sport", "eco", 및 "lndividual"의 4가지 주행 모드를 즐길 수 있습니다. 다이내믹 셀렉트에서 도로 상황에 따라 원하는 주행 특성을 선택할 수 있습니다.

■ SCD(Soft Closing Door, Ghost Door)
소프트 클로징 도어
자동으로 문 닫히는 기능과 거의 유사한 기능으로 완전 자동은 아니고, 문을 닫긴 닫았는데 걸치듯이 닫혔을 때, 덜 닫혔을 때 앞서서 모터가 잡아당겨 완전히 닫아주는 장치입니다.

- CSC(Command System Controller)

커맨드 시스템 컨트롤러

BMW의 iDrive와 유사한 정보제어장치로 센터 암레스트에 위치한 조그다이얼 하나로 벤츠의 거의 모든 첨단장비(나이트 뷰, 엔터테인먼트 시스템, 운전 보조장치 등)를 제어할 수 있게 고안된 장비입니다.

(5) BMW 자동차 기능별 용어

- ECU(Electronic Control Unit)

자동차 전자제어장치

만약 차량을 사람의 몸에 비교하자면 엔진은 '심장', 엔진오일은 '혈액', 그리고 ECU는 '두뇌'로 표현합니다. ECU는 차량의 각종 센서에서 데이터를 받아 연산을 통해 피스톤 점화기 등 액추에이터로 불리는 장치들을 제어하여 운행 상황에 최적화된 안정된 출력과 연비를 끌어내는데 도움을 줍니다. 또한 자기 학습기능이 있어 운전자의 습관이나 도로와 운전조건에 따라 제어값을 달리하여 연비와 출력을 상황에 맞춰 조절하기도 합니다.

- LKAS(Lane Keeping Assist System)

주행 조향 보조시스템

운전자의 졸음운전, 혹은 부주의 등으로 차선을 벗어날 경우에 센서가 이를 감지하여 자동으로 운전대를 돌려 원위치로 돌려놓는 시스템입니다.

- HUD(Head Up Display)

전방 표시 장치

전방 표시 장치라고 명칭하며, 운전자가 바라보는 정면 앞 유리에 계기판, 네비게이션 등 주행과 관련된 정보를 표시해주는 시스템입니다. 계기판을 확인할 때 전방에서 시선이 떨어지는 순간 사고를 예방하기 위해 만들어진 기능으로, 안전성과 편의성이 강조됩니다.

- AVM(Around View Monitor)

어라운드 뷰 모니터

자동차의 앞과 뒤, 옆 거울에 장착한 카메라를 이용하여 촬영한 영상을, 하늘에서 차량주변을 내려다보는 것 같은 화면으로 보여주는 기술입니다. 사각지대를 보지 못해 발생하는 사고를 예방할 수 있으며, 현재는 보편화된 기능입니다.

■ HAC(Hill-Start Assist Control)
경사로 밀림 방지장치

경사로에서 신호대기로 인해 잠시 정차했다가 출발하게 되면 차량은 중력의 힘 때문에 자연스럽게 뒤로 살짝 밀리게 되어 있는데, 이때 조작이 미숙하면 후방에 대기하던 차량과 접촉사고가 날 수 있습니다. 이러한 사고를 예방하기 위해 만들어진 시스템입니다.

■ Laser Light
레이저 라이트

기존 LED 라이트 하이빔은 최대 300m까지 시야를 확보하지만, 레이저 라이트는 최대 600m까지 시야를 확보합니다. 기존 할로겐 램프, HID(제논) 램프, LED 램프에 비해 조도는 10배 밝고 2배가량 시야 확보, LED에 비해 에너지 소비 절감을 할 수 있습니다. 운전 중 위험요소인 사람 또는 동물 등 탐지하여 그곳에 밝은 빛으로 시그널을 보내어 운전자와 위험요소가 동시에 조심할 수 있도록 하고, 전방에 도로가 좁아지면 그 폭을 계산하여 지금 내 차의 통과 가능 여부를 미리 예측 경고해줍니다.

■ X-Drive
X-드라이브

BMW X3에 최초 탑재된 이래로 현재 4륜뿐만 아니라 전륜까지 나오고 있는 추세입니다. X-드라이브는 상시 4륜 구동 시스템과 함께 차축에 동력을 가변적으로 전달하여 마찰력을 최적화시키는 기술이 적용되어 주행 중 노면상태와 기상조건이 좋지 못할 때 전륜, 후륜의 동력 비율을 40:60, 50:50에서 0:100까지 자유롭게 조절하여 뛰어난 안전성을 제공합니다. 원리는 ECU에서 바퀴에 가할 힘의 할당량을 명령하면, 서브모터가 그걸 받아서 멀티클러치를 조절하여 즉각 구동력을 배분하는 방식입니다.

■ Surround View
서라운드 뷰

서라운드 뷰는 골목길이나 교차로에서 나와 도로에 진입할 때 좌우 시야를 향상시켜 줍니다. 또한 좁은 공간에서 운전하거나 주차를 할 경우 주변의 상황을 왜곡 없이 나타내어 줍니다. 전방 및 후방 카메라 그리고 사이드 미러 하단의 카메라를 통해 마치 위에서 내려다보는 영상을 통해 차량 주변의 360° 시야를 확보할 수 있습니다. 프론트 카메라는 후진 카메라처럼 자체 신호를 인터넷을 통해 TRSVC - 컨트롤 유닛에 제공합니다. 후방 카메라는 후진주차 및 주차 정렬 시 이를 보조합니다. 이때 해당 차량의 뒤쪽 공간에 대한 영상은 센트럴 인포메이션 디스플레이에 나타납니다. 외부 백미러 카메라는 주차 및 정렬 시 이를 보조하는 역할을 하며, 도어 주위는 주변 도로와 함께 CID에 디스플레이 됩니다.

■ Night Vision
나이트 비전
군용 야간투시경 제품으로도 사용되고 있으며, 적외선 카메라는 영을 감지한 이미지를 크고 선명하게 모니터에 디스플레이 하여 주기 때문에 야간운전 시 보다 안전한 운행에 큰 도움이 됩니다. 야간운전, 악천 후, 시골길 혹은 익숙하지 않은 도로에서의 운전 시 사고 대비하여 사전 대응을 할 수 있습니다. 모니터를 통해서 운전자가 위험을 확인할 수 있고, 물체의 열을 감지하여 보행자를 식별하면 영상에 경고표시를 해줍니다. 컨트롤 디스플레이에 영상을 전송하는 적외선 카메라가 전방 300미터에 위치한 물체의 열을 감지하며, 보행자 인식기능이 추가되어 보행자를 식별하면 영상에 노란색으로 경고표시를 해줍니다. 인체감지는 15~100m까지 합니다.

■ Active Cruise Control with Stop & Go
스탑 앤 고 기능을 갖춘 액티브 크루즈 컨트롤
교통체증에 의해 도로가 막히면 차량은 자동으로 정지하고, 자동으로 움직일 때까지 시스템이 브레이크를 적용합니다. Stop & Go 기능이 있는 능동형 크루즈 컨트롤은 주로 고속도로 및 주요 도로에서의 운전을 위해 개발되었습니다. 최대 150m의 범위를 갖는 3개의 레이더 센서는 이동 방향으로 차도를 영구적으로 스캔하며, 차량이 앞쪽에 접근하면 엔진 관리 및 브레이크가 속도를 조절하여 거리가 자동으로 일정하게 유지되고, 필요한 경우 차량이 정지하게 됩니다.

■ Adaptive Headlight
어댑티브 헤드라이트
적응형 헤드라이트는 곡선 방향으로 빔을 캐스팅하고, 구불구불한 도로에서 야간 주행 중에 더 나은 가시성과 안전성을 보장합니다. 센서는 차량속도, 조향각도 및 요잉(수직축을 중심으로 한 회전각도)을 측정하여 소형 전동모터가 전조등 왼쪽, 오른쪽으로 돌리므로 라이트가 도로의 구부러지는 방향으로 비춰집니다. 전조등 빔 제어장치는 달릴 때 낮아지고 차량 제동 시 들어 올려져 모든 단일 커브가 조명되고, 다가오는 차량에 불필요한 눈부심을 주지 않습니다. 특히, 시야가 약한 야간운전 시 더욱 안전합니다. 차량이 달릴 때만 작동하기 때문에 자동차가 후진 상태에 있을 때 및 다가오는 차량을 피하기 위해 차량이 정지 상태에서 스티어링 휠이 좌측으로 회전될 때 스위치 오프 상태를 유지합니다.

(6) 아우디(Audi) 자동차 기능별 용어

- **Active Suspension**

액티브 서스펜션

차의 수평을 유지해 승차감과 주행성능을 높이며, 각 바퀴에 위치한 전자식 엑튜에이터를 통해 독립적으로 동작하여 롤과 피치, 다이브 현상을 방지, 전방 카메라로는 노면을 인식해 반응하는 기능입니다.

- **Mild Hybrid**

마일드 하이브리드

기존의 12V 전압 대신 48V의 높은 전압을 사용하여 차량의 에어컨, 워터펌프 같은 장비들을 엔진이 아닌 모터(RSG)로 가동시켜 연비에 도움을 주는 기능입니다.

- **Traffic Jam Pilot**

트래픽 잼 파일럿

감속과 조향 전후방탐지를 통한 재가속까지 카메라와 초음파 센서를 이용하여 안전한 드라이빙에 도움을 주는 기능입니다.

- **전자식 도어핸들**

기존의 물리적으로 열리는 방식을 대신해 부드럽게 도어핸들을 당기는 것으로도 문이 열리는 전자식을 채택하여 이는 감성적인 만족감을 높여주는 아이템입니다.

- **필체 인식**

센터스텍 하단에 위치한 터치스크린은 최신 태블릿 PC 수준의 부드러운 필기감이 특징이며, 공조스위치 역할과 가상 키보드의 역할을 동시에 담당하고, 네비게이션에 주소를 입력할 경우의 자동완성 기능입니다.

- **ACC(Adaptive Cruise Control)**

어댑티브 크루즈 컨트롤

차간 거리와 속도를 능동적으로 조절하는 장치입니다. 앞차가 속도보다 미만으로 떨어지면 주행 차량 속도도 앞차와 거리, 속도를 앞차와 동일하게 맞추고, 다시 속도가 올라가면 약속된 속도까지 자동으로 올려주는 기능입니다.

■ 하차 어시스트

차의 문을 여는 상황에서 주변의 차량이나 자전거의 접근을 인식하여 운전자에게 경고하고 후방·측방 센서로 동작되며, 사이드 미러나 도어쪽 엠비언트 라이트가 붉은색으로 점등되어 경고를 하는 기능입니다.

■ Dynamic All Wheel Steering

다이내믹 올-휠 스티어링

리어 휠 드라이브 시스템은 새로운 기술은 아니지만, 아우디 리어 휠은 최대 5도까지 꺾이는 가장 적극적인 움직임을 보이며, 이를 통해 조향 시 휠 베이스가 짧은 것처럼 민첩하게 움직이고 주차가 편리한 기능입니다.

■ Pre Sense Side

측면 충돌 리프팅

측면 레이더를 통해 측면 충돌이 예상될 경우 해당 부분의 서스펜션이 순간적으로 8㎝ 높아지며, 이를 통해 SUV와 같은 대형차량이 도어빔 상단을 출격하는 것을 방지하여 안정감을 높여주는 기능입니다.

■ Advanced 3D Camera System

어드밴스드 3D 카메라

360° 카메라는 이미지 프로세싱을 통해 3차원 입체영상을 제공하여, 마치 차량 외부나 드론에서 내려다보는 것 같은 영상을 제공하는 것이 특징이며, 출발 전 차량 주변의 위험요소를 확인할 수 있는 기능입니다.

■ Audi Matrix LED Headlights

아우디 헤드라이트

138개의 LED를 통해 선별적 조사가 가능하고, 하이빔 대비 2배의 조사거리를 가지며, 조향과 전방차량, 맞은편 차량 유무에 따른 정교하게 비추어 주는 기능입니다.

■ MMI(Multi Media Interface) Touch Response System

MMI 터치 리스폰스 시스템

전면 디지털 운영시스템을 통해 차량 기능을 중앙 제어할 수 있고, 개인의 선호에 따라 편리하게 사용할 수 있습니다. 차량의 사용자가 다수인 경우를 고려하여 최대 7명의 운전자까지 설정하여 개인사용자 프로파일에 원하는 세팅을 저장할 수 있습니다.

■ ASF(Audi Space Frame)
알루미늄 차체 기술
아우디 스페이스 프레임에 들어간 알루미늄 재질은 외관과 돌출 부분에 더 자유로운 디자인 설계가 가능하게 합니다. 무게는 가볍지만 뛰어난 강도의 소재로써, 특별한 경량구조를 만들어내어 향상된 성능과 효율성을 동시에 만족시키는 기능입니다.

■ 에너지 회수 시스템
제너레이터 전압이 증가하면 차량이 타력 주행을 하거나 제동되는 과정에서 운동 에너지가 사용 가능한 전기에너지로 변환됩니다. 차량이 다시 가속하게 되면 배터리가 일시적으로 저장되어 있던 에너지를 차량으로 돌려보내 얼터네이터의 부담을 덜어줌으로써 연료가 최대 3% 절약됩니다.

■ Auto Start & Stop
자동 스타트 앤 스탑
차량 정체로 인해 차가 정지상태에 있을 때에도 여전히 연료를 소모하게 됩니다. 자동 Start-Stop 기능은 차량이 정지해 있을 때 엔진을 끄고 브레이크 페달을 놓자마자 재시동되는 시스템으로써 이러한 문제를 해결해줍니다.

■ Hill-Hold Assist System
힐 홀드 어시스트 시스템
경사면에서 정차 또는 출발 시, 혹은 교통체증 상황에서 차량을 정지상태로 유지하여 운전자를 지원합니다. 오르막과 내리막 경사에서 정차하자마자 자동차를 정지상태로 유지합니다. 이 시스템은 제한시간 없이 활성화 된 상태로 유지되며, 운전자가 정차한 차량을 부드럽게 출발시킬 수 있도록 지원하는 기능입니다.

■ RSG(Riemen Starter Generator)
리튬 이온 배터리를 이용해 55~160Lmg 속도 사이에서 주행에 적용합니다. 주행의 가속력이 붙은 상태에서 가속 페달을 밟지 않아도 모터를 이용한 일정한 속도를 유지하는 기능입니다.

■ Audi Quattro
아우디 콰트로
일시 사륜구동은 평상시 두 바퀴로 구동하다가 험로에는 선택적으로 사륜구동을 하는 방식입니다. 에너지의 손실과 소음을 감소할 수 있는 장점이 있습니다. 상시 사륜구동은 비포장도로나 눈, 빗길 등 험로에도 뛰어난 접지력과 힘 그리고 안정감을 유지하는 기능입니다.

(7) 렉서스(LEXUS) 자동차 기능별 용어

■ EPS(Electronic Power Steering)
전자식 파워 스티어링

파워 스티어링(Power Steering)은 가볍고 신속한 조향 조작을 위해 별도의 펌프를 장착하고, 이 펌프의 오일 압력으로 운전자의 핸들조작을 돕는 조향 장치를 말합니다. 감속기어를 병렬로 배치하기 때문에 크기의 구애를 받지 않으며, 결과적으로 유닛 자체가 작아지고 엔진 룸 내에 설치가 용이해지는 것입니다. EPS 시스템은 유압 반력식 타입으로 차속 센서로부터 차량의 속도를 압력 받습니다.

■ VDIM(Vehicle Dynamics Integrated Management)
차체 역학 통합 제어시스템

렉서스 만의 핵심 차체 제어 기술이다. 차체 안정성 제어(VSC), 구동력 제어(TRC), 전자식 제동력 배분(EBD), 전자제어 브레이크(ECB), 전자식 파워스티어링(EPS) 등 독립적인 기능을 통합적으로 제어함으로써, 돌발상황에서도 이를 사전에 감지하여 안전을 확보합니다. 차량의 성능뿐만 아니라, 예방·안전효과에 탁월하며, 동시에 이상적인 제어를 통해 운전자가 의도한 대로 주행할 수 있도록 도와주어 드라이빙의 즐거움을 완성합니다.

■ VSC(Vehicle Stability Control)
차체 자세 제어 장치

빠른 속도로 굽어진 도로를 주행하거나, 급격하게 스티어링 휠을 조작할 때, 차체를 안정시키고 바퀴를 제어합니다. 또한, 엔진의 출력을 감소시키고 브레이크를 제어하여 운전자의 의도대로 차량이 운행되도록 합니다. 각 바퀴 수만큼의 액셀러레이터와 브레이크 페달을 그때그때 상황에 따라 현란하게 조작합니다. 주행 중인 노면과 운전 상황에 따라 각 안전장비를 별도로 또는 함께 작동시킵니다. 코너를 가속하며 빠르게 돌아나갈 때가 좋은 예입니다.

■ TRAC(Traction Control)
구동력 제어 장치

차량이 평평하지 않은 도로나 미끄러운 도로에서 출발하거나 가속할 때, 최적의 접지력을 유지합니다. 즉, 휠 스핀의 위험을 즉각적으로 감지하여 바퀴가 미끄러지지 않도록 하는 것입니다. 주행 중 네 바퀴의 회전을 면밀히 감시하여 나머지보다 현저히 빠르게 도는 바퀴를 발견하면 해당 바퀴에만 제동을 겁니다. 이를 통해 차체가 차선을 벗어나지 않고 안정적으로 주행할 수 있도록 해줍니다.

■ ABS(Anti-lock Brake System)
바퀴 잠김 방지 제동장치

급제동하며 운전대를 조작해 장애물 회피가 가능합니다. 그 결과 추돌과 그에 따른 2차 사고도 줄일 수 있습니다. ABS는 궁극적으로 타이어 접지력의 불씨를 살려 '제동거리 단축'과 '회피 기동'을 가능케 하는 장비라고 할 수 있습니다. ABS가 없을 경우 브레이크로 차를 급제동하면 바퀴 회전은 멈추지만 차체는 상당 거리까지 미끄러집니다. ABS는 제동을 걸고 풀기를 빠르게 반복하여 이를 방지합니다. 브레이크를 밟을 때 '두두둑' 하는 소리가 들리는 것도 ABS가 작동하고 있기 때문입니다.

■ EBD(Electronic Brake Distribution)
전자식 제동력 분배장치

보통 ABS와 같이 EBD-ABS로 ABS 안전장치와 같이 장착되는 것이 보통입니다. EBD는 주로 고급차에 많이 적용되는 장치로 차량에 있는 승차인원, 적재량, 감속에 의한 무게이동까지 계산해서 자동차가 갑자기 멈출 경우 앞으로 쏠리는 현상을 바로잡아 주는 역할을 합니다. 안정된 브레이크 기능을 사용할 수 있도록 해주고, 특히 변화가 큰 RV차량이나 미니 밴 차량에 장착하면 아주 효과적입니다.

■ BAS(Brake Assist System)
브레이크 보조장치

자동차 주행 중 긴급한 제동상황임을 감지하여 최대 제동효과를 발생하도록 하는 것이 BAS 기능의 역할입니다. 제동거리를 줄여 사고 유발을 줄이며 ABS 기능이 잘 작동하도록 지원하는 장치라고 보면 됩니다. 갑작스런 주행 현상으로 급제동을 위해 브레이크에 힘을 줘야 하는 상황이 발생할 수가 있는데, 기력이 떨어진다면 급제동이 어려울 수 있습니다. 그래서 보완되어서 장착된 것이 BAS기능입니다. 간략하게는 적은 힘으로도 급제동을 할 수 있는 역할이라고 보면 됩니다.

■ EPB(Electronic Parking Brake)
전자식 주차 브레이크

차량이 서 있을 때는 컴퓨터가 차량의 속도와 엔진의 회전, 브레이크의 동작 유무를 판단해 운전자가 브레이크를 밟은 깊이만큼 잠겨있게 됩니다. 따라서 정차 중에는 운전자가 브레이크를 밟고 있지 않더라도 도중에 브레이크가 풀릴 염려가 없습니다. 또한 차량을 출발시킬 때는 브레이크가 잠긴 상태에서 페달만 밟으면 자동으로 풀리기 때문에 그대로 출발하면 됩니다. 비탈에서 출발할 때도 뒤로 밀리지 않고, 교통체증이 심할 경우에도 운전자가 속도를 높일 때만 앞으로 나아가게 되어 있어, 자주 액셀 페달을 밟을 필요가 없습니다. 주행 중에도 컴퓨터가 차량 속도를 감지해 차량이 움직이고 있다는 사실을 알고 있기 때문에 절대로 작동하지 않습니다.

■ BSM(Blind Spot Monitoring)
사각지대 감지 모니터

와이드 미러를 장착했음에도 불구하고 사각지대가 안보여서 불편할 때 사용할 수 있는 기능입니다. 차량 뒷부분에도 후측방 센서를 장착함으로써 사각지대에 다른 차량이 접근해 오면 아웃사이드 미러 인디케이터가 알람을 울려 운전자에게 경고를 보내 사고를 방지합니다.

■ RCTA(Rear Cross Traffic Alert)
후측방 경고시스템

사이드 미러의 사각지대에 보이지 않는 차가 있을 때 경고음을 울리는 시스템입니다. 후진 시 뒤쪽 사각지대의 차량 및 보행자 등을 감지하고, 경보음을 울려 운전자에게 위험을 인식시켜 줍니다.

■ TPMS(Tire Pressure Monitoring System)
타이어 공기압 경고시스템

타이어 공기압 경보장치. 타이어의 압력이 떨어질 경우 타이어 공기압 센서가 그 위치를 클러스터를 통해 알려주는 타이어 공기압 경보장치입니다. 타이어의 공기압과 온도를 항상 적정한 상태로 유지시켜 타이어의 내구성과 승차감, 제동력 등을 향상시켜 줍니다.

■ PCS(Pre-Collision System)
긴급 제동 보조시스템

긴급 제동 보조시스템. 추돌 사고에 대응하기 위해 제동력을 보조하는 시스템입니다. 긴급 제동 보조시스템은 밀리미터 웨이브 레이더 및 카메라를 통해 전방에 있는 차량을 감지합니다. 이후 시스템이 충돌 가능성이 높거나 사고 발생을 피하기 어렵다고 판단하면, 운전자에게 이를 경고하고 필요 시 제동력을 개입하여 브레이크 작동을 보조합니다.
※ 제동력은 최대 약 15km/h 수준으로 작동됩니다.

■ DRCC(Dynamic Radar Cruise Control)
다이내믹 레이더 크루즈 컨트롤

운전자의 주행을 편리하게 보조하는 시스템으로써, 차량의 전방에 장착된 밀리미터 웨이브 레이더를 통해 선행 차량의 차속을 감지하고 이에 맞는 주행 속도를 자동으로 유지시킵니다. 또한 선행 차량이 사라지면 초기 설정한 주행 속도에 맞는 차속으로 자연스러운 가속 및 감속을 합니다. 전방 주행 차량의 정차 시에는 적당한 차간 거리를 유지하면서 함께 정지합니다.

- LKA(Lane Keeping Assist)

차선 유지 어시스트

차선유지 어시스트, 정면충돌이나 부주의한 차선이탈 사고를 예방하는 시스템입니다. 시스템이 주행 차선을 이탈할 가능성이 있다고 판단하면, 차선 이탈 경고를 활성화하는 동시에 스티어링에 보조력을 전달하여 운전자가 의도치 않은 차선 이탈을 하지 않도록 보조합니다.

- AHB(Automatic Hibeam)

오토 매틱 하이빔

전면 윈드 실스 상단에 부착되어 있는 카메라를 통해 전방의 불빛을 감지하여 주행 상황에 맞는 상향 등 점멸을 자동으로 조절합니다. 운전자는 주행 시 직접 상향등을 점등할 필요가 없어 보다 편리한 야간주행이 가능해지고 뛰어난 전방 시인성을 확보해 보다 안전하게 드라이빙을 즐길 수 있습니다.

- AVS(Adaptive Variable Suspension System)

가변 전자 제어 서스펜션

노면상태와 드라이빙 모드에 따라 서스펜션의 감쇠력을 조절해주는 장치입니다. 거친 노면을 주행할 때에는 감쇠력을 완화하여 편안한 승차감을 유지시키고, 코너링을 할 때에는 감쇠력을 강화시켜 핸들링 안정성을 유지시켜 줍니다. 또한 roll 컨트롤에 중점을 두어 더욱 안정감 있게 차체 움직임을 전자적으로 컨트롤합니다.

- SRS 에어백(Supplemental Restraint System Air Bag)

시트 벨트를 착용한 상태에서만 그 기능을 발휘할 수 있습니다. 차량 전방으로부터의 충돌 시 상반신을 보호하는 시스템입니다. 임펙트 센서(G센서)가 충돌 시의 차체 G를 전기신호로써 검출하면 운전석 및 조수석 내의 인플렉터 단자에 통전되어 질소가스 발생제에 점화되어 에어백을 부풀립니다. 이때 생성되는 기체는 1000분의 1초 단위로 공기주머니를 부풀게 하여 고객이 다른 내장 제품에 부딪치는 것을 막습니다.

- TVD(Torque Vectoring Differential)

토크 벡터링 디퍼렌셜

토크 벡터링은 자동차가 특정 바퀴의 동력을 제어할 수 있게 해주는 시스템입니다. 이를 통해 핸들링과 차체 안정성, 퍼포먼스를 높이도록 설계됩니다. 특히 토크 벡터링은 단순히 한쪽 바퀴로 전달되는 동력을 줄이거나 차단하는 것에 그치지 않고, 다른 쪽 바퀴에 힘을 추가로 전달하는 것을 통해 코너링 스피드를 높일 수 있습니다. 또한 렉서스 토크 벡터링 디퍼렌셜은 브레이크로 제어하는 방식이 아니라 다판 클러치를 이용한다는 점에서 타 브랜드와 차별화됩니다.

■ AL-TPMS(Auto Location Tire Pressure Monitoring System)
공기압 감지 시스템
'오토 로케이션 타이어 프레셔 모니터링'의 약자로 타이어 공기압을 감지하는 전자장치로 운전자에게 타이어 공기압에 대한 정보와 경고를 하는 장치입니다. 일반적으로 TPMS는 직접방식과 간접방식으로 나누어지는데, 렉서스 차량의 경우는 직접방식으로 타이어 공기주입 밸브에 센서가 부착되어 타이어 내부의 공기압과 온도를 감지합니다. 이렇게 얻어진 정보를 TPMS의 무선 송신기가 자동차 내부의 수신기로 전달한 후 운전자에게 필요한 정보를 보여주는 것입니다.

■ PUH(Pop-Up Hood)
보행자 충돌 안전 시스템
팝업후드의 약자로 보행자 충돌 안전 시스템입니다. 보행자와의 충돌 발생 시 전면 범퍼의 센서가 작동하면서 후드가 즉시 튀어 올라 후드와 엔진 사이에 충격을 흡수할 공간을 형성하여 보행자의 머리에 가해지는 충격을 줄일 수 있는 시스템입니다. 구체적으로 앞쪽 범퍼 내의 중앙과 좌우에 설치된 센서와 차속센서의 정보를 통해 보행자와의 충돌을 감지하면 액츄에이터를 작동시켜 본넷의 후부를 10㎝ 들어 올립니다. 따라서 엔진과 같은 딱딱한 부품과 보닛후드 사이에 공간을 확보시켜 보행자의 머리에 가해지는 충격을 줄이는 것입니다.

■ ECB(Electric Control Brake)
전자식 컨트롤 브레이크
'일렉트릭 컨트롤 브레이크'의 약자로 운전자가 브레이크 페달을 밟으면, 센트럴-ECU에는 페달 행정센서가 장착된 푸트-브레이크 모듈에 의해 신호가 입력됩니다. CAN을 통해 EBS/ABS 모듈 레이터 및 피견인차 브레이크 시스템이 작동됩니다. 센트럴-ECU는 운전자의 입력에 일치시켜 솔레노이드 밸브를 통해서 브레이크 실린더의 제동압력을 제어합니다. 휠회전 속도 센서는 감속도를 계산합니다. 라이닝의 마모는 라이닝 센서에 의해 감지됩니다. 피견인차 제어모듈은 피견인차의 브레이크 시스템을 작동시킵니다.

■ E-CVT(Electric Continuously Variable Transmission)
전자식 무단 변속기
CVT(무단변속기)는 변속단계가 연속적으로 이루어지는 시스템으로써 엔진출력에 맞춰 변속이 부드럽게 이루어지므로 변속 시 발생하는 동력의 손실을 줄일 수 있습니다. 기어 변속에 따른 변속충격이 없는 것은 물론이고, 엔진의 속도를 바퀴와 독립적으로 유지할 수 있기 때문에 엔진의 최적운전을 가능하게 하여 자동변속기 대비 20% 이상의 연비 향상이 가능하고, 이에 따른 배기가스 절감효과도 있습니다. 기어 변속에 따른 변속 소요시간이 없어 연비효율 향상과 배기가스 절감효과는 물론, 변속 충격이 없는 편안한 승차감까지 선사합니다.

- SPDS(Sport Direct Shift)

8단 변속기

스포츠 모드에서 자동적으로 기어비를 인식하여 시프트를 자동 제어하는 변속기입니다. 중력 센서가 내장되어 있어 차가 스스로 중력의 변화를 감지하고 그 결과에 따라 변속기를 제어합니다.

- TVD(Torque Vectoring Differential)

좌우 토크 분배형 토크 백터링 디퍼렌셜

코너링 때 후륜 좌우 구동력을 최적으로 전자 제어해주는 구동력 제어시스템으로써, 안정성의 밸런스를 지향한 스탠더드, 고속서킷에서 안정성을 추구한 서킷모드로 이루어졌습니다. 이를 통해 서킷에서는 다이내믹한 스포츠 주행을, 일반도로에서는 편안한 승차감을 맛볼 수 있습니다.

- BA(Brake Assist)

브레이크 어시스트 시스템

응급상황에서 제동력을 높여 더욱 빨리 정지하도록 지원합니다. 브레이크 액츄에이터는 제동력을 4륜에 골고루 분배하여 안전하고 신속하게 속도를 줄입니다.

- VGRS(Variable Gear Ratio Steering)

가변 기어비 스티어링

핸들 조작을 제어하는 기어 가변 스티어링 시스템입니다. 핸들 조작에 따른 타이어의 방향 각도를 차량운행 속도에 맞춰 자동적으로 변화시켜 주는 전자 제어장치로 안전과 직결되는 핵심 장치입니다.

- LSD(Limited Slip Differential)

리미티드 슬립 디퍼렌셜

진흙, 모래, 눈 등에 바퀴가 빠졌을 때 쉽게 탈출할 수 있도록 도와주는 자동 제한장치입니다. 양쪽으로 동력을 똑같이 전달해 헛돌지 않는 바퀴가 움직이게 만들어 차가 탈출할 수 있게 해줍니다.

(8) 크라이슬러, 포드(Chrysler, Ford) 자동차 기능별 용어

■ PS(Park Sense)
액티브 평형 및 직각 주차 보조시스템
범퍼에 위치한 초음파 주차 센서를 이용하여 차량이 주차공간으로 진입할 수 있도록 보조하며, 자동으로 스티어링 각도를 조절하여 평행 및 직각 주차를 보조하는 기능입니다.

■ ESC(Electronic Stability Control)
전자식 주행 안정화 컨트롤
ABS 기능은 물론, 엔진 토크까지 제어하여 위급한 상황에서 차량 자세를 안정적으로 유지해줍니다. 센서가 1개 필요한 ABS와 달리 ESC는 3개 이상의 센서가 동원되며 밸브도 추가로 들어갑니다. 외관상 거의 비슷한 두 제품은 차량 조립 시 운전석 브레이크 페달 위치와 가까운 엔진룸 안쪽에 장착됩니다. 미국 고속도로 안전보험협회(IIHS)에 따르면, ESC는 사망사고 위험을 32~56% 감소시키는 것으로 나타났습니다.

■ TSC(Trailer-Sway Control)
트레일러 스웨이 컨트롤
트레일러를 끌고 갈 때 뒤 트레일러의 흔들림에 따라 앞 차량도 따라서 휘청거릴 수 있는 현상을 방지하고, 견인 중인 화물이 흔들려도 차량의 자세를 유지해주는 안전 사양입니다.

■ ISG(Idle Stop and Go)
공회전 제한장치
자동차가 정차해 있을 때 시동이 꺼져 엔진은 정지되고, 배터리를 이용하여 모터를 구동시키고 차가 출발할 때 다시 시동이 켜지는 방식을 뜻합니다. 도심지에서 차량이 서서 공회전하는 기회가 많아지는데, 이때 ISG는 필요 없이 연료가 소모되는 것을 막아줍니다. 적게는 5%, 많게는 20%까지 효과가 있습니다. 다만 자주 시동을 걸게 되므로 배터리의 성능이 아주 중요한 역할을 하게 됩니다. ISG 기능이 탑재된 차량에는 시동을 자주 걸어도 쉽게 방전되지 않도록 하는 기능이 내재된 AGP 배터리를 장착하게 됩니다. 이 배터리는 고급형 배터리로써 가격도 상당히 높습니다.

■ ECM(Electronic Chromic Mirror)
감광식 미러
룸미러에 들어오는 뒤쪽 차량의 빛을 광센서를 통해 자동으로 감지해 거울의 반사율을 낮추어 운전자의 눈부심 현상을 없애 주는 장치입니다. ECM이 작동하지 않을 때는 룸미러에 반사되는 빛의 양이 많아 눈부심 현상이 심하지만, 작동할 때는 빛의 양이 훨씬 줄어들어 눈부심 현상을 거의 느끼지 않습니다. 센서는 보통 룸미러 위쪽 중앙에 설치되어 있는데, 룸미러 조절 손잡이를 뒤쪽(차량 뒤쪽) 또는 앞쪽으로 밀면 눈부심 현상이 줄어들도록 설계되어 있습니다.

■ EPB(Electronic Parking Brake)
전자식 주차 브레이크

차가 서있을 때는 브레이크가 자동으로 잠겨 있다가, 출발할 때는 액셀러레이터 페달만 밟으면 자동으로 풀리는 브레이크 장치입니다. 기존의 와이어 방식과 달리 전자식으로 제어되는 주차 브레이크 시스템으로, 차량이 서있을 때는 컴퓨터가 차량의 속도와 엔진의 회전, 브레이크의 동작 유무를 판단해 운전자가 브레이크를 밟은 깊이만큼 잠겨있게 됩니다. 따라서 정차 중에는 운전자가 브레이크를 밟고 있지 않더라도 도중에 브레이크가 풀릴 염려가 없습니다. 또한 차량을 출발시킬 때는 브레이크가 잠긴 상태에서 페달만 밟으면 자동으로 풀리기 때문에 그대로 출발하면 됩니다.

■ Raindrops Sensing Auto Wiper
레인드롭스 센싱 오토 와이퍼

윈드실드 와이퍼가 젖으면 자동적으로 작동하는 와이퍼입니다. 보닛 위에 설치된 센서에 빗방울이 접촉되면 그 충격과 물의 부착에 의하여 정전 용량의 변화를 감지하고 빗물의 양에 따라 닦는 속도나 간격을 조종하는 방식입니다.

■ Paddle Shift
패들 시프트

운전대에서 손을 떼지 않고 변속 제어가 가능하게 만든 장치입니다. 기어 변속 패들로 핸들에 손을 떼지 않고 빠르게 변속을 할 수 있어 레이싱 게임의 개인 기록 단축에 매우 유리합니다. 패들 시프트 핸들 뒤 패들로 빠르게 기어 변속이 가능합니다.

■ DBC(Down Hill Brake Control)
경사로 저속 주행 시스템

경사로 저속 주행 시스템은 경사가 심한 곳을 내려올 때 브레이크 페달을 밟지 않아도 자동으로 일정 속도 이하로 감속시켜주는 시스템입니다. DBC 또는 DAC이라고도 부릅니다. 감속 속도는 차종 또는 변속기 종류에 따라 다를 수 있지만 통상 8Km/h 이하로 운전할 수 있게 제어합니다.

- TCS(Traction Control System)
트랙션 컨트롤 시스템

눈길 등 미끄러지기 쉬운 도로에서 구동륜이 미끄러지는 것을 방지하는 슬리퍼 컨트롤 기능과, 일반 포장도로 등에서 선회 가속 시 액셀의 과응답으로 인해 코스에서 이탈하는 것을 방지하는 트레이스 컨트롤 기능으로부터 구성되는 트랙션 컨트롤을 말합니다. TCS는 가속 성능과 가속 선회 성능이 향상되고, 일반 노면에서도 좀 더 안정적으로 선회할 수 있으며, 목표로 하는 코스를 트레이스 하는 것이 가능하게 해줍니다.

- RBS(Rain Brake Support)
레인 브레이크 서포트

운전자의 안전을 지키는 안전 보조기능인 레인 브레이크 서포트 시스템은 와이퍼가 작동될 때 자동으로 동작하는 안전 시스템입니다. 와이퍼가 작동 중이라는 건 비나 눈이 온다는 뜻이며, 이때 브레이크 패드가 젖어서 제동력을 제대로 발휘하지 못한다면 미끄러운 도로에서 더욱 위험한 상황이 생길지도 모릅니다. 펌프가 자동으로 패드를 밀어내서 마찰력으로 건조된 상태를 유지시켜 줍니다.

- AHHC(Auto High-beam Head-lamp Control)
전자제어 하이빔 컨트롤

AHHC(전자제어 하이빔 컨트롤) 시스템은 전하결합소자 카메라 기술을 사용해 접근하는 헤드램프 또는 앞차의 후미등을 포함해 주변의 조명 상태를 감지합니다. 시스템은 헤드램프에 자동으로 신호를 보내서 헤드램프 빛의 세기를 낮춥니다. 이 지능형 시스템은 야간운전을 위한 최대한의 빛을 자동으로 제공합니다. 또한 야간에 시가지를 주행하는 것처럼 특정한 지정속도 이하로 운전할 때 상향등 세기를 조절합니다.

- BSW(Blind Spot Warning System)
사각지대 모니터링 시스템

후방에서 접근하는 물체를 센서가 감지해서 양쪽 사이드 미러를 통해 운전자에게 알려주는 안전 시스템으로 사각지대의 위험을 최소화 시켜주는 기능입니다. 앞쪽 측면 센서들은 탐색된 차량이 반대편에서 다가오는 차량인지 아닌지 판별하는 데 사용되고, 앞 센서가 먼저 검출하고 뒤 센서가 검출하게 되면 반대편에서 다가오는 차량이므로 경고를 발생하지 않게 되는 원리입니다. 반대로 뒤 센서가 먼저 검출하게 되면 뒤에서 다가오는 위험한 차량이므로 경고를 주게 됩니다.

■ FCMS, FCWS(Forward Collision Mitigation System, Forward Collision Warning System)
전방충돌회피시스템 / 전방충돌경고시스템

FCMS는 대상차량의 주행 경로상의 장애물로 인해 운전자가 적절히 반응하기 어려울 때 전방충돌을 방지하는 장치로써, 전방차량의 움직임과 잠재적인 충돌까지의 시간 및 대상차량의 충돌 여부를 분석·처리하는 기능입니다. 전방의 센서 및 특수 카메라가 전방에 있는 차량이나 물체에 빠른 속도로 접근할 때, 이를 감지해서 계기판으로 문자를 띄어 알립니다.

(9) 재규어, 랜드로버(Jaguar, Land Rover) 자동차 기능별 용어

■ PAS(Pothole Alert System)
포트홀 경고 시스템

도로에 파여 있는 구멍을 포트 '홀'이라고 하는데, 도로에 움푹 파인 구멍을 감지하고 운전자에게 알려주는 시스템입니다. 이는 타이어 펑크를 줄이고 스티어링 휠과 차량 손상도 줄일 수 있습니다.

■ BS(Bike Sense)
바이크 센스

주변에 있는 자전거나 오토바이를 감지하고 운전자에게 경고하며, 차체에 내장되어 있는 각종 센서가 내 차에 접근하는 자전거, 추월하려는 오토바이, 길 건너는 자전거나 오토바이가 가까워지면 오디오에서 알림음 소리를 내고, 시트가 어깨를 툭툭 치고 브레이크 페달, 도어 레버를 진동시켜 경고합니다.

■ WD(Wade Sensing)
도강 수심 장치

하천, 개울 및 물에 잠긴 도로를 통과할 때 도어 미러 센서를 통해 운전자에게 알려줌으로써 안전하게 통과할 수 있게 합니다. 실시간 도강 정보를 터치스크린을 통해 그래픽으로 제공합니다.

■ GRC(Gradient Release Control)
경사로 브레이크 제어장치

운전자가 경사로에서 갑작스럽게 브레이크를 놓아도 차량이 내려가지 않게 만들어 주는 시스템입니다.

- RSC(Roll Stability Control)

롤링 억제장치

굽은 길에서 롤링 억제장치 기능인 RSC 기능이 작동되며, 주행 시 안정적으로 롤링을 없앱니다.

- ATPC(All Terrain Progress Control)

전지형 프로그레스 컨트롤

험한 조건에서도 차량 속도를 일정하게 유지하며, 이 시스템은 속도가 2km~30km 사이 초저속 구간에서 일종의 크루즈 컨트롤처럼 작동합니다. 장애물을 통과하는 상황에서 운전자가 스티어링에 집중할 수 있게 도와줍니다.

- APB(Aluminium Panel Body)

알루미늄 패널 바디

재규어 XE는 동급 최초로 알루미늄 패널을 사용하는 특징과 함께 세계 최초로 RC 5754라는 고강도 알루미늄 등급을 사용하며, RC 5754는 재활용 알루미늄으로 2020년까지 차체에 들어가는 알루미늄을 75%를 재활용 알루미늄을 사용합니다.

- ADAS(Advanced Drive Assistance System)

첨단 운전자 보조시스템

360° 주차 보조 센서가 후진 시 주위에 배치된 센서가 자동으로 주변의 차량 및 위험요소를 운전자에게 알려줍니다. 후방교통감지기능, 자동주차보조기능, 평행 및 직각 주차기능 등을 포함합니다.

- Quick Shift

퀵시프트

촘촘한 8단 자동변속기로 변속이 빠르고 부드러우며, 가장 효과적인 엔진 회전수의 범위를 오래 유지하여 효율성이 탁월합니다. 기어박스의 컨트롤 시스템이 영리하고, 응답력 또한 뛰어난 변속기 기능입니다.

- IE(Ingenium Engine)

인제니움 가솔린 엔진

오토위즈 10대 베스트 엔진에 선정되었고, 올-알루미늄 구조로 뛰어난 성능과 효율성 및 정교함을 자랑하며, 차량 배출가스를 줄이고 연비를 향상시키기 위한 재규어의 엔진입니다.

■ CCB(Carbon Ceramic Brake)
카본 세라믹 브레이크

옐로우 갤리퍼는 최대 21kg 무게를 감소하며 스프링 하중량을 줄이고, 주행 및 핸들링을 향상시킵니다. 이 시스템은 전방 6개 후방에 4개의 피스톤을 가진 모노블럭 캘리퍼를 포함하며, 까다로운 조건을 가지고 있는 상황에서 고도의 성능 발휘 및 마모와 제동력 약화현상이 감소되었고, 고속주행 구간에서 카본 세라믹 디스크의 온도는 600°에서 900°까지 이릅니다.

■ AD(Adaptive Dynamics)
어댑티브 다이내믹스

속도감을 느끼지 못할 만큼 부드러운 주행을 가능하게 해줍니다. 이 시스템은 차량의 움직임을 초당 500회까지 모니터링하고, 그에 따라 운전자의 조작 또는 노면의 조건에 거의 즉각적으로 반응하므로, 제어력이 향상되고 차체의 움직임이 최소화됩니다. 결과적으로 편안하고 매끄러운 주행이 보장됩니다. 또한 오프로드 조건을 감지하여 댐핑을 최적화하므로, 운전자와 탑승자가 목적지까지 안락하게 이동할 수 있습니다.

■ ALRD(Active Locking Rear Differential)
액티브 록킹 리어 디퍼렌셜

온/오프로드를 불문하고 모든 기후 조건에서 최고 수준의 트랙션을 보장합니다. Range Rover에 기본 사양으로 적용되는 상시 4륜 구동(AWD) 및 전자식 트랙션 컨트롤(ETC)은 프론트 휠과 리어 휠로 토크를 배분하고, 독립적으로 휠을 제동하여 개별 휠의 트랙션을 높여줍니다. 액티브 록킹 리어 디퍼렌셜은 리어 휠의 미끄러짐을 제한하여 접지력을 극대화합니다.

■ DR(Dynamic Response)
다이나믹 리스폰스 시스템

유압식 롤링 제어를 통해 핸들링을 개선하고 코너링 중에 몸이 쏠리는 현상을 줄여주므로, 온로드에서의 주행 성능과 안락한 승차감이 보장됩니다. 이 시스템은 프론트 및 리어 액슬을 독립적으로 제어하여 최적의 튜닝 상태를 찾아주므로, 저속주행 시 민첩성이 향상되는 동시에 고속주행의 안정성과 뛰어난 스티어링 정밀도가 보장됩니다.

■ LTL(Low Traction Launch)
로우 트랙션 런치 시스템

정지상태에서 출발할 때 토크를 최적으로 제어할 수 있도록 해주는 로우 트랙션 런치 시스템은 터치스크린을 통해 활성화할 수 있으며, 젖은 풀밭·눈·얼음 등의 미끄러운 조건에서 차량의 기능성을 높여줍니다.

(10) 포르쉐(Porsche) 자동차 기능별 용어

■ PDLS(Porsche Dynamic Light System)
포르쉐 다이내믹 라이트 시스템
포르쉐의 메인 헤드라이트가 보다 편안하고 안전한 주행을 보장할 수 있도록 보조자 역할을 합니다. 차량을 조작할 때 단 0.1초라도 빠르게 앞을 내다볼 수 있는 이 기능은 포르쉐만의 특징으로 거듭났습니다.

■ PSM(Porsche Stability Management)
포르쉐 스태빌리티 매니지먼트
주행 중 차체의 거동이 위험한 상황에 처할 것이 상정될 경우, 다양한 장비에 의한 제어로 차체의 안정성을 회복시키도록 동작해주는 운전자 지원 시스템입니다. 차체의 진행 방향과 속도, 요레이트, 횡G 등을 모니터함으로써 필요한 경우에 각 바퀴의 브레이크 제어를 개별로 해 물리적인 한계의 범위 내에서 차체의 진행방향을 본래의 주행선으로 되돌리도록 작용합니다.

■ PTM(Porsche Traction Management)
포르쉐 트랙션 매니지먼트
4WD 모델에 탑재되는 다양한 주행조건에 따라 구동력의 앞뒤 토크배분을 최적으로 조정해 주는 시스템입니다. 카이엔S 하이브리드 이외의 4WD 모델에는 모두 전자제어식 멀티플레이 클러치 기구에 의해 구동력의 배분이 순간적으로 이루어집니다. ABD(Automatic Brake Differential), ASR(Anti Slip Control ; 엔진 출력을 제어함으로써 휠의 공회전을 막고 직진안정성과 핸들링 성능을 유지하는 시스템)의 제어도 포함됩니다.

■ PASM(Porsche Active Suspension Management)
포르쉐 액티브 서스펜션 매니지먼트
앞뒤 네 개 각 댐퍼의 감쇠력을 무단으로 액티브하게 조절하는 것이 가능한 전자제어 댐퍼 시스템입니다. 노면 상황과 운전스타일에 따라 노멀과 스포츠 등 두 개의 모드 설정으로 선택하는 것이 기본형입니다. 911 터보 시리즈는 표준으로 장비되며, 카이엔에서는 카이엔 터보에 표준이고, 다른 모델은 옵션입니다. 파나메라는 파나메라/파나메라4에 옵션으로 다른 모델은 표준 장비입니다. 파나메라용 PASM에는 컴포트 모드가 설정되어 있습니다.

- PDCC(Porsche Dynamic Chassis Control)

포르쉐 다이내믹 섀시 컨트롤

앞 차축과 뒤 차축에 갖춘 가변 스태빌라이저 기구에 의해 차체의 롤을 액티브하게 제어하는 시스템입니다. 접지력 성능과 드라이빙 다이나믹스를 향상시켜 주며, 스티어링의 조타각과 횡G의 값을 모니터하고, 차체의 안정성을 높이는 스태빌라이저 효과도 가변시킵니다. 파나메라 터보S에 표준장비, 카이엔과 파나메라(특히 하이브리드는 제외), 또 신형 911 모델에서는 카레라S/카레라S 카브리올레에 옵션으로 설정되어 있습니다.

- VDC(Vehicle Dynamic Control)

차량 자세 제어장치

운전자가 별도로 제동을 가하지 않더라도, 차량 스스로 미끄럼을 감지하여 각각의 바퀴 브레이크 압력과 엔진 출력을 제어하는 장치입니다.

- EGR(Exhaust Gas Recirculation)

배기가스 재순환 장치

배기가스 내의 NOx를 저감하는 한 방법으로써, 불활성인 배기가스의 일부를 흡입 계통으로 재순환시키고, 엔진에 흡입되는 혼합가스에 혼합되어서 연소 시의 최고 온도를 내려 NOx의 생성을 적게 하는 장치입니다.

- SAT(Semi Automatic Transmission)

반자동변속기

클러치 페달을 밟는 대신, 시프트 레버를 앞뒤로 움직이거나 스티어링 휠의 버튼을 눌러 기어를 변속하는 변속장치입니다.

- PCP(Porsche Connect Plus)

포르쉐 커넥트 플러스

포르쉐 커넥트 플러스는 포르쉐 커뮤니케이션 매니지먼트(PCM)를 통해 아마존 뮤직과 네스트의 스마트 홈서비스 및 기존 라디오 수신 방식과 온라인 라디오를 결합한 '라디오 플러스(Radio Plus)'를 활용할 수 있게 해줍니다. 통합형 LTE 호환 SIM 카드로 온라인 상태로 계속 유지시킬 수 있고, 네스트의 스마트 홈 디바이스 사용자들은 차량 안에서도 집안의 정보를 실시간으로 확인할 수 있습니다. 집안에 설치된 카메라가 화재경보 및 이미지 등의 정보를 수집해 전송해주며, 자동차에서 직접 집안의 온도 조절도 가능합니다.

■ Power Steering
파워 스티어링

자동차에서 동력에 따른 조향장치입니다. 유압, 공기압 등을 이용하여 핸들 조작을 쉽게 해줍니다. 엔진으로 유압 펌프를 구동해서 리저버에 유압을 축적해 두고, 스티어링 샤프트가 돌아가면 그 끝에 달린 유압 밸브가 열려 피스톤이 전륜을 돌리는 힘을 돕습니다. 최근에는 주차할 때나 저속주행에서는 파워의 효력이 세고, 고속에서는 안전성을 위해 효력이 약해져 핸들이 무거워지는 속도 감응식 파워 스티어링도 적지 않습니다.
* LEXUS 전자식 파워 스티어링 참고

■ ASR(Anti Spin Regular)
가속페달을 밟는 과정에서 바퀴가 헛돌지 않게 해주는 기능입니다.

■ EDL(Electronic Differential Lock)
전자식 디퍼렌셜 락

한쪽 바퀴만 미끄러운 노면에 놓여 있을 때도 안정적으로 출발할 수 있도록 ABS의 제동력 조절 기능을 역으로 사용하는 전자식 자동 제한 장치입니다.

■ PDC(Porsche Double Clutch)
포르쉐 더블 클러치

말 그대로 포르쉐의 2중 클러치 변속기구를 뜻합니다. 출력의 흐름을 방해받지 않아 기어변경이 수초 내로 신속하게 이어집니다.

■ PCCB(Porsche Ceramic Composite Brake)
포르쉐 세라믹 콤포지트 브레이크

포르쉐의 고유의 브레이크 시스템입니다. 카본 파이버와 폴리머 컴파운드를 섞어서 브레이크 디스크 몰딩을 제작하고, 거기에 추가적으로 실리콘 세라믹으로 마무리 지은 브레이크 디스크를 말합니다.

■ PTV(Porsche Touque Vectoring) 포르쉐 토크 백터링
포르쉐 토크 백터링은 코너를 돌 때 리어휠에 가해지는 토크의 힘을 분배하여 안정적이고 스포티한 움직임을 가능하게 합니다.

(11) 혼다(Honda) 자동차 기능별 용어

- **EBD-ABS(Electronic Brake force Distribution-Antilock Braking System)**
전자제어제동력배분장치 - 잠금방지 제동장치
EBD는 전자제어 제동력 배분장치를, ABS는 잠금방지 제동장치를 말합니다. 서로 별개의 개념이 아니라, ABS에 전자 제어 제동력 배분장치가 장착된 시스템입니다.

- **ESP(Electronic Stability Program)**
전자식 차량 자세 제어시스템
스티어링 휠의 상태를 분석하여 운전자가 가고자 하는 진행 방향과 차량의 실제 진행방향을 비교한 뒤 일치하지 않을 때, 차량의 진행 방향을 조정하는 장치입니다.

- **ESS(Emergency Stop Signal)**
급제동 경보장치
50km 이상 주행 시 급브레이크를 밟으면 비상등이 점멸하여 후방차량에게 위험을 알리는 시스템입니다.

- **LW(Lane Watch)**
레인와치
방향지시등을 켜면 사이드 미러에 부착된 카메라를 차량 내 디스플레이로 보여주는 시스템입니다.

- **ANC(Active Noise Control)**
액티브 노이즈 컨트롤
차량의 실내에서 소음을 측정하여 그와 위상이 반대인 소음을 인위적으로 만들어 주어 사람이 소음을 들을 수 없게끔 만드는 시스템입니다.

- **SDS(Straight Driving Support)**
직선 주행 보조
좌우로 경사진 도로에서 직진을 할 때 핸들이 쏠리는 것을 방지하는 직진 주행 보조시스템입니다.

- **VCM(Variable Cylinder Management)**
가변 실린더 제어 기술
V형 6기통 엔진에서 고출력이 필요하지 않을 상황에서 한쪽의 3기통을 쉬게 하여 연비를 향상시켜 주는 시스템입니다.

- **ACM(Active Control Engine Mount)**

액티브 컨트롤 엔진 마운트

3-실린더 모드에서 엔진의 소음을 줄여주는 시스템입니다. 엔진에서 발생한 소음을 인지하여 반대의 주파수를 발생시켜 진동을 상쇄시키는 방식입니다.

- **ECON Button(Economic Button)**

이콘 버튼

버튼을 누르면 경제적인 연비상태로 엔진, 변속기, 에어컨들이 자동적으로 컨트롤되어 연비 향상에 도움을 주는 시스템입니다. 노멀, 스포트, 이콘 3가지 주행모드 중 저·중속에서는 이콘 및 노멀 모드를 사용하게 됩니다.

- **AHA(Agile Handling Assist)**

핸들링 보조 시스템

코너를 돌 때 안쪽 바퀴에 제동을 걸어주어 안정적인 코너링을 도와주는 시스템입니다.

- **TSA(Trailer Stability Assist)**

트레일러 안정성 보조 장치

트레일러를 견인할 때 트레일러를 안정적으로 견인할 수 있게 차량의 자세를 제어해주는 시스템입니다.

- **RDM(Road Departure Mitigation)**

차선 이탈 경감 시스템

차선을 이탈하면 핸들에 진동이 오고 속도가 줄어들어 차선을 이탈하여도 다시 원래 차선으로 돌아오게 도와주는 시스템입니다.

- **FCW(Forward Collision Warning)**

전방 충돌 경고 시스템

주행 중 전반 차량과 충돌이 예상되면 경고음과 함께 차량 내 인터페이스에서 불빛이 반짝이는 주행 안전 시스템입니다.

- **CMBS(Collision Mitigation Braking System)**

충돌 방지 제동 시스템

FCW 시스템이 작동하고도 운전자가 차량의 속도를 늦추지 않았을 때 브레이크가 작동하여 차량을 제동하는 시스템입니다.

- **BSI(Blind Spot Information)**

사각 지대 정보시스템

사각지대에 자동차가 감지되면 사이드 미러에 불빛이 깜빡이고, 그 상태에서 방향지시등이 켜지면 경고음이 울리는 시스템입니다.

- **CTM(Cross Traffic Monitor)**

차량이 후진을 할 때 뒤쪽에서 움직이는 차량이 있으면, 경고음과 함께 차량 내 인터페이스에 방향이 표시되는 시스템입니다.

부록

모의고사 5회 문제 + 정답 및 해설

01 모의고사 1회 .002

02 모의고사 2회 .041

03 모의고사 3회 .080

04 모의고사 4회 .118

05 모의고사 5회 .155

06 1회 정답 및 해설 .193

07 2회 정답 및 해설 .204

08 3회 정답 및 해설 .214

09 4회 정답 및 해설 .226

10 5회 정답 및 해설 .237

자동차 영업중개사 민간자격검정
– 모의 1회 (1차) 시험 문제지

⏱ 제한시간 : 100분

수험번호		성 명	

※ 다음 문제에 대한 답을 선택하시오. (각 1.25점)

1 다음 중 자동차 세일즈 컨설턴트의 업무를 설명한 것으로 틀린 것은?
① 경쟁력 있는 영업활동을 통해 판매 활동을 향상시킨다.
② 효율적인 고객관리를 통해 합리적인 영업활동 시간을 관리한다.
③ 선택옵션 사항과 구매 차량을 제조사에 오더(order)해야 한다.
④ 표준 활동을 분석하고, 차별화된 고객관리 방법을 연구한다.

2 판매(영업)담당자가 고객관리 차원에서 효율적인 고객정보 수집을 할 때 고려해야 할 내용이 아닌 것은?
① 고객정보의 필요성을 정확하게 알아야 한다.
② 연령·성별 구분 없이 가능한 많은 고객정보를 수집하여 데이터 관리를 한다.
③ 고객정보를 데이터화하여 CRM 등에서 관리한다.
④ 수집된 정보를 분류 및 지속적으로 데이터 관리해야 한다.

3 구매 가능성이 높은 가망고객의 정의에서 세 가지 요소에 해당하지 않는 것은?
① Drive License(운전면허증)
② Needs(구매 필요성)
③ Money(구매 자금)
④ Decision(구매 결정권)

4 전시장 방문을 희망하는 고객에 대한 방문예절과 세일즈 컨설턴트의 준비사항이 아닌 것은?

① 사전 약속을 통해 고객에게 좋은 인상과 만족스러운 상담을 준비한다.
② 고객이 필요로 하는 자료와 정보를 사전에 준비한다.
③ 고객이 비교하는 타 브랜드의 차종을 시승할 수 있도록 적극성 있게 준비한다.
④ 방문예정일정과 상담내용을 명확히 정리한다.

5 자동차 전시장의 관리자를 지칭하는 말로 소장, 점장, 매니저, DP 등으로 다양하게 호칭되기도 하며 전시장의 판매, 목표관리, 인력관리, 환경관리, 매출관리, 고객관리 등 총괄업무를 수행하는 사람은?

① 팀 장
② 지점장
③ Area Manager
④ 대리점 사장

6 다음 중 레몬법과 관련해서 옳지 않은 것은?

① 새로 구매한 자동차에서 하자가 반복되는 경우 법적으로 교환 또는 환불을 받을 수 있는 제도이다.
② 레몬법 대상 차량은 출고 1년 이하의 차량이다.
③ 인도 후 1년 이내, 누적 수리 기간 3개월 초과 시 교환 또는 환불 받을 수 있다.
④ 인도 후 1년 이내, 중대 하자 2회 혹은 일반 하자 3회 수리 후, 하자 시정 실패 시 환불 받을 수 있다.

7 충격 완충기라는 의미로 차량에서 발생하는 충격 흡수 장치로서 진동을 급속히 흡수하는 역할을 하여 자동차의 안전성과 승차감을 크게 향상시키는 것은?

① 캘리퍼
② 쇼크 업소버
③ 너 클
④ 컨트롤암

8 다음 중 4륜구동(4WD) 차량 관련 용어가 아닌 것은?
① 4 MATIC
② X-DRIVE
③ 4 MOTION
④ ASR

9 다음 중 앞 엔진 뒷바퀴 구동으로 후륜구동(FR)방식의 장점이 아닌 것은?
① 무게 배분이 50 : 50으로 접지력이 우수하다.
② 코너링과 승차감이 우수하다.
③ 긴 휠 베이스를 이용해 차량의 크기를 늘려서 디자인 할 수 있다.
④ 중량 감소로 연비 향상이 우수하다.

10 다음 중 자동차 용어 ABS에 대한 설명으로 틀린 것은?
① ABS 작동 시 핸들조정으로 방향 전환이 가능하다.
② 빗길, 눈길, 빙판, 모랫길에서 유용하게 작동한다.
③ 제동 거리 및 충돌방지에 도움을 준다.
④ 브레이크 제동 시 항상 작동한다.

11 전자제어 연료분사장치의 인젝터는 무엇에 의해 연료를 분사하는가?
① 연료 펌프의 송출 압력
② ECU의 분사 신호
③ 플런저의 상승
④ 냉각수 수온 센서의 신호

12 가솔린 엔진과 관련 없는 내용은 무엇인가?

① 점화 플러그
② 발진 어시스턴트
③ 인젝터 구동장치
④ 연료 제어 장치

13 다음 중 경고등 이름으로 옳지 않은 것은?

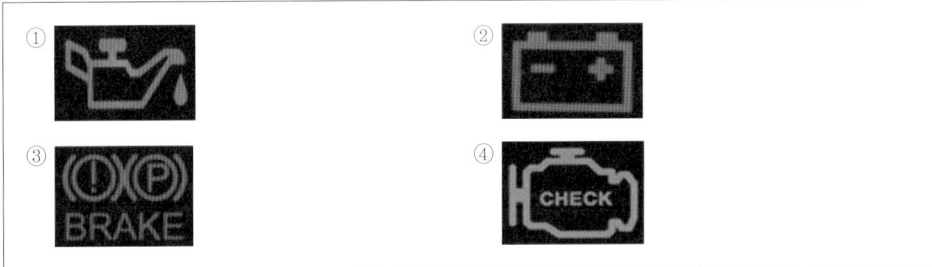

① 부동액 경고등
② 충전 시스템 경고등
③ 주차 브레이크 및 브레이크 장치 경고등
④ 엔진 경고등

14 다음 중 디젤 엔진과 관련 없는 것은?

① 고압 연료 펌프 및 연료 압력조절 밸브
② 스태빌라이저
③ 인젝터
④ 커먼레일

15 자동 변속기 차량에서 가속페달을 끝까지 밟았을 때 강압적으로 저속기어로 변속되는 작동은?

① 크리핑
② 히스테리시스
③ 킥다운
④ 슬립다운

16 파워 스티어링(Power Steering)전자식 동력조향장치의 조향력 제어에서 저속에서는 가볍게 하고, 고속에서는 무겁게 하는 방식은?

① 조향 속도 감응식
② 히스테리시스
③ 차속 감응식
④ 로터 회전 감응식

17 타이어와 노면이 접촉하는 부분으로 마모를 견디며 접지력, 견인력에 영향을 미치는 것은?

① 트레드(Thread)
② 브레이커(Breaker)
③ 카커스(Carcass)
④ 비드(Bead)

18 자동차 배터리 관리내용과 맞지 않는 내용은?

① 배터리는 전기를 축적하여 시동 및 점화·등화장치나 전장품에 필요한 전기를 공급한다.
② 배터리는 2~3년 마다 점검 및 교환이 필요하다.
③ 전기사용이나 사용자의 관리 상태에 따라 배터리의 수명은 차이가 없다.
④ 배터리 충전상태를 색상으로 확인하여 관리할 수 있다.

19 EPB(Electronic Parking Brake)전자식 주차 브레이크의 주요 기능이 아닌 것은?

① 다이나믹 출발보조 기능
② 비탈길에서 출발할 때 뒤로 밀리지 않음
③ 자동 브레이크 유지 기능
④ 다이나믹 제동력 향상 장치

20 다음 중 자동차 리스에 관한 설명으로 바르지 않은 것은?

① 고객의 요구에 맞게 다양한 차종 선택이 가능하다.
② 차종에 따라 부가세 환급이 가능하다.
③ 보험은 고객의 할인과 할증적용 및 보험경력 등이 지속된다.
④ 유지보수의 경우 고객이나 리스 회사가 처리한다.

21 고객 분류에서 프로스팩팅(Prospecting) 고객에 대한 정의로 맞는 것은?

① 출고고객
② 계약고객
③ 가망고객
④ CR 고객

22 다음 중 DM의 성공 포인트가 아닌 것은?

① 발송 시기에 타이밍이 있어야 한다.
② DM은 표현 면에서 특징이 있어야 한다.
③ DM의 관리를 지속적으로 한다.
④ DM은 고객의 동의 없이 편하게 보낸다.

23 다음 중 협상에 관련된 내용이 아닌 것은?

① 이익이나 손실보다는 협상의 성사에 대해서 중점을 둔다.
② 협상에서 워스트 케이스와 베스트 케이스의 시나리오를 준비한다.
③ 최적화된 협상안을 제안한다.
④ 협상 대안의 플랜A부터 플랜Z까지 모든 경우의 수를 예상한다.

24 다음 보기가 설명하는 것은 무엇인가?

- 최초 고객응대에서 계약에 이르기까지 설득을 위한 언어적 표현을 말한다.
- 세일즈 영업활동에서 중심이 되는 것은 상담이며 상담은 고객설득의 연속이다.
- 고객이 구매에 대한 관심과 욕구가 일어나도록 효율적인 상담기법을 요구한다.

① 세일즈 화법　　　　　② 클로징
③ 경 청　　　　　　　　④ 차량 설명

25 고객이 서비스센터에서 차량을 수리하는 동안 자동차 회사로부터 무상으로 차량을 제공받는 대차 차량의 용어를 무엇이라 하는가?

① 로너카 또는 커티시카　② 데모카
③ 렌터카　　　　　　　　④ 서비스카

26 Benz의 안전기능장치 중 탑승자 보호 시스템 Pre-Safe(프리-세이프)에 대한 설명으로 틀린 것은?

① 엔진의 시동을 정지시켜 피해를 최소화한다.
② 열려있는 차량 윈도우가 사고 순간에 닫힌다.
③ 썬루프가 자동으로 닫힌다.
④ 안전밸트와 에어백이 보호기능 준비를 갖추게 된다.

27 차량상담을 위해 전시장을 방문한 고객의 니즈 파악에 적합하지 않은 질문은 무엇인가?

① 관심 차종이 무엇입니까?
② 신차나 중고차 중에 어떤 차종에 관심이 있습니까?
③ 저희 회사의 제품 외에 혹시 비교하는 차종이 있습니까?
④ 주로 연간 주행 킬로수는 얼마나 됩니까?

28 다음 중 우리나라 자동차관리법 시행규칙에서 지정한 자동차 분류기준이 아닌 것은?

① 엔진 배기량
② 차량 중량
③ 차량 전체 길이
④ 차량 높이

29 다음 중 우리나라 자동차관리법 시행규칙에 의거 중형차의 배기량 기준은?

① 1,500cc ~ 2,500cc 미만
② 1,600cc ~ 2,000cc 미만
③ 1,500cc ~ 2,500cc 이하
④ 1,600cc ~ 2,000cc 이하

30 현재 통상적으로 세그먼트(Segment)기준으로 차량을 분류할 때 맞지 않는 것은?

① 경형 – 배기량 1,000cc 미만 5인승 이하, 길이 3.6m, 너비 1.6m, 높이 2.0m 이하
② 소형 – 배기량 1,600cc 미만 5인승 이하, 길이 4.7m, 너비 1.7m, 높이 2.0m 이하
③ 중형 – 배기량 2,000cc 미만 10인승 이하, 혹은 길이, 너비, 높이 중·소형을 초과하는 차량
④ 대형 – 배기량 2,000cc 이상 10인승 이하, 혹은 길이, 너비, 높이 중·소형을 초과하는 차량

31 다음 중 승용차에서 경형차의 조건이 아닌 것은?

① 배기량 1,000cc 미만
② 길이 3.6m 이하
③ 너비 1.7m 이하
④ 높이 2.0m 이하

32 전기자동차 2차 전지 구분에 해당되지 않는 것은?

① 고체산화물형
② 니켈카드뮴
③ 리튬이온
④ 리튬폴리머

33 자동차 차대번호에서 파악이 가능하지 않은 것은?

① 생산 지역   ② 제작사
③ 옵션 사양   ④ 차체형상

34 다음 차체의 외부 그림에서 붉은색 부분을 무엇이라고 하는가?

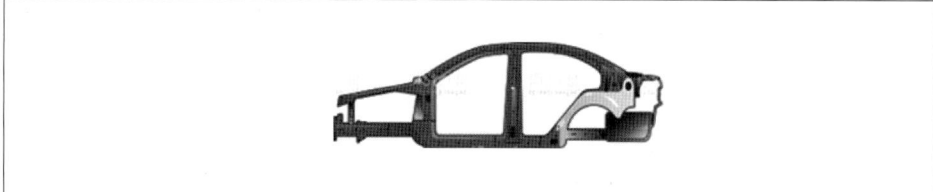

① Side Member
② Side Protector
③ Side Frame
④ Side Pillar

35 자동차 영업에서 중요한 가망고객에 대한 내용으로 정의내린 것 중 옳지 않은 것은?

① 가망고객을 포텐셜 커스터머(Potential Customer)라고도 말한다.
② 우리 제품을 구매하기 전 고객을 말한다.
③ 자금력이 우수하고, 의사나 변호사 같은 전문 직종에 있는 사람을 말한다.
④ 구매 의욕과 지불 능력을 갖추고 있고 구매 계획이 있는 고객을 말한다.

36 자동차 영업에서 가망고객(Potential Customer)과 잠재고객(Prospective Customer)에 대한 내용으로 맞지 않은 것은?

① 가망고객(Potential Customer)은 구매 계획이 있어야 한다.
② 잠재고객(Prospective Customer)은 방문 계약상담이 필요하다.
③ 가망고객(Potential Customer)은 관심 차종이 구체적이다.
④ 잠재고객(Prospective Customer)은 시간이 지나면 가망고객이 될 수 있다.

37 다음 중 자동차 제원에 대한 설명으로 틀린 것은?

① 축거 : 차체 길이와 더불어 차량의 크기를 판단하는 자료로 활용
② 윤거 : 자동차 전후 바퀴 중심 간 거리
③ 최저 지상고 : 바닥에서 차량의 가장 낮은 부분과의 거리로 보통 150mm ~ 180mm
④ 최소 회전반경 : 자동차가 180도 회전할 수 있는 최소 반경

38 다음 중 설명이 옳지 않은 것은?

① 피팅 현상 – 요철구간 통과 시, 앞뒤가 동일 방향으로 움직이는 현상
② 롤 현상 – 주행 중, 코너링과 같이 회전할 때 원심력에 의해서 차량이 바깥으로 쏠리는 현상
③ 다이버 현상 – 주행 중 제동 시, 앞쪽은 내려가고 뒤쪽은 상승하는 현상
④ 스쿼트 현상 – 차량 정지 시, 출발할 때, 앞쪽은 올라가고 뒤쪽은 내려가는 현상

39 다음 중 설명이 옳지 않은 것은?

① 베이퍼록 현상 – 유압식 Brake의 유압회로 내에 공기가 차는 현상
② 페이드 현상 – 긴 내리막길에서 Brake를 자주 밟아 Brake와 Drum의 마찰열 상승으로 제동력이 감소되는 현상
③ 스폰지 현상 – 유압 Hose 안에 공기가 발생되어 Brake를 밟아도 Brake가 듣지 않는 현상
④ Drum Brake는 Disc Brake보다 열방출이 좋아 베이퍼록 현상이 상대적으로 적게 발생

40 다음 중 설명이 틀린 것은?

① Torque가 클수록 최고 속도가 빠르다.
② 자동차 엔진에서 Torque는 엔진의 힘, 즉 자동차의 가속력을 의미한다.
③ 언덕길에서 무거운 짐을 싣고 올라가는 능력은 엔진 Torque와 관련이 있다.
④ 같은 배기량 기준으로 디젤 엔진은 가솔린 엔진에 비해 Torque가 높다.

41 다음 중 기능이 서로 유사하지 않은 것은?

① ABS
② TCS
③ TPMS
④ ESC

42 자동차보험 중 대인배상 1 의무보험(책임보험)의 부상의 한도액은 얼마인가?

① 1천만 원
② 2천만 원
③ 3천만 원
④ 5천만 원

43 Role Playing에서 다루어야 할 필수요소가 아닌 것은?

① 세일즈 프로세스
② 차량 프레젠테이션
③ 자사의 차량과 경쟁사 차량의 세일즈 포인트
④ 중고차 성능 점검에 관한 사항

44 다음 중 자율주행자동차의 확대가 가져올 장점이 아닌 것은?

① 일자리 창출
② 환경오염의 감소
③ 교통사고의 감소
④ 교통체증의 완화

45 다음 중 전륜구동의 특징이 아닌 것은?

① 차량 내부 공간을 넓게 제작할 수 있다.
② 차체가 후륜구동보다 가볍다.
③ 연비가 좋다.
④ 승차감이 좋다.

46 메라비안 법칙에 따르면 고객과의 대화 시 표정이나 태도는 몇 %의 전달력이 있는가?

① 7%
② 40%
③ 55%
④ 38%

47 이익을 남기는 협상과 성공하는 협상에서 고려해야 하는 내용 중 틀린 것은?
① 미래 지향적으로 협상 관계자의 관계를 지속한다.
② 상대방의 이익을 고려하여 손해가 나지 않도록 한다.
③ 지속적인 관계를 위해 경제적 이익보다 신뢰와 평판을 중요시 한다.
④ 상대방의 이익을 고려하지 않고 가능한 유리한 조건을 제시한다.

48 다음 중 차대번호 정보로 알 수 있는 내용이 아닌 것은?
① 제조사 ② 자동차의 차종
③ 제작연도 ④ 차량 판매가격

49 자동차를 구매하거나 소유 시 혹시 모를 사고가 발생할 때 최소한의 피해자 보호를 목적으로 의무적으로 가입해야 하는 보험은 무엇인가?
① 자동차보험 ② 책임보험
③ 종합보험 ④ 운전자보험

50 다음 중 RPM이 의미하는 것은?
① 초당 회전속도 ② 분당 회전속도
③ 시간당 회전속도 ④ 분당 거리량

51 외부 패널 교체 시 단순사고(무사고)로 규정되는 부위는?
① 앞 휀더 ② 도어 스텝
③ 뒤 휀더 ④ A필러

52 차가 서 있을 때는 브레이크가 자동으로 잠겨 있다가 출발할 때 액셀러레이터 페달만 밟으면 자동으로 풀리는 브레이크 장치는?

① IMS(Integrated Memory System)
② ESAS(Electronic Self-leveling Air Suspension)
③ EPB(Electric Parking Brake)
④ AQS(Air Quality System)

53 차량인도 시 고객만족에 영향을 주는 요소에 해당하지 않는 것은?

① 차량의 실내외가 깨끗이 청소가 되어 있는지 여부
② 사전에 약속한 차량의 옵션이나 액세서리 등의 설치 여부
③ 담당 영업 사원이 아닌 다른 사람이 차량을 인도하는지의 여부
④ 차량 구입 시 차량 가격

54 다음 중 세일즈 화법에서 적합하지 않은 것은?

① 자신감과 신념을 갖고 긍정적으로 말해야 한다.
② 언제나 미소를 띤 의연한 태도로 밝고 명랑한 표정과 말투로 상대방이 즐거운 기분이 들도록 한다.
③ 이야기는 추측이 아닌 사실에 바탕을 둬야 한다.
④ 전문적인 용어를 사용하여 고객에게 어필한다.

55 다음 중 설득화법의 3원칙에 해당하지 않는 것은?

① 단언한다 – 브랜드가 가져다주는 이익과 편익을 강력하게 주장한다.
② 반문한다 – 잘못된 정보를 인지하고 있는 고객에게 객관적인 자료를 바탕으로 반문한다.
③ 확신한다 – 스스로의 확신에 찬 열의와 태도로 이야기하면서 확신이 고객에게 전달되도록 한다.
④ 반복한다 – 상담 중 강조해야 할 특성이나 장점은 몇 번이고 되풀이해서 말한다.

56 계약 마무리 단계에서의 여러 화법 중 고객으로 하여금 YES라는 대답을 유도하여 설득을 용이하게 하는 방법으로, 클로징 단계의 화법을 무엇이라 하는가?

① 유도법
② 추정승낙법
③ 양자택일법
④ 긍정암시법

57 판매기법 중 1:1:1:3법에 관한 설명으로 틀린 것은?

① 1시간 안에 전시장 방문감사 SMS를 보낸다.
② 1일 안에 고객에게 방문에 대한 감사 전화를 한다.
③ 1일 안에 고객상담을 통해서 필요한 자료를 DM으로 발송한다.
④ 1일 안에 전시장에 방문한 고객에게 직접 방문한다.

58 자동차를 신규 혹은 이전등록할 경우 부과되는 세금으로, 각 도시별 모자라는 재원을 확보하기 위해서 지하철 공사, 도로 공사에 들어가는 금액을 운전자들이 구매하게 하는 것은 무엇인가?

① 등록세
② 취득세
③ 공 채
④ 부가가치세

59 다음 중 자동차 경매 관련 용어에 대한 해석으로 바르지 않은 것은?

① 출품 : 경매를 통해 자동차 판매를 의뢰하는 것을 말한다.
② 낙찰 : 경매를 통해 거래가 성사되는 행위를 말한다.
③ 유찰 : 경매를 통해 거래가 성사되지 못한 경우를 말한다.
④ 낙찰 희망 가격 : 낙찰자가 경매를 통해 소유권 이전한 차량을 일반 고객에게 판매하고 싶어 하는 가격이다.

60 중고차 매매시장에서 중고차 시세에 영향을 주는 내적 요인에 해당하지 않는 것은?
① 연 식　　　　　　　　② 주행거리
③ 사고 유무　　　　　　④ 소유자 정보

61 운용리스로 견적을 뽑을 때, 가능하지 않은 개월 수는 무엇인가?
① 12개월　　　　　　　② 24개월
③ 30개월　　　　　　　④ 60개월

62 다음 중 엔진 피스톤 링의 중요한 역할이 아닌 것은?
① 기밀 유지　　　　　　② 오일 제어(유막 유지)
③ 열전도　　　　　　　④ 오일 청정

63 타이어의 호칭 225 / 40 / S / R 17에서 225는 무엇을 의미하는가?
① 최고 허용 속도　　　　② 평편비
③ 타이어 폭　　　　　　④ 림의 직경

64 고객으로부터 정비를 의뢰 받아 작업지시서를 작성하는 사람은?
① Foreman　　　　　　② Mechanic
③ Service Advisor　　　④ Service Manager

65 연소 후 배출되는 배기가스의 일부를 다시 순환시켜 재연소를 시킴으로써 유해 배출 가스량을 감소시키는 시스템은 무엇인가?

① RPM
② HP
③ ABS
④ EGR

66 다음 보기는 고객이 구매 시까지 보이는 구매심리 변화에 대한 순서이다. 괄호 안에 알맞은 것은 무엇인가?

- 관심단계 – 관심차종을 주의 깊게 관찰한다.
- 분석단계 – 가격 및 모델에 대한 궁금증이 생긴다.
- 연상단계 – 영업담당 및 딜러를 선정한다.
- 구매욕구단계 – 구매 시 변화가 생긴다.
- 비교단계 – 가격 및 금융조건을 비교한다.
- 구매확신단계 – 네고, 할인요청 및 조건을 검토한다.
- (   ) – 계약 성사

① 계 약
② 상 담
③ 협 상
④ 관 리

67 다음 중 자동차 세일즈 컨설턴트의 주 업무가 아닌 것은?

① 시승 업무
② 고객관리
③ 계약상담
④ 중고차 공경매

68 세계 최초의 가솔린 엔진을 탑재한 3륜 자동차를 개발한 사람은?

① 칼 벤츠
② 고틀리프 다이머
③ 헨리 포드
④ 페르디난트 포르셰

69 트랜스미션의 기계적 장치들이 맞물려서 마찰력이 발생할 때 이를 감소시켜주는 윤활제 역할을 하는 것은?

① 엔진오일
② 스티어링 오일
③ 브레이크 오일
④ 미션 오일

70 경사진 도로를 주행할 때 엔진 브레이크를 사용하는 이유는?

① 연비 향상
② 공주 거리 단축
③ 브레이크 시스템 수명 연장
④ 브레이크 과열 방지

71 냉각수를 순환시키는 장치로 임펠러의 회전으로 원심력을 일으켜 물을 뿜어내는 기능을 하는 것은?

① 워터 펌프
② 팬 벨트
③ 썸머스텟
④ 타이밍 벨트

72 다음 개인정보보호법에 관련된 내용 중 맞지 않는 것은?

① 이 법은 개인정보의 수집 · 유출 · 오용 · 남용으로부터 사생활의 비밀 등을 보호한다.
② 당사자 동의 없는 개인정보 수집 및 활용하거나 제 3자에게 제공하는 것을 금지한다.
③ 상대방 동의 없이 개인정보를 제 3자에게 제공하면 징역이나 벌금에 처할 수 있다.
④ 차량을 구매한 고객에게 당사자 동의 없이 우편물을 발송할 수 있다.

73 세일즈 프로세스 중 첫 단계는?
① 차량 프레젠테이션
② 계약상담
③ 최초 고객응대(welcoming)
④ 시 승

74 다음 중 리스와 장기 렌트를 비교한 것으로 잘못 짝지은 것은?
① 차량선택 시 리스는 고객의 요구에 맞게 다양한 차종, 옵션이 가능하나 장기 렌트의 경우 고객의 선택이 제한적이다.
② 보험적용 관련 리스는 할인 할증 경력지속이 가능하나 장기 렌트의 경우 보험요율 및 보험경력 중단이 발생된다.
③ 유지보수에 있어 리스는 리스사가 렌트는 렌트사가 진행한다.
④ 차량번호는 리스는 일반 자가용 번호, 장기 렌트는 하, 허, 호 번호판을 부착한다.

75 차량 외부의 자동차 결함으로 인해 현장으로 출동하는 것을 무슨 서비스라고 하는가?
① 방문 점검 서비스
② 긴급 출동 서비스
③ 위케어 서비스
④ 전화 상담 서비스

76 휠 얼라인먼트에 캠버를 두는 이유가 아닌 것은?
① 조향 바퀴의 방향성을 주기 위해
② 스티어링 휠 조작을 가볍게 하기 위해
③ 직진 방향으로 회복하려는 힘을 향상하기 위해
④ 타이어 슬립과 마모 방지를 위해

77 다음 보기의 설명에 맞는 자동차 용어는?

> 도로 지면 위에 눈, 비, 모래, 빙판 등에서 운전자가 급제동할 때 작동하는 기능으로, 제동 거리를 확보하고 조향장치를 가능하게 하여 갑작스러운 차량의 사고를 방지할 수 있게 하는 장치이다.

① ESP(Electronic Stability Program)
② EPB(Electric Parking Brake)
③ ABS(Anti-lock Brake System)
④ ECU(Electronic Control Unit)

78 판매 차량을 고객에게 인도 시, 필요 서류가 아닌 것은?
① 추가 서명이 필요한 서류(인도 체크리스트)
② 고객이 낸 비용에 대한 상세 계산서
③ 차량등록증 및 보험가입 영수증
④ 계약서 사본

79 다음 보기가 설명하는 것은 무엇인가?

> 사람의 두뇌와 같은 것으로, 엔진과 관련된 각종 센서에서 수집된 정보를 토대로 최적 연소를 통해 엔진 효율을 높이고 운전자의 의도대로 엔진을 최적 제어해주기 위한 컴퓨터를 말한다. 엔진 제어, 정속주행장치, 브레이크계통, 변속기 제어 등에 사용된다.

① ECU(Engine Control Unit)
② ASR(Anti-Spin Regular)
③ HDC(Hill Descent Control)
④ PDC(Parking Distance Control)

80 다음 중 설명이 틀린 것은?

① TPMS - 자동차의 타이어 공기 압력을 일정하게 유지시켜주는 장치
② TCS - 미끄러운 노면 주행 시, Tire의 공회전을 억지하고 미끄럼을 방지하는 장치
③ EDB - 차량의 적재 무게와 제동 시 무게이동까지 고려, 급정차 시 차가 앞으로 쏠리는 현상 방지
④ ESP(or VDC) - 코너링 및 가속, 제동 시 차량의 미끄럼을 방지하고 차량이 진행 방향으로 최적의 상태로 조정해주는 시스템

자동차 영업중개사 민간자격검정
- 모의 1회 (2차) 시험 문제지

⏱ 제한시간 : 100분

| 수험번호 | | 성 명 | |

※ 다음 문제에 대한 답을 쓰시오. (각 2점)

1 판매 고객 중 악성 민원을 고의적·상습적으로 제기하는 소비자를 뜻하는 말로 색상과 고객을 혼합하여 외래어로 통용되는 악성고객을 무엇이라 하는가?

(   )

2 세일즈 컨설턴트는 차량 프레젠테이션에서 고객이 차량 선택 결정에 앞서 Good Car의 7가지 요소를 구분하여 설명한다. 아래에 있는 빈칸을 채우시오.

| 1. 경제성   2. 안전성   3. 내구성   4. 편리성   5. 브랜드   6. 디자인   7. (   ) |

(   )

3 아래에 있는 그림의 경고등 이름은?

(   )

4 각종 컴퓨터 범죄와 개인의 사생활 침해 등 정보화 사회의 역기능을 방지하기 위한 목적으로 제정되었고 정보통신 서비스를 이용하는 자의 개인정보를 보호하고, 정보통신망을 건전하고 안전하게 이용할 수 있는 환경을 조성하여 국민 생활을 향상시키고 공공복리를 증진할 목적으로 제정된 법은 무엇인가?

(   )

5 이 시스템은 차량 운행 중 불가피하게 발생하는 급제동 시나 눈길, 빗길과 같이 미끄러지기 쉬운 노면에서 제동 시 발생하는 차륜의 슬립 현상을 감지하여 브레이크의 유압을 조절한다. 또한, 바퀴의 잠김(Locking)을 방지하고 제동 시에도 핸들의 조절을 가능하게 하면서 가능한 안전하게 차량을 정지시킬 수 있게 하는 시스템이다. 이 시스템을 무엇이라 하는가?

(   )

6 사람과 사람 사이의 커뮤니케이션에 있어 말(단어)이 차지하는 비중은 약 7%이고, 억양이나 어조 등 소리 부분이 38%, 보이는 태도, 표정, 행동, 자세가 55%로, 상대방이 무엇을 말하는가 보다는 '어떻게 말하는지', '어떻게 보이는지'가 중요하다고 하는데, 이것을 무슨 법칙이라 하는가?

(   )

7 자동차 회사나 딜러사에서 중고차 관련 업무를 담당하는 중고차 사업 부서를 일컫는 말로, 브랜드별 딜러에서 고객에게 신뢰와 안정감을 주기 위해 각종 체크리스트를 통과한 차량에 부여하는 이름을 일컫는다. 아래와 같이 각 브랜드별 상이한 이름으로 중고차 사업부를 다르게 부르기도 하는 이것을 무엇이라고 하는가?

BMW － BMW Premium Selection (BPS)
Benz － Certified Pre-Owned (CPO)
Jaguar Landrover － Approved Used car (APO)
Porsche － Pre-Owned Car (POC) 등등

(   )

8 고객상담 시 세일즈 프로세스 단계에서 아래 예상 질문에 관련된 사례는 어느 단계인지 적으시오.

> 1. 관심 있는 모델이 있으십니까?
> 2. 지금 이용하시는 모델은 얼마나 주행하셨습니까?
> 3. 혹시 저희 모델과 비교하시는 차종이 있으십니까?
> 4. 이전에 상담이나 시승을 받아보신 적이 있으십니까?

(   )

9 자동차 브랜드에서 차량의 크기나 엔진의 용량, 탑승자를 기준으로 차량의 등급이나 크기를 분류할 때 아래 기준으로 불리는 용어를 무엇이라 하는가?

> 소형차 – 배기량 1,600미만, 10인승 이하, 길이 4.7미터, 너비 1.7미터, 높이 2.0미터 이하
> 중형차 – 배기량 2,000미만, 10인승 이하 혹은 길이/너비/높이 중소형을 초과하는 차량
> 대형차 – 배기량 2,000이상, 10인승 이하 혹은 길이/너비/높이 중소형을 초과하는 차량

(   )

10 운전자가 돌발적인 상황에 위험을 감지하고 차량을 정지하려고 할 때 정지를 위한 동작에서 순간적으로 지연시간이 발생하는데 운전자가 브레이크 페달을 밟으려 할 때, 실제 브레이크 효과가 나타날 때까지 차량이 이동한 거리를 무엇이라 하는가?

(   )

11 자동차 컨설턴트의 고객응대 능력을 향상하거나 차량제품설명 능력 및 고객만족도를 높이기 위한 상담교육방식으로, 가상의 역할을 부여받고 업무수행능력과 문제를 해결해가는 과정으로 많이 활용되고 있다. 특히 특정한 주제 및 상황을 만들어 고객의 입장에서 역지사지의 자세로 직원들의 전문성과 문제해결능력을 키우는 교육법을 무엇이라 하는가?

(   )

12 차량의 속도, 연료 잔량, 길 안내정보 등을 운전자 바로 앞의 유리창에 그래픽으로 보여주는 디스플레이 장치. 비행기 앞 유리창에 목표물을 쉽게 구별할 수 있도록 표시하는 장치로 군사목적으로 개발된 기술이 민간 자동차기술로 이전되었고 자동차 분야까지 영역이 확대되었다. 운전자가 계기판과 도로를 번갈아가며 주시할 필요가 훨씬 줄어들어 운전자의 피로경감 및 주행안전에 기여하는 이 장치의 이름은 무엇인가?

(   )

13 다음은 세일즈프로세스 단계이다. 괄호 안에 알맞은 것은?

| 1. 최초 고객응대   2. 고객니즈 파악   3. 차량 프레젠테이션   4. 시승   5. (   ) |
| 6. 차량인도   7. 사후 관리 |

(   )

14 세일즈 컨설턴트와는 달리 차량 프레젠테이션과 시승을 전담하는 직원으로, 자동차 전시장에서 근무하기도 한다. 최근 자동차브랜드나 전시 개념으로 자동차 스튜디오에서 박물관 큐레이터 같은 성격으로 일하기도 한다. 기아자동차에서는 도슨트, BMW에서는 프로덕트 지니어스라고도 하는데, 벤츠에서는 이 업무를 수행하는 사람을 무엇이라 하는가?

(   )

15 차량 구매방법 중 구매자의 명의를 사용하지 않아도 되며, 전액에 대한 손비처리와 등록비 절감효과가 있고, 보험경력 유지가 가능한 차량 가격 전체 및 등록비용까지 사용할 수 있는 구매방법에 해당하는 금융상품은 무엇인가?

(   )

16 이것은 서비스센터에 등록된 차량의 고객 리스트를 말한다. 서비스센터의 매출과 방문횟수 등을 조사하고 서비스센터에 방문하여 차량점검이나 수리를 한 고객의 데이터를 말하는 용어를 무엇이라 하는가?
(   )

17 자동차 차체를 설계할 때는 공기유체역학을 적용하여 저항을 최소화한다. 자동차가 주행하면 양력이 발생하여 차체가 떠오르게 되어 바퀴의 저항이 줄어드는데, 속도가 빠를수록 이런 현상은 더 심하게 나타난다. 이런 증상을 줄이기 위해 사용하는 부품은?
(   )

18 스프링 장치에 의해 차체의 중량을 지지하고, 차륜의 상하 진동을 완화함으로써 승차감을 좋게 하고 화물의 충격으로 인한 파손을 방지하며, 자동차의 각 부위에 부하를 줄이도록 하는 장치를 무엇이라 하나?
(   )

19 다음은 타이어 규격을 표시한 것이다. 밑줄 안에 맞는 명칭을 적으시오.

```
205 : _____
65  : 편평비
R   : Radial 타이어
15  : 휠사이즈 (inch)
```

(   )

20 이 자동차는 운전자 또는 승객의 조작 없이 스스로 운행이 가능한 자동차를 말한다. 운전자가 스티어링 휠과 가속페달, 브레이크 등을 조작하지 않아도 스스로 목적지까지 찾아가며, 도로의 상황을 파악해 자동으로 주행할 수 있는데, 이 자동차를 무엇이라 하는가?

(   )

21 이것은 앞뒤 차축 사이의 거리 즉, 프런트 타이어와 리어 타이어의 중심 간격의 거리를 말한다. 이것이 길면 회전반경이 커져 직진성 주행, 안정성, 승차감이 좋아지고, 차의 실내공간을 넓게 확보할 수 있다. 반대로, 이것이 짧으면 회전반경이 짧아져서 회전 성능이 좋아진다. 이 자동차의 앞뒤 차축 사이의 거리를 무엇이라 하는가?

(   )

22 국내 대리점을 관리하는 본사를 칭한다. 외국 브랜드 자동차 회사가 한국에 현지 법인을 설립하여 한국시장에 자동차를 수입하고 대리점을 모집 및 관리하며 자동차 부품과 수리 진단 장비를 판매하는 곳으로 부품을 수입하여 공급한다. 한국시장에 마케팅 활동 및 광고 등을 하는 이곳을 무엇이라 부르는가?

(   )

23 앞뒤 2열의 좌석이 있고, 4개의 독립된 문이 있으며, 문에는 섀시(Sash)가 있다. 엔진실과 객실 그리고 화물실이 독립된 3박스 구조로 되어 있으며 센터 필러가 있고 앞뒤 승객이 탈 수 있게 되어있다. 노치백형. 패스트백형. 해치백형 등의 자동차를 무엇이라 하는가?

(   )

24 야간 운전을 할 때 뒤쪽 차량의 전조등이 너무 밝거나 빛이 위쪽으로 향하면, 운전자는 룸 미러에 반사되는 뒤쪽 차량의 빛 때문에 눈이 부셔 운전을 제대로 할 수 없게 되는데 이런 경우에 눈부심 현상을 제거해주는 장치를 무엇이라고 하는가? (이니셜로 답변 가능)

(　　　　　)

25 차량을 예약하고 자신의 위치와 가까운 주차장이나 차량보관소에서 차를 빌린 후 반납하는 방법으로 한 대의 자동차를 시간 단위로 여러 사람이 나누어 사용할 수 있도록 만들어진 차량 대여 비즈니스이다. 렌터카와 다르게 소비자가 시스템의 온라인을 통해서 차량을 손쉽게 대여할 수 있어 사람을 대면할 필요가 없이 차량을 인도받고 반납할 수 있는 서비스를 무엇이라 하는가? (한글, 영어 표기 모두 가능)

(　　　　　)

26 다음 내용을 읽어본 후 계약상담에서 어느 단계에 해당되는 내용인지 괄호 안에 넣으시오.

> 고객님, 일단 계약은 차 재고가 없는 관계로 고객님이 원하시는 모델과 색상으로 계약을 하신 후, 고객님의 조건에 맞지 않을 시 해약을 하시는 것이 좋을 것 같습니다. 오늘 방문하신 김에 계약을 작성해 주시면 고객님께서 차량 구매를 선택하시는 데 많은 도움이 될 거라고 생각합니다. 고객님께 제시하는 조건은 저희 지점과 제가 해 드릴 수 있는 최고의 조건입니다.

(　　　　　)

27 자동차 취득세(등, 취득세)는 몇 %의 세금을 납부하는가?

(　　　　　)

28 차량 또는 관련된 서비스에 만족하지 못해 고객이 제기하는 불만을 무엇이라 말하는가? (한글, 이니셜 모두 가능)
(   )

29 피스톤이 실린더 내에서 1행정 하였을 때 흡입한(또는 배출한) 공기 또는 혼합 가스의 체적을 말한다. 내연기관에서 피스톤이 1행정 하는 동안 소비되는 가스의 부피로, 각 기통의 실린더 면적×스트로크×기통수로 나타내며, cc나 리터(L)로 표시하는데, 이것을 무엇이라고 하는가?
(   )

30 자동차서비스센터에서 보증기간이 지났지만 고객 케어 차원에서 무상보증 처리하는 과정 및 예산을 무엇이라 하는가?
(   )

※ 다음 문제에 대한 알맞은 답을 선택하시오. (각 1점)

31 가솔린, 디젤은 물론 LPG 차량도 이용 가능하다. 등·취득세 및 자동차세는 물론이고 자동차보험까지 월 대여료에 포함되어 있고, 금융거래가 아닌 물품거래로서 개인 신용도에 영향을 주지 않는 차량구입 방법은?
① 무이자 할부
② 자동차 리스
③ 장기 렌터카
④ 현금 일시불 구매

32 타이어의 최고속 표시 중 'V'가 의미하는 것은?

① 210km/h 이하 ② 220km/h 이하
③ 230km/h 이하 ④ 240km/h 이하

33 다음 그림의 경고등 이름은 무엇인가?

① 부동액 경고등
② ABS 경고등
③ 냉각수 과열 경고등
④ 엔진오일 경고등

34 다음 아래 보기에서 단기간에 계약을 성사시킬 수 있는 고객 대상은 누구인가?

① 소개 및 지인 고객
② 가망(상담) 고객
③ 사후(출고) 고객
④ 신규 고객

35 전기자동차에서 사용하는 전지의 종류는 어떤 것인가?

① 알칼라인 전지
② 리튬이온 전지
③ 니켈카드뮴 전지
④ 수은 전지

36 자동차의 손상된 차체 패널이나 골격 부재를 수정하고 교정 수리하는 작업의 용어로 맞는 것은?

① 교체 수리
② 진단 수리
③ 판금 수리
④ 보증 수리

37 중고차 시세에 영향을 미치는 주행거리는 매매 가격의 시세에 적용하고 있다. 다음 중 국내 중고 자동차 평가기관에서 적용하는 연간평균 주행거리로 바른 것은?

① 연/1만km
② 연/2만km
③ 연/3만km
④ 연/무제한

38 다음 중 친환경 전기자동차의 장점이 아닌 것은?

① 높은 에너지 효율성과 유지비용을 절감할 수 있다.
② 배기가스와 오염물질 배출이 없다.
③ 에어컨, 히터 가동 시 전기 소모가 없다.
④ 초반 가속력이 뛰어나다.

39 소음기, 엔진의 연소가스를 직접 밖으로 내보내면 폭음이 되므로 이 장치를 통하여 음을 작게 한다. 이것은 무엇인가?

① 배기 매니폴더
② 흡기 매니폴더
③ 터보차저
④ 머플러

40 엔진에서 가장 중요한 부품 중 하나로, 크랭크축에 장착된 타이밍 기어와 캠축에 장착된 타이밍 기어를 연결해 주는 벨트는 무엇인가?

① 팬 벨트
② 외부 벨트
③ V 벨트
④ 타이밍 벨트

41 엔진에 흡입되는 공기 중의 먼지를 제거하는 필터로 흡기음을 적게 하는 역할을 하는 것으로 종이를 쓰는 건식과 섬유를 쓰는 습식이 있다. 이는 무엇인가?

① 에어컨 필터
② 에어클리너
③ 엔진오일 필터
④ 미션오일 필터

42 다음 중 매매계약서의 오기 수정 방법으로 옳은 것은?

① 엑스선 긋고 작성
② 취소선 긋고 도장 및 서명 추가 기재
③ 화이트 액으로 지우고 다시 작성
④ 빨간색 펜으로 다시 기재

43 Wheel Alignment(바퀴정렬)은 어느 장치에 속하나?

① 조향장치
② 현가장치
③ 제동장치
④ 동력전달 장치

44 고객의 구매동기와 특성을 파악하고 고객의 구매 조건을 파악하는 니즈 파악 프로세스의 중요한 요소는 질문을 통해서 고객의 정보를 파악하는 것이다. 이때 고객의 대답을 유도하기 위해서 질문하는 스킬로서 문장으로 대답할 수 있게 하는 질문방식은?

① 오픈 퀘스천
② 클로징 퀘스천
③ YES-BUT
④ 긍정 암시법

45 4륜구동(4WD, Four Wheel Drive) 방식에 대한 설명이 아닌 것은?

① 눈길이나 빗길에서 주행 안전성이 높다.
② 연비가 좋다.
③ 앞바퀴와 뒷바퀴를 동시에 구동할 수 있다.
④ 구동력과 접지력이 우수하다.

46 다음 중 전기자동차(Electric Vehicle, EV)의 장점이 아닌 것은?

① 차량소모품이 적어 유지보수비용이 내연기관 차량보다 적다.
② 엔진이 없어 조용하고 부드러운 주행감을 제공한다.
③ 친환경이며 미래지향적인 자동차이다.
④ 배터리 성능이 높으며 외부 온도나 습도 등 환경의 영향을 받지 않는다.

47 고객에게 효율적으로 상품의 특징을 설명할 때 사용하는 F.A.B.E 기법 중 잘못된 해석은?

① F-특징
② A-장점
③ B-이점
④ E-전자

48 다음 중 협상의 3가지 종류로 옳지 않은 것은?
① 쌍방 협상
② 관계 협상
③ 양보 협상
④ 일회성 협상

49 자동차보험 중 책임보험 항목인 대인배상 I 의 사망 보상 한도액은 얼마인가?
① 5천만 원
② 1억 원
③ 1억 5천만 원
④ 2억 원

50 자동차 경매 낙찰자가 소유권 이전등록을 완료해야 하는 법정 기한은?
① 30일
② 3개월
③ 15일
④ 6개월

51 차량 제조사가 엔진룸 또는 차체 측면 및 앞 유리 대시보드에 각인하여 차량의 각종 정보를 담은 17자리의 숫자와 알파벳으로 이루어진 일련번호를 무엇이라 하는가?
① 차량 번호판
② 브랜드 번호
③ 차량 등록 번호
④ 차대번호

52 승용 자동차 등록 후 검사 유효 기간의 설명으로 맞는 것은?
① 신차 구입 시 최초 정기검사는 5년이다.
② 신차 구입 후 매년 정기검사를 받아야 한다.
③ 신차 구입 시 최초 검사는 4년이고 이후 2년마다 정기검사를 한다.
④ 신차 구입 시 3년마다 정기검사를 받아야 한다.

53 미래 자동차(Future Automobile)의 3가지 핵심 요소 중 맞지 않는 것은?

① 전기자동차(Electric Vehicle, EV)
② 카셰어링(Car Sharing)
③ 자율주행자동차(Autonomous Vehicle, AV)
④ 친환경 디젤 자동차(Eco-friendly Diesel Vehicle)

54 고객과의 대면 상담에서 호감을 주는 태도가 아닌 것은?

① 질문보다 설명 우선
② 경청자세
③ Eye-Contact
④ 표정관리

55 다음 중 Hatch Back(해치백)에 대한 설명으로 옳은 것은?

① 4 Door Type(4도어 타입)의 승용차를 총칭함
② Trunk(트렁크)와 실내가 개방된 형태의 차량
③ Sedan(세단)이라고 표현함
④ 뒷좌석 부분이 짧고 경사 짐

56 내연기관 엔진의 4행정으로 순서대로 올바른 것은?

① 흡입 - 압축 - 폭발 - 배기
② 압축 - 폭발 - 배기 - 흡입
③ 폭발 - 배기 - 흡입 - 압축
④ 배기 - 흡입 - 압축 - 폭발

57 고객이 차량구매에 앞서 차량의 성능, 디자인, 승차감을 확인하기 위해 직접 시운전을 원할 때 신청서류를 작성해야 한다. 이때 반드시 확인해야 할 사항은 무엇인가?

① 주민등록증
② 자동차등록증
③ 운전면허증
④ 보험증서

58 다음 중 Air Bag이 갖추어야 할 조건이 아닌 것은?

① 탑승객이 부딪치기 전에 펴져야 하는 응답성이 있어야 한다.
② 일정한 충격 이상 시 작동해야 한다.
③ Air Bag 내 가스의 폭발 위험성이 없어야 한다.
④ 접촉사고 시, 반드시 작동되어야 한다.

59 다음 중 ABS 차량 안전 운전방법이 아닌 것은?

① 엔진 브레이크를 동시에 사용한다.
② 중간에 페달을 떼지 않고 계속 밟는다.
③ 브레이크 페달을 최대한 꽉 밟는다.
④ 핸들을 원하는 방향으로 안전하게 조정한다.

60 비 오는 날 자동차 창에 서리가 껴서 밖이 잘 안 보일 때의 조치로써 틀린 것은?

① 풍량을 최대로 높여 서린 김을 제거하고 온도를 올린다.
② 창문을 닫고 서리가 없어지기를 기다린다.
③ 창문을 열어 내부 온도와 외부 온도를 맞춰서 제거한다.
④ 에어컨 패널에서 디프로스터(Defroster) 버튼을 누른다.

61 다음 자동차 구매 방법 중 하나인 자동차 할부에 관한 설명으로 틀린 것은?

① 자동차를 일시금으로 구매하기 어려운 경우에 필요한 금액을 일정 금액과 일정 기간 대여해 주고, 이를 나누어 상환하도록 하는 금융프로그램을 이용한다.
② 자동차 할부의 종류로는 은행 할부, 금융회사 할부, 보험사 할부 등이 있다.
③ 구매자의 신용도에 따라 대출금과 수수료는 차등 적용된다.
④ 자동차 할부는 계약기간에 따라 대출 원금이 상환되고 만기도래 시 추가적 자금 부담이 발생한다.

62 다음 중 우리나라 자동차관리법 시행규칙에 의거 경차구매 시 혜택이 아닌 것은?

① 취등록세 면제
② 자동차세 할인
③ 고속도로 및 톨게이트비 할인
④ 유류세 할인제도

63 차량을 매매할 경우 자동차 채권확보 방법으로 적합하지 않은 것은?

① 부동산 등기부 등본
② 연대 보증인 입보
③ 차량 근저당 설정
④ 전 소유 차량등록증

64 차량 프레젠테이션 중 적절한 방법이 아닌 것은?

① 고객을 우선 조수석으로 안내하고 SC(세일즈 컨설턴트)는 운전석에 앉아 설명한다.
② 고객이 차량 탑승 시 머리가 부딪히지 않게 주의하여 안내한다.
③ 설명에 열중하여 고객에게 너무 다가가지 않도록 주의한다.
④ 고객의 체형에 맞게 Seat Position을 조정해 준다.

65 연비와 타이어 공기압의 관계를 설명한 것 중 옳은 것은?

① 적정 공기압을 유지하는 것이 연료 소모가 적다.
② 도로 여건과는 관계가 있으나 주행 조건과는 관계없다.
③ 타이어의 공기압이 낮을수록 연료 소모가 적다.
④ 타이어의 공기압과 연료 소모와는 상관이 없다.

66 조수석 에어백 On/Off 스위치가 별도로 있는 차량의 주의사항이 아닌 것은?

① 무거운 가방이나 물품을 올려놓은 경우 조수석 에어백을 꺼야 한다.
② 조수석 에어백 위치에 용품이나 기타 부착물을 장착하면 안 된다.
③ 조수석에 유아용 역방향 안전시트 장착을 금지한다.
④ 저속 주행이 많은 시내 주행에서는 꺼놓고 주행한다.

67 자동차 판매의 3원칙으로, 세일즈 컨설턴트의 핵심역량이 아닌 것은?

① 상품지식
② 판매기법
③ 판매조건(금융조건)
④ 보유차량

68 다음 중 우리나라 자동차관리법 시행규칙에 의거 배기량 2,000cc는 어디에 속하나?

① 경 차
② 소형차
③ 중형차
④ 대형차

69 차량 출고 후 정기적인 소모성 부품 교환이나 컴플레인이 발생했을 때, 차량 판매회사가 고객의 차량을 직접 입고, 수리 후 고객에게 전달하여 주는 제도는 무엇인가?

① 차량 교환 프로그램
② 론어카 서비스
③ 렌트카 서비스
④ 픽업 앤 딜리버리

70 응급수단의 하나로, 운행 중 타이어 이상 발생 시 교환할 수 있도록 차량에 싣고 다니는 예비 타이어를 무엇이라고 하는가?

① 런플렛 타이어
② 투어링 타이어
③ 스노우 타이어
④ 스페어 타이어

자동차 영업중개사 민간자격검정 - 모의 2회 (1차) 시험 문제지

⏱ 제한시간 : 100분

| 수험번호 | | 성 명 | |

※ 다음 문제에 대한 답을 선택하시오. (각 1.25점)

1 고객상담 과정에서 이미 결정된 사항을 반복하여 설명해 주면서 이미 구매가 완료된 것 같은 느낌을 가지게 설득하는 방법으로 고객이 구매 결정을 승낙한 것으로 설득하는 화법을 무엇이라 하는가?

> (예시) "고객님께서 이 차종으로 선택하신 것은 잘하신 것 같습니다."

① 대화전환법
② 제안법
③ 입증법
④ 구매암시법

2 다음 중 당장 조치가 필요한 경고(표시)등은?

①
②
③
④

3 다음 자동차의 성능관련 설명으로 내용이 옳지 않은 것은?

① 공기저항 계수 – 차가 공기 속을 달릴 때의 저항력으로 CD(Coefficient of Drad)로 표시
② 등판능력 – 최대 적재상태에서 1단 기어로 오를 수 있는 최대 경사도
③ 가속능력 – 정기 가속능력과 추월 가속능력으로 분류
④ 최고시속 – 자동차가 달릴 수 있는 최고 속도

4 다음 설명으로 옳지 않은 것은?

① 킹핀 – 앞바퀴를 앞에서 보았을 때, 수직선과 킹핀 중심선(Strut Bar)이 이루는 각
② 캠버각 – 앞바퀴를 앞에서 보았을 때, 타이어 중심선과 수직이 이루는 각
③ 캐스터 – 앞바퀴를 옆에서 보았을 때, 수직선과 킹핀 중심선이 이루는 각
④ 토우 – 앞바퀴를 앞에서 보았을 때, 차륜의 중심선이 기울어져있는 상태

5 자동차등록증의 내용 중 자동차 매매에 의한 마지막 등록일자를 무엇이라 하는가?

① 최초 등록일
② 최종 등록일
③ 최종 신고일
④ 최종 거래일

6 장기 렌터카에 대한 설명으로 알맞지 않는 것은?

① 초기 비용 없이도 신차계약이 가능하다.
② 약정거리를 무제한으로 선택할 수 있는 경우도 있다.
③ 리스에 비해 상대적으로 한정된 차량관리서비스를 제공한다.
④ 차량 렌트료를 100% 비용 처리할 수 있어 사업자에 절세 혜택이 있다.

7 자동차구입 방법 중 할부금 전액을 필요경비로 인정받을 수 있고 업무용 사용 시 운행일지를 작성하며 자동차보험도 별도로 구매자가 가입해야 하고 일반번호판 이용이 가능한 차량구입 방법은?

① 무이자 할부
② 장기 렌터카
③ 자동차 운용리스
④ 현금 일시불

8 보험개발원의 카히스토리(www.carhistory.or.kr)에서 다루지 않는 내용은?

① 자동차 일반 사양(제작사, 차명, 연식, 배기량)
② 보험사고 이력 정보
③ 자동차용도 이력(렌터카, 영업용, 관용 등 사용이력)
④ 자동차 소유자의 정보

9 다음 중 운용리스와 금융리스에 관한 설명으로 알맞은 것은?

① 운용리스와 금융리스의 가장 큰 차이점은 계약기간 만료 후에 리스 회사에 차량 반납 가능 여부이다.
② 운용리스는 금융리스와 다르게 잔존가치의 개념 자체가 없다.
③ 운용리스는 금융에 가까운 성격을 지니고 있고, 금융리스는 임대차에 가까운 성격을 가지고 있다.
④ 운용리스는 리스 기간 종료 후 차량을 리스 회사에 반납할 수 없으므로 반드시 고객이 인수해야 한다.

10 다음 중 중고 자동차 성능·상태 점검기록부에서 확인할 수 없는 내용은?

① 사고, 교환, 수리 등 이력
② 연식 최초등록일
③ 보험 가입내역
④ 차량 세부상태(변속기, 동력전달, 조향, 제동 등 이상 유무)

11 1,500cc~2,000cc 미만 차량 구입 시 서울에서 등록할 때 공채 매입은 몇 %인가?

① 6%
② 8%
③ 12%
④ 20%

12 다음 중 성격이 다른 하나는?

① 인피니티 Q50
② 기아 모하비
③ 아우디 SQ5
④ 볼보 XC 60

13 다음 운용리스의 단점에 대한 설명 중 잘못된 것은?

① 중도상환을 할 경우 페널티 금액이 높다.
② 추후 차량을 인수할 때 한 번의 이전비용이 발생한다.
③ 자금을 직접 조달하는 자본비용에 비해 일반적으로 리스료가 더 높고 사용권만 인정이 되므로, 리스이용자가 직접 리스자산을 효율적으로 관리하기 어렵다.
④ 잔존가치가 낮으면, 반납하는 차량이 많아지고, 리스 회사는 그만큼 위험부담이 없으므로 잔존가치를 낮추는 게 좋다.

14 중고차 중개대상물 광고에서 중고차 주요상태 기재목록 중 적절하지 않은 것은?

① 자동차 소유자 변경 이력
② 정비이력 및 사고 이력
③ 주행거리 및 차량옵션
④ 차량상태 및 성능상태

15 중고차 중개물 대상 광고계획의 온라인 매체로 적절하지 않은 것은?

① 인터넷
② 라디오
③ 스마트폰 어플리케이션(Application)
④ SNS(Social Network Service)

16 다음 중 자동차등록증으로 파악할 수 없는 내용은?

① 자동차 출고(취득)가격
② 연식과 형식
③ 차대번호
④ 차량보증기간

17 다음 차체의 외부 그림에서 A, B, C 부분을 무엇이라 하나?

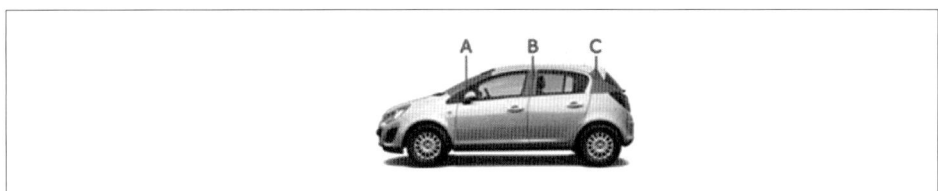

① Side Member
② Pillar
③ Side Frame
④ Side Protector

18 중고 자동차를 판매하는 사람이 중고 자동차를 구입하려는 사람에게 법적으로 발급하는 차량 검사서를 무엇이라 하는가?

① 중고 자동차 성능·상태 점검기록부
② 자동차등록증
③ 중고차 사고 점검기록부
④ 보험가입 증명서

19 경고등이 틀린 것은?

① 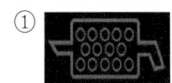 ②

③  ④

① 연료공급 경고등
② 엔진 점검등
③ 엔진오일 경고등
④ ABS 경고등

20 다음 중 우리나라 자동차관리법 시행규칙에 의거 경차의 기준으로 바르지 않은 것은?

① 배기량 1,000cc 미만
② 길이 3.6m 이하
③ 너비 1.6m 이하
④ 중량 1,000kg 미만

21 서비스센터에 등록된 차량의 고객 리스트와 서비스 이용자 규모를 말하는 것으로 서비스센터의 매출과 방문횟수 등을 조사하고 서비스센터에 방문하여 차량점검이나 수리를 한 고객의 데이터를 말하는 용어는?

① 데이터베이스
② CRM
③ Car Parc
④ KPI

22 차량 속도를 감속 또는 정지시키기 위한 장치는?

① 조향장치
② 제동장치
③ 현가장치
④ 주행장치

23 다음 고객상담 중에 세일즈 컨설턴트의 상담태도와 고객응대 자세로 옳지 않은 것은?

① 고객의 입장에서 이해하고 고객이 무엇을 원하는지에 대해서 구매 동기를 찾고 상담에 전념한다.
② 고객의 요구조건에 대해서 간결하고 명확하게 단답형으로 짧게 이야기한다.
③ 고객의 질문에 계속 대답하여 열정 있는 모습을 보인다.
④ 세일즈 프로세스를 이용하여 고객의 차량구매에 적극적인 자세로 임한다.

24 다음 중 타이어 공기압 점검 및 보충방법에 대한 설명으로 틀린 것은?

① 고속 주행한 경우에는 타이어를 충분히 식혀준다.
② 타이어 측면에 표기된 최대 max 공기압이 될 때까지 주입한다.
③ 차량별 적정 공기압이 될 때까지 공기를 주입한다.
④ 평평한 곳에 차량을 주차한다.

25 다음 중 에어컨 필터(일명 내부 순환 필터)에 대한 설명이 아닌 것은?

① 필터 교환 후 내부 공기 탈취를 위해 방향 작업을 해도 된다.
② 실내로 유입되는 공기의 이물질 제거와 탈취를 목적으로 한다.
③ 에어컨 필터는 압축공기로 이물질을 제거하고 계속 사용할 수 있다.
④ 에어컨 필터가 오염되면 에어컨 성능이 떨어진다.

26 전자제어식 가솔린 분사장치를 사용하는 이유가 아닌 것은?

① 연비 향상
② 유해 배출가스 저감
③ 신속한 응답성
④ 회전수 향상

27 자동차의 최대 타이어 공기압이 표시되어 있는 곳은 어디인가?

① 타이어의 사이드월(side wall), 즉 측면에 양각으로 표시되어 있다.
② 사용자 매뉴얼의 자동차 관리 항목에 인쇄되어 있다.
③ 차종에 따라 B-필러 하단에 표시되어 있다.
④ 차종에 따라 주유구 덮개에 표시되어 있다.

28 중고차 시장에서 매매되는 상품의 가치는 기본적으로 수요와 공급의 균형에 따라 결정되는데, 이때 거래되는 상품의 가치를 무엇이라 하는가?

① 소매가격
② 도매가격
③ 중고 자동차 시세
④ 부가가치

29 대리인을 통한 신규 자동차 이전등록 시 반드시 필요하지 않은 서류는?

① 주민등록등본
② 신분증
③ 인감증명서
④ 재직 증명서

30 엔진에 흡입되는 공기량을 미터 내에 흐르는 공기의 흐름으로 계량하는 센서는?

① 에어 플로우 미터
② 흡기 온도 센서
③ RPM(회전수) 센서
④ 대기압 센서

31 인간이 최초로 바퀴를 발명한 것은 언제인가?

① 기원전 1천년 경
② 기원전 2천년 경
③ 기원전 6천년 경
④ 기원전 8천년 경

32 다음 중 배기량에 따른 자동차 세율이 바르게 연결된 것은?

① 1600cc 초과 : 220원/cc
② 1600cc 이하 : 140원/cc
③ 1000cc 이하 : 140원/cc
④ 1000cc 초과 : 80원/cc

33 다음 중 세일즈 화법에 대한 올바른 설명으로 적절치 않은 것은 무엇인가?

① 뛰어난 어프로치 화법을 익혀둔다.
② 이름이나 직위를 자주 부른다.
③ 고객의 말을 잘 경청하며 질문을 활용한다.
④ 품위 있고 어려운 전문용어를 사용한다.

34 미도로교통안전국(NHTSA)이 정의한 자율주행에 대한 정의에서 자율주행자동차의 레벨(레벨0~레벨4) 중 '두 개 이상의 초보적인 작업의 자동화가 가능한 단계'는 어떤 레벨에 해당하는가?

① 레벨 1
② 레벨 2
③ 레벨 3
④ 레벨 4

35 고객과의 금융상품 상담 시 세일즈 컨설턴트가 갖추어야 할 것으로 바르지 않은 것은?

① 고객 상환능력에 따른 할부 종류와 방식을 설명할 수 있어야 한다.
② 할부방식에 따른 이율과 상환조건을 설명할 수 있어야 한다.
③ 판매회사의 상황에 유리한 할부를 설명할 수 있어야 한다.
④ 금융상품에 따른 할부금과 상환금액을 설명할 수 있어야 한다.

36 4행정 엔진의 각 행정에 대한 설명 중 옳지 않은 것은?

① 흡입행정 : 피스톤이 아래로 내려가면서 공기와 연료혼합가스를 실린더 내부로 빨아들이는 동작
② 폭발(팽창)행정 : 피스톤이 아래로 내려가면서 점화장치에 의해 압축된 혼합가스가 점화와 함께 순간적으로 연소되면서 동력을 발생하는 동작
③ 배기행정 : 피스톤이 아래로 내려가면서 연소된 혼합가스를 외부로 방출하는 동작
④ 압축행정 : 피스톤이 위로 올라가면서 실린더 내부로 흡입된 혼합가스를 압축하는 동작

37 고객과의 의사소통에 필요한 메라비안 법칙에서 말은 몇 %의 전달력이 있는가?

① 5%
② 6%
③ 7%
④ 8%

38 다음 중 브레이크의 작동을 계속해서 많이 사용하면 드럼과 슈의 마찰열이 축적되어 제동력이 감소되는 현상은?

① 홀드 현상
② 슬라이딩 현상
③ 베이퍼록 현상
④ 페이드 현상

39 다음 중 쇼크 업소버(shock absorber)의 기능으로 옳은 것은?

① 폭발행정에서 얻은 에너지를 흡수하여 일시 저장하는 역할을 한다.
② 기관작동에 알맞게 흡·배기 밸브를 열고 닫아준다.
③ 스프링의 잔 진동을 흡수하여 승차감을 향상시킨다.
④ 차량 선회 시 롤링을 감소시켜 차체의 평형을 유지시켜준다.

40 에어백(Air Bag)이 작동되지 않는 경우가 아닌 것은?

① 정면 견고한 방호벽에 충돌한 경우
② 후방에서 돌진하는 차량과 추돌 또는 충돌한 경우
③ 충돌 또는 충격 없이 차량이 전복 또는 구를 경우
④ 버스, 트럭 등 대형차량과 같이 충돌위치가 높을 경우

41 승용차의 타이어 마모와 관련하여 트레드 홈의 사용 한계수치는?

① 2.6mm　　② 1.6mm
③ 3.6mm　　④ 0.6mm

42 가솔린 엔진과 다르게 스파크 플러그가 없으며, 높은 분사압력으로 동력을 얻는 엔진을 무엇이라 하는가?

① 전기 엔진　　② 수소 엔진
③ LPG 엔진　　④ 디젤 엔진

43 다음 중 자동차 개별소비세의 연결이 적절하지 않은 것은?

① 1,500CC 이하 승용차 : 공장도 가격의 5%
② 2,000CC 이하 승용차 : 공장도 가격의 5%
③ 2,000CC 초과 승용차 : 공장도 가격의 10%
④ 3,000CC 초과 승용차 : 공장도 가격의 12%

44 독일 폭스바겐 브랜드에서 4륜구동 차량으로 쓰이는 용어는?

① Quatro　　② 4 MATIC
③ 4 Motion　　④ X-Drive

45 신차 등록 시 등록세가 전액 면제되는 대상은?

① 국가유공자
② 장애인 모든 등급
③ 장애인 1~3 등급
④ 2자녀 보유자

46 다음 내용을 읽어본 후 세일즈 프로세스의 어느 단계에 해당되는 내용인지 고르시오.

> 고객님, 일단 계약은 차 재고가 없는 관계로 고객님께서 원하시는 모델과 색상으로 계약을 하신 후, 고객님의 조건에 맞지 않을 시 해약을 하시는 것이 좋을 것 같습니다. 오늘 방문하신 김에 계약서를 작성해 주시면 고객님께서 차량 구매를 선택하시는 데 많은 도움이 될 거라고 생각합니다. 고객님에게 제시하는 조건은 제가 해 드릴 수 있는 최고의 조건입니다.

① 테스트 클로징 ② 클로징
③ 모티베이션 ④ 어프로치

47 소비자가 차량 구입과 보유 시 부과되는 자동차 관련 세무 중 특별한 물품 또는 용역의 소비에 대하여 부과하는 세금은 무엇인가?

① 특별소비세(개별소비세) ② 부가가치세
③ 등록세 ④ 취득세

48 전기차 배터리에 대한 내용이 아닌 것은?

① 원통형 배터리(Cylindrical Cell)
② 각형 배터리(Prismatic Cell)
③ 파우치형 배터리(Pouch Cell)
④ 알칼라인 배터리(Alkaline Cell)

49 브레이크 시스템에서 베이퍼록이 생기는 원인이 아닌 것은?

① 과도한 브레이크 사용
② 비등점 높은 브레이크액 사용
③ 브레이크 패드의 리턴 불량
④ 브레이크액 교환 주기를 심하게 초과한 경우

50 세일즈 화법에서 고객의 무리한 요구에 거절하기 위한 적절한 화법은?

① 추정승낙법
② 긍정암시법
③ 정면부정법
④ YES-BUT

51 다음 중 장기 렌트에 대한 설명이 아닌 것은?

① 일반 번호판 부착이 가능하다.
② LPG 차량 이용이 가능하다.
③ 차종에 따라 부가세 환급이 가능하다.
④ 이용료 전액 비용 처리가 가능하다.

52 자동차 브랜드에서 차량의 크기나 엔진의 용량, 탑승자를 기준으로 승용 차량의 등급이나 크기를 분류할 때 틀린 것은?

① 소형차 - 배기량 1,600cc 미만, 10인승 이하, 길이 4.7미터, 너비 1.7미터, 높이 2.0미터 이하
② 중형차 - 배기량 2,000cc 미만, 10인승 이하, 길이/너비/높이 중소형을 초과하는 차량
③ 중대형차 - 배기량 1,600cc 이상, 10인승 이하, 길이/너비/높이 중소형을 초과하는 차량
④ 대형차 - 배기량 2,000cc 이상, 10인승 이하, 길이/너비/높이 중소형을 초과하는 차량

53 다음 중 자동차 할부에 대한 설명이 아닌 것은?

① 계약기간에 따라 대출원금도 상환되므로 만기도래 시 추가적 자금 부담이 없다.
② 일시금으로 구매하기 어려운 제품을 구매할 수 있으므로 경제적 부담을 덜 수 있다.
③ 할부이용료 전액을 할부기간 내에 비용으로 처리할 수 있다.
④ 본인 명의로 차량을 구매할 수 있다.

54 차량 구매 방법 중 구매자의 명의를 사용하지 않고, 차량가격 전체 및 등록비용까지 사용할 수 있는 금융방법은 무엇인가?

① 현 금
② 운용리스
③ 금융리스
④ 할부

55 자동차를 홍보하기 위한 가장 큰 행사로 모든 자동차 브랜드의 축제이기도 한 이 행사는 무엇인가?

① 시승 행사
② 자동차 모터쇼
③ 자동차 레이싱
④ 전시장 차량 전시행사

56 현재 배터리 전기자동차에 주로 장착되는 배터리의 종류는?

① 알칼라인 전지
② 리튬이온 전지
③ 니켈카드뮴 전지
④ 납 축 전지

57 고객과의 의사전달을 파악하기 위해서 시각과 청각의 이미지가 중요한 영향을 준다고 설명한 메라비안 법칙에서 시각적인 표현은 몇 %의 전달력이 있는가?

① 55%
② 65%
③ 37%
④ 9%

58 프랑스의 2인승 두 바퀴 마차에서 유래한 말로, 뒷좌석 부분의 천장이 짧거나 또는 경사져 있는 승용차의 총칭을 무엇이라 하는가?

① 리무진형 자동차
② 픽업 트럭
③ 쿠페형 자동차
④ 컨버터블

59 운전자가 위험을 느껴 브레이크 페달을 밟았을 때, 브레이크 효과가 나타날 때까지 차량이 이동한 거리를 무엇이라 하는가?
① 공주 거리　　　　　　② 제동 거리
③ 정차 거리　　　　　　④ 정지 거리

60 구동원으로 엔진과 모터를 사용하고 전기충전이 필요 없는 전기자동차는?
① HEV(하이브리드 전기자동차)
② PHEV(플러그인 하이브리드 전기자동차)
③ BEV(배터리 전기자동차)
④ FCEV(연료전지 전기자동차)

61 자동차 할부, 리스조건 대출을 승인하는 요소가 아닌 것은?
① 소득상태(소득세, 재산세, 부가세 등)
② 회사음력(사업경력, 사업자 설립)
③ 신용등급(NiICE 1~10등급)
④ 할부원금 총액

62 중고 자동차의 감가 요인으로 맞지 않는 것은?
① 사고 이력
② 편의 장치 옵션의 과다
③ 구조 변경
④ 말소등록 및 부활등록 이력

63 다음 중 자동차 엔진오일의 기능으로 맞지 않는 것은?

① 엔진 성능의 유지
② 엔진 내부의 윤활 및 냉각
③ 엔진 내부의 방청 작용
④ 엔진 제원의 극대화

64 다음 전기자동차의 설명 중 틀린 것은?

① 1990년 가솔린 자동차를 대체하는 자동차로 처음 제작되었다.
② 무거운 배터리 중량 및 충전에 걸리는 시간 등의 문제가 있다.
③ GM은 양산전기차 1호인 EV1을 1996년 출시했으며, 1회 충전 최장 300Km, 최고시속 150km로 달릴 수 있게 제작하였다.
④ 2012년 테슬러가 내놓은 모델S는 높은 판매고를 보였다.

65 F.A.B.E(Feature, Advantage, Benefit, Evidence)화법의 설명으로 틀린 것은?

① F(특징) - 고객님 이 모델은 4륜구동 입니다.
② A(이점) - 주행안정성이 아주 좋습니다.
③ B(이득) - 날씨에 관계없이 언제든지 운전이 가능합니다.
④ E(증거) - 구입한 고객님들이 다음 구매차량은 전기차가 주류가 될 것 같습니다.

66 주행 중 가장 많은 완충작용을 하며 타이어의 규격 및 각종 정보가 표시되어 있는 부분은?

① 비드(Bead)
② 브레이커(Breaker)
③ 사이드 월(Side wall)
④ 트레드(Thread)

67 다음 중 윤활유의 역할이 아닌 것은?

① 마모 방지
② 냉각 작용
③ 분사 작용
④ 방청 작용

68 내연기관과 전기모터 두 개의 동력원을 이용하여 구동되는 자동차를 말하며 차량의 유해 가스와 배출량을 줄이고 연비를 개선한 친환경 자동차를 무엇이라 하는가?

① 하이브리드 자동차
② 베터리 전기자동차
③ 연료 전지 전기자동차
④ 커넥티드 자동차

69 킹핀 경사각과 함께 앞바퀴 복원성을 만들어 직진 위치로 쉽게 돌아오게 하는 휠 얼라인먼트 요소는?

① 캐스터
② 캠 버
③ 토인(toe in)
④ 토아웃(toe out)

70 휠 얼라인먼트에서 캠버에 대한 설명으로 맞는 것은?

① 차량을 정면에서 봤을 때 좌/우 앞바퀴의 아래쪽과 위쪽 간격의 차이
② 앞바퀴 킹핀이 뒤쪽이나 앞쪽으로 기울어진 것
③ 앞바퀴 앞쪽보다 뒤쪽이 좁거나 넓은 것
④ 앞바퀴 쇼크 업소버가 기울어진 것

71 주행 중 스티어링 휠이 무거워지는 이유가 아닌 것은?

① 조향기어 박스 오일 부족
② 앞 타이어 공기가 빠졌을 때
③ 심한 볼 조인트 마모
④ 타이어 밸런스 불량

72 후륜구동(FR) 차량의 단점이 아닌 것은?

① 전륜보다 무게가 더 나가 연비면에서 손실이 있다.
② 뒷바퀴 구동으로 코너링과 승차감이 좋다.
③ 눈길, 빗길에서 안전성이 매우 떨어진다.
④ 코너를 돌 때 차량이 바깥으로 벗어나려고 하는 현상이 있다.

73 자동차 전시장에 시승행사로 방문한 고객에게 상담 시 세일즈 프로세스 중 니즈 파악 항목으로 적합하지 않은 질문은?

① 가족들 중 주로 어떤 분이 가장 운전을 많이 하십니까?
② 주로 연간 주행 킬로수는 얼마나 됩니까?
③ 신차나 중고차 중에 어떤 차종에 관심이 있습니까?
④ 관심을 가지고 있는 차량에 대해서 더 알고 싶은 부분이 무엇일까요?

74 자동차의 엔진 배치에 따른 구분 방법에 대한 설명으로 바르지 않은 것은?

① Midship : 엔진과 동력차축이 모두 중앙에 있다.
② RR : 엔진과 동력차축이 모두 뒤에 있다.
③ FR : 엔진은 앞에 동력차축은 뒤에 있다.
④ FF : 엔진과 동력차축이 모두 앞에 있다.

75 공기과급기(Turbo Charger)가 부착된 엔진에 대한 설명으로 맞는 것은?
① 배기가스의 속도를 높여주는 장치
② 실린더에 공급되는 흡입공기의 효율을 향상시켜 주는 장치
③ 피스톤의 왕복운동에 의해 공기를 흡입하는 장치
④ 공기와 연료의 혼합을 효율적으로 해주는 장치

76 연료의 불완전연소 시 발생되는 인체에 유해한 무색, 무취의 가스는?
① CO(일산화탄소)
② HC(탄화수소 화합물)
③ NOx(질소 산화물)
④ CO_2(이산화탄소)

77 자동차가 주행하는 비포장도로나 방지턱과 굴곡이 있는 도로로 차량이 주행할 때 충격이나 흔들림을 감소시켜 승차감을 향상시키는 장치가 필요한데 그중 상하 진동을 완충하는 스프링이 있고 일체형으로 유압이나 가스식, 가변식으로 충격 완화의 기능을 하는 장치를 무엇이라 하는가?
① 토 인
② 쇼크 업소버
③ 브레이크 디스크
④ 컨트롤암

78 고속도로에서 고속 주행 시 조향이 무거워지고 주차나 저속으로 주행할 때 조향이 가벼워 약간의 힘으로도 스티어링 휠이 가볍게 돌아가게 하여 차량의 편리성과 안정성을 위해서 조향력을 제어하는 것은 무엇인가?
① 조향 속도 감응식
② 로터리식 감응식
③ 자기 감응식
④ 기계 감응식

79 장애인이 차량구입 시 개별소비세를 환급하지 않기 위해 의무적으로 차량을 보유해야 하는 기간은 몇 년인가?

① 2년
② 3년
③ 4년
④ 5년

80 다음 중 고객정보관리에 대한 설명으로 옳지 않은 것은?

① 효율적인 고객관리 가능
② 가망고객의 차량구매 시기 예측 가능
③ 지속적인 고객관리로 고객만족도 충족
④ 고객의 동의 없이 DM이나 카탈로그 발송 가능

자동차 영업중개사 민간자격검정
– 모의 2회 (2차) 시험 문제지

제한시간 : 100분

| 수험번호 | | 성 명 | |

※ 다음 문제에 대한 답을 쓰시오. (각 2점)

1 비즈니스 파트너와 지속적인 관계를 위해 상대방의 이익을 고려하여 손해가 나지 않도록 하고 합리적이고 미래지향적으로 관계를 맺는 것을 무슨 협상이라고 하는가?

( )

2 자동차 제조 판매사 또는 수입사의 지역별 소속 딜러사에서 영업, 정비 등의 활동을 지원, 모니터링, 조율하기 위해 선정한 담당자이며 정기적, 비정기적으로 딜러사와 의사소통을 하는 채널을 무엇이라 하는가?

( )

3 자동차관리법에 차량 및 전자 제품에 결함이 있을 경우 제조사가 소비자에게 교환, 환불, 보상 등을 하도록 규정하여 2019년 1월부터 새 차 구입 후 동일한 고장이 반복될 경우 교환 또는 환불을 받을 수 있도록 시행된 제도는 무엇이라 하는가?

( )

4 세일즈에서 고객상담은 제한된 시간 안에 고객이 원하는 니즈를 찾아서 고객이 구매하려는 차종에 대한 맞춤형 상담을 원칙으로 한다. 이때 고객의 구매 동기를 이끌기 위해서 고객의 이야기를 더 듣고 싶을 때 사용하는 질문 화법 중 고객에게 긴 문장으로 답변할 수 있게끔 질문하는 방법을 무엇이라 하는가?

(   )

5 자동차 전시장의 관리자를 지칭하는 말로 소장, 점장, 매니저 등으로 다양하게 호칭되기도 하며 각 지점의 판매, 목표관리, 인력관리, 재무관리, 매출관리, 시설관리 등 총괄업무를 수행한다. 이는 누구인가?

(   )

6 이 자동차는 미래의 주력 자동차로 모든 브랜드에서 개발 중이며, 화석연료의 연소로부터 구동 에너지를 얻는 것이 아닌 배터리에 축적된 에너지를 이용하여 모터를 회전시켜 구동에너지를 얻는 자동차를 말한다. 이 자동차를 무엇이라 하는가?

(   )

7 차가 서 있을 때는 브레이크가 자동으로 잠겨 있다가, 출발할 때는 엑셀러레이터 페달만 밟으면 자동으로 풀리는 브레이크 장치이다. 기존의 와이어 방식과 다른 브레이크 시스템으로 정차 중에 브레이크를 밟고 있지 않더라도 도중에 브레이크가 풀릴 염려가 없다. 또 차량을 출발시킬 때는 브레이크가 잠긴 상태에서 페달만 밟으면 자동으로 풀리기 때문에 그대로 출발하면 되는 이 장치를 무엇이라 하는가?

(   )

8 이것은 자동차의 출력과 속도에 영향을 주는 것으로 이것이 높아지는 것은 곧 엔진의 회전수가 많아진다는 것을 뜻한다. 1분 동안 몇 번의 회전을 하는지 나타내는 단위인 이것은 무엇인가?

( )

9 아래 경고등을 무엇이라고 하는가?

( )

10 구동원으로 모터만 사용하고 전기 충전이 필요한 전기자동차를 무엇이라고 하는가? (약자로 기재 가능)

( )

11 전체시장에서 많은 대상의 고객 중에 판매 노력을 집중할 잠재고객을 구체화시켜 판매전략이나 마켓팅에서 사용하는 용어로 구매 대상자를 국한하여 정의 내리는 용어와 작업의 내용을 무엇이라 하는가?

( )

12 야간 운전, 악천후, 어두운 외곽 도로에서 운전자가 사고에 대응할 수 있는 장치이다. 군용 야간투시경 제품으로도 사용되어 알려져 있으며 자동차의 모니터를 통해서 운전자가 위험을 확인할 수 있고 물체의 열을 감지하여 보행자를 식별화면 영상에 경고표시를 해준다. 이 기능을 무엇이라고 하는가?

(   )

13 성공적 신차 출시를 위해서는 차별화 전략이 중요하다. 즉 그 차별화된 제품을 가지고 고객과 소통해야 한다. 제품의 차별화, 서비스 차별화, 이미지 차별화 등 경쟁사의 제품과 비교해서 우위에 있다고 하는 '오직 우리 제품만 가지고 있는 장점'을 약자로 무엇이라 하나?

(   )

14 자동차 브랜드에서 신형 자동차와 컨셉트카 등 브랜드의 주력 차종들을 공개하거나 새로운 기술을 선보이는 자동차 행사를 무엇이라 하는가?

(   )

15 이것은 일반적으로 물품 구매에 딱 한 번 거래하고 다시 거래할 확률이 희박할 경우에 하는 협상이다. 이 협상의 규칙은 이익을 극대화하고, 최적화로 상품을 구매하며, 최적의 협상 조건을 만들어 내는 것이다. 이 협상을 무엇이라 하는가?

(   )

16 마케팅의 한 방법으로 기업의 협찬을 대가로 영화나 드라마에서 기업의 상품이나 소품으로 자동차 등을 TV 연속극이나 프로그램에 협찬하여 광고하는 것을 무엇이라 하는가?

(   )

17 중고 자동차의 유통발전과 소비자의 권익을 보호하기 위해서 공정한 기준으로 중고 자동차의 사고 유무 등 정확한 평가를 하는 사람으로서 중고 자동차 성능점검 및 차량 상태를 평가하는 자격을 가진 사람은 누구인가?
(   )

18 차량 제조사 잘못으로 인해 차량에 중대 결함 발생 시, 전액 제조사 비용으로 결함 부품을 교체하거나 혹은 수리해 주는 제도를 무엇이라 하는가?
(   )

19 고객의 차량을 수리하는 동안 불편을 최소화하기 위한 자동차 회사의 서비스 프로그램의 일환으로, 고객이 차량이 없어 겪을 불편을 해소해 주기 위해 차량 수리 중 자동차 회사로부터 받는 차량을 무엇이라 하는가?
(   )

20 다음은 자동차 전시장 방문 고객에게 자동차 프레젠테이션을 효율적으로 하기 위한 자동차의 주요 핵심 요소 7가지 조건이다. 괄호 안에 알맞은 말은?

| 1. 안전성   2. 디자인   3. 내구성   4. 편의성   5. 경제성   6. 브랜드   7. (   ) |

(   )

21 아래에 있는 그림의 경고등 이름은?

(   )

22 만약 차량을 사람의 몸에 비교하자면 엔진은 심장, 엔진오일은 혈액 그리고 이것은 두뇌로 표현한다. 차량의 각종 센서에서 데이터를 받아 연산을 통해 피스톤 점화기 등 엑추에이터로 불리는 장치들을 제어하여 운행 상황에 최적화된 안정된 출력과 연비를 끌어내는 데 도움을 준다. 자기 학습기능이 있어 운전자의 습관이나 도로와 운전조건에 따라 제어값을 달리하여 연비와 출력을 상황에 맞춰 조절하기도 하는 이 장치를 무엇이라 하는가?

(   )

23 선박, 항공 등 운송수단을 통해 수입한 자동차의 사전점검을 위해 자동차 통관 및 PDI(인도 전 점검) 절차를 받아야 하는데, 이때 차량을 적재하는 장소를 무엇이라 하는가?

(   )

24 아래에 있는 그림의 경고등 이름은?

(   )

25 주차가 진행되는 동안 이 버튼을 계속 누르고 있으면 자동차가 주차공간에 자동으로 주차를 한다. 안전하고 편리하게 주차할 수 있는 이 기능을 무엇이라고 하는가? (영어표현도 가능함)
(   )

26 자동차에 사람이나 짐을 싣지 않고 기본적으로 필요한 최소한의 장치, 장비 및 연료를 갖춘 상태에서 잰 무게를 무엇이라 하나?
(   )

27 디젤 엔진의 질소산화물(NOx) 발생을 저감하는 환원제로서 유로6 기준을 맞추기 위해 이것을 배출가스에 용액형태로 분사하는데 이를 무엇이라 하는가?
(   )

28 섀시를 구성하는 각종 장치나 차체(body)를 설치하는 부분으로, 차체에서 전달되는 하중 및 전후 차축의 반력 등을 지지하는 자동차의 골격에 해당하는 구조물을 무엇이라고 하나?
(   )

29 자동차 고객의 다양한 요구를 100% 만족시켜줄 차량 제작은 불가능하다. 이를 보완하기 위해 특정고객층에 대해서 옵션을 통해 고객이 원하는 사양을 맞추는데, 이를 무엇이라 하나?
(   )

30 자동차관리법 규정에 의해 중고 자동차 매매 시 매매사업자가 상품용 차량에 대하여 차량 점검을 실시하여 차를 구매하는 소비자에게 의무적으로 고지토록 하는 제도이다. 이는 중고 자동차 거래 시 거래차량에 대한 성능·상태에 대한 내용을 고지함으로써 소비자의 알 권리를 충족시켜주며 중고 자동차를 구입하려는 사람에게 법적으로 발급하는 차량 검사서인데 이를 무엇이라 하는가?

(   )

※ 다음 문제에 대한 답을 선택하시오. (각 1점)

31 다음 중 자율주행자동차에서 데이터를 공급하는 데 사용되는 장비가 아닌 것은?
① 소나(Sonar)
② 라이다(Lider)
③ GPS(Global Positioning System)
④ LKAS(Lane Keeping Assist System)

32 다음 중 세일즈 컨설턴트에게 요구되는 조건이 아닌 것은?
① 풍부한 상품지식과 판매기법
② 강한 근로의욕과 근면의 습관
③ 모든 자동차에 대한 관심과 연구
④ 고객이 자신의 자동차를 직접 정비할 수 있도록 하는 전달 능력

33 고객 니즈 파악 설명 중 틀린 것은?
① 고객에게 질문과 관찰을 통해 구매 성향을 파악한다.
② 열린 질문은 짧게 대답할 수 있고 자유롭게 대답할 수 있는 질문이 있다.
③ 기본적인 요소로 나이, 성별, 직업, 직급, 가족 상태, 취미, 소득 수준 등이 있다.
④ 구매 형태 및 조건에 따라 할부, 리스, 장기 렌트, 면세, 금리, 세금 등 다양한 조건에 따라 구매 성향은 달라진다.

34 이것을 사용하면 가장 좁은 주차 공간을 출입하는 것이 훨씬 쉬워진다. 자동차 후면의 범퍼에 통합된 초음파 센서로서 차량 뒤쪽의 가장 가까운 큰 물체까지의 거리를 측정하고 주차 공간에 들어가거나 주차할 때마다 장애물이 있는 곳을 보고 들을 수 있게 하는 이 기능의 이름은 무엇인가?

① PDC(Parking Distance Control)
② ABS(Anti-lock Brake System)
③ ECU(Electronic Control Unit)
④ EPB(Electric Parking Brake)

35 차량 출고 시 확인 및 설명해야 하는 사항이 아닌 것은?

① 리모컨 키 조작 방법
② 전반적인 차량 사용 방법
③ 계약서 작성 시 본인 서명 여부
④ 차대번호 확인

36 다음 중 불만 고객을 응대하는 바른 지침이 아닌 것은?

① 고객이 얘기하는 요구 사항을 끝까지 주의하여 듣고 중간에 말을 자르거나 반박하지 않는다.
② 개인적으로 해결할 수 없는 불만 사항일지라도 고객과 지속적인 대화를 통해 해결하려는 의지를 보여 준다.
③ 고객이 불만을 얘기하는 동안에는 최대한 객관적으로 제 3자의 입장에서 이해하려는 자세를 취한다.
④ 고객과 눈을 마주치고 고객의 말에 동의하는 끄덕거림과 주의를 기울이는 태도를 보인다.

37 자동차 세금이 감면되는 조건이 아닌 것은?

① 다자녀(만 18세 미만 3자녀 이상)
② 경차(1000cc 미만)
③ 전기차
④ 국가유공자 8급 이상

38 장애 3급 고객이 7인승 승용차를 구입하려고 한다. 납부해야 할 통합 취득세는 취득 원가의 몇 %인가?

① 2%
② 5%
③ 7%
④ 면 제

39 다음 중 세일즈에서 상품에 대한 특징을 극대화하고 상품에 대한 설명을 체계적으로 하기 위한 표준화법의 종류가 아닌 것은?

① 3F 방식
② JIM 3단 논법
③ F.A.B.E 화법
④ 메라비안의 법칙

40 한국 수입 자동차 브랜드의 수입차 임포터가 협회를 만들어 운영하고 있으며, 한국의 수입 자동차의 판매 현황 및 서울 모터쇼와 수입 자동차 채용 박람회 등 한국 수입 자동차 시장에 많은 활동을 하고 있는 이 단체의 이름은 무엇인가?

① 한국수입자동차협회(KAIDA)
② 한국자동차공업협회
③ 한국자동차산업협회(KAMA)
④ 한국자동차산업연구소

41 주로 임포터에서 딜러의 서비스 평가를 하는 제도로 미스터리 쇼핑을 통해서 자동차 딜러의 전시장이나 서비스센터에 고객만족도를 조사하는 방법으로 쓰는 용어로 맞는 것은?
① CR
② KPI
③ 딜러 스탠다드
④ CS 조사

42 타이어의 제원 표시 225 / 40 / S / R17 중 S가 의미하는 것은 무엇인가?
① 평편비
② 최고 허용 속도
③ 직경
④ 타이어 폭

43 세일즈 프로세스의 8단계가 올바르게 적용된 것은?
① 최초응대 → 차량 프레젠테이션 → 니즈 파악 → 시승 → 계약상담 → 차량인도 → 고객의 사후 관리와 연락유지
② 최초응대 → 니즈 파악 → 차량 프레젠테이션 → 시승 → 계약상담 → 차량인도 → 고객의 사후 관리와 연락유지
③ 최초응대 → 시승 → 니즈 파악 → 차량 프레젠테이션 → 계약상담 → 차량인도 → 고객의 사후 관리와 연락유지
④ 니즈 파악 → 최초응대 → 차량 프레젠테이션 → 시승 → 계약상담 → 차량인도 → 고객의 사후 관리와 연락유지

44 다음 중 세일즈 화법으로 적절하지 않은 것은?
① 부메랑법(직접법, 앵무새법) : 그렇습니다. 그래서~식으로 고객발언에 일단 긍정하면 다시 화답
② 화제전환법 : 고객의 화제를 자료를 보여주면서 잘못 생각하는 것이라고 인식시키는 화법
③ Yes But화법 : "예 그렇습니다." 로 경계를 푼 후, "그런데" 로 응대
④ mini max법 : 화법의 기본 개념은 작은 결정을 성사시킨 후 큰 결정을 유도하는 화법

45 오토리스시장에서 주고객층은 일반 개인이 아닌 전문직 개인사업자 또는 법인이라 할 수 있다. 그 이유로 잘못된 것은?

① 운용리스의 경우 월 리스료 전액의 손입산입 및 비용처리로 절세효과가 있다
② 구입한 것과 동일한 효용을 누리면서 부가적으로 세금이 절감되는 혜택을 누릴수 있다.
③ 운용리스의 종합보험 가입은 리스 이용자가 원하는 보험사에 선택 가입이 가능하지만, 리스 기간 동안의 보험경력은 유지되지 않는다.
④ 고객의 법인재무제표상 고정자산 및 부채항목에 나타나지 않아 자금조달의 효과는 동일하면서 건전한 재무제표를 유지할 수 있는 하나의 방법이 될 수 있는 off-blaance 효과를 누릴 수 있다.

46 할부 견적 시 꼭 넣지 않아도 되는 것은 무엇인가?
① 개월 수
② 등 · 취득세
③ 변동 금리
④ 공채

47 고객의 금융 계획과 관련하여 확인해야 할 사항이 아닌 것은?
① 매달 부담할 수 있는 유지비용(월 할부금)
② 선수금 부담 범위
③ 차량 명의
④ 차량 구입 자금의 출처

48 도표와 그래프 등의 수치로 자동화하지 못하는 사용자의 감성, 느낌, 분위기 등의 형용사적인 표현을 시각화하는 방법은?
① 정성적 분석 방법
② 정량적 분석 방법
③ 객관적 분석 방법
④ 주관적 분석 방법

49 브레이크 페달을 밟아 제동 시 조향 핸들이 한쪽으로 쏠리는 원인으로 틀린 것은?

① 휠 얼라인먼트가 불량하다
② 휠 밸런스가 불량하다.
③ 조향 너클이 휘었다.
④ 라이닝 접촉이 불량하다.

50 다음 중 전기자동차의 대표적인 차종이 아닌 것은?

① 현대 코나 EV
② 기아 니로 EV
③ 벤츠 EQC
④ 현대 넥쏘

51 다음 중 수소자동차의 단점으로 적절한 것은?

① 비싼 화학 반응 촉매제 단가
② 전기차에 비해 짧은 주행 가능 거리(1회 충전 기준)
③ 비교적 긴 충전 시간
④ 소음과 진동 문제

52 다음 중 하이브리드 자동차의 장점이 아닌 것은?

① 연비가 높고 오염 물질 배출이 적다.
② 취득세, 개별소비세와 같은 다양한 세금 감면 혜택이 적용된다.
③ CO_2 배출량이 적어 친환경 자동차로 분류된다.
④ 내연기관으로 시동을 걸고, 전기모터로 구동하기 때문에 소음 발생이 덜하다.

53 다음 중 국가별로 부르는 명칭이 상이한데, 통상적으로 Open Car의 이름이 아닌 것은?

① Convertible / Carboriolet
② Speed Ster / 바르게타
③ Road Star / Spider
④ Mustang / 카마로

54 자동차 고객에 대한 세분화된 Targeting 전략이 필요한 제일 큰 이유는?

① 고객이 추구하는 편익, 사용률, 가격, 용도 등이 동질적이지 않기 때문에
② 최근 자동차 교체 주기가 평균 5년 정도로 과거보다 빨라졌기 때문에
③ 최근 수입차 시장이 전체 시장의 16%를 넘었고, 다양한 브랜드가 진출되었기 때문에
④ 소득 증가에 따라 최근 승용차에서 SUV시장으로 판매 Trend가 변하고 있기 때문에

55 기업들의 모터쇼 출품 목적이 아닌 것은?

① Brand 홍보
② Maker들의 Concept Car 공개로 미래 고객 확보
③ 모터쇼에서 차량 판매 촉진
④ Maker들의 미래 기술 홍보

56 볼보의 경우 Brand Image의 Position을 타 Brand와의 차별화되는 제품속성을 지속적으로 쌓아 왔었다. 볼보의 Brand Positioning은?

① 안전성
② 경제성
③ 편의성
④ 내구성

57 다음 중 계약 클로징 단계에서 계약 유도의 원칙으로 옳지 않은 것은?

① 성공할 때까지 여러 번 Closing을 시도한다.
② 그 자리의 분위기를 놓치지 않는다.
③ 중고차 문의 시 담당자와 연결하여 상담을 돕는다.
④ 시승의 기회를 끌어낸다.

58 광고 전략의 수립 방법 중 STP 분석의 내용으로 옳지 않은 것은?

① 시장 세분화(Segmentation)
② 목표 시장 설정(Targeting)
③ 내부 환경의 강점(Strength)
④ 포지셔닝(Positioning)

59 S.R.D.C 스킬 내용 중 틀린 것은?

① S(Sympathize)-고객의 불안감을 해소시켜 줄 수 있는 가장 좋은 방법의 감정이입이다.
② R(Rephrase)-화난 고객의 심리에 가장 반하는 행동이 말한 상황을 핵심만 요약 정리 후 말하는 것이다.
③ D(Detail grout)-변명이 아닌 구체적이고 알기 쉽게 인내를 가지고 설명한다.
④ C(Cooperate)-문제 해결에 고객의 의견은 전혀 도움이 되지 않기 때문에 문제 해결에만 집중한다.

60 고객상담에서 세일즈 컨설턴트의 올바르지 않은 예절과 태도는?

① 이름이나 직위를 자주 부른다.
② 질문을 활용한다.
③ Eye-contact 없이 차량에 대한 설명을 한다.
④ 고객의 말을 잘 경청한다.

61 다음 중 고객과 확인해야 할 매매계약서의 요소가 아닌 것은?

① 차 종
② 연 식
③ 지불 방법
④ 중고차 매매 방법

62 신차 인도 시 확인해야 할 사항에 해당하는 것은?

① 차량의 연식과 사용 연료의 형태, 외장 색상, 인도일, 특약 사항 기재
② 현금, 할부, 리스 등 고객이 처한 상황에 적합한 금융 상품을 추천하고 설명
③ 절세효과와 이점을 설명
④ 차량 인수증에 의거하여 차량 외관에 이상 유무와 편의 장치의 정상 작동 여부 확인

63 차량 구매 방법이 아닌 것은?

① 현 금
② 리 스
③ 차량 쉐어링 서비스
④ 할부 및 렌트

64 다음 중 오토리스에 대한 설명으로 옳지 않은 것은 무엇인가?

① 차량 명의를 고객이 아닌 리스사 명의로 이용 가능하다.
② 차량 리스 기간 종료 후 반납, 양도, 혹은 재 리스가 가능하다.
③ 리스 이용 기간 중 보험 경력은 중단된다.
④ 일반 자가용 번호판이 가능하다.

65 차량 시승 시 유의사항이 아닌 것은?

① 시승 시 고객이 필요로 하는 내용에 대해서 세일즈 포인트를 강조하고 시승을 통해 차량에 대한 만족도를 증가시킨다.
② 세일즈 포인트를 자신감과 열의를 가지고 설명한다.
③ 고객이 궁금해 하는 차량에 대한 정보를 확인시켜주고 구매에 대한 확신이 들도록 설명할 수 있어야 한다.
④ 차의 성능을 충분히 느낄 수 있도록 최고 속도로 드라이빙 하도록 유도한다.

66 대화훈련의 효과적 방법으로 하나의 테마에 대하여 자기의 의견이나 정보를 상대에게 짧게(2~3분 이내) 전달하여 잘 이해할 수 있도록 하는 스피치 화법을 무엇이라 하는가?

① 부메랑법
② 토스트마스터
③ 예화법
④ 앵무새법

67 중고차 중개물 대상 광고 표적의 고객층 분석으로 적절하지 않은 것은?

① 구매자의 생활 패턴
② 구매자의 나이 및 성별
③ 지역적 특성
④ 구매자의 소득 수준

68 다음 중 광고 예산 결정 기준으로 적절하지 않은 것은?

① 매출비율 기준
② 영업이익 기준
③ 목표과업 기준
④ 구매자의 구매량 기준

69 가솔린 엔진은 연료와 공기가 혼합하는 연소실에서 무엇에 의해 폭발 동력을 얻어내는 기관인가?

① 스파크 플러그
② 예열 플러그
③ 인젝터
④ 커먼레일

70 맞춤 상담의 효과가 아닌 것은?

① 신뢰감 형성
② 정확하고 신속한 정비에 도움이 된다.
③ 고객이 협조자가 된다.
④ 고객이 부담스러워 한다.

자동차 영업중개사 민간자격검정 - 모의 3회 (1차) 시험 문제지

⏱ 제한시간 : 100분

수험번호		성 명	

※ 다음 문제에 대한 답을 쓰시오. (각 1.25점)

1 다음 중 고객의 니즈 파악에 대한 내용이 아닌 것은?

① 고객의 신상파악
② 차량 구매를 고려하게 된 주된 이유
③ 차량인도 방법
④ 현 보유 차량과 구매 관심 차종

2 다음 중 분석형(신중형) 고객에게 제품을 설명하는 방법으로 적당하지 않은 것은?

① 충분히 설명하고 본인이 고민할 시간을 제공한다.
② 시승 등 직접 확인해 볼 수 있는 기회를 제공한다.
③ 충분한 대화로 신뢰를 쌓는다.
④ 문제의 초점에 집중한다.

3 다음 중 우리의 영업에 있어 가장 중요한 고객은 어떤 고객인가?

① 신규 고객
② 일반 고객
③ 우량 고객
④ 휴면 고객

4 다음 중 운용리스의 리스료에 포함되지 않는 것은?
① 차량 가격
② 차량 유지비
③ 취득세
④ 자동차세

5 다음 중 자동차 대출을 승인하는데 필요한 요소가 아닌 것은?
① 신용 등급
② 재산 상태
③ 납입 능력
④ 구매 차종

6 다음 중 광고계획안을 세부적으로 작성하는 데 필요한 것이 아닌 것은?
① 광고물(광고시안) 제작방법 파악하기
② 광고일정 파악하기
③ 광고모델 선정하기
④ 광고물 제작 기간 및 비용 파악하기

7 다음 중 소득세의 과세표준과 소득세율이 잘못 연결된 것은?
① 1,400만 원 이하 - 6%
② 1,400만 원 초과 ~ 5,000만 원 이하 - 15%
③ 8,800만 원 초과 ~ 1억 5,000만 원 이하 - 38%
④ 3억 원 초과 ~ 5억 원 이하 - 40%

8 자동차 세일즈 프로세스 중 실제 차량 운전체험을 통해 고객에게 효용과 장점을 소개하는 과정을 무엇이라고 하는가?
① 프레젠테이션
② 고객상담
③ 시승
④ 인도

9 다음 중 렌트카의 단점이 아닌 것은?

① 보험경력이 인정 안 됨
② 각종 위약금 발생가능(중도해지 위약금, 약정거리 초과 위약금)
③ 약정거리(보통 연 2만km)
④ 초기비용이 있어야 이용 가능

10 중고차 시세에 영향을 미치는 사고 이력을 확인할 수 있는 방법은?

① 중고차 매매사원에게 물어본다.
② 보험개발원 히스토리(www.carhistory.or.kr)에서 검색한다.
③ 신차 영업사원에게 물어본다.
④ 자동차보험회사에 물어본다.

11 자동차 사고를 야기한 경우 발생하는 법적 책임이 아닌 것은?

① 헌법적 책임
② 민사적 책임
③ 형사적 책임
④ 행정적 책임

12 자동차의 외관을 파악하는 순서로 올바른 것은?

① 전면 – 우측면 – 후면 – 좌측면 – 지붕
② 전면 – 우측면 – 좌측면 – 후면 – 지붕
③ 우측면 – 좌측면 – 전면 – 후면 – 지붕
④ 좌측면 – 우측면 – 전면 – 후면 – 지붕

13 다음 중 2019년 1월부터 시행된 한국형 레몬법에 따라 법적으로 차량교환 및 환불을 받을 수 있는 조건으로 올바른 것은?

① 신차 구매 후 1년 이내 차량
② 주행거리 2만 km 이내 차량
③ 중대 하자 2회 이상 또는 일반 하자 3회 이상 누적 차량
④ 2회 이상 수리한 경우로서 누적 수리기간이 총 30일 초과 차량

14 다음 중 자율주행의 기반이 되는 장치는?

① ADAS(첨단 운전자 지원시스템)
② FCWS(전방 충돌 경보시스템)
③ CNS(차량 자동항법장치)
④ IPAS(주차 조향 보조시스템)

15 할부 프로그램 고객이 차량출고 전 납부해야 할 항목이 아닌 것은?

① 차량 계약금
② 월 할부금
③ 차량 취득세
④ 보험료

16 국가유공자(상이군경)는 1급에서 몇 급까지 특별소비세 혜택을 받는가?

① 5급
② 6급
③ 7급
④ 8급

17 다음 중 차체 용접공정에 대한 설명으로 틀린 것은?

① 주로 대형 Press와 금형을 이용하여 자동차 외판을 생산한다.
② 자동차 제조공정 중 자동화 비율이 제일 높다.
③ 주로 Spot 용접기를 사용하여 차체 Frame을 만든다.
④ 차종별로 전용용접 Line을 설치하며, 타 차종과 공용화가 불가능하다.

18 고객에게 트렁크의 공간성, 테일램프, 후방안전대책 등에 대해 설명하기 위한 적정한 위치는?

① 차량 측면 관측 포인트
② 차량 전면 관측 포인트
③ 차량 후면 관측 포인트
④ 전체 차량 관측 포인트

19 타이어의 최고속 표시 중 'H'가 의미하는 것은?

① 180km/h 이하
② 190km/h 이하
③ 210km/h 이하
④ 230km/h 이하

20 "일반적으로 제품이 가진 특성과 함께 그 제품의 OOO 이미지가 해당 제품의 브랜드 이미지 형성에 직접적 영향을 미친다."라고 할 때 OOO는 무엇인가?

① 서비스
② 신뢰감
③ 원산지
④ 생산량

21 다음 보기 중 Discount를 최소화하는 방법이 아닌 것은?

① 정확한 구매 방법을 제시한다.
② 누가 먼저 가격할인을 제시할 것인가?
③ DC금액을 작은 단위(가격)로 오퍼한다.
④ 고객이 편하게 구매결정을 하도록 다시 약속을 잡는다.

22 고객 분류 중 'Warm 고객'에 대한 설명으로 바르지 않은 것은?

① 일반적으로 2개월 이내 구매를 계획하는 고객군이다.
② 가망고객으로 계약을 유도하는 전략이 필요하다.
③ 우선적으로 관계형성이 필요하다.
④ 경쟁사와 비교설명을 위해 수시방문과 전화를 이용한다.

23 자율주행자동차 커넥티드 카(Connected Car)의 내용이 아닌 것은?

① 레이더 및 센서를 통해 차량을 조정하는 방식
② 자율주행자동차의 주류가 될 것이라 예상
③ 구글에서 개발하는 방식임
④ 주변의 모든 사물과 투웨이로 정보를 주고받음

24 국토교통부령으로 정하는 최소한의 구조 및 장치를 갖춘 자동차로서 용법에 따라 사용이 가능하도록 추가적인 제작, 조립공정이 필요한 자동차를 무엇이라고 하나?

① 원동기
② 자율주행자동차
③ 미완성 자동차
④ 단계제작 자동차

25 다음 중 우수 세일즈 컨설턴트의 유형과 거리가 먼 것은?

① 전문직으로 생각한다.
② 영업에 자긍심이 뛰어나다.
③ 실적과 이익보다는 서비스 봉사정신으로 일한다.
④ 프로의식이 강하다.

26 고객에게 전화를 걸 때의 요령 중 적절하지 않은 것은?

① 용건을 미리 정리하여 메모해 둔다.
② 전화가 연결되고 상대방이 나오면 상대를 확인한 후 자신을 밝힌다.
③ 간단히 인사말을 한 후 시간, 장소, 상황을 고려하여 용건을 말한다.
④ 용건이 끝났음을 확인한 후 마무리 인사를 한다.

27 심리학자 매슬로우(Abraham H. Maslow)는 인간의 욕구를 5단계로 정리하였다. 이에 해당하지 않는 것은?

① 생리적 욕구
② 의문의 욕구
③ 안전의 욕구
④ 존경의 욕구

28 다음 중 판매의 3원칙에 해당되지 않는 것은?

① 판매조건(분석, 소통, 협상의 기술)
② 상품가치(고객에 욕구에 맞는 상품의 가치)
③ 세일즈 스킬(신뢰, 매너, 서비스정신)
④ 경쟁사 단점을 설명(클레임, 리콜, 결함)

29 다음 중 자동차 판매 마케팅 배합의 3P와 관련 없는 것은?

① Product : 품질, 특징, 옵션, 스타일, 서비스, 보증
② Price : 정가, 금융조건
③ Promotion : 할인
④ People : 사람

30 세일즈 컨설턴트가 꼭 알아 두어야 할 자동차 정보와 지식으로 맞지 않은 것은?

① 카탈로그를 마스터해야 함
② 경쟁 차종과 비교 설명할 수 있어야 함
③ 고객이 서비스 수리를 직접 할 수 있도록 기술적인 정비지식 전달
④ 차량의 옵션을 설명할 수 있고, 작동할 수 있는 능력

31 다음 중 리스의 장점에 대한 설명으로 옳지 않은 것은?

① 월 리스료 전액을 송금 산업 및 비용처리 시 절세효과가 가능하다.
② 고객의 재무제표상 고정자산 및 부채 상목에 나타나지 않아 건전한 재무제표 유지가 가능하다.
③ 리스 이용자의 보험 경력이 유지 가능하다.
④ LPG 차량을 포함한 모든 차량 이용이 가능하다.

32 자동차 리스 시장의 고객층은 일반적으로 개인이 아닌 개인사업자나 법인사업자이다. 이에 대한 이유로 적합하지 않은 것은?

① 운용리스의 경우 비용 처리가 가능하여 절세효과가 있다.
② 고객인 법인의 재무제표에 고정자산 및 부채항목에 나타나지 않아 OFF-Balance 효과를 누릴 수 있다.
③ 개인의 경우 자동차 리스 이용이 불가하다.
④ 메인터넌스 리스 상품의 경우 차량관리와 정비, 중고차 처리, 세금관리 등을 모두 아웃소싱하여 비용절감의 효과가 있다.

33 브레이크 페달의 자유간극이 크게 되는 원인으로 맞지 않는 것은?

① 브레이크 오일의 부족 시
② 페달링크 기구의 접속부 마멸 시
③ 브레이크 라이닝과 드럼의 마멸 시
④ 베이퍼록 현상 발생 시

34 다음 중 수소자동차의 장점이 아닌 것은?

① 차량 구매보조금 및 세금감면 혜택이 주어진다.
② 배터리 완충 시간이 5분으로 매우 짧다.
③ 단위당 연료비가 전기차보다 더 저렴하다.
④ 유해한 배기가스가 거의 없으며 수증기가 배출된다.

35 기업의 구매관리를 위한 구매자 업무 프로세스 중 합당하지 않은 것은?

① 구매검토 및 일정계획 수립
② 견적요청
③ 조건협상
④ 판매회사의 재무제표 요청

36 다음 중 법인 플리트 영업 시 계약사양과 조건제시에 대한 설명으로 합당하지 않은 것은?

① 할인 혜택의 가격조건
② 법인 임직원 특별우대 금리제공
③ 지정 정비사 제공
④ 소개비 지급

37 오프라인 중고차 중개물 광고효과 측정지표 중 행동적 지표의 효과과정의 단계별 내용으로 괄호 안에 알맞은 것은?

> 비인지 → 인지 → 지식 → 호감 → ( ) → 확신 → 구매

① 선 호 ② 지 표
③ 통 계 ④ 행 동

38 자동차의 수리공정 중 구 도막제거, 퍼티, 마스킹, 프라이머 서페이서, 베이스코트, 클리어, 가열 건조 등 일련의 작업을 무엇이라 하는가?

① 일반 수리 ② 도장 수리
③ 보증 수리 ④ 진단 수리

39 다음 중 중개대상물의 설명과 기술에 있어 기본정보에 해당되지 않는 것은?

① 등록번호 ② 주행거리
③ 성능 및 관리상태 정보 ④ 배기량

40 중고차 성능·상태 점검제도에 대한 설명으로 올바르지 않은 것은?

① 중고차의 성능 및 상태를 점검하여 매수자인 소비자에게 차량정보를 정확히 알림으로써, 중고차매매거래 시 투명성을 높이고 소비자를 보호하는 제도
② 중고차의 차대번호, 사고여부, 수리부위 상태표시, 침수여부, 자기진단내용, 배출가스 상태, 주요장치의 작동상태, 소음, 누유, 누수, 부족, 지연, 정비요, 교환요 등의 사항을 점검하여 그 점검내용을 기재한 '중고 자동차 성능·상태 점검기록부'를 발급
③ 성능·상태 점검내용은 최소 자동차 인도일로부터 90일 이상, 주행거리 5천키로 이상을 보증
④ 거짓으로 성능점검을 하거나 내용이 다른 경우 매매사업장에게 1차 사업정지 30일, 2차 사업정지 90일, 3차 등록취소의 행정처분

41 자동차 사고 시 손해배상책임의 발생요건으로 옳지 않은 것은?
① 보험기간 중 발생한 보험사고이다.
② 보험사고와 손해와의 상당 인과관계성이 있어야 한다.
③ 보험자의 면책사유에 해당되지 않아야 한다.
④ 사고원인에 대한 피보험자의 책임이 있다.

42 실린더헤드 위에 각각 흡기 캠 샤프트와 배기 캠 샤프트가 따로 설치되어 있는 엔진을 무엇이라 하는가?
① DOHC   ② SOHC
③ CRDI   ④ RSAS

43 다음 F.A.B.E 기법 중 잘못 설명한 것은?
① 질문을 통해 차의 문제점과 정보를 파악한다.
② 경청과 공감보다는 문제점을 찾는 것에 집중한다.
③ 테이블 상담에서 들었던 증상을 기억한 후 같은 질문을 하지 않는다.
④ 메모한다.

44 다음 중 시승을 하는 이유와 관련하여 적절하지 못한 것은?
① 고객에게 차량운전 및 소유하는 것에 대한 혜택을 보여주기 위하여
② 고객에게 꼭 맞는 차량임을 확인시켜 주기 위하여
③ 잘못된 구입결정을 범할 것에 대한 우려를 줄이기 위하여
④ 모든 고객을 위해 반드시 시승시킬 필요는 없다.

45 Discount를 최소화하고 이익을 남기기 위한 Negotiation Golden Rules에 해당되지 않는 것은?

① 상담의 시나리오를 예상한다.
② 복잡한 구매방법을 제시한다.
③ 고객의 구매욕구가 지속되도록 한다.
④ 포기하지 말고 계속 계약을 유도한다.

46 구매 관심고객에게 구매 권유를 위한 협상 시 바르지 않은 것은?

① 구매를 망설이는 부분에 대해서 원인을 찾아 문제점을 해결하려는 노력을 한다.
② 고객이 구매에 관심 있어 하는 모델에 대해 정확하게 설명해야 한다.
③ 시간을 재촉하며 계약부터 해놓을 것을 권장한다.
④ 셀링 포인트를 강조하고 위크 포인트에 대해서 납득하도록 설명한다.

47 세일즈맨이 신규고객을 확보하기 위한 방법으로 잘못된 것은?

① 감동을 주는 고객관리로 철저한 준비와 기존 고객으로부터 소개 유도
② 다양한 프로모션이나 이벤트가 있을 때 신규고객을 유추하려는 계획과 시도
③ 신규고객 발굴을 위한 세일즈 컨설턴트에 다양한 채널과 신규고객 접촉 시도
④ 신규고객 발굴을 위해서는 무조건 사무실 밖으로 나간다.

48 다음 중 자율주행자동차의 확대가 가져올 단점이 아닌 것은?

① 대중교통 수단의 감소
② 개인 프라이버시의 희생
③ 트럭, 택시 운전 직업의 감소
④ 노인, 장애인 이동의 불편 증가

49 다음 중 차량의 Type에 대한 설명으로 옳은 것은?

① Sedan : 뒷좌석 부분이 짧고 경사진 Type으로 대부분 4 Door 임
② Coupe : 프랑스어의 "자르다"(Couper)에서 유래되었고, 뒷좌석이 넓어 승차감이 좋음
③ Hatch Back : 차체 박스의 개수에 따른 자동차 분류로 일반적으로 대형 승용차에 많이 쓰임
④ Wagon : 미국 서부 개척 당시 "역마차"에서 그 어원이 있으며, 실용성이 좋은 차량임

50 다음 중 고객상담의 기본원칙으로 적절하지 않은 내용은 무엇인가?

① 고객의 입장에서 먼저 생각한다.
② 고객의 이야기를 잘 경청한다.
③ 고객과의 자연스러운 대화를 통해 자사 제품의 특징보다 경쟁사 제품에 대한 단점을 강조하여 설명한다.
④ 고객의 자존심을 존중하고 배려한다.

51 다음 중 정부구매조달의 특징으로 옳은 것은?

① 정부기관이 필요로 하는 물자나 기자재를 민간업자로부터 구매
② 사적자금의 이용
③ 자금조달이 자유로움
④ 투명하고 공정하고 수익성 우선의 업무기준

52 중고 자동차를 매입할 때 감가 요인이 아닌 것은?

① 구조 변경
② 변경 이력
③ 침수 및 화재
④ 타이어교환

53 법인영업의 필요성으로 세일즈 컨설턴트 입장에서의 필요성이 아닌 것은?

① 안정적인 실적 관리
② 고객관리의 용이성
③ 추가 고객 확보의 가능성
④ 용도에 맞는 자동차 수급

54 고객이 구매 모든 과정에서 체험하는 일련의 경험 일체를 일컫는 말로 최근 마케팅적 관점에서 관심을 끌고 있는 개념은?

① 고객 경험(Customer Experience)
② 고객 만족(Customer Satisfaction)
③ 고객 환희(Customer Delight)
④ 고객 몰입(Customer Engagement)

55 다음 차량구입방법 중 리스/렌트의 이점이 아닌 것은?

① 재무회계 처리
② 옵션비용 절감
③ 초기비용/운용비용
④ 차량유지 관리

56 아래 경고등이 표시하는 것은?

① TPMS 경고등
② 비상 경고등
③ Immobilizer 경고등
④ 예열 표시등

57 한국에서 중고차 3대 수출 주력국가에 해당하지 않는 나라는?
① 러시아
② 이라크
③ 리비아
④ 요르단

58 좋은 차(Good Car)의 조건에서 맞지 않는 것은?
① 안전성(Safety) / 내구성(Durability)
② 편리성(Comfort) / 디자인(Appearance)
③ 중고차 시세(used Car) / 자동차 역사(Car History)
④ 경제성(Economy) / 성능(Performance)

59 온라인 광고 시 게재해야 할 법적 필수항목이 아닌 것은?
① 자동차의 압류 및 저당에 관한 정보
② 중고 자동차 제시 신고 번호
③ 중고 자동차 성능·상태 점검기록부
④ 정비이력 정보

60 CRM 활용 시 세일즈 컨설턴트가 고객관리에 활용할 수 없는 것은?
① 계약고객관리
② 가망고객관리
③ 출고고객관리
④ 경쟁사 고객관리

61 After Sales 고객에 대한 관리전략으로 틀린 것은?

① 불만 고객은 문제의 원인을 해결한 후 안내한다.
② 우량 고객은 별다른 관리가 필요하지 않다.
③ 휴면 고객은 정기적인 연락으로 관심을 표한다.
④ 이탈 고객은 고객행사 등을 통해 흥미를 갖게 한다.

62 다음 중 전시장에 내방한 고객응대의 세일즈 프로세스가 아닌 것은?

① 고객 맞이
② 계약상담
③ 차량 설명
④ 고객 방문

63 자동차 세일즈 프로세스 중 첫인상에 가장 주의를 기울여야 하는 단계는?

① 차량 프레젠테이션
② 최초 응대
③ 차량 인도
④ 차량 제안 및 계약

64 다음 중 자동차 내·외장 주요 사양 확정과 관련된 요소가 아닌 것은?

① 시트 및 인테리어 재질 및 색상
② 차량의 외장 도장 색상
③ 휠 및 몰딩 등의 기타 외장 사양
④ 차량 내 액세서리

65 다음 중 엔진과열의 원인이 아닌 것은?

① 점화 시기 조정 불량
② 라디에이터 냉각핀 외부에 과다한 이물질 부착
③ 써머스타트 작동 불량(개방 불가)
④ 워터 펌프 용량 과다

66 결제 수단 결정시 개인고객에게 확인할 사항이 아닌 것은?

① 선수금　　　　　　　　② 고객의 신용 상태
③ 전년도 손익계산서　　　④ 고객의 직업, 업종

67 주행은 가능하나 유의 및 추후 점검이 필요함을 알리는 경고등의 색상은?

① 초록색　　　　　　　　② 파랑색
③ 노란색　　　　　　　　④ 빨강색

68 고객이 차량 구매 후 인도를 받을 때 점검항목이 아닌 것은 무엇인가?

① 차량 기능 작동법 확인하기
② 운전 스타일 확인하기
③ 차량의 스크래치 등 이상 유무 확인하기
④ 출고 장소와 시간 확인하기

69 다음 중 탁송의뢰서(신청서)에 포함되지 않는 것은?

① 탁송차량의 등록번호　　② 주행거리
③ 출발지　　　　　　　　④ 도착지

70 다음 중 제동장치를 설명하는 용어로 옳은 것은?

① VGT
② SUV
③ ECS
④ ABS

71 다음 중 자동차의 기능을 완전히 숙지한 후, 운전해야 하는 이유로 틀린 것은?

① 자동차운행에 필요한 여러 기기의 조작은 안전과 직결되어 있다.
② 자동차의 첨단기능을 이용하면 연비를 줄여 유지비 절감 효과가 있다.
③ 편의장비를 잘 활용하여 안락한 운전을 할 수 있다.
④ 안전장비를 이용하여 어떤 상황에서도 사고를 방지할 수 있다.

72 고객에게 계약을 유도하기 위해 필요한 3가지 정보가 아닌 것은?

① 관심 차량
② 비교 차량
③ 소유 차량
④ 타사 차량

73 자동차 소모품인 엔진오일을 확인하는 방법이 아닌 것은?

① 자동차를 평지에 주차하기
② 엔진오일 게이지 탈거하기
③ 오일 및 패드 위치 확인하기
④ 엔진오일 상태 확인하기

74 자동차의 수리견적서를 요청할 때의 방법으로 옳지 않은 것은?
① 상품화 계획서에 포함된 수리예상부위와 범위를 설정한다.
② 차종, 등급, 연식 등의 내용이 기재된 수리견적 요청서를 지인에게 요청한다.
③ 수리견적이 가능한 경정비업체, 종합정비업체 등 목록을 작성한다.
④ 수리견적이 가능한 정비업체에 수리견적 요청서를 발송한다.

75 차량을 구매하려는 고객의 일반적인 심리상태가 아닌 것은?
① 일부 고가 모델을 찾는 고객의 경우 자신의 성공에 대한 자부심이 특히 강한 경향이 있다.
② 인기 연예인 및 스포츠맨 등의 경우 인정받고 싶어 한다.
③ 철저한 스타일, 독특한 개성을 존중 받고 싶어 한다.
④ 세일즈 컨설턴트에게 선택권과 주도권을 맡기고 싶어 한다.

76 엔진에서 수온 센서는 어떤 역할을 하는가?
① 냉각수 온도를 측정하여 전기적인 신호로 ECU에 전달한다.
② 외부 온도를 측정하여 전기적인 신호로 ECU에 전달한다.
③ 냉각수 온도를 측정하여 직접 인젝터 밸브로 신호를 보낸다.
④ 엔진 온도를 측정하여 직접 흡입공기량 센서로 보낸다.

77 다음 중 사용목적에 따른 자동차 분류는?
① MPV
② Sedan
③ Pick Up
④ Box Car

78 다음 중 통행료 구분을 위한 자동차 분류기준에서 2종 차량은?

① 4~5인승 승용차
② 9인승 승합차
③ 2.5톤 화물차
④ 대형 Bus

79 다음 중 고객정보 수집활동 시 적합하지 않은 내용은?

① 직접적인 개인정보는 고객의 동의하에 얻어야 하며 정보수집에 참여하도록 하여야 한다.
② 개인정보보호법과 관련한 사항을 준수하여 개인정보를 수집하여야 한다.
③ 정확한 고객정보 기재 후 고객에게 자필서명을 받는다.
④ 고객의 정보제공이 어려운 경우는 동반인의 정보를 요청한다.

80 방문하려는 고객에 대한 세일즈 컨설턴트의 자세로 옳지 않은 것은?

① 방문 전 고객과의 약속을 만들어내야 한다.
② 시간을 엄수해야 하며, 약속시간이 늦을 경우 필히 전화를 해주어야 한다.
③ 시간을 지키는 게 중요하므로 30분 전에 고객을 방문하여 면담하는 것을 원칙으로 한다.
④ 상대방의 명함을 잊어버리지 않게 잘 챙기고 "바쁘신데 대단히 감사했습니다."라고 인사한다.

자동차 영업중개사 민간자격검정
– 모의 3회 (2차) 시험 문제지

⏱ 제한시간 : 100분

수험번호		성 명	

※ 다음 문제에 대한 답을 쓰시오. (각 2점)

1 다음은 타이어 규격을 표시한 것이다. 괄호 안에 맞는 명칭 또는 의미를 넣으시오.

```
P / 205 / 65 / R / 15

205 : 타이어 단면 폭
65 : 평편비
R : 레디얼 타이어(Radial Tire)
15 : (            )
```

2 지붕을 접으면 오픈카가 되고 창유리를 올리고 지붕을 덮으면 쿠페형 승용차가 된다. 유럽에서는 '카브리올레'라 부르고, 영국에서는 '드롭헤드'라고도 부른다. 이러한 자동차를 무엇이라고 부르는가?
(   )

3 긴 내리막길에서 Brake를 자주 밟아 Brake와 Drum의 마찰열 상승으로 제동력이 감소되는 현상을 무엇이라 하나?
(   )

4 바퀴가 옆으로 흔들리는 현상으로 Wheel Balance의 균형이 정확하지 않을 경우 회전 저항이 증가하며, 특히 고속주행 시 핸들이 떨리는 현상은?
(   )

5 구불구불한 도로에서 야간주행 중에 더 나은 가시성과 안정성을 보장하는 것으로, 주행조건에 따라 빔 패턴을 조정할 수 있는 자동차안전기능이다. 운전자의 시야를 일시적으로 방해할 수 있는 상향 전조등 사용을 피하는데 도움이 되는 이 기능을 무엇이라고 하는가?
(   )

6 배기가스가 흡기 다기관 내로 유입되는 비율을 제어하기 위한 밸브를 말한다. 배기가스 내의 NOx를 저감하는 한 방법으로, 불활성인 배기가스의 일부를 흡입계통으로 재순환시키고, 엔진에 흡입되는 혼합가스에 혼합되어서 연소 시의 최고 온도를 내려 NOx의 생성을 적게 하는 장치이다. 이 장치를 무엇이라고 하는가?
(   )

7 단수 별로 톱니바퀴가 맞물려 동력을 전달하는 방식이 아니라 톱니바퀴 없이 메탈 벨트에 의해 기어비가 조정되며 동력을 전달하는 방식의 변속기를 무엇이라 하나?
(   )

8 자동차가 선회할 때 양쪽바퀴가 미끄러지지 않고 원활하게 선회하려면 바깥쪽 바퀴가 더 많이 회전해야 하고, 또 요철구간에서도 양쪽바퀴의 회전속도가 달라져야 한다. 이때 양쪽바퀴의 회전속도를 다르게 만들어 주는 장치를 무엇이라 하나?
(   )

9 고객접근 시 다음과 같은 질문을 사용하는 이유는?

> 1. 수입자동차의 어떤 모델을 생각하십니까?
> 2. 갖고 계신 차량은 어떤 모델인가요?
> 3. 주행거리는 얼마나 됩니까?
> 4. 운전 스타일은 어떤지 물어봐도 될까요?

(   )

10 국가 및 지방자치단체의 주요사업 중의 하나인 교육서비스활동을 수행하는데 필요한 경비조달을 목적으로 국민으로부터 징수하는 목적세는 무엇인가?

(   )

11 일반적인 승용차에 비해 무게가 가볍고 크기도 작으며, 유지비도 상대적으로 적게 들어 정부로부터 여러 가지 세제 혜택을 받을 수 있는 차량을 무엇이라 하나?

(   )

12 자동차 브랜드 회사들은 각 나라별로 판매사(딜러사)를 선정하여 운영한다. 이때 자동차 브랜드 회사에 맞는 계약조건, 운영조건, 판매조건 등 모든 업무를 기준에 맞게 정하고 이끌어나가는데, 브랜드 CI 및 지점 유지 상태, 각종 프로세스에 대해 기준에 부합한지 모든 지점을 정기적으로 체크하는 것을 무엇이라 하는가?

(   )

13 선행 차량과의 충돌위험이 감지될 경우 자동으로 브레이크를 작동시켜 긴급상황에서 차량과 운전자의 피해를 최소화시켜주는 최첨단 안전장비로, 레이더가 위험을 감지하면 운전자에게 소리나 진동으로 속도를 줄이도록 하는 기술을 말한다. 경고에도 운전자가 반응하지 않으면 브레이크가 작동해 자동으로 주행을 멈추게 하는데, 이 시스템을 무엇이라고 하는가?

(   )

14 다음은 차량 프레젠테이션 시 설명하는 Good Car의 7가지 조건이다. 괄호 안에 알맞은 것을 채우시오.

| 1. 안정성   2. 디자인   3. 내구성   4. 편의성   5. 경제성   6. (   )   7. 성능 |

(   )

15 재산권 기타 권리의 취득, 이전, 변경 또는 소멸에 관한 사항을 공부에 등기 또는 등록하는 경우에 그 동기 또는 등록을 받는 자에게 부과하는 지방세(도세)는 무엇인가?

(   )

16 이것은 미끄러운 노면에서 발진 또는 가속, 등반할 때 구동하는 바퀴가 헛도는 것을 방지하여, 자동차가 X축(길이방향 축) 선상에서 안정을 유지하도록 한다. 결과적으로 선회 안전성이 유지되며, 자동차의 구동축 차륜들이 옆으로 미끄러져 차선에서 이탈하는 것을 방지하는 시스템을 무엇이라 하는가?

(   )

17 자동차 타이어의 공기압이 너무 높거나 낮으면 타이어가 터지거나 차량이 쉽게 미끄러져 대형사고로 이어질 가능성이 있다. 또 연료소모량이 많아져 연비가 악화되고, 타이어 수명이 짧아질 뿐 아니라, 승차감과 제동력도 많이 떨어진다. 타이어에 부착된 전파식별(RFID)센서로 타이어의 압력과 온도를 감지한 뒤, 이 정보를 운전석으로 보내 운전자가 실시간으로 타이어의 압력 상태를 점검할 수 있게 설계되어 있다. 이 시스템을 무엇이라 하는가?

(   )

18 자동차를 공급하는 임포터 회사와 소속 딜러사 간에 자동차 또는 부품을 사전에 협의된 계약에 의해 대량 혹은 도매로 구입하는 것을 말한다. 보통 차량과 부품을 구매하고 딜러사가 고객을 대상으로 한 소매(리테일)를 하기 전의 절차를 무엇이라고 하는가?

(   )

19 자동차 회사에 소속된 영업사원으로 고객의 자동차 상담, 구입, 판매, 사후 관리를 담당하는 직원은?

(   )

20 이것은 판매를 목적으로 고객에게 차량을 체험하도록 하는 행사이다. 영업팀과 영업지점 단위로 진행하며, 자동차 회사에서 만든 모든 브랜드를 체험할 수 있도록 지원하는 행사를 무엇이라 하는가?

(   )

21 손님으로 가장하여 미스터리 쇼핑을 시행하는 사람을 무엇이라 부르는가?

(   )

22 기업이 고객과 관련된 내외부 자료를 분석, 통합하여 고객 중심 자원을 극대화하고 전산 시스템을 구축하여 이를 토대로 고객 특성에 맞게 마케팅 활동을 계획, 지원, 평가하는 과정을 무엇이라 하는가?
(   )

23 차량을 제조 또는 수입하는 회사로부터 공급받아 판매와 정비를 하는 회사를 무엇이라 부르는가?
(   )

24 자동차 회사에서 생산이 완료되어 판매가 가능한 차량 또는 부품을 무엇이라 하는가?
(   )

25 공기의 저항을 줄이기 위해 차체의 뒷부분을 경사지게 깎아 내린 자동차이다. 보통 2도어, 2인승으로 낮고 좁기는 하지만 뒷좌석을 만들어 놓은 것도 있다. 이 자동차는 무엇인가?
(   )

26 룸미러 전방에 장착된 광학카메라를 통해 차선을 인식하고 방향 지시등을 켜지 않고 차량이 한 쪽으로 움직이는 것을 감지하면, 이 시스템이 스티어링 휠에 약간의 진동을 보내 경고한다. 경고 후에도 차선 이탈이 진행되면 자동으로 조향하여 차선 내로 복귀하는데 이 시스템을 무엇이라 하는가?
(   )

27 고객이 구매한 자동차를 공식적으로 국가에 등록하기 위해 인증과 교부를 받는 서류로, 차량번호, 차명, 차종, 소유자정보 등이 나와 있는 것을 무엇이라 하는가?
(   )

28 노면 상태와 드라이빙 모드에 따라 서스펜션의 감쇠력을 조절해주는 장치로, 거친 노면을 주행할 때에는 감쇠력을 완화해 편안한 승차감을 유지시키고, 코너링을 할 때에는 감쇠력을 강화시켜 핸들링 안정성을 유지시켜 준다. 또한 roll 컨트롤에 중점을 두어 차체 움직임을 더욱 안정감 있게 전자적으로 컨트롤하는 이 기능을 무엇이라고 하는가?
(   )

29 승용차 타이어 트레드 홈의 사용 한계는?
(   )

30 자동차가 정차해 있을 때는 시동이 꺼져 엔진은 정지되고 배터리를 이용하여 모터를 구동시키고, 차가 출발할 때는 다시 시동이 켜지는 방식을 뜻한다. 도심지에서는 차량이 서서 공회전하는 시간이 많아지는데 이때 필요 없이 연료가 소모되는 것을 막아준다. 이 장치를 무엇이라 하는가?
(   )

※ 다음 문제에 대한 답을 선택하시오. (각 1점)

31 자동차 차대번호 정보 보는 법에서 괄호 안에 들어갈 말은?

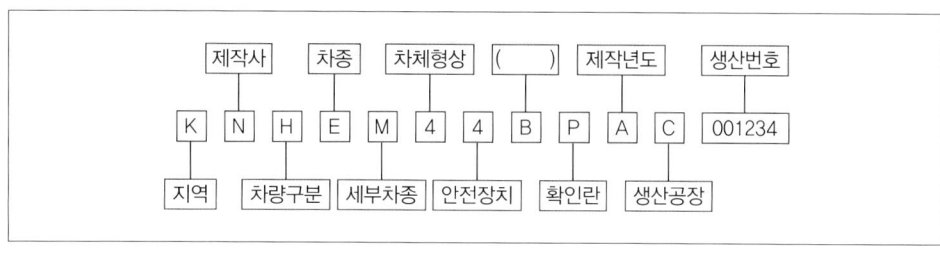

① 차 종
② 제작연도
③ 제작사
④ 배기량

32 다음 자동차보험에 대한 내용 중 틀린 것은?
① 보험은 자동차보험과 운전자보험으로 구분할 수 있다.
② 차량보험은 자동차를 구매하거나 소유한 사람이라면 무조건 의무적으로 가입해야 한다.
③ 일반적으로 책임보험의 보상범위는 대인배상 5천만 원, 대물배상 1천만 원이다.
④ 의무적으로 가입해야 하는 책임보험 외에 운전자가 필요에 따라 선택해 가입할 수 있는 보험을 말한다.

33 자동차 리스 및 장기 렌터카와 신차 현금구매의 차이점에 관한 설명으로 바르지 않은 것은?
① 자동차 리스 및 장기 렌터카는 월 리스료만 처리하게 되므로 부채비율에 영향이 없고 초기 구입비용이 줄어서 편리하다.
② 장기 렌터카는 초기 비용이 낮게 구매가 가능하고 보험 가입 경력이 인정되며 보험료와 자동차세를 납부해야 한다.
③ 자동차 리스 및 장기 렌터카 이용은 대형이나 고가의 차량일수록 절세 혜택으로 비용 절감의 효과가 높고 현금 구매는 오히려 세금 비중이 높아질 수 있다.
④ 자동차 리스 및 장기 렌터카를 이용할 때 최소한의 초기 비용이 발생하지만 현금 구매의 경우 초기 비용이 과다하다.

34 다음 중 협상의 종류가 아닌 것은?
① 관계 협상
② 쌍방 협상
③ 일회성 협상
④ 무상 협상

35 다음 중 기존고객 유지를 위해 중요시 되는 것으로 적절하지 않은 것은?
① 정확한 가격을 산출할 수 있는 능력(견적)
② 차량의 만족도
③ 관리차량의 사고 시 수리비용이 싼 타 정비업체 소개
④ 차량의 유지 관리

36 다음 중 최종공정에서 실시하지 않는 테스트는?
① Side Slip Test / Brake Test
② 험로 및 통풍 Test
③ 샤워 Test 및 DTT
④ ABS Test / Speed Test

37 중고차 중개대상물 광고자료 준비에서 대상 자료로 적절하지 않은 것은 무엇인가?
① 자동차의 등록 및 제원정보
② 자동차 성능상태 점검기록부
③ 카히스토리 등의 자동차사고 이력정보
④ 최초 구입 시부터의 자동차보험가입이력

38 개인이 자동차경매 출품신청 시 구비서류로 맞지 않는 것은?

① 인감증명서
② 지방세 완납증명서
③ 양도행위 위임장
④ 차계부

39 법인영업을 위한 구매결정사항 분석조사로 부적절한 것은?

① 대상 기업의 의사결정 권한자의 구성
② 의사결정 권한자들이 어떤 결정에 참여하고 어느 정도의 영향력을 행사하는가?
③ 의사결정 권한자들이 제품의 평가 시 어떤 기준을 가지고 있는가?
④ 의사결정 권한자와 대표 이사와의 상관관계

40 결제수단결정 시 개인고객에게 확인할 사항이 아닌 것은?

① 선수금
② 고객의 신용상태
③ 전년도 손익계산서
④ 고객의 직업과 업종

41 자동차의 소유에 대하여 과세하는 시세로서 재산적인 성격과 도로손상 및 환경오염에 대한 부담금적 성격을 동시에 갖는 세금은 무엇인가?

① 개별소비세
② 자동차세
③ 등록세
④ 교육세

42 자동차 사고로 타인을 다치게 하거나 사망케 한 경우 이에 대한 손해배상에 대한 보상 종목으로 이 보험을 가입하지 않으면 과태료를 부과할 수 있다. 다음 중 맞는 것은?

① 대인배상 I
② 대인배상 II
③ 대물배상
④ 자기 차량 손해

43 현재 정부에서 지원하는 경차 지원 정책이 아닌 것은?

① 등록세, 취득세 면제
② 책임보험료 10% 할인
③ 공공주차장 및 지하철 환승주차장 주차료 50% 할인
④ 미세먼지 과대발생시 취해지는 차량 강제 10부제 운영에도 해당 안 됨

44 고객과의 상담 시 유용한 대화 스킬로 적절하지 않은 것은?

① 이쪽에서 강조하고 싶은 요점을 말할 때는 몸을 내민다.
② 어떤 대목을 강조할 때는 펜으로 가리키고 줄을 긋는다.
③ 상대방의 말에 긍정적으로 동의할 때는 입가에 미소를 짓는다.
④ 고객에게 말할 때는 항상 큰 소리로 강조해서 말한다.

45 세일즈 활동에 있어 올바르게 말하는 법과 듣는 법 즉, 세일즈 화법은 매우 중요하다. 다음 중 올바르지 않은 세일즈 화법은?

① 이름이나 직위를 자주 부른다.
② 품위 있고 브랜드에 맞는 비즈니스 매너를 갖춰 설명한다.
③ 고객의 말을 잘 경청한다.
④ 가능한 질문을 자제하고 간단하게 설명한다.

46 다음 중 높은 실적을 올리기 위한 직접적인 영업활동으로 가장 중요한 것은 무엇인가?

① 제품 지식 습득
② 고객관리와 가망고객관리
③ 차량인도
④ 경쟁차종 비교설명

47 다음 중 세일즈 컨설턴트의 고객관리에 대한 설명으로 적절하지 않은 것은?

① 고객이탈 방지를 위해 기존 출고고객보다는 신규고객에게 더 치중하여 관리한다.
② 영업의 활동영역 확대를 위해 출고 고객관리에 집중한다.
③ 고객관리를 통해 조력자 및 소개 확보가 가능하다.
④ 지속적인 서비스와 유대관계 조성을 통한 평생고객이 가능해진다.

48 자동차의 속도를 일정하게 유지하도록 하는 '정속주행장치' 혹은 '자동속도 조절장치'를 일컫는 용어는 무엇인가?

① 마인드 컨트롤
② 크루즈 컨트롤
③ 헤드라이 컨트롤
④ 스티어링 컨트롤

49 다음 중 교류 발전기에 의해 생성된 전기를 저장하고 자동차의 전기시스템에 전기를 공급하는 장치는?

① 배터리
② 컨비니언스
③ 발전기
④ 컴프레서

50 다음 중 브레이크 디스크의 점검 사항이 아닌 것은?

① 디스크의 런아웃(run out)
② 디스크의 두께
③ 디스크 표면의 열변성
④ 디스크의 외경

51 다음 중 LPG 엔진의 장점이 아닌 것은?

① 대기오염이 적다.
② 경제성이 좋다.
③ 연료분사펌프가 있다.
④ 엔진오일의 수명이 길다.

52 유럽에서는 차량을 분류할 때, A Segment, B Segment, C Segment, D Segment 라고 분류하는데, 다음 중 A Segment에 해당하지 않는 차량은?

① 벤츠 C Class
② 기아 모닝
③ 쉐보레 스파크
④ 르노 트윙고

53 최근 고객 Targeting이 중요하게 대두되는데, 그 이유가 아닌 것은?

① 시장규모는 정체되고 경쟁은 심화
② 고객들의 다양한 욕구
③ 수입차 시장점유율 지속적 증대
④ 기업의 신제품 개발인식 제고

54 다음 중 디젤 엔진에만 있는 경고(표시)등은?

①    ②

③    ④

55 계약을 유도하는 테스트 클로징으로 적합하지 않은 화법은?
① 현재 재고가 많이 있어서 고객님이 편하실 때 고객님께서 결정만 하시면 구매가 가능합니다.
② 오늘까지 프로모션이 끝나므로 지금 결정하시는 것이 가장 유리한 구매 조건입니다.
③ 마지막 찬스, 지금이 찬스라는 등 구매를 결정지을 수 있도록 클로징에 해당되는 어휘를 사용한다.
④ 계약의 결정을 방해하는 요소를 가장해서 긍정적으로 유도 "만약 손해를 본다 해도~ 이익입니다", "최악의 경우에는~ 제가 해결해드리겠습니다."

56 다음 중 Frame Type 차량 설명으로 옳은 것은?
① 주로 승용차에 사용되는 차체 Type으로 무거운 단점이 있다.
② 비틀림 강성에 약하고 변형이 잘 일어난다.
③ Frame을 바꾸지 않아도 Face Lift 등 Model 변경이 용이하다.
④ Spot 용접이 가능하여 차량의 대량생산 System에 적합한 차체 Type이다.

57 다음 중 자동차 소모품에 해당하지 않는 것은?
① 각종 오일류   ② 각종 필터류
③ 타이어   ④ 엔 진

58 세계에서 최초로 원동기 자동차를 개발한 국가는 어디인가?

① 중 국
② 미 국
③ 독 일
④ 일 본

59 전기자동차의 내용 중 옳은 것은?

① 전기자동차는 운행 중 스스로 충전되는 기능을 가지고 있다.
② 하이브리드 자동차에는 모터가 없다.
③ 플러그인 하이브리드 자동차에는 내연기관(엔진)이 없다.
④ 전기자동차는 최근에 개발되었다.

60 다음 중 부동액 교환 주기에 대한 설명으로 옳은 것은?

① 계절이 바뀔 때마다 교환한다.
② 엔진오일 주기와 상이하다.
③ 보통 2년이지만 오염도에 따라 교환 시기를 결정한다.
④ 부동액 교환은 필요 없고 부족한 양만큼만 보충하면 된다.

61 다음 중 판매조건 제시에 포함되지 않는 것은?

① 금액 할인
② 물품 지원
③ 빠른 차량인도
④ 보증 연장

62 다음 중 Power Train에 대한 설명으로 가장 적절한 것은?

① 자동차에 동력을 전달하는 엔진과 변속기를 말한다.
② 엔진에서 바퀴까지 동력이 전달되는 모든 System을 말한다.
③ 차량의 균형을 잡는 현가장치로 차량의 뒤집힘 등을 방지한다.
④ 핸들에서 바퀴에 이르는 조향장치를 말한다.

63 다음 중 SMS를 활용한 판매활동에 대한 설명으로 틀린 것은?

① Short Message Service의 약어이다.
② 링크 기능을 활용하는데 한계가 있다.
③ 최근에는 DM을 뛰어 넘는 빈도로 활용되고 있다.
④ 고객 입장에서 휴대폰을 통해 상시 확인이 가능한 장점이 있다.

64 다음 중 각 장치에 대한 설명으로 옳지 않은 것은?

① LDW(Lane Departure Warning) - 차선이탈 방지시스템
② AHS(Active Hood System) - 자동차 충돌 시 보호장치
③ Stop&Start - Auto Hold라고도 하며, 정지 시 엔진 Stop장치
④ FCAAS(Forward Collision Avoidance Assistance Sys) - 전방충돌 회피장치

65 다음 중 미래 자동차산업의 화두로 적당하지 않은 것은?

① 자율주행자동차
② 커뮤니케이션카
③ 전기자동차
④ 카셰어링

66 다음 중 잠재고객과 가망고객을 구분하는 조건이 아닌 것은?

① 구매 가능성이 있는 고객
② 구매할 경제력이 있는 고객
③ 구매 결정권이 있는 고객
④ 소개 의사가 있는 고객

67 다음 중 DPF에 대한 설명으로 맞지 않는 것은?

① 디젤 매연 저감장치이다.
② 전용 엔진오일을 사용해야 한다.
③ 일반 오일을 장시간 사용할 경우 DPF장치 고장의 원인이 된다.
④ 디젤 촉매장치이다.

68 자동차 구조학에서 자동차 제원 용어에 대한 설명으로 틀린 것은?

① 축거 : 휠 베이스라고 하며, 앞범퍼와 뒷범퍼 끝의 거리
② 최소 회전반경 : 자동차가 180도 회전할 수 있는 최소 반경
③ 최저 지상고 : 타이거가 닿는 지면과 차량의 가장 낮은 부위 사이의 거리
④ 윤거 : 자동차 좌우 바퀴 중심 간 거리

69 다음 중 전기자동차의 장점이 아닌 것은?

① 차량이 정숙하여 소음과 진동이 거의 없다.
② 주차비, 통행료, 세금 감면 등 유지비가 저렴하다.
③ 수리비가 저렴하여 교체 비용의 부담이 적다.
④ 주행 시 이산화탄소나 질소산화물의 배출이 적다.

70 다음 중 자동차를 Positioning 할 때, 사용하는 기법이 아닌 것은?

① 속성적 Positioning – 제품에 대한 고객의 기존의 지식을 이용한 Positioning
② 기능적 Positioning – 제품의 기능적 편익이나 속성을 차별적으로 고객에게 전달
③ 상징적 Positioning – 제품으로부터 얻을 수 있는 사회적 심리적 편익에 의한 Positioning
④ 경험적 Positioning – 제품의 소비로부터 얻을 수 있는 감각, 감성적 경험에 의한 Positioning

자동차 영업중개사 민간자격검정 – 모의 4회 (1차) 시험 문제지

⏱ 제한시간 : 100분

| 수험번호 | | 성 명 | |

※ 다음 문제에 대한 답을 쓰시오. (각 1.25점)

1 자동차 전시장의 책임을 맡고 있는 지점장의 업무 중 맞지 않는 것은?

① 세일즈 컨설턴트 영업활동에 필요한 교육과 관리를 한다.
② 회사의 목표관리와 판매목표 달성을 위한 관리 책임이 있다.
③ 판매예상 차량을 본사에 오더하고 차량옵션 주문을 관리한다.
④ 고객관리를 위해 전화, SMS, 메일, 방문 등으로 직접 활동하며 높은 소득을 올린다.

2 자동차 신규등록을 할 때 필요한 서류가 아닌 것은?

① 구매자의 신분증
② 자동차등록 신청서
③ 보험가입 증명서
④ 자동차등록증 원본

3 최근 자동차 차체의 소재로 알루미늄 및 티타늄 등 첨단 소재를 많이 사용하는데, 주된 목적은?

① 차량 경량화
② 차량 안전도
③ 승차감 증대
④ 내구성 증대

4 다음 중 시승 과정에서 꼭 필요하지 않은 것은?

① 판매 프로모션 가이드
② 세차 및 실내를 깨끗한 상태로 유지
③ 가능한 고객이 선호하는 차량 색상을 준비
④ 세일즈 포인트와 취급법을 충분히 연구

5 눈길이나 미끄러운 길을 주행 중에 바퀴가 헛도는 현상을 무엇이라 하나?

① Wheel Spin
② Traction Locking
③ Tire Rolling
④ Tire Slipping

6 가솔린 엔진 대비 디젤 엔진의 특징이 아닌 것은?

① 부분부하 상태에서 연비가 나쁘다.
② 넓은 RPM 영역에서 회전 토크가 크다.
③ 배기가스에 질소화합물 배출이 적다.
④ 열효율이 높다.

7 수리비용(기술료) 산정 시 공임의 종류에 해당되지 않는 것은?

① 탈착교환공임
② 세 차
③ 판금/수리공임
④ 오버홀

8 방문한 고객의 니즈 파악을 통해 안내를 한 후, 차량으로 유도하여 디자인 등 차량에 대한 제반설명을 하는 단계는 무엇인가?

① 차량인도(출고) ② 차량 프레젠테이션
③ 계약상담 ④ 시 승

9 다음 비영업용 승용차의 과세표준의 세율이 맞는 것은?

① 1600cc 초과 - 220원/cc
② 1600cc 이하 - 140원/cc
③ 1000cc 이하 - 90원/cc
④ 1000cc 초과 - 200원/cc

10 배기가스의 에너지로 배기터빈을 돌리고 이것에 직결된 컴프레서로 엔진에 공기를 강제로 밀어 넣어 엔진출력을 향상시키는 것은?

① 터보차저 ② 인터쿨러
③ 라디에이터 ④ 수퍼차저

11 아래 Room Mirror와 같이 야간주행 중 뒤차의 전조등 불빛을 감쇠시켜 주는 Mirror의 명칭은?

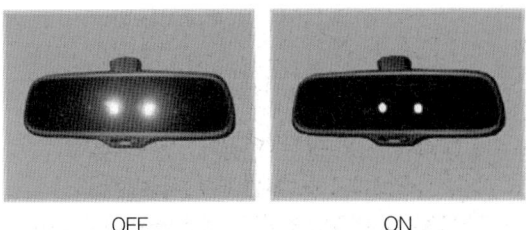

OFF   ON

① ECM ② ABS
③ AICC ④ ASR

12 자동차 도로교통법에 의한 운전석 좌우 옆면 창유리의 가시광선투과율 기준은?

① 40% 미만
② 50% 미만
③ 60% 미만
④ 70% 미만

13 이것은 차량을 예약하고 자신의 위치와 가까운 주차장이나 차량보관소에서 차를 빌린 후 반납하는 방법을 이용하여 한 대의 자동차를 시간 단위로 여러 사람이 나누어 사용할 수 있도록 만들어진 차량 대여 비즈니스이다. 소비자가 시스템의 온라인을 통해서 차량을 손쉽게 대여할 수 있어 사람을 대면할 필요가 없이 차량을 인도받고 반납할 수 있는 서비스를 무엇이라 하는가?

① 카세어링
② 장기 렌트카
③ 단기 렌트카
④ 우 버

14 이것은 자동차를 구동시키기 위한 동력을 발생시키는 장치이다. 밸브장치, 냉각장치, 연료장치, 점화장치 등으로 구성되어 있는 이것은 무엇인가?

① 엔 진
② 미 션
③ 스티어링 기어박스
④ 조향장치

15 다음 중 우리나라 자동차관리법 시행규칙에 의한 소형차 분류 기준이 아닌 것은?

① 엔진 – 1,600cc 미만
② 전장 – 4,700mm 이하
③ 전폭 – 1,700mm 이하
④ 중량 – 1,200Kg 이하

16 카셰어링에 관한 설명으로 틀린 것은?

① 카셰어링은 차량이 필요할 때 차량을 단기로 빌려서 사용하는 것이다.
② 세계 각국에서 카셰어링이 성장하고 있다.
③ 카셰어링은 고객 접근성이 택시보다 우수하다.
④ 카셰어링은 불필요한 주차공간을 줄여 줄 수 있다.

17 운용리스에 대한 설명으로 틀린 것은?

① 일정기간 동안 리스 이용자가 차량을 선택하여 사용료를 지불하고 사용
② 만기시 처리는 매입(계약시 정한 잔존가치로 매입) or 차량반납 or 재리스
③ 원리금 균등분할반식으로 상환
④ 자산의 할부취득이라는 금융거래적 성격을 가지는 계약

18 윤활 시스템에서 오일 압력의 과잉 상승을 방지하기 위한 장치는?

① 오일 펌프
② 유압 조절밸브
③ 오일 여과기
④ 오일 냉각기

19 전기자동차의 특징 중 틀린 것은?

① 전기만을 동력으로 한다.
② 화석연료를 사용하지 않기 때문에 배기가스 배출 및 소음이 거의 없다.
③ 차량수명이 상대적으로 길다.
④ 사고 시 폭발 위험성이 많다.

20 배터리 전기자동차의 획기적인 보급을 위해 시급히 해결해야 할 문제점이 아닌 것은?

① 유효 주행거리 500킬로미터 이상의 고효율 배터리 개발
② 급속 충전시스템의 보급
③ 간단한 전기료 계산시스템 보급
④ 전기자동차 정비시설에 대한 투자

21 전기차 충전시설의 안전수칙으로 틀린 것은?

① 충전소 주변에서는 흡연을 금지한다.
② 차량충전 시 물기를 주의한다.
③ 충전이 완료되면 긴급전원 차단 스위치를 눌러 충전기를 제거한다.
④ 급속충전보다는 완속충전을 하도록 한다.

22 전기차 충전 시 주의사항으로 올바르지 않은 것은?

① 완충을 위하여 5km 남을 때 충전하는 습관을 가진다.
② 커넥티드 단자에 물기가 없어야 한다.
③ 충전 시 충전기와 어댑터의 규격을 확인 후 사용해야 한다.
④ 충전케이블 분리 시 충전중지 버튼을 누른 후 분리하여야 한다.

23 중고차 이전등록기간에 대한 설명으로 올바르지 않은 것은?

① 매매의 경우 – 매수한 날로부터 20일 이내에 한다.
② 증여의 경우 – 증여받은 날로부터 20일 이내에 한다.
③ 상속의 경우 – 상속개시일로부터 6개월 이내에 한다.
④ 기타사유의 경우 – 사유가 발생한 날로부터 15일 이내에 한다.

24 다음 아래 설명에 맞는 고객 유형은?

"현재 차량을 구매하여 사용하고 있지 않으나 앞으로 구매 가능성이 큰 고객을 말한다."

① 일반고객 ② 가망고객
③ 우량고객 ④ 신규고객

25 구글의 자율주행자동차와 테슬라의 오토파일럿 컨셉의 가장 큰 차이점은 무엇인가?
① 구동방식의 차이
② 운전주체의 차이
③ 사용에너지의 차이
④ 데이터수집 시스템의 차이

26 승용차의 차체를 구별하는 방식이 아닌 것은?
① 좌석의 위치와 수
② 트렁크의 유무
③ 차실의 구조
④ 도어의 수

27 다음 중 Wheel Base(축거)에 대한 설명으로 맞는 것은?
① 전후 바퀴 중심 간의 거리
② 좌우 바퀴 중심 간의 거리
③ 전후 바퀴 간 최대 거리
④ 좌우 바퀴 간 최대 거리

28 다음 경고등의 색깔과 의미를 짝지은 것으로 옳지 않은 것은?

① 빨간색 - 위험 경고
② 노란색 - 주행 가능하나 조만간 점검 필요
③ 초록색 - 현재의 상태를 표시
④ 파란색 - 안정적인 것으로 정상운행 가능

29 전기 화재 시 올바른 대응 방법이 아닌 것은?

① 전기차 배터리팩 밑에서부터 물을 뿌려야 한다.
② 열 폭주가 시작되면 골든타임 15분 내에 화재를 진압해야 한다.
③ 차종마다 배터리팩 모양과 구성이 다르기 때문에 다양한 실험 및 훈련방법이 필요하다.
④ 전기차 화재 대응 가이드를 미리 숙지한다.

30 다음 중 경고등 이름이 틀린 것은?

①  ②

③  ④

① 충전시스템 경고등
② 타이어 공기압 경고등
③ 에어백 경고등
④ 엔진오일 경고등

31 다음 중 START/STOP 기능 조건으로 내용이 틀린 것은?

① CO_2 배출 감소에 도움이 된다.
② START/STOP 기능은 연료절약에는 도움이 안 된다.
③ START/STOP 기능이 필요하지 않을 경우 ON/ OFF로 조절할 수 있다.
④ 배터리 충전량이 낮을 경우 엔진이 꺼지지 않는다.

32 다음 중 SC의 복장 가이드라인과 맞지 않는 것은?

① 바지는 줄이 잘 서 있고, 길이는 구두 위 양말이 살짝 보이는 정도가 좋다.
② 거래처의 방문이나 고객응대 시 자켓을 입지 않은 와이셔츠 차림은 피한다.
③ 가능하면 짙고 무난한 색으로 하고 화려한 원색이나 야한색은 피한다.
④ 넥타이는 벨트를 약간 덥게 적당한 길이로 바르게 맨다.

33 가장 대표적이고 대중적인 전기차 충전방식은?

① EV타입
② 수소연료전지타입
③ 태양전지타입
④ 무충전타입

34 전자제어 연료분사장치에서 인젝터 고장으로 나타나는 현상이 아닌 것은?

① 연료소모 증가
② 출력 증가
③ 가속력 감소
④ 공회전 불량

35 다음 중 수소자동차가 아닌 것은?

① BMW [하이드로젠 넥스트]
② 도요타 미라이
③ BMW I8
④ 현대 넥쏘

36 차량 프레젠테이션 시 제품설명에 있어서 부적절한 설명은?

① 동급 차종과 비교 설명
② 해당 부분의 핵심포인트 설명
③ 차량 전체적인 디테일한 설명
④ 해당부분의 스토리 화법으로 설명

37 ECS(Electronic Controlled Suspension)를 장착한 Active Suspension의 장점이 아닌 것은?

① 험로나 굴곡 지형에서의 진동 및 소음 흡수로 정숙주행 가능
② 평평한 느낌을 주는 부드러운 승차감
③ 가속 시 또는 조향 시 자동차 자세의 변화를 대폭 감소
④ 도로면 및 주행 속도에 적합한 최고의 차고(차의 높이) 컨트롤

38 다음 중 렌트카의 특징이 아닌 것은?

① 보험경력도 인정됨
② 각종 위약금 발생가능(중도해지 위약금, 약정거리 초과위약금)
③ 약정거리(보통 연 2만km)
④ 초기비용이 없어도 이용가능

39 다음 중 차량 신규등록자격이 없는 주체는?

① 구매자 본인
② 구매자의 대리인
③ 자동차 제작자
④ 국 가

40 고객이 운용리스를 이용할 때 일정 비율의 금액을 선납하는 제도로 리스가 종료되었을 때 리스 회사로부터 돌려받는다. 이 금액을 무엇이라 하는가?

① 선납금
② 보증금
③ 월 리스료
④ 위약금

41 다음 중 카셰어링 서비스를 제공하는 업체가 아닌 것은?

① 집카(Zip Car)
② 카투고(CAR2GO)
③ 스코다(SKODA)
④ 리치나우(ReachNow)

42 다음 중 요소수를 사용하면 어떤 배기가스가 급격히 줄어드나?

① SOx
② HC
③ NOx
④ CO

43 다음 중 계약체결단계에서 주의할 점으로 틀린 것은?

① 매우 기쁜 표정, 만족한 표정을 짓는다.
② 관계서류 준비를 알린다.
③ 적절한 예의를 보이고 감사를 표시한다.
④ 납기준수를 다짐하고 알린다.

44 개인사업자로 리스차량 구입 시 필요 없는 서류는 무엇인가?

① 신분증 사본
② 인감등록증
③ 주민등록초본
④ 소득금액증명원

45 소개를 통한 고객 발굴에서 소개의 주체가 아닌 사람은?

① 지 인
② 기존 고객
③ 전시장 내방고객
④ 관련 업계 종사자

46 현재 자율주행자동차를 직접 개발하고 있는 회사가 아닌 곳은?

① 우 버
② 애 플
③ 구 글
④ 콘티넨탈

47 다음 중 요소수와 관련 없는 것은?

① 연비를 4%~5% 향상
② 유로 6
③ 디젤차량
④ 질소산화물(Nox)

48 성공적 신차 출시를 위해서는 차별화 전략이 중요하다. 즉 USP(Unique Selling Point)를 개발하고 부각하여 고객과 소통해야 한다. 다음 중 신차 Positioning에 중요한 USP를 도출하기 위한 내용과 가장 거리가 먼 것은?

① Marketing 차별화
② 제품 차별화
③ Service 차별화
④ Image 차별화

49 다음은 카탈로그 사용방법에 대한 설명이다. 올바르지 않은 것은?

① 상담 시작부터 카탈로그의 내용을 상세하게 설명한다.
② 적절한 타이밍에 내놓고 고객이 원하는 장면이나 세일즈 포인트를 바로 제시할 수 있게 준비한다.
③ 고객이 관심 있어 하는 부분을 납득할 수 있게 효과적으로 설명한다.
④ 카탈로그를 사용하여 제품을 설명할 때 고객이 실물의 차량을 보고 싶어 하면 스케줄을 잡아 상담이나 시승의 기회를 유도한다.

50 친환경차로 분리되는 전기차량에 대해서 맞지 않는 것은?

① 유지비 측면에서 뛰어나다.
② 정부에서 제공하는 혜택이 많다.
③ 변속기가 없기 때문에 가속력이 떨어진다.
④ 소음이 적다.

51 다음 중 차량의 Type에 대한 설명으로 옳지 않은 것은?

① Pick Up : 소형 짐을 싣는 승용 Type의 차량으로 약 500Kg 정도의 Pay Load를 가진다.
② Van : 사람보다는 사물운반에 비중이 더 있으며, 소형 Commercial Van은 승용차에 가깝다.
③ SUV : Sport Utility Vehicle로 RV, MPV, CUV를 포함한다.
④ Truck : 순수 화물운반용 차량으로 Pay Load가 클수록 대형차량이다.

52 자동차용 배터리에 대한 설명으로 바른 것은?
① 일반적으로 음극단자(-)가 양극단자(+)보다 크다.
② 정전류 충전이란 일정 전압으로 충전하는 것을 말한다.
③ 충전 시 양극(+)에서는 수소가, 음극(-)에서는 산소가 발생한다.
④ 전해액의 황산 비율이 증가하면 전해액의 비중은 증가한다.

53 최근 대부분의 자동차는 Power Steering을 사용하는데 이것의 장점이 아닌 것은?
① 핸들 조작에 필요한 힘을 줄여 조작이 용이하다.
② 앞바퀴의 Shimmy 현상을 감쇠시킬 수 있다.
③ 노면으로부터의 충격과 진동을 어느 정도 흡수할 수 있다.
④ 조향각을 자유로이 조정할 수 있다.

54 다음 중 차량 근저당권 설정과 관련하여 잘못 설명한 것은?
① 차량 근저당권 설정이란 구매하는 자동차에 대하여 근저당권을 설정함으로써 할부판매한 차량의 환가금으로부터 다른 채권자에 우선하여 할부채권을 충당하기 위함이다.
② 채권자인 회사는 제3채권자에 대하여는 우선하는 담보권을 가질 수 있지만 할부금연체 등이 있다 하여 임의경매를 실행하여 채권을 회수할 수는 없다.
③ 차량에 근저당권을 설정하면 채무자인 고객은 자동차를 소유한 채 본래의 목적대로 차량을 사용할 수 있다.
④ 자동차 근저당설정은 자동차등록원부에 등록하는 형식을 취하며, 채무의 종결이나 채권자인 회사의 동의 없이는 근저당권을 말소할 수 없다.

55 다음 중 Wheel Alignment의 Caster에 대한 설명으로 맞는 것은?
① 차를 옆에서 보았을 때, 지표면에서 수직한 가성의 선을 긋고 킹핀이 이 선과 이루는 각도
② 차륜 중심선의 위쪽이 노면에 수직인 직선을 기준으로 기울어진 상태
③ 차량을 위에서 보았을 때, 바퀴가 차량의 전면에서 후면에 이르는 중심선과 이루는 각도
④ Shock Absorber와 지표면이 이루는 각도

56 고객에게 차량을 설명할 때 직접 관측하지 않는 부분은?
① 전면부
② 측면부
③ 운전석
④ 차량 하부

57 자동차 타이어에서 60 또는 70 시리즈라고 할 때 '시리즈' 뜻은?
① 단면 폭
② 단면 높이
③ 평편비
④ 최대 속도 표시

58 다음 보기 중 배터리 방전 원인이 아닌 것은?
① 차량 도어를 잠그지 않고 장시간 방치한 경우
② 블랙박스 설정을 상시 저장으로 하였을 경우
③ 시동이 꺼진 상태에서 장시간 오디오를 크게 작동하였을 경우
④ 시동이 꺼진 상태에서 시트 열선을 장기간 사용한 경우

59 자동차 브랜드마다 재구매와 서비스 이용을 극대화하기 위해 고객만족도 조사를 실시한다. 이 때 진행되지 않는 것은?
① CRM
② CSS
③ CSI
④ 미스터리 쇼핑

60 미도로교통안전국(NHTSA)이 정의한 자율주행자동차의 레벨(레벨 0 ~ 레벨 4)에서 '두 개 이상의 초보적인 작업의 자동화가 가능한 단계는 어떤 레벨에 해당하는가?
① 레벨1
② 레벨2
③ 레벨3
④ 레벨4

61 차량 전시장에 고객으로 가장하여 방문해서 전시장의 전반적인 문제점, 직원들의 상담스킬, 고객응대 등을 점검하고 테스트하는 사람은?

① 커스터머
② 딜러프린시플
③ 에어리어 매니저
④ 미스터리 쇼퍼

62 다음 중 TCS장치와 관련이 없는 것은?

① Wheel Spin 방지
② 주행 안정성 증대
③ 가속성능과 가속 선회성능 향상
④ 노면의 진동흡수로 승차감 증대

63 온라인 광고 시 게재해야 할 법적 필수정보가 아닌 것은?

① 자동차의 압류 및 저당에 관한 정보
② 중고 자동차 제시신고 번호
③ 중고 자동차 성능 · 상태 점검 기록부
④ 정비이력 정보

64 디젤 엔진의 터보 인터쿨러(Turbo Intercooler Engine) 장치는 어떤 효과를 응용한 장치인가?

① 압축된 공기 밀도를 증가시키는 효과
② 배기가스를 압축시켜 배기압 증가
③ 압축된 공기 중 수분을 증가시키는 효과
④ 압축된 공기밀도를 증가시키는 효과

65 경차 구입 시 현재 정부에서 지원하는 경차지원 정책이 아닌 것은?

① 주차장 및 고속도로 통행료 할인
② 취등록세 감면
③ 자동차 책임보험료 면제
④ 유류세 환급

66 1920년대 가솔린 자동차가 전기자동차를 밀어내고 폭발적으로 성장한 이유가 아닌 것은?

① 헨리 포드의 컨베이어 벨트를 이용한 가솔린 자동차 대량 생산
② 미국 텍사스의 대형 유전개발
③ 모델 T의 상용화에 따른 가솔린 자동차 가격의 하락
④ 가솔린 자동차에 미국 정부의 보조금 지급

67 다음은 효율적인 자동차 프레젠테이션을 위한 핵심 요소 7가지이다. 괄호 안에 알맞은 것은?

1. (   )   2. 디자인   3. 내구성   4. 편의성   5. 경제성   6. 브랜드   7. 성능

① 최고 속도
② 제로백
③ 최대 출력
④ 안전성

68 일반적으로 물품구매에 관련되어 딱 한 번 거래하고 다시 거래될 확률이 희박할 경우에 하는 협상은 무엇인가?

① 일회성 협상
② 쌍방 협상
③ 관계 협상
④ 가격 협상

69 다음 중 단기 고객관리의 내용에 해당하지 않는 것은?

① 감사 전화
② 감사 편지
③ 정기검사 안내
④ 작동법 설명

70 다음 중 전기자동차의 단점이 아닌 것은?

① 겨울에는 주행 가능거리가 줄어든다.
② 수리 시 고가의 교체 비용이 요구된다.
③ 배터리 1회 충전 시 가능한 주행거리가 수소차에 비해 짧다.
④ 배터리 충전 시설이 수소차에 비해 부족하다.

71 다음 중 차량구입 시 부과되는 세금에 대한 설명으로 틀린 것은?

① 특별소비세가 부과된다.
② 교육세는 교육서비스 경비조달을 위한 목적세이다.
③ 취득세는 배기량에 따라 부과된다.
④ 부가가치세는 보통 10%의 세율이 적용된다.

72 전기차 충전 시 완속(저속)충전의 장점이 아닌 것은?

① 비용측면에서 더 저렴하다.
② 일반 가정용 콘센트를 활용하여 충전시설을 설비할 수 있다.
③ 배터리의 수명이 길어지고 관리 측면에서 더 유리하다.
④ 장거리 이동이나 빠른 충전에서 유리하다.

73 다음 중 연료필터의 역할은 무엇인가?

① 연료를 저장하는 곳이다.
② 연료 속에 포함되어 있는 먼지, 수분을 제거한다.
③ 연료를 엔진으로 보내주는 역할을 한다.
④ 연료에 압력을 유지시켜 준다.

74 프랑스의 2인승 두 바퀴 마차에서 유래한 말로, 외형은 뒷좌석 부분의 천장이 짧거나 또는 경사져 있는 승용차를 말하며 뒷좌석은 주로 어린이만 탑승할 수 있도록 좌석이 좁고 2도어로 만든 차를 칭하다가 현재는 4도어가 있는 차량도 출시되고 있다. 승용차의 모양에 따라 구분할 수 있는데 무엇이라 하는가?

① 스포츠 카
② 경주용 자동차
③ 쿠페형 자동차
④ 컨버터블

75 차량등록 시 취득세(취득세+등록세)와 관련하여 잘못 설명된 것은?

① 비영업용(자가용) – 승용차 : 7%
② 비영업용(자가용) – 승합차(11인승 이상) : 5%
③ 비영업용(자가용) – 화물차 : 5%
④ 영업용 – 경차 · 승용차 · 승합차 · 화물차 : 5%

76 운용리스의 비용처리와 관련하여 잘못 설명된 것은?

① 리스 보증금에 대한 비용처리 가능
② 법인대표 개인용 차량사용 시 손실비용 처리 불가
③ 리스 선수금에 대한 비용처리는 불가능
④ 비용처리 시 클레임 이슈 최소화 가능

77 주행 중 운전자가 설정한 속도를 기억해 자동으로 일정한 속도를 유지하게 해줄 뿐 아니라 전방 차량과의 안전거리까지도 유지해 주는 운전자 편의 장치로 맞는 것은?

① ECM(Electronic Chromic Mirror)
② ABS(Anti-lock Brake System)
③ AICC(Autonomous Intelligence Cruise Control)
④ ASR(Anti-Spin Regular)

78 고객상담 시 경청의 3원칙에 해당되지 않는 것은?

① 맞장구를 친다.
② 진지한 자세로 듣고 중요한 내용은 메모한다.
③ 듣기보다는 말하기에 더 많은 할애를 한다.
④ 말하는 도중 상대방의 이야기를 끊지 않는다.

79 다음 중 연료전지 자동차(수소자동차)의 설명으로 옳지 않은 것은?

① 배터리 전기자동차보다 연료전지 자동차의 생산비가 훨씬 비싸다.
② 수소 충전 인프라가 부족하다.
③ 전기를 생산하는 에너지 전환 과정이 필요 없다.
④ 수소의 생산 가격이 재래식 연료에 비해 비싸다.

80 운용리스의 장점이 아닌 것은?

① 등록비 절감효과
② 자금의 유동성 확보용이
③ 절세와 익명성 효과
④ 보험사 선택은 가능하나 경력은 유지 안 됨

자동차 영업중개사 민간자격검정
– 모의 4회 (2차) 시험 문제지

제한시간 : 100분

| 수험번호 | | 성 명 | |

※ 다음 문제에 대한 답을 쓰시오. (각 2점)

1 자동차 정차 시 브레이크 페달에서 발을 떼더라도 브레이크 압력을 일정하게 유지하여 차가 나가지 않도록 잡아 주는 기능이다. 가속페달을 밟으면 저절로 브레이크가 풀리며, 언덕길에서는 차가 뒤로 밀리지 않도록 해주는 기술적 용어를 무엇이라 하는가?
(   )

2 고객 분류 과정에서 차량 구매계약이 예상되는 고객을 무엇이라 하는가?
(   )

3 후진 시 뒤쪽 사이드미러 사각지대에 보이지 않는 차량 및 보행자 등을 감지하고, 경보음을 울려 운전자에게 위험을 인식시켜 주는 시스템이다. 이 시스템을 무엇이라고 하는가?
(   )

4 중고차 시세는 주행거리에 따라 적용하고 있다. 다음 중 국내 중고 자동차 평가기관에서 적용하는 연간평균 주행거리는 몇 km인가?
(   )

5 앞바퀴가 1도 회전하는데 필요한 조향 핸들의 "회전각도 비율"을 무엇이라 하는가?
(   )

6 차량 정지 시 엔진을 자동으로 정지시켰다가 출발할 때 자동으로 다시 시동을 걸어 연료 소비를 줄이는 시스템을 무엇이라고 하는가?
(   )

7 이것은 기본적으로 고객의 방문 또는 차량구입활동에 대한 만족도 조사, 개선사항 청취, 감사표시 등의 목적을 가진다. 또한 고객과의 전화 연결을 통해 친밀감 형성 및 로열티 향상, 원만한 관계 유지 등의 효과를 얻을 수 있다. 지점의 규모에 따라 이것을 도맡는 전담직원을 두기도 하고, 규모가 작은 지점의 경우 리셉셔니스트가 대신 수행하기도 한다. 이것은 무엇인가?
(   )

8 이것은 내연기관에서 실린더 안으로 들어간 기체가 피스톤에 압축되는 용적의 비율로 가솔린 엔진은 통상 7:1~10:1, 디젤 엔진은 16:1~23:1 정도로 한다. 이것을 무엇이라 하는가?
(   )

9 바퀴가 겉돌거나 미끄럼이 발생할 때 제어계통을 통제하여 운전자가 원하는 주행 상태에 맞도록 출력을 제어하는 장치를 말한다. 가속페달을 밟는 과정에서 바퀴가 헛돌지 않게 해주며 미끄러지는 현상을 발견하면 제어계통에 작용하여 안전한 주행을 유도하며 눈길이나 빙판길에서 1단보다 높은 기어비로 출발하게 하는 기능을 무엇이라 하는가?
(   )

10 차량출고 후 정기적인 소모성 부품 교환 및 수리가 필요할 때 고객이 직접 운행하지 않고 판매사에서 서비스 차원으로 차량을 직접 픽업하여 점검 및 수리 후 고객에게 전달해주는 서비스는 무엇인가?

(   )

11 이것은 벤츠가 최초로 개발한 안전장치이다. 주행 상황을 모니터링 하면서 차량이 미끄러지는 오버스티어 또는 언더스티어 등 위험을 감지하여 사고에 사전조치로 대응한다. 앞좌석 안전벨트의 장력을 조절하고, 차량 전복 시 사이드 윈도우, 선루프를 자동으로 닫히게 하여 탑승자의 신체를 보호하고, 시트의 포지션을 최적화하여 에어백의 승객보호 효율을 높이는 등 부상을 감소시키는 안전장치인, 이 장치를 무엇이라고 하는가?

(   )

12 이것은 자동차 구매 관심 고객이 자동차 전시장에 방문하거나 영업사원이 차량을 고객에게 가져가 고객에게 운전을 체험시키기 위해 자동차 회사에서 고객이 구매전 차량을 시운전할 수 있도록 준비된 자동차를 무엇이라고 하는가?

(   )

13 이것은 5인승 승용을 기초로 하여 험로 등의 주파능력 등에 용이한 4륜구동으로 오프로드를 달릴 수 있도록 만든 자동차이다. 하지만 요즘은 4륜구동이 아닌 것도 있고 도시의 일반 도로에 맞도록 제작하기도 해서 차량의 경계가 사라지고 있다. 4~5인승이 원칙이나 우리나라의 7인승 쏘렌토, 싼타페, 렉스턴 등은 세금을 절약하기 위하여 변형시킨 유형의 차량이다. 일반적으로 4WD(Four Wheel Drive) 차량 또는 4륜구동 차라고 부르는 이것은 무엇인가?

(   )

14 엔진을 차량의 앞쪽에 설치하고 미션을 뒤쪽에 설치하여 뒷바퀴에 동력을 전달하는 구동 방식을 무엇이라고 하는가?(약어 사용 가능)

(   )

15 눈길이나 빗길 등 미끄러지기 쉬운 도로에서 차량을 출발하거나 가속할 때 과잉의 구동력이 발생하여 타이어가 공회전하지 않도록 차량의 구동력을 제어하는 기능으로 엑셀의 과응답으로 인하여 운전자가 원하는 코스를 이탈하는 것을 방지하는 시스템을 무엇이라고 하는가?(약어 사용 가능)

(   )

16 자동차 제조 및 판매사 또는 한국수입자동차 지사(임포터)에서 실시하는 소속 딜러사 고객만족도 조사를 무엇이라 하는가?

(   )

17 자동차 회사에서 생산되는 자동차 종류는 모델에 따라 분류되며 옵션이나 색상에 따라서 많은 판매 재고차량이 필요하다. 또한 서비스를 위해서 많은 부품의 재고도 확보하여야 한다. 특히 영업사원은 수시로 고객에게 판매 가능한 차량 안내가 필요한데 이때 현황으로 볼 수 있는 재고 차량을 무엇이라 호칭하는가?

(   )

18 자동차 판매점에 혹은 수입자동차 대리점에서 영업지점(전시장) + 서비스센터를 총괄운영하는 Manager로서 영업 지점장보다 한 단계 높은 관리자를 무엇이라고 호칭하는가?

(   )

19 다음은 가격협상에서 Discount를 최소화하는 방법인 Negotiation Golden Rules 6가지이다. 괄호 안에 알맞은 것을 채우시오.

> 1. 상담의 시나리오를 예상한다.
> 2. 정확한 구매 방법을 제시한다.
> 3. (   )
> 4. 작은 단위로 나눠서 할인 금액을 신중하게 오픈한다.
> 5. 고객의 구매욕구가 지속되도록 한다.
> 6. 포기하지 말고 계속해서 계약을 유도한다.

(   )

20 자동차를 구매하면 명의상의 권리인 등기를 통해 지방세를 납부해야 하는데 이 세금은 재산권 기타 권리의 취득·이전·변경 또는 소멸에 관한 사항에 대하여 등기 명의상의 권리자를 등기해야 한다. 차량 구매 후 등록을 받는 자에게 부과하는 지방세(도세)는 무엇인가?

(   )

21 빈 차 상태에서 접지면으로부터 가장 높은 곳까지의 차량 높이를 의미하는 용어는 무엇인가?

(   )

22 다음 경고등의 이름과 경고 내용을 간단히 쓰시오.

경 고 등 : (   )
경고내용 : (   )

23 운전자가 자동차를 제어하는 방법에 따라 자율주행단계 레벨 0~5(총6단계)까지 구분하는데 아래 내용을 읽고 해당되는 레벨단계를 적으시오.

> 운전자가 스티어링 휠을 잡지 않고 운전대에서 손을 떼거나 전방을 주시하지 않아도 시스템이 알아서 운전하는 단계로 교통 혼잡 및 장애물을 감지하고 피할 수 있다. 자율주행 조건부 자동화 단계라고 칭하는 이 단계는 레벨 몇 단계인가?

( )

24 이것은 자동차에서 외부의 충격으로부터 운전자 및 탑승자를 보호한다. 승차감과 운동성능을 향상시키기 위하여 적절한 강도를 가지고 있으며, 경량화를 위해서 알루미늄 등 신소재를 사용하는 이것을 무엇이라 하나?

( )

25 이것은 차량의 미끄러짐을 스스로 감지, 브레이크와 엔진을 제어해 사고를 방지하는 제어 시스템이다. 스티어링 휠의 상태를 분석하여 운전자가 가고자 하는 방향과 차량의 진행방향을 비교한 후 일치하지 않을 시 차량의 진행방향을 조정하는데, 이 기능을 무엇이라고 하는가?

( )

26 이것은 미래 완전 자율주행을 위한 기반을 구축한 System으로 자동차의 움직임을 일정부분 스스로 조정하게 함으로써 운전자가 인식하지 못하는 위험요소를 사전에 방지하는 System이다. Adaptive Cruise Control, 사각지대 Monitoring, 차선이탈 경고, Night Vision, 차선유지 보조충돌경고 System과 조향 및 Brake 조작 등이 포함되는 이 System을 무엇이라 하나?

( )

27 이것을 사용하면 가장 좁은 주차공간을 출입하는 것이 훨씬 쉬워진다. 자동차 후면의 범퍼에 통합된 초음파 센서는 차량 뒤쪽의 가장 가까운 큰 물체까지의 거리를 측정하고 주차공간에 들어가거나 주차할 때마다 장애물이 있는 곳을 보고 들을 수 있게 한다. 이 기능의 이름은 무엇인가?
(   )

28 이것은 내연기관의 실린더 내에서 연소상태에 따라 두드리는 소리를 내는 현상을 말한다. 자연발화에 의해 국부적인 압력상승으로 가스 진동과 그에 따른 소음을 일으키고, 열효율이 저하하여 출력을 감소시키는데, 이러한 현상을 무엇이라고 하는가?
(   )

29 차량 자체에 영향을 주지 않을 정도의 수리 및 부품을 교체한 차량으로, 차량 섀시 등의 주요 골격과 동력전달 계통의 손상이 없는 차량을 무엇이라 하는가?
(   )

30 자동차관리법상 승용차의 크기를 등급별 구분하며 경형 · 소형 · 중형 · 대형으로 분류하는데 아래 내용은 자동차 등급분류 중 어디에 해당되는가?

| ① 배기량 2,000cc 이상   ② 길이 4.7m 초과   ③ 너비 1.7m 초과   ④ 높이 2.0m 초과 |

(   )

※ 다음 문제에 대한 답을 선택하시오. (각 1점)

31 다음 중 전기자동차에 대한 설명으로 옳은 것은?
① 1900년대 초에 미국에서 운행되는 자동차의 약 38%가 전기자동차였다.
② 토마스 에디슨은 전기자동차에 사용 가능한 2차 전지에 관한 특허는 없었다.
③ 토마스 에디슨이 발명한 전기자동차가 최초의 전기자동차다.
④ 전기자동차가 가솔린 자동차보다 늦게 개발되었다.

32 다음 중 엔진의 종류가 아닌 것은?
① 휘발유엔진
② 디젤 엔진
③ 하이브리드엔진
④ 듀얼클러치

33 법인영업 절차 중 고객상담 및 제안에서 사용할 수 있는 전략이 아닌 것은?
① Fleet Package
② 추가 할인 조건
③ 비용 분석
④ 자동차 제원

34 다음 중 초기 전기자동차를 개발한 발명가가 아닌 사람은?
① 토마스 파커
② 페르디난트 포르셰
③ 알버트 포프
④ 칼 벤츠

35 세계 최초의 자동차 쇼는 1896년 프랑스 샹젤리제 산업관 앞마당에서 열렸으나, 자동차보다는 자전거가 더 많았다. 실질적인 모터쇼 형식을 갖춘 것은 1898년 이 도시에서 개최되었는데, 어느 도시에서 개최되었나?
① 파 리
② 프랑크푸르트
③ 디트로이트
④ 제네바

36 다음 중 신차출시에 따른 마케팅 전략으로 Positioning을 할 때 제일 중요한 것은?
① 차별성
② 유사성
③ 경제성
④ 사양 우수성

37 엔진의 여러 작동부에 엔진오일을 급유해주는 장치로 V벨트로 구동되는 것은?
① 진공 펌프
② 오일 펌프
③ 스티어링오일 펌프
④ 연료 펌프

38 완속(저속)충전이 고속충전보다 유리한 점은 무엇인가?
① 배터리 수명이 더 길다.
② 화재위험이 더 낮다.
③ 장거리로 이동할 때 사용하는 것이 더 좋다.
④ 고속도로에 충전소가 많이 상용화되어 충전하기가 편하다.

39 자동차 가솔린 엔진의 3대 요건 중 알맞지 않는 것은?
① 높은 압축비
② 규정의 압축압력
③ 적당한 혼합비
④ 정확한 시기에 정확한 점화

40 다음 중 가속페달의 움직임에 따라 저항값이 변하는 센서는?
① 흡기 온도 센서
② 수온 센서
③ 크랭크 포지션 센서
④ 스로틀 포지션 센서

41 자동차 사고로 타인의 신체를 해치거나 사망에 이르게 하는 경우 법률상 손해배상 책임이 발생하는데, 이를 보상해 주는 종합보험의 종류를 무엇이라고 하는가?
① 대인배상
② 대물배상
③ 자기 신체사고
④ 무보험 자동차 상해

42 다음 전방충돌 보조시스템을 설명한 것 중 틀린 것은?
① FCAAS(Forward Collision Avoidance Assistance Sys)
② ACC보다 한 단계 더 Upgrade된 안전시스템이다.
③ 전방의 돌발 물체 등에 대한 충돌방지 시스템이다.
④ LDWS나 LCDA보다 더 강화된 충돌회피 장치다.

43 완전자율주행은 몇 단계에 해당되는가?

① 레벨 3
② 레벨 4
③ 레벨 2
④ 레벨 5

44 다음 중 렌터카 이용의 장점이 아닌 것은?

① 보험사고 이력 무관
② 사업자 경비처리 용이
③ 초기 비용 최소화로 이용 가능
④ 보험경력이 유지됨

45 다음 중 차량을 구매하려는 고객의 일반적인 심리상태가 아닌 것은?

① 일부 고가 모델을 찾는 고객의 경우 자신의 성공에 대한 자부심이 특히 강한 경향이 있다.
② 인기 연예인 및 스포츠맨 등의 경우 인지도 및 인정받고 싶어 한다.
③ 철저한 스타일, 독특한 개성을 존중 받고 싶어 한다.
④ 세일즈 컨설턴트에게 선택권과 주도권을 맡기고 싶어 한다.

46 광고전략의 수립 방법 중 SWOT 분석의 내용으로 옳지 않은 것은?

① 목표시장 설정(Targeting)
② 기회(Opportunity)
③ 내부환경의 강점(Strength)
④ 위협(Threat) 요인

47 다음 중 자동차보험의 성격이 아닌 것은?

① 자동차보험
② 책임보험
③ 종합보험
④ 종신보험

48 고객전시장 방문 2시간 후의 Follow-up 활동으로 옳은 것은?

① 방문감사 전화
② 방문감사 DM
③ 방문감사 문자
④ 방문감사 방문

49 다음의 영업활동방법 중 가장 확률이 높은 방법은?

① 전시장 영업활동
② 판촉 영업활동
③ 이벤트 영업활동
④ 텔레마케팅 영업활동

50 미국의 테슬라 전기자동차가 돌풍을 일으키고 있는 이유로 가장 적합하지 않은 것은?

① 세계 최대의 충전 인프라
② 국가의 전기자동차 보조금
③ 급속 충전, 최고 속도 및 최장 주행거리 등 우수한 성능
④ 경제성 가성비 및 유지비

51 다음 중 고객상담에서 명함을 주고받을 때 예절에 어긋난 것은?

① 상대가 두 사람일 경우 아랫사람에게 먼저 건넨다.
② 어려운 글자가 있으면 물어본다.
③ 테이블에 앉을 경우에는 받은 명함을 왼쪽에 놓는다.
④ 자기이름을 상대방이 바로 보도록 해서 오른손으로 건넨다.

52 다음 중 조달청의 주요업무로 합당하지 않은 것은?

① 수입통관 업무
② 물품구매 및 물자구매
③ 정부보유 물품관리
④ 국가경제 정책지원

53 자율주행자동차 레벨 5단계 완전자동화 단계에 해당되지 않는 기능은?

① 운전자가 필요 없는 완전 자율주행 단계이다.
② 비상시 대처할 수 있게 주행환경 모니터 등이 필요하다.
③ 스티어링의 기능이 필요 없다.
④ 브레이크와 엑셀페달이 없다.

54 시승 중에 세일즈 컨설턴트의 주요 역할이 아닌 것은?

① 세일즈 컨설턴트는 고객이 운전하는 동안 고객이 궁금해 하는 점을 설명한다.
② 시승 시 고객에게 운전정보를 충분하게 제공하고, 이해하기 쉽도록 설명한다.
③ 고객의 니즈 파악을 통해 관심 있어 하는 차량의 특징과 장점을 설명한다.
④ 운전 중 고객이 작동법을 모를 때는 세일즈 컨설턴트가 직접 기계적 작동을 돕는다.

55 자율주행자동차의 ADAS 센서에 해당하지 않는 것은 무엇인가?

① 솔라 센서
② 카메라 센서
③ 라이더 센서
④ 초음파 센서

56 고객으로부터 소개 고객을 추천 받기 가장 좋은 컨택 포인트는 무엇인가?

① 고객 니즈 파악 중 추천 고객 의뢰
② 계약서 작성 후 추천 고객 의뢰
③ 차량 Walkaround 시 추천 고객 의뢰
④ 차량 출고 시 추천 고객 의뢰

57 다음 중 차량구입 시 납부해야 할 세금이 아닌 것은?

① 취득세
② 부가가치세
③ 개별소비세
④ 법인세

58 자율주행자동차 레벨 3단계 조건부 자동화 단계에 해당되는 것은 무엇인가?

① 차선유지 시스템
② 운전자는 반드시 주행전과정의 개입
③ 조건부 자동화는 운전자가 주행과정에 관여하지 않음
④ 긴급제동 추돌 경고 시스템

59 고객에게 시승을 권유하는 이유에 적절하지 않은 것은?

① 차량 운전 및 소유에 대한 혜택을 보여주기 위해
② 고객에게 꼭 맞는 차량임을 확인시키기 위하여
③ 시승을 통해 마음의 빚을 지게 하기 위하여
④ 계약을 위한 고객의 감성적 개입을 유도하기 위하여

60 고객에게 출고를 하는 장소로서 가장 안정적이고 이벤트 하기 좋은 장소는 어디인가?

① 회사 차량인도장(Delivery Zone)
② 고객의 회사
③ 고객의 자택
④ 길거리

61 1990년대 미국 캘리포니아 주정부에서 제정한 배기가스 제로법(ZEV : Zero Emission Vehicle)으로 인해 1996년 GM에서 개발한 전기자동차 이름은?

① 모델 S
② 리프(Leaf)
③ EV1
④ C2

62 유럽에서는 자동차를 A Segment, F Segment, 기타 특수목적의 S, M, J Segment 등으로 구분한다. 여기서 A Segment ~ F Segment를 분류하는 기준은?

① 엔진 배기량
② 차량의 크기(전장)
③ 차량의 무게
④ 차량의 가격

63 다음 중 차대번호로 확인 가능한 사항이 아닌 것은?
① 제조국
② 제조사
③ 생산공장
④ 차량 색상

64 다음 중 유예리스에 관한 설명으로 맞지 않는 것은?
① 금융리스의 한 종류로 차량 구매 시 월 납부비용을 줄이고자 할 때 사용된다.
② 차량 만기 후 지급할 금액이 많지 않아 주의가 상대적으로 덜 필요하다.
③ 유예금이 최대 60%까지 사용가능한 경우도 있다.
④ 유예리스는 리스료가 저렴하지만 이자율이 높다는 단점이 있다.

65 자동차 법인 구매 시 의사결정 권한자의 구매행동에 미치는 요인 중 부적절한 것은?
① 환경적 요인
② 조직체 요인
③ 구성원간 요인
④ 정치적 요인

66 다음 중 기업의 관리활동을 효율적으로 수행할 수 있도록 하는 '6R'에 해당하지 않는 것은?
① 합리적인 비용
② 역량 있는 협력사
③ 구성원간 상호 관계
④ 양호한 품질

67 다음 중 국가종합전자조달시스템에서의 조달 과정 및 절차로 옳은 것은?

① 업체 등록 → 입찰 공고 → 입찰 참여 → 개찰/적격 심사 → 계약 → 납품 검사 → 지불
② 업체 등록 → 입찰 공고 → 입찰 참여 → 계약 → 납품 검사 → 지불
③ 업체 등록 → 납품 검사 → 입찰 참여 → 개찰/적격 심사 → 계약 → 입찰 공고 → 지불
④ 입찰 참여 → 입찰 공고 → 업체 등록 → 개찰/적격 심사 → 납품 검사 → 지불

68 자동차 정기점검을 안내하는 방법으로 가장 좋은 방법은?

① DM 발송 후 안내 전화
② 안내 전화 후 안내 방문
③ 안내 방문 후 DM 발송
④ 안내 전화 후 DM 발송

69 자동차 차대번호 정보 보는 법에서 괄호 안에 들어갈 말은?

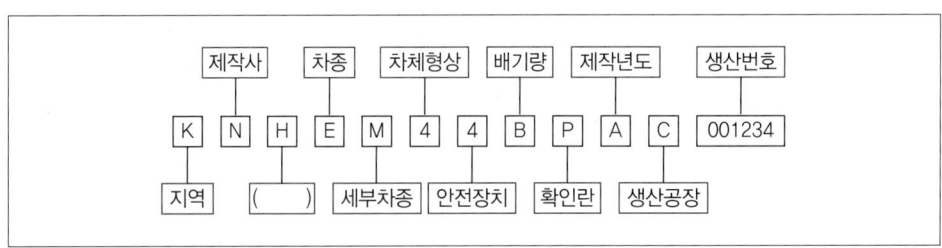

① 배기량
② 제작연도
③ 차량 구분
④ 차종

70 고객과의 상담 시 질문을 하는 이유로 바르지 않은 것은?

① 고객의 니즈(NEEDS)를 알아내고 관심 차종과 구매조건에 관심을 갖게 하기 위해서
② 상담을 주도하여 구매심리를 증가시키기 위해서
③ 고객과의 개인적인 친분을 유지하기 위해서
④ 구매시점을 포착하여 계약을 유도하기 위해서

자동차 영업중개사 민간자격검정
– 모의 5회 (1차) 시험 문제지

⏰ 제한시간 : 100분

| 수험번호 | | 성 명 | |

※ 다음 문제에 대한 답을 선택하시오. (각 1.25점)

1 고객과의 상담 시 계획적인 접근 방법으로 적절치 않은 것은 무엇인가?

① 고객의 질문과 관심 분야에 대해 빠르게 판단한다.
② 고객의 스케줄과 사전 상담 계획을 통해 방문을 한다.
③ 가능한 고객의 비즈니스에 방해되지 않도록 사전에 상담시간을 협의 후 방문한다.
④ 고객의 구매와 의사결정이 바뀌기 전에 고객과의 약속을 고려하지 않고 신속히 방문한다.

2 다음 중 올바른 전화 응대법이 아닌 것은?

① 고객이 찾는 담당자가 없을 때는 다시 전화할 것을 요청한다.
② 전화벨이 울리면 신속하게 받는다.
③ 인사말과 함께 전화 받는 사람의 소속과 이름을 밝히고 응대한다.
④ 고객이 불만 사항을 얘기하는 경우 중간에 끊거나 반박하지 않는다.

3 구동원으로 모터만 사용하고 전기 충전이 필요한 전기자동차는?

① HEV(하이브리드 전기자동차)
② PHEV(플러그인 하이브리드 전기자동차)
③ BEV(배터리 전기자동차)
④ FCEV(수소 연료 전기자동차)

4 다음 전기자동차 모델 중 구동원의 형식이 다른 모델은?

① BMW 530e
② BENZ EQE
③ AUDI Q4 e-Tron
④ KIA EV6

5 다음 중 Wheel Alignment의 Camber에 대한 설명으로 맞는 것은?

① 차를 옆에서 보았을 때, 지표면에서 수직한 가성의 선을 긋고 킹핀이 이 선과 이루는 각도
② 차륜 중심선의 윗쪽이 노면에 수직인 직선을 기준으로 기울어진 상태
③ 차량을 위에서 보았을 때, 바퀴가 차량의 전면에서 후면에 이르는 중심선과 이루는 각도
④ Shock Absorber와 지표면이 이루는 각도

6 다음 중 전기자동차의 장점이 아닌 것은?

① 차량이 정숙하여 소음과 진동이 거의 없다.
② 주차비, 통행료, 세금 감면 등 유지비가 저렴하다.
③ 수리비가 저렴하여 교체 비용의 부담이 적다.
④ 주행 시 이산화탄소나 질소산화물의 배출이 적다.

7 파워 스티어링(Power Steering) 전자식 동력조향장치의 조향력 제어에서 저속에서 가볍게 하고, 고속에서 무겁게 하는 방식은?

① 슬립 감응식
② 차체 중량 감응식
③ 조향 속도 감응식
④ 로터 회전 감응식

8 다음 중 세계 5대 모터쇼에 해당되지 않는 것은?

① 프랑크푸르트 모터쇼
② 파리 모터쇼
③ 북경 모터쇼
④ 도쿄 모터스

9 화학적으로 안정되고 폭발의 위험이 낮아 Air Bag에 사용되는 기체는?

① 질소
② 일반공기
③ NaN_3(아지트화 나트륨)
④ 불소

10 다음 중 ABS의 기능이 아닌 것은?

① 제동 거리 줄여줌
② 바퀴의 미끄럼 방지
③ 제동 시 조향성 유지
④ 차량의 직진성 유지

11 판매(영업)담당자가 고객관리 차원에서 고객정보를 활용할 때 관리의 중요성으로 옳지 않은 것은?

① 효율적인 고객관리로 구매가능성 증가
② 가망고객의 차량 구매 시기 예측 가능
③ 지속적인 고객관리로 고객 로열티 충족 및 구매 가능성 기대
④ 고객의 동의 없이 DM이나 카탈로그 등을 보낼 수 있어 편리함

12 운전자의 눈을 태양의 직사로부터 지켜주기 위한 햇빛 가리개, 평상 시에는 앞창 위에 접어두었다 햇빛이 들어오면 펴서 가리는 것은?

① 글로브 박스
② 헤드 레스트
③ 선 바이저
④ 룸미러

13 운전자의 조작에 의하지 않고 자동적으로 기어비가 선택되어 달리는 속도에 따라 기어가 자동적으로 조작되는 것은?

① 수동 변속기
② 원웨이 클러치
③ 토그 클러치
④ 자동 변속기

14 2개의 동력원(내연기관과 축전지)을 이용하여 구동되는 자동차를 말하며 주로 가솔린과 전기모터를 함께 쓰는 차량을 무엇이라고 하는가?

① 저공해차
② 스타트/스톱차
③ 하이브리드차
④ 전기차

15 대부분의 승용차 엔진의 실린더 헤드가 알루미늄 합금으로 되어 있는 가장 중요한 이유는?

① 열전도율이 좋고 중량이 가벼워서
② 주철보다 열팽창계수가 적어서
③ 부식이 발생되지 않아서
④ 엔진 중량을 증가시켜서

16 보조(스페어) 타이어의 올바른 관리 방법은?

① 출고 상태 그대로 잘 보관되어 있는지 주기적 점검
② 뒷바퀴 적정 공기압과 동일압력으로 주기적 점검
③ 앞바퀴 적정 공기압과 동일압력으로 주기적 점검
④ 적정 공기압보다 더 낮은 압력으로 주기적 점검

17 차량이 주행 중 급제동 시 바퀴가 잠기는 것을 방지하고 조향이 가능하게 하는 것은?

① ABS
② 위시본
③ 어퍼암
④ 추진축

18 가솔린 엔진에 비해 디젤 엔진의 장점은?

① 매연 발생이 적다.
② 압축비를 크게 할 수 있다.
③ 기관의 최고속도가 높다.
④ 마력당 기관의 중량이 가볍다.

19 자동차의 에어컨 시스템 작동 원리에 대한 올바른 설명은?

① 주행 중 발생하는 바람을 이용한 냉각 장치
② 냉매의 압축, 기화의 순환 과정에서 기화열을 이용한 장치
③ 냉매의 화학적 반응에 의한 냉각 효과를 이용한 장치
④ 외부 공기 순환 방식과 내부 공기 순환 방식이 있다.

20 시승 행사로 전시장을 방문한 고객에게 차량 상담 시 세일즈 프로세스 중 니즈 파악에 적합하지 않은 질문은 무엇인가?

① 관심 차종이 무엇입니까?
② 주로 연간 주행 킬로 수는 얼마나 됩니까?
③ 신차나 중고차 중에 어떤 차종에 관심이 있습니까?
④ 저희 회사의 제품 외에 혹시 비교하는 차종이 있습니까?

21 전시장 방문을 희망하는 예약 고객에 대한 세일즈 컨설턴트의 준비 사항이 아닌 것은?

① 예약 고객에 대한 정보를 리셉션과 당직 근무자에게 알리고 환영 준비를 한다.
② 고객이 필요로 하는 자료와 정보를 사전에 준비한다.
③ 고객이 비교하는 타 브랜드 차종을 비교 시승할 수 있도록 적극성 있게 준비한다.
④ 고객이 시승하려는 차량을 대기하고 점검해 놓는다.

22 4행정 6기통 가솔린 엔진의 점화 순서로서 가장 많이 쓰이는 것은?

① 1-4-3-2-6-5
② 1-6-5-4-3-2
③ 1-4-2-6-3-5
④ 1-3-5-6-4-2

23 우리나라에서 최초로 F-1 경기가 열린 곳은?

① 전남 영암
② 경북 경주
③ 강원 평창
④ 경기 여주

24 Auto hold(전기 제어식 브레이크 유지장치)의 주요 기능이 아닌 것은?

① 다이나믹 출발보조 기능
② 다이나믹 비상정지 기능
③ 자동 브레이크 유지 기능
④ 다이나믹 제동력 향상 장치

25 윤활유의 물질적 구비 조건이 아닌 것은?

① 적당한 점도
② 내산성
③ 높은 응고점
④ 높은 인화점과 발화점

26 자동차 주행 중 배출되는 배기가스 중 지구의 온난화를 발생시키며 오존층을 파괴하는 배기가스는?

① CO_2(이산화탄소)
② CO(일산화탄소)
③ 오존
④ 프레온

27 다음 중 매년 6월 프랑스에서 열리며 24시간 동안 쉬지 않고 경주해 자동차의 내구력을 경쟁하는 자동차 경주는?

① Le Mans 24시 경주
② Fomula-1
③ WRC (World Rally Championship)
④ Paris-Dakar Rally

28 보통 엔진에서 냉각수 온도를 측정하는 곳은?

① 라디에이터 상부
② 라디에이터 하부
③ 실린더 헤드 워터 재킷 부분
④ 실린더 블록 하단 워터 재킷 부분

29 배기가스 재순환 장치(EGR)가 감소시키는 배기가스 중 유해물질은?

① CO(일산화탄소)
② HC(탄화수소 화합물)
③ NOx(질소 산화물)
④ CO_2(이산화탄소)

30 배기가스 정화 장치에서 촉매장치의 종류가 아닌 것은?

① 산화촉매
② 환원촉매
③ 삼원촉매
④ 팰릿촉매

31 자동차나 모터사이클 뒤쪽에 장착되어 뒤따라오는 차에 감속, 정지, 좌우 회전 등의 의사를 전하는 전등은 무엇인가?

① 헤드라이트
② 안개등
③ 사이드 미러 시그널
④ 테일 라이트

32 자동차 경매 출품 신청서 작성 시 출품 차량 정보란에 기재하지 않아도 되는 것은?

① 출품 차량의 차종 및 세부 모델명
② 출품 차량의 등록 번호 및 연식
③ 출품 차량의 연료 및 주행거리
④ 출품 차량의 소모품 교환 주기

33 파노라마 선루프의 특징이 아닌 것은?

① 자동차 지붕 전체를 창문으로 만들었다.
② 특수 열처리를 통해 자외선 및 적외선 차단이 가능하다.
③ 지붕 전체가 강화유리이므로 사고 발생 시 위험성이 낮다.
④ 일반 선루프에 비해 관리가 힘들다.

34 연비 향상을 위해 정차 중 시동을 정지하였다가 출발과 함께 시동이 걸리면서 주행할 수 있게 하는 장치의 실행 조건에 해당되지 않는 것은?

① 운전석 도어가 닫혀 있을 때
② 차량이 완전 정지 상태일 때
③ 에어컨/히터 설정이 'High' 또는 'Low'로 설정되지 않았을 때
④ 자동차가 심한 언덕길에서 멈췄을 때

35 자동차의 제원 중 윤거(휠 트레드)에 대한 설명으로 맞는 것은?

① 지표면에서 자동차의 가장 높은 부분까지의 높이
② 좌우 측 타이어 중심 사이의 거리
③ 앞 차축과 뒤 차축 중심 사이의 수평 거리
④ 자동차의 좌우측 최 외곽 사이의 거리

36 카히스토리(www.carhistory.or.kr)에서 다루지 않는 내용으로 맞지 않는 것은?

① 보험사 사고 접수를 하지 않고 자비로 사고 수리를 처리한 경우
② 운수 공제(택시, 화물, 버스 공제)로부터 피해 보상을 받은 경우
③ 자동차 소유주의 신상 정보
④ 특수보험 사고 정보(침수, 도난, 전손처리 정보)

37 전기차 충전 시 급속충전의 장점이 아닌 것은?

① 충전을 이용하는 요금이 완속충전보다 비싸다.
② 짧은 시간에 주행 가능 거리를 확보할 수 있다.
③ 고속도로 휴게소나 장거리 차량이 이용하는 충전소에서 유용하다.
④ 장거리 이동이나 빠른 충전에서 유리하다.

38 차체 박스의 개수에 따라 분류한 자동차 타입이 아닌 것은?

① 노치백 형
② 모노리스 형
③ 살롱 형
④ 해치백 형

39 자동차 차체가 가져야 할 중요 조건이 아닌 것은?

① 외부 충격으로부터 운전자 및 승차인원을 보호할 것
② 승차감과 운동성능 향상을 위해 적절한 강도를 가지고 있을 것
③ 승차감을 위해 소음과 진동이 일어나지 않게 할 것
④ 높은 연료효율을 위해 가벼워야 할 것

40 주행 중 제동 시, 앞쪽은 내려가고 뒤쪽은 상승하는 현상을 무엇이라고 하나?
① Roll 현상
② 다이버 현상(일명, Nose Down)
③ 바운싱 현상
④ 스쿼트 현상

41 다음 중 자동차보험에 관한 설명으로 옳지 않은 것은?
① 자동차 사고 피해자는 손해에 대한 보상을 해당 보험자에게 직접 청구할 수 없다.
② 대물배상의 의무보험 책임 한도액은 2천만 원까지이다.
③ 자동차 보유자는 자동차 운행으로 다른 사람의 피해를 보상할 수 있는 책임보험 또는 책임공제에 가입해야 한다.
④ 자동차보험은 개인용, 업무용, 영업용 자동차보험으로 구분된다.

42 다음 차량의 현가장치에 설명으로 맞지 않는 것은?
① Shock Absorber는 노면의 충격과 진동을 흡수해 승차감을 향상시키는 장치다.
② 현가장치의 구성요소에는 Chassis Spring, Shock Absorber, Stabilizer Bar 등이 있다.
③ 현가장치의 종류에는 차축 현가식과 독립 현가식이 있다.
④ 노면에서 받는 충격과 진동을 완화해 차량의 승차감과 회전력을 향상시킨다.

43 아래 부품과 같이 운전자의 필요물품을 보관 하고, 운전 시 팔걸이로 사용되는 부품 명칭은?

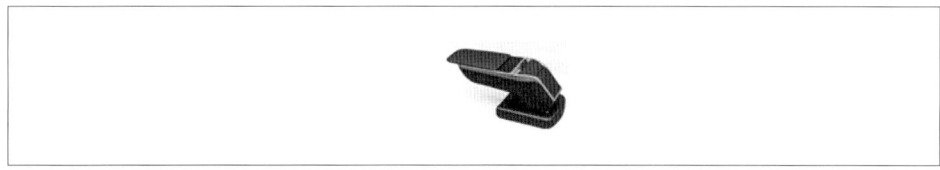

① Console Box
② Arm Convenience Panel
③ Arm Panel
④ Arm Rest

44 자동차 주행 중, 코너링과 같이 회전할 때 원심력에 의해서 차량이 바깥으로 쏠리는 현상은?
① Roll 현상 ② 다이버 현상
③ 바운싱 현상 ④ 스쿼트 현상

45 타이어가 직접적으로 맡은 역할로 옳지 않은 것은?
① 차체 지지 ② 구동 및 제동
③ 승차감 향상 ④ 차량 수명 향상

46 다음 일반 자동차 차량의 제원 중 길이가 가장 긴 것은?
① 윤 거 ② 축 거
③ 전 장 ④ 전 고

47 공개된 장소에서 다수의 경쟁 방식으로 낙찰 받아 소유권의 이전이 이루어지는 제도로 맞는 것은?
① 매 도 ② 매 매
③ 경 매 ④ 전 도

48 고무 피복된 코드로 여러 겹 겹친 층으로 타이어의 골격을 이루는 부분은?
① 카커스(carcass) ② 숄더(shoulder)
③ 사이드월(side wall) ④ 비드(bead)

49 다음 중 차량의 주요 장치가 아닌 것은?

① 현가장치
② 조향장치
③ 동력전달 장치
④ 공기순환 장치

50 오프로드에서 많이 사용하는 4륜구동 차량 설명이 틀린 것은?

① 휠스핀으로 미끄럼 방지
② 코너링에서 안정성 및 회전용이
③ 도로 접지력 우수
④ 차량중량이 감소

51 배터리 방전을 예방하기 위한 방법으로 적절하지 않은 것은?

① 시동을 먼저 끈 뒤 히터와 라이트를 끈다.
② 배터리 단자 주변을 깨끗하게 유지한다.
③ 블랙박스를 상시 전원으로 연결하고, 일주일 이상 방치하지 않는다.
④ 시동을 끈 상태에서 오디오를 장시간 사용하지 않는다.

52 세일즈 화법에서 고객의 무리한 요구에 대해 거절하기 위해서 사용이 가능한 화법은?

① 추정승낙법
② 사의법
③ 긍정암시법
④ YES-BUT

53 현재 시판되는 승용차의 50% 이상이 FF Type 동력 전달 장치를 사용한다. 그 이유는?

① 차량 중량 축소로 연비 향상
② 승차감 향상
③ 고속 주행 시 안전 확보
④ 아스팔트 포장 도로 운전에 적합

54 다음 중 디젤 엔진에 비해 가솔린 엔진의 장점은?

① 인화성이 낮다.
② 압축비가 높다.
③ 환경 부담금이 없다.
④ 오르막길에서 힘이 좋다.

55 긴 내리막길에서 Brake를 자주 밟아 Brake와 Drum의 마찰열 상승으로 제동력이 감소되는 현상을 무엇이라 하나?

① Vaper Lock 현상
② 스폰지 현상
③ Fade 현상
④ Shimy 현상

56 시승 행사로 전시장을 방문한 고객에게 차량 상담 시 세일즈 프로세스 중 니즈 파악에 적합하지 않은 질문은 무엇인가?

① 관심 차종이 무엇입니까?
② 주로 연간 주행 킬로수는 얼마나 됩니까?
③ 신차나 중고차 중에 어떤 차종에 관심이 있습니까?
④ 저희 회사의 제품 외에 혹시 비교하는 차종이 있습니까?

57 자동차 사고로 타인의 신체를 해치거나 사망에 이르게 하는 경우 법률상 손해배상 책임이 발생하는데, 이를 보상해 주는 종합보험의 종류를 무엇이라고 하는가?

① 대인배상
② 대물배상
③ 자기 신체사고
④ 무보험 자동차 상해

58 1600cc~2000cc 미만 차량 구입 시 서울 등록일 때 공채 매입은 몇 %인가?

① 6%
② 8%
③ 12%
④ 20%

59 자동차 구입 후 등록할 때 부과되는 세금으로 자동차를 신규 혹은 이전 등록할 경우, 각 도시별 모자라는 재원을 확보하기 위해서 발행하는 것을 말하는데, 지하철 공사, 도로 공사에 들어가는 금액을 운전자들이 구매를 하게 하는 것은 무엇인가?

① 등록세
② 취득세
③ 공공채권
④ 부가가치세

60 자동차등록증의 내용 중 차량을 구입할 때 금융사로부터 할부 등의 금융 거래 시 설정한 내용을 확인할 수 있는 란은?

① 저당권 등록
② 차대번호
③ 소유자 정보
④ 제원

61 세일즈 화법 중 기본화법이라고도 하며 고객의 질문에 긍정적으로 응대한 후 의견과 대안을 설명하는 화법이다. 고객 의견 거절 시 정면으로 반박하지 않고 일단 고객의 이야기에 긍정하여 경계심을 푼 후 대응하는 방법의 세일즈 화법은 무엇인가?

① 부메랑법　　　　　　　　　② YES-BUT
③ 화제전환접　　　　　　　　④ 정면부정법

62 고객이 자동차 리스를 이용할 때 발생할 수 있는 비용 절감 혜택에 대한 설명으로 틀린 것은?

① 법인 사업자의 경우 손비 처리가 가능한 부분이 있어 절세효과가 있다.
② 개인 사업자의 경우 소득세 절세효과가 있다.
③ 리스 회사에 유지 및 정비 관련 서비스를 제공하므로 인건비 절감 효과가 있다.
④ 고급 차량만이 절세효과가 있고 가격이 낮은 차량은 오히려 손해이다.

63 자동차 상품지식의 습득과 활용에 대해 맞지 않는 것은?

① 카탈로그의 내용을 마스터 한다.
② 자동차 취급설명서를 이해하고 설명할 수 있어야 한다.
③ 고객에게 시승을 할 때 차량의 장단점을 설명할 수 있어야 한다.
④ 자동차 정비 매뉴얼 중 안전에 관련된 내용을 알아야 한다.

64 중고 자동차 외관, 패널 판금, 도장, 수리비용의 계산 방법으로 맞는 것은?

① 도장 비용 = 재료대 + 수리공임 + 가열 건조비
② 도장 비용 = 페인트값 + 가열 건조비
③ 도장 비용 = 수리 공임 + 가열 건조비
④ 도장 비용 = 재료대 + 기술 로열티

65 자동차등록증에 들어간 내용으로 알맞지 않은 것은?

① 자동차 옵션
② 차 종
③ 차량 등록 번호
④ 차대번호

66 자율주행자동차 레벨 5단계 완전 자동화 단계에 대한 설명으로 틀린 것은?

① 가속, 감속 지연시스템이 필요 없다.
② 운전자가 스티어링 조작을 할 필요가 없다.
③ 엑셀 패달의 기능이 필요 없다.
④ 비상시에 운전자가 기능작동에 개입할 수 있다.

67 다음 중 경차가 아닌 것은?

① 쉐보레 스파크
② 현대 캐스퍼
③ 기아 레이
④ 기아 니로

68 브레이크 페달을 놓아도 브레이크가 풀리지 않는 이유가 아닌 것은?

① 마스터 실린더 리턴 스프링 불량
② 마스터 실린더 브레이크 액 리턴 구멍 막힘
③ 브레이크 실린더 고착
④ 브레이크 파열

69 전기 제어식 브레이크 유지장치 차량의 '오르막길에서 출발하기(힐스타트)' 기능이 유용한 경우가 아닌 것은?

① 주차 브레이크를 서서히 풀면서 출발해야 할 때
② 전속력으로 언덕을 올라가고 있을 때
③ 오르막길에서 차량 흐름에 끼어들 시점을 찾을 때
④ 클러치 페달과 가속페달을 함께 밟으면서 출발해야 할 때

70 자동차관리법상 대형차량의 구분에 맞지 않는 것은?

① 배기량 2,000cc 이상
② 길이 4.7m 초과
③ 너비 1.6m 초과
④ 높이 2.0m 초과

71 채권 관리에 관한 설명 중 알맞지 않은 것은?

① 채권 서류 중 인감 날인 여부, 인감 증명과 일치 여부, 인감 시효 등을 반드시 확인한다.
② 구입자의 직업이나 업종, 수입 정도, 평판 등 제반 신용 상태를 종합적으로 고려하여 채권 확보를 한다.
③ 부동산업, 중소건설업, 유흥업, 신규 개업자 등의 경우는 특별히 주의할 필요성이 없다.
④ 채권 확보에 필요한 서류는 출고 전까지는 전량 확보하고 있어야 하며 수시로 채권 서류의 준비 사항을 확인한다.

72 다음 중 개인정보보호법 관련 내용으로 옳지 않은 것은?

① 당사자 동의 없는 개인정보 수집 및 활용하거나 제3자에게 제공하는 것을 금지한다.
① 차량을 구매한 고객에게 당사자 동의 없이 우편물을 발송할 수 있다.
② 상대방 동의 없이 개인정보를 제3자에게 제공하면 징역이나 벌금에 처할 수 있다.
③ 이 법은 개인정보의 수집·유출·오용·남용으로부터 사생활의 비밀 등을 보호한다.

73 고객이탈을 방지하기 위한 세일즈 컨설턴트의 고객관리 개념으로 적절하지 않은 것은?

① 기존 출고한 고객보다는 신규고객에게 더 치중하여 관리
② 출고고객관리를 통하여 영업의 활동영역 확대 가능
③ 조력자 및 소개확보를 통하여 영업의 활동영역 확대 가능
④ 지속적인 서비스와 유대관계 조성을 통한 평생 고객화 가능

74 타이어에서 직접 노면에 접촉되어 마모에 주원인이 되며 차량이 도로지면과의 마찰을 견디며 접지력, 견인력 발생 주요 역할을 하는 타이어 부위의 명칭은?

① 카커스(carcass)
② 비드(bead)
③ 트레드(thread)
④ 브레이커(breaker)

75 급속충전기의 장점이 아닌 것은?

① 충전속도가 완속충전기보다 빠르다.
② 빠른 충전속도로 인해서 더 많은 차량을 충전할 수 있다.
③ 충전기 시설이 잘 구축되어 있다.
④ 배터리 성능이 완속충전보다 더 오래 유지된다.

76 다음 요소수에 대한 설명으로 틀린 것은?

① 디젤 엔진의 질소산화물(NOx) 발생을 저감할 수 있다.
② 촉매에 연료를 분사하다 보니 연비가 약 4%~5% 정도 떨어진다.
③ 요소수가 떨어지면 엔진시동이 꺼진다.
④ 요소수란 비료로 사용되는 요소를 용액형태로 만든 것이다.

77 다음 클로징의 단계 중 계약서 작성의 유의점으로 맞지 않는 것은 무엇인가?

① 계약서를 쓰기 전 거절해도 체념하지 않는다.
② 서명할 때는 가능한 계약서 작성 완성에 집중한다.
③ 계약 체결 시 조건은 반드시 문서로 확인한다.
④ 계약 체결 후에는 고객과 충분한 대화 시간을 갖는다.

78 자동차관리법상 소형차량을 구분하는 조건으로 틀린 것은?

① 배기량 1,500cc 미만
② 길이 4.7m 이하
③ 너비 1.7m 이하
④ 높이 2.0m 이하

79 자동차 신규 등록 시 취등록 세율이 잘못된 것은?

① 승용/승합(7~10인승) 세율은 7%
② 경차의 세율은 4% (75만원은 면제)
③ 승합차(11인승 이상)/화물차의 세율은 5%
④ 경차의 세율은 0%

80 다음 중 매연(유해 배기가스)을 줄이는 방법이 아닌 것은?

① 정속주행을 실시한다.
② 자동차 출발전 엔진 예열 2~3분 시켜준다.
③ 연료를 끝까지 소진하기 전에 부족한 연료를 충전한다.
④ 저속으로 운행한다.

자동차 영업중개사 민간자격검정
- 모의 5회 (2차) 시험 문제지

🕒 제한시간 : 100분

수험번호		성 명	

※ 다음 문제에 대한 답을 쓰시오. (각 2점)

1 고객이 구매 시까지 나타나는 구매 심리 변화에 대한 순서를 나열했을 때 빈 공란에 맞는 것을 순서대로 적어주세요

- 욕구(구매 시 변화)
- 관심(자기 기준에서 수입차를 연상)
- 분석(네고 및 조건)
- 비교(가격 및 금융조건)
- 흥미(주위에서 수입차를 탄다)
- 결정(계약)
- 선택(영업담당 및 딜러선정)
- 주의(가격 및 모델에 대한 궁금함)

1. 흥미 2. 관심 3. 주의 4. (   ) 5. 욕구 6. (   ) 7. 분석 8. 결정
(   )

2 중고 자동차를 판매하는 사람이 중고 자동차를 구입하려는 사람에게 법적으로 발급하는 차량 검사서의 명칭을(자동차관리법, 제58조 제1항) 무엇이라 하는가?
(   )

3 다음 그림의 경고등의 이름을 쓰시오.

(   )

4 다음은 타이어 규격을 표시한 것이다. 괄호 안에 맞는 명칭 또는 의미를 설명하시오.

P / 205 / 65 / R / 15

- P : passenger car(승용차)
- 205 : 타이어 단면 폭
- 65 : (   )
- R : 레디얼 타이어(radial tire)
- 15 : 타이어 내경 또는 휠의 외경

5 주행 중 제동 시, 차체 앞쪽은 내려가고 뒤쪽은 상승하는 현상을 무엇이라 하나?

(   )

6 가솔린 엔진의 연소 시 발생되는 배출가스들 중 HC, CO NOx 등을 이산화탄소와 물로 변화시켜주는 장치로 세라믹 본체에 백금, 팔라듐, 로듐과 같은 귀금속이 코팅된 촉매를 이용하여 산화, 환원반응을 일으켜 3가지 성분을 동시에 저감시키는 장치를 무엇이라 하나?

(   )

7 주행하는 노면이 빙판, 빗물 등 Tire가 미끄러질 수 있는 조건에서 급제동 시 바퀴의 회전축이 브레이크를 작동하는 동안 완전히 잠기지 않게 함으로써 운전자는 핸들의 조정이 가능함과 동시에 미끄럼 없이 가능한 최단거리로 자동차를 정지시킬 수 있게 하는 System은?

(　　　　　)

8 회사에서 보유한 시승 차량의 사용 내역을 정리한 자료이다. 잠재 고객 발굴에도 활용되며 마일리지, 운행 시간, 고객정보 등이 포함되어 있는 것을 무엇이라고 하는가?

(　　　　　)

9 자동차 충전 방식에는 개인주택·아파트나 대형마트 등 충전시간이 길며 충전비용도 저렴한 완속충전방식이 있다. 이와 반면 고속도로 휴게소나 관공서·차량정비소 같은 곳에 짧은 시간에 충전이 필요로 하며, 충전시설비용이 비싸며 또한 충전비용도 비싼 충전방식을 무엇이라 하는가?

(　　　　　)

10 다음 차종의 취·등록세를 암산으로 계산 하시오.

- 자가용 : 2,000cc
- 차량 가격(부가세포함) : 2,200만 원

(　　　　　)

11 재화 또는 용역의 공급, 재화의 수입 과정에서 새로 만들어지는 가치인 '마진'에 대해 부과되는 세금은 무엇인가?
(   )

12 자동차등록증의 내용 중 차량을 구입할 때 금융사로부터 할부 등의 금융 거래 시 설정한 내용을 확인할 수 있는 란의 명칭은?
(   )

13 자동차의 동력이나 일률을 측정하는 단위로 성능이나 힘을 표시하는 용어를 무엇이라고 하는가?(한국의 경우에는 1PS=735.5W로 계산한다)
(   )

14 자동차 회사에 소속된 영업 사원은 전시장 근무를 원칙으로 하며 정해진 회사 내규에 따라 의무적으로 매장 근무를 수행하게 된다. 통상 전시장에서 고객을 맞이하고 상담을 하는 업무를 돌아가면서 수행하는 이것을 무엇이라 하는가?
(   )

15 운전자 친화적인 자동 브레이크 시스템으로 시동을 끄면 자동으로 브레이크가 작동하고, 시동을 켜고 엑셀을 밟으면 자동으로 브레이크가 풀려 운전자 더 편하게 운전할 수 있도록 도우며, 수동 작동 시 버튼 클릭만으로도 작동 가능해 첫 차 구매자들에게 유용한 이 장치를 무엇이라 하는가?
(   )

16 파워 스티어링(Power Steering)은 가볍고 신속한 조향 조작을 위해 별도의 펌프를 장착하고 이 펌프의 오일 압력으로 운전자의 핸들조작을 돕는 조향장치를 말하며 감속 기어를 병렬로 배치하기 때문에 크기의 구애를 받지 않으며 결과적으로 유닛 자체가 작아지고 엔진 룸 내에 설치가 용이해지는 것으로 이 시스템은 유압 반력식 타입으로 차속 센서로부터 차량의 속도에 대해 압력을 받는다. 이 장치를 무엇이라 하는가?

(   )

17 전기차량에 가장 많이 쓰이는 배터리 타입은 무엇인가?

(   )

18 자동차 차대번호 정보 보는 법에서 (   )에 들어갈 말은?

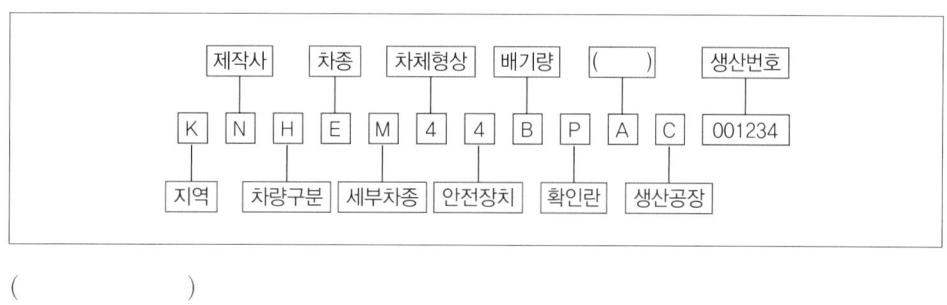

(   )

19 다음 그림의 경고등 이름은 무엇인가?

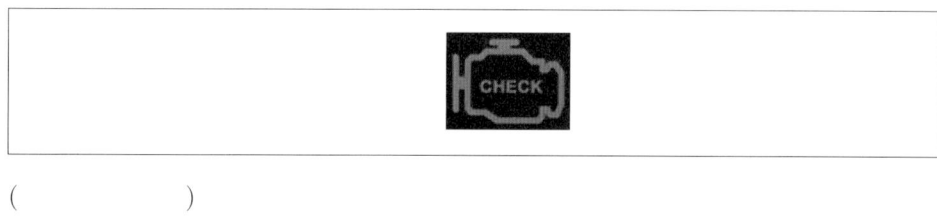

(   )

20 자동차 구동방식을 설명한 것으로 엔진과 미션이 앞쪽에 배치되어 있고 프로펠러 샤프트 필요 없고, 구동력 전달장치가 간단해 차량무게가 가볍고 연비가 우수하며 실내공간이나 화물적재공간도 넓어 경차 및 승용차로 생산되는 구동방식은?
(   )

21 아래 예시를 보고 세일즈 컨설턴트가 고객상담 시 왜 질문을 해야 하는지 빈칸에 공통되는 단어는 무엇인가?.

- 고객의 (   )를 알아내고 관심을 갖게 한다.
- (   )를 포착하고 계약을 유도한다.

(   )

22 금융 상품 중에서 차량가격의 일정부분을 계약기간 이후로 미루어 두고 진행하는 것으로 리스료는 저렴하나 이자율이 높아 만기 시 고객의 부담이 가중될 수 있는 금융상품은?
(   )

23 자동차 사고로 타인의 신체를 해치거나 사망에 이르게 하는 경우 법률상 손해배상 책임이 발생하는데, 이를 보상해 주는 종합 보험의 종류를 무엇이라고 하는가?
(   )

24 계약의 마지막 단계로 고객의 구매욕망을 극대화하여 계약서명을 완료하기 위한 방식으로 "고객님에게 최고의 선택입니다. 이것으로 결정하시는 것으로 하시죠." 등 긍정완료를 활용하여 계약을 마무리 하는 것을 무엇이라 하는가?
(   )

25 고객이 기대하는 제품보다 상위 제품 즉, 더 비싼 제품이나 서비스를 구매하도록 권유하여 판매 매출을 극대화하는 방식으로 상품이나 서비스 상품을 업그레이드 하여 판매하는 방식을 무엇이라 하는가?

( )

26 차가 정지 중에 있다가 급출발하면 차량의 앞쪽이 올라가고 뒤쪽은 내려가는 현상이 발생하는데 이러한 현상을 무엇이라 하는가?

( )

27 자율주행자동차에서 데이터를 공급하는 장비로 레이저 펄스를 발사하고 빛이 물체에서 반사되는 것을 감지하여 거리를 측정하고 주변의 환경 정보를 정밀하게 가져오는 자율주행의 핵심기술을 무엇이라 하는가?

( )

28 자동차 등록, 안전기준, 리콜, 차량점검 및 정비 등 자동차의 안정 및 성능과 관련하여 국가는 공공의 목적으로 자동차 관련된 규정을 법으로 정하고 있다. 이 법을 무엇이라고 하는가?

( )

29 다음은 자동차 생산 공정과정으로 이 작업은 자동차 외형을 만드는 첫 번째 공정으로 금형을 장착 후 철판을 성형하여 차량 중량의 50% 이상을 차지하는 프레임, 바디패널 등을 생산한다. 보통 자동차용 차체 판넬은 이것을 통해 여러 번 작업해야 차량의 바디가 생산되는데 이 공정 작업에 기계를 무엇이라 하는가?

( )

30 자율주행자동차는 스마트 카와 커넥티드 카로 나뉘는데 아래 내용은 어디에 해당하는지 적으시오.

> - 외부에서 원-웨이로 주어지는 자극을 레이더 및 센서를 통해 감지하고 계산 판단하여 차량을 조종하는 방식이다.
> - 자동차에 장착되어 있는 각종 센서들로 자동차의 상태를 파악하고 외부환경 등을 정확히 모니터해서 이를 계산한다.
> - 주행하고자 하는 경로와 장애요인 등을 판단하여 자동차를 조작함으로써 스스로 목적지에 도달하는 방식이다.
> - 현재 이 방식을 채택하고 개발, 양산 중인 자동차 회사로 미국의 테슬라가 있으며 이를 오토파일럿 방식이라고도 한다.

(   )

※ 다음 문제에 대한 답을 선택하시오. (각 1점)

31 고객의 구입의사를 파악하기 위한 '메라비안 법칙'을 설명한 내용으로 적절하지 않은 것은?

① 어조나 억양이 38%
② 표정이나 태도는 55%
③ 말의 의미전달은 7%
④ 강한 계약 권유는 33%

32 차 앞뒤에서 보디를 보호하기 위해서 마련된 장치로 충돌했을 때 충격을 흡수하는 작용을 하는 것은?

① 범 퍼　　　　　　　　② 휀 더
③ 트렁크　　　　　　　　④ 도 어

33 다음 중 파리 모터쇼와 밀접한 연관이 없는 내용은?

① 각종 Concept Car와 신차가 많다.
② 양산차 위주로 각 회사의 판매전략 파악이 가능하다.
③ 1898년부터 시작되었다.
④ 다음해 출시될 양산차를 많이 전시한다.

34 자동차 경매 업체의 출품 및 경매 절차로 올바른 것은?

① 출품신청 → 대금정산 → 차량평가 → 경매진행 → 탁송 및 입고 → 사후 관리
② 출품신청 → 탁송 및 입고 → 차량평가 → 경매진행 → 대금정산 → 사후 관리
③ 출품신청 → 차량평가 → 대금정산 → 경매진행 → 탁송 및 입고 → 사후 관리
④ 탁송 및 입고 → 출품신청 → 대금정산 → 경매진행 → 차량평가 → 사후 관리

35 차량 정지 시, 출발할 때, 앞쪽은 올라가고 뒤쪽은 내려가는 현상은?

① Roll 현상　　　　　　　　　　② 다이버 현상
③ 바운싱 현상　　　　　　　　　④ 스쿼트 현상

36 타이어 마모 한계에 대한 설명으로 맞지 않는 것은?

① 제조사에 따라 다르지만 마모 한계선을 확인할 위치를 표시해준다.
② 마모 한계선의 프로필 깊이는 보통 1.6㎜ 이다.
③ 사계절 타이어는 통상 프로필 깊이 5㎜ 이하일 때는 더 이상 겨울용 타이어로서 기능을 발휘할 수 없다.
④ 타이어가 한계까지 마모됐을 경우 젖은 노면에서의 마찰력이 줄어든다.

37 오일 상태 확인 방법 중 틀린 것은?

① 오일 색상이 우윳빛일 경우 부동액이나 수분이 유입된 것이다.
② 오일 색상이 회색일 경우 휘발유가 유입된 것이다.
③ 종이에 오일을 떨어뜨려 금속 분말이나 카본 슬러지가 심하게 보이면 즉시 교체한다.
④ 일 색상이 검정색일 경우 너무 오래 사용한 것이다.

38 렌터카 사용의 장점이 아닌 것은?

① 보험 사고 이력 무관
② 사업자 경비 처리 용이
③ 초기 비용 최소화로 이용 가능
④ 보험 경력이 유지됨

39 4륜구동 설명이 틀린 것은?

① 코너링이 우수
② 중량이 감소
③ 휠스핀 방지
④ 접지력 우수

40 다음 중 플리트 영업 신규 거래처 확보를 통한 매출 증대의 고객관리 계획 수립의 프로세스로 맞는 것은?

① 목표설정→자료수집→환경분석→전략목표 수립→실행과제 도출→세부실행 방안→예산편성→구체적 실행방안의 확정
② 환경분석→자료수집→목표설정→전략목표 수립→예산편성→세부실행 방안→실행과제 도출→구체적 실행방안의 확정
③ 구체적 실행방안의 확정→자료수집→환경분석→전략목표 수립→실행과제 도출→세부실행 방안→예산편성→목표설정
④ 실행과제 도출→자료수집→환경분석→전략목표 수립→목표설정→세부실행 방안→예산편성→구체적 실행방안의 확정

41 시동하기 위해 크랭킹 시스템에서 크랭크 샤프트를 돌리는 전기모터를 무엇이라고 하는가?

① 플로우 모터
② 윈도우 모터
③ 배터리
④ 스타팅 모터

42 자동차에서 발전기의 역할을 설명한 것 중 관련이 가장 적은 것은?

① 자동차에서 소비되는 전류를 보상한다.
② 배터리만 충전한다.
③ 전기적인 부하 에너지를 공급하고 배터리를 충전한다.
④ 등화 장치에 필요한 전류를 공급한다.

43 다음 중 2020년에 새로 개정된 자동차 관련 법규 중 환경과 관련된 내용으로 옳지 않은 것은?

① 온실가스 규제법에 따른 과징금 상향 조정
② 전기차, 수소차와 같은 친환경 자동차 보급 확대
③ 타이어 소음 인증제 실시
④ 플러그인 하이브리드 자동차 보조금 축소

44 엔진오일 압력이 일정 값 이하로 떨어지면 점등되는 경고등은?

① 연료 부족 경고등
② 주차 브레이크 작동 중 경고등
③ 엔진오일 경고등
④ 냉각수 과열 경고등

45 아래 설명은 자동차보험 6대 보상 종목 중 어디에 해당하는가?

> 피보험자가 피보험 자동차의 대인 사고로 인해 제3자에게 법률상 손해배상 책임을 짐으로써 입은 손해 중 책임보험 한도 내에서 보상

① 대인배상 I
② 대인배상 II
③ 대물배상후방 안개등
④ 자기차량 손해

46 우리나라 경차 기준과 관계없는 것은?

① 배기량 : 900cc 이하
② 전장 : 3,600mm 이하
③ 전폭 : 1,600mm 이하
④ 전고 : 2,000mm 이하

47 최근 95% 이상의 자동차가 자동 변속기를 사용하지만, 여전히 수동 변속기를 원하는 고객이 존재한다. 수동 변속기의 장점이 아닌 것은?

① 운전자가 원하는 타이밍에 원하는 기어로 변속 가능하다.
② 승차감이 좋다.
③ 동력이 확실하게 전달된다.
④ 고장이 적어 수리 등 유지비가 적다.

48 다음 중 자동차의 현가장치의 역할이 아닌 것은?

① 제동성능
② 승차감
③ 조향 안정성
④ 엔진출력 분배

49 아래 그림과 같이 차동장치에 들어가는 핵심부품으로 회전 시 좌우 바퀴의 회전력을 조절하여 원활한 곡선주행이 가능토록 하는 부품은?

① Universal Joint
② Differential Gear
③ Rack & Pinion
④ Solenoid

50 자동차세 과세표준에 따라 자동차의 실제 배기량, 승차 정원, 적재 차량 등을 기준으로 산정되는데 1,600cc 초과 승용차의 세율은 cc당 얼마인가?

① 120원/cc
② 150원/cc
③ 80원/cc
④ 200원/cc

51 세일즈 컨설턴트의 역할로 적절하지 않은 것은?

① 중고차나 신차에 관련 없이 세일즈 컨설턴트는 매출에만 전념해야 한다.
② 차량 상담에 필요한 정보와 지식을 가지고 회사를 대표하여 상담한다.
③ 끊임없이 수요를 창출한다.
④ 시장조사 및 정보를 수집한다.

52 토인의 필요성이 아닌 것은?

① 수직하중에 의한 앞 차축 휨 방지
② 조향 시스템의 링키지 마모에 의한 토아웃 발생 방지
③ 앞바퀴를 평행하게 회전시킨다.
④ 앞바퀴 슬립과 타이어 이상 마모를 방지

53 자동차등록증의 자동차 출고(취득) 가격의 설명으로 맞는 것은?

① 자동차 제조사가 책정한 판매 가격
② 자동차 견적서의 제시 가격
③ 최초 차량 구입 시 취득 했던 구매(세금 계산서)가격에서 10%의 부가가치세를 뺀 가격
④ 자동차 영업사원이 제시한 가격

54 오일 부족 경고등(별도로 준비된 차량 또는 색상으로 구분하는 경우)이 켜진 경우에 할 수 있는 적절한 조치가 아닌 것은?

① 정차할 수 있는 곳으로 이동하여 유량을 점검
② 오일이 부족한 경우 오일을 보충한 다음 시동을 걸어 확인
③ 경고등 점등에도 불구하고 오일량이 정상인 경우 무시하고 계속 주행
④ 응급조치로 경고등이 꺼지더라도 가까운 센터에서 점검 받는다.

55 자동차에 장착된 퓨즈에 대한 올바른 설명은?

① 정격전류가 흐르면 회로를 차단한다.
② 과대전류가 흐르면 회로를 차단한다.
③ 퓨즈 용량이 클수록 정격전류는 낮아진다.
④ 퓨즈 용량이 작은 퓨즈는 용량을 조정하여 사용한다.

56 ADAS(첨단운전 지원 시스템)의 한 기능으로, 운전자의 안면 상태를 확인하여, 동공상태, 의식유무 여부 등을 감지하여, 이상 발생 시 사전 경고하는 장치는?

① TSR(Traffic Sign Recognition)
② DDA(Driver Drowsiness Alert)
③ PD(Pedestrian Detection)
④ NV(Night Vision)

57 자동차의 주행 상태와 각 장치의 작동에 관한 정보를 정확하게 운전석에 전달함으로써 자동차를 안전하게 운행하게 하는 장치는?

① 내비게이션 ② 계기판
③ ACC ④ GPS

58 다음 중 가솔린 엔진에 비해 디젤 엔진의 장점이 아닌 것은?

① 압축비가 높기 때문에 열효율이 높고 연료 소비량이 작다.
② 무거운 물건을 싣고 나를 때 유리하다.
③ 토크가 높아 큰 팽창력을 얻어낼 수 있다.
④ 압축비가 높아 동일 배기량의 가솔린 엔진보다 출력이 높다.

59 세일즈 컨설턴트 혹은 자동차 판매 종사자가 판매실적이 떨어져 단기적 실적 향상을 위한 판매 증대 전략을 고민하고 있다. 다음 보기 중 실적 향상을 위한 효율적인 방법이 아닌 것은?

① 1년 안에 구매 상담을 해왔던 가망고객을 집중 관리
② 소개 가능성이 높은 고객을 대상으로 집중적인 영업활동
③ CRM 데이터베이스 고객관리 대장에서 가장 구매 가능성이 높은 고객대상으로 집중관리
④ 가망고객(Hot Customer)보다 구매 계획은 없지만 관심고객을 집중적으로 관리하여 새로운 고객층을 공략

60 경매 대상 자동차에 대한 점검 및 검사 의무로서 적합하지 않는 것은?

① 경매 대상 자동차에 표기된 차대번호 및 원동기 형식이 당해 자동차의 등록원부에 기재된 내용과 같은지 여부
② 경매 대상 자동차를 출품한 자가 당해 자동차의 소유자이거나 소유자로부터 정당하게 권한을 위임 받은 자인지 여부
③ 경매 대상 자동차의 구조, 장치에 대한 안전 및 성능 상태가 안전기준에 적합한지 여부
④ 경매 대상 자동차를 법원에서 허락했는지 여부

61 고객에게 실제 구매 관심 있는 차량을 보여주고 차량소유 시 효용과 장점을 설명하는 단계로 시승의 이유가 아닌 것은?

① 차량운전 및 소유하는 것에 대한 혜택을 보여주기 위해
② 시승체험을 통해 고객의 구매심기를 증가시키기 위해
③ 시승차량을 통해서 최대성능이나 최고속도나 급제동 시 제동력을 확인하기 위해
④ 계약상담의 마무리 단계로 고객에게 맞는 차량임을 확인하기 위해

62 전륜구동의 장점에 대한 설명으로 맞지 않는 것은?

① 생산비가 적게 든다.
② 실내공간을 넓게 활용할 수 있다.
③ 후륜구동 차량보다 언덕이나 미끄러운 노면에 안정적으로 주행이 가능하다.
④ 후륜구동보다 승차감이 뛰어나다.

63 스포츠카의 설명으로 맞지 않는 것은?

① 고속주행에 맞는 현가장치를 가지고 있어 부드러운 승차감을 가지고 있다.
② 일반 세단보다 차량의 무게비중이 낮다.
③ 공기저항을 고려하여 빠른 속도의 디자인 개념을 가지고 있다.
④ 쿠페나 컴퍼터블로 설계된 자동차를 말하며 엔진의 성능과 가속성을 중요하게 설계한다.

64 다음 설명 중 차량이 코너링을 할 때 원심력에 의해서 바깥쪽으로 쏠리는 현상을 무엇이라 하는가?

① 피팅 현상
② 스쿼트 현상
③ 롤 현상
④ 다이버 현상

65 토크(Torque)에 대한 설명으로 맞지 않은 것은?

① 물체를 움직이는 가속력을 토크라고 할 수 있다.
② 내연기관에서 크랭크축의 회전력을 토크라고 한다.
③ 토크의 단위는 Kgf·m 또는 N·m으로 표시한다.
④ 토크는 가속력보다는 차량의 힘을 뜻한다.

66 디젤 엔진에 사용하는 용액으로 질소산화물(NO_x) 발생을 저감하는 환원제로 환경 유로6 기준에 맞추기 위해 배출가스의 용액형태로 분사하는 이것을 무엇이라 하는가?

① 냉각수
② 윤활제
③ 요소수
④ 부동액

67 중고차 판매 시 시세에 영향을 미치는 절대적인 요인이 아닌 것은?

① 차량소유자에 대한 이력
② 차량연식
③ 주행거리
④ 차량사고여부

68 중고차 이전등록에 대한 내용으로 맞지 않는 것은?

① 자동차 매매의 경우 이전등록 기간은 매수한 날로부터 15일 이내
② 자동차 증여의 경우 이전등록 기간은 증여를 받은 날로 부터 30일 이내
③ 자동차 상속의 경우 이전등록 기간은 상속개시일이 속하는 달의 말일부터 6개월 이내
④ 자동차 매매의 경우 이전등록 관청은 전국 시·군·구 차량등록사업소에서 등록을 한다.

69 DM으로 인한 고객상담 증대에 맞지 않는 것은?

① 신규방문, 계속방문을 쉽게 만든다.
② 방문하기 쉽지 않은 곳에 자기 의사를 전할 수 있다.
③ 방문면담보다 전혀 다른 성실한 인상을 줄 수 있다.
④ DM을 발송 후 고객을 방문하면 문제가 되지 않는다.

70 전기자동차 주요부품 및 주요기능을 설명한 것으로 맞지 않는 것은?

① 전기모터 : 배터리 전기의 링으로 회전하여 바퀴를 구동하는 장치를 말하며 전기자동차의 심장과 같은 역할을 한다.
② 감속기 : 모터의 회전수를 줄여 적절한 힘을 만드는 자동차의 변속기 같은 장치이다.
③ 인버터 : 배터리의 고전압 교류전원을 직류전원으로 변환해 모터에 공급하는 장치이다.
④ 충전기 : 가정용 전원(완속 충전, 220V 교류) 및 급속 충전기(고전압, 직류)를 이용하여 배터리에 에너지를 저장하는 장치이다.

자동차 영업중개사 민간자격검정 – 모의 1회 (1차) 시험 답안지

1	2	3	4	5	6	7	8	9	10
③	②	①	③	②	③	②	④	④	④
11	12	13	14	15	16	17	18	19	20
②	②	①	②	③	①	①	③	④	②
21	22	23	24	25	26	27	28	29	30
③	④	①	①	①	①	②	②	②	②
31	32	33	34	35	36	37	38	39	40
③	①	③	③	③	②	②	①	④	①
41	42	43	44	45	46	47	48	49	50
③	③	④	①	④	③	④	④	②	②
51	52	53	54	55	56	57	58	59	60
①	③	④	④	②	②	④	③	④	④
61	62	63	64	65	66	67	68	69	70
③	④	②	③	④	①	④	①	④	③
71	72	73	74	75	76	77	78	79	80
①	④	③	①	②	④	③	④	①	①

1 차량 수입, 옵션 사항의 결정은 수입원의 역할을 하는 임포터(Importer)가 주로 한다.

2 고객정보 수집 시 고객의 동의 없는 수집은 개인정보보호법에 위반될 수 있어 주의해야 한다.

3 운전면허증이 없어도 기사를 운용하여 자동차를 구매할 수 있으므로 운전면허증은 가망고객 요소에 해당되지 않는다.

4 세일즈 프로세스에서 예약 고객이 원하는 타 브랜드 차종의 시승 준비는 물리적인 여건으로 불가능하므로 준비사항으로 맞지 않다.

5 각 지점의 총괄 업무를 수행하는 사람은 지점장이다.

6 자동차의 교환 또는 환불 요건(자동차관리법 제47조의2)은 아래와 같다.
- 자동차 소유자에게 인도된 후 1년 이내(주행거리가 2만 킬로미터를 초과한 경우 이 기간이 지난 것으로 본다)인 자동차로서 원동기·동력전달장치·조향장치·제동장치 등 국토교통부령으로 정하는 구조 및 장치에서 발생한 같은 증상의 하자(중대한 하자)가 2회 이상 수리하였으나, 그 하자가 재발한 자동차 다만, 1회 이상 수리한 경우로서 누적 수리 기간이 총 30일을 초과한 자동차를 포함한다.
- 위에서 정한 중대한 하자의 구조 및 장치 외에 다른 구조 및 장치에서 발생한 같은 증상의 하자를 자동차 제작자 등(자동차 제작자 등으로부터 수리를 위임받은 자를 포함한다)이 3회 이상 수리하였으나, 그 하자가 재발한 자동차. 다만, 1회 이상 수리한 경우로서 누적 수리 기간이 총 30일을 초과한 자동차를 포함한다.

7   쇼크 업소버는 충격 흡수 장치로서 진동을 급속히 흡수하는 역할을 하므로 자동차의 안전성과 승차감을 크게 향상시킨다.

8   ASR(Anti-Spin Regular) 장치는 차량의 미끄럼 방지 시스템 장치이다.

9   후륜구동은 중량이 무거워 연비 소모가 더 많아 단점에 해당한다.

10 ABS의 경우 브레이크 제동 시 바퀴에 스핀이 발생하지 않으면 작동하지 않는다.

11 전자제어 연료분사장치의 인젝터는 ECU의 분사신호에 의해서 연료를 분사한다.

12 발전 어시스턴트는 자동차가 출발할 때 뒷바퀴가 헛돌지 않도록 도와주는 기능으로 엔진의 출력과는 직접적인 연관이 없다. 가솔린 연료분사장치는 흡입 공기량과 엔진 RPM(운전자 원하는 속도)으로 기본 분사량을 결정한다.

13 ①은 엔진오일 경고등이다.

14 스태빌라이저는 자동차가 좌·우로 기우는 것을 방지하기 위해 장착하는 안전장치로 디젤 엔진과 관련이 없다.

15 **킥다운(Kick down)**
    운전자가 가속페달을 85% 이상 급격히 밟았을 때(보통 페달 아래쪽에 스위치 있음) 스로틀 밸브를 완전 개방하고 기어를 저단으로 강제 변속시킨다.

16 차량이 속도에 따라 저속에서는 가볍게 하고, 고속에서 적절히 무겁게 하여 조향 안전성을 유지하게 하는 방식은 속도 감응식이다.
    속도 감응 파워 스티어링은 차량의 속도가 증가하면 스티어링 휠 힘이 증가하여 조향이 단단해지고 서행하거나 주차할 때 약간의 힘으로 스티어링 휠이 가볍게 돌아간다.

17 ① 트레드 : 노면과 직접 접촉, 제동력 구현, 구동력 전달, 사이드슬립 억제
    ② 브레이커 : 트레드와 카커스 사이 부분, 분리를 방지하고 완충작용을 하는 부위
    ③ 카커스 : 타이어의 골격, 여러 겹의 코드 층으로 공기압을 견뎌 완충작용
    ④ 비드 : 타이어가 휠에 접촉하는 부분으로 늘어나서 빠지는 것을 방지하기 위해 가장 강한 부분

18 배터리를 과방전 상태로 오래 두면 극판이 영구적인 황산납으로 변질되어 충전해도 다시 회복되지 않는 등의 문제가 있으므로 사용자의 관리가 중요하다.

19 EPB(Electronic Parking Brake) 전기식 주차 브레이크 기능에서 다이나믹하게 제동력이 좋아지는 장치는 없다.

20 리스는 부가세 환급이 되지 않는다.

21 프로스펙팅(Prospecting)은 가망, 가능성이라는 의미로 가망고객을 발굴하는 행동을 뜻한다.

22 개인정보보호법에 따라 고객에게 우편물이나 전화, 방문할 때 고객의 동의를 얻은 상태에서만 DM을 보낼 수 있다.

23 협상의 테크닉에서 가장 중요한 요소는 협상 내용에 따라 이익과 손실에 대해서 숫자로 명확히 예상하고 구분해야 한다는 것이다.

24 고객상담에서 구매욕구를 증가시키기 위해서 세일즈 컨설턴트가 알아야 되는 요소 중 말하는 법과 듣는 법을 최적화하기 위한 세일즈 대화 기술을 '세일즈 화법'이라 한다.

25 A/S 센터에서 차량 수리 시 고객 불만 처리의 일환으로 준비하여 고객에게 대차해주는 서비스 차량을 로너카 또는 커티시카라 한다.

26 Pre-Safe(프리-세이프)는 사고가 발생하기 전에 탑승자를 보호하는 안전장치를 말한다. 엔진 시동을 정지시켜 피해를 최소화시켜주는 것은 해당하지 않는다.

27 니즈 파악은 신차 구매조건에 관련되어서 상담의 프로세스가 진행되므로 전시장을 방문하는 고객에게 중고차를 권유하는 질문은 적합하지 않다.

28 차량 중량으로 자동차를 분류하진 않는다.

29 자동차관리법 제3조에 승용자동차 : '10인 이하를 운송하기에 적합하게 제작된 자동차'로 규정하고, 시행규칙 제2조에 따라 승용자동차를 세분화한다.
- 경 형
  - 초소형 : 배기량 250cc(전기자동차의 경우 최고출력이 15kw) 이하이고, 길이 3.6m, 너비 1.5m, 높이 2.0m 이하인 것
  - 일반형 : 배기량 1,000cc(전기자동차의 경우 최고출력이 80kw) 미만이고, 길이 3.6m, 너비 1.6m, 높이 2.0m 이하인 것
- 소형 : 배기량 1,600cc 미만이고 길이 4.7m, 너비 1.7m, 높이 2.0m 이하인 것
- 중형 : 배기량 1,600cc 이상 ~ 2,000cc 미만이거나 길이, 너비, 높이 중 어느 하나라도 소형을 초과하는 것
- 대형 : 배기량 2,000cc 이상이거나 길이, 너비, 높이 모두 소형을 초과하는 것

30 유럽에서는 '세그먼트(Segement)' 라는 기준으로 차량을 분류한다.

31 경형차의 조건이 아닌 것은 너비 1.6m 이다.(경형차 조건은 배기량 1,000cc 미만, 길이 3.6m 이하, 너비 1.6m, 높이 2.0m 이하이다).

32 고체산화물형은 2차 전지 구분에 해당하지 않는다.

33 차대번호에서 파악이 가능하지 않은 것은 옵션 사양이다.

34 차체를 Side Frame이라고 한다.

35 가망고객에 대한 정의로 자금력이 우수하고, 의사나 변호사 같은 전문 직종에 있는 사람만을 국한하여 설명하지 않는다.

36 무조건 방문 계약상담이 필요하지 않고 꾸준한 컨텍포인트를 가지고 관리하는 고객을 잠재고객이라 할 수 있다.

37 윤거란 전후가 아닌 좌우 바퀴 중심 간의 거리를 뜻한다.

38 피팅 현상이란 앞뒤가 동일 방향이 아닌 반대 방향으로 움직이는 현상이다.

39 열 배출이 좋지 않은 것은 Drum Brake이다.

40 토크는 순간적인 힘에 유리하고, 마력은 최고 속도와 관련 있다.

41 TPMS는 타이어 압력감지 시스템으로 다른 셋과는 특성이 다르다.

42 대인배상 1의 무보험의 부상의 한도는 3천만 원이다.

43 Role Playing에서 다루어야 할 필수요소가 아닌 것은 중고차 성능 검사에 관한 사항이다.

44 자율주행자동차의 확대가 가져올 장점이 아닌 것은 일자리 창출이다.

45 전륜구동은 앞바퀴가 구동과 조향을 모두 담당하는 탓에 코너 회전에서 원하는 회전량에 도달하지 못할 수도 있고, 앞바퀴의 무게 배분으로 인한 승차감 역시 후륜구동보다 떨어진다.

46 메라비안 법칙에서 어조나 억양의 영향력은 38%, 표정이나 태도는 55%, 말의 의미 전달은 7%로 정의되어 있다.

47 협상에서 일방적으로 유리한 협상조건을 지속적으로 요구하는 것은 파트너십이 깨지고 장기적으로 거래처가 없어지는 불리한 결과를 초래한다.

48 차대번호로는 지역, 제작사, 차량 구분, 차종, 세부 차종, 차체형상, 안전 장치, 배기량, 확인란, 제작연도, 생산공장, 생산번호를 알 수 있다.

49 의무적으로 가입해야 하는 보험은 책임보험이다.

50 RPM은 Revolution Per Minute의 약자로, 엔진이 1분 동안에 회전하는 수, 즉 분당 회전속도를 말한다.

51 앞 휀더 교체는 중고차 진단 시 단순사고(무사고)로 규정하고 있다.

52 EPB는 언덕에서 차량이 뒤로 미끄러지거나 브레이크가 풀려 차량이 움직이는 것을 예방하는 장치이다.

53 차량 구입 시 차량 가격은 계약상담 프로세스에서 정해지며 차량인도 프로세스에는 대금 지불이 완료된 후 차량을 인도하는 절차로 차량 가격은 고객만족에 영향을 주는 요소로 해당되지 않는다.

54 전문적인 용어보다는 알아듣기 쉬운 용어를 사용하여 고객과의 거리를 좁히도록 노력한다.

55 잘못된 정보를 알고 있는 고객에게 반문하는 태도는 불편을 줄 수 있다. 고객이 인정하고 수긍하도록 유도해야 한다.

56 클로징의 방법 중 하나로 YES라는 대답을 3번 이상 유도하여 고객의 설득을 용이하게 하는 방법을 추정승낙법이라 한다.

57 최근 고객관리에서 가장 중요한 핵심 내용으로 전시장에 방문한 고객에게 1시간 안에 감사 SMS를 보내고, 1일 안에 고객에게 방문감사 전화를 하며, 1일 안에 고객과의 상담에서 필요한 자료를 우편으로 발송하는 것을 1:1:1:3법이라고 한다. 고객의 동의 없는 일방적 방문은 바람직하지 않다.

58 공채란 국가 또는 지방자치단체가 재원조달을 목적으로 하는 채권으로 차량을 구매할 때 공채를 구매하도록 하고 있다.

59 낙찰 희망 가격이란 출품자가 경매를 통해 판매하고자 하는 희망 가격을 말한다. 희망 가격은 경매를 통한 낙찰 및 유찰의 기준이 된다.

60 중고차 시세에 영향을 주는 내적 요인은 연식, 주행거리, 사고 유무, 차량 상태, 옵션 및 색상이 있다.

61 리스사에서 차량의 잔존가에 대해서 환산을 하기 위해서 주로 연간(12개월, 24개월, 36개월, 48개월, 60개월)으로 리스 계약을 진행한다.

62 엔진 피스톤 링의 역할은 기밀 유지, 오일 제어(유막 유지), 열전도이다.

63 225 : 타이어 폭, 40 : 평편비, S : 최고 허용 속도, R 17 : 림의 직경 (inch)

64 Service Advisor는 고객에 정비 의뢰 사항을 받아 견적서를 작성한다.

65 배출 가스 환원 장치(EGR; Exhaust Gas Recirculation) 시스템은 연소 후 배출되는 가스의 일부를 흡기 매니 폴더로 순환시켜 재연소 시킴으로써 유해 배출 가스량을 감소시킨다.

66 구매심리 변화 7단계는 관심-분석-연상-구매욕구-비교-구매 확신-계약이다.

67 세일즈 컨설턴트의 업무에는 니즈 파악, 차량 프레젠테이션, 시승, 계약상담, 차량인도, 고객관리 등이 있다. 중고차 공경매는 중고 자동차 종사원증을 가진 사람만이 차량을 매매할 수 있도록 되어 있다.

68 1886년 칼 벤츠가 3륜 가솔린 자동차를 최초로 개발하였다.

69 미션 오일은 변속기의 기계적 장치들이 맞물려서 발생하는 마찰력을 감소시켜 주는 윤활제 역할을 한다.

70 엔진 브레이크를 사용하지 않고 풋 브레이크를 많이 사용할 시에, 드럼의 마찰력이 약해져 브레이크가 과열되고 제동 불능 상태가 된다.

71 워터 펌프는 냉각수를 순환시켜 엔진 내부 부품들의 과열을 방지한다.

72 차량을 구매한 고객에게 개인정보보호법으로 인해 당사자 동의 없이 우편물을 발송할 수 없다.

73 세일즈 프로세스 중 첫 단계는 최초 고객 응대(Welcoming)이다.

74 장기 렌트의 경우에도 고객의 요구에 맞게 다양한 차종과 옵션을 선택할 수 있다.

75 외부의 자동차 결함으로 인해 현장으로 출동하는 것을 긴급출동 서비스라고 한다.

76 캠버는 조향 바퀴의 방향성을 제공하고 스티어링 휠 조작을 가볍게 해주고, 수직 하중에 의한 앞 차축 휨을 방지하며 직진 방향 회복성을 향상시킨다.

77 ABS란 자동차가 급제동할 때 바퀴가 잠기는 현상을 방지하기 위해 개발된 특수 브레이크를 말한다.

78 계약서 사본은 계약상담에서 고객에게 전달하게 되어있으며 출고 시에는 계약서 사본을 제출할 필요가 없다.

79 ECU는 연료의 양을 조절하고 점화 타이밍을 통제한다. 또한, 엔진 회전속도를 조절하고 가변 밸브 타이밍을 조절하기도 한다. 각종 센서에서 수집된 정보를 토대로 최적 연소를 통해 엔진 효율을 높이고 운전자의 의도대로 엔진을 최적 제어해주기 위한 컴퓨터를 말한다.

80 TPMS는 이상 압력을 알려주는 장치이다.

자동차 영업중개사 민간자격검정 – 모의 1회 (2차) 시험 답안지

1	2	3	4	5	6	7	8	9	10
블랙컨슈머 (Black consumer)	성능	냉각수 과열 경고등	개인정보 보호법	ABS	메라비안 법칙	인증 중고차	니즈 파악	세그먼트 기준	공주 거리
11	12	13	14	15	16	17	18	19	20
롤플레이 (Role Playing)	헤드 업 디스플레이 (HUD : Head Up Display)	계약상담	프로덕트 엑스퍼트 혹은 프로덕트 지니어스	운용리스	카팍 (Car Parc)	에어댐 or 에어 스포일러	현가장치	타이어 폭	자율주행차
21	22	23	24	25	26	27	28	29	30
휠 베이스 (Wheel Base)	임포터	세단	ECM (Electronic Chromic Mirror) 감광식 미러	카셰어링 (car sharing)	클로징 기법	7%	고객 불만 건 (CR)	배기량	굿윌 (Goodwil)
31	32	33	34	35	36	37	38	39	40
③	④	④	②	②	③	②	③	④	④
41	42	43	44	45	46	47	48	49	50
②	②	①	①	②	④	④	③	③	③
51	52	53	54	55	56	57	58	59	60
④	③	④	①	②	①	③	④	①	②
61	62	63	64	65	66	67	68	69	70
④	④	④	①	①	④	④	④	④	④

1 블랙 컨슈머란 악성 민원을 고의적·상습적으로 제기하는 소비자를 뜻하는 말로 색상과 고객을 표현하여 외래어로 통용되는 악성 고객을 말한다.

2 Good Car의 7가지 요소는 경제성, 안전성, 내구성, 편리성, 브랜드, 디자인, 성능이다.

3 빨간 온도계 그림으로 냉각수의 과열 경고등을 뜻한다.

4 개인정보보호법이란 각종 컴퓨터 범죄와 개인의 사생활 침해 등 목적으로 제정되었고 개인정보를 보호하고, 정보통신망을 건전하고 안전하게 이용할 수 있는 환경을 목적으로 제정된 법이다.

5 ABS란 차량 운행 중 급제동 시나 눈길, 빗길과 같이 미끄러지기 쉬운 노면에서 제동 시 발생하는 차륜의 슬립 현상을 감지하여 바퀴의 잠김(Locking)을 방지하고 제동 시에도 핸들의 조절을 가능하게 하여 안전한 제동을 제공한다.

6 메라비안 법칙에서 말(단어)이 차지하는 비중은 약 7%이고, 억양이나 어조 등 소리 부분이 38%, 보이는 태도, 표정, 행동, 자세가 55%이다.

7 인증 중고차란 자동차 회사나 딜러사에서 중고차 관련 업무를 담당하는 중고차 사업 부서를 일컫는다.

8 자동차 상담 시 니즈 파악이란 고객이 기대하는 것과 요구하는 조건에 대해서 사전에 파악하여 상담을 원활하게 하고 고객이 원하는 내용을 정리하여 효율적인 상담과 구매 상담 기대에 대해서 만족스러운 상담을 진행하기 위해 사전에 고객에 대한 많은 정보를 파악하여 고객이 기대하는 조건을 부흥하기 위해 파악하는 것을 의미한다.

9 유럽에서는 '세그먼트(Segement)' 기준으로 차량을 분류하고 있다. 소형차, 중형차, 대형차 기준을 배기량과 탑승 인원, 차량의 전장과 너비 높이 등으로 구분하는 것을 말한다.

10 운전자가 돌발적인 상황에 위험을 감지하고 차량을 정지하려고 할 때 정지를 위한 동작에서 순간적으로 지연시간이 발생하는데 운전자가 브레이크 페달을 밟으려 할 때, 실제 브레이크 효과가 나타날 때까지 차량이 이동한 거리를 공주 거리라고 한다.

11 역할연기를 활용하여 직원들의 업무 능력과 서비스 응대 능력을 훈련하기 위해 자동차 전시장이나 서비스 환경에서 하나의 훈련방법으로 활용되고 있다.

12 헤드 업 디스플레이는 차량의 속도, 연료 잔량, 길 안내정보 등을 운전자 바로 앞의 유리창에 그래픽으로 보여주는 디스플레이 장치이다.

13 세일즈 프로세스의 단계는 최초 고객응대-고객니즈 파악-차량 프레젠테이션-시승-계약상담-차량인도-사후 관리이다.

14 최근 전시장의 신규 보직으로 운영되고 있는 인력으로 차량 프레젠테이션과 시승을 전담하는 직원을 프로덕트 엑스퍼트 혹은 프로덕트 지니어스라 한다.

15 운용리스를 통해 구매자의 명의를 사용하지 않고 차량 가격 전체 및 등록비용까지 사용할 수 있다.

16 Car Parc은 서비스센터에 등록된 차량의 고객 리스트를 말한다.

17 자동차가 주행하면 양력이 발생하여 차체가 떠오르게 되어 바퀴의 저항이 줄어드는 증상을 줄이기 위해 사용하는 부품을 에어스포일러라고 한다.

18 스프링 장치에 의해 차체의 중량을 지지하고, 차륜의 상하 진동을 완화함으로써 승차감을 좋게 하고 화물의 충격으로 인한 파손을 방지하며, 자동차의 각 부위에 부하를 줄이도록 하는 장치를 현가장치라고 한다.

19 205 : 타이어 단면 폭

20 자율주행자동차란 운전자 또는 승객의 조작 없이 스스로 목적지까지 찾아가는 운행이 가능한 자동차를 말한다.

21 휠 베이스란 앞뒤 차축 사이의 거리 즉, 프런트 타이어와 리어 타이어의 중심 간격의 거리를 말한다.

22 임포터란 국내 대리점을 관리하는 본사를 말한다.

23 세단은 지붕이 고정되어 있고 4개의 문을 갖춘 자동차의 기본적인 외형으로, 승용차 중 가장 흔하게 볼 수 있는 차량이다.

24 ECM 룸미러란 야간 운전을 할 때 뒤쪽 차량의 전조등이 너무 밝거나 빛이 위쪽으로 향하면, 운전자는 룸미러에 반사되는 뒤쪽 차량의 빛 때문에 눈이 부셔 운전을 제대로 할 수 없게 되는데 이럴 때 눈부심 현상을 제거해 주는 장치이다.

25 렌터카와 다르게 모바일이나 컴퓨터를 통해 예약하고 온라인으로 사전 약정을 맺어 손쉽게 차량을 이용할 수 있는 미래형 자동차 서비스 산업을 카셰어링이라고 한다.

26 계약을 망설이는 고객에게 차량 계약을 유도하게 하여 결정적 마무리 상담을 하는 절차를 클로징 기법이라 한다.

27 자동차 관련 등록 법규에 따라 차량 취·등록세는 7% 이다.

28 차량 또는 관련된 서비스에 만족하지 못하여 고객이 제기하는 불만을 CR(Customer Relationships 고객관계)이라고 말한다.

29 배기량은 피스톤이 실린더 내에서 1행정 하였을 때 흡입한(또는 배출한) 공기 또는 혼합 가스의 체적을 말한다.

30 굿윌(GoodWill)은 자동차서비스센터에서 보증기간이 지났지만, 고객 케어 차원에서 무상보증 처리하는 과정 및 예산이다.

31 장기 렌터카는 실제 고객이 차종을 결정하여 진행하고 모든 관리는 렌터카 회사에서 진행하며 금융거래가 아닌 물품거래로 개인의 신용도에 영향을 주지 않는 차량구매 방법이다.

32 최고속 범위 기호는 S : 180km/h 이하, T : 190km/h 이하, H : 210km/h 이하, V : 240km/h 이하 이다.

33 엔진오일 경고등이다.

34 가망고객관리는 실적에 직접적인 영향을 줄 수 있는 우선 관리 요소이다.

35 배터리 전기자동차에는 리튬이온 전지가 장착된다.

36 자동차의 손상된 차체 패널이나 골격 부재를 수정하고 교정 수리하는 작업을 판금 수리라 한다.

37 차량의 누적된 주행거리가 많으면 그만큼 차량의 운행 시간이 길어져 부품의 마모가 증대되고, 품질도 저하될 수 있다. 이에 따라 대부분 평균 연간 2만km를 기준으로 하며 평균 주행거리를 초과하면 중고차 시세보다 낮게 평가받을 수 있고, 주행거리가 짧으면 평균 시세보다 높게 평가 받을 수 있다.

38 에어컨과 히터 가동 시 전기자동차는 전력이 소모되어 배터리가 소모되는 단점을 가지고 있다.

39 엔진의 연소 가스를 직접 밖으로 내보내면 폭음이 되므로 머플러를 통하여 배기음을 작게 한다.

40 타이밍 벨트는 기어와 맞물리는 톱니가 있어 이붙임 벨트 또는 코그 벨트라고도 한다. 타이밍 벨트는 크랭크축에 장착된 타이밍 기어와 캠축에 장착된 타이밍 기어를 연결해준다.

41 에어클리너는 엔진에 흡입되는 공기 중의 먼지를 제거하는 필터로 흡기음을 적게 하는 역할도 한다. 에어클리너 속에 내장된 엘리컨트에는 종이나 섬유를 쓰는 건식과 습식이 있다.

42 매매계약서 오기 발생 시에는 계약서를 다시 작성하거나 취소 선을 긋고 도장 및 서명을 추가 기재한다.

43 바퀴의 정렬은 조향장치와 관련이 있다.

44 니즈 파악에서 고객의 구매 결정을 파악하기 위해서 세일즈 컨설턴트는 질문을 통해서 고객과 소통을 하며 정보를 파악하는데, 이때 오픈 퀘스천을 통해서 고객이 차량을 결정하고 필요한 구매 요소와 구매 차종을 파악하는 데 도움이 될 수 있다.

45 4륜구동은 무게가 무겁고 전륜과 후륜구동에 비해 연비가 낮은 편이다.

46 전기자동차 배터리는 외부 온도에 따라 성능 저하가 나타날 수 있다.

47 F.A.B.F 기법은 Feature(특징), Advantage(이점), Benefit(혜택), Evidence(증거)의 약자로, 소비자가 제품이나 서비스를 선택하는 결정에 영향을 미치는 네 가지 요인을 분석하는 마케팅 기법이다.

48 협상의 종류를 정의한 내용에는 쌍방 협상, 관계 협상, 일회성 협상이 있다.

49 대인배상 1의 사망보상 한도는 1억 5천만 원이다.

50 경매 낙찰자는 법정 기한인 15일 이내에 소유권 이전등록을 완료해야 한다.

51 차대번호는 차량 식별 번호(VIN: Vehicle Identification Number)라고도 부르는 차대번호는 제조사가 차량에 부착하는 차량 고유의 일련번호다. 사람으로 치면 주민등록번호라고 할 수 있으며 총 17자리의 숫자와 알파벳으로 이루어진다.

52 신차 구매 시 최초 4년째 정기검사를 받은 후 매 2년마다 정기검사를 시행한다. 10년이 넘은 노후 차량이라면 화물차나 승합차는 매 6개월마다, 승용차는 매년 정기검사를 받아야 한다.

53 향후 화석 연료인 가솔린 디젤 차량은 생산이 중단되고 전기자동차나 자율주행자동차로 대체되는 신기술 미래 자동차의 시대가 오고 있다.

54 세일즈 컨설턴트는 무조건 제품에 대해 설명하기보다 적절한 질문과 경청을 통해 고객의 니즈와 요구사항을 파악하려는 자세가 필요하다.

55 객실과 트렁크 구분이 없는 것이 해치백의 특징이다.

56 흡입(피스톤이 하강하면서 연료와 공기가 섞여 혼합기가 만들어지며 기화기를 통하여 흡입) - 압축(피스톤이 올라가면서 흡입된 혼합기를 압축) - 팽창(폭발)(압축된 혼합기에 전기불꽃으로 점화·폭발시켜 그 가스의 압력으로 피스톤이 내려가면서 동력 발생) - 배기(피스톤이 올라감으로써 연소 가스가 배출)

57 우선 고객이 운전 가능한지에 대한 여부를 운전면허증으로 확인한다.

58 일정 속도 이하에서의 경미한 접촉 시 굳이 작동될 필요는 없다.

59 ABS차량 운전방법에 엔진 브레이크를 사용할 필요는 없다.

60 창문에 서리가 끼는 현상은 유리 바깥쪽의 찬 공기와 안쪽의 따뜻한 공기가 만나면서 서리가 끼는 것인데, 이때 조치로 창문을 닫고 서리가 없어지기를 기다리는 것은 효과적이지 않다.

61 자동차 할부는 원금이 함께 동반 상환되며 할부 만기 시 추가 자금 부담이 발생하지 않는다.

62 경차라 할지라도 유류세는 할인이나 지원받을 수 없다.

63 금융사의 채권확보는 차량구매 당시에 고객의 신용을 기준으로 하므로 전 소유 차량등록증은 필요하지 않다.

64 프레젠테이션을 할 때는 고객을 운전석에 앉게 해야 한다.

65 도로 여건 및 주행 여건에 맞게 적정한 공기압을 유지하는 것이 연료 소모를 줄이는 가장 좋은 방법이다.

66 에어백의 충격 센서는 상대속도로 감지되기 때문에 운전 차량의 속도와 상관없이 에어백이 작동하는 경우가 발생할 수 있으니 승차자가 있는 경우에는 항상 켜놓고 주행해야 한다.

67 보유 차량은 계약상담에 필요한 스킬로 세일즈의 3원칙(상품지식·판매기법·판매조건)에 속하지 않는다.

68 자동차관리법 시행규칙 제2조에서는 승용자동차를 '10인 이하를 운송하기에 적합하게 제작된 자동차'로 규정하고, 승용자동차에 부과되는 세금을 엔진 배기량에 근거를 두어 세분화한다. 그 중, 배기량 2,000cc 이상이거나, 길이, 너비, 높이 모두가 소형을 초과하는 것을 대형차로 분류한다.

69 고객만족 차원에서 진행 중이며 무상 서비스 기간 및 거리는 제조사별로 상이하다. 이를 픽업 앤 딜리버리라 한다.

70 응급수단의 하나로, 운행 중 타이어 이상 발생 시 교환할 수 있도록 차량에 싣고 다니는 것을 스페어타이어라고 한다.

자동차 영업중개사 민간자격검정 - 모의 2회 (1차) 시험 답안지

1	2	3	4	5	6	7	8	9	10
④	④	④	④	②	③	③	④	①	③
11	12	13	14	15	16	17	18	19	20
③	①	④	①	②	④	②	①	①	④
21	22	23	24	25	26	27	28	29	30
③	②	②	②	①	④	①	③	④	①
31	32	33	34	35	36	37	38	39	40
③	②	④	②	③	③	③	④	③	①
41	42	43	44	45	46	47	48	49	50
②	④	④	③	③	②	①	④	②	③
51	52	53	54	55	56	57	58	59	60
①	③	③	②	②	②	①	③	①	①
61	62	63	64	65	66	67	68	69	70
④	②	①	①	④	③	③	①	①	①
71	72	73	74	75	76	77	78	79	80
④	②	③	①	②	①	②	①	④	④

1 구매암시법은 시행판매 완료법이라고 부르기도 한다. 예시와 같이 고객에게 이미 구매가 완료된 것 같은 뉘앙스로 설명하는 방법이다.

2 냉각수의 온도가 비정상적으로 높음을 알려주는 경고등으로 즉각적인 조치가 필요하다.

3 최고시속은 바람이 없는 상태에서 2Km 이상 직선도로를 2회 이상 달려낸 최고 속도의 평균값을 말한다.

4 토우는 앞바퀴를 위에서 보았을 때 바퀴가 차량 전면에서 후면에 이르는 중심선과 이루는 각도를 말한다.

5 최종 등록일 : 매매에 의한 이전 등을 통한 자동차등록증이 발급된 최종 등록일

6 렌터카는 빌려 쓰는 형식을 가지므로 모든 차량관리는 렌터카 회사에서 진행하기 때문에 편리성의 장점이 있다.

7 운용리스는 할부금 전액을 필요경비로 인정받고 업무용 사용 시 운행일지를 작성해야 한다.

8 카히스토리 구성은 아래와 같다.
- 자동차 일반 사양(제작사, 차명, 연식, 배기량)
- 소유자/차량번호 변경 이력
- 자동차용도 이력(렌터카, 영업용, 관용 등 사용 이력)
- 특수보험사고 정보(침수, 도난, 전손 처리정보)
- 보험사고 이력 정보(내차 처리정보, 타차 처리정보, 타인 재물 가해 정보)

9 운용리스는 차량 반납이 가능하지만, 금융리스는 할부와 유사하여 고객이 인수해야 한다.

10 중고 자동차 성능·상태 점검기록부에서는 보험 가입내역은 확인할 수 없다.

11 1,500cc~2,000cc 미만 차량 구매 시 서울에서 등록할 때 공채 비율은 도시철도채권 12%이다.

12 인피니티 Q50은 세단, 나머지 차량은 모두 SUV 차종에 속한다.

13 잔존가치가 높으면, 반납하는 차량이 많아져 리스 회사의 위험부담이 크므로 리스 회사에서는 잔존가치를 낮추려고 한다.

14 중고차 중개대상물 광고에서는 중고차의 차량 상태, 성능상태, 정비 이력, 사고 이력, 주행거리, 옵션 등과 같은 차량 성능 및 관리상태를 기술한다.

15 온라인 광고매체로는 인터넷, 모바일, 전자상거래, SNS, 문자서비스 등이 있다.

16 자동차등록증에는 최초 등록일, 자동차 등록번호, 연식과 형식, 차대번호, 원동기 형식, 소유자 정보, 최종 등록일, 제원, 등록 번호판 발급 및 봉인, 저당권 등록, 검사 유효 기간, 자동차 출고(취득)가격 등이 표시된다.

17 C부분을 필러(Pillar)라고 한다.

18 중고 자동차를 판매하는 사람이 중고 자동차를 구입하려는 사람에게 법적으로 발급하는 차량 검사서를 '중고 자동차 성능·상태 점검기록부'라고 하며 자동차관리법, 제58조 제1항으로 규정한다.

19 ① DPF 경고등

20 경형에는 초소형과 일반형이 있다.
• 초소형 : 배기량 250cc(전기자동차의 경우 최고출력이 15kw) 이하이고, 길이 3.6m, 너비 1.5m, 높이 2.0m 이하인 것
• 일반형 : 배기량 1,000cc(전기자동차의 경우 최고출력이 80kw) 미만이고, 길이 3.6m, 너비 1.6m, 높이 2.0m 이하인 것

21 Car Parc은 서비스센터에 등록된 차량의 고객 리스트를 말한다.

22 제동장치는 주행 중인 자동차의 속도를 감속 또는 정지시키거나 주차상태를 유지시켜 주는 장치이다.

23 고객과의 상담에서 단답형으로 짧게 대답하면서 상담을 이어가지 못하는 것은 옳은 상담 자세가 아니다.

24 타이어 측면에 있는 공기압은 파손되지 않는 최대 공기압을 표기한 것이다. 해당 차종의 적정 공기압은 별도로 표시되어 있다.

25 에어컨 필터는 탈취를 목적으로 차콜이 포함된 경우가 많으며 이 경우 방향 작업을 하면 탈취 효과가 모두 상실될 수 있다.

26 전자제어 연료분사장치의 장점은 아래와 같다.
- 유해 가스 배출 저감
- 연비 및 출력 향상
- 응답성 향상
- 시동성 향상
- 저속/고속에서 토크 가변성. 공기 흐름 저항 낮음
- 냉온 간 시 최적 성능유지

27 최대 타이어 공기압은 타이어의 사이드월(side wall) 즉 측면에 양각으로 표시되어 있다.

28 중고차 매매시장에서 거래되는 수요와 공급의 균형에 따라 중고 자동차 시세가 형성된다.

29 대리인을 통한 신규 자동차 이전등록 시 재직 증명서는 필요하지 않다.

30 에어 플로우 센서(Air flow sensor)는 말 그대로 공기의 흐름을 감지하여 공기량을 계량하는 센서이다.

31 인간이 바퀴를 발명하게 된 것은 기원전 6천 년 경 잉카문명에서 원형 바퀴를 발견됨에 따라 증명되었다.

32 1600cc 초과 : 200원/cc, 1000cc 이하 : 80원/cc

33 전문용어보다는 고객이 알아듣기 쉬운 용어를 사용한다.

34 레벨2는 부분 자동화 단계로 특정 상황에서 운전자 개입 없이 자동차가 스스로 방향을 바꾸거나 간격 유지를 위한 속도조절을 할 수 있다. 운전자는 운전을 감시해 어떤 상황이 발생하면 금세 운전을 직접 조절한다. 고속도로에서의 자율주행을 상정한다.

35 '고객'의 상황에 유리한 '금융상품'을 안 해야 한다.

36 **행정별 피스톤 운동 방향**
- 흡기 : 상사점에서 하사점으로 내려간다.
- 압축 : 하사점에서 상사점으로 올라간다.
- 팽창 : 상사점에서 하사점으로 내려간다.
- 배기 : 하사점에서 상사점으로 올라간다.

37 메라비안 법칙에서 어조나 억양의 영향력은 38%, 표정이나 태도는 55%, 말의 의미 전달은 7%로 정의되어 있다.

38 브레이크의 작동을 계속해서 많이 사용하면 열팽창으로 인해 드럼 내경이 커지고, 드럼과 라이팅의 마찰 계수가 저하되어 제동력이 감소되는 페이드 현상을 초래한다.

39 쇼크 업소버는 주행 중 스프링이 받는 충격으로 발생하는 진동을 흡수하여 승차감을 향상시키는 장치이다.
① 플라이휠, ② 밸브장치, ④ 스태빌라이저에 대한 설명이다.

40 정면 견고한 방호벽에 차량이 충돌했을 경우에는 무조건 에어백이 작동된다.

41 승용차의 경우 타이어 트레드 홈의 사용 한계를 1.6mm로 규정하고 있다.

42 디젤 엔진은 약 40기압으로 연소실 내에 압축된 500~550도 정도의 공기 중에 100~300기압이라고 하는 높은 분사압력으로 연료를 분사하여 동력을 얻는다.

43 개별소비세의 규정상 2,000CC 초과 승용차는 공장도 가격의 10%가 적용되므로 3,000cc 초과 승용차도 마찬가지로 10%가 적용된다.

44 X-Drive는 BMW, Quatro는 Audi, 4 MATIC은 Benz 그리고 폭스바겐에서는 4 Motion이라고 한다.

45 등록세 전액 면제되는 대상은 장애인 1~3등급, 국가유공자 상해 등급 1~7등급입니다.

46 계약을 망설이는 고객에게 차량 배정이 되도록 하며 신뢰감을 줄 수 있는 절차를 클로징 기법이라 한다.

47 특별소비세(개별소비세)란 특별한 물품 또는 용역의 소비에 대하여 부과하는 소비세를 말한다.

48 알칼라인 배터리는 재충전이 되지 않는다.

49 베이퍼록의 발생 원인에는 과도한 브레이크 사용, 패드 리턴 불량으로 디스크에 계속 밀착된 경우, 브레이크액 교환 주기를 심하게 초과하여 수분 흡수율 증가로 비등점이 낮아진 경우가 있다.

50 정면부정법이란 고객의 무리한 요구 조건을 정중하게 거절하는 화법이다.

51 장기 렌트는 하, 호, 허 번호판을 사용한다.

52 자동차관리법에 승용 차량의 크기와 종류는 크게 4가지로 경형, 소형, 중형, 대형으로 구분하고 있으며 중·대형차의 분류는 상업적으로 통용되는 용어로 자동차관리법에는 존재하지 않는다.

53 ③번 내용은 리스 구매에 대한 설명이다.

54 운용리스를 통해 구매자의 명의를 사용하지 않고 차량 가격 전체 및 등록비용까지 사용할 수 있다.

55 각 국가별로 열리는 시기는 다르나 신차 발표 및 각 자동차 회사의 기술 각축장으로 우리나라는 2년 주기로 서울 모터쇼와 부산 모터쇼가 개최된다.

56 배터리 전기자동차에는 리튬이온 전지가 장착된다.

57 메라비안 법칙에서 시각적 표현(BODY LANGUAGE)은 55%, 말(WORD)은 7%, 청각(VOICE)은 38%이다.

58 쿠페형 자동차는 프랑스의 2인승 두 바퀴 마차에서 유래한 말로, 뒷좌석 부분의 천장이 짧거나 경사져 있는 승용차를 말한다.

59 주행 중 운전자가 전방의 위험 상황을 발견하고 브레이크를 밟아 실제 제동이 걸리기 시작할 때까지 자동차가 진행한 거리를 공주 거리라고 한다.

60 HEV(하이브리드 전기자동차)는 구동원으로 엔진과 전기모터를 사용하고 전기충전이 필요 없는 전기자동차이다.

61 할부원금 총액은 할부조건 견적서에 기재된 내용이며 승인요소가 아니다.

62 차량의 외관 및 실내, 성능상태, 주행거리, 사고 이력, 색상, 침수 및 화재, 구조 변경, 말소나 부활의 변경 이력 등은 중고차를 매입할 때 감가 요인이 될 수 있다.

63 엔진오일은 엔진 내부의 윤활 및 냉각, 밀봉, 방청, 청정작용 등을 통한 엔진 성능의 향상과 수명을 연장하는 기능을 한다.

64 전기자동차는 이미 1873년 가솔린 자동차보다 먼저 제작된 바 있다.

65 Evidence(증거)는 사실에 근거하여 만족한 구매임을 알려주는 것(예시 : 구매고객 10명 중 9명은 상당히 만족하고 계십니다.)

66 사이드 월(side wall)은 지면과 접촉은 하지 않으면서 주행 중 가장 많은 완충작용을 하며 타이어의 각종 정보가 표시되어 있는 부분이다.

67 윤활유의 중요 역할은 소음 및 진동 방지, 마모방지, 밀봉 작용, 냉각 작용, 세척 작용, 방청 작용, 응력 분산 등이다. 분사 작용은 관련 없다.

68 내연기관(가솔린, 디젤, LPG 등)과 전기모터를 통해 2개의 동력을 이용하여 구동되는 자동차를 하이브리드 자동차라고 한다.

69 캐스터는 조향 바퀴에 직진성을 주며 스티어링 휠을 놓으면 직진 방향으로 돌아오게 해준다.

70 캠버란 앞바퀴를 정면에서 봤을 때 좌/우 바퀴 아래쪽과 위쪽 간격의 차이 값을 각도나 길이로 나타낸 것을 말한다.

71 타이어 밸런스가 불량하면 휠의 무게가 증가하지 않고, 트램핑(Tramping)이나 시미(Shimmy) 현상이 발생한다.

72 뒷바퀴 구동으로 코너링과 승차감이 좋은 것은 후륜 구동의 장점이다.

73 니즈 파악은 신차 구매조건에 관련되어서 상담의 프로세스가 진행되므로 전시장을 방문하는 고객에게 중고차를 권유하는 질문은 적합하지 않다.

74 Midship이란 배의 중앙이란 뜻으로 주로 스포츠카에 적용되는 방식이다. 엔진이 통상적으로 뒷좌석에 있고 동력차축은 뒤에 있는 형식을 말한다.

75 공기과급기(Turbo Charger)란 배기압에 의해 작동되는 터빈의 힘으로 흡입공기가 가속되어 압축되는 효과로 엔진의 흡입 효율을 높여 주는 장치이다.

76 CO(일산화탄소) 흔히 연탄가스라고 하는 유해한 가스로서 연료가 불완전 연소할 때 발생한다.

77 쇼크 업소버는 충격흡수장치로서 진동을 급속히 흡수하는 역할을 하므로 자동차의 안전성과 승차감을 크게 향상시킨다.

78 조향 속도 감응식은 차량의 속도에 따라 저속에서는 가볍게 하고, 고속에서는 적절히 무겁게 하여 조향 안전성을 유지하게 한다.

79 1~3급 장애인이 차량구매 시 개별소비세를 면제받으면 그 면제 받은 차량의 보유 기간은 5년이다. 예를 들어 3년 경과 후 동급 장애인 등에게 판매하면 세금이 측정되지 않지만, 일반인(매매상사 포함)에게 판매하면 세금이 추징된다.

80 개인정보보호법에 의해 고객이 원하지 않을 시에는 전화 또는 어떠한 우편물이나 자료를 보낼 수 없다.

자동차 영업중개사 민간자격검정 – 모의 2회 (2차) 시험 답안지

1	2	3	4	5	6	7	8	9	10
관계협상	AREA MANAGER	레몬법	오픈 퀘스천 (Open Question) · 열린질문	지점장	전기자동차	EPB (Electronic Parking Brake) 전자식 주차 브레이크	RPM (Revolution per minute)	냉각수 과열 경고등	EV / BEV (Battery Electronic Vehicles 배터리 전기자동차)
11	12	13	14	15	16	17	18	19	20
타겟팅 (Targeting)	나이트 비전 (Night Vision)	USP (Unique Selling Proposition or Unique Selling Point)	모터쇼	일회성 협상	PPL	자동차진단 평가사	리콜 (Recall)	로너카 or 커티시카	성능 (performance)
21	22	23	24	25	26	27	28	29	30
에어백 경고등	ECU (Electronic Control Unit) 자동차 전자제어 장치	VPC. (Vehicle Preparation Center)	엔진 점검등	주차 어시스턴트 (Park Assistant)	공차 중량	요소수	프레임 (frame)	타겟 옵션	중고 자동차 성능·상태 점검 기록부
31	32	33	34	35	36	37	38	39	40
④	④	②	①	③	②	④	④	④	①
41	42	43	44	45	46	47	48	49	50
④	②	②	②	③	③	④	①	②	④
51	52	53	54	55	56	57	58	59	60
①	④	④	①	③	①	①	③	④	③
61	62	63	64	65	66	67	68	69	70
④	④	③	③	④	②	①	④	①	④

1 관계 협상이란 비즈니스 파트너와 지속적인 관계를 위해 상대방의 이익을 고려하여 손해가 나지 않도록 하고 합리적이고 미래지향적으로 관계를 맺는 것이다.

2 산업체의 생산·판매가 있는 지역 즉, 나라·도시·지역 등을 고려하여 지역의 담당자를 뜻하는 말로 AREA MANAGER라고 한다. 자동차 제조 판매사 또는 수입사의 지역별 소속 딜러사에서 영업, 정비 등의 활동을 지원, 모니터링, 조율하기 위해 선정한 담당자이며 정기적, 비정기적으로 딜러사와 의사소통을 하는 채널을 말한다.

3 2019년 1월 1일 도입·시행된 '자동차 교환·환불 중재제도(한국형 레몬법)'는 신차 구매 후 1년 이내(주행거리 2만km 이내)에 반복된 하자 발생 시 제작사에 교환환불을 요청하고 제작사와 분쟁 발생 시 중재를 통해 분쟁을 해소하도록 하는 제도이다. 이 법에 따라 주요 문제 3회 또는 일반 하자 4회 이상일 경우 법적 교환 및 환불이 가능하다.

4 구매동기를 찾기 위한 기본 질문법에는 오픈 퀘스천(Open Question)과 클로즈 퀘스천(Close Question)이 있는데 오픈 퀘스천은 고객이 긴 문장으로 답할 수 있게끔 유도하는 질문을 얘기하고 클로즈 퀘스천은 고객이 Yes나 No로 단답형으로 대화를 잇도록 하는 기술을 말한다.

5 각 지점의 총괄 업무를 수행하는 사람은 지점장이다.

6 전기자동차란 화석 연료의 연소로부터 구동 에너지를 얻는 것이 아닌 배터리에 축적된 에너지를 이용하여 모터를 회전시켜 구동에너지를 얻는 자동차를 말한다.

7 EPB란 차가 서 있을 때는 브레이크가 자동으로 잠겨 있다가, 출발할 때는 엑셀러레이터 페달만 밟으면 자동으로 풀리는 브레이크 장치이다.

8 RPM이란 엔진이 1분 동안 몇 번의 회전을 하는지 나타내는 단위를 말한다. 자동차의 출력과 속도에 영향을 미치는 것으로 RPM이 높아지는 것은 곧 엔진의 회전수가 많아진다는 것을 뜻한다.

9 온도계 모양의 빨간색으로 된 그림은 냉각수 과열 경고등이라 한다.

10 BEV(Battery Electronic Vehicles)는 충전하여 주행하는 안전한 형태의 전기자동차로 구분하며, 충진된 배터리의 전기를 이용하여 주행하는 자동차를 말한다.

11 타겟팅(Targeting)은 전체시장에서 판매 노력을 집중할 잠재고객을 구체화시켜 나가는 작업을 말한다.

12 나이트비전이란 야간 운전, 악천후, 어두운 외곽 도로에서 운전자가 사고에 대응할 수 있는 장치이다. 자동차의 모니터를 통해서 운전자가 위험을 확인할 수 있고 물체의 열을 감지하여 보행자를 식별하면 영상에 경고표시를 해주는 기능이다.

13 USP(Unique Selling Proposition)는 성공적 신차출시를 위해서는 차별화 전략이 중요하다. 즉 그 차별화된 제품을 가지고 고객과 소통해야 한다. 제품의 차별화, 서비스 차별화, 이미지 차별화 등 경쟁사의 제품과 비교해서 우위에 있다고 하는 '오직 우리 제품만 가지고 있는 장점'을 말한다.

14 각 국가별로 열리는 시기는 다르나 신차 발표 및 각 자동차 회사의 기술 각축장으로 모터쇼가 개최된다.

15 다시 구매할 가능성이 없는 가게에서 물건을 구매할 때 상품가격 할인을 요청하여 구매자가 유리한 상황으로 이익을 극대화하는 협상을 일회성 협상이라고 한다.

16 기업의 협찬을 대가로 영화나 드라마에서 기업의 상품이나 브랜드를 소품으로 화면 속에 상품의 이미지를 자연스럽게 인지시키는 광고를 PPL이라고 한다.

17 자동차진단평가사란 중고 자동차의 유통발전과 소비자의 권익을 보호하기 위해서 공정한 기준으로 중고 자동차의 사고 유무 등 정확한 평가를 하는 사람을 말한다.

18 리콜(Recall)이란 차량 제조사 잘못으로 인해 차량에 중대 결함 발생 시, 전액 제조사 비용으로 결함 부품을 교체하거나 혹은 수리해 주는 제도이다.

19 로너카(커티시카)란 고객의 차량을 수리하는 동안 불편을 최소화하기 위한 자동차 회사의 서비스 프로그램의 일환으로, 고객이 차량이 없어 겪을 불편을 해소해 주기 위해 차량 수리 중 자동차 회사로부터 받는 차량을 말한다.

20 차량의 세일즈 포인트 7가지 조건은 안전성, 디자인, 내구성, 편의성, 경제성, 브랜드, 성능이다.

21 문제에 나와 있는 그림은 에어백경고 등이다.

22 ECU(Electronic Control Unit)는 차량의 각종 센서에서 데이터를 받아 연산을 통해 피스톤 점화기 등 엑추에이터로 불리는 장치들을 제어하여 운행 상황에 최적화된 안정된 출력과 연비를 끌어내는데 운전자의 습관이나 도로와 운전 조건에 따라 제어 값을 달리하여 연비와 출력을 상황에 맞춰 조절하는 장치이다.

23 VPC(Vehicle Preparation Center)는 선박, 항공 등 운송수단을 통해 수입한 자동차의 사전점검을 위해 자동차 통관 및 PDI(인도 전 점검) 절차를 받아야 하는데, 이때 차량을 적재하는 장소를 말한다. 자동차를 고객에게 출고하기 전에 VPC에서 사전점검과 차량 상태를 확인하는 장소를 말한다.

24 문제의 그림은 엔진 경고등 혹은 엔진 점검등이라 한다.

25 주차어시스턴트란 편리한 주차를 할 수 있도록 버튼을 계속 누르고 있으면 안전하고 편리하게 자동차가 주차공간에 자동으로 주차하는 기능을 말한다.

26 공차 중량은 자동차에 사람이나 짐을 싣지 않고 기본적으로 필요한 최소한의 장치, 장비 및 연료를 갖춘 상태에서 잰 무게를 말한다.

27 요소수는 디젤 엔진의 질소산화물(NOx) 발생을 저감하는 환원제로서 유로6 기준을 맞추기 위해 이것을 배출 가스에 용액형태로 분사하는 것을 말한다.

28 프레임(Frame)이란 섀시를 구성하는 각종 장치나 차체(body)를 설치하는 부분으로, 차체에서 전달되는 하중 및 전후 차축의 반력 등을 지지하는 자동차의 골격에 해당하는 구조물을 말한다.

29 자동차 고객의 다양한 요구를 100% 만족시켜줄 차량 제작은 불가능하다. 타겟옵션은 이를 보완하기 위해 특정 고객층에 대해서 옵션을 통해 고객이 원하는 사양을 맞추는 것을 말한다.

30 중고 자동차를 판매하는 사람이 중고 자동차를 구입하려는 사람에게 법적으로 발급하는 차량 검사서를 '중고 자동차 성능·상태 점검기록부'라고 하며 자동차관리법, 제58조 제1항으로 규정한다.

31 LKAS(Lane Keeping Assist System)은 자율주행 차량에 장착된 주행 보조시스템으로 자율주행 데이터 공급 장비와 관련 없다.

32 고객의 자동차는 직접정비가 아닌 정기적인 공식서비스센터 입고예약을 통한 지속적 관리 필요성을 카-컨설턴트가 안내해야 하며, 직접정비를 유도하지는 않는다.

33 열린 질문은 고객이 자유롭게 대답할 수 있도록 유도하는 것이며 닫힌 질문은 단발성과 같은 짧은 대답을 하도록 요구하는 질문이다.

34 PDC는 음향 경고 신호를 통해 뒤에 있는 차에 얼마나 가까이 있는지 알 수 있게 해주고, 자동차 후면의 범퍼에 통합된 초음파 센서로 차량 뒤쪽의 가장 가까운 큰 물체까지의 거리를 측정한다. 최근 차량들에 탑재된 이 기능은 후진하는 동안 후방 또는 측방 장애물과의 충돌을 피하기 위해 자동으로 차량이 정지되는 등 다양한 기술로 발전하고 있다.

35 계약서 작성 시 본인 서명 여부는 계약서를 작성하는 당시에 이행되는 프로세스이며 차량 출고 시 설명하는 사항에는 해당되지 않는다.

36 개인적으로 해결하지 못하는 경우는 애써 문제를 끌지 말고 신속히 지점장에게 해당 내용을 보고한다.

37 국가유공자는 상이 등급 1~7급 사이만 혜택이 있다.

38 장애 1~3급인 경우 현행법으로 정원 7인승 이상 10인승 이하의 승용차를 구입할 때 등·취득세는 감면된다.

39 메라비안의 법칙과 표준 화법은 관계가 없다.

40 현재 한국의 한국수입자동차협회가 KAIDA라는 이름으로 활동하고 있으며, 한국시장 수입 자동차에 관련된 모든 현황 및 홍보 관련하여 현재 활동을 하고 있는 협회이다.

41 고객만족도를 조사하는 방법으로 쓰는 용어는 CSS 조사 혹은 CS(Consumer Satisfaction) 조사라 한다.

42 타이어는 225 : (타이어 폭), 40 : (평편비), S : (최고 허용 속도), R17 : (림의 직경 inch)로 의미한다.

43 세일즈 프로세스의 8단계 : 최초응대 → 니즈 파악 → 차량 프레젠테이션 → 시승 → 계약상담 → 차량 인도 → 고객의 사후 관리와 연락유지

44 화제전환법은 중심 화제를 다른 화제로 전환하는 것으로 거절이나 구매 결정이 확실치 않을 경우 세일즈 컨설턴트가 화제를 다른 화제로 전환하여 구매심리를 증가시키고 화제를 긍정적으로 이끄는 방법이다.

45 운용리스의 종합보험 가입은 리스 이용자가 원하는 보험사에 선택 가입이 가능하며, 리스 기간 동안의 보험경력도 유지된다.

46 자동차 할부는 대부분 고정 금리로 적용되며 변동 금리를 사용하지 않는다.

47 구매조건과 관련하여 확인해야 할 사항은 자금 계획(선수금과 월 납입액 등), 차량명의, 차량인도금, 구매방법(리스, 자가 구입 등) 등이다.

48 시각화하는 방법을 정성적 분석 방법이라 한다.

49 휠 밸런스가 불량하면 동적 평형 불량으로 고속주행 시 조향 핸들에 시미 현상이 일어난다.

50 현대 넥쏘의 경우 수소차이다.

51 수소 화학 반응에 사용되는 촉매제인 백금의 단가가 매우 비싸다.

52 소음이 적은 이유는 전기모터로 시동을 걸기 때문이다.

53 머스탱(Mustang)은 다른 보기들과 같이 종류로 구분될 수 없다.

54 가장 큰 필요성은 바로 고객의 유형이 매우 세분화되어 있기 때문이다.

55 차량 판매 촉진이 모터쇼의 주목적은 아니다.

56 볼보는 안전성이라는 컨셉을 내세워 브랜드의 이미지를 구축하였다.

57 계약 클로징 단계는 고객이 구매를 망설이는 모든 문제를 해결하고, 고객의 결정을 계약 단계로 계약 과정에 집중할 수 있도록 상담을 유도해 간다.

58 STP 분석은 소비자의 선호에 적합한 제품 또는 서비스를 통해 차별성과 경쟁력을 확보하기 위한 광고 기법으로 시장 세분화(Segmentation), 목표 시장 설정(Targeting), 포지셔닝(Positioning)으로 이루어져 있다.

59 고객의 의견이 조금이라도 반영되어 있는 것이 좋다.

60 고객상담에서 Eye-Contact은 고객에게 신뢰를 줄 수 있는 세일즈 컨설턴트의 예절이다.

61 고객과 확인해야 할 매매계약서 요소에는 차종, 연식, 지불 방법, 색상, 옵션 등이 있다.

62 차량인도는 고객의 계약조건에 따라 출고 시 발생하는 프로세스로 차량 인수증의 체크리스트에 따라 차량 외관, 이상 유무, 편의장치 및 정상적인 차량 상태를 확인하는 것이다.

63 차량 쉐어링 서비스는 차량구매 방법에 해당하지 않는다.

64 리스 이용자의 보험경력은 유지된다.

65 고객에게 무리한 최고속을 권유하지 않아야 한다.

66 하나의 테마에 대하여 자기의 의견이나 정보를 짧게 전달하는 스피치 화법을 토스트마스터 화법이라 한다.

67 중고차의 종류와 차종에 따른 구매자의 나이, 성별, 소득 수준, 직업군, 지역적 특성 등을 파악하여 시장 거래 특성을 분석한다.

68 광고 예산 결정 기준은 매출비율 기준, 목표과업 기준, 영업이익 기준, 현금 흐름 기준, 경쟁 업체 기준, 전략 예산 기준 등이 있다.

69 가솔린(휘발유) 엔진은 점화 플러그(스파크 플러그)를 통해 스파크가 일어나 폭발하여 동력을 얻어내는 기관이다.

70 맞춤 상담을 진행할 시 신뢰감이 형성되고, 정확·신속한 정비에도 도움이 되며 또한 고객이 협조자가 되므로 부담을 갖지 않는다.

자동차 영업중개사 민간자격검정 - 모의 3회 (1차) 시험 답안지

1	2	3	4	5	6	7	8	9	10
③	③	③	②	④	③	③	③	④	②
11	12	13	14	15	16	17	18	19	20
①	①	③	①	②	③	①	③	③	③
21	22	23	24	25	26	27	28	29	30
④	③	①	③	③	②	②	④	④	③
31	32	33	34	35	36	37	38	39	40
④	③	①	③	④	④	①	②	③	③
41	42	43	44	45	46	47	48	49	50
④	①	②	④	②	③	④	④	④	③
51	52	53	54	55	56	57	58	59	60
①	④	④	①	②	③	②	③	④	④
61	62	63	64	65	66	67	68	69	70
②	④	②	④	④	③	③	②	②	④
71	72	73	74	75	76	77	78	79	80
④	④	③	③	④	①	①	③	④	③

1 차량인도 방법은 계약이 완료된 후 고객에게 차량을 인도하는 과정으로 니즈 파악과는 관련이 없다.

2 신중형 고객은 사전에 충분한 정보조사와 지식을 가지고 있어, 불필요한 잡담을 피하고 문제 해결에 집중하는 성향이 강해서, 충분한 긴 대화보다 핵심과 요점을 정리해 설명하는 것이 좋다.

3 영업에 있어 가장 중요한 고객은 우량 고객이다.

4 운용리스의 리스료에는 차량 가격, 취득세, 공채, 보험료, 자동차세를 포함할 수 있다.

5 대출승인 시 구매하려는 차종은 고려하지 않는다.

6 세부적인 광고계획안을 작성하기 위해서는 세부적인 광고내용 파악, 광고물 제작방법 파악, 광고물 제작 및 비용 파악, 광고매체를 이용한 광고비용 파악, 광고일정 파악이 필요하다.

7 8,800만원 초과 ~ 1억 5,000만 원 이하 구간의 세율은 35%를 적용한다.

8 프레젠테이션이 차량을 소개하고 설명하는 과정이라면, 시승은 실제 차량 운전체험을 통해 운전과 소유의 혜택을 느껴보도록 기회를 제공하는 과정이다.

9   렌트료는 초기 비용이 없어도 이용 가능한 경우도 있다.

10 자동차 사고 이력은 13개 손해보험사의 1996년 이후의 자동차보험 수리지급기록을 바탕으로 보험개발원에서 2003년 4월부터 인터넷으로 '사고 이력 정보 보고서(카히스토리 www.carhistory.or.kr)'를 제공하고 있다.

11 헌법적 책임은 자동차 사고에서 발생하지 않는다.

12 자동차의 외관을 파악하기 위해서는 전면 – 우측면 – 후면 – 좌측면 – 지붕 순서로 수행하면 된다.

13 자동자의 교환 또는 환불 요건(자동차관리법 제47조의2)은 아래와 같다.
    - 자동차 소유자에게 인도된 후 1년 이내(주행거리가 2만 킬로미터를 초과한 경우 이 기간이 지난 것으로 본다)인 자동차로서 원동기·동력전달장치·조향장치·제동장치 등 국토교통부령으로 정하는 구조 및 장치에서 발생한 같은 증상의 하자(중대한 하자)가 2회 이상 수리하였으나, 그 하자가 재발한 자동차 다만, 1회 이상 수리한 경우로서 누적 수리 기간이 총 30일을 초과한 자동차를 포함한다.
    - 위에서 정한 중대한 하자의 구조 및 장치 외에 다른 구조 및 장치에서 발생한 같은 증상의 하자를 자동차 제작자 등(자동차 제작자 등으로부터 수리를 위임받은 자를 포함한다)이 3회 이상 수리하였으나, 그 하자가 재발한 자동차. 다만, 1회 이상 수리한 경우로서 누적 수리 기간이 총 30일을 초과한 자동차를 포함한다.

14 자율주행 차량은 ADAS를 기반으로 한다.

15 월 할부금은 출고 후 할부기간 중 납부하면 된다.

16 국가유공자는 1급에서 7급까지 전 차종 면세로 특별소비세 혜택을 받을 수 있다.

17 ①은 Press 공정에 대한 설명이다.

18 트렁크 테일램프 설명은 차량 후면에서 차량의 특징을 설명하는 관측 포인트이다.

19 최고속 범위 기호 S : 180km/h 이하, T : 190km/h 이하, H : 210km/h 이하, V : 230km/h 이하이다.

20 한 연구에 의하면 원산지 이미지는 제품 특성과 함께 브랜드 이미지에 직접적 영향을 미친다.

21 고객의 구매욕구가 지속되도록 하고 고객이 구매 결정을 하지 못하는 이유를 분석하여 다시 설득한다.

22 Warm 고객은 관계형성과 방문단계를 넘어선 고객으로 관계형성은 Cold 고객에 대한 전략으로 실행되어야 한다.

23 ① 레이더 및 센서를 통해 전자기파를 송출하여 물체에 반사되는 전자파를 분석하여 거리, 시간, 방향, 속도 등을 감지하는 시스템으로 커넥티드카와 관련이 없다.

24 자동차 제작, 조립공정에 관련된 명칭으로 추가적 제작 및 조립공정이 필요한 자동차를 미완성 자동차라고 한다.

25 영업의 본질은 자신의 능력을 발휘하여 높은 실적과 급여를 보상받는 것이다. 봉사정신으로 실적과 이익을 배제하는 것은 옳지 않다.

26 전화가 연결되고 상대방이 나오면 자신을 밝힌 후 상대방을 확인한다.

27 매슬로우의 인간 욕구 5단계는 1단계 생리적 욕구, 2단계 안전의 욕구, 3단계 사회적 욕구, 4단계 존경의 욕구, 5단계 자아실현의 욕구이다.

28 판매의 3원칙은 1. 상품 가치 2. 판매조건 3. 세일즈 스킬 이다.

29 자동차 마케팅의 3P는 Product, Price, Promotion 이다.

30 자동차 정비는 서비스 영역으로 고객에게 구체적인 정비 내역까지 설명하지 않는다.

31 ④는 장기 렌트에 대한 설명이다.

32 개인의 경우도 신용도에 따라 리스 이용이 가능하다.

33 브레이크 페달의 자유간극이 크게 되는 원인에는 브레이크 드럼이나 라이닝이 마멸되었을 때, 페달링크 기구의 접속부가 마멸되었을 때, 브레이크 오일에 공기가 들어갔을 때(베이퍼록 현상 발생 시) 이다.

34 국내 기준으로 봤을 때 전기차는 급속충전 시 km당 25원, 수소차는 km당 73원으로 수소차가 약 3배 정도 더 비싸다.

35 기업의 구매관리를 위한 구매자 업무 프로세스는 구매요청 - 구매검토 및 일정계획 수립 - 견적요청 - 견적 - 구매조건 검토 - 조건협상 - 구매계약 및 발주 - 계약 및 주문 확인 - 독촉 - 납품 - 수입검사 - 입고처리 - 대금 지급의 과정을 가진다.

36 법인 플리트 영업 시 계약사양과 조건제시에는 가격조건, 법인 임직원 특별우대 금리제공, 차종 시승기회 제공, 공식행사 초청, 긴급출동 및 견인지원 서비스, 지정 정비사 제공 등의 맞춤정비서비스가 있다.

37 중개물 광고효과 측정지표 중 행동적 지표의 효과과정은 비인지 → 인지 → 지식 → 호감 → 선호 → 확신 → 구매 순이다.

38 자동차의 수리공정 중 구 도막 제거, 퍼티, 마스킹, 프라이머 서페이서, 베이스코트, 클리어, 가열 건조 등 일련의 작업을 도장 수리라 한다.

39 중고차의 설명과 기술에 있어 기본정보에 속하는 항목은 차명, 차종, 연식, 등록번호, 형식, 주행거리, 배기량, 연료, 색상, 주요 제원 등이다.

40 성능ㆍ상태 점검내용은 최소 자동차 인도일로부터 30일 이상, 주행거리 2천키로 이상을 보증한다.

41 손해배상책임의 발생요건에는 보험기간 중 발생한 보험사고, 보험사고와 손해와의 상당 인과관계성이 있어야 하고, 보험자의 면책 사유에 해당되지 않아야 한다.

42 DOHC(Double Over Head Cam shaft) : 흡기와 배기 캠 샤프트가 따로 설치된 엔진을 말한다.

43 경청과 공감으로 편안한 관계를 형성하는 것이 중요하다.

44 모든 고객에게 시승경험을 제공하는 것은 계약상담 시 확률을 높이기 위한 필수단계이다.

45 정확한 구매방법을 제시해야 한다.

46 고객은 세일즈 컨설턴트에게 시간을 쫓겨 가면서 본인의 요구 사항을 나타내지 못한 체 계약부터 하고 싶어 하지 않는다.

47 신규고객 발굴은 세일즈 컨설턴트가 대상자를 구분하고 대상자에 따라서 어떻게 접촉할 것인지 설계하고 계획을 하여 창출해야 한다. 계획 없이 무작정 나가는 것은 현실적으로 신규고객 발굴에 비효율적인 방법이다.

48 자율주행자동차가 확대되면 노인, 장애인 이동의 불편은 오히려 감소할 것이다.

49 ①, ②는 쿠페의 설명으로 뒷좌석이 짧고 경사져 대체로 2인용 승용차로 쓰인다. ③은 차체 박스의 갯수에 따른 자동차 분류로 해치백형은 소형 승용차에 많이 사용된다.

50 고객과의 대화는 진심으로 응하고, 판매하려는 의지만 비치는 이야기와 경쟁사 제품에 대한 단점을 강조하는 것은 좋지 않다.

51 정부조달구매의 업무방식은 공개가 원칙이다.

52 감가 요인에는 차량의 외관 및 실내, 성능상태, 주행거리, 사고 이력, 색상, 침수 및 화재, 구조변경, 변경이력 등이 있다.

53 용도에 맞는 자동차 수급은 구매 법인 입장의 필요성이다.

54 구매의 과정에서 고객이 기억하는 것은 만족스러웠던 순간이지 전체 구매과정이 아니다. 고객 경험은 고객의 만족감이 극대화되는 순간의 경험 제공에 초점을 맞춘다.

55 리스/렌트 방식의 이점은 초기비용, 운용비용, 재무회계 처리, 차량유지 관리 등이 있다.

56 Immobilizer 경고등은 시동을 걸었을 때 차량 내에 스마트키가 없을 경우 작동한다.

57 중남미 지역은 상품화를 하고 난 후 수출이 가능하나, 중동지역과 아시아 지역은 매입한 그대로 상품화를 하지 않고 수출이 가능하다.

58 중고차 시세나 자동차 역사는 좋은 차(Good Car)의 조건에 해당되지 않는다.

59 자동차관리법 상 온라인 광고 시 게재해야 하는 법적 필수항목은 아래와 같다.
- 자동차 등록번호, 주요 제원 및 선택적 장치에 관한 사항
- 자동차의 압류 및 저당에 관한 정보
- 중고 자동차 성능·상태 점검기록부
- 중고 자동차 제시신고 번호
- 자동차 매매업자
- 매매사업조합의 상호 주소 및 전화번호에 관한 사항
- 매매사원의 사원증 번호 및 성명에 관한 사항

60 개인정보보호법에 의해서 경쟁사의 고객정보를 고객의 동의 없이 활용하는 것은 위법 사항으로 적합하지 않다.

61 우량 고객은 지속적인 관리와 서비스 및 정보제공으로 최우선적으로 관리해야 한다.

62 고객 응대의 세일즈 프로세스는 고객 맞이 - 니즈 파악 - 차량 설명 - 시승 - 차량 상담 - 차량인도 - 사후 관리로 고객 방문은 세일즈 프로세서에 해당하지 않는다.

63 최초 응대 단계는 세일즈 컨설턴트가 고객을 전시장이나 외부에서 처음 만나는 단계로 이때 첫인상을 잘 심어주는 것이 중요하다.

64 차량 내 액세서리는 고객의 차량구매와는 별도로 판매되는 상품이다.

65 엔진과열의 원인으로는 아래와 같다.
 • 써머스타트가 닫힌 상태에서 고장인 경우
 • 라디에이터 냉각핀(코어)이 20% 이상 막혔을 때
 • 라디에이터 외부 냉각핀에 이물질이 많이 부착되었을 때
 • 라디에이터가 파손되었을 때
 • 점화 시기가 잘못 조정되었을 때
 • 벨트 유격이 크거나 밸브 텐셔너 고장으로 유격이 커졌을 때
 • 벨트가 끊어져 워터 펌프가 작동되지 않을 때
 • 엔진이 과부하로 작동될 때
 • 냉각수에 이물질이 유입되었을 때

66 전년도 손익계산서는 법인고객에게 확인할 사항이다.

67 주행은 가능하나 유의 및 추후 점검이 필요함을 알리는 경고등의 색상은 노란색이다.

68 고객의 운전 스타일을 확인하는 것은 니즈 파악 시 세일즈 컨설턴트가 알아봐야 하는 항목이다.

69 탁송의뢰서(신청)에는 의뢰인의 성명 및 연락처, 탁송 차량의 차명과 등록번호, 출발지, 도착지 등을 기록해야 한다.

70 ABS란 Anti-lock Brake System으로 제동장치를 말한다.

71 편의장비나 안전장비는 운전자의 운전을 도와주는 보조 장치이므로 누구에게나 100%의 안락함과 사고를 예방해 주지는 못한다.

72 고객에게 계약을 유도하기 위해서는 먼저 고객이 소유한 차량에 대한 정보와 상담하려는 관심 차량 그리고 비교하는 차량의 정보가 필요하다.

73 엔진오일을 확인하는 방법은 자동차를 평지에 주차하기, 엔진오일 게이지 탈거하기, 엔진오일 상태 확인하기를 순서대로 수행한다.

74 차종, 등급, 연식, 수리 예상범위, 수리 예상비용, 작업시간, 차량인도 방법 등의 내용이 기재된 수리 견적 요청서를 작성한다.

75 대부분의 고객은 자신이 주도권을 갖고 있다는 우월감을 갖고 있으므로 고객을 충분히 존중하는 접근을 해야 한다.

76 엔진의 수온 센서는 냉각수 온도를 측정하여 전기적 신호로 바꾸어 ECU에 보낸다.

77 MPV는 레저용 차량이라고도 한다. 즉 목적에 따른 자동차 분류이다.

78 자동차 통행료 구분은 아래와 같다.
- 1종(소형차) : 승용차, 소형승합차, 소형화물차 (2축 차량, 윤폭 279.4mm 이하)
- 2종(중형차) : 중형승합차, 중형화물차(2축 차량, 윤폭 279.4mm 초과, 윤거 1,800mm 이하)
- 3종(대형차) : 대형승합차, 2축 대형화물차(2축 차량, 윤폭 279.4mm 초과, 윤거 1,800mm 초과)
- 4종(대형화물차) : 3축 대형화물차
- 5종(특수화물차) : 4축 이상의 특수화물차
- 1종(경형자동차) : 배기량 1000cc 미만으로 길이 3.6m, 너비 1.6m, 높이 2.0m 이하

79 고객과 동반한 동반인에게 무리한 고객정보를 요청하지 않는다.

80 대부분 고객들이 사회적 위치를 가지고 있어 스케줄이 있으므로 약속시간보다 지나치게 일찍 가서 고객의 스케줄이나 업무를 방해하지 않는다.

자동차 영업중개사 민간자격검정 - 모의 3회 (2차) 시험 답안지

1	2	3	4	5	6	7	8	9	10
타이어 내경 or 휠의 외경, 즉 장착 가능한 휠 사이즈	컨버터블	페이드 현상 (Fade)	Shimmy 현상	어댑티브 헤드라이트 (Adaptive Headlight)	배기가스 재순환장치 (EGR : Exhaust Gas Recirculation)	무단 변속기 or CVT	차동 장치 or 차동 기어 or Differential Gear	니즈 (Needs) 파악	교육세
11	12	13	14	15	16	17	18	19	20
경차	딜러 스탠다드	자동 긴급제동 시스템 (AEB : Autonomous Emergency Braking)	브랜드	등록세	TCS (Traction Control System)	TPMS (Tire Pressure Monitoring System) 타이어 압력감지 시스템	홀세일	SC(Sales Consultant) or 세일즈 어드바이저	시승 행사
21	22	23	24	25	26	27	28	29	30
미스터리 쇼퍼	CRM (Customer Relationship Management)	딜러사	Stock	쿠페 (Coupe)	LDWS (Lane Departure Warning System) 차선이탈 경보 시스템.	자동차 등록증	가변 전자 제어 서스펜션 (AVS : Adaptive Variable Suspension system)	1.6mm	ISG (Idle Stop and Go) 공회전 제한장치
31	32	33	34	35	36	37	38	39	40
④	③	②	④	③	②	④	④	④	③
41	42	43	44	45	46	47	48	49	50
②	①	③	③	④	②	①	②	①	④
51	52	53	54	55	56	57	58	59	60
③	①	③	①	①	③	④	③	①	③
61	62	63	64	65	66	67	68	69	70
③	②	②	②	②	④	④	①	③	①

1 P / 205 / 65 / R / 15 의 의미는 아래와 같다.
- 205 : 타이어 단면 폭(Section Width)
- 65 : 편평비(Aspect Ratio)
- R : 타이어의 종류(R : 레디얼 타이어, D : Diagonal 일명 바이어스 타이어)
- 15 : 휠의 림 경(Rim Diameter)

2 지붕을 접으면 오픈카가 되고 창유리를 올리고 지붕을 덮으면 쿠페형 승용차가 된다. 유럽에서는 '카브리올레'라 부르고, 영국에서는 '드롭헤드'라고도 부른다. 이러한 자동차를 컨버터블이라고 한다.

3   긴 내리막길에서 Brake를 자주 밟아 Brake와 Drum의 마찰열 상승으로 제동력이 감소되는 현상을 페이드 현상이라 한다.

4   바퀴가 옆으로 흔들리는 현상으로 Wheel Balance의 균형이 정확하지 않을 경우 회전 저항이 증가하며, 특히 고속주행 시 핸들이 떨리는 현상을 shimmy현상이라 한다.

5   굴곡 도로에서 야간주행 중에 더 나은 가시성과 안정성을 보장하는 것으로, 주행 조건에 따라 빔 패턴을 조정할 수 있는 자동차안전기능이다. 운전자의 시야를 일시적으로 방해할 수 있는 상향 전조등 사용을 피하는 데 도움이 되는 이 기능을 어댑티브 헤드라이트라고 한다.

6   배기가스가 흡기 다기관 내로 유입되는 비율을 제어하기 위한 밸브를 말한다. 배기가스 내의 NOx를 저감하는 한 방법으로, 불활성인 배기가스의 일부를 흡입계통으로 재순환시키고, 엔진에 흡입되는 혼합가스에 혼합되어서 연소 시의 최고 온도를 내려 NOx의 생성을 적게 하는 장치를 배기가스 재순환장치(EGR)라고 한다.

7   단수 별로 톱니바퀴가 맞물려 동력을 전달하는 방식이 아니라 톱니바퀴 없이 메탈 벨트에 의해 기어비가 조정되며 동력을 전달하는 방식의 변속기를 무단변속기라 한다.

8   자동차가 선회할 때 양쪽 바퀴가 미끄러지지 않고 원활하게 선회하려면 바깥쪽 바퀴가 더 많이 회전해야 하고, 또 요철 구간에서도 양쪽 바퀴의 회전속도가 달라져야 한다. 이때 양쪽 바퀴의 회전속도를 다르게 만들어 주는 기능을 차동장치 또는 Differential Gear라 한다.

9   고객의 요구 사항과 관심 차종, 구매 이유 등 고객의 신상과 정보를 얻는 단계에서 많이 하는 질문이므로 이 단계는 니즈(Needs) 파악이다.

10 조세 수입의 전부 또는 그 일부를 국가 및 지방자치단체의 주요사업 중의 하나인 교육서비스 활동을 수행하는 데에 필요한 경비조달을 목적으로 국민으로부터 징수하는 세금은 교육세이다.

11 일반적인 승용차에 비해 무게가 가볍고 크기도 작으며, 유지비도 상대적으로 적게 들어 정부로부터 여러 가지 세제 혜택을 받을 수 있는 차량을 경차라고 한다.

12 자동차 브랜드 회사들은 각 나라별로 판매사(딜러사)를 선정하여 운영한다. 이때 자동차 브랜드 회사에 맞는 계약조건, 운영조건, 판매조건 등 모든 업무를 기준에 맞게 정하고 이끌어나가는데, 브랜드 CI 및 지점 유지 상태, 각종 프로세스에 대해 기준에 부합한지 모든 지점을 정기적으로 체크하는 것을 딜러 스탠다드라고 한다.

13 선행 차량과의 충돌위험이 감지될 경우 자동으로 브레이크를 작동시켜 긴급상황에서 차량과 운전자의 피해를 최소화시켜주는 최첨단 안전장비로, 레이더가 위험을 감지하면 운전자에게 소리나 진동으로 속도를 줄이도록 하는 기술을 말한다. 경고에도 운전자가 반응하지 않으면 브레이크가 작동해 자동으로 주행을 멈추게 하는 시스템을 자동긴급제동시스템(AEB) 이라 한다.

14 차량 프레젠테이션 시 설명하는 Good Car의 7가지 조건은 안전성, 디자인, 내구성, 편의성, 경제성, 브랜드, 성능이라 한다.

15 등록세란 재산권 기타 권리의 취득, 이전, 변경 또는 소멸에 관한 사항을 공부에 등기 또는 등록하는 경우에 그 등기 또는 등록을 받는 자에게 부과하는 지방세(도세)이다.

16 TCS는 미끄러운 노면에서 발진 또는 가속, 등반할 때 구동하는 바퀴가 헛도는 것을 방지하여, 자동차가 X축(길이 방향 축) 선상에서 안정을 유지하도록 한다. 선회 안전성이 유지되며, 차선에서 이탈하는 것을 방지하는 시스템이다.

17 자동차 타이어의 공기압이 너무 높거나 낮으면 타이어가 터지거나 연료소모량이 많아져 연비가 악화되고, 타이어 수명이 짧아질 뿐 아니라, 승차감과 제동력도 많이 떨어진다. 타이어에 부착된 전파식별(RFID)센서로 타이어의 압력과 온도를 감지한 뒤, 이 정보를 운전석으로 보내 운전자가 실시간으로 타이어의 압력 상태를 점검할 수 있게 설계되어 있는 시스템을 TPMS(타이어 압력감지 시스템)이라 한다.

18 자동차를 공급하는 임포터 회사와 소속 딜러사 간에 자동차나 부품을 사전에 협의된 계약에 의해 대량 혹은 도매로 구입하는 것을 홀세일이라 한다.

19 자동차 회사에 소속된 영업사원으로 자동차 상담, 판매, 사후 관리를 담당하는 직원을 SC(Sales Consultant) 혹은 세일즈 어드바이저라고 한다.

20 판매를 목적으로 고객에게 차량을 체험하도록 진행하는 행사를 시승 행사라 한다.

21 손님으로 가장하여 미스터리 쇼핑을 시행하는 사람을 미스터리 쇼퍼라 부른다.

22 Customer Relationship Management의 약자로 기업이 고객과 관련된 내외부 자료를 분석, 통합하여 고객 중심 자원을 극대화하고 전산 시스템을 구축하여 이를 토대로 고객 특성에 맞게 마케팅 활동을 계획, 지원, 평가하는 과정을 말한다.

23 차량을 공급받아 판매하고 정비업을 하는 회사를 딜러사라 한다.

24 Stock 차량으로 즉시 판매가 가능 또는 운송 중인 Stock 차량 또는 부품으로 구분할 수 있다.

25 쿠페로 차체의 뒷부분을 경사지게 깎아내린 자동차이다.

26 LDWS(차선이탈경보시스템)이란 룸미러 전방에 장착된 광학카메라를 통해 차선을 인식하고 방향 지시등을 켜지 않고 차량이 한쪽으로 움직이는 것을 감지하면, 스티어링 휠에 약간의 진동을 보내 경고한다. 경고 후에도 차선 이탈이 진행되면 자동으로 조향하여 차선 내로 복귀하는데 필요한 시스템이다.

27 자동차를 구매하게 되면 소유주는 자동차관리법에 따라 공식적으로 국가에 자동차를 등록하게 되는데 차량번호, 차명, 차종, 소유자 정보 등이 기록되어 있는 것을 자동차등록증이라 한다.

28 AVS(가변전자제어서스펜션)기능은 코너링을 할 때에는 감쇠력을 강화시켜 핸들링 안정성을 유지시켜 준다. 또한 roll 컨트롤에 중점을 두어 차체 움직임을 더욱 안정감 있게 전자적으로 컨트롤하며 노면 상태와 드라이빙 모드에 따라 서스펜션의 감쇠력을 조절해주는 장치이다. 거친 노면을 주행할 때에는 감쇠력을 완화해 편안한 승차감을 유지시켜 준다.

29 승용차의 경우 타이어 트레드 홈의 사용 한계를 1.6mm로 규정하고 있다.

30 ISG(공회전제한장치)란 자동차가 정차해 있을 때는 시동이 꺼져 엔진은 정지되고 배터리를 이용하여 모터를 구동시키고, 차가 출발할 때는 다시 시동이 켜지는 방식이다.

31 차대번호에서 8번째 자리는 배기량을 표시하는 기호로, 예를 들어 A표기는 1800cc이며, B표기는 2000cc이며, C표기는 2500cc를 뜻한다.

32 일반적으로 책임보험의 보상범위는 대인배상 1억 5천, 대물배상 2천만 원이다.

33 장기 렌터카는 보험가입 경력이 인정되지 않고 보험료, 자동차세금을 납부하지 않는다.

34 무상 협상은 서로의 조건이 존재하지 않으므로 협상이라고 할 수 없다.

35 플리트 영업 구매고객의 유지 관리를 위한 관리 항목으로는 지속적인 추가 구매 시 가격(견적), 차량의 만족도, 차량의 유지 관리가 있다.

36 ②는 설계단계에서의 최종공정이 아닌 차량 테스트이다.

37 중고차 중개대상물 광고자료 준비 시 대상 자료로 자동차의 등록 및 제원 정보, 자동차 성능상태 점검기록부, 카히스토리 등의 자동차 사고 이력 정보, 중고차 이미지 자료가 있다.

38 출품자가 작성한 출품신청서와 자동차등록증, 지방세 완납증명서, 인감증명서, 자동차 양도행위 위임장 등의 구비서류를 준비한다.

39 법인영업을 위한 기업의 주요 구매 분석조사의 사항은 대상 기업의 의사결정 권한자의 구성, 각 권한자의 영향력, 제품 평가의 기준 등이다.

40 전년도 손익계산서는 법인고객에게 확인할 사항이다.

41 자동차세란 자동차의 소유에 대하여 과세하는 시세로서 재산적인 성격과 도로손상 및 환경오염에 대한 부담금적 성격을 동시에 갖는 세금이다.

42 대인배상 I 은 자동차 사고로 타인을 다치게 하거나 사망케 한 경우 이에 대한 손해배상에 대한 보상 종목이다.

43 경차의 지하철 환승주차장 주차료는 80%이다.

44 대화는 상대적이다. 음성을 때에 따라 효과적으로 조절해야 한다.

45 고객의 이야기를 수렴하기 위해 필요한 질문을 적절히 할 수 있어야 한다.

46 직접적인 우선 관리 요소는 고객관리와 가망고객관리로 실적에 직접적인 영향을 줄 수 있다.

47 한 명의 구매고객은 구매한 차량에 대한 정보를 10명에게 전달하고, 좋은 홍보의 표본이 되기 때문에 기존 출고고객을 더 집중적으로 관리하는 것이 고객이탈 방지에 유용하다.

48 자동차의 속도를 일정하게 유지하도록 하는 '정속주행장치' 혹은 '자동속도 조절장치'를 일컬어 '크루즈 컨트롤'이라고 한다.

49 배터리는 교류 발전기에서 생성된 전기를 저장하고 자동차의 전기 시스템에 전기를 공급한다.

50 브레이크 디스크는 사용 중 마찰열에 의한 변형과 변성이 일어나기 쉽기 때문에 외경을 제외한 런아웃(run out), 드럼의 두께, 표면 열변성 상태 등을 점검해야 한다.

51 LPG 엔진에는 연료분사펌프가 존재하지 않는다. LPG 엔진의 장점은 옥탄가가 100~120으로 가솔린보다 높다는 점이다.

52 벤츠 C 클래스는 C Segment로 구분할 수 있다.

53 수입차의 시장점유율 증대와 고객 타겟팅은 직접적 연관이 없다.

54 ①은 디젤연료 필터 수분 경고등으로 연료필터 내에 물이 규정량 이상으로 고였을 때 작동한다.

55 클로징 화법에서는 구매를 결정지을 수 있도록 상담이 종결되는 화법을 이용해야 하는데 재고가 많아서 구매를 서두를 필요도 없고, 고객이 편하실 때 계약하라고 설명하는 것은 적합하지 않다.

56 일체 구조가 아니므로 모델 변경이 용이하다.

57 자동차는 운행하는 동안에 계속해서 오일류, 필터, 배터리, 벨트류, 타이어 등을 교환하면서 사용해야 하는 기계장치이다. 자동차 소모품은 운행하면서 노후화 또는 기능이 저하되어, 주행거리나 사용 기간에 따라 교환하면서 사용해야 하는 소모성 부품을 말한다.

58 최초의 원동기 자동차는 칼 벤츠와 고트리프 다임러에 의해서 독일에서 개발되었다.

59 전기자동차는 회생 제동장치를 통해 운행 중 스스로 충전되는 기능을 가지고 있다.

60 부동액도 오래 사용하면 오염되며 액체가 응결 현상을 나타내기도 한다. 자동차 메이커에서는 보통 약 2년 정도를 교환 주기로 권장하고 있다.

61 판매조건 제시에는 금액 할인, 물품 지원, 금융 지원, 보증 연장 등이 있다.

62 Power Train은 E/G → Clutch → T/M → D/Shaft → Diff. Gear → Wheel 까지에 이르는 동력전달 체계를 말하며, 자동차의 주요 성능을 결정하는 가장 중요한 부분이다.

63 링크 기능을 이용하여 동영상, 음악, 카탈로그 등 다양한 정보 전달이 가능한 장점이 존재한다.

64 AHS(Active Hood System)은 보행자 충돌 시 보호하는 장치이다.

65 미래 자동차산업의 화두는 커뮤니케이션카가 아닌 커넥티드카이다.

66 소개 의사가 있는 고객은 본인이 당장 차량을 구매할 수 있는 잠재고객이나 가망고객이 아니므로 조건에 해당되지 않는다.

67 매연 저감장치(DPF) 차량에는 반드시 전용 엔진오일을 사용해야 한다. 일반 엔진오일을 사용해도 당장 문제가 발생하지 않지만, 장시간 사용 시에는 DPF 장치의 고장 원인이 될 수 있다.

68 축거는 앞범퍼와 뒷범퍼 끝의 거리가 아닌 앞바퀴 중심과 뒷바퀴 중심 사이의 거리를 뜻한다.

69 전기차 부품 특성상 고가의 교체 비용이 요구된다.

70 속성적 Positioning 이란 용어는 없다.

자동차 영업중개사 민간자격검정
- 모의 4회 (1차) 시험 답안지

1	2	3	4	5	6	7	8	9	10
④	④	①	①	①	③	②	②	②	①
11	12	13	14	15	16	17	18	19	20
①	①	①	①	④	③	④	②	④	④
21	22	23	24	25	26	27	28	29	30
③	①	①	②	②	②	①	④	②	④
31	32	33	34	35	36	37	38	39	40
②	①	①	②	③	③	①	①	①	②
41	42	43	44	45	46	47	48	49	50
③	③	①	③	③	④	①	①	①	③
51	52	53	54	55	56	57	58	59	60
③	④	④	②	①	④	③	①	①	②
61	62	63	64	65	66	67	68	69	70
④	④	④	④	③	④	④	①	③	④
71	72	73	74	75	76	77	78	79	80
③	④	②	③	④	③	③	③	③	④

1 고객관리를 위한 전화, SMS, 메일, 방문 등의 직접 활동은 세일즈 컨설턴트가 주로 한다. 지점장은 전시장 및 직원들을 관리하고 세일즈 컨설턴트에게 목표와 매출 이익을 위한 운영에 책임을 맡고 있다.

2 자동차등록증 원본은 이전 등록 시 필요하다.

3 차체 소재의 꾸준한 개발과 변화의 주목적은 차량의 경량화이다.

4 판매 프로모션은 계약상담 시 설명하는 것이 좋다.

5 바퀴가 헛도는 현상은 말 그대로 '휠 스핀' 이라고 한다.

6 디젤은 질소화합물의 배출이 많다.

7 수리비용(기술료)의 공임의 종류는 판금/수리공임, 탈착교환공임, 오버홀, 도장공임이 있다.

8 니즈 파악 다음 단계는 차량에 대한 제반 설명을 하는 단계로 차량 프레젠테이션이다.

9 1600cc 초과 - 200원/cc, 1000cc 이하 - 80원/cc 이다.

10 터보차저는 배기가스의 에너지로 배기터빈을 돌리고 이에 직결된 컴프레서로 엔진에 공기를 강제로 밀어 넣어 엔진 출력을 향상시키는 장치다.

11 ECM(Electronic Chromic Mirror)은 감광식 미러라고도 하며, 야간 운전 시 전조등이 반사되어 눈부심 현상을 완화해주는 편의장치로 빛의 밝기에 따라 광센서가 거울 양쪽 끝에 전류의 세기에 따라 반사량을 조절하는 제어 장치이다.

12 도로교통법 제49조 제1항 3호는 '교통안전 등에 지장을 줄 수 있는 차를 운전하지 아니할 것. 다만, 요인 경호용, 구급용 및 장의용 자동차는 제외한다.'라고 명시한다. 가시광선투과율은 앞면 창유리 70% 미만, 운전석 좌우 옆면 창유리 40% 미만이다.

13 렌터카와 다르게 모바일이나 컴퓨터를 통해 예약을 하고 온라인상으로 사전 약정을 맺어 손쉽게 차량을 이용할 수 있는 미래형 자동차서비스산업을 카셰어링이라고 한다.

14 엔진은 자동차를 구동시키기 위한 동력을 발생시키는 장치이다. 실린더 블록 등 기관 주요부를 비롯하여 밸브장치, 윤활장치, 냉각장치, 연료장치, 점화장치 등으로 되어있다.

15 차량 등급을 분류하는 기준으로 중량은 포함되지 않는다. 배기량 1,600cc 미만, 전장(길이) 4,700mm 이하, 전폭(너비) 1,700mm 이하, 전고(높이) 2,000mm 이하일 경우 소형차로 분류한다.

16 현재 카셰어링의 단점 중 하나가 고객 접근성이 낮다는 것이다.

17 자산의 할부취득이라는 금융 거래적 성격을 가진 계약은 금융리스이다.

18 유압 조절밸브는 윤활 시스템 내에서 오일 압력이 과도하게 상승되는 것을 방지하여 항상 일정한 압력이 유지되도록 해주는 장치다

19 전기자동차는 사고 시 폭발의 위험성이 적다.

20 전기자동차는 전기모터 등 부품의 내구성이 내연기관에 비해 훨씬 길고 개수가 많지 않아 정비가 내연기관 자동차에 비해 간단하다. 기존의 정비시설을 전환하여 사용 가능하기 때문에 투자가 시급하지 않다.

21 긴급전원 차단 스위치는 전기차 충전 중 화재 시에 누르는 것이다.

22 충전소 이용에 어려움이 있으므로 최소 30km 남기 전에 미리 해두는 것이 좋다.

23 매매의 경우 매수한 날로부터 15일 이내에 한다.

24 차량구매 가능성이 있는 고객을 가망고객이라고 한다.

25 구글의 자율주행자동차는 운전자가 없이 자율주행 시스템이 운영한다.

26 트렁크의 유무에 따라서 승용차의 차체를 구별하지는 않는다.

27 전후 바퀴 중심 간의 거리를 축거라고 한다.

28 초록과 파랑은 동일하다고 본다. 둘은 경고라기보다 차량의 상태나 현재 어떤 기능을 소화하고 있는지 알려주는 것이라고 보면 좋다.

29 열 폭주가 시작되면 골든타임 10분 내에 화재를 진압하여야 한다.

30 ④는 엔진오일 경고등이 아니고 엔진 점검등이다.

31 START/STOP 기능은 정지상태에서 시동이 꺼진 상태로 대기가 가능하므로 연료 절약에 도움이 된다.

32 SC의 복장으로는 바지는 줄이 잘 서 있고, 길이는 구두 위를 가볍게 덮는 정도가 좋다.

33 지금 현재 가장 상용화에 가까운 타입은 EV이다.

34 인젝터 고장 시 출력은 증가하는 것이 아니라 감소한다.

35 BMW i8은 전기, 가솔린, 하이브리드 차이다.

36 프레젠테이션 시 고객의 니즈에 맞게 핵심 포인트를 설명하는 것이 좋다. 디테일한 설명은 고객을 지루하게 하고 구매 의욕을 저하시키는 결과를 초래한다.

37 ECS를 장착한 Active Suspension은 조종 안정성과 승차감에 집중한 기능이다. 노면 상태와 운전 조건에 따라 차체 높이를 변화시켜, 주행 안전성과 승차감을 완화시켜주는 기능으로 정숙주행과는 큰 관련이 없다.

38 렌트카는 개인별 보험경력은 인정되지 않는다.

39 신규등록자격은 구매자 본인, 본인의 대리인, 자동차 제작자와 판매회사이다.

40 보증금은 운용리스 이용 시 전체 이용금액 일부(보통 30%)를 선납하고 리스 기간이 종료되면 되돌려 받는다.

41 스코다(SKODA)는 체코의 자동차 회사로 현재 폭스바겐 산하에 있다.

42 요소수는 질소산화물 저감장치에 들어가는 촉매 물질이다.

43 절대 기쁜 표정이나 만족한 표정을 짓지 않는 것이 좋다.

44 개인 사업자로 리스 차량 구입 시에는 주민등록초본은 필요하지 않다.

45 소개를 통한 고객 발굴에서 소개의 주체는 지인, 기존 고객, 관련 업계 종사자다.

46 콘티넨탈은 독일의 자동차 부품 회사이다.

47 요소수와 연비 향상은 큰 관계가 없다.

48 마케팅 차별화는 신차 포지셔닝과는 거리가 멀다.

49 고객이 이미 잘 알고 있거나 관심 없어 하는 부분을 상세하게 설명하는 것은 오히려 구매 상담 효과가 떨어질 수 있다.

50 전기차는 모터만 제어하면 되기에 대체적으로 변속기가 존재하지 않아도 되어 원동기 자동차에 비해서 순발력이 뛰어나다.

51 RV가 SUV, MPV, CUV를 포함하는 포괄적인 개념이다.

52 ① 보통 양극단자(+)가 음극단자(-)보다 크다.
② 정전류 충전이란 일정 전류량으로 충전하는 것을 말한다.
③ 충전 중에는 양극(+)에서는 산소가, 음극(-)에서는 수소가 발생한다.

53 Power Steering은 조향각을 조정할 수는 없다.

54 채권자가 제3채권에 대하여 우선 담보권을 가지며 연체 등이 발생 시 저당권을 임의경매하여 채권을 회수하는데 목적이 있다.

55 캐스터는 킹핀과 연관이 있으며 각도로 표시된다.

56 차량 하부는 프리젠테이션 관측 요소에 포함되지 않는다.

57 평편비는 타이어 높이를 단면 폭으로 나눈 비율로 단위는 "%"를 말한다.

58 자동차 문을 잠그지 않더라도 전기는 소모되지 않는다.

59 CRM은 고객관리 프로그램이다.

60 레벨2에서 운전자는 운전을 감시해 어떤 상황이 발생하면 금세 운전을 직접 조절한다. 고속도로에서의 자율주행을 상정한다.

61 미스터리 쇼퍼란 전시장의 전반적인 상황을 확인하는 방법으로 미스터리 쇼핑을 진행하는 데 고객을 가장하여 방문하는 사람을 뜻한다.

62 구동력 제어 기능으로 승차감과는 큰 관련이 없다.

63 **자동차관리법상 온라인 광고 시 게재해야 되는 법적 필수항목**
- 자동차 등록번호
- 주요 제원 및 선택적 장치에 관한 사항
- 자동차의 압류 및 저당에 관한 정보
- 중고 자동차 성능 · 상태점검기록부
- 중고 자동차 제시신고 번호
- 자동차 매매업자 · 매매사업조합의 상호 · 주소 및 전화번호에 관한 사항
- 매매사원의 사원증 번호 및 성명에 관한 사항

64 터보 인터쿨러(Turbo Intercooler Engine)는 터보에 의해 압축되는 과정 중에 온도가 상승된 공기를 식혀 줌으로써 공기밀도를 향상시켜 공기충전 효율을 증대시켜 주는 장치이다.

65 경차 구입 시 정부에서 지원하는 경차 지원 정책은 자동차 책임보험료의 면제가 아니라 할인이다.

66 가솔린자동차에 미국 정부의 보조금 지급은 없었다.

67 차량의 자동차 프레젠테이션을 위한 핵심 요소 7가지 조건은 안전성, 디자인, 내구성, 편의성, 경제성, 브랜드, 성능이다.

68 물건을 구매하거나 상품가 할인을 요청하여 구매자가 유리한 사항에서 이익을 극대화하는 협상 조건을 일회성 협상이라고 한다.

69 정기검사 안내는 48개월에 하는 장기 고객관리이다.

70 전기차 충전시설은 수소차에 비해 많이 보급되었다.

71 취득세는 차량 구입 시가 아닌 차량등록 시에 부과되는 세금이다.

72 완속(저속)충전의 단점은 충전시간이 오래 걸리고 장거리 이동 시 충전시간이 오래 걸리는 것이다.

73 연료필터는 연료 속에 포함되어 있는 먼지 및 수분 등과 같은 불순물들을 여과하는 역할을 한다.

74 프랑스의 2인승 두 바퀴 마차에서 유래한 말로, 모습으로 보아 뒷좌석 부분의 천장이 짧거나 또는 경사져 있는 승용차를 쿠페형이라 한다.

75 영업용 차량등록 시 취·등록세는 4%이다.

76 리스 선수금에 대하여도 비용처리 가능하다.

77 AICC(Autonomous Intelligence Cruise Control) 기능은 주행 중 앞 차량과 접촉 사고를 예방하는 장치이다. 제조사별로 명칭은 상이할 수 있다.

78 대화의 7:3 원칙에서도 언급하다시피 경청에 7할, 말하기에 3할을 투자한다.

79 수소자동차는 수소를 전기로 전환하는 에너지 전환 과정을 필요로 한다.

80 리스기간 동안 경력도 보험경력으로 유지된다.

자동차 영업중개사 민간자격검정 – 모의 4회 (2차) 시험 답안지

1	2	3	4	5	6	7	8	9	10
오토 홀드 (Auto Hold)	가망고객	후 측방 경고 시스템 (RCTA)	연/2만km	조향비	START/STOP	해피콜	압축비	ASR (Anti Spin Regular)	픽업 앤 딜리버리
11	12	13	14	15	16	17	18	19	20
프리세이프 (PRE-SAFE)	시승차 (데모카)	SUV (Sports Utility Vehicle)	FR Type or 후륜구동	TCS (Traction Control System)	CS	Stock	GM (General manager)	작은 단위로 할인 금액을 제시한다.	등록세
21	22	23	24	25	26	27	28	29	30
전고	브레이크 패드/라이닝 경고등 · 브레이크 패드/라이닝이 마모되었습니다.	레벨 3단계	차체 or Chassis	차량 주행 안전성 제어장치 (ESP : Electronic Stability Program)	ADAS (Advanced Driver Assistance System) · 첨단운전자 지원 시스템.	PDC (Parking Distance Control)	노킹 (Knocking)	무사고 차량	대형 or 대형차
31	32	33	34	35	36	37	38	39	40
①	④	④	④	②	①	②	①	①	④
41	42	43	44	45	46	47	48	49	50
①	④	④	④	④	①	④	③	①	②
51	52	53	54	55	56	57	58	59	60
①	①	②	④	①	④	④	③	③	①
61	62	63	64	65	66	67	68	69	70
③	②	④	②	④	③	①	①	③	③

1 오토 홀드란 자동차 정차 시 브레이크 페달에서 발을 떼더라도 브레이크 압력을 일정하게 유지하여 차가 나가지 않도록 잡아 주는 기능이다. 가속 페달을 밟으면 저절로 브레이크가 풀리며, 언덕길에서는 차가 뒤로 밀리지 않도록 해준다.

2 구매계약이 예상되는 고객을 가망고객이라고 한다.

3 후·측방 경고시스템(RCTA)이라고 한다. 기능은 후진 시 뒤쪽 사이드미러 사각지대에 보이지 않는 차량 및 보행자 등을 감지하고, 경보음을 울려 운전자에게 위험을 인식시켜 주는 시스템이다.

4 차량의 누적된 주행거리가 많으면 그만큼 차량의 운행 시간이 길어져 부품의 마모가 증대되고, 품질도 저하될 수 있다. 이에 따라 대부분 평균 연간 2만km를 기준으로 하며 평균 주행거리를 초과하면 중고차 시세보다 낮게 평가받을 수 있고, 주행거리가 짧으면 평균 시세보다 높게 평가 받을 수 있다.

5   조향비란 앞바퀴가 1도 회전하는데 필요한 조향 핸들의 "회전각도 비율"을 말한다.

6   START/STOP OR STOP/GO 시스템이라고 불리며 차량 정지 시 엔진을 자동으로 정지시켰다가 출발할 때 자동으로 다시 시동을 걸어 연료 소비를 줄이는 시스템이다.

7   해피콜이란 기본적으로 고객의 방문 또는 차량구매 활동에 대한 만족도 조사, 개선사항 청취, 감사 표시 등의 목적을 가진다. 또한, 고객과의 전화 연결을 통해 친밀감 형성 및 로열티 향상, 원만한 관계 유지 등의 효과를 얻을 수 있는 것을 말한다.

8   압축비란 내연기관에서 실린더 안으로 들어간 기체가 피스톤에 압축되는 용적의 비율로 가솔린 엔진은 통상 7:1~10:1, 디젤 엔진은 16:1~23:1 정도로 한다.

9   ASR(Anti-Spin Regulator)은 가속페달을 밟는 과정에서 바퀴가 헛돌지 않게 해주며 미끄러지는 현상을 발견하면 제어계통에 작용하여 주행 상태에 맞도록 출력을 제어하는 장치이다.

10 차량출고 후 정기적인 소모성 부품 교환 및 이상 수리가 필요할 때, 고객이 직접 운행하지 않고 판매사에서 서비스 차원에서 차량을 직접 픽업하여 점검 및 수리 후 고객에게 전달해주는 서비스를 픽업 앤 딜리버리라고 한다.

11 프리세이프(PRE-SAFE)는 차량이 주행 중에 급제동이나 응급상황 시 위험을 감지하여 사고에 사전조치로 대응한다. 앞좌석 안전벨트의 장력을 조절하고, 차량 전복 시 사이드 윈도우, 선루프를 자동으로 닫히게 하여 탑승자의 신체를 보호하고, 시트의 포지션을 최적화하여 에어백의 승객보호 효율을 높이는 등 부상을 감소시키는 안전장치이다.

12 시승차란 자동차 구매 관심 고객이 자동차 전시장에 방문하거나 영업사원이 차량을 고객에게 가져가 고객에게 운전을 체험시키기 위해 자동차 회사에서 고객이 구매전 차량을 시운전할 수 있도록 준비된 자동차를 말한다.

13 4WD 차량 또는 사륜구동차라고도 부르고, 사륜구동으로 오프로드를 달릴 수 있도록 만든 자동차를 SUV(Sports Utility Vehicle)라고 부른다.

14 엔진을 차량의 앞쪽에 설치하고 미션을 뒤쪽에 설치하여 뒷바퀴에 동력을 전달하는 방식을 후륜구동이라고 한다.

15 TCS(Traction Control System)는 눈길이나 빗길 등 미끄러지기 쉬운 도로에서 차량을 출발하거나 가속할 때 과잉의 구동력이 발생하여 타이어가 공회전하지 않도록 차량의 구동력을 제어하는 기능으로 엑셀의 과응답으로 인하여 운전자가 원하는 코스를 이탈하는 것을 방지하는 시스템을 말한다.

16 대리점이나 자동차 판매 전시장 혹은 서비스센터 시설에 대한 고객만족도 조사를 CS(Customer Satisfaction)라고 한다.

17 이는 즉시 판매가 가능한 Stock 차량 또는 부품과 운송 중인 Stock 차량 또는 부품으로 구분할 수 있다.

18 자동차 판매점 혹은 수입 자동차 대리점에서 영업지점(전시장) + 서비스센터를 총괄 운영하는 Manager로서 영업 지점장보다 한 단계 높은 관리자를 GM(General Manager)이라고 한다.

19 가격협상에서 Discount를 최소화하는 방법 Negotiation Golden Rules 6가지 중 3번째 항목은 "작은 단위로 할인금액을 제시한다." 이다.

20 등록세란 재산권 기타 권리의 취득, 이전, 변경 또는 소멸에 관한 사항을 공부에 등기 또는 등록하는 경우에 그 등기 또는 등록을 받는 자에게 부과하는 지방세(도세)라 한다.

21 전장은 자동차의 맨 앞부분에서 가장 뒷부분까지의 길이, 전폭은 사이드미러를 제외한 상태에서의 차량의 너비가 가장 넓은 폭, 전고는 지면과 맞닿은 타이어 하부에서 자동차의 가장 높은 지붕 부까지의 높이를 의미한다.

22 경고등 : 브레이크 패드/라이닝 경고등 / 경고 내용 : 브레이크 패드/라이닝이 마모되었습니다.

23 레벨 3단계로 운전자가 운전대를 잡지 않고 차량이 장애물 감지하고 앞차를 추월할 수 있으며 전방을 주시하지 않아도 시스템이 알아서 운전하는 단계이다.

24 차체 or Chassis란 자동차에서 외부의 충격으로부터 운전자 및 탑승자를 보호하고 승차감과 운동성능을 위하여 적절한 강도를 가지고 있는 자동차 바디를 뜻하며 승객이 탑승하는 공간을 말한다.

25 차량 주행 안전성 제어 장치(ESP)란 차량의 미끄러짐을 스스로 감지, 브레이크와 엔진을 제어해 사고를 방지하는 제어 시스템이다. 스티어링 휠의 상태를 분석하여 운전자가 가고자 하는 방향과 차량의 진행 방향을 비교한 후 일치하지 않을 시 차량의 진행 방향을 조정하는 기능이다.

26 ADAS(첨단운전자지원시스템)란 미래 완전 자율주행을 위한 기반을 구축한 System으로 자동차의 움직임을 일정 부분 스스로 조정하게 함으로써 운전자가 인식하지 못하는 위험요소를 사전에 방지하는 System이다.

27 PDC는 음향 경고 신호를 통해 뒤에 있는 차에 얼마나 가까이 있는지 알 수 있게 해 주고, 자동차 후면의 범퍼에 통합된 초음파 센서로 차량 뒤쪽의 가장 가까운 큰 물체까지의 거리를 측정한다.

28 노킹이란 내연기관의 실린더 내에서 연소상태에 따라 두드리는 소리를 내는 현상을 말한다. 자연발화에 의해 국부적인 압력상승으로 가스 진동과 그에 따른 소음을 일으키고, 열효율이 저하하여 출력을 감소시키는 현상이 발생할 수 있다.

29 중고차에서 무사고 차량이란 차량 자체에 영향을 주지 않을 정도의 수리 및 부품을 교체한 차량으로, 차량 섀시 등의 주요 골격과 동력전달 계통의 손상이 없는 차량을 말한다.

30 배기량 2,000cc 이상, 길이 4.7m 초과, 너비 1.7m 초과, 높이 2.0m 초과 재원은 대형 or 대형차로 등급을 구분하고 있다.

31 최초의 전기자동차는 1824년 가솔린보다 먼저 앤요스 제드릭(헝가리)에 의해 시도되었고, 1884년 토마스 파커에 의해 상용화되었다. 토마스 에디슨도 전기자동차에 관심이 많아 전기자동차를 개발했고 2차 전지에 대한 다수의 특허를 가지고 있다.

32 듀얼클러치는 트레스미션(변속기)의 한 종류이다.

33 자동차 제원은 상담 및 제안 전략이 아니다.

34 칼 벤츠는 최초로 내연기관 자동차를 발명한 사람으로 전기자동차와 무관하다.

35 1898년 프랑크푸르트에서 실질적 모터쇼의 형식이 갖춰졌다.

36 신차출시에 따른 마케팅 전략으로 Positioning을 할 때 제일 중요한 것은 차별성이다.

37 엔진의 여러 작동부에 엔진오일을 급유해 주는 장치로 여러 종류의 오일펌프(베인 펌프, 로터리 펌프, 슬리버 펌프)가 있으며 보통 V 벨트로 구동된다.

38 고속충전을 하면 고압, 고용량 전기충전이기에 배터리 내부에서 열이 발생하기 때문에 저속으로 충전해야 수명이 더 길다.

39 엔진의 3대 요건에는 규정의 압축압력, 정확한 시기에 정확한 점화, 적당한 혼합비가 있다.

40 운전자가 가속페달을 밟았을 때 스로틀 밸브가 움직이면서 밸브 축과 연결된 가변저항이 함께 움직이는데, 이때 움직인 그 저항의 변화 값을 전기신호로 보내 주는 센서를 TPS(Throttle Position Sensor)라고 한다.

41 차량 사고로 타인의 신체를 다치게 하거나 사망하게 하는 경우 져야 하는 손해배상책임을 종합보험의 용어로 대인배상이라고 한다.

42 LDWS나 LCDA은 차선변경 결정 System이다.

43 자율주행은 단계는 레벨 0부터 레벨 5까지 6단계로 나누어지며 완전자율주행단계는 레벨 5단계이다.

44 렌트가 이용 시 보험경력은 유지되지 않으며 보험사의 보험료율에 따라 책정된다.

45 대부분의 고객은 자신이 주도권을 갖고 있다는 우월감을 갖고 있으므로 고객을 충분히 존중하는 감성적 접근을 해야 한다.

46 SWOT은 외부 환경의 기회(Opportunity), 위협(Threat) 요인, 내부환경의 강점(Strength), 약점(Weakness)을 분석하여 최적의 광고전략을 수립하는 것이다.

47 종신보험은 자동차보험 성격이 아니고 피보험자 사망 시 보험금이 지급되는 생명보험이다.

48 후속 연락 Follow-up에서 고객전시장 방문 2시간 후의 Follow-up 활동은 방문감사 문자이다.

49 다양한 영업활동 중 가장 확률이 높은 영업활동 방법은 전시장 영업활동이다.

50 미국 테슬라 전기차의 판매성공 요소로 국가의 전기자동차 보조금은 크게 영향이 없다.

51 상대가 두 사람일 경우 윗사람에게 먼저 건넨다.

52 조달청의 주요업무에는 아래와 같다.
- 물품구매 및 물자 구매
- 정부보유 물품관리
- 국가 경제정책 지원
- 공사계약의 관리와 감독총괄

53 자율주행자동차 레벨 5단계 완전자동화 단계에서는 운전자의 어떠한 개입도 필요하지 않으므로 비상시 대처할 수 있는 주행환경 모니터 등은 필요하지 않다.

54 고객이 운전하는데 세일즈 컨설턴트가 직접 기계적 작동을 도우면, 사고와 안전에 노출될 수 있어 가능한 고객이 직접 작동할 수 있도록 유도하거나 차를 정차한 후 작동법을 설명한다.

55 ADAS 센서는 카메라, 레이더, 라이다, 초음파가 해당한다.

56 고객이 가장 기뻐하고 행복해하는 타이밍은 기대하고 있던 차량을 출고할 때로 고객추천을 요청하기가 가장 좋다

57 법인세는 차량구매와 관련이 없는 항목이다.

58 자율주행 레벨 3단계 조건부 자동화부터 운전자가 주행과정에 관여하지 않아야 한다.

59 세일즈 컨설턴트는 제품에 대한 확신을 가지고 있어야 하며, 고객에게 세일즈 포인트의 특징을 살려 제품의 기능과 장점을 잘 설명할 수 있어야 한다. 또한, 세일즈 컨설턴트는 고객에게 시승을 항상 권유하고, 이 시승을 통해 구매 결정을 망설이는 고객에게 제품에 대한 신뢰감을 증가시키고 차종 선택에 확신을 줄 수 있어야 한다.

60 Delivery Zone을 통해서, 안정된 지역에서 차량을 인도받고 전문 차량인도 담당자로부터 도움을 받은 고객이 감동을 느낄 수 있는 환경을 제공하는 것이 매우 중요하다.

61 미국 캘리포니아 주정부에서 제정한 배기가스 제로법에 대응하여 GM에서 개발한 전기차는 EV1이다.

62 유럽의 세그먼트 기준은 차량의 크기이다.

63 차대번호로 제조국, 제조사, 생산공장은 확인할 수 있으나 차량 색상의 확인은 불가능하다.

64 유예리스는 약정에 맞추어 조치가 필요하다. 차량 만기 후 지급할 금액이 많지 않아도 리스사와 후속 조치를 해야 한다.

65 해당 기업의 의사결정 권한자는 구매 행동에 있어 환경적 요인, 조직체 요인, 구성원간 요인, 개인적 요인에 영향을 받는다.

66 기업 관리활동의 '6R'은 아래와 같다.
- 설비 및 서비스(Right Item)
- 역량 있는 협력사(Right Supplier)
- 양호한 품질(Right Quality)
- 필요한 시기(Right Time)
- 필요한 수량(Right Quantity)
- 합리적인 비용(Right Price)

67 **국가종합전자조달시스템(KONEPS)의 조달 과정 및 절차**
업체 등록 → 입찰 공고 → 입찰 참여 → 개찰/적격 심사 → 계약 → 납품 검사 → 지불

68 정기점검을 안내히는 가장 좋은 혹은 효과적인 방법은 먼저 DM을 발송 후 안내 전화나 안내 방문을 하는 것이다.

69 H는 차량 구분으로, 차대번호에서 3번째 자리는 차량 구분을 표시하는 기호이다. 예를 들어 H는 승용, J는 승합, F는 화물을 뜻한다.

70 고객과의 상담 시 질문을 하는 이유
- 고객의 니즈 파악
- 구매심리를 증가
- 구매 시점을 포착하여 계약을 유도

자동차 영업중개사 민간자격검정 – 모의 5회 (1차) 시험 답안지

1	2	3	4	5	6	7	8	9	10
④	①	③	①	②	③	③	③	③	④
11	12	13	14	15	16	17	18	19	20
④	③	④	③	①	④	①	②	②	③
21	22	23	24	25	26	27	28	29	30
③	③	①	④	③	④	①	③	③	④
31	32	33	34	35	36	37	38	39	40
④	④	④	④	②	④	①	④	④	②
41	42	43	44	45	46	47	48	49	50
①	④	④	①	④	③	③	①	④	④
51	52	53	54	55	56	57	58	59	60
①	②	①	③	③	③	①	③	③	①
61	62	63	64	65	66	67	68	69	70
②	④	④	①	①	④	④	④	②	③
71	72	73	74	75	76	77	78	79	80
③	②	①	③	④	②	④	①	④	④

1 고객상담 시 고객을 배려하고 사전에 방문 스케줄을 의논하여 충분한 상담시간을 확보하고 접촉하는 것이 상담예절이며 이것이 개인정보보호법에도 적합한 기준이다.

2 담당자가 없을 경우 용건을 메모해서 담당자가 신속하게 전화할 수 있도록 한다.

3 BEV(배터리 전기자동차)란 구동원으로 모터만 사용하고 전기 충전이 필요한 전기자동차이다.

4 BMW 530e는 하이브리드 차량이고 나머지는 모두 EV(전기자동차) 모델이다.

5 차량을 정면에서 보았을 때 수직선에 대하여 타이어의 중심선이 경사 되어있는 상태를 말한다. 즉 각도로 표시된다.

6 전기차 부품 특성상 배터리 교환 시 고가의 교체 비용이 요구된다.

7 차량의 속도에 따라 저속에서 가볍게 하고, 고속에서 적절히 무겁게 하여 조향 안전성을 유지하게 하는 방식은 속도 감응식이다. 속도 감응 파워 스티어링은 차량의 속도가 증가하면 스티어링 휠의 힘이 증가하여 조향이 단단해 지고 서행하거나 주차할 때 약간의 힘으로 스티어링 휠이 가볍게 돌아간다.

8 북경 모터쇼는 세계 5대 모터쇼에 해당되지 않는다.

9 아지트화 나트륨은 상당히 안정된 기체로 Air Bag에 많이 사용한다.

10 제동 관련 시스템으로, 직진성을 유지해주지는 않는다.

11 개인정보보호법에 의해 고객의 정보를 활용해 동의 없이 DM 발송은 개인정보보호법 위반으로 저촉될 수 있다.

12 운전자의 눈을 태양의 직사로부터 지켜주기 위한 햇빛 가리개, 보통 때는 앞창 위에 접어두었다 햇빛이 들어오면 펴서 가리는 것을 선 바이저라 한다.

13 운전자의 조작에 의하지 않고 자동적으로 기어비가 변속되는 것을 자동 변속기라고 한다.

14 2개의 동력을 이용하여 구동되는 자동차를 말하며 가솔린 엔진과 전기모터, 수소 엔진과 연료전지 천연가스와 가솔린, 디젤 엔진과 2개의 동력원을 쓰는 차량을 하이브리드차라고 한다.

15 대부분의 승용차들은 열전도율이 좋고 중량이 가벼운 알루미늄 합금을 많이 사용한다.

16 스페어 타이어를 공기압이 부족한 상태로 보관할 경우 펑크나 타이어 파손으로 교체 시 안정적인 주행을 보장할 수 없다.

17 안티-록 브레이크 시스템(Anti-lock Brake System)이란 차량 운행 중 불가피하게 발생되는 급제동 시 눈길, 빗길과 같이 미끄러지기 쉬운 노면에서 차륜의 잠김에 의한 슬립을 방지하고 핸들 조정을 가능하게 한다.

18 디젤 엔진의 장점은 압축비를 크게 할 수 있어 열효율이 높고 연료 소비율이 적고 부부부하 영역 토크에서 연료 소비율이 낮다는 점이다.

19 에어컨 시스템은 쉽게 액화되는 성질을 가지는 냉매를 압축시킨 다음 바람으로 식힌 후 압축 액화된 냉매를 기화시켜 냉매 기화열에 의해 주변 열기를 냉각시켜 주는 장치다.

20 니즈 파악은 신차 구매 조건에 관련되어서 상담의 프로세스가 진행되므로 전시장을 방문하는 고객에게 중고차를 권유하는 질문은 적합하지 않다.

21 세일즈 프로세스에서 예약 고객에 대해 타 브랜드의 차종을 시승할 수 있는 준비는 물리적인 여건으로 불가능하므로 준비사항으로 맞지 않다.

22 가장 많이 사용되는 점화순서는 1-4-2-6-3-5이다.

23 우리나라에서 최초로 F-1 경기가 열린 곳은 전남 영암이다.

24 Auto hold(전기 제어식 브레이크 유지장치)에는 다이나믹 출발보조 기능, 다이나믹 비상정지 기능, 자동 브레이크 유지 기능이 있다.

25 윤활유의 구비 조건 : 비중과 점도가 적당할 것, 내열·내산성이 높을 것, 응고점이 낮을 것, 인화·발화점이 높을 것

26 주로 냉장고나 에어컨 등의 냉매로 사용되는 프레온가스는 과도하게 배출되면 오존의 밀도가 낮아지므로 오존층 파괴의 원인이다.

27 24시간 동안 쉬지 않고 경주해 자동차의 내구력을 경쟁하는 자동차 경주는 프랑스 르망에서 열리는 르망 24시 경주이다.

28 냉각수 온도는 보통 실린더 헤드 워터 재킷 부분의 온도로 한다.

29 배기가스 재순환 장치(EGR)를 이용해 연소실 최고 온도를 낮춰 NOx(질소 산화물)를 감소시킬 수 있다.

30 촉매장치의 종류에는 산화촉매, 환원촉매, 삼원촉매가 있다.

31 자동차나 모터사이클의 뒤쪽에 장착되어 뒤따라오는 차에 감속, 정차, 좌우 회전 등의 의사를 전하는 전등을 테일 라이트라 한다.

32 출품 신청서에는 차량의 차종, 세부 모델, 등록 번호, 연식, 연료, 주행거리, 색상, 변속기 유형, 침수 또는 접합 수리 이력, 주행거리 변경 및 수리 이력, 영업용 사용 이력, 구조 변경 사항 등의 내용을 기재한다.

33 지붕 전체가 강화유리 할지라도 사고 발생 시 철판 재질의 선루프보다 오히려 더 위험하다.

34 이 장치는 경사도가 심한 경우에는 작동하지 않는다.

35 휠 트레드는 좌우 타이어 접촉면의 중심에서 중심까지의 거리, 즉 왼쪽 타이어의 중심과 오른쪽 타이어의 중심 사이의 수평 폭

36 카히스토리는 보험사에 사고 신고를 하지 않고 자비로 사고 처리한 경우, 운수 공제(택시, 화물, 버스 공제)로부터 피해 보상을 받은 경우, 또 소유자의 신상 정보는 빠져 있다.

37 완속충전 요금보다 비싼 것은 단점이다.

38 노치백(3박스), 해치백(2박스), 모노리스(1박스) 총 세 가지로 분류된다.

39 소음과 진동은 현가장치에 관련된 내용으로, 차체의 조건과는 거리가 멀다.

40 앞쪽이 내려가고 뒤쪽이 올라가는 현상을 다이버 현상이라고 한다.

41 자동차 사고 피해자는 손해에 대한 보상을 해당 보험자에게 직접 청구할 수 있다.

42 현가장치와 회전력은 큰 관계가 없다.

43 Arm Rest는 운전석과 조수석 사이에 사물함과 팔걸이로 이용하는 콘솔박스를 말한다.

44 차량이 바깥으로 쏠리는 현상을 Roll 현상이라고 한다.

45 타이어가 차량의 수명을 향상시키지는 않는다.

46 각 용어의 정의에 따르면 전장이 제일 길다.

47 경매란 공개되어 경쟁 방식으로 거래가 이루어지는 매매 형태로서, 크게 국가 기관에서 주관하는 공경매(公競賣)와 개인이 주체가 되어 이루어지는 사경매로 구분된다.

48 카커스는 타이어의 골격, 여러 겹의 코드 층으로 공기압을 견디며 완충 작용을 한다.

49 공기순환 장치는 차량의 주요 장치에 해당되지 않는다.

50 4륜구동은 중량이 무겁다.

51 배터리 방전을 예방하기 위해서는 히터와 라이터를 먼저 끈 뒤 시동을 꺼야 한다.

52 사의법이란 고객의 무리한 요구조건을 정중하게 거절하는 화법이다.

53 전륜 구동의 경우 동력 전달 체계가 단순해 연비가 좋다.

54 가솔린은 디젤과 달리 환경 부담금이 발생하지 않는다.

55 제동력이 감소되는 것을 페이드 현상이라고 한다.

56 니즈 파악은 신차 구매 조건에 관련되어서 상담의 프로세스가 진행되므로 전시장을 방문하는 고객에게 중고차를 권유하는 질문은 적합하지 않다.

57 차량 시고로 디인의 신체를 다치게 하거나 사망하는 경우 저야하는 손해배상 책임을 종합 보험의 용어로 대인배상이라고 한다.

58 1600cc~2000cc 미만 차량 구입 시 서울 등록일 때 공채 비율은 도시철도채권 12%이다.

59 공공채권이란 국의 기반이 되는 도시철도건설 및 지역개발사업 지원을 위한 자금 확보를 위해 발행하는 채권을 말한다.

60 저당권 등록 : 차량을 구입할 때 금융사로 할부 등의 금융거래 시 저당권이 설정

61 화법의 기본이 되는 대화 방법으로, 일단 고객의 이야기를 긍정적으로 수용한 후 반문을 하는 방식으로 YES-BUT법이라 한다.

62 리스 이용 시 차량의 가격에 상관없이 절세효과를 누릴 수 있다.

63 차량 정비 수리 부분은 서비스 센터의 분야로 영업사원이 정비까지 설명할 필요가 없다.

64 각 수리 부위나 작업이 필요한 항목(품목)에 대하여 부품 가격, 시간당 공임(M/H), 표준 작업 시간을 고려하여 수리비용을 파악한다. 도장 작업이 필요한 경우에는 재료비와 가열 건조 비용을 추가하여 총 수리비용을 파악한다.
도장 비용 = 재료대 + 수리공임(기술료) + 가열 건조비

65 자동차등록증의 내용은 최초 등록일, 자동차 등록번호, 연식과 형식, 차대번호, 원동기 형식, 소유자 정보, 최종 등록일, 제원, 등록 번호판 발급 및 봉인) 저당권 등록, 검사 유효 기간, 자동차 출고(취득)가격 등이 표시된다.

66 자율주행 레벨5단계 완전 자동화 단계에서는 운전자가 기능작동을 개입할 수가 없다

67 기아 니로 자동차는 전기자동차이다.

68 브레이크가 파열되면 브레이크가 작동될 수 없다.

69 '오르막길에서 출발하기(힐스타트)' 기능은 주차 브레이크를 서서히 풀면서 출발해야 할 때, 클러치 페달과 가속페달을 함께 밟으면서 출발해야 할 때, 오르막길에서 차량 흐름에 끼어들 시점을 찾을 때 사용이 매우 유용한 기능이다.

70 대형차량 구분 시 너비는 소형차에 해당하는 1.7m를 초과해야 대형차로 구분할 수 있다.

71 채권 확보의 경우 부동산업이나 중소건설업, 유흥업, 신규 개업자 등은 신용등급이 불안하기 때문에 특별히 주의해야 한다.

72 당산자의 동의 없이 우편물을 발송하는 것은 개인정보보호법에 저촉될 수 있다.

73 한 명의 구매고객은 10명에게 구매한 차량에 대한 정보를 전달하고 좋은 홍보에 표본이 되기도 하기 때문에 기존 출고고객을 더 집중적으로 관리하는 것이 고객이탈을 방지하기 위한 방법이다.

74 ③ 노면과 직접 접촉, 제동력 구현, 구동력 전달, 사이드슬립 억제
① 타이어의 골격, 여러 겹의 코드 층으로 공기압을 견뎌 완충작용 역할
② 타이어가 휠에 접촉하는 부분으로 늘어나서 빠지는 것을 방지하기 위해 가장 강한 부분
④ 트레드와 카커스 사이 부분, 분리를 방지하고 완충작용을 하는 부위

75 미국 에너지 기관인 INL에 따르면 1년 동안 총 50,000마일의 주행을 마쳤을 때 완속은 23%, 급속은 27%의 배터리 손상이 발생했다.

76 지속적으로 요소수 보충을 해도 연비 면에서 손해를 보지는 않는다.

77 계약 후에는 상담을 완료하고 추가적인 요구조건을 피하기 위해서 가능한 한 빨리 그곳을 나오는 것을 원칙으로 한다.

78 자동차관리 구분법에 따른 소형자동차의 조건 중 배기량은 1,600cc 미만인 자동차를 소형 자동차로 구분한다.

79 경차 취등록 세율은 경차의 경우 산출된 값에서 75만원을 면제하고 남은 초과금에 대해서만 납부한다.

80 저속 주행 시 공기 흐름이 느려져 연소 후 남은 잔류물 배출이 힘들어지므로 되도록 자제한다.

자동차 영업중개사 민간자격검정 - 모의 5회 (2차) 시험 답안지

1	2	3	4	5	6	7	8	9	10
선택, 비교	중고 자동차 성능·상태 점검 기록부	연료 부족 경고등	편평비	다이버 현상 or Nose Down 현상	삼원촉매 or Catalyst Converter	ABS	시승일지	고속충전	140만원
11	12	13	14	15	16	17	18	19	20
부가가치세	저당권 등록 사실	HP	당직근무	EPB or 전자식 파킹 브레이크	EPS	리튬이온 베터리	제작년도	엔진경고등	전륜구동 or FWD
21	22	23	24	25	26	27	28	29	30
니즈	유예리스	대인배상	클로징 (closing)	업셀링 (Upsell)	스쿼트 현상	라이다 (Lidar)	자동차 관리법	프레스 or 프레스공정	스마트 카
31	32	33	34	35	36	37	38	39	40
④	①	①	②	④	③	②	④	②	①
41	42	43	44	45	46	47	48	49	50
④	②	④	③	①	①	②	④	②	④
51	52	53	54	55	56	57	58	59	60
①	①	③	③	②	②	②	④	④	④
61	62	63	64	65	66	67	68	69	70
③	④	①	③	①	③	①	②	④	③

1 고객이 구매 시까지 나타나는 구매 심리 변화는 흥미 – 관심 – 주의 – 선택 – 욕구 – 비교 – 분석 – 결정 순이다.

2 중고 자동차를 판매하는 사람이 중고 자동차를 구입하려는 사람에게 법적으로 발급하는 차량 검사서를 '중고 자동차 성능·상태 점검 기록부'라고 하며 자동차관리법, 제 8조 제1항으로 규정한다.

3 연료 부족 시 점등되는 경고등으로 연료부족 경고등이다.

4 P : passenger car(승용차), 205 : 타이어 단면 폭, 65 : 편평비, R : 레디얼 타이어(radial tire), 15 : 타이어 내경 또는 휠의 외경, 즉 장착 가능한 휠 사이즈

5 다이버 현상 or Nose Down 현상이란 주행 중 제동 시, 차체 앞쪽은 내려가고 뒤쪽은 상승하는 현상을 말한다.

6 환원반응을 일으켜 3가지 성분을 동시에 저감시키는 장치를 삼원촉매장치라고 한다.

7 ABS(Anti Lock Brake System)은 운전자는 핸들의 조정이 가능함과 동시에 미끄럼 없이 가능한 최단거리로 자동차를 정지 시킬 수 있게 하는 System이다

8 시승일지란 회사에서 보유한 시승 차량의 사용 내역을 정리한 자료이다.

9 관공서 · 차량정비소 같은 곳에 짧은 시간에 충전이 필요로 하며, 충전시설비용이 비싸며 또한 충전비용도 비싼 충전방식을 고속충전이라 한다.

10 차량 가격 : 2,200 ÷ 1.1(부가세제외) = 2,000,
※ 총 취 · 등록세: 7% = 2,000 x 7%= 140만 원

11 부가가치세란 재화 또는 용역의 공급, 재화의 수입과정에서 새로 만들어지는 가치인 '마진'에 대해 부과되는 세금이다.

12 차량을 구입할 때 금융사로부터 할부 등의 금융 거래 시 설정한 내용을 확인할 수 있는 란의 명칭은 저당권 등록 사실란이다.

13 HP(Horse power)는 자동차의 동력이나 일률을 측정하는 단위로 성능이나 힘을 표시하는 용어이다.

14 정해진 회사 내규에 따라 의무적으로 전시장 당직 근무를 수행해야 한다.

15 EPB(Electronic Parking Brake) 전자식 파킹 브레이크는 수동 작동 시 버튼 클릭만으로도 작동 가능해 첫 차 구매자들에게 유용한 장치이다.

16 EPS(Electronic Power Steering) 전자식 파워 스티어링은 유압 반력식 타입으로 차속 센서로부터 차량의 속도에 대해 압력을 받는 장치이다.

17 리튬이온은 전기차량에 가장 많이 쓰이는 배터리이다.

18 차대번호에서 10번째 자리에 알파벳 표시는 제작년도를 알 수 있다. 예를 들어 알파벳 J는 2018년도, K는 2019년도, L은 2020년도이다.

19 엔진 전자제어 장치 및 배기가스 제어와 관련 있는 각종 센서 이상 시 혹은 연료탱크, 연료필터 등 연료공급장치에 누유 시 점등된다.

20 전륜구동(FWD, Front-Wheel Drive)은 자동차의 구동 방식 중 하나로, 차량의 앞바퀴가 구동력을 담당하는 시스템을 의미합니다.

21 고객의 (니즈)를 알아내고 관심을 갖게 한다. (니즈)를 포착하고 계약을 유도한다.

22 차량 가격의 일부를 계약기간 뒤로 미루는 것을 말 그대로 유예리스라고 한다. 유예리스의 장단점을 잘 활용하면 판매에 도움이 된다. 예를 들어 초기자금이 부족하지만 꾸준한 급여 생활자에게는 접근이 용이하다.

23 차량 사고로 타인의 신체를 다치게 하거나 사망하는 경우 져야하는 손해배상 책임을 종합 보험의 용어로 대인배상이라고 한다.

24 계약의 마지막 단계로 고객의 구매욕망을 극대화하여 계약서명을 완료하기 위한 방식은 클로징 단계라고 한다.

25 업셀링을 하기 위해서는 고객이 기존 제품을 사용하면서 만족감을 느낄 수 있어야 하며, 더 비싼 제품을 사용하게 될 때 더 높은 가치가 있다는 것을 설득할 수 있어야 한다.

26 차가 정지 중에 있다가 급출발하면 차량의 앞쪽이 올라가고 뒤쪽은 내려가는 현상이 발생하는데 이러한 현상을 스쿼트 현상이라 한다.

27 자율주행자동차에서 데이터를 공급하는 장비로 레이저 펄스를 발사하고 빛이 물체에서 반사되는 것을 감지하여 거리를 측정하고 주변의 환경 정보를 정밀하게 가져와 자율주행에 중요한 핵심기술로 사용하는 것을 라이다라고 한다.

28 자동차와 관련된 사항을 규정한 법률로 자동차에 등록, 안전기준, 리콜, 차량점검 및 정비등 자동차의 안정 및 성능과 관련하여 국가가 공공의 목적으로 규저한 법을 자동차관리법이라 한다.

29 자동차 외형을 만드는 첫 번째 공정으로 금형을 장착 후 철판을 성형하여 차량 중량의 50% 이상을 차지하는 프레임, 바디패널 등을 생산하는 작업을 프레스 또는 프레스 공정이라 한다.

30 레이더 및 센서를 통해 감지하고 계산 판단하여 차량을 조종하는 방식을 스마트 카 방식이라 하며 현재 이 방식을 채택하고 개발, 양산 중인 자동차 회사로 미국의 테슬라가 있으며 이를 오토파일럿 방식이라고도 한다

31 메라비안 법칙에 간한 계약권유 33%는 적용되어 있지 않다.

32 범퍼는 보디를 보호하기 위해서 마련된 장치로 충돌했을 때 충격을 흡수하는 작용을 한다.

33 ①은 프랑크푸르트에 해당되는 내용이다.

34 출품절차 및 경매 과정은 출품신청→탁송 및 입고→차량 평가→경매진행→대금정산→사후 관리의 과정으로 진행된다.

35 다이버와 반대로 움직이는 현상을 스쿼트 현상이라고 한다.

36 사계절 타이어는 일반적으로 여름용 타이어 트레드 홈이 3mm 이하일 때 또는 겨울용 타이어 4mm 이하일 때를 점검 시기라고 부른다.

37 오일에 휘발유가 유입되면 오일 색상은 회색이 아닌 붉은 빛을 띠며 점도가 낮아져 있다.

38 렌터카 이용 시 보험 경력은 유지되지 않으며 보험사의 보험요율에 따라 책정된다.

39 4륜구동은 중량이 무겁다.

40 신규 거래처 확보 고객관리 계획 수립의 프로세스 목표설정→자료수집→환경분석→전략목표 수립→실행과제 도출→세부실행 방안→예산편성→구체적 실행방안의 확정

41 스타팅 모터는 시동하기 위해 크랭크 샤프트를 돌린다.

42 단순히 배터리만 충전하는 것이 아니라 배터리를 충전하면서 동시에 전기적인 부하에 필요한 전류도 공급한다.

43 PHEV 자동차 보조금의 경우 전년도와 동일한 금액을 유지한다.

44 엔진오일 압력이 일정 값 이하로 떨어지면 엔진오일 경고등이 점등된다.

45 대인배상 I란 피보험자가 피보험 자동차의 대인 사고로 인해 제3자에게 법률상 손해배상 책임을 짐으로써 입은 손해 중 책임보험 한도 내에서 보상하는 것이다.

46 경차 배기량 기준은 1,000cc 이하이다.

47 자동 변속기에 비해 승차감이 떨어진다.

48 중량 지지와 승차감 향상의 역할을 하므로 엔진출력 분배와는 관련이 없다.

49 차동 기어를 나타낸다.

50 1,600cc 초과 승용차의 세율은 cc당 200원/cc이다.

51 자동차 판매는 신차나 중고차에 서로 다른 전문성을 가지고 있기에 고객이 원하는 상품에 따라 중고차 판매와 신차 판매로 나뉘어 있으므로 매출 기준으로만 역할을 구분할 순 없다.

52 링키지 마모에 의한 토아웃 발생을 방지하고, 앞바퀴를 평행하게 회전시키며, 앞바퀴 슬립과 타이어 이상 마모를 방지하는 것이 토인을 두는 목적이다.

53 자동차 출고(취득)가격 : 최초 차량 구입 시 취득했던 자동차 구매 가격(세금 계산서)에서 10%의 부가가치세를 뺀 가격

54 오일(부족) 경고등은 오일 윤활 시스템 이상, 오일 압력 이상, 오일 부족일 경우 점등되기 때문에 단순히 오일 부족이라고 단정하기 어렵다. 신속 응급조치를 하더라도 빠른 시간 내에 점검을 받아서 근본적인 조치를 받아야 한다.

55 퓨즈는 과대전류가 흐르면 발열에 의해 단락되어 회로를 차단함으로써 부품을 보호한다.

56 ① TSR : 교통신호 인식, 운전자 졸음 경고, ③ PD : 장애물 감지

57 계기판은 차량의 주행 상태와 각종 장치에 관한 정보를 운전자에게 전달하면서 자동차가 안전하게 운행할 수 있도록 위한 장치이다.

58 RPM에서는 디젤의 출력이 더 높지만, RPM이 높아질수록 회전속도가 높은 가솔린의 출력이 더 높게 측정된다.

59 단기 실적향상의 구매 고객 발굴과 실적 향상에는 가망고객 명단에서 집중관리를 통해 계약성사 고객을 발굴할 수 있다.

60　자동차 경매장을 개설 운영하는 자는 경매 대상 자동차의 등록 사항과 안전 및 성능상태 등을 점검 검사하고, 그 결과를 경매 참가자에게 알려야 한다. 경매 대상 자동차를 법원에서 허락했는지의 여부는 상관이 없다.

61　시승차를 가지고 최대 출력을 내거나 급제동을 하는 등 차량의 성능을 테스트 하는 것은 고객의 안전과 시승의 취지와 맞지 않는다.

62　전륜구동은 엔진룸에 엔진과 미션이 집중되어 있어 무게 배분이 50:50으로 맞지 않고 무게의 비중이 앞쪽에 집중되어 있어 승차감이나 핸들링은 좋지 않다.

63　스포츠카는 차체의 흔들림을 최소화하고 빠른 코너링과 차량의 속도를 빠르게 감속시켜주기 위한 제동력이 필요하므로 조정감과 안정감이 뛰어난 강도가 강한 현가장치를 사용하여 승차감은 좋지 않다.

64　자동차가 코너링을 돌 때 원심력에 의해서 바깥쪽으로 쏠리는 현상을 롤 현상이라고 한다.

65　물체가 움직이는 가속력은 마력이라고 한다.

66　디젤 엔진에 차량을 사용할 때 환경문제로 인한 질소산화물(NO_x) 발생을 유로6 기준에 맞게 환원제로 사용하는 것을 요소수라 한다.

67　중고차 시세에 차량상태에 대한 내용에 따라 가격에 영향을 줄 수 있지, 차량소유자에 대한 정보는 시세에 크게 미치지 않는다.

68　자동차 상속의 경우 이전등록 기간은 증여를 받은 날로부터 20일 이내이다.

69　고객을 방문하는 것은 전화나 상담 날짜를 시전에 협의한 후 방문해야 하는 것이지 DM발송했다고 고객을 방문하는 것은 옳지 않다.

70　배터리의 고전압 직류전원을 교류전원으로 변환해 모터에 공급하는 장치이다

좋은 책을 만드는 길, 독자님과 함께 하겠습니다.

자동차영업중개사 기본서

개정1판1쇄 발행	2025년 03월 05일 (인쇄 2025년 01월 21일)
초 판 발 행	2019년 01월 03일 (인쇄 2018년 10월 31일)
발 행 인	박영일
책 임 편 집	이해욱
저 자	한국자동차중개사협동조합
편 집 진 행	윤승일
표지디자인	조혜령
편집디자인	김예슬 · 채현주
발 행 처	(주)시대고시기획
출 판 등 록	제10-1521호
주 소	서울시 마포구 큰우물로 75 [도화동 538 성지 B/D] 9F
전 화	1600-3600
팩 스	02-701-8823
홈 페 이 지	www.sdedu.co.kr
I S B N	979-11-383-8628-9 (13320)
정 가	39,000원

※ 이 책은 저작권법의 보호를 받는 저작물이므로 동영상 제작 및 무단전재와 배포를 금합니다.
※ 잘못된 책은 구입하신 서점에서 바꾸어 드립니다.